Ullstein Sachbuch

ÜBER DAS BUCH:

Präsident Kennedy ermordet . . . Kaum eine Nachricht erschütterte die Welt so wie diese. Bis heute bleibt diese Tat der ungelöste Mord des Jahrhunderts. 1979 veröffentlichte die Kommission des Kongresses ihr Untersuchungsergebnis: Verschwörung.

Unwiderlegbar konnte bewiesen werden, daß Lee Harvey Oswald, der lange Zeit als Mörder galt, kein Einzeltäter war und wahrscheinlich gar nicht auf den Präsidenten geschossen hat, außerdem, daß mindestens zwei Bewaffnete am Hinterhalt in Dallas beteiligt waren: Oswald nur ein Werkzeug der amerikanischen Geheimdienste?

Summers untersucht in diesem maßgebenden Buch brennende Fragen wie zum Beispiel:

Ob Oswalds Besuch in Mexiko City Teil eines Komplotts war, das darauf abzielte, Fidel Castro die Schuld an der Ermordung Kennedys zu geben. Summers zeigt auf, daß ein Beamter des Geheimdienstes Oswald vor dem Anschlag getroffen hat, daß derselbe Mann versuchte, Oswald mit kubanischen Diplomaten in Verbindung zu bringen, daß Bestrebungen zwischen Mitgliedern des amerikanischen Geheimdienstes und der Anti-Castro-Gruppe im Gange waren, um eine neue Krise zwischen den USA und der UdSSR über Kuba heraufzubeschwören.

Den Fragen, mit denen Oliver Stone in seinem Film über John F. Kennedy nur spielt, wird hier auf den Grund gegangen.

Lies nicht mit dem Vorsatz, dem Gelesenen zu
widersprechen und es zu widerlegen, noch mit dem
Vorsatz, daran zu glauben und es als
selbstverständlich hinzunehmen, sondern überlege
dir das Für und Wider und ziehe deine
Schlußfolgerungen dementsprechend

– *Francis Bacon* –

Anthony Summers

J. F. K.

DIE WAHRHEIT
ÜBER DEN
KENNEDY-MORD

Ullstein Sachbuch

Ullstein Sachbuch
Ullstein Buch Nr. 34997
im Verlag Ullstein GmbH,
Frankfurt/M – Berlin
Titel der amerikanischen Originalausgabe:
Conspiracy.
Who killed President Kennedy?
Aus dem Englischen übersetzt
von T. Bishop

Ungekürzte Ausgabe
Mit 44 Abbildungen

Umschlagentwurf:
Hansbernd Lindemann
Unter Verwendung einer Abbildung
von dpa, Frankfurt
Alle Rechte vorbehalten
© by Anthony Summers
Die Originalausgabe erschien bei
Fontana Books/Collins, London
© der deutschen Ausgabe
1983 by F. A. Herbig Verlagsbuchhandlung
München · Berlin
Printed in Germany 1992
Druck und Verarbeitung: Ebner Ulm
ISBN 3 548 34997 8

4. Auflage Juni 1992

Die Deutsche Bibliothek –
CIP-Einheitsaufnahme

Summers, Anthony:
J.F.K. Die Wahrheit über den Kennedy-Mord / Anthony Summers.
[Aus dem Engl. übers. von T. Bishop]. – Ungekürzte Ausg., 4. Aufl. –
Frankfurt/M; Berlin: Ullstein, 1992
(Ullstein-Buch; Nr. 34997: Ullstein-Sachbuch)
Einheitssacht.: Conspiracy < dt. >
ISBN 3-548-34997-8
NE: GT

Inhalt

I DALLAS
Ein klarer Fall

II OSWALD
Einzelgänger oder Marionette?

III KUBA
Der Schlüssel zum Verbrechen

IV »ENDSPIEL«
Täuschungsmanöver und Tragödie

Danksagung

Die unabhängigen Erforscher des Falles Kennedy, die trotz des zunehmenden Zeitabstandes und der spöttischen Einstellung der Presse ihre Arbeit fortsetzen, haben sich eine undankbare Aufgabe gestellt. Einige werden immer wieder als sensationshungrig oder verschroben angegriffen – und oft mit Recht. Andere jedoch füllten mit ihren wissenschaftlichen und beharrlichen Bemühungen eine Lücke zwischen unzulänglicher offizieller Untersuchung und der Revolverpresse. Die Neuuntersuchung des Falles durch vom Kongreß eingesetzte Ausschüsse hat ihre Mühen angemessen belohnt und bewiesen, daß eine Handvoll entschlossener Bürger ein träges Establishment in Bewegung setzen kann. Die Bemühungen der hervorragendsten und der Öffentlichkeit am wenigsten bekannten unabhängigen Nachforscher wurden 1979 durch das offizielle Verdikt des Kongreßausschusses für Attentate, demzufolge der Tod des Präsidenten wahrscheinlich das Ergebnis einer Verschwörung gewesen war, gerechtfertigt.

Logischerweise sind all diese Nachforscher damit aber noch nicht befriedigend ausgefallen, sondern sie drängen weiter, daß die für den Tod Kennedys Verantwortlichen ermittelt und strafrechtlich verfolgt werden.

Viele haben mir bei meiner Arbeit geholfen, die genauso wie ich an der Aufdeckung der wahren Zusammenhänge interessiert sind. Zwei Menschen vor allem sind zu nennen, die mir während der zwei Jahre meiner eigenen Ermittlungen ihre einzigartige Kenntnis des Falles und eine Menge an Forschungsmaterial zugänglich gemacht und mir mit ihrem Rat so manchen Irrweg erspart haben.

Gemeint sind Mary Ferrell aus Texas und Paul Hoch aus Kalifornien. Mrs. Ferrell ist den Berichterstattern und dokumentarischen Forschern der ganzen Welt für ihre unermüdlichen und absolut verläßlichen Ermittlungen bekannt. Sie hatte den Löwenanteil an der Detektivarbeit, besonders, was die Akustikanalyse anbetrifft und was in der offiziellen Schlußfolgerung gipfelte, daß auf der Dealey Plaza zwei Scharfschützen geschossen haben müssen. Nicht weniger beharrlich, widmete der Physiker und Nationalökonom Paul Hoch viele Jahre

seinen Kennedy-Nachforschungen und ist mit Recht für seine wissenschaftliche Denkungsart und für seine intuitiven Einfälle bekannt.
Ich möchte beiden, die auch mein Manuskript gelesen haben, für ihre Freundschaft und ihren Rat danken.
Von den wenigen Berufsberichterstattern, die an dem Fall mit Fleiß und Ausdauer weitergearbeitet haben, leistete mir Earl Golz von der Dallas Morning News, der seine Nachforschungen über den Fall Kennedy, oft seiner eigenen Redaktion zum Trotz, niemals unterbrochen hat, als Freund und als Kollege den größten Beistand.
Insbesondere danke ich auch Sylvia Meagher, deren unter dem Titel »Accessories after the Fact« veröffentliche Analyse über die Unzulänglichkeiten des Warren Ausschusses viel zur Überzeugung der Kongreßabgeordneten, daß der Fall wiederaufgenommen werden müsse, beigetragen hat. Mrs. Meagher ermutigte mich zu Beginn meiner Arbeit. Später las und kommentierte sie das Manuskript.
Ich danke auch Gary Shaw, einem unabhängigen Nachforscher aus Texas, der eine Schatzkammer voll Informationen und Fotomaterial gespeichert hat, für seinen Beistand.
Unter anderen, die mir in meiner Arbeit selbstlos beigestanden haben, danke ich: Mark Allen; Peter Dale Scott; Bernard Fensterwald vom Ausschuß für die Untersuchung der Attentate; Jeff Goldberg vom Assassinations Information Bureau; Jones Harris; Larry Harris, der sich auf den Fall Tippit spezialisiert hatte; Harry Irwin; Tom Johnson; Penn Jones; Seth Kantor, Berichterstatter der Atlanta Constitution und Jack-Ruby-Experte; David Lifton; Garry Mack; Jim Marrs vom Fort-Worth-Star-Telegram; Dick Russell, Alan Webermann; Harold Weisberg; Jack White und Lee Wilson.
Ich danke auch Dr. Vincent Guinn, einem Spezialisten für Metallanalysen, dessen Beiträge zur Ballistik von großer Bedeutung für die Kongreßuntersuchung waren, für seine Ratschläge. Dr. Cyril Wecht, der beharrliche Gerichtsmediziner aus Pennsylvania, beanwortete geduldig meine Fragen im Laufe eines mehrmonatigen Briefwechsels. Seine abweichende Meinung, die er leidenschaftlich vor den amtlich Zuständigen mit ihrer selbstzufriedenen Gewißheit vertrat, war den Behörden ein – heilsamer – Dorn im Auge. Der britische Detektiv-Superintendent a. D. Malcolm Thompson stellte mir seine fototechnischen Sachkenntnisse zur Verfügung.
Aus dem Bereich der Nachrichtendienste danke ich John Marks vom Center for National Security Studies; Ray Cline vom Center for Strategic and International Studies; und Colonel Fletcher Prouty, ehemaliger Verbindungsoffizier zwischen dem Pentagon und der CIA. Marion Johnson vom Nationalarchiv gewährte auch mir den unendlich geduldigen Beistand, den sie Kennedy-Nachforschern schon seit

langem zuteil werden ließ. Dave Powers, Kurator der John-F.-Kennedy-Bibliothek war äußerst hilfreich. Im Kongreß danke ich Senator Richard Schweiker sowie dem Abgeordneten Richardson Preyer und einer Anzahl tüchtiger Kongreß-Sachbearbeiter, die, auf ihr Verlangen hin, anonym bleiben wollen.

Auf Kuba fand ich die zuständigen Regierungsbeamten großzügig, hilfreich und kooperativ.

Ich begann meine Arbeit über den Fall Kennedy als Produzent eines Fernsehdokumentarfilms für das BBC, der auch in den Vereinigten Staaten ausgestrahlt wurde.

Die intensive Arbeit und der Enthusiasmus meiner Kollegen stimulierten mein fortgesetztes Interesse für das Thema. Die Nachforscher und Sachverständigen, Katherine Kinsella und Scott Malone, waren ein unermüdlicher Beistand. Dabei standen mir auch »Panorma«-Berichterstatter Michael Cotterell und der Programmredakteur Christopher Capron mit ihrer profunden Fachkenntnis zur Seite. Der erfahrene Filmredakteur der »Panorama«-Schau Ian Callaway und sein Assistent Steve Felton waren stets unerläßliche Mitarbeiter. Später gaben mir die unabhängigen Filmproduzenten Dick Fontaine und Ronan O'Rahilly weitere Nachforschungsgelegenheiten und Ermunterung. Keiner der Filme wäre ohne die gründlichen Kenntnisse und die kameradschaftliche Einstellung meines Kameramannes Raymond Grosjean und meines Toningenieurs Georges Méaume zustande gekommen. Die beiden Spitzenfachleute haben für mich loyal fünfzehn Jahre hindurch unter den schwierigsten und gefährlichsten Umständen, die einem Berichterstatter begegnen können, gearbeitet. Ich danke ihnen für ihre Mitarbeit in diesen Jahren, nicht nur zum Thema Kennedy, sondern auch außerhalb dieses Komplexes.

Viele halfen mir mit ihrer Freundschaft und moralischen Unterstützung. Ich nenne nur Kathy Anday, Benella Dubes, Mariko Fukuda, Esme und Larry Gottlieb, William und Bríd Henry, Vicky Mason, Jan Rosemond, Ellen Sphapley und James Villiers-Stuart. Susan Rostochil, die das Manuskript tippte, war ein steter Beistand. Das gleiche gilt von Charlie Holland, der wesentliche Verbindungen und Forschungsmaterial in den Vereinigten Staaten vermittelte. In der letzten Phase der Arbeit hat mich Cynthia Rowan motiviert, sie nahm großen Anteil am Fortgang der Manuskriptarbeit.

Meinen Herausgebern, Helen Fraser und Victoria Petrie-Hay in London, und Bruce Lee in New York, danke ich schließlich für ihre Geduld und ihre unermüdliche Anteilnahme an meiner Arbeit.

Vor allem aber danke ich jenen, die bereit waren, mit mir in manchen Fällen sicher nicht ohne erhebliches persönliches Risiko – über ihre eigenen Erfahrungen zu sprechen.

Vorwort

In den Weihnachtstagen des Jahres 1978, als wenigen Amerikanern danach zumute war, die noch unverheilten Narben der jüngsten Vergangenheit wieder aufzureißen, sagten zwei Wissenschaftler bei einem Verhör in Washington unter Eid aus. Es handelte sich um die letzte öffentliche Sitzung des Kongreß-Sonderausschusses für Attentate. Innerhalb einiger Stunden sollten die Kongreßabgeordneten ihr Urteil über die Ermordung Kennedys abgeben.

Ob er John F. Kennedy geliebt oder gehaßt hat, kein Amerikaner war gegen den Schock seiner Ermordung gefeit. Der 22. November 1963 wird heute als ein Wendepunkt in der Geschichte der Vereinigten Staaten, als der Anfang des Abstiegs einer großen Nation betrachtet. Was immer die Verdienste Kennedys gewesen sein mögen, keiner seiner vier Nachfolger läßt sich mit ihm vergleichen. Der erste führte die Vereinigten Staaten in ein militärisches Debakel, der zweite in Skandale und Schande, der dritte in einen Zustand der Depression, der vierte in zaghafte Unsicherheit.

Lange nach dem Tod Kennedys stehen die Umstände seiner Ermordung immer noch im Brennpunkt einer Kontroverse. Die Amerikaner mögen zwar der Angelegenheit schon müde sein, doch können sie es sich nicht erlauben, sie ungelöst in Vergessenheit geraten zu lassen.

Die erste offizielle Untersuchung des Attentates, die Warren-Kommission, kam zu dem Schluß, daß Präsident Kennedy von *einem* Mann namens Lee Harvey Oswald ermordet worden war. Der Scharfschütze und Einzelgänger lauerte hinter einem Fenster der School Book Depository auf sein Opfer, um es mit zwei wohlgezielten Schüssen niederzustrecken. Eine Verschwörung gab es nicht. Eine Geisteskrankheit wurde nicht in Erwägung gezogen. Doch hatte die Kommission keine Erklärung dafür, weshalb Oswald den Präsidenten hätte ermorden wollen. Im Gegenteil – tatsächlich hatte Oswald des öfteren seiner Sympathie für den Präsidenten Ausdruck gegeben. Doch erschütterten andere Faktoren und verschiedene Gerüchte den Glauben der Öffentlichkeit der USA an das kategorische Urteil des Warren-Ausschusses. Zwei Tage nach dem Attentat wurde Oswald von Jack Ruby, der Beziehungen zur Unterwelt hatte, ermordet. Oswald, der im Alter von 24 Jahren starb, hatte eine außergewöhnliche Vergangenheit. Als Radar-Operator diente er in einem der äußerst streng abgeschirmten amerikanischen Stützpunkte für Spionage-Unternehmen. Dann lebte er zwei Jahre als mutmaßlicher Überläufer in der UdSSR. In die Vereinigten Staaten heimgekehrt, befaßte er sich recht dilettantisch mit kubanischer Revolutionspolitik. Doch war sein offenkundiges Gehabe als linksextremer Revolutionär voller Widersprüche. Die Auslegung der Aktivitäten Oswalds durch den Warren-Ausschuß befriedigte die Öffentlichkeit der Vereinigten Staaten keineswegs.

Der Indifferenz der Behörden zum Trotz drängte eine kleine Anzahl von Privatleuten zwölf Jahre lang verbissen auf eine Wiederaufnahme des Falles. Nach etlichen Fehlschlägen und der zunehmenden Schockwirkung weiterer politischer Attentate auf die Öffentlichkeit der Vereinigten Staaten wurde ihre Hartnäckigkeit schließlich von Erfolg gekrönt. Mit überwiegender Stimmenmehrheit beschloß der Kongreß, die Umstände der Ermordung Kennedys sowie die des im Jahre 1968 getöteten Bürgerrechtkämpfers Martin Luther King nachzuprüfen. Die später als Kongreßausschuß für die Untersuchung der Attentate, kurz Kongreßausschuß für Attentate, bekannt gewordene Kommission wurde mit der »genauen und vollständigen« Untersuchung der Attentate auf John F. Kennedy und Martin Luther King betraut. Bereits der erste Vorsitzende des Ausschusses erklärte vor dem Kongreß, er sei davon überzeugt, daß es sich bei der Ermordung Kennedys um eine Verschwörung gehandelt habe. Im Jahre 1978 schien diese Überzeugung allerdings verfrüht und unbegründet gewesen zu sein. Die Öffentlichkeit der USA war damals noch auf einen Bericht gefaßt, der der Fehlzündung einer nassen Feuerwerksrakete gleichen würde. Doch sah sich der Ausschuß im Sommer des Jahres 1978 gezwungen, sein bisheriges Urteil wesentlich zu revidieren. Ein angesehener Akustik-Experte, der den Auftrag hatte, ein zur Zeit des Attentats auf der Dealey Plaza aufgenommenes Tonband zu analysieren, gelangte zu einer zwar vorsichtigen, doch sensationellen Schlußfolgerung. Er berichtete, daß das Tonband, nicht wie bisher angenommen, drei Schüsse registriert hatte, sondern vier. Überdies meinte der Experte, daß der dritte Schuß anscheinend von vorne abgefeuert worden war. Dieser Schuß konnte also unmöglich von Oswald, der angeblich von der Book Depository, also von hinten, auf den Präsidenten geschossen hatte, abgefeuert worden sein. Dem Urteil des Akustik-Experten zufolge müssen also zumindest zwei Scharfschützen aus entgegengesetzten Richtungen auf den Präsidenten geschossen haben. Zwei Scharfschützen deuten jedoch auf eine Verschwörung. Der Ausschuß beantragte weitere Akustik-Untersuchungen, und so kam es in den letzten Stunden, bevor das Mandat des Ausschusses für Attentate abgelaufen war, zu der Zeugenaussage zweier weiterer Akustik-Experten. Ihr Bericht bekräftigte mit wissenschaftlicher Bestimmtheit, daß mehr als ein Scharfschütze am Werk gewesen war. Der oberste Rechtsbeirat des Ausschusses erklärte kategorisch: »Es ist nun wissenschaftlich bewiesen, daß es sich um zwei Schützen und somit um eine Verschwörung gehandelt hat.«

Einige Monate später, im Sommer des Jahres 1979 berichtete der Ausschuß: »Die Ermordung Präsident Kennedys ist wahrscheinlich das Ergebnis einer Verschwörung gewesen.« Der Ausschuß, so ging es weiter, sehe sich gezwungen, das Ergebnis der wissenschaftlichen Untersuchung als Tatsache zu akzeptieren, und »fordert demzufolge eine Nachprüfung ihrer früheren Annahmen«. Der Ausschuß glaubte damals immer noch fest daran, daß der Todesschuß von Oswald abgefeuert worden war. Doch sprach der Ausschuß diesmal den Verdacht aus, daß gewisse Elemente der Mafia oder der exilkubanischen Anti-Castro-Aktivisten, oder beide, an der Verschwörung beteiligt gewesen sein könnten. Der Ausschuß betonte insbesondere, daß zwei noch lebende Bosse der Mafia, Carlos Marcello und Santos Trafficante, »das Motiv, die Mittel und die Gelegenheit« hatten, den Präsidenten zu ermorden. Der Ausschuß enthüllte zum erstenmal »glaubwürdige Verbindungen«, die sowohl Oswald wie auch Jack Ruby – durch Verbindungsmänner – mit dem Netzwerk Marcellos verknüpften. Der oberste Rechtsbeirat des Ausschusses äußerte: »Wenn der Geschichte mit der Wahrheit gedient ist, dann haben wir der Geschichte einen Dienst erwiesen.« Seine Kollegen waren jedoch noch nicht überzeugt, neue Zweifel tauchten auf, und diese entfachten erneut eine Debatte.

Drei der zwölf Mitglieder des Ausschusses meinten, die Schlußfolgerung, daß es sich um zwei Scharfschützen gehandelt habe, sei verfrüht und möglicherweise falsch gewesen. Andere, einschließlich der oberste Rechtsbeirat, glaubten, drei Schützen seien am Werk gewesen.

Inzwischen vergeudeten auch die unabhängigen Nachforscher ihre Zeit nicht und griffen die schwachen Punkte des Berichtes an. Im Brennpunkt ihrer Angriffe steht die fragliche Rolle Oswalds.

Wenn er wirklich der fanatische Linksradikale gewesen war, der er zu sein schien, wie läßt sich das mit einer von der Mafia inspirierten Verschwörung vereinen? War er jedoch der Einzelgänger und alleinige Schuldtragende, wo kam der »zweite« Scharfschütze des Kongreßausschusses her? Der Ausschuß gibt zu, »daß sich Ruby sowie Oswald nur vage gegen einen Hintergrund von ungeklärten, zumindest noch nicht völlig aufgeklärten Geschehnissen, Verbindungen und Motiven abzeichnen«. Trotz der Indizenbeweise gegen Oswald glauben manche nüchterne und vorurteilsfreie Nachforscher, daß Oswald eine Marionette gewesen und seine Schuld manipuliert worden sei. Der Ausschuß wies Vermutungen einer Mitbeteiligung der amerikanischen Nachrichtendienste an der Ermordung des Präsidenten zurück. Obwohl diese Schlußfolgerung korrekt zu sein scheint, vernachlässigte der Kongreßausschuß einige seiner eigenen Enthüllungen, wie die Vernichtung des Oswaldschen Briefes durch FBI-Beamte. Der Ausschuß fand, daß dieses Vorgehen und die Aussagen der fraglichen Beamten deren Glaubwürdigkeit beeinträchtigten, und ging der Sache nicht weiter nach. Der Ausschuß überprüfte wohl die Aussage, daß Oswald kurz vor dem Attentat mit zwei Ultra-Rechtsextremen zusammen gewesen sei, von denen einer der ehemalige Chef der FBI-Agenten von Chicago gewesen war und noch andauernd in Beziehung zur CIA stand, doch ließ er es dabei bewenden. Der Ausschuß vermied eindeutig die Beantwortung der Frage, ob Oswald jemals in Verbindung mit dem CIA oder einem der anderen amerikanischen Nachrichtendienste gestanden hat. Weder die Entdeckung, daß die CIA-Akten eines Agenten, der Oswald in der UdSSR getroffen hatte, aus Sicherheitsgründen abgesondert worden waren, beunruhigte den Ausschuß. Er gab sich nicht mit der von der CIA gebotenen Erklärung, daß dieser Vorgang der Abschirmung diente, zufrieden. In einem anderen Bereich fand sich der Ausschuß durch die Weigerung der CIA, ihre Quellen bekanntzumachen, behindert.

Der Ausschuß stellte einwandfrei fest, daß einer der engsten Gefährten Oswalds Verbindungen zu einem CIA-Agenten in Dallas, und später zu einem ranghohen Angehörigen der amerikanischen Nachrichtendienste hatte. Der Ausschuß war jedoch nicht in der Lage, die Behauptung eines Zeugen, der Oswald kurz vor dem Attentat in der Gesellschaft eines Angehörigen des amerikanischen Nachrichtendienstes gesehen haben wollte, zu bekräftigen. Als der Ausschuß jedoch überzeugende Informationen für die Existenz des fraglichen Geheimagenten erhielt, erklärten die Nachrichtendienste, nichts von ihm zu wissen. Manche sind fest überzeugt, daß die wesentlichen Informationen in dieser Angelegenheit von den Nachrichtendiensten zurückgehalten oder vernichtet worden sind. Der Kongreßausschuß stellte fest, daß der Armee-Nachrichtendienst eine Oswald-Akte geführt hatte. Die Armee stellte diese Akte jedoch der Warren-Kommission nicht zur Verfügung und hat sie später vernichtet. Der Kongreßausschuß kommentierte trocken: »Die Frage, ob Oswald mit dem Armee-Nachrichtendienst in Verbindung gestanden hat, konnte nicht beantwortet werden.«

Die Tatsache, daß mehrere Mafiosi, die der Mitwirkung an der Ermordung Kennedys verdächtig waren, auch mehrmals an einem CIA-

Mafia-Mordkomplott auf das Leben Fidel Castros beteiligt gewesen waren, half dem Kongreßausschuß nicht weiter. Dennoch würde kaum jemand die Richtigkeit der Aussage eines prominenten Zeugen bezweifeln, daß die CIA noch immer Informationen hinsichtlich ihrer politischen Mordkomplotte verheimlichte und verfälschte.

Zu ihrer Schande hat die amerikanische Presse die Ergebnisse und Schlußfolgerungen des Kongreßausschusses für Attentate im allgemeinen heruntergespielt oder beiseite geschoben. Die Lethargie der Presse mag darauf zurückzuführen sein, daß die Umstände des Attentats zu jener Zeit niemals kritisch und ernsthaft von der Presse nachgeprüft worden waren. In der Zeit vor Vietnam und Watergate wurden Untersuchungen und Nachforschungen den Behörden überlassen. Von jeher haben sich die Redakteure damit zufriedenzugeben, die Bemühungen der unabhängigen Nachforscher, die die Schlußfolgerungen des Warren-Komitees bezweifelten, zu diffamieren. In manchen Fällen hatten sie freilich recht, jetzt aber hat eine nüchterne und ausführliche Kongreßuntersuchung diese ernsthaften unabhängigen Nachforscher gerechtfertigt. So sollte die Presse heute zumindest bereit sein, den Fall Kennedy ernsthaft zu behandeln.

Mehr als zwei Jahre lang habe ich mich der Sammlung und Auswertung von Dokumenten hinsichtlich des Falles Kennedy gewidmet und bin weit gereist, um eine große Anzahl von Zeugen zu interviewen. Letzteres war eine Gelegenheit, die vielen Nachforschern, die sich auf das Lesen des Materials beschränken mußten, versagt war. Es ist vielleicht ein zusätzlicher Kommentar zur Leistung der Presse, daß ich keinen anderen Kollegen kenne, der jemals beauftragt war, den Fall so gründlich und ernsthaft zu studieren, wie ich es getan habe. Mit diesen Qualifikationen und der geduldigen Hilfe ernsthafter Nachforscher habe ich die folgende Darstellung des Verbrechens und der Kontroverse des Jahrhunderts aus den Einzelheiten zusammengestellt.

So manche mögen es langwierig finden, nach so vielen Jahren noch die gerichtsmedizinischen und ballistischen Einzelheiten des Attentates zu lesen. Mein Buch ist keine Facharbeit, und, ich überlasse das Fachliche den Experten. Doch müssen die wissenschaftlichen Aspekte des Falles behandelt werden, nicht zuletzt weil es die Wissenschaft war, die vor kurzer Zeit den Fall auf den Kopf gestellt hatte. Jenseits der Wissenschaft gibt es auch noch einen mehr entrückten Bereich von mysteriösen und paradoxen Geschehnissen, die gleichfalls auf die Waagschale der Indizien gelegt werden müssen.

Wenn man die Fülle früherer Theorien, wer Kennedy ermordet hat und weshalb, destilliert, bleiben drei Hypothesen übrig: Mitglieder der Mafia, eine kleine Clique von Angehörigen der amerikanischen

Nachrichtendienste und Anti-Castro-Aktivisten. Elemente aus allen drei Gruppen, eine nicht außergewöhnliche Verbrechensgemeinschaft der sechziger Jahre, mögen am Komplott beteiligt gewesen sein. Der oberste Rechtsberater des Kongreßausschusses für Attentate, Professor Blakey, ist von der Schuld führender Persönlichkeiten der Mafia überzeugt. Er betont jedoch, daß das seine persönliche Ansicht und nicht die des Ausschusses sei. Aus einer Reihe von Gesprächen mit ehemaligen führenden Mitgliedern des Kongreßausschusses wurde es klar, daß der Ausschuß seine Arbeit abschloß, ohne zu einem Konsensus gekommen zu sein. Ein Anwalt meinte, »die Annahme, das organisierte Verbrechen sei einzig und allein an der Ermordung des Präsidenten schuld, beruht auf einer dichterischen Fiktion – es existieren zu viele unbeantwortete Fragen in anderen Bereichen.« Insbesondere betonte er, daß die Frage nach der Beteiligung einer Clique der Nachrichtendienste offen bleibe. Ein Sachbearbeiter des Ausschusses sagte: »Der Aspekt, daß der Armee-Nachrichtendienst für die Vernichtung ihrer Oswald-Akten verantwortlich gewesen war, wurde unzulänglich untersucht.« Eine Anzahl von Hinweisen deutet darauf hin, daß Oswald das Werkzeug einer Clique der amerikanischen Nachrichtendienste gewesen war. Hinweise dieser Art verlangen nach weiteren Nachforschungen. Keiner der Mitglieder des Ausschusses – was auch immer seine persönliche Meinung gewesen sein mag – war der Auffassung, daß der Fall vollkommen nachgeprüft worden war. Alle stimmten überein, daß der Mangel an Zeit und Geld den Ausschuß gezwungen hätten seine Nachforschungen abzubrechen.

Der Oberste Rechtsberater des Ausschusses sagte vor kurzem über die ursprünglichen Untersuchungen hinsichtlich der Ermordung Präsident Kennedys und Luther Martin Kings: »Die Unzulänglichkeit der in den Jahren 1964 und 1968 durchgeführten Untersuchungen war die erschütterndste Erfahrung meines Lebens. Ich wäre zutiefst von den Behörden meiner Regierung enttäuscht, wenn sie diese Fälle einfach in Vergessenheit geraten ließen.« Professor Blakey meint, daß er der Möglichkeit, »eine Anklage zu erheben«, nahe kommen könnte, wenn ihn das Justizministerium unterstützen würde. Das ist, mit allen Maßstäben gemessen, ein großer Fortschritt. Da die Äußerung von einer Persönlichkeit wie Professor Blakey stammt, der ein großes Ansehen hat, sollte sie von den zuständigen Behörden beachtet werden. Das Justizministerium reagierte jedoch bisher nur mit Ablenkungsmanövern.

Ein oberflächlicher und skeptischer Kommentar des FBI zum Akustik-Gutachten, das den Ausschuß veranlaßt hatte, die Existenz von mindest zwei Scharfschützen anzunehmen, war bis jetzt die einzige offizielle Reaktion auf den formellen Bericht des Kongreßausschusses für Attentate. Der Oberste Rechtsberater des Ausschusses, Professor Blakey, bemerkt hierzu: »Die Gegenargumente des FBI sind nicht einmal eines Studenten der Physik im ersten Studienjahr würdig.« Zum Zeitpunkt der Drucklegung der deutschen Ausgabe rechtfertigen die Ergebnisse einer unabhängigen wissenschaftlichen Analyse den verächtlichen Hohn Professor Blakeys. Gemeint ist das Fachurteil der Nationalen Akademie der Wissenschaften.

Inzwischen stehen die Öffentlichkeit Amerikas und die Gesetzgeber des Landes scheinbar ohnmächtig der zynischen Lethargie des Justizministeriums gegenüber. Es erscheint jetzt zwar zweifelhaft, doch noch immer nicht unmöglich, daß die Gerechtigkeit die Mängel des Vorgehens im Jahre 1963 wiedergutmachen wird.

A. S.
Januar 1981

Dramatis personae

JOHN F. KENNEDY: Präsident der Vereinigten Staaten.
ROBERT F. KENNEDY: Justizminister der Vereinigten Staaten.

Die Familie Oswald

OSWALD, LEE HARVEY: zunächst offiziell zum Alleinschuldigen für die Ermordung des Präsidenten erklärt. Die neuesten offiziellen Untersuchungen deuten darauf hin, daß er zumindest einen Komplizen hatte; manche Nachforscher bezweifeln, ob er überhaupt auf Kennedy geschossen hat.

OSWALD, MARINA (geborene Nikolaevna Prusakova): heiratete Oswald in der Sowjetunion und ging mit ihm in die Vereinigten Staaten.

OSWALD, MARGUERITE: Lees Mutter.

OSWALD, ROBERT: Lees ältester Bruder.

MURRET, CHARLES »Dutz«: Oswalds Onkel in New Orleans; stand in Verbindungen mit dem Organisierten Verbrechen.

MURRET, LILLIAN: Charles' Frau.

Personen, die entweder des öfteren erwähnt werden oder eine bedeutende Rolle spielen

ALBA, ADRIAN: Garagenbesitzer, der Oswald in New Orleans kannte und beobachtete.

ALEXANDER, WILLIAM: zur Zeit des Attentates »Assistant District Attorney« in Dallas. (In den Vereinigten Staaten hat jeder Wahlbezirk seine eigene Staatsanwaltschaft, dessen Personal vom neugewählten Präsidenten jeweils ersetzt und neuernannt wird. Da es für District Attorney und Assistant District Attorney kein Equivalent im deutschen Rechtssystem gibt, wird im Text die amerikanische Bezeichnung beibehalten.)

BANISTER, GUY: pensionierter hochrangiger FBI- und angeblich auch Marinenachrichtendienst-Agent; stand mit Oswald angeblich in New Orleans in Verbindung.

BOOTH LUCE, CLARE: Autorin und Diplomatin, unterstützte exilkubanische Anti-Castro-Aktivisten finanziell.

BRADLAY, BEN: Anfang der sechziger Jahre Chef der Newsweek in Washington und Freund der Familie Kennedy, erfuhr von Hoffas Drohung gegen Robert Kennedy. Er drängte auf einen Empfang des französischen Korrespondenten Jean Daniel vor seiner Reise nach Kuba durch den Präsidenten.

BROWDER, EDDIE: Waffenhändler aus Florida, an exilkubanischen Aktivitäten gegen Castro beteiligt.

BUCHANAN, JAMES: Verfasser eines Artikels, in dem behauptet wird, Oswald habe an Pro-Castro-Aktivitäten in Miami teilgenommen.

BUCHANAN, JERRY: Bruder von James, Castro-Gegner und Abenteurer.

BUTLER, GEORGE: Polizeileutnant in Dallas, war bei der Aufdeckung eines Mafiaunternehmens, in den Bereich von Dallas einzudringen, tätig. War an den Sicherheitsmaßnahmen beteiligt, als Ruby Oswald erschoß.

CAMPBELL, ALLEN: Angestellter der Firma Guy Banister in New Orleans – Datum ungewiß.

CAMPBELL, DANIEL: Allens Bruder; arbeitete 1963 für Guy Banister.

CLARK, COMER: britischer Berichterstatter; behauptet, Fidel Castro über Oswalds Besuche in der kubanischen Botschaft in Mexico City interviewt zu haben.

CONNALLY, JOHN: Gouverneur von Texas, beim Attentat auf den Präsidenten schwer verletzt.

CONTRERAS, OSCAR: mexikanischer Zeitungsherausgeber, ehemaliges Mitglied einer mexikanischen Studentengruppe; berichtete, einem Mann, der sich als Oswald ausgab, begegnet zu sein.

CURRY, JESSE: Chef der Polizei von Dallas zur Zeit der Ermordung Kennedys.

DELGADO, NELSON: Marineinfanterist, der zusammen mit Oswald in Kalifornien diente.

DE MOHRENSCHILDT, GEORGE: russischer Emigrant mit Verbindungen zum amerikanischen Nachrichtendienst, der sich mit Oswald nach dessen Heimkehr aus der UdSSR anfreundete.

DE MOHRENSCHILDT, JEANNE: Frau von George, ebenfalls mit den Oswalds befreundet.

DESLATTES, OSCAR: Lastkraftwagenhändler aus New Orleans, der von dem Gebrauch des Namens »Oswald« durch Castro-Gegner bereits 1961 berichtete.

FERRIE, DAVID: ehemaliger Fluglinienpilot mit angeblichen Verbindungen zum CIA und nachweisbaren Verbindungen zur Mafia; angeblich ein Freund Oswalds.

Fritz, Will (Captain): Chef des Mordkommissariats der Polizei von Dallas.

Garrison, Jim: Staatsanwalt von New Orleans, der die Kennedy-Untersuchungen 1967 neueröffnete.

Garro, Elena: rechtsorientierte mexikanische Schriftstellerin, mit Verbindungen zur amerikanischen Botschaft; beschuldigte Oswald, Beziehung zu Beamten der kubanischen Botschaft gehabt zu haben.

Glenn, John: ehemaliger Agent des amerikanischen Marinenachrichtendienstes, der später Mitglied des Fair Play for Cuba Committees (FPCC) (Organisation zur Verbreitung von Pro-Castro-Propaganda im Ausland.) Sein Lebenslauf zeigt interessante Parallelen zu dem Oswalds.

Hemming, Jerry: ehemaliger Marineinfanterist, später militanter Castro-Gegner; behauptet, Oswald 1959 begegnet zu sein und ihn als Geheimagenten des militärischen Nachrichtendienstes erkannt zu haben.

»Hidell, Alek«: ein von Oswald zuweilen in seinen Pro-Castro-Aktivitäten benutztes Pseudonym. Das später im Texas School Book Depository gefundene Gewehr wurde auf den Namen Hidell bestellt. »Hidell« war der Spitzname von John Rene Heindel, der mit Oswald in Japan gedient hatte.

Hunt, J. L.: texanischer Ölmagnat.

Hyde, Marie: traf Oswald in Minsk, nachdem sie sich einer amerikanischen Reisegesellschaft unter ungewöhnlichen Umständen angeschlossen hatte; machte Fotos von Oswald.

Johnson, Lyndon B.: 1963 Vizepräsident der Vereinigten Staaten; Amtsnachfolger Kennedys.

Kantor, Seth: Berichterstatter aus Washington, der Jack Ruby im Krankenhaus, in dem der Präsident gestorben war, begegnete; später »Ruby-Experte« im Fall Kennedy.

Kramer, Monica: begegnete Oswald in Minsk sowie (laut Aussage ihrer Freundin Rita Naman) in Moskau, Oswald Fotos in Minsk stammen von ihr.

Mann, Thomas: amerikanischer Botschafter in Mexico City.

Martin, Jack: Angestellter von Guy Banister in New Orleans, bekundete später den Verdacht einer Verbindung zwischen Oswald und David Ferrie.

Martin, John: Präsident der Gewerkschaft der Schrotthändler von Chicago im Jahre 1939, deren »Reisender« Jack Ruby war; mit seinem Amtsantritt begann sich das Organisierte Verbrechen auch in Gewerkschaftsangelegenheiten einzumischen.

McKeown, Robert: Waffenschmuggler, der von einem Besuch

Oswalds in Zusammenhang mit kubanischen Intrigen berichtete, später behauptete er, auch Oswald begegnet zu sein.

McVICKAR, JOHN: stellvertretender Konsul in der amerikanischen Botschaft in Moskau; begegnete Oswald.

»YURI MEREGINSKY«: gelegentlich von Marina als der Mann angegeben, der sie mit Oswald bekannt gemacht hatte.

NAMAN, RITA: amerikanische Touristin, behauptet, Oswald in Minsk sowie in Moskau begegnet zu sein.

NOSENKO, YURI: KGB-Angehöriger, der kurz nach der Ermordung Kennedys in die Vereinigten Staaten überlief. Trotz ernsthafter Zweifel an der Aufrichtigkeit seines Wechsels arbeitet er gegenwärtig für den CIA.

PAINE, RUTH: Freundin von Marina Oswald in Texas; Oswald übernachtete in ihrem Haus am Vorabend des Attentates.

PRUSAKOV, ILYA: Marina Oswalds Onkel, Oberstleutnant im Ministerium des Innern der UdSSR.

ROBERTS, DELPHINE: Rechtsextremistin aus New Orleans, Sekretärin von Guy Banister, mit Tochter gleichen Namens.

RODRIGUEZ, ERNESTO: Leiter einer Sprachenschule in New Orleans; begegnete Oswald.

RODRIGUEZ, ERNESTO: ehemals CIA-Vertrags-Agent in Mexico City, behauptet, Oswald habe die kubanischen Behörden über die Mordkomplotte gegen Fidel Castro informiert.

RUBY, JACK (geborener Rubenstein): Nachtklubbesitzer in Dallas, mit lebenslangen Beziehungen zum Organisierten Verbrechen, ermordete Oswald.

SAPP, CHARLES (Captain): Mitglied des Geheimdienstes von Miami; er warnte vor einer Bedrohung höherer Regierungsbeamter seitens exilkubanischer Castro-Gegner; erfuhr, daß ein gewisser Joseph Milteer den Präsidenten zu erschießen drohte, berichtete von einem Sicherheitsalarm beim Besuch des Präsidenten in Miami am 18. November.

SNYDER, RICHARD: Konsul der amerikanischen Botschaft in Moskau, einstmaliger CIA-Angehöriger; begegnete Oswald in Moskau.

THORNLEY, KERRY: diente mit Oswald in der Marineinfanterie.

TIPPIT, J. D.: Streifenpolizist in Dallas; wurde kurz nach der Ermordung Kennedys erschossen; später wurde Oswald als sein Mörder identifiziert.

VOEBEL, EDWARD: Schulfreund Oswalds in New Orleans. Oswald und er waren zu gleicher Zeit Kadetten in der Zivil-Luftpatrouille (Civil Air Patrol).

WALKER, EDWIN (Generalmajor): rechtsextremer Agitator. Ziel eines verfehlten Mordanschlags im April 1963. Offiziell wurde Oswald als

Attentäter bezeichnet. Indizien deuten darauf hin, daß mehr als eine Person am Anschlag beteiligt war.

ZAPRUDER, ABRAHAM: sein Amateurfilm während des Attentats auf Kennedy sollte ein wesentliches Indiz werden.

Personen, die mit den Nachrichtendiensten in Verbindung standen

ANGLETON, JAMES: Chef der Gegenspionageabteilung des CIA, der sich mit vielen Aspekten der Kennedy-Untersuchung befaßte.

»FRANK BENDER«: Deckname des CIA-Angehörigen, für die Vorbereitungen der Landung in der Schweinebucht verantwortlich.

»MAURICE BISHOP«: angeblich der Deckname eines CIA-Angehörigen, der laut Veciana Oswald kurz vor dem Attentat traf. Er soll versucht haben, Indizien zu fabrizieren, die Oswald mit kubanischen Diplomaten involvierten. Er war der Anlaß eines nationalen Aufrufs für Informationen, die zur Identifikation seiner Person führen könnten.

»B. H.«: Codename, mit dem der Kongreßausschuß für Attentate einen ehemaligen Agentenführer des CIA bezeichnete, der behauptete, »Bishop« zu kennen.

»RON CROSS«: Deckname des CIA-Agentenführers, der vermutete, »Bishop« sei der Deckname des ehemaligen hochrangigen CIA-Angehörigen David Phillips.

DAVIS, THOMAS: Krimineller mit offenkundigen Beziehungen zum CIA, der auch Ruby vermutlich kannte.

DAVISON, ALEXIS (Captain): Zweiter Luftwaffenattaché der amerikanischen Botschaft in Moskau; war Oswald begegnet.

»D. C.«: Deckname, den der Kongreßausschuß dem ehemaligen Vizedirektor der Sovjet Bloc Division dem CIA gab.

DULLES, ALLEN: Direktor des CIA bis Ende 1961; später Außenminister und Mitglied des Warren-Ausschusses.

FITZGERALD, DESMOND: CIA-Angehöriger, der sich in Verhandlungen mit Roberto Cubela, dem verräterischen Assistenten Castros als Vertreter Robert Kennedys ausgab.

FOX, THOMAS (Oberst): Chef der Geheimoperationen der Nachrichtendienste des Verteidigungsministeriums.

GALLEGO, RODRIGUEZ ALBERTO: angeblicher CIA-Agent, der gegenüber der kubanischen Botschaft in Mexico City auf Beobachtungsposten stand.

GAUDET, WILLIAM: CIA-Agent, dessen Name neben dem Oswalds in der Liste der Einreisevisa nach Mexiko verzeichnet war.

»DUG GUPTON«: Deckname eines CIA-Sonderagenten, der sich nicht entsinnen konnte, daß Philipps den Decknamen »Bishop« benutzt hatte.

HARVEY, WILLIAM: hochrangiger CIA-Angehöriger, koordinierte mehrmals ein CIA-Mafia-Komplott mit dem Ziel der Ermordung Castros; war Chef der CIA-Abteilung »Executive Action« zur Beseitigung ausländischer Politiker.

HUNT, E. HOWARD: Chef der CIA-Abteilung für Exilkubaner; einer der ersten, der die Ermordung Castros empfahl.

JONES, ROBERT E. (Oberstleutnant): zur Zeit des Attentates Operationschef der 112. Abteilung des militärischen Nachrichtendienstes; behauptete, der Armeenachrichtendienst habe Akten über Oswald geführt.

KAIL, SAM (Oberst): Militärattaché in Havanna nach Castros Revolution. Angeblich von »Bishop« erwähnt, war 1963 mit dem Vertreter Haitis, Clemard Charles, in Gespräche, den militärischen Nachrichtendienst betreffend, verwickelt.

MAHEU, ROBERT: ehemaliger FBI-Agent in Chicago; Verbindungsmann zwischen CIA und Mafia.

MARCHETTI, VICTOR: ehemaliger Assistent des Vizedirektors des CIA, zuvor Experte für CIA-Operationen in der UdSSR.

MCCONE, JOHN: Direktor des CIA von 1961 bis nach dem Tode Präsident Kennedys, 1963.

»MR. MELTON«: Deckname eines amerikanischen Nachrichtendienst-Angehörigen, der angeblich Antonio Veciana in Havanna »ausbildete«.

MILLER, NEWTON: ehemaliger Operationschef der Gegenspionage-Abteilung der CIA.

MOORE, J. WALTON: Vertreter in Dallas der »Home Contacts Division« (Abteilung für Kontakte innerhalb der USA) des CIA.

OTEPKA, OTTO: oberster Sicherheitsbeamter des State Department.

PAWLEY, WILLIAM: ehemaliger amerikanischer Diplomat; aktiv an Mordverschwörungen gegen Castro beteiligt.

PROUTY, FLETCHER (Oberst): Verbindungsoffizier zwischen Pentagon und CIA.

QJ/WIN: Codename eines ausländischen Staatsangehörigen mit krimineller Vergangenheit, von dem CIA beauftragt, Täter für geplante Mordaktionen anzuwerben.

FBI-Angehörige

DE BRUEYS, WARREN: Sonderagent in New Orleans; verneinte, Oswald gekannt zu haben.

DOYLE, DANIEL: Agent in Atlanta, der angeblich seinen Dienst quittierte, weil in den Untersuchungen nach dem Attentat alle Kuba betreffenden Aspekte vorsätzlich ausgeklammert wurden.

FLYNN, CHARLES: Agent in Dallas, der Jack Ruby 1959 als Spitzel einsetzte.

HOOVER, EDGAR J.: Direktor des FBI.

HOSTY, JAMES: für die Überwachung Oswalds verantwortlicher Agent in Dallas, der eingestand, Nachrichten, die Oswald bei dem FBI hinterlassen hatte, zerstört zu haben.

KAACK, MILTON: Agent in New Orleans, mit der Überwachung Oswalds in New Orleans betraut.

KENNEDY, REGIS: Agent in New Orleans, involviert in die Attentats-Untersuchungen, verteidigte den Mafiaboß, Carlos Marcello, in dessen Landesverweisungsprozeß in New Orleans.

MURTAUGH, ARTHUR: Agent in Atlanta, der das Vorgehen des FBI bei den Kennedy- und King-Untersuchungen kritisierte.

QUIGLEY, JOHN: Agent in New Orleans, der den inhaftierten Oswald in New Orleans auf dessen Ansuchen, einen FBI-Agenten zu sprechen, (nach einem Straßenkrawall zwischen Oswald einerseits und Carlos Bringuier und anderen exilkubanischen Anti-Castro-Aktivisten andererseits) im Gefängnis besuchte.

SHANKLIN, GORDON: zur Zeit des Attentates Agentenführer mit speziellen Aufgaben in Dallas; angeblich befahl er Hosty, Oswalds Brief an das FBI in Dallas zu vernichten.

SULLIVAN, WILLIAM: Vizedirektor des FBI.

WOOD, JAMES: Agent, der George de Mohrenschildt in Haiti befragte.

Personen, die in den Konflikt über Kuba involviert waren

ALVARADO, GILBERTO: nicaraguanischer Agent, der Oswald beschuldigte, mit kubanischen Diplomaten in Verbindung zu stehen.

»ANGEL« (oder »ANGELO«): Lateinamerikaner, der Silvia Odio in Gesellschaft eines Mannes, der als »Leon Oswald« vorgestellt wurde, besuchte und behauptete, ein Mitglied der JURE (Junta Revolucionaria Cubana, die das Ziel eines revolutionären Regimes in Kuba ohne Castro und dem Einfluß der UdSSR verfolgte) zu sein.

ARCACHA SMITH, SERGIO: ehemaliger Beamter des Batista Regimes; eröffnete 1961 das Büro des Anti-Castro Cuban Revolutionary Council (CRC) in der Camp Street 544, in New Orleans.

ARTIME, MANUEL: Schlüsselfigur bei dem Schweinebucht-Unternehmen des CIA und enger Freund von Howard Hunt.

ATTWOOD, WILLIAM: Sonderberater der Delegation der Vereinigten Staaten in der UNO, im Rang eines Botschafters.

AZCUE, EUSEBIO: kubanischer Konsul in Mexico City; konfrontiert mit jenem Besucher der kubanischen Botschaft, der sich als »Oswald« ausgab, welchen er jedoch für einen Betrüger hielt.

BRINGUIER, CARLOS: Vertreter der »DRE« (Directorio Revolucionario Estudiantil) in New Orleans, der mit Oswald Streit über Kuba hatte.

CAIRE, RONNIE: Werbefachmann in New Orleans; Anhänger der Anti-Castro-Organisation »Kreuzzug zur Befreiung Kubas«; er schien sich an einen Besuch Oswalds »zu erinnern«.

CARDONA, JOSÉ MIRO: bis 1963 Präsident der CRC (Cuban Revolutionary Council); resignierte wegen Kennedys neuer Kuba-Politik.

CASTRO, FIDEL: Führer der kubanischen Revolution; später Ministerpräsident.

CUBELA, ROLANDO: enttäuschter Held der kubanischen Revolution. Unter dem Codenamen AM/LASH von dem CIA angeworben, nahm an einem der zahlreichen Komplotte, Fidel Castro zu ermorden, teil.

DANIEL, JEAN: prominenter französischer Journalist (l'Express); befand sich am Tage der Ermordung Kennedys in der Gesellschaft Castros; fungierte als informeller Mittelsmann zwischen den beiden Staatsoberhäuptern (der USA und Kubas).

DURAN, SILVIA: Sekretärin des kubanischen Konsuls in Mexico City; füllte ein Visumformular auf den Namen Oswald aus. Die wahre Identität des Antragstellers ist noch immer nicht geklärt.

GONZALEZ, PEDRO: Präsident des kubanischen »Befreiungskomitees« in Abilene, Texas; er bekam fünf Tage vor der Ermordung Kennedys eine mit »Lee Oswald« bezeichnete Nachricht.

GONZALEZ, REINALDO: Koordinator der linksorientierten Anti-Castro-Bewegung »MRP« (revolutionäre Volksbewegung) in Kuba; nach Beteiligung an einem von Antonio Veciana organisierten Mordversuch an Castro, auf dem Gut der Odios verhaftet.

HALL, LORAN: Mitglied einer von dem CIA unterstützten Anti-Castro-Gruppe; verhaftet wegen Mißachtung des Verbots nicht autorisierter Angriffe auf Kuba; nach der Ermordung Kennedys versuchte er, die Geschichte Silvia Odios durch eine erfundene »Erklärung« zu verharmlosen.

HARKER, DANIEL: Berichterstatter der »Associated Press« (AP) in Havanna; interviewte Castro September 1963.

HOWARD, LISA: Korrespondentin der »American Broadcasting Company«; nach einem Interview mit Castro unterstützte sie Botschafter Attwood bei seinen diplomatischen Kontakten mit Havanna.

KOHLY, MARIO: Sohn des gleichnamigen exilkubanischen Castro-Gegners, der sich als Präsident der Exilregierung bezeichnete und aus erster Quelle über das Attentat informiert war.

LECHUGA, CARLOS: kubanischer Botschafter bei der UNO; beteiligt an geheimen diplomatischen Kontakten zwischen Castro und Kennedy unmittelbar vor dessen Ermordung.

»LEOPOLDO«: Lateinamerikaner und Anführer der Männer, die Silvia Odio besuchten; stellte einen seiner Begleiter als »Leon Oswald« vor; behauptete, ein Mitglied der JURE (Junta Revolucionaria Cubana) zu sein.

MARTINEZ, JORGE: Anti-Castro-Exilkubaner, der vor der Ermordung Kennedys von einem »Scharfschützen und Marineinfanteristen« namens »Lee« dunkle Anspielungen verlauten ließ.

MASFERRER, ROLANDO: Komplize des einstmaligen Diktators Batista; spielte eine führende Rolle in der exilkubanischen Anti-Castro-Politik.

MIRABAL, ALFREDO: Nachfolger Azcues als kubanischer Konsul in Mexico City; erlebte den Besucher der Botschaft, der sich als »Oswald« ausgab.

MOORE, JOSEPH (möglicherweise ein Pseudonym): Vertreter der »Freunde eines demokratischen Kubas«, der 1961 den Namen »Oswald« auf dem Bestellformular für Lastwagen angab.

ODIO, SILVIA und ANNIE: Töchter eines reichen kubanischen Politikers namens Amador Odio; berichteten vor dem Attentat von dem Besuch zweier Lateinamerikaner in Begleitung eines Amerikaners, der als »Leon Oswald« vorgestellt wurde. Silvia, einer Anhängerin von JURE, wurde mitgeteilt, »Leon« befürworte die Ermordung des amerikanischen Präsidenten.

PENA, OREST: Anti-Castro-Politiker in New Orleans; behauptete, Oswald in seiner Bar mit einem FBI-Agenten gesehen zu haben; hinterlegte eine Kaution für Bringuier, als dieser inhaftiert war.

PRIO, CARLOS: ehemaliger Präsident von Kuba, mit Verbindungen zum Organisierten Verbrechen.

QUIROGA, CARLOS: Anti-Castro-Politiker, Freund von Carlos Bringuier, besuchte Oswald nach dem Straßenauflauf in New Orleans.

SAN ROMAN, PEPE: Kommandant der Invasionsstreitkräfte bei der Landung in der Schweinebucht.

STURGIS, FRANK (geborener Fiorini): Vor der Machtübernahme Anhänger Castros, dann Inspektor der Havanna-Kasinos, später gegen Castro kämpfend, verbreitete Gerüchte, die Oswald mit Castros Nachrichtendienst in Verbindung brachten; später einer der Watergate-Einbrecher.

DEL VALLE, ELADIO: Vorsitzender des »Komitees für ein Freies Kuba« in Florida; angeblich mit Verbindungen zu Santos Trafficante; ein Freund von David Ferries.

DA VARONA, ANTONIO: Vizepräsident, später Präsident des CRC, des kubanischen Revolutionsrates; nahm – mit Santos Trafficante als Verbindungsmann – teil an CIA-Aktionen zur Ermordung Castros.

VECIANA, ANTONIO: führende Figur im Kampf gegen Castro; Kommandant der Guppe »Alpha 66«; behauptete, sein Verbindungsmann zum CIA, »Maurice Bishop«, habe Oswald vor dem Attentat auf Kennedy getroffen.

Personen, die in Zusammenhang mit dem Organisierten Verbrechen oder Jack Ruby erwähnt werden

ALEMAN, JOSE: Exilkubaner, Sohn eines ehemaligen Kabinettministers; laut Aleman soll Santos Trafficante gesagt haben: »Der Präsident wird erschossen werden«, (der Ausdruck »going to be hit« läßt jedoch mehrere Deutungen zu, von: er wird bei den Neuwahlen eine Niederlage erleiden, bis: er wird erschossen werden).

ANDREWS, DEAN: Anwalt in New Orleans; behauptete, Oswald habe sein Büro im Sommer 1963 besucht; nach dem Attentat wurde er gebeten, Oswald zu verteidigen.

BAKER, ROBERT »BARNEY«: Jimmy Hoffas Vertrauter; telefonierte zwei Wochen vor dem Attentat zweimal mit Jack Ruby.

BECKER, EDWARD: einstmals Croupier, später Ermittler in Sachen Kasinos, behauptet, Carlos Marcello habe über die Ermordung Kennedys gesprochen.

BRADING, EUGENE (nannte sich seit 1963 Jim Braden): nach dem Attentat wegen »verdächtigen Benehmens« vorübergehend inhaftiert.

BRUNEAU, EMILE: Partner von Marcellos Gefolgsmann, Nofio Pecora; erwirkte die Freilassung des nach dem Straßenauflauf in New Orleans inhaftierten Oswald durch eine Sicherheitsleistung.

CAMPISI, JOSEPH: Besitzer des »Egyptian Restaurants« in Dallas; besuchte Jack Ruby im Gefängnis.

CIVELLO, JOSEPH: angeblich an den Mafia-Unternehmungen von Carlos Marcello in Dallas beteiligt.

CRIMALDI, CHARLES: ehemaliger Auftragsmörder in Chicago, später Spitzel.

DANIELS, »HAWK«: bundesstaatlicher Untersuchungsrichter, später Richter; hörte als Bundesermittler ein Telefongespräch zwischen Hoffa und einem seiner führenden Gefolgsmänner ab, in dem die Ermordung des Justizministers Robert Kennedy besprochen wurde.

DEAN, PATRICK (Sergeant): spielte eine Schlüsselrolle bei den polizeilichen Sicherheitsmaßnahmen vor der Ermordung Oswalds durch Ruby.

DOLAN, JAMES: Kontakt von Jack Ruby. Involviert mit Santos Trafficante und dem Netzwerk Marcellos.

EXNER, JUDITH: hatte gleichzeitig ein Verhältnis mit dem Mafiaboß Sam Giancana und dem Präsidenten Kennedy.

GIANCANA, SAM: Mafiaboß in Chicago; koordinierte CIA-Mafia-Aktionen zur Ermordung Castros.

GILL, WRAY: Anwalt von Carlo Marcello; David Ferrie arbeitete für ihn.

HARRISON, WILLIAM »BLACKIE«: Polizist in Dallas; war mit Sicherheitsvorkehrungen betroffen, bevor Ruby Oswald erschoß.

HOFFA, JIMMY: Chef der Lastwagenfahrer-Gewerkschaft; plante, wie von Zeugen behauptet wurde, die Ermordung Robert Kennedys.

HOWARD, TOM: Jack Rubys erster Anwalt.

JONES, PAUL ROLAND: nahm an dem Versuch der Mafia, ihren Bereich auf Dallas auszuweiten, teil; Freund von Jack Ruby.

MARCELLO, CARLOS (geborener Calogero Minacore): bis heute ein mächtiger Anführer des Organisierten Verbrechens in den Vereinigten Staaten mit Stützpunkt in New Orleans; angeblich sprach er ein Jahr vor dem Attentat über seine Pläne, den Präsidenten ermorden zu lassen.

MARTIN, JACK: Ermittler für Guy Banister; vermutete eine Verbindung zwischen David Ferrie und Oswald.

MARTINO, JOHN: stand mit dem Organisierten Verbrechen, dem amerikanischen Nachrichtendienst und der exilkubanischen Anti-Castro-Bewegung in Verbindung; kurz vor seinem Tod 1976 äußerte er in einem Privatgespräch, Oswald sei von Castro-Gegnern »angesetzt« worden.

MATTHEWS, RUSSEL D.: Angestellter in einem Kasino Santos Trafficantes in Havanna; nahm angeblich an einem Mordkomplott gegen Castro teil; kannte Ruby; im Oktober 1963 rief Ruby Frau Matthews an.

McLANEY, MIKE: einstmaliger Besitzer des »National Casino« in Havanna.

McLANEY, WILLIAM: Bruder von Mike; früher Aktivitäten organisiert vom Tropicana Hotel in Havanna aus; auf seinem Gut in der Nähe von New Orleans wurde wegen illegaler Anti-Castro-Unternehmungen eine Razzia durchgeführt.

McWILLIE, LEWIS: Freund von Jack Ruby; früher Manager des Tropicana Nachtklubs in Havanna, der einstmals einem Mitarbeiter von Santos Trafficante gehörte.

MILLER, MURRAY »DUSTY«: führender Gefolgsmann von Hoffa; Ruby rief ihn zwei Wochen vor dem Attentat an.

OLSEN, GARRY: Polizist in Dallas, der mit Jack Ruby in der Nacht vom 23. auf den 24. November eine lange Unterredung hatte.

PARTIN, EDWARD: Gefolgsmann von Jimmy Hoffa; er berichtete, Hoffa plante die Ermordung Robert Kennedys; er vermutet, Hoffa habe auch Mordabsichten gegen den Präsidenten gehabt.

PAUL, RALPH: Restaurantbesitzer in Dallas und Freund von Jack Ruby; rief Ruby nach dem Attentat mehrere Male an.

PECORA, NOFIO: Mitarbeiter von Carlos Marcello; kannte Oswalds Onkel Charles Murret; Jack Ruby rief in seinem Büro einen Monat vor dem Attentat an.

REID, ED: Autor und Pulitzerpreisträger; schrieb ein Buch über die Mafia und berichtete als erster von dem Gespräch, in dem Marcello angeblich über seinen Plan, den Präsidenten zu ermorden, sprach.

ROPPOLO, CARL: Erdöl-Geologe; nach Aussagen seines Partners Bekker war er zugegen, als Marcello über die Ermordung Kennedys gesprochen haben soll.

ROSELLI, JOHN: Gangster; Verbindungsmann bei den CIA-Mafia-Aktionen, Castro zu ermorden.

SAIA, SAM: Freund von Carlos Marcello und Charles Murret.

SEHRT, CLEM: Anwalt mit vermuteten Verbindungen zur Unterwelt in New Orleans; Oswalds Mutter zog ihn zu Rate, als ihr Sohn beschloß, Marineinfanterist zu werden.

SENATOR, GEORGE: Jack Rubys Zimmergenosse; befand sich während der Stunden vor der Ermordung Oswalds in Jack Rubys Gesellschaft.

SERE, PAUL: Anwalt in New Orleans; stand angeblich unter dem Einfluß der Marcello-Organisation; gab der Mutter Oswalds Ratschläge, als ihr Sohn in die UdSSR überlief.

TANNENBAUM, HAROLD: Klubmanager in New Orleans; rief Jack Ruby kurz vor dem Attentat auf Kennedy an.

TERMINE, SAM: Gefolgsmann Marcellos; kannte Oswalds Mutter.

TODD, JACK: Mitarbeiter von Santos Trafficante; er kannte Oswalds Mutter.

TRAFFICANTE, SANTOS: gegenwärtig einer der mächtigsten Bosse des Organisierten Verbrechens in den Vereinigten Staaten; war eine Schlüsselfigur in den CIA-Mafia-Aktionen auf das Leben von Fidel Castro; wurde möglicherweise 1959 von Jack Ruby auf Kuba besucht; angeblich sagte er vor dem Attentat, daß Präsident Kennedy »is going to be hit« (mehrdeutige Redewendung; nicht notwendigerweise »erschossen werden wird«).

WEINER, ERWIN: Finanzberater von Jimmy Hoffa; gab verschiedene und einander widersprechende Erklärungen für ein Telefonge-

spräch mit Ruby, das weniger als einen Monat vor der Ermordung
Kennedys stattfand.

WEST, JEAN: war am Vorabend der Ermordung des Präsidenten im
Cabana Motel abgestiegen; acht Wochen zuvor rief David Ferrie in
ihrem Apartment-House in Chicago an.

WILSON (HUDSON), JOHN: war gleichzeitig mit Santos Trafficante 1959
auf Kuba in einem Lager interniert; nach der Ermordung des
Präsidenten berichtete er, daß ein »Gangstertyp namens Ruby«
»Santos« im Lager besucht habe.

I
DALLAS

Ein klarer Fall

1.
Der Hinterhalt

Und wenn er mich auch bei der Hand
Führt in das finstere Land
So stelle ich mich doch
Zum Rendezvous mit meinem Tod

Aus einem Soldatenlied, zitiert von Präsident Kennedy

Der Präsident war mißgestimmt. »Ich wünschte, ich ginge nicht nach Dallas«, sagte er zu seinem Pressesekretär.

Es war der 20. November 1963, der Ort: das Weiße Haus in Washington. »Seien Sie unbesorgt, Mr. President. Die Texas-Tour wird ein Triumphzug«, entgegnete der Sekretär.

Alle warnten ihn. Senator Fulbright sagte: »Dallas ist gefährlich. An Ihrer Stelle ginge ich nicht.« Und noch am Morgen des 20. November rieten ihm Senator Hubert Humphrey und Kongreßabgeordneter Hale Boggs von der geplanten Reise ab. Hale Boggs meinte: »Mr. President, Sie gehen mitten in ein Hornissennest hinein.«

Dallas, knappe 1000 Meilen südlich des Weißen Hauses gelegen, hatte bei den letzten Wahlen überwiegend für Nixon gestimmt. Nichts hat sich seither verändert, das Pendel sollte nun zur Gegenseite ausschlagen, Kennedy allein vermochte das zu schaffen.

Zweifellos war Texas eine Gefahr. Im subtropischen Dallas war es noch Sommer, die Stadt war schwül und überhitzt im doppelten Sinne. Denn Dallas war das Mekka der Reaktionäre. Zu den Spitzen der Gesellschaft gehörte ein wegen seiner rassistischen Voreingenommenheit seines Oberbefehls enthobener General, ein Bürgermeister, der mit der in Dallas blühenden John Birch Society offen sympathisierte, und ein publizitätssüchtiger, von der »roten Gefahr« besessener Multimillionär. Für sie und ihresgleichen bedeutete Kennedys Programm der Gleichberechtigung der Schwarzen, das Atomteststoppabkommen und die Politik der Koexistenz nichts weniger als Hochverrat. Es war kein Jahr seit der Kubakrise vergangen, und schon beschuldigten Rechtsextremisten Kennedy, vor Fidel Castro Angst zu haben. Diese Gruppe bildete ein Geschwür auf dem Antlitz der USA. In Dallas drohte es zu platzen. Aber Kennedys Entschluß stand fest.

Die Texas-Tour begann am 21. November. Die erste Station war San Antonio. Alles ging glatt. Kennedy hielt eine Rede über das Raumzeitalter – »Wir stehen am Rande einer neuen Ära...«, ähnlich in Houston – »Ein Land ohne Vision ist dem Untergang geweiht...«

Die Begleitung bestand aus vier Autokolonnen, die noch vor Mitternacht in Fort Worth ankamen.
Der 22. November begann mit einer Rede im Regen, anschließend fand ein politisches Frühstück statt. Wieder im Hotel, ging er mit seiner Frau in ihre Suite, wo er die Morgenpresse las. In der »Dallas Morning News« stieß er auf ein Rieseninserat des »American Fact-Finding Commitee«. Die Schlagzeile lautete: »WILLKOMMEN IN DALLAS, MR. KENNEDY.« »Sie behaupten, Sie hätten Kuba mit einer Mauer von Freiheit umgeben. In Kuba aber gibt es heute keine Freiheit. Dank Ihrer Politik sind Tausende Kubaner eingekerkert ... die Gesamtbevölkerung von sieben Millionen lebt in Sklaverei...« Bezahlt und gezeichnet war das Inserat unter anderem vom Dallas-Vorstand der John Birch Society und vom Sohn eines an »Rotparanoia« leidenden Ölmillionärs aus Dallas, H. L. Hunt. Der Präsident wandte sich an Jackie: »Und jetzt geht's in das Land der Narren und Fanatiker.«
Vier Tage zuvor hatte es beim Besuch des Präsidenten in Miami eine Sicherheitspanne gegeben. Gerüchte über feindlich gesinnte Exilkubaner veranlaßten den Geheimdienst, das Programm zu ändern. Nach dessen Informationen planten die Rechtsextremisten, den Präsidenten von einem Bürohochbau mit einem Zielfernrohrgewehr zu erschießen. Vielleicht hatte Kennedy davon Kenntnis, weil er in Forth Worth in seiner Gefolgschaft bemerkte: »Gestern abend hatte man die ideale Gelegenheit, den Präsidenten zu erschießen. Von einer erhöhten Position aus hätte es jeder geschafft.« Um seinen Worten Bedeutung zu geben, duckte er sich.
Vor zwölf Uhr mittags kamen sie in Dallas an. Am Flughafen hieß ihn eine Menschenmenge willkommen. Dann fuhr er in einem offenen Wagen zur Stadtmitte. Als er vorbeifuhr, bemerkte eine Frau: »Der Präsident sollte allein dafür, daß er nach Dallas gekommen ist, die Tapferkeitsmedaille bekommen.«
12 Uhr 29 bewegte sich die Kolonne langsam an jubelnden Menschenmengen vorbei durch die Stahl- und Glas-Schluchten der City.
In der Präsidenten-Limousine war es still. Dann hörte man im Radio die Stimme von Bellie Connally, der Frau des Gouverneurs von Texas: »Mr. Kennedy, Sie können wohl nicht sagen, daß Dallas Sie nicht liebt.« Des Präsidenten Antwort: »Das ist offensichtlich.« Und mit Jacqueline an seiner Seite fuhr er fort, der Menge zuzuwinken.
Mit elf Meilen Stundengeschwindigkeit bewegte sich der Zug feierlich auf die Elm Street, einem offenen Gelände, zu. Zur Linken der Kolonne erstreckte sich die weite, grasbedeckte Dealey Plaza. Zur Rechten ragte die Texas School Book Depository empor, ein Lagerhaus, der letzte Hochbau in diesem Teil der Stadt. Der Bau markierte

das Ende sowohl der urbanen Greuelarchitektur als auch der schlimmsten Attentatsgefahrenzone.

Sie kamen jetzt zu einer Böschung mit einer dekorativen Säulenkolon-
nade zur Rechten. Ein Polizist im ersten Wagen deutete auf den
Eisenbahntunnel vor sich: »Wir haben's fast geschafft.« Es war zwölf
Sekunden nach 12 Uhr 30.

Dann fielen mehrere Schüsse in schneller Folge. Ein Geheimagent
berichtete, der Präsident habe noch gesprochen: »Gott, man hat mich
getroffen.« Er rollte seitwärts in seinem Sitz, mit beiden Händen zum
Hals greifend. Im Sitz vor dem Präsidenten hörte Gouverneur Connally einen Schuß, dann war er selbst getroffen. Er schrie laut auf. In
den folgenden fünf Sekunden verlangsamte das Tempo sich des
Wagens. Dann fielen weitere Schüsse. Der Präsident fiel hart nach
links und rückwärts, sein Kopf war zerschmettert. Mrs. Connally
beschrieb es mit den Worten: »Wir waren in einen Hagel von Schrot
geraten.« Als der Wagen endlich beschleunigte, glaubt Mrs. Kennedy,
»Jack, ich liebe dich«, gerufen zu haben. Aber Frau Connally im Sitz
vor ihr hörte sie nur schreien: »Jack . . . sie haben meinen Mann
umgebracht« und »ich habe sein Gehirn in meiner Hand«. Das letztere
wiederholte sie immer wieder und wieder.

Eine halbe Stunde später sagte ein Arzt in der Unfall-Abteilung des
Parkland Hospital der Frau des Präsidenten, was sie bereits wußte:
»Der Präsident ist tot.«

2.
Das Beweismaterial

Die Ermittlung eines Verbrechens ist, oder sollte, eine exakte Wissenschaft sein und mit wissenschaftlicher Objektivität ausgeführt werden.

Sherlock Holmes in »Das Zeichen der Vier«

Das konkrete Beweismaterial in einem Mordfall, durch Feuerwaffen verursacht, sind in erster Linie die Wunden und die Geschosse und, in zweiter Linie, die Übereinstimmung der Wunden und der Geschosse mit den Gesetzen der Ballistik.

Die persönlichen Zeugenaussagen müssen, so gewichtig sie auch sein mögen, stets mit dem konkreten Beweismaterial verglichen und ihm gegenübergestellt werden.

Im Falle Kennedy erwarten wir von den konkreten Indizien die Antwort auf folgende Fragen:

Die Anzahl der Schützen.

Die Anzahl der abgefeuerten Geschosse.

Der Standort, beziehungsweise die Standorte, von welchen sie abgefeuert wurden.

Wenn die Schüsse von mehr als einem Standort kamen, gab es mehr als einen Attentäter.

Wenn Schüsse von ein und demselben Standort gefeuert wurden, aber in einer schnelleren Folge, als es für einen einzelnen Schützen möglich gewesen wäre, dann folgt daraus, daß er zumindest einen Komplizen gehabt haben mußte.

An Indizien hat es nicht gefehlt, aber die Voruntersuchung hat sie unzulänglich gehandhabt. Und das ist noch heute, 1981, unser Erbe und unser Ausgangspunkt.

Das Attentat auf der Dealey Plaza gab den Ballistik-Sachverständigen eine ungewöhnliche Gelegenheit, mit ihrer Expertise zu glänzen. Unmittelbar nach dem Attentat fand ein Polizist drei gebrauchte Patronenhülsen in der Nähe eines offenen Fensters mit Ausblick auf die Dealey Plaza im sechsten Stockwerk der Texas School Book Depository, einem großen Lagerhaus, rechts hinter der Präsidenten-Limousine zur Zeit des Attentats. Innerhalb einer Stunde entdeckte ein zweiter Polizist im selben Stockwerk hinter einem Stoß von Kisten das seither berüchtigte 6,5-Mannlicher-Carcano-Gewehr.

Geschoßfragmente wurden aus den Wunden des Präsidenten und des Gouverneurs Connaly entfernt. Auch wurden Teile in ihrer Limousine gefunden. Außerdem befand sich auf einer Tragbahre im Spital, in das die Opfer des Anschlags zunächst transportiert worden waren, ein für ein Laienauge fast unversehrtes Geschoß. Feuerwaffen-Sachverständige waren sich einig, daß die Hülsen aus dem Mannlicher-Carcano stammten und daß sowohl die Geschoßfragmente als auch das fast intakte Geschoß auf der Bahre von demselben Gewehr abgefeuert worden waren. Schußspuren wurden auch an der kugelsicheren Innenfläche der Windschutzscheibe von Kennedys Wagen und im Bereich des Randsteins auf der Dealy Plaza festgestellt, und zwar in der Verlängerung der Linie vom Lagerhausfenster zum Wagen des Präsidenten.

Andere Waffen, Geschosse und Geschoßfragmente wurden nicht entdeckt. Die ballistische Untersuchung schien zu dieser Zeit noch lückenlos und eindeutig zu sein; nicht aber der gerichtliche Leichenbefund. Viele Zweifel wären der Nachwelt erspart geblieben, wenn die Autopsie des Präsidenten fachgerecht durchgeführt worden wäre. Aber sie war total verpfuscht worden.

Eineinhalb Stunden nach dem Anschlag kam es im Dallas Parkland Hospital zwischen den ärztlich-gerichtlichen Vertretern von Texas und Angehörigen des FBI zu einem Streit um den Leichnam des Präsidenten. Das FBI war eben dabei, den Leichnam nach Washington zu überführen, als der zuständige Leichenbeschauer und ein Magistratsbeamter ihnen den Weg versperrten. Der Arzt erklärte, daß es nach texanischem Gesetz untersagt sei, den Leichnam eines Ermordeten ohne vorherige offizielle Autopsie freizugeben. Der Magistratsbeamte fügte hinzu: »Und Mord ist Mord.« »Leck mich am Arsch«, entgegnete Kenneth O'Donnell, Kennedys Sonderassistent, und mit den Pistolen der FBI-Agenten in ihrem Rücken wurden Arzt und Magistrat an die Wand gestellt, und die aufgebrachten Geheimagenten stürmten mit dem Leichnam Kennedys aus dem Krankenhaus.

Vom rechtlichen Standpunkt aus war das FBI im Unrecht. Darüber hinaus vereitelten sie unwissentlich eine fachgemäße Obduktion des ermordeten Präsidenten der USA.

Noch an demselben Abend nahmen drei Ärzte des Bethesda-Naval-Hospitals eine Autopsie an dem Leichnam des Präsidenten vor, zwecks genauer Feststellung der Todesursache. Über diese Autopsie berichtete 1976 der Sachverständigenausschuß des Kongreßausschusses zur Untersuchung der Attentate: »... keiner der an der Autopsie des Präsidenten beteiligten Ärzte hatte ›ein hinreichendes Training‹ und die Erfahrung für die fachgemäße Auswertung eines durch Schußwunden verursachten Todesfalles.«

Dr. Milton Helpern, ein ehemaliger Obergerichtsarzt in New York

City sagte: »Es war, als hätte man einen sieben Jahre alten Buben nach
vielleicht drei Geigenlektionen zum philharmonischen Orchester von
New York geschickt, damit er einen kranken Geiger im Orchester bei
der Aufführung einer Tschaikowsky Symphonie ersetze.« Das offizielle Verdikt des Kongreßausschusses gab der Vorstand seines medizinischen Ausschusses, Dr. Michael Baden, 1978. Die Autopsie war
». . . unzulänglich . . . die in solchen Fällen obligate Untersuchung der
Kleidungsstücke wurde unterlassen . . . die pathologischen Indizien
hatte man nicht fachgerecht konserviert . . . Verletzungen wurden
mangelhaft dokumentiert . . . die Untersuchung der Leiche war unvollständig«.

Die laienhafte Autopsie verzeichnet im Körper des Präsidenten fol-
gendes: eine schwere Schädelverletzung, eine kleinere Wunde am
Hinterkopf, eine Wunde rechts oben im Rücken und eine Wunde am
Hals.

Die tödliche Wunde, als Schußaustritt gedeutet, verursachte einen
13 cm breiten Knochendefekt in der rechten Schädelhälfte, die sich
sowohl nach vorne als auch nach hinten erstreckte. Die kleine Hinterkopfwunde, als Schußeintritt gedeutet, war 2,5 cm rechts von und
etwas höher als die okzipitale Protuberanz gelegen. Die Wunde im
Rücken, ebenfalls als Einschußwunde gedeutet, befand sich nach
Angabe der Obduktionsärzte 14 cm unterhalb des rechten Warzenfort-
satzes, einer Schädelknochenausweitung hinter der Ohrmuschel. Die
Autopsieskizze zeigt diese Wunde aber beträchtlich tiefer liegend. Die
Autopsieärzte im Bethesda-Naval-Hospital glaubten, die Halswunde
sei das Resultat einer Tracheotomie, eines chirurgischen Eingriffes zur
Freimachung der oberen Luftwege. Als sie aber erfuhren, die Tracheo-
tomie sei im Bereich einer schon bestehenden Halswunde vorgenom-
men worden, entschieden sie, die letztere sei die Austrittsstelle des
Rückenschusses gewesen.

Auf der Verläßlichkeit der Wundbeschreibung und Lokalisation sowie
auf der Verfolgung der Schußkanäle durch den Körper beruhte jedoch
die Beantwortung der Schlüsselfragen nach der Anzahl der Schüsse,
die den Präsidenten trafen, und der Richtung, aus der sie kamen. Die
Freilegung der Schußkanäle durch den Körper ist eine Elementarregel
bei der Autopsie von durch Feuerwaffen verursachten Todesfällen.
Sie wurde ignoriert. Die Wunde im Rücken wurde lediglich sondiert,
nicht aber freigelegt und bis zum Austritt verfolgt. Die Schlußfolgerung, die im Rücken eingetretene Kugel hätte den Körper durch den
Hals verlassen, war also rein spekulativ. Weshalb haben die Autopsieärzte den Schußkanal nicht freigelegt? Zu ihrer Entschuldigung sei
gesagt, daß die Anwesenheit der Verwandten im Nebenzimmer, von
Generälen, Admirälen und FBI-Angehörigen im Autopsiesaal selbst,

kaum zur Konzentration und inneren Ruhe der obduzierenden Ärzte hätte beitragen können. Der Kongreßausschuß entschied 1979, daß der Chef des Obduktionsteams, Dr. James Hunt, die Freilegung des Schußkanals unter dem Druck, schnell arbeiten zu müssen, unterlassen hatte. Die Beschreibung von Dr. Pierre Finck, einem von Dr. Humes' Kollegen, ist etwas ausführlicher und konkreter. Er erinnerte sich, sie hätten die Freilegung des Schußkanals auf Befehl einer hochrangigen Autorität, wahrscheinlich eines Generals, unterlassen, und ihn selbst habe ein anderer an der Untersuchung der Kleidung gehindert.

Im Verlauf einer normalen Obduktion hätte man natürlich die tödliche Schädelwunde fachgemäß untersucht, das Gehirn in Formaldehyd fixiert und dann, mittels eines Mikrotoms Schnitte zur Färbung und mikroskopischen Untersuchung angefertigt. Tatsächlich wurde aber nichts dergleichen unternommen.

1972 studierte als erster der nicht von der Regierung dazu beauftragte Pathologe, Dr. Cyril Wecht, einstmals Präsident der Amerikanischen Akademie für Forensische Wissenschaft, das noch vorhandene Autopsiematerial. Er meint, die Erklärung der Autopsieärzte, sie hätten von der mikroskopischen Untersuchung abgesehen, um das Gehirn als Ganzes zu erhalten, sei unzureichend. Seiner Ansicht nach ist das vorsätzliche Unterlassen einer fachgerechten Untersuchung entweder Schlampigkeit oder Inkompetenz. »Da die an der Autopsie beteiligten Ärzte weder dumm noch inkompetent waren, kann ich nur annehmen, sie haben von der Untersuchung des Gehirns aufgrund eines Befehls irgendeiner Autorität Abstand genommen.«

Das Gehirn und das übrige Autopsiematerial wurden einschließlich der Röntgenaufnahmen und Fotografien dem einstmaligen Sekretär des ermordeten Präsidenten zum »sicheren Gewahrsam« übergeben. Als das Beweismaterial aber 1966 dem Nationalen Archiv weitergegeben wurde, entdeckte man, daß das Gehirn fehlte. Es fehlten auch noch gewisse Gewebe, Mikroschnitte, Blutausstriche und eine Anzahl von Objektträgern. Sowohl der leitende Autopsiearzt als auch ein offizieller Autopsiefotograf erinnerten sich, der Brustkorb sei von innen aufgenommen worden. Doch fehlten auch diese Fotos. 1979 sah sich die Kommission genötigt, das Fehlen des Gehirns und anderen wesentlichen Autopsiematerials zuzugeben. Die Kommission neigte zur Annahme, der Bruder des Verstorbenen, Robert Kennedy, hätte das fehlende Material vernichtet, um die Greuel ihrer eventuellen öffentlichen Zurschaustellung zu vereiteln. Wie dem auch sei, hat das Abhandenkommen wesentlichen forensischen Beweismaterials die Arbeit der späteren gerichtsmedizinischen Fachleute ungemein erschwert.

Als Folge der unter chaotischen Umständen zustande gekommenen
Autopsie und der zunehmenden öffentlichen Kontroverse über die
Befunde hatte eine ganze Anzahl gerichtsmedizinischer Experten
Gelegenheit, das forensische Material zu überprüfen. Kennedy war
lange begraben, und so mußten sie sich mit unzulänglichem und
unvollständigem Autopsiematerial, Röntgenbildern und Fotos,
zufriedengeben. Die Leichenbeschauer sahen die Fotos der von ihnen
vorgenommenen Autopsie im Jahre 1966 zum ersten Male. Das lük-
kenhafte Material wurde, einschließlich der Bekleidung des Präsidenten, inzwischen dreimal fachgerecht untersucht: 1968 von einem
medizinischen Ausschuß der Oberstaatsanwaltschaft; 1975 von der
Rockefeller-Kommission und letztlich, von den Pathologen des Kongreßausschusses für Attentate: Der Ausschuß hat es sich zur Aufgabe
gestellt, die Kontroverse über die Lokalisation der Wunden endgültig
und unanfechtbar zu entscheiden. Dabei liquidierten sie zunächst die
Autopsieskizze, die die Rückenwunde zeigte, als »beiläufig und unge-
nau«. Der Kongreßausschuß veröffentlichte jetzt sogenannte lebens-
getreue Wiedergaben der Originalaufnahmen, in denen, mit Rücksicht auf die öffentliche Empfindlichkeit, grauenvolle Einzelheiten,
wie der gesprengte Schädel und das zerfetzte Gehirn, wegretouchiert,
beziehungsweise rekonstruiert waren. Eine dieser Illustrationen zeigt
die Rückenwunde in einer Position, die mit ihrem Austritt durch den
Hals vereinbar ist. Eine zweite Illustration (s. Abb. 5) demonstriert
einen nach Meinung des Ausschusses, eklatanten Fehler im Autop-
siebericht und lokalisiert mit Hilfe von Röntgenbildern die im Bericht
am Haaransatz angegebene kleine Einschußwunde etwa 10 cm höher.
Dr. Michael Baden, der Vorsitzende des letzten medizinischen Ausschusses, hat darauf hingewiesen, die Wunde sei auf den Fotografien
hoch über dem Haaransatz sichtbar. Der kleinere Fleck oder Schatten
am Haaransatz wird von der Mehrheit des Ausschusses als einge-
trocknetes Debris, wahrscheinlich Gehirnsubstanz, gedeutet. Das
erklärt allerdings nicht, wie die Ärzte, den Leichnam vor sich, mit
Sonden und Instrumenten zu ihrer Verfügung, sich so grob getäuscht
haben könnten.

Im Verlauf der Nachprüfung der Obduktionsfotos beschuldigte der
Kongreßausschuß die CIA, das Beweismaterial illegal ausspioniert
und damit die Untersuchung beeinträchtigt zu haben. Vielleicht auch
um zu vermeiden, daß diese schauererregenden Fotos in die Hände
sensationslüsterner Journalisten geraten könnten, verfügte der Oberste Rechtsberater des Ausschusses, Fotos, Röntgenaufnahmen und
ballistisches Beweismaterial in einem speziellen Raum und in einem
Safe verschlossen aufzubewahren. Die einzelnen Objekte durften nur
mit für eine bestimmte Person, zu einem bestimmten Termin, zur

Besichtigung eines Objektes erteilten Genehmigung des Oberstaats-
anwaltes besichtigt werden. Anschließend mußten sie sofort wieder
eingeschlossen werden. Die Regel galt auch für alle Mitglieder und
selbstverständlich auch für die Beamten des Ausschusses. Im Juni
1978 entnahm ein Mitglied des Ausschusses legalerweise aus dem Safe
ein Objekt, um es in einem benachbarten Raum zu besichtigen. Dabei
versäumte er es, die geschlossene Safetür zu verriegeln. Als er zurück-
kam, war der Safe weit offen und die in ihm enthaltenen Dokumente
in einem offensichtlichen Durcheinander. Die Untersuchung des Safe-
Inhaltes ergab, daß eine Aktenmappe fehlte und eines der Autopsiefo-
tos aus dem Rahmen herausgerissen und ebenfalls gestohlen worden
war. Die Ergebnisse der sofort eingeleiteten Untersuchung waren
beunruhigend. Die Fingerabdrücke führten auf einen mit der Verwah-
rung von CIA-Dokumenten betrauten CIA-Beamten namens Regis
Blahut, dessen Arbeitsbereich von dem des Ausschusses räumlich
getrennt war. Für den Raum, in dem der Safe stand, geschweige denn
für den Safe selbst, fehlte ihm jegliche Befugnis. Blahut wurde sowohl
vom Ausschuß als auch von dem CIA vernommen. Zunächst leugnete
er alles ab. Als er aber mit unwiderlegbaren Beweisen konfrontiert
wurde, behauptete er, sein Vorgehen wäre reiner Neugierde ent-
sprungen. Blahut, der entlassen wurde, deutete in einem Zeitungsin-
terview dunkel an, »die Affäre ist noch mit anderen Dingen und diese
ihrerseits wiederum mit weiteren sicherheitsempfindlichen Bereichen
verwickelt«. Er weigerte sich, mehr darüber zu sagen. Der CIA berichtete dem Ausschuß, Blahut habe aus purer Neugier gehandelt.
Einige Mitglieder des Ausschusses gaben sich mit dieser Erklärung
nicht zufrieden. Reine Neugier ließe sich kaum mit den Fingerabdrük-
ken und der Art und Weise, wie das geheime Material behandelt
wurde, vereinen. Offenbar war Blahut während seines illegalen
Geschäftes gestört worden. Eines der Fotos, das seine besondere
Aufmerksamkeit auf sich zog, zeigte den Kopf des Präsidenten.
Gerade diese Fotos standen verständlicherweise im Mittelpunkt der
Kontroverse über die Herkunft der Schüsse und die Todesursache.
Was auch immer die wahre Absicht des CIA-Beamten gewesen sein
mag, sein Verhalten rechtfertigt das Mißtrauen der amerikanischen
Öffentlichkeit. Die Ermittlungen gegen Blahut sind bisher noch nicht
abgeschlossen.
Abgesehen vom dem Gericht bereits vorliegenden Beweismaterial
existiert als weiterer unschätzbarer Anhaltspunkt für die Analyse des
Attentats der nur 18 Sekunden lange Film des Amateurfotografen
Abraham Zapruder. Nachdem er seine Kamera zunächst zu Hause
vergessen hatte, gelang es ihm noch im letzten Augenblick, einen
wahrhaft apokalyptischen Film von einer niederen Betonmauer, die

sich zur Rechten der sich nähernden Autokolonne befand, aus zu drehen.

Obwohl der Film sehr bekannt ist und keine Beschreibung ihn ersetzen kann, soll sein Inhalt hier kurz wiedergegeben werden.

Die Autokolonne wendet sich dem Objektiv zu, und wir sehen die letzten gemeinsamen Sekunden des Präsidenten und seiner Frau, in die Sonne lächelnd und der Menge zuwinkend. Dann verschwindet die Limousine für einen Augenblick hinter einem Straßenzeichen. Als sie wieder zum Vorschein kommt, reagiert der Präsident eindeutig auf einen Schuß. Er hebt beide Hände geballt zu seinem Hals hoch. Gouverneur Connally dreht sich zur Rechten um und schaut auf den getroffenen Präsidenten. Dann will er sich wieder zurückwenden, hält inne, und man sieht, auch er ist getroffen worden. Jacqueline Kennedy schaut ihren Mann an, der sich nach vorne zur Linken neigt. Der Kopf des Präsidenten bewegt sich fast unmerklich nach vorwärts und dann zerspringt sein Schädel in einem Gischt von Blut und Gehirnsubstanz. Er wird gleichzeitig nach rückwärts geschleudert und dann prallt er nach vorne zurück und fällt in Mrs. Kennedys Arme. Der harte Ruck nach hinten trifft zeitlich mit der tödlichen Schädelverletzung zusammen. Mrs. Kennedy greift verzweifelt nach einem Bruchstück des Schädels auf dem Rücksitz, und ein Geheimagent springt von rückwärts auf den Wagen, der endlich beschleunigt und in der Ferne verschwindet.

Abraham Zapruder verkaufte seinen Film an Life Magazin für eine Viertel Million Dollar. Später veröffentlichte die Zeitschrift Einzelaufnahmen aus dem Film, der aber in seiner Gesamtlänge im Fernsehen erst 1975 gezeigt wurde. Er spielte in beiden offiziellen Untersuchungen eine wesentliche Rolle, weil er die Vorgänge in ihrem zeitlichen Ablauf festhält. 1978 gewann der Film eine neue Bedeutung, als er mit dem wichtigsten Wendepunkt der Untersuchung in Verbindung gebracht wurde. In diesem Jahre wurde entdeckt, daß die Geräusche auf der Dealey Plaza zur Zeit des Attentates auf einem Tonband aufgenommen worden waren. Auf dem Band sind Gewehrschüsse identifizierbar.

Die einzige Tonbandaufnahme des Attentates war sechzehn Jahre lang unbeachtet geblieben! Es ist ein qualitativ schlechter Tonbandabschnitt, ein Polizei-Verkehrsdienst-Routine-Tonband, das an dem Tag des Attentats, wie an jedem andern Tag, aufgenommen wurde. Für den Laien ist es ein Gemisch von kaum verständlichen Gesprächen zwischen Polizisten und Straßendienst und dem Dienstzentrum im Hauptquartier. Die Lücken zwischen den Gesprächen scheinen aus belanglosem, verschwommenem Gemurmel, aus verworrenen Geräuschen und Bandrauschen zu bestehen. Das sicherlich war die ursprüngliche Annahme der Dallas-Polizei und der Warren-Kommission, die von dem Tonband nur zum Zweck, Bewegungen und Meldungen der Polizei und Nachrichten zur Zeit des Attentates festzustellen, Gebrauch gemacht hatten. Jahrelang lag die Aufnahme verlassen in einer Kartothek der Dallas-Polizei, bis sie 1969 der Leiter einer Geheimdienst-Abteilung in seine persönliche Obhut nahm. Später holte er sie mit nach Hause, und da lag sie, ohne weiter beachtet zu werden. Und wahrscheinlich würde sie noch immer da verwahrt liegen, hätte sie nicht die Aufmerksamkeit einer Amateur-Kennedy-Detektivin, Mrs. Mary Ferrell aus Dallas, erweckt, die sich in ihrer Arbeit besonders auf Archive konzentriert hatte. Frau Ferrell verfolgte den Fall von Anfang an – rein privat – mit einer seltenen Kombination von Eifer und Disziplin. Sie wußte schon lange von der Existenz des Tonbands und lenkte die Aufmerksamkeit des Mordausschusses auf seine mögliche Bedeutung. Als der Ausschuß 1978 das ursprüngliche Tonband in Besitz nahm, beauftragte er Dr. James Barger, den leitenden Akustik-Wissenschaftler der Firma Bolt, Beranek & Newman, mit dem Gutachten. Die Firma spezialisiert sich auf akustische Analysen und macht Routine-Arbeiten für Unterwasser-Detektorgeräte der Kriegsmarine. Sie war auch an den Akustik-Analysen verschiedener Projekte von nationaler Bedeutung beteiligt. 1973 wurde die Firma im Watergate-Skandal wegen der berühmten Lücke in den White-House-Tonbändern zu Rate gezogen. Vor der Watergate-Affäre machte die Staatsanwaltschaft von ihrer Sachkenntnis in der Strafverfolgung der Nationalgardisten, die am Tod von Studenten bei den Unruhen in der Kent State University beteiligt waren, Gebrauch. Niemand erwartete sehr viel von der Analyse des knisternden Tonbandes, das der Ausschuß Dr. Barger übergeben hatte. Seine Arbeit schließlich ... sowie weitere von zwei Wissenschaftlern der New York City University durchgeführte Untersuchungen erwiesen sich als der Angelpunkt in den Überlegungen des Kongreßausschusses. Technische Prozesse, einschließlich des Gebrauchs von Instrumenten, die 1963 noch nicht in dem Umfange bekannt waren, ermöglichten Dr. Barger, gewisse Tonschwingungsformen vom entscheidenden Teil des Tonbands visuell darzustellen. Mit seinen Mitarbeitern, Prof. Mark Weiss und Ernest Aschkenazy, entwarf er eine akustische Rekonstruktion auf der Dealey Plaza. Und so hallte am frühen Morgen des Jahres 1978 der Schauplatz des Präsidentenmordes noch einmal von Gewehrschüssen wider. Die Schallwellenformen, die sich daraus ergaben, waren identisch mit denen auf dem Polizeigerät. Sie erwiesen sich als spezifisch für die akustischen Eigenheiten der Dealey Plaza. Darüber hinaus unterschieden sie sich eindeutig von Wellenformen, die von Pistolenschüssen oder einem Auspuff und anderen vergleichbaren Geräuschen hervorgerufen wurden. Der wissenschaftliche Beweis dafür, daß bestimmte Oszillationsformen, festgehalten auf dem Polizeigerät, den am Tatort abgefeuerten Gewehrschüssen entsprachen, war damit erbracht. Zudem wurde festgestellt, daß sich das Mikrophon zur Zeit des Anschlags mit elf Meilen Stundengeschwindigkeit, also mit der Geschwindigkeit der Autokolonne, bewegte. Man schloß daraus, der Ausschaltmechanismus des Tongerätes, angebracht am Motorrad eines der Begleitpolizisten, konnte zur Zeit des Attentates nicht funktioniert haben. Mittels Fotografien und Zeugenaussagen wurde das Motorrad als das des Polizisten McLain ausgemacht. Der Bericht, ein Meisterstück in der Kunst des Ermittelns, widerlegt im vorhinein etwaige unvermeidliche Einwände.

Die Ermittlung hatte natürlich ihre Schwierigkeiten. Da war zum Beispiel der Klang einer Glocke auf dem Band, der die Enthusiasten verwirrte und die Zweifler ermunterte. Denn auf der Dealey Plaza gab es keine Glocke. Man hörte auch nicht das Geräusch der Menschenmenge, die Polizeisirenen fingen erst volle zwei Minuten nach den Schüssen an zu heulen. Diese Widersprüche sind jedoch inzwischen aufgeklärt worden. So ist nicht bewiesen, daß McLain seine eigene Sirene einschaltete. Die ihm nächste Sirene, die bewiesenermaßen nach den Schüssen eingeschaltet wurde, war zu weit von McLain entfernt, als daß sein Mikrophon sie hätte registrieren können. Das Geräusch von der Menschen im Hintergrund hatte nicht das Dröhnen seines Motors übertönt. Was die mysteriöse Glocke anbetrifft, so ist bekannt, daß das Polizeifunksystem die individuellen Nachrichtenkanäle nicht hinlänglich isolieren kann. Daher überschneiden sich oft die Sendungen von und zu den einzelnen Polizisten. Die logische Erklärung für die Glocke war daher: Das Tonband des Motorradpolizisten hatte zur gleichen Zeit eine außerhalb der Dealey Plaza per Polizeimikrophon übermittelte Glocke mitregistriert. Die wesentliche Information, die das Band vermittelt, ist also durchaus überzeugend. Die Geräusche, die als Gewehrfeuer identifiziert wurden, bestehen aus Schallwellenmustern, die für Gewehrfeuer auf der Dealey Plaza spezifisch sind.

Die Akustik ist heute eine selbstständige Wissenschaft, die sich mit der Analyse der Natur und des Ursprungs von Schallimpulsen beschäftigt. Die Firma, die das Polizeitonband analysierte, gilt als Pionier im Felde der zeitlichen, räumlichen und richtungsgemäßen Bestimmung von Feuerwaffenschüssen. Nach der bereits erwähnten Schießerei im Kemp State University Campus hatte man schon die Analyse eines Tonbandes, die von dieser Firma vorgenommen wurde, als Beweismaterial angenommen. Sie trug wesentlich zur Identifikation des Milizsoldaten bei, der damals zuerst geschossen hatte. Man kann also der Akustik ihren berechtigten Platz neben der Ballistik und den anderen Methoden der Ermittlung der Gerichtsmedizin nicht mehr verweigern. Die mittels akustischer Messungen vorliegenden Beweise zwangen also den Kongreßausschuß für Attentate, sein Untersuchungsergebnis entscheidend zu revidieren. Dieses lieferte die entscheidende Antwort auf die Schlüsselfrage betreffs der Anzahl und des Ursprungs der Schüsse, die auf den Präsidenten gefeuert worden waren.

Die Experten des Kongreßausschusses kamen zu dem Schluß: Der Präsident mußte sowohl von vorne als auch von hinten angeschossen worden sein. Es waren also mindestens zwei Scharfschützen am Anschlag beteiligt. Zusätzliches Beweismaterial läßt die Beteiligung eines dritten zu. Diese Antworten und noch weiteres wissenschaftliches Beweismaterial zeigen, daß wir unsere Geschichtsbücher eines Tages revidieren müssen.

3.
Verschwörung als Wissenschaft

Der akustische Beweis für die Existenz eines Scharfschützen auf einem Grashügel ist von größter Bedeutung für unsere Nation.

Kongreßabgeordneter Christopher Dodd,
Sonderausschuß für politische Attentate, 1979.

Von 178 Menschen, die sich zur Zeit des Attentates auf der Dealey Plaza aufgehalten hatten, glaubten – so heißt es in einer Übersicht des Ausschusses für Attentate – nicht weniger als 132, nur drei Schüsse gehört zu haben. In der Nähe des Fensters des Schulbuchlagerhauses wurden drei leere Patronenhülsen gefunden.

Entscheidungen aufgrund von Ohrenzeugenaussagen sind jedoch immer eine heikle Angelegenheit. Eine nicht unwichtige Rolle spielt hier der Umstand, daß fast alle Zeugen ihre Aussagen Stunden, wenn nicht Wochen, nach dem Anschlag machten und bereits die allgemeine Version von drei Schüssen kannten. Einige Zeugen, einschließlich Mrs. Kennedy und eines Geheimpolizisten, der sich in dem der Präsidenten-Limousine unmittelbar folgenden Wagen befand, hörten nur zwei Schüsse. Andere wiederum glaubten, mehr als drei, sogar sechs oder sieben Schüsse gehört zu haben. Ballistik-Akustik-Spezialisten haben über die Unzuverlässigkeit des Erinnerungsvermögens bei Feuerwaffenschießereien Nachforschungen angestellt. Sie erklären die Verwirrung der Zeugen nach Vorfällen dieser Art wie folgt: der erste Schuß verursacht Schock und Überraschung. Die darauffolgenden Schüsse verwandeln Schock und Überraschung in Verwirrung. Weitere Verwirrung ist auf akustische Eigenheiten zurückzuführen. Ein Gewehrschuß verursacht drei knapp unterscheidbare Geräusche: die Detonation, das Geräusch des die Schallgrenze überschreitenden Geschosses und den Einschlag. Der akustische Eindruck ist im Einschlagsbereich am wenigsten verzerrt.

Unter den gegebenen Umständen ist es merkwürdig, wenn nicht unverzeihlich, daß die zwei rechts hinter der Limousine fahrenden Motorradeskorten, die in der idealen Lage gewesen wären, die Geräusche unverzerrt zu hören, bei der wesentlichen Voruntersuchung nicht vernommen wurden.

Die Aussage von zwölf Beteiligten, die sich im Einschlagsbereich befanden, ist aufgezeichnet. Außer einem der Passagiere in der Limousine und zwei Motorradeskorten hörten sie drei Schüsse. Folgende Zeugen, deren Aussage von denen der anderen abwich, hatten

allerdings ein zusätzliches Handikap, sich des Vorfalls vage zu erinnern: Mrs. Kennedy, die ihre Verwirrung zugab, Gouverneur Connally war selbst durch den Anschlag schwer verletzt und seine Frau,
die sich natürlich in erster Linie auf ihn konzentriert hatte. Die
Motorradeskorten links hinter der Limousine, vom Blut Kennedys
bespritzt, waren unter Schockwirkung. Der Fahrer selbst sowie der
sich in der Limousine befindende zweite Geheimpolizist mußten sich
zwar auf lebenswichtige Entscheidungen konzentrieren mußten,
machten aber dennoch interessante Beobachtungen. Nach Aussage
des Polizisten Kellerman klang das letzte Geräusch wie ein Doppel-
knall, ähnlich einem Flugzeug, das die Schallgeschwindigkeit durch-
bricht. Der Fahrer, Polizist Greer, spricht von zwei unmittelbar aufein-
anderfolgenden Schüssen. Ihr Eindruck deutet entweder auf ein
Geschoß, das die Schallgeschwindigkeit überschritten hatte, oder sie
hörten zwei Schüsse, die aber unmöglich in so schneller Folge von
einem Bolzengewehr gefeuert werden konnten. Bei späteren Vernehmungen meinte der Geheimpolizist Kellerman: »Es gab mehr als drei
Schüsse«, gründete die Meinung aber weniger auf seine eigene Erinnerung als auf Dinge, die er in der Zwischenzeit erfahren hatte und
auch auf die Wunden, die er bei der Autopsie gesehen hatte.
Obwohl er selbst in einem Hagel von Schüssen getroffen worden war,
erinnerte sich Gouverneur Connally, ein erfahrener Jäger, an die
schnelle Schußfolge. Sie hätte auf ihn den Eindruck gemacht, es
handelte sich entweder um mehrere Schützen oder um Schüsse aus
einem automatischen Gewehr.
Von den Zuschauern, die am nächsten rechts von der Limousine
standen, schätzte Mary Moorman die Anzahl der Schüsse auf zwischen zwei bis vier. Wie die Insassen des Wagens war auch sie
zunächst gelähmt vor Überraschung und dann so sehr in Panik
geraten, daß sie sich nicht hatte konzentrieren können. Sie machte
eine Fotoaufnahme, als sich der Wagen näherte, und warf sich dann
auf den Boden und schrie: »Nieder! Sie schießen!« Charles Brehm, in
ihrer Nähe, glaubte drei Schüsse gehört zu haben. Mary Moormans
Freundin, eine Schullehrerin namens Jean Hill, berichtete, die Autokolonne besonders aufmerksam betrachtet zu haben, weil einer der
Polizeifahrer zu dieser Zeit ihr Freund gewesen sei. Sie war völlig
sicher, mehr als drei Schüsse gehört zu haben. 1978 sagte sie zum
Verfasser: »Ich hörte vier oder sechs Schüsse. An Gewehrschüsse
gewöhnt, kann ich Schüsse von Widerhall und anderen Geräuschen
unterscheiden. Da war kein Echo noch andere Geräusche. Man hat
von verschiedenen Standorten geschossen.«
Gayle Newman, die links von der Limousine am Randstein stand,
glaubte ebenfalls vier Schüsse gehört zu haben. Schließlich gab es

einen Zeugen namens Maurice Orr, der ebenfalls zur Linken, der dem
Präsidenten am nächsten stand. Orr, unmittelbar nach dem Anschlag
befragt, meinte: »Es können fünf Schüsse gewesen sein.« Vier Zeugen
also, die sich im unmittelbaren Einschlagbereich befanden und deren
Urteilsfähigkeit verhältnismäßig ungetrübt erscheinen muß, stimmen
in der Annahme überein, mehr als drei Schüsse gehört zu haben. Die
Warren-Kommission ignorierte ihre Aussagen und zog vielmehr das
stumme Zeugnis dreier Patronenhülsen vor.

Der Ausschuß für Attentate vernahm die Akustik-Experten zuletzt.
Ein Fachmann versuchte verzweifelt und stundenlang die verdutzt
dreinschauenden Kongreßabgeordneten und Rechtsanwälte durch
ein Labyrinth technischer Kompliziertheiten zu führen. Mit zuneh-
mender Unaufmerksamkeit des Auditoriums verlor auch er seine
Geduld. »Meine Damen und Herren, ich spreche über Akustik. Akustik ist keine Geheimwissenschaft. Sie wird in Elementarschulen
gelehrt und ist ein Teilgebiet der Abiturphysik. Abgesehen davon, ist
jedermann mit ihr konfrontiert worden, der je Blitz und Donner oder
einen Widerhall erlebt hat.« Schließlich demonstrierte er mit einem
Stück Schnur, zwei Reisnägeln und einem Abakus, worum es ging.

Der Oberste Rechtsberater des Ausschusses für Attentate, Professor
Robert Blakey, übersetzte den Fachjargon und kam zu der Schlußfolgerung: »Laut der vom Ausschuß dargelegten akustischen Analyse
wurden vier Geschosse in einer Zeitspanne von 7,91 Sekunden auf die
Limousine des Präsidenten gefeuert. Der erste, zweite und vierte
Schuß kamen aus der Richtung des Schulbuchverlags, der dritte aus
der Richtung des Grashügels . . .« Also waren vier Schüsse abgegeben
worden, einschließlich eines von einem erhöhten Standort rechts vor
dem Präsidenten aus. Es gab also mindestens zwei Schützen.

Die Akustik-Studie enthält darüberhinaus Angaben über Zeitab-
stände der Schüsse. Wenn der erste Schuß zur Sekunde Null abgefeuert wurde, folgte der zweite nach 1,66 Sekunden, der dritte nach 7,49
Sekunden und der vierte nach 8,31 Sekunden. Die Kürze der Zeitspanne zwischen dem ersten und dem zweiten Schuß stellt die Frage,
ob ein einziger Schütze mit einem Bolzengewehr beide Schüsse gefeuert haben konnte. Darauf wird noch in anderem Zusammenhang
zurückzukommen sein. Der minimale Zeitabstand zwischen dem
dritten Schuß vom Hügel und dem vierten von hinten erklärt, weshalb
so viele Zeugen nur drei Schüsse gehört zu haben glaubten. Andererseits erklärt er den Widerspruch der Zeugen, die sich im Einschlagbereich befanden und die dadurch in der Lage waren, die Schüsse
bestens zu unterscheiden, und der Mehrzahl der anderen. Es bestätigt
Gouverneur Connallys Eindruck, daß ein automatisches Gewehr verwendet wurde, ebenso die Beobachtung des Geheimagenten Greer,

der letzte Schuß sei sofort nach dem vorletzten abgefeuert worden, sowie den Vergleich Kellermans »als ob die Schallgrenze durchbrochen wäre«. Kellermans Angaben erwiesen sich also tatsächlich als zutreffend.

Als Louis Stokes, der Vorsitzende des Ausschusses für Attentate, das Urteil der Akustikfachleute hörte, fragte er einen der Gutachter, ob er sich der enormen Tragweite seines Fachurteils bewußt sei. Der Experte, Professor Weiss, dessen Untersuchung sich auf den dritten Schuß konzentrierte, maß der Korrektheit seiner Aussage einen Sicherheitsgrad von 95% und mehr bei. Professor Blakey, der das Team des Experten Weiss als eines mit den besten Akustik-Fachleuten Amerikas bewertet, kommentierte: »Die Leute, die diesen Bericht studieren und mit ihm nicht übereinstimmen, sind entweder uneinsichtig oder dogmatisch.« Die Kommission als Körperschaft hat die Untersuchungsergebnisse angenommen und damit die Geschichtsbücher verändert. Es ist nunmehr bewiesen, daß die erste, zweite und vierte Kugel aus dem Bereich des Südost-Eckfensters und sechsten Stockwerks der Texas School Book Depository kamen. Der angegebene Bereich schließt allerdings auch die Eckfenster gleicher Höhe des anschließenden Daltex-Gebäudes ein. Zusätzliche Untersuchungen lassen es denkbar erscheinen, daß Schüsse auch aus diesem Haus abgefeuert wurden.

Da die Kommission der Möglichkeit eines frontalen Schusses so große Bedeutung beimaß, wurden die verfeinerten analytischen Methoden der akustischen Untersuchung insbesondere auf den dritten Schuß konzentriert. Sie ergaben, daß er »von einem Punkt entlang der Ost-West-Linie des hölzernen Pfahlzauns auf dem begrasten Hügel, etwa acht Fuß von der Ecke des Zaunes entfernt, abgefeuert« wurde. Professor Weiss und seine Kollegen ließen eine Fehlergrenze von 5 Fuß beiderseits zu. Ihrer Überzeugung nach wurde der Schuß hinter dem Zaun abgefeuert. Damit war ein weiteres Stück des Mosaiks gefunden und eine alte Kontroverse gegenstandslos.

Der einstige Präsident der USA, Gerald Ford, war als Kongreßabgeordneter 1964 Mitglied des Warren-Ausschusses. Nach seiner Auffassung gab es keinen Beweis für die Existenz eines zweiten Mannes und damit weiterer Schüsse. Diese Ansicht war schon 1964 unhaltbar. Der Warren-Kommission standen 178 Zeugen zur Verfügung. 49 dieser Zeugen registrierten die Schüsse aus Richtung der School Book Depository, 78 konnten keine eindeutige Aussage machen. Die Aussage von 30 Zeugen stimmte nicht mit dem vorhandenen Beweismaterial überein, doch glaubten 21, die Schüsse wären aus der Richtung des Grashügels gekommen.

Eine andere Stichprobe von 61 Zeugen ergab die Ansicht, wenigstens ein Teil der Schüsse sei frontal gewesen. In diesem Sinne äußerten sich auch Zeugen in Zeitungen und anderen Medien. Denkbarerweise wußte Gerald Ford nichts von diesen Zeugen, zumal nur wenige von ihnen gerichtlich vernommen worden waren. Das noch so unzuverlässige menschliche Erinnerungsvermögen verdient es indessen gehört zu werden, dies um so mehr, als die akustischen Untersuchungen ihm recht zu geben scheinen.

Gemeint sind jene fünfzehn Zeugen, die sich im unmittelbaren Einschlagbereich befanden. Von den Insassen der Limousine des Präsidenten hatte Mrs. Kennedy keine Meinung über den Ursprung der Schüsse, Gouverneur Connally, der vor dem tödlichen Schuß verletzt worden war, dachte, die Schüsse wären von hinten gekommen. Er sagte aber ein andermal: »Ich konnte nicht unterscheiden, ob sie von *oben* oder *unten* oder woher sie kamen, ich war nur sicher, daß sie von rechts kamen.« Fahrer Greer sagte, die Schüsse hätten geklungen, »als ob sie von hinten gekommen wären«.

Polizist Kellermans Eindruck war ein Knall von rechts, vielleicht von hinten.

Die mit Blut besprritzten Motorradpolizisten links hinter der Limousine hatten keine Ahnung, wo die Schüsse herkamen. Die Zeugen im Auge des Sturmes waren nicht zu rationaler Erinnerung fähig.

Die zwei Motorradpolizisten zur Rechten hinter dem Präsidenten waren ideal placiert:

James Chaney, der dem Präsidenten am nächsten war, meinte: »Schüsse kamen von hinten über meine rechte Schulter.« Er sagte aber auch: »Beim zweiten Schuß blickte ich mich gerade rechtzeitig um, um genauer etwas zu sehen, diese zweite Kugel hatte den Präsidenten ins Gesicht getroffen . . .«

Mary Moorman, rechts von der Limousine, hatte sich, wie bereits erwähnt, aufs Fotografieren konzentriert und konnte nicht sagen, woher die Schüsse kamen.

Maurice Orr, ihr gegenüber, war ebenfalls zu verwirrt. Charles Brehm, der nicht weit von den oben Erwähnten stand, sagte, die Schüsse wären von hinten gekommen. Am Tage des Anschlags aber soll er gesagt haben, er hatte den Eindruck, die Schüsse wären vor oder neben dem Präsidenten abgefeuert worden. Die ebenfalls bereits erwähnte Jean Hill, die neben Mary Moorman stand, sagte: »Ehrlich gesagt, ich dachte, die Schüsse kämen vom Grashügel . . . ich dachte, Leute schossen von diesem Hügel . . .« Sie wurde viermal vernommen und beharrte auf ihrer Version, und doch wurde ihr Zeugnis aus dem Abschnitt »Die Zeugen« des Warren-Berichtes ausgelassen. Auf der gegenüberliegenden Seite der Straße standen William und Gayle Newman mit ihren Kindern an dem Randstein. Mr. Newmans Aussage, unter Eid sofort nach dem Attentat gemacht, besagt: »Ich schaute direkt auf ihn, als er in die Kopfseite getroffen wurde ... ich dachte, der Schuß käme von unmittelbar hinter mir, von einer Stelle, die höher war, von einem Standort, der höher war als meiner am Randstein. Dann warfen wir uns zu Boden, weil es so schien, als ob wir in der direkten Schußlinie wären.«

Die Kommission überging die Aussagen der Newmans in ihrem Abschnitt »Die Zeugen«.

Sechzehn Leute in oder vor der Book Depository meinten, es wurde auch vom Hügel her geschossen. Zu den sechzehn gehörten:

Der Manager der Depository
Der Oberaufseher und
Zwei Vizepräsidenten der Aktiengesellschaft.

Geheimagent Forrest Sorrels, der im ersten Wagen war, der sich dem Hügel im Augenblick des tödlichen Schusses näherte, starrte auch instinktiv dorthin. Er berichtete zuerst: »Ich schaute zur Terrasse zu meiner Rechten hinauf, da die Schüsse aus dieser Richtung zu kommen schienen.« Erst später, in seiner Aussage vor der Kommission, schloß sich Sorrels der konventionellen Mehrheit an, die Gewehrfeuer ausschließlich aus der Richtung hinter dem Präsidenten gehört haben wollte.

Geheimdienstagent Paul Landis, im Wagen hinter dem Präsidenten, machte eine interessante Unterscheidung. »Ich hörte im Rücken von mir etwas, das wie der Knall eines Spezialgewehrs klang.« Er zog seine Pistole und dann »hörte ich einen zweiten Knall, sah den zersprengten Kopf des Präsidenten und sah Blut und Gehirn in die Luft spritzen. Ich reagierte auf einen Schuß von vorne und blickte nach der rechten Seite der Straße.« Landis wurde vom Warren-Ausschuß nicht als Zeuge berufen. Mehrere Polizisten glaubten ebenfalls, die Schüsse wären vom Bereich des Hügels gekommen.

Der Dallas County Sheriff, Bill Decker, dessen Wagen vor dem des Präsidenten fuhr, reagierte auf die Schüsse, indem er in sein Mikrophon brüllte: »Station fünf! Alle verfügbaren Männer stürmen den Eisenbahn-Rangierbereich!« Der Rangierbahnhof war knapp hinter dem Zaun auf dem Hügel.

Der »Grashügel« bezeichnet den gesamten Bereich zur Rechten der Autokolonne, von der Texas School Book Depository bis zur Eisenbahnbrücke. Der Hügel besteht aus drei Abschnitten. Zunächst ist ein enger Abhang mit Bäumen und Gebüsch auf der Höhe. Dann steigt ein viel längerer Hang zu einer Kolonnade im Halbkreis mit Treppen hinauf. Die Kolonnade ist beiderseits von einer Stützmauer umgeben. Jenseits erstreckt sich der etwas dichter bewachsene Hang neben der Straße mit einem Zaun auf der Kammhöhe, der sich 1963, in rechtem Winkel zur Straße befand, auf der sich die Autokolonne näherte.

In der letzten Phase der Schießerei war der Wagen des Präsidenten nur 35 Meter von der Stelle am Zaun entfernt, wo die Akustikexperten jetzt einen Scharfschützen vermuteten

Ungefähr ein Dutzend Menschen befanden sich auf dem Grashügel, als der Präsident erschossen wurde, und fast alle von ihnen glaubten, daß Schüsse auch von hinten, von der Höhe des Abhangs kamen. Einige dieser Zeugen wiesen die Möglichkeit von Vorstellung und Echo glatt ab. Die Schüsse seien irgendwo aus angsterregender Nähe gekommen. Die Aussagen dieser Zeugen sind, selbst achtzehn Jahre nach dem Anschlag, noch immer erschütternd.

Am 22. November 1963 kam Gordon Arnold, ein junger Soldat von zweiundzwanzig Jahren, auf Kurzurlaub nach Hause. Mit seiner Kamera ausgerüstet, ging Arnold auf den Kamm des Hügels und suchte sich einen günstigen Ausblickspunkt. Die Eisenbahnbrücke, quer über dem Weg, auf dem die Präsidenten-Wagenkolonne fahren sollte, bot einen idealen Überblick. Unterwegs dorthin ging er die von der Straße abgewandte Seite des Zaunes entlang. »Da kam ein Typ mit einem Geheimdienstausweis in der Hand auf mich zu und sagte, Zuschauer könne er hier oben keine gebrauchen.« Das klang einleuchtend. So bezog Arnold seine Stellung an einem Baum auf der Höhe des Abhangs, jenseits der Säulenreihe, auf der der Straße zugewandten Seite des Zaunes, und filmte die sich nähernde Kolonne von hier aus. Seine Beschreibung ist um so glaubwürdiger, da er eben die militärische Grundausbildung hinter sich hatte. »Ich zweifelte keinen Moment, daß es sich um einen Scharfschuß handelte. Hinter mir abgefeuert, überflog er meine linke Schulter. Ich fühlte ein Sausen, gleich danach – wie eine Schockwelle – und dann warf ich mich zu Boden.« Ein Polizist eilte herbei und befahl ihm mit einem Fußtritt aufzustehen. Arnold nahm die Kassette aus der Kamera und übergab sie dem Polizisten und machte sich davon. Zwei Tage später trat er einen neuen Posten in Alaska an. Obwohl die Mordkommission von diesem Zwischenfall informiert worden war, hat man Arnold nie vernommen.

Inoffiziell veröffentlichte man seinen Bericht 1978, und seine Aussage wurde von Senator Yarborough, der sich im zweiten Wagen hinter der Limousine des Präsidenten befand, im wesentlichen bestätigt. Dieser erinnert sich ebenfalls an einen Mann, der er an der von Arnold beschriebenen Stelle gesehen hat. Arnold ist auf den Hügelfotos im entscheidenden Augenblick nicht erkennbar, doch klingt seine Beschreibung, zusammen mit den Beobachtungen des Senators, glaubhaft.

Ein Eisenbahnbeamter sah, als er von der Brücke kurz vor dem Attentat hinunterschaute, ebenfalls »einen Detektiv, FBI-Mann oder etwas ähnliches« auf dem Gelände zwischen Zaun und Brücke. Auf ihn wird zurückzukommen sein. Arnold mag, nachdem er alles in den Zeitungen hätte lesen können, seine Geschichte erfunden haben, sie paßt indessen zu den Beschreibungen anderer Beobachter.

Mary Woodward, Maggie Brown, Aurelia Lorenzo und Ann Donaldson, Mitarbeiter der Dallas Morning Post, sprachen von einem »Trommelfell zerfetzenden Knall, der von rechts hinten kam«. Obwohl die Presse am folgenden Morgen ihre Aussage druckte, wurden sie vom Warren-Ausschuß nicht vernommen.

Weitere Zeugen bekundeten ganz ähnliche Beobachtungen. Sie wurden jedoch nicht von dem Warren-Ausschuß als Augenzeugen befragt.

Abraham Zapruder, der seinen berühmten Film von der Betonmauer am Hügel drehte, glaubte, den Scharfschützen irgendwo hinter sich gehört zu haben. Er erinnerte sich besonders an einen »Schuß, der lauter als die andern war«. Das könnte der Schuß gewesen sein, der aus seiner unmittelbaren Nähe vom Hügel aus abgefeuert worden war.

Mr. Zapruders Aussage ist im Bericht der Warren-Kommission enthalten.

Sam Holland, ein älterer Signalaufseher, stand am Geländer der Eisenbahnbrücke genau der sich nähernden Limousine des Präsidenten gegenüber. Nach dem Attentat erweckte er wegen seines Eigensinns und wegen seiner, der offiziellen Version entgegengesetzten, eigenwilligen Aussage Unmut bei seiner Vernehmung.

Unmittelbar nach dem Attentat von der Polizei vernommen, gab er an, »deutlich vier Schüsse gehört und Rauch, der von den Bäumen herkam«, gesehen zu haben. Trotz offizieller Skepsis gegenüber seiner Aussage, hielt Holland an seiner Geschichte in ihren wesentlichen Zügen fest, ja behauptete, zumindest einige Schüsse von hinter dem Zaun kommend gehört zu haben. Der Warren-Ausschuß hat Holland vernommen, seine Aussage jedoch ignoriert. Zur Widerlegung wurde auf die Möglichkeit einer Täuschung durch den Dampf einer Lokomotive hingewiesen. Tatsächlich ist diese Annahme unwahrscheinlich, weil die Eisenbahnlinie vom Zaun zu weit entfernt war.

Ein Mitglied des Ausschusses stellte sogar die Frage, ob denn Gewehre überhaupt Rauch abgeben könnten, was Fachleute aber positiv bestätigten.

Mit Abweichungen in der genauen Lokalisation der Rauchfahne wurde Hollands Aussage insbesondere von weiteren seiner acht Kollegen, die ebenfalls auf der Brücke gestanden hatten, bekräftigt.

Die Rauchfahne wurde jedoch auch von anderen Standorten aus beobachtet. Die bereits erwähnte Jean Hill, die zur Linken der Kolonne im mittleren Bereich der Dealey Plaza stand, hat sie ebenfalls gesehen. 1978 sagte sie zum Verfasser: »Der Präsident war getroffen. Das löste ein großes Durcheinander aus. Als ich aufblickte, sah ich eine Rauchfahne, wie von einem eben abgefeuerten Gewehr, vom Balkongeländer den bebauten Teil des Hügels hinauf ziehen.«

Der Bahnangestellte Lee Bowers, der hoch in seinem Stellwerk hockte, hatte einen einzigartigen Überblick über den Bereich hinter dem Zaun. Kurz bevor die Schüsse fielen, sah er in der Nähe des Zaunes zwei Männer stehen. »Einer, mittleren Alters und von massivem Körperbau, trug ein weißes Hemd und dunkle Hosen. Der zweite, »Mitte zwanzig, trug ein Plaidhemd oder eine Plaidjacke. Sie waren die einzigen Fremden im Bereich, die andern waren Eisenbahnangestellte, die ich kannte. Als die Schüsse fielen, sah ich in der Nachbarschaft dieser Männer etwas, was ich zwar nicht identifizieren konnte, das aber genau in diesem Bereich passierte und meine Aufmerksamkeit auf sich lenkte ... Rauch oder das Aufblitzen von einem Licht oder irgend etwas, was mir sagte, daß dort etwas Außergewöhnliches geschehen sein mußte«.

Bowers wurde von dem Warren-Ausschuß zwar vernommen, aber mitten im Satz »von einem außergewöhnlichen Etwas« vom vernehmenden Anwalt unterbrochen. Der Anwalt wechselte das Thema.

Einige Zeugen, unter ihnen angesehene Bürger und feuerwaffenkundige Leute, behaupteten, Schießpulver gerochen zu haben. Drei dieser Zeugen waren in der Autokolonne gewesen.

Der Polizist Earle Baker, im Dienst auf der Eisenbahnbrücke, und Mrs. Donald Baker, am anderen Ende des Hügels, haben diesen besonderen Geruch ebenfalls wahrgenommen.

Der Streifenpolizist Joe Smith hielt den Kreuzverkehr an der Ecke der Texas School Book Depository auf, als die Autokolonne passierte. Er hörte Gewehrfeuer, und eine Frau schrie: »Sie schießen auf den Präsidenten aus dem Gebüsch.« Smith rannte den Hügel hinauf, zum einzigen Gebüsch im Umfeld. 1978 erinnerte er sich noch immer an den anhaltenden Geruch von Schießpulver in dieser Umgebung.

Der Kongreßausschuß für Attentate ließ alle zur Zeit des Attentates von der Dealey Plaza aufgenommenen Fotografien fachgerecht untersuchen. Ein Foto schien eine menschliche Gestalt hinter der Betonstützwand auf dem Hügel zu zeigen, etwa 13 Meter von der Stelle, wo die Akustikspezialisten einen Scharfschützen lokalisierten. Spezielle Bildverschärfungs-Verfahren bestätigten, es habe sich tatsächlich um einen Erwachsenen in dunkler Kleidung gehandelt hat.

Im Handbereich dieser Person ist ein geradliniges Objekt sichtbar. Die Bildschärfe ist zu gering, um festzustellen, ob das Objekt ein Gewehr ist.

Die Gestalt ist auf einem kurz danach aufgenommenen Foto nicht mehr sichtbar.

Anhaltendes Interesse erweckte ein Foto, das den Zaunbereich zeigt, wo die akustische Evidenz den Scharfschützen vermuten ließ. Das Polaroidfoto, im Augenblick des tödlichen Schusses von Mary Moorman aufgenommen, wurde von der Kommission schon lange vor dem akustischen Befund untersucht. Etwas, was der Kopf eines Mannes sein könnte, ist auf diesem Foto im kritischen Zaunbereich sichtbar.

Ein Fotoexperte, Robert Groden, ist sicher, der Kopf eines Mannes könnte auf dem im Besitz der International and Associated Press befindlichen Bild gesehen werden. Das Bild soll im Hinblick auf die neue Evidenz mittels zusätzlicher Verschärfungsverfahren wieder untersucht werden.

Durch die formelle Schlußfolgerung, man hätte auf den Präsidenten aus zwei Richtungen geschossen, wurde 1978 ein Aufruhr ausgelöst und man vernachlässigte hierbei die Frage, welche der Schüsse den Präsidenten getroffen haben.

Hätte das Fernsehpublikum am 22. November 1963 die Gelegenheit gehabt, den einzig vollständigen Filmbericht des Attentates zu sehen, die allgemeine Überzeugung wäre eindeutig. Der Präsident ist von vorne erschossen und möglicherweise bereits von einer früher abgefeuerten Kugel von rückwärts getroffen worden. Die Zuschauer Amerikas sahen den Zapruder Film jedoch erst zehn Jahre später! Einige Tage nach dem Attentat berichtete ein CBS-Korrespondent über den Film, allerdings ohne Fotomaterial. Der Korrespondent, Dan Rather, beschrieb, daß der Präsident beim tödlichen Kopfschuß mit großer Wucht nach vorne gefallen war. Er beschrieb nicht, was jedem Zuschauer hätte auffallen müssen, daß nämlich der Präsident im Augenblick des tödlichen Schusses, der seinen Kopf zersprengte, zunächst nach hinten zuckte. Die Mitglieder der Warren-Kommission sahen den fraglichen Film, doch nirgendwo in ihren Akten ist von dieser ruckartigen Bewegung nach hinten die Rede. Der Warren-Ausschuß veröffentlichte wohl dem Film entnommene Ausschnitte, doch waren die beiden Bilder nach dem Kopfschuß in falscher Reihenfolge gedruckt worden. Der Direktor des FBI erklärte diesen Irrtum als Druckfehler. Andere sahen darin eine Absicht, die Wahrheit zu verheimlichen. Skeptiker waren der Meinung, der Präsident hätte von einer Kugel, die ihn frontal traf, zurückgeschleudert werden müssen, in der Richtung, die der Schußlinie vom Grashügel zur Limousine entsprach.

Ein Physiker der University of California in Los Angeles, Dr. R. A. Riddle und Mitglied des Gehirnforschungsinstituts dieser Universität, äußerte zu dieser Frage: »Newtons zweites Axiom ist noch immer nicht widerlegt. Dem Axiom zufolge erhält ein von einem Geschoß getroffener Körper einen Impuls, sich in der Richtung des Projektils zu bewegen.« Dr. Riddle betonte, des Präsidenten Ruck nach hinten könne kaum das Resultat einer im übrigen nicht erfolgten Beschleunigung des Autos gewesen sein. Aus diesem Grunde widersprach Dr. Riddle der Schlußfolgerung der Warren-Kommission, die besagt, daß der tödliche Schuß aus der hinter dem Präsidenten gelegenen School Book Depository kam. Er hielt sich vielmehr an die beschriebenen, schrecklichen Einzelheiten die Hypothese eines Schusses von vorne zu bekräftigen schienen. Beide links hinter dem Präsidenten fahrenden Polizisten waren mit Blut und Gehirnfragmenten bespritzt. Polizist Hargis, der sich nur einige Fuß hinter Mrs. Kennedy befand, beschrieb, daß er mit einer solchen Kraft von den Gehirnfragmenten getroffen wurde, daß er einige Sekunden annahm, auch er sei angeschossen worden. Neben Hargis zur Linken fuhr Polizist B. Martin, der später bezeugte, Blut und Gewebereste auf der *linken* Seite seines Helms und auf der *linken* Schulter seiner Uniform gefunden zu haben. Ein junger Student, Billy Harper, fand später, mehr als drei Meter hinter dem Standort des Wagens unmittelbar nach dem Schuß auf der Straße ein großes Stück vom Schädelknochen des Präsidenten. Das Beweismaterial bezeugt also, daß menschliche Gewebeteile rückwärts geschleudert worden sind.

Einige Beobachter betrachten die Tatsache, daß die im vorderen Teil des Autos Sitzenden ebenfalls mit Blut und Gehirn bespritzt waren, als Beweis dafür, daß der tödliche Schuß von hinten abgefeuert worden ist.

Das Urteil des Senatsausschusses für Attentate im Jahr 1971 lautete, nur zwei der vier abgefeuerten Schüsse haben ein menschliches Ziel getroffen. Beide Schüsse wurden von hinten abgefeuert, wahrscheinlich aus dem Eckfenster im sechsten Stockwerk der School Book Depository. Medizinische, ballistische und filmfotografische Indizien zusammenfassend beschloß der Ausschuß, seine Untersuchung mit der folgenden Rekonstruktion des Mordanschlages.

Der *erste* von der Book Depository abgefeuerte Schuß verfehlte sein Ziel.

Der *zweite*, ebenfalls von der Book Depository, traf den Präsidenten in den Rücken, trat durch den Hals heraus, traf sodann Gouverneur Connally in den Rücken und trat aus dessen Brust heraus, um weitere Verletzungen in seinem rechten Handgelenk und im rechten Oberschenkel zu verursachen.

Der *dritte* Schuß wurde vom Grashügel abgefeuert und verfehlte sein Ziel.

Der *vierte*, von der Depository abgefeuerte Schuß verursachte die tödliche Kopfwunde des Präsidenten.

Ein ballistischer Experte versicherte dem Komitee, der Ruck des Präsidenten nach hinten (im Zapruder Film) sei auf eine »neuromuskuläre Reaktion... motorische Stimulation« zurückzuführen. Die Kongreßabgeordneten akzeptierten diese Hypothese und zitierten weiteres Beweismaterial, das auf einen Kopfschuß von hinten hindeutete. Der medizinische Ausschuß unterstützte, mit Ausnahme eines Arztes, die Hypothese, wonach der Ruck nach hinten entweder als Reaktion einer massiven Hirnverletzung anzusehen sei oder auf einem Propulsionsphänomen – auch als jet effect bezeichnet – beruhte. Studien der Röntgenbilder und Fotografien überzeugten die Mitglieder des Ausschusses, daß der Schuß in den oberen Bereich des Hinterkopfes ein und rechts vorne austrat. Alle Ärzte waren sich einig, daß es sich bei der Hinterkopfwunde um eine typische Eintrittswunde handelte. Obwohl das Gehirn nicht, wie es der Ausschuß vorgezogen hätte, seziert worden war, scheinen die existierenden Fotos die Meinung zu bekräftigen, daß der fragliche Schuß von hinten abgefeuert wurde.

Der Ausschuß wurde in seinem Urteil zusätzlich bestärkt durch neue Untersuchungen mit verfeinerten Techniken, die es 1963 noch nicht gab. Dr. Vincent Guinn, Chemiker und Gerichtsachverständiger, entwickelte inzwischen sogenannte Neutronen-Aktivierungstests, in denen Probestücke des Geschosses mit Neutronen in einem Kernreaktor beschossen werden.

Dr. Guinn testete Proben von allen erhaltenen Geschoßfragmenten, einschließlich des vollkommen erhaltenen Geschosses, das auf der Tragbahre des Parklands Krankenhauses gefunden worden war. Er kam zum Schluß, es lediglich mit zwei Geschossen zu tun zu haben, die beide »höchst wahrscheinlich« für Mannlicher-Carcano-Gewehre, wie das in der Book Depository gefundene, hergestellt worden sind. Die Redewendung »höchstwahrscheinlich« entspricht der formellvorsichtigen Ausdrucksweise eines wissenschaftlichen Berichts. Ballistik-Experten entschieden, daß die Fragmente im Wagen des Präsidenten vom Gewehr in der Book Depository abgefeuert worden waren. Dies sprach ebenfalls dafür, daß der tödliche Schuß aus der Book Depository abgefeuert worden sein müßte. Das Urteil des Ausschusses lautete also: »Der tödliche Schuß war der vierte, der von einem Mannlicher-Carcano stammte.«

Obwohl Dr. Guinns Arbeit an sich höchst eindrucksvoll erscheint, waren seine Schlußfolgerungen selbstverständlich auf das ihm zur

Verfügung stehende Material beschränkt. Die Nachlässigkeit, mit der das Beweismaterial, einschließlich der Geschoßfragmente, von den zuständigen Behörden behandelt worden war, empörte die Mitglieder des Kongreß-Ausschusses für Attentate in hohem Maße. Mehrere kleine Fragmente waren seit 1963 verschwunden. Dr. Guinn konnte also kein einziges kupferhaltiges Fragment testen, ein Umstand, der seine Schlußfolgerungen, nach Meinung einiger Experten, für unhaltbar erscheinen lassen muß. Der Ausschuß akzeptierte Dr. Guinns Fachurteil.

Dr. Guinns Untersuchungen beeinflußten im übrigen auch die Erwägungen des Ausschusses in einem andern, wesentlichen Bereich. Es handelt sich um die Kontroverse über das Zustandekommen der Rücken- und Halswunden des Präsidenten, bzw. die Schußverletzungen im Oberkörper, Handgelenk und Oberschenkel des Gouverneurs Connally. Dem Urteil des Warren-Ausschusses entsprechend rührten diese Verletzungen von dem Geschoß her, das auf der Tragbahre gefunden wurde. Die Entscheidung des Ausschusses beruhte lediglich darauf, daß der im Zapruder Film exakt feststellbare Zeitraum zwischen der Reaktion des Präsidenten auf den ersten Schuß und der Reaktion des Gouverneurs auf seine Verletzung viel zu kurz war, um eine Neuladung des Gewehrs zuzulassen. 1963 gab es nur eine Alternative, da der Warren-Ausschuß von der damals noch hypothetischen Existenz eines weiteren Scharfschützen nichts wissen wollte. So mußte man annehmen, daß Rücken- und Halswunde des Präsidenten sowie die zahlreichen Schußwunden des Gouverneurs von ein und demselben Geschoß – das später von den Kritikern dieser These als »Zauberkugel« bezeichnet wurde – verursacht worden waren.

Der schwerwiegendste Einwand gegen die Hypothese einer »Zauberkugel« beruhte auf dem bemerkenswert guterhaltenen Zustand des Geschosses.

Seit 1964 hielten es Fachärzte, erfahren auf dem Gebiet von Schußverletzungen, als kaum akzeptabel, daß eine Gewehrkugel derartige Schäden, insbesondere Knochenschäden, anrichten könne, ohne selbst beschädigt zu sein. Typisch für die Skeptiker war das Fachurteil Dr. Milton Helperns, dem vormaligen obersten Gerichtsarzt von New York City, von dem die »New York Times« behauptete, er »wisse mehr als alle anderen Gerichtsärzte der Welt über den gewaltsamen Tod«. Dr. Helpern hatte mehr als zehntausend Autopsien an Opfern von Schußwunden durchgeführt. Er äußerte sich zum Problem der »Zauberkugel«: »Das ursprüngliche Gewicht der intakten Kugel betrug 160–161 Gran. Die Kommission gab das Gewicht der auf der Tragbahre gefundenen Kugel mit 158,6 Gran an. Das Geschoß war in keiner Weise verformt. Ich kann die Annahme nicht akzeptieren, daß sich dieses Geschoß durch all das Knochengewebe durchbohrt und nicht mehr als 1,2–2,4 Gran Gewicht eingebüßt haben sollte. Ich kann es auch nicht glauben, daß dieses eine Geschoß durch sieben Schichten zäher, elastischer, widerstandsfähiger Haut und durch weiteres Gewebe gelangte und zusätzlich noch mehrere Knochen zerschmetterte. Das wäre ein Phänomen, das man bisher von keinem Geschoß kennt. Die Mitglieder der Kommission scheinen keine Ahnung von der Widerstandskraft menschlicher Haut gegenüber Geschossen zu haben.«

Dr. Helperns Kritik wurde von zahlreichen Experten akzeptiert, ja durch deren weitere Untersuchungen noch bekräftigt, wie von Dr. Cyril Wecht, ehemaliger Präsident der Akademie der gerichtsmedizinischen Wissenschaft, von Dr. John Nichols, Pathologe der Kansas Universität, und von Dr. Robert Shaw, Professor der Thorax-Chirurgie der Universität von Texas, der die Brustverletzungen Gouverneur Connellys behandelt hatte.

Drei der sieben Mitglieder der Warren-Kommission unterzeichneten wohl den Bericht, doch zweifelten sie an der Richtigkeit jener »Zauberkugel«-Hypothese. Kongreßabgeordneter Hale Boggs hatte starke Zweifel. Senator Sherman Cooper war, wie er dem Autor 1978 versicherte, nicht überzeugt. Senator Richard Russell weigerte sich, den Bericht zu unterzeichnen, ja bestand darauf, seine abweichende Ansicht in einer Fußnote zu verzeichnen, doch lehnte Earl Warren dieses Ansuchen ab. Jahre später behauptete Russel, »ein einzelner Mann hätte doch unmöglich die bekannten Schüsse abfeuern können«. Er glaubte bereits lange vor der Verfertigung der Akustik-Analysen an eine Verschwörung.

Trotz überzeugender Gegenpositionen seitens hervorragender Fachleute entschied sich der Kongreßausschuß für Attentate 1979 im Sinne des Warren-Ausschusses. Seine Zustimmung beruhte aber auch auf zusätzlichem Beweismaterial. Der Film Zapruders deutete darauf hin, daß die Körperstellungen in ihrem räumlichen Verhältnis zueinander und die Schußwunden »mit der Flugbahn *eines* Geschosses übereinstimmten«.

Man akzeptierte weiter die Meinung eines Ballistik-Experten. Dieser beteuerte, daß ein Mannlicher-Carcano-Geschoß, selbst wenn es mehrere Knochen zerschmetterte, nicht wesentlich beschädigt sein müßte. Mehrere Ballistik-Experten schlossen sich der Meinung an, wonach die fragliche »Zauberkugel« von einem Mannlicher-Carcano-Gewehr abgefeuert worden war. Dr. Guinns Untersuchungen wiesen zudem darauf hin, daß die Patronenfragmente im Handgelenk des Gouverneurs von dem Geschoß, das man auf der Tragbahre fand, herrührten. Angesichts dieser Annahmen beschloß der Kongreßausschuß, die einst verkannte Hypothese einer »Zauberkugel« weiter als gegeben zu betrachten. Der offiziellen Entscheidung zufolge wurde der Präsident zweimal von hinten getroffen. Der erste nicht notwendigerweise tödliche Schuß, der ihn in den Rücken getroffen hatte, durchschlug seinen Körper und verletzte zusätzlich noch den Gouverneur. Der zweite Schuß traf am im Kopf und war tödlich.

Für einige Beobachter ist die Kontroverse jedoch noch keineswegs beigelegt.

Einer der forensisch-medizinischen Experten der Kommission, Dr. Cyril Wecht, der hartnäckige Leichenbeschauer aus Kalifornien, der den Fall Kennedy länger als seine Kollegen studiert hatte, verwirft bis heute die »Zauberkugel«-Hypothese. Er bezeichnet das offizielle Urteil als »semantische Haarspalterei und intellektuelle Akrobatik«. Im Gegensatz zu seinen Kollegen behauptet Dr. Wecht, das Geschoß hätte seine Richtung in der Luft rechtwinklig geändert haben müssen, um die ihm zugeschriebenen Schußwunden verursachen zu können. Dr. Wechts Kommentar zum Zapruder Film: Der Gouverneur hätte, falls er wirklich von derselben Kugel wie der Präsident getroffen worden wäre, nicht so schnell reagieren können, wie er reagiert hat. Vor allem glaubt Dr. Wecht nicht, daß ein Geschoß, das einen so erheblichen Knochenschaden angerichtet hatte, fast intakt bleiben konnte. Er stellte Tests an. Mehrere Schüsse wurden aus einem Mannlicher-Carcano durch den Brustkorb einer Ziege und das Handgelenk einer Leiche gefeuert. Sämtliche Testgeschosse waren stärker beschädigt als die »Zauberkugel«. Dr. Wecht forderte seine Kollegen auf, auch nur ein einziges intaktes Geschoß zu präsentieren, das von einem vergleichbaren Test herrührte.

Der gerichtsmedizinische Ausschuß blieb unbeeindruckt. Dr. Baden erklärte die Tests für nutzlos, im übrigen habe er vergleichbar intakte Geschosse gesehen, die aus anderen Gewehren stammten und einen der »Zauberkugel« vergleichbaren Knochenschaden angerichtet hatten. Tatsächlich hatte jedoch bis heute niemand eine derartige Kugel zeigen können. Obwohl moderne Untersuchungsmethoden die Geschoßfragmente aus Connellys Unterarm mit dem Geschoß auf der Tragbahre in Verbindung gebracht haben, existierten die Fragmente aus der Brust des Gouverneurs und der Halswunde des Präsidenten zur Zeit der Untersuchung nicht mehr.

Neuerliche Aussagen eines Inspektors und der Polizisten, welche das Zimmer des Gouverneurs bewacht hatten, beziehen sich auf mehrere Geschoßfragmente. Einige Nachforscher vermuten, daß die fehlenden Fragmente absichtlich beseitigt wurden. Dr. Wecht mutmaßt: »Das Geschoß, das in den Rücken des Präsidenten eindrang und an seinem Hals austrat, könnte über den Wagen hinweg in die Luft geflogen sein, während die Schußwunden des Gouverneurs von einem anderen Geschoß verursacht wurden.«

Dr. Wecht widersprach im übrigen der Meinung seiner Kollegen, d. h. der Annahme lediglich eines tödlichen Schusses, von einem Standort hinter dem Präsidenten abgefeuert. »Solange man das Gehirn nicht untersucht hat, kann man«, so Dr. Wecht, »keine dogmatischen Aussagen über die wirklichen Geschehnisse machen.« Dr. Wechts Hypothese ist jedoch schlecht mit dem akustischen »Sachverhalt« vereinbar.

Immerhin war Dr. Wecht, das sei der Gerechtigkeit halber betont, der erste, der bereits vor späteren Akustik-Untersuchungen zu dem Schluß kam, daß es sich um vier Schüsse handelt. Interessant ist schließlich seine Vermutung, daß es hinter den Fenstern der School Book Depository möglicherweise zwei Scharfschützen gestanden haben könnten.

Die These Dr. Wechts könnte sich eines Tages als richtig erweisen.

4.

Die Scharfschützen

Weder die Indizien noch die Berichte der Augenzeugen
erklären zur Genüge, was im sechsten Stockwerk der
TSBD zur Zeit der Ermordung John F. Kennedys stattfand.

Jesse Curry, Polizeichef von Dallas, 1979.

(Vorbemerkung: Die Stockwerke des Dallas School-Book Depository
sind nach dem amerikanischen Gebrauch angegeben. Das amerikanische erste Stockwerk entspricht dem deutschen »Erdgeschoß«.
Der deutsche Leser muß daher von der jeweils angegebenen Stock-
werkzahl ein Stockwerk subtrahieren, um den entsprechenden deutschen Wert zu erhalten.)

Eine Tatsache steht fest. Vor und während des Schießens beobachteten Leute in der Menschenmenge einen Mann oder einen Mann mit
einem Gewehr am rechten Fenster im sechsten Stockwerk der Texas
School Book Depository, an dem Fenster, das bald darauf als der
»Hochstand« für den Scharfschützen bekannt wurde. Zwei Angestellte des benachbarten Administrationsgebäudes bemerkten sein
auffälliges Gehabe. Einer der beiden sagte sogar: »Was macht dieser
Mann? Versteckt er sich oder was?« Er schien eher in die Richtung
des Grashügels als in die Richtung, aus der der Präsident kommen
sollte, zu schauen. Howard Brennan, der später ein Starzeuge in der
offiziellen Untersuchung werden sollte, stand gegenüber der Depository auf der Straße und sah vor und während des Schießens einen
Mann im rechten Fenster des sechsten Stockwerks. »Nach dem zweiten Schuß«, erklärte Brennan, »hat dieser Mann, den ich schon vorher sah, zu seinem letzten Schuß angelegt. Dann zog er sich vom
Fenster zurück, stand etwa eine Sekunde still, als ob er sich vergewissern wollte, daß er sein Ziel getroffen hat, und verschwand.« In
der Nähe Brennans sah ein fünfzehnjähriger Schüler, Amos Euins,
ebenfalls, daß ein Schuß aus dem berüchtigten Fenster abgefeuert
wurde.
»Ich sah seine Hand ... eine Hand am Abzug ... und eine Hand am
Lauf ...« Ein vierzehnjähriger Junge in der Menge, James Worrall,
blickte nach dem ersten Schuß hinauf und sah etwa 20 cm eines
Gewehrlaufs im Fenster. Drei Leute, die in der Autokolonne fuhren,
die Frau des Bürgermeisters und zwei Fotografen, beobachteten dasselbe. Keiner der Fotografen hat schnell genug reagiert, um eine

Aufnahme zu machen. Diese Zeugen stellten für der Warren-Kommission kein Problem dar, ihre Aussagen wurden dem Bericht beigefügt. Von anderen jedoch nahm die Kommission an, sie hätten sich geirrt, und andere Zeugen wiederum, die höchst lästigerweise zwei Männer hinter den Fenstern der Book Depository gesehen hatten, wurden einfach nicht angehört.

Fünfzehn Minuten nach dem Attentat fragte ein Zuschauer seine Frau, ob sie einen Geheimdienstagenten sehen möchte. Er zeigte auf ein Fenster im sechsten Stockwerk des Lagerhauses, wo er »einen Mann hinter dem Fenster sah – da stand er und hielt ein Gewehr ... Einen Augenblick dachten wir daran, jemanden zu informieren, dann aber dachten wir, es müsse sich um einen Sicherheitsbeamten handeln.« Rowland sagte später aus, er habe das Gewehr gut genug gesehen, um einen Fernrohrsucher zu erkennen und wahrzunehmen, daß es sich um eine besondere Waffe handelte. Der Mann, den er beobachtet hatte, befand sich nicht im berühmten Fenster am rechten Ende des sechsten Stockwerkes, sondern in einem Fenster am *linken* Ende. Rowland sah allerdings auch eine zweite dunkelhäutige Gestalt, die er für einen Neger hielt, im berühmten rechten Fenster.

Die erste offizielle Kommission wies Rowlands Aussage, einen zweiten Mann gesehen zu haben, zurück, obwohl ein stellvertretender Sheriff bestätigte, daß Rowland sofort nach dem Attentat von zwei Männern gesprochen hatte. Nach Rowland hätten ihm die Agenten, als er ihnen von jenem zweiten Mann erzählte, entgegnet, dies sei »zur Zeit ohne Belang«. Tatsächlich deutete ihr Hinweis darauf, daß er den zweiten Mann vergessen sollte. »Sie schienen nicht im geringsten interessiert und verfolgten den Punkt nicht weiter. Sie haben diesen Teil meiner Aussage nicht aufgezeichnet.« Der Warren-Bericht ignorierte auch die Aussagen zweier weiterer Zeugen, die zwei Männer bemerkt haben wollten, was die Aussage von Rowland nur zu bekräftigen schien.

Kurz vor dem Attentat sah Mrs. Ruby Henderson zwei Männer im Hintergrund eines Fensters der oberen Stockwerke der Book Depository. Wie Rowland bemerkte auch sie, daß einer der Männer »dunkles Haar ... dunkle Haut zu haben schien«. Der Mann mochte ein Mexikaner gewesen sein. Sie hatte den Eindruck, »die beiden Männer erwarteten die Autokolonne.« Mrs. Hendersons Beobachtung kann zeitlich genau festgelegt werden, weil sie sich an einen Krankenwagen erinnerte, der kurz danach einen Mann, dem es auf der Straße schlecht geworden war, abtransportierte. Die Zeit war ins Logbuch der Ambulanz eingetragen, daher wissen wir, daß Mrs. Henderson die zwei Männer weniger als sechs Minuten vor dem

Attentat gesehen haben mußte. Ein weiterer Zeuge, dessen Bericht bei
weitem detaillierter war, bemerkte die zwei Männer kurz vor dem
Anschlag.

Mrs. Carolyn Walther sah zwei Männer mit einem Gewehr im offenen
Fenster am äußersten rechten Ende des Gebäudes. Obwohl es ihr
weniger hoch als sechs Stockwerke erschien, war sie sicher, daß das
Fenster offenstand. Auswertungen von Fotografien bestätigen, daß
sie auf den berühmten Scharfschützenhochsitz hinaufgesehen haben
mußte. Mrs. Walther beschrieb den Vorgang folgendermaßen: »Ich
sah diesen Mann im Fenster, er hatte ein Gewehr, das nach unten
zielte, in der Hand. Der Mann befand sich offensichtlich in kniender
Stellung, denn seine Unterarme ruhten auf dem Fenstersims. Ein
anderer Mann stand neben ihm, aber ich sah nur einen Teil seines
Körpers, wissen Sie, er war nur zur Hälfte im Fensterrahmen sichtbar;
und das Fenster war schmutzig, ich konnte sein Gesicht nicht sehen,
weil das Fenster nach oben geschoben war. Es machte mich stutzig,
dann dachte ich, sie haben wahrscheinlich Wachen in allen Gebäuden,
also sagte ich nichts.« Falls Mrs. Walther Alarm geschlagen hätte,
wäre es wahrscheinlich zu spät gewesen. Kaum hatte sie den zweiten
Mann bemerkt, als die Autokolonne des Präsidenten schon in Sicht
kam.

Es gab schließlich noch einen Zeugen, der aber seine eigenen Beobachtungen 1963 noch nicht erzählt hatte. Obwohl er logischerweise ein
Kandidat für ein Interview gewesen wäre, hat sich niemand um ihn
bemüht.

Bis vor kurzem blieb er aus verständlichen Gründen zurückhaltend
mit seiner Aussage. John Powell war zum Zeitpunkt des Attentates,
am 22. November 1963 einer der vielen Insassen im sechsten Stock der
Dallas County Jail, des städtischen Gefängnisses. Das Fenster in seiner
Zelle war ein idealer Aussichtspunkt auf das berühmte Depository-
Fenster. Powell, der drei Tage wegen kleinerer Vergehen im Gefängnis verbrachte, hat schon seit langem seinen Freunden und Familien-
angehörigen erzählt, daß er und seine Zellengenossen in den Minuten
vor dem Anschlag zwei Männer mit einem Gewehr im Fenster gegenüber beobachtet hatten. Er behauptet, sie so klar gesehen zu haben,
daß er sich sogar daran erinnerte, wie sie an der Sicherung des
Gewehres hantiert hätten. Powell sagte: »Einige von uns haben sie
gesehen. Aber wir haben alle versucht, den Paradezug und das alles
zu sehen. Wir blickten aber auch zur Book Depository hinüber, weil sie
eben genau gegenüber lag. Das erste, was ich dachte, war, es handelt
sich um Sicherheitspolizei . . . ich erinnere mich an die Jungs.« Powell
hat für seine Geschichte keine »Publicity« gesucht; ein Freund von ihm
setzte sich viel später mit einer lokalen Zeitung in Verbindung. Wie

Mrs. Henderson und Arnold Rowland erinnert sich auch Powell spontan, daß einer der Männer dunklere Haut hatte als sein Kollege. Während der Warren-Untersuchung hat ein Beamter des Ausschusses auf einen Hinweis die Insassen des städtischen Gefängnisses wegen ihres idealen Ausblicks auf die Depository zu befragen, nicht reagiert.

Heute ist es unvorstellbar, daß der Aussage derjenigen, die behaupteten, hinter den Fenstern im sechsten Stockwerk zwei Männer, von denen wenigstens einer bewaffnet war, gesehen zu haben, einfach keine Beachtung geschenkt wurde.

Neues Material, das in der elften Stunde der Tätigkeit des Ausschusses für Attentate auftauchte, mag die Anwesenheit der beiden Männer im oberen Stockwerk bekräftigen. Ende 1978 zeigte die DALLAS MORNING NEWS in einem drei Seiten langen Leitartikel die Entdeckung eines Films an, den ein Amateurfilmemacher namens Charles Bronson wenige Augenblicke vor dem Anschlag gedreht hatte. Er blieb unbeachtet, nachdem das FBI den Streifen für belanglos erklärt hatte. Der Film zeigt die Fenster im sechsten Stockwerk in großer Entfernung. Die Zeitungsredaktion, die den Film 1978 sah, glaubte deutlich Bewegung hinter einem Fenster im sechsten Stockwerk gesehen zu haben. Sie gaben den Film an Robert Groden weiter, der für den Kongreßausschuß fotografische Quellenforschung betrieb.

Der unmittelbare Eindruck war eine Sensation. Groden entschied, daß sich nicht nur zwei Männer, sichtbar hinter dem berühmten Fenster im sechsten Stockwerk bewegten, sondern – zu einem bestimmten Zeitpunkt – auch Bewegung hinter einem Bogenfenster zur Linken erkennbar war. Groden fügte hinzu: »Die Tatsache, daß man Bewegung in zwei Fenstern, die gute acht Fuß voneinander getrennt sind, zugleich erkannte, weist ohne Zweifel auf mehr als eine Person im sechsten Stockwerk hin.«

Groden war der Meinung, der Bronson-Film bekräftigte die Ansicht jener Leute, die schon vor langem in einem anderen Film zwei Männer hinter den Fenstern zu sehen glaubten.

Ein Mann in der Menge, Robert Hughes, hat mit seiner Kamera am 22. November 1963 die Fenster im Augenblick, in dem die Kolonne sich der School Depository näherte, festgehalten. Einige der Ermittler, einschließlich Groden, waren überzeugt, die Aufnahmen von Hughes zeigen die Bewegung von Menschen in denselben Fenstern wie der Bronson-Film. Eine Fotografie, Sekunden vor dem Attentat aufgenommen, zeigt auch eine Gestalt im Bogenfenster. Nachdem er den Bronson-Film mit speziellen optischen Verfahren behandelt und mit dem übrigen diesbezüglichen Beweismaterial verglichen hatte, fühlte sich Groden berechtigt zu schreiben: »Der Mann im Fenster Nr. 1

bewegt sich schnell hin und her, der Mann in Nr. 3 scheint beim
Fenster zu hocken und auf den Zehenspitzen zu schaukeln... Die
Gestalt im Fenster Nr. 2 ist weniger erkennbar als die beiden anderen... Ich glaube jetzt, es handelt sich eindeutig um eine andere
Person, die wahrscheinlich dem Mann in Nr. 1 Kisten überreicht.«
Die Fotoexperten, von denen viele Grodens Meinung nicht teilen,
waren vorsichtiger. Der Ausschuß kam aufgrund der Untersuchung
der Fotos zu dem Schluß, daß die Kisten im sechsten Stockwerk
unmittelbar nach dem Anschlag umgestellt worden waren. Bezüglich
des Films beschränkte er sich auf die Bemerkung, im Fenster Nr. 2
konnte kurz vor dem Anschlag »der Anschein oder ein Eindruck von
Bewegungen« wahrgenommen werden. Eine Computerverstärkung
des Films hat den Ausschuß nicht überzeugen können, die Bewegung
als von Menschen verursacht anzusehen, obwohl er diese Möglichkeit
einräumte. Ein Mitglied des Ausschusses, Robert Selzer, bemerkte
hierzu, daß man in mehr als einem Fenster ganz deutlich Bewegung,
die von Menschen verursacht sein könnte, sah. Bronsons Film tauchte
erst in den letzten Tagen der Komitee-Untersuchungen auf. Die noch
verfügbare Zeit war jedoch zu kurz, verfeinerte Analysen zu machen.
Aus diesem Grund empfahl der Ausschuß für Attentate als eine seiner
letzten Amtshandlungen, dem Justizministerium den Film zwecks
weiterer Untersuchungen zu übergeben. Diese Untersuchungen
konnten die Anwesenheit von mehr als einem Schützen im sechsten
Stockwerk bekräftigen. Andererseits ist es möglich, daß die akustische
Analyse auch in diesem Falle den Schlüssel zur Lösung bietet.
Ein Faktor in der neuen Akustikanalyse beunruhigte die Mitglieder
des Ausschusses für Attentate 1978 nicht weniger als die Entdeckung
eines Scharfschützen auf dem Hügel. Sie wußten jetzt, daß das Inter-
vall zwischen den Schüssen 1 und 2, die beide von der Depository
kamen, äußerst kurz war. Genau gesagt, betrug es 1,66 Sekunden.
Tests, die das FBI 1964 machte, erwiesen, daß das Gewehr, das in der
Depository gefunden wurde, in so kurzer Zeit nicht wieder geladen,
angesetzt und abgefeuert werden könnte. Die besten Zeiten der FBI-
Scharfschützen waren 2,25 bis 2,3 Sekunden. Falls diese Tests präzise
waren, folgt daraus, wie das Komitee wohl angenommen hatte, daß
zwei Scharfschützen vom Depository gefeuert haben müssen. Der
Beweis für die Existenz eines Scharfschützen auf dem Hügel sowie das
Phantom hinter Fenster 2 verursachten eine fieberhafte Aktivität im
Ausschuß für Attentate. Feuerwaffenspezialisten belehrten die Mitglieder der Kommission, daß ein Mannlicher-Carcano auch ohne
Teleskop zielsicher abgefeuert werden kann. Laut Urteil der Fachleute
waren auch die Umstände auf der Dealey Plaza günstiger für Kimme
und Korn. Das Komitee veranstaltete neue Tests. Diesmal schossen

ungeübte Freiwillige ohne Teleskop auf eine Silhouette. Sie konnten aber das Schußintervall nicht verringern. Der beste Schütze traf bei drei Schüssen einmal auf 150 Fuß Entfernung in durchschnittlichen Intervallen von 1,65 bis 1,75 Sekunden. Ein zweiter Schütze konnte Intervalle unter 2 Sekunden nicht erreichen. Nachdem die Kommission ihre Ergebnisse schon im März 1979 veröffentlicht hatte, wurden noch zwei weitere Tests ausgeführt. Diesmal waren unter den Testpersonen vier Scharfschützen der Polizei und – der gelehrte Oberstaatsanwalt der Kommission und sein Stellvertreter. Keiner der Polizeischarfschützen brachte es zustande, aufeinanderfolgende Schüsse innerhalb der gegebenen Zeitspanne von 1,65 Sekunden abzufeuern.

Zwei Amateurschützen der Kommission vermochten wohl innerhalb der gegebenen Zeit zu feuern, aber nur, indem sie spontan und ohne Benutzung jeglicher Sicht zielten. Beide Männer verfehlten das Ziel beim zweiten Schuß. Das Experiment war vielleicht unrealistisch. Das Gewehr war zwar ein Mannlicher-Carcano vom gleichen Typ wie das in der Book Depository gefundene, aber nicht die identische Waffe. Der ursprüngliche Mannlicher-Carcano war nicht von großem Nutzen als Beweismaterial, wie Armee-Spezialisten nach dem Mord entdeckten. Einer von ihnen hatte, wie ein Sprecher betonte, »Schwierigkeiten, die Sicherung bei seinem ersten Versuch zu öffnen«. Er fügte hinzu, daß ihnen, als Neulingen an der Waffe, »der zur Öffnung der Sicherung notwendige Druck so groß war, daß die Kimme des Gewehrs verrückt wurde«. Der Schütze, der den Mannlicher-Carcano auf der Dealey Plaza benützt hatte, mag freilich mit den Eigenschaften seiner Waffe vertraut gewesen sein. Doch war das Gewehr kaum das ideale Werkzeug zur Ausführung von so gekonntem Zielschießen.

Christopher Dodd, einer der eifrigsten Kongreßabgeordneten im Ausschuß, konnte der eindeutigen Entscheidung seiner Kollegen, die alle Schüsse aus der Depository auf ein Gewehr und einen Schützen zurückführten, nicht zustimmen. Auch die letzten Versuche, die zeigten, daß das Gewehr, ohne beim zweiten Mal richtig zu zielen, in weniger als 1,66 Sekunden wiedergefeuert werden kann, haben nicht überzeugt. Logischerweise stellt er eine weitere Frage. Wenn ein Scharfschütze wie dieser, den Indizien entsprechend, beim ersten Schuß sein Ziel verfehlt hat, würde er sich doch sicherlich Zeit nehmen, ein zweites Mal besser zu schießen.

Schließlich war der zweite Schuß ein Volltreffer in ein Ziel, das sich mit elf Meilen in der Stunde bewegte. Dodd ist sich bewußt, daß der Indizienbeweis für nur einen Scharfschützen spricht – drei Patronenhülsen, alle drei in der Nähe des Fensters im sechsten Stockwerk und alle zum Mannlicher-Carcano gehörig. Das weist wohl auf drei

Schüsse vom gleichen Gewehr hin. Dodd meint immerhin, daß die Hülse eines Schusses, der am Vortage abgefeuert worden war, am Nachtag, vor dem ersten Schuß auf den Präsidenten, erst aus dem Gewehr hätte fallen können.

Wenn aber die ersten zwei Schüsse nicht von einem einzelnen Scharfschützen abgefeuert wurden, dann muß sich der Untersuchende nach den Überlegungen Dodds für eine von zwei Alternativen entscheiden. Entweder ist das Akustik-Ergebnis fehlerhaft, oder es feuerten zwei Scharfschützen von hinten. Dodd ist, wie die meisten seiner Kollegen im Kongreßausschuß, von der Richtigkeit der Akustikevidenz überzeugt. Sie führte zur überaus wichtigen Entdeckung des Scharfschützen auf dem Hügel und könnte auch die Annahme, daß zwei Meuchelmörder von hinten auf den Präsidenten gefeuert hätten, beweisen. Dies gibt ein Feld für weitere wissenschaftliche Studien.

Der Oberste Rechtsberater des Ausschusses, Professor Blakey, läßt die Möglichkeit zu, daß einer der zwei von hinten abgefeuerten Schüsse von einer anderen Stelle, vielleicht aus dem Daltex Gebäude, kam.

Die spätere Arbeit der Akustik-Experten konzentrierte sich intensiv auf die exakte Ermittlung des Standortes des Scharfschützen auf dem Grashügel. Zeitmangel verhinderte die Durchführung weiterer Untersuchungen über die Schüsse, die »hinter« dem Präsidenten fielen. Aus den gleichen Gründen muß auch der Bronson-Film noch vom Standpunkt, ob es mehr als einen Mann hinter den Fenstern der Depository gab, in angemessener Weise untersucht werden. Als letztes empfahl die Mordkommission dem Justizministerium, die Arbeit an dem Film und an den Tonbandaufnahmen fortzusetzen.

In seinen Kommentaren über den Bericht des Kongreßausschusses für Attentate betonte Kongreßabgeordneter Dodd: »Wenn weitere Untersuchungen noch immer bestehende Zweifel über die Richtigkeit der Entscheidung beheben könnten, wäre die Unterlassung dieser Untersuchung unentschuldbar. Wir dürfen in der Angelegenheit der Ermordung Kennedys nicht mit vermuteten Wahrheiten im Schatten arbeiten, wenn wir Tageslicht haben können.« Ob sich die Hoffnung Dodds erfüllt, wird sich noch zeigen.

Ein Richter des Obersten Bundesgerichtshofes definierte Verschwörung als »Partnerschaft zu kriminellen Zwecken«. Nach dem Stand der wissenschaftlichen Erkenntnisse sowie der offiziellen Untersuchungen war die Ermordung Kennedys das Resultat einer Verschwörung. Das unmittelbare Ziel der Verschwörung stand außer Frage. Aber die Identität der Verschwörer ist noch immer ungewiß; zwar sind ihre Spuren verwirrend, doch existieren sie.

5.
Auf der Suche nach dem Flüchtling

Er dachte, die Arbeit für den Tag sei getan.

– Oswalds angeblicher Grund für das Verlassen der Mordszene. Zitiert vom Chef des Department for Homicide der Polizei von Dallas.

Der letzte Anblick, den Dallas vom Präsidenten hatte, war sein in sich zusammengesunkener Körper, der im nächsten Augenblick von einem Geheimagenten verdeckt wurde, der auf den Rücksitz der Limousine aufgesprungen war. Im darauffolgenden Wagen hantierte ein zweiter Agent ziellos und verzweifelt mit seinem automatischen Gewehr. Dann brach eine Unruhe aus, bis sich die Aufmerksamkeit der Polizei und der Menschenmenge auf den grasbedeckten Hügel konzentrierte, auf dem, wahrscheinlich zurecht, einige den Ausgangspunkt des Attentats vermuteten.

Die Tochter des Amateurfotografen Philip Willis, Rose, lief an der Seite des Präsidentenwagens, als er den Hügel passierte. Während sie lief, bemerkte sie jemanden, der hinter der Betonstützwand stand und aus irgendeinem Grunde »auffällig« schien. Dann plötzlich verschwand er. Fotos bekräftigen später ihren Bericht. Inzwischen wurde die Aufmerksamkeit von Jesse Price, der oben von einem naheliegenden Hochhaus zusah, auf etwas hinter dem Zaun am Hügel gelenkt. Es war ein Mann von ungefähr fünfundzwanzig Jahren, in einem weißen Hemd, der etwas zu tragen schien und »in die Richtung der geparkten Privatautos beim Abstellgleis lief«. Lee Bowers, der Eisenbahnbeamte im Gleisstellturm, der knapp vor dem Attentat zwei Fremde hinter dem Zaun sah, hatte sie durch das Gebüsch zeitweise aus den Augen verloren. Zur Zeit des Schießens sah er jedoch eine Bewegung hinter dem Zaun. Dann strömten Polizisten aus allen Richtungen auf den Hügel zu. Der Streifenpolizist Joe Smith war einer der ersten, der auf den Parkplatz lief, wo eine Frau einen Schützen hinter den Büschen zu sehen glaubte. Wie bereits erwähnt, hatte Smith an dieser Stelle den Geruch von Schießpulver wahrgenommen. Es war die gleiche Stelle, an der die Akustik-Experten einen Scharfschützen lokalisierten und an der Smith eine merkwürdige Beobachtung gemacht hatte.

Während er mit der Pistole im Anschlag umherlief, ohne eine konkrete Person zu verfolgen, kam er sich oben ziemlich dumm vor, als er einem Mann begegnete, der bei einem Wagen stand. Inzwischen kam der Deputy Sheriff auf ihn zu. »Der Mann, dieser Typ«, zog blitzschnell einen FBI-Ausweis aus seiner Hüfttasche. »Ich kenne die FBI-Ausweise; der Sheriff und ich gaben uns daraufhin zufrieden. Wir ließen den Mann gehen, und der Sheriff und ich setzten unsere Suche um die anderen Wagen herum fort.« Seither bereute Polizist Smith seine Entscheidung, den Mann gehen zu lassen, bitterlich, denn die Polizei wußte von keinem Geheimagenten, der auf dem Hügel Stellung bezogen hätte.

Die offiziellen Aufzeichnungen geben Rechenschaft von jedem FBI-Agenten, der sich an jenem Tag in Dallas aufgehalten hat. Keiner von ihnen war zur Zeit des Attentates zu Fuß, und die, die in der Autokolonne Dienst hatten, blieben in ihren Wagen. Es gab keine wirklichen FBI-Agenten auf oder auch nur in der Nähe des Grashügels.

1963 war ein FBI-Agent der Prototyp des kurzgeschorenen, gut angezogenen, respektablen jungen Amerikaners. Doch der Mann, dem Polizist Smith begegnet war, »sah wie ein Automechaniker aus. Er trug ein Sporthemd und Sporthosen. Seine Fingernägel waren schmutzig, und seine Hände waren die eines Mechanikers. Bei einiger Überlegung schien mir einiges nicht zum Geheimdienst zu passen.« Smith fügt jetzt, etwas unwirsch, hinzu: »Wir waren in Eile, und die Identitätskarte war schließlich einwandfrei. Ich hätte den Mann gründlicher untersuchen sollen. Aber meine Reaktion auf die Widersprüche war nicht schnell genug.«

Smith und der Deputy Sheriff waren nicht die einzigen, die den »Geheimagenten« sahen. Gordon Arnold, der junge Soldat, der sich ziemlich genau in der Feuerlinie befand, erinnert sich, kurz vor dem Attentat einem »Geheimagenten« begegnet zu sein. Jean Hill, die den Rauch auf dem Hügel gesehen hat, sagt aus, daß sie sofort nach dem Attentat und noch vor Smith einem Agenten begegnet sei.

Hill rannte instinktiv los und überquerte die Straße zwischen der sich noch immer bewegenden Wagenkolonne. Sie war die erste auf dem Parkplatz, und dort, so sagte sie, stand »ein hochgewachsener, schlanker Mann«. Anschließend erzählt sie von einem Erlebnis, dem des Polizisten Smith ähnlich – von einem Mann, der aus seiner Tasche einen FBI-Ausweis zog, den sie verfolgte, bis sie dann die Jagd aufgab. Polizist Smith sagte ebenfalls vor dem Warren-Ausschuß aus. Jean Hill besteht darauf, ihren Bericht dem Warren-Ausschuß gegeben zu haben. Heute erklärt der ehemalige Polizeichef von Dallas, Jesse Curry, über den »Geheimagenten auf dem Hügel«: »Ich glaube, er war ein falscher Agent. Der Mann steht sicherlich in Verdacht, in irgendeiner Weise am Attentat beteiligt gewesen zu sein, da er sich in dem Schußbereich aufhielt, und die Tatsache, daß er einen vermutlich falschen Ausweis vorwies, bekräftigt den Verdacht.«

Jean Hill sagt, sie hätte hinter dem »Agenten« einen Mann laufen sehen. Ähnlich wie Price verlor auch sie den Mann irgendwo in der Nähe der Eisenbahnlinien, ungefähr zwanzig Meter entfernt, aus den Augen. Das mag alles an den Haaren herbeigezogen und erfunden klingen, wenn es nicht auch den Bericht eines anderen Polizisten gäbe. Polizist Tilson, der an diesem Tage nicht im Dienst war, fuhr ungefähr zehn Minuten nach dem Anschlag mit seiner Tochter durch die Straße jenseits der Eisenbahnlinien. Er hörte, so erinnerte er sich 1978, in seinem Radio soeben die erste Nachricht vom Attentat, als er einen Mann die Eisenbahnböschung auf der Westseite der dreifachen Unterführung gleitend und·rutschend herunterkommen sah. »Sein Wagen stand da, an dieser Stelle, ein schwarzer Wagen. Er warf etwas auf den Rücksitz und ging dann rasch nach vorne.« Tilson beschrieb den Mann als »35 bis 40 Jahre alt und 172–175 cm groß... dunkle Haare, dunkler Anzug«. Tilson bemerkte, daß der Mann wie Jack Ruby, den er kannte, aussah, ohne jedoch zu behaupten, daß der Mann Jack Ruby gewesen war. »Der Mann stieg ein und machte sich davon. All das sah ich und sagte mir, da stimmt etwas nicht. Alle Leute laufen zur Szene des Attentates, und einer läuft davon weg.« Polizist Tilson, der heute pensioniert ist, sagt, daß 17 Jahre Dienstzeit und die Nachrichten vom Mord, die er im Radio hört, ihn dazu veranlaßten, dem Wagen zu folgen. Nach einer Weile verlor er den schwarzen Wagen, aber nicht bevor er, wie seine Tochter bekräftigt, die Autonummer notiert hatte. Tilson berichtete den Zwischenfall und gab die Nummer dem Mord-Department der Dallas-Polizei am gleichen Nachmittag noch durch. Doch hörte er nichts mehr von der Sache. Man kann annehmen, daß Tilsons Bericht der Überschreitung der Geschwindigkeitsgrenze an diesem Nachmittag nicht allein stand. Eines der Autos, die gegen die Geschwindigkeitsregeln am gleichen Nachmittag verstoßen hatte, trug eine gestohlene Lizenznummer aus Georgia. Allenfalls schien man Tilsons Bericht im Chaos der folgenden Stunden unbeachtet gelassen zu haben, die Lizenznummer des von ihm verfolgten Autos ist nirgendwo verzeichnet.

Doch in weniger als fünf Minuten nach dem Attentat hat sich die Aufmerksamkeit dramatisch auf einen andern Punkt konzentriert. Zunächst sprach ein Polizist über Radio und sagte: »... ein Mann auf der Straße behauptet, daß die Schüsse vom Texas School Book Depository her kamen.« Ungefähr zur gleichen Zeit meldeten drei Angestellte der Depository, die die Autokolonne vom fünften Stockwerk des Gebäudes beobachtet hatten, verdächtige Geräusche aus dem darüberliegenden Stockwerk gehört zu haben. »Ein Geräusch, das wie

das Anspannen eines Gewehres klang ... das Klicken eines Gewehr-
abzugs«, und, genau über ihren Köpfen, ein Geräusch, das von auf
den Boden fallenden Patronenhülsen herzurühren schien. Daraufhin
organisierte sich die Polizei, versperrte die Zugänge zur School Book
Depository und durchsuchte das Gebäude systematisch.

12 Uhr 44, bevor die Durchsuchung abgeschlossen war, gab der
Polizeifunk bereits die Beschreibung eines des Mordes Verdächtigen:
»Achtung! Alle Einheiten! Attentat Ecke Elm und Houston. Der Ver-
dächtige ist ein Mann mit weißer Hautfarbe von ungefähr 30 Jahren, 75
Kilo schwer, sehr schlank und vermutlich mit einem 30.30 Gewehr
bewaffnet ... Bis auf weiteres keine Details.«

Es ist kaum zu glauben, daß der Warren-Ausschuß bis zum heutigen
Tag die Quelle dieser Beschreibung nicht ausfindig gemacht hat. Die
plausibelste Antwort, die er auf die Frage finden konnte, war, die
Beschreibung stamme aus dem Gespräch eines Polizisten mit
Brennan, einem der Zeugen, die behaupten, einen Mann mit einem
Gewehr im Fenster des sechsten Stockwerks gesehen zu haben.
Woher auch die Beschreibung kommen mochte, die Polizei von Dallas
hatte jetzt die vage Beschreibung eines Mannes, nach dem sie Aus-
schau hätte halten sollen.

Später gab es Gerüchte über Männer, die aus der Depository heraus-
gelaufen waren. Ein Zeuge sagte, er habe einen ungefähr dreißig Jahre
alten Mann in einem dunklen Sakko aus dem Hintereingang des
Gebäudes herauskommen und die Straße hinunterlaufen sehen. Es
gab weitere Gerüchte und diverse Beschreibungen, die aber bald von
den Ereignissen überholt wurden. 1 Uhr 16, also 45 Minuten nach dem
Anschlag, waren Funker im Polizeihauptquartier von Dallas erstaunt,
eine unbekannte Stimme zu hören, die sich in den offiziellen Funkver-
kehr einschaltete. Ein unbekannter Bürger meldete einen zweiten
Mord:

BÜRGER: Hallo, Polizei, Funker.
FUNKER: Wir hören dich, Bürger, auf dem Polizeifunk.
BÜRGER: Es gab hier eine Schießerei.
FUNKER: Wo ist hier?
BÜRGER: Zehnte Straße.
FUNKER: Wo genau in der zehnten Straße?
BÜRGER: Zwischen Marsalia und Beckley. Es handelt sich um einen
Polizisten. Jemand hat ihn erschossen.

Tatsächlich wurde ein Polizist, zwei Meilen von der Dealey Plaza, in
einer Allee im Distrikt von Oak Cliff erschossen. Es war der Streifen-
wagenfahrer J. D. Tippit. Mehrere Leute sahen den Mord oder sein
Nachspiel. Innerhalb von vier Minuten gab der Polizeifunk die

Beschreibung des Verdächtigen durch: »Ein weißer Mann von ungefähr dreißig Jahre, 172 cm groß, leicht gebaut, mit schwarzen Haaren,
weißem Sakko, weißem Hemd und dunklen Hosen.« Fast alle Polizeiwagen von Dallas waren im Einsatz, um sich bei der Jagd auf den
Mörder eines Kollegen zu beteiligen. Während sie das Viertel durchsuchten, meldeten sich noch zwei Zeugen. Der Schuhgeschäftsmana-
ger Johnny Brewer hörte die Polizeisirenen, und als er aufsah,
bemerkte er einen jungen Mann im Eingang. Als sich die Polizeiautos
entfernten, ging auch er. Brewer sagte später: »Sein Haar war zer-
zaust, als ob er gelaufen wäre.« Brewer verließ sein Geschäft und
unterhielt sich mit dem Kartenverkäufer in einem Kino, ein paar
Schritte von seinem Geschäft entfernt – des Texas Theatre. Der
geheimnisvolle junge Mann war inzwischen ins Kino gegangen, ohne
eine Karte zu kaufen. Deswegen beschlossen die beiden Männer, die
Polizei zu verständigen.
Innerhalb von Minuten waren schon fünfzehn Polizisten im Kino.
Einer von ihnen, Streifenpolizist Mick MacDonald, ging zum Rück-
ausgang. Als der Verfasser ihn 1978 befragte, gab er die folgende
Version von den Geschehnissen: »Die Lichter im Auditorium gingen
an. Hinter einem Vorhang stehend wies der Schuhladenmanager auf
einen jungen Mann, der in den hinteren Reihen saß.« Der große
Moment für MacDonald war gekommen. Ein paar andere Besucher,
mit einem mißtrauischen Blick streifend, doch ohne den Mann in den
hinteren Reihen aus dem Auge zu verlieren, ging er durch das fast
leere Kino auf ihn zu. MacDonald befahl dem Verdächtigen, einem
ängstlich aussehenden jungen Mann, aufzustehen. Der Mann begann
langsam aufzustehen und die Arme zu heben, dann schlug er Mac-
Donald mit der Faust mitten ins Gesicht. Sofort, sagt MacDonald, griff
der Verdächtige nach einer Pistole in seinem Gürtel. Es kam zu einem
kurzen Gefecht, in dem die Waffe versagte, dann kamen noch andere
Polizisten zu Hilfe, und der Mann wurde festgenommen. Der Verdächtige, ein leicht gebauter junger Mann von etwa 24 Jahren, wurde
eiligst durch eine feindliche Menschenmenge aus dem Kino zu einem
Polizeiwagen geleitet und zum Hauptquartier gefahren. Während des
Handgemenges mit den Polizisten schrie er: »Jetzt ist alles vorbei!«
Der Gefangene war Lee Harvey Oswald. Wie es Amerika später noch
erfahren sollte, war bei weitem nicht alles vorbei.
Oswald wurde von der Polizei von Dallas, dem FBI und der CIA fast
zwei Tage lang vernommen. Während dieser Zeit leugnete er beharrlich, das geringste mit der Ermordung des Präsidenten und des Polizisten Tippit zu tun gehabt zu haben. Zwar erscheint es unglaubwürdig, doch behauptet die Polizei, es gäbe keinerlei Protokoll von der
zwölf Stunden währenden Vernehmung. Der Chef des Mordbüros

und Leiter der Verhöre, Captain Will Fritz, sagte zwar, er hätte
skizzenhafte Aufzeichnungen gemacht, die jedoch bei der öffentlichen Untersuchung niemals vorgelegt worden wären. Und so müssen
wir uns mit den aus der Erinnerung geschriebenen Berichten von Fritz
und andern, die mit Oswald gesprochen hatten, begnügen.
Oswald machte keinen Hehl aus seiner später weltberühmt gewordenen Vergangenheit. Er wurde 1938 in New Orleans geboren, trat in die
Marineinfanterie im Alter von siebzehn Jahren ein und reiste dann,
1959, mit einem Touristenvisum nach Sowjetrußland. In Moskau
angelangt, gebärdete er sich sofort als Überläufer, der die sowjetische
Staatsbürgerschaft zu erwerben suchte, und blieb zweieinhalb Jahre
lang in der UdSSR. Nach der Heirat mit einer Russin und der Geburt
einer Tochter kehrte Oswald wieder in die Vereinigten Staaten zurück,
wo seine Mutter lebte. Oswald erzählte der Polizei, daß er im Jahre
1963 mehrere Monate in New Orleans verbrachte, wo er erst-mals
aktives Interesse an der kubanischen Politik nahm. Er gab zu, bei einer
Pro-Castro-Demonstration in einen Zwischenfall mit der New-
Orleans-Polizei verwickelt gewesen zu sein, die ihn dann auch festgenommen habe. Oswald beteuert, dies sei das einzige Mal gewesen,
daß er mit der Polizei Schwierigkeiten hatte. Eine Nachprüfung seiner
Aussage bestätigte ihre Wahrheit. Die Vernehmenden fragten
Oswald, ob er ein Kommunist sei, worauf er antwortete: Er sei
Marxist, nicht aber Marxist-Leninist. Das war etwas zu subtil für die
Polizisten aus Dallas. Oswald fügte etwas müde hinzu, daß es zu lange
dauern würde, den Unterschied genau zu erklären. Von seinen Betätigungen in der jüngsten Vergangenheit sprechend, beschrieb Oswald,
wie er in Dallas Arbeit suchte, dann schließlich in der Dallas School
Book Depository einen Job als einfacher Taglöhner annahm.
Wann immer Oswald innerhalb der Polizeistation überstellt wurde,
bombardierten ihn Berichterstatter aus der ganzen Welt mit Fragen.
Radio- und Fernsehmikrophone verbreiteten sein beharrliches Leug-
nen, irgend etwas mit der Ermordung Kennedys zu tun gehabt zu
haben. Auf die direkte Frage, ob er den Präsidenten ermordet hat,
antwortete Oswald: »Nein, Sir, ich habe niemanden erschossen.«
Dasselbe wiederholte er mehrere Male vor der Presse. Bei der letzten
Gelegenheit, als man ihn durch die aufgeregte Menge von Reportern
zerrte, sagte Oswald: »Nein, sie sperren mich ein, weil ich in Sowjetrußland gelebt habe.« Und dann schrie er schrill: »Ich bin nur ein
Sündenbock!«
Wenn Oswald wirklich nur ein Sündenbock gewesen sein sollte, hat
man die Beweise gegen ihn erschreckend gründlich ausgeheckt. Selbst
vor seiner Verhaftung verfügte die Polizei bereits über Material, das
beweiskräftig und massiv genug war, um eine gerichtliche Anklage zu

rechtfertigen. Auch das folgende Material wäre, wenn er noch gelebt hätte, vor allem gegen ihn benutzt worden.

Eine halbe Stunde nach dem Attentat bemerkte ein Deputy Sheriff in der Nähe des berühmten Fensters einen Stoß von Bücherkisten. Sie waren hoch genug gestapelt, um einen kauernden Mann dahinter zu verbergen. In einem engen Raum zwischen den Kisten und dem Fenster lagen am Fußboden drei leere Patronenhülsen. Bald darauf fanden zwei andere Polizisten, die das andere Ende des sechsten Stockwerks durchsuchten, ein Gewehr. Dieser Umstand lieferte vom Standpunkt der Anklage den entscheidenden Beweis gegen Oswald.

Die Waffe war ein Bolzengewehr mit einem Tragriemen und teleskopischer Sicht, mit der Seriennummer C-2766 gestempelt. Es handelt sich um ein 6.5 Mannlicher-Carcano, ein ziemlich unbekanntes italienisches Gewehr aus dem Zweiten Weltkrieg. Im Lauf befand sich ein noch ungebrauchtes Geschoß, bereit, abgefeuert zu werden. Die Waffe wurde im Hauptquartier der Dallas-Polizei auf Fingerabdrücke untersucht und dann mit dem Flugzeug in das FBI-Hauptquartier in Washington geschafft. Fachmänner in Washington fanden Fingerabdrücke auf dem Metall nahe dem Abzug, sie waren jedoch zu unvollständig, um zu einer Identifizierung zu dienen. Vier Tage später schickte Leutnant Day von der Dallas-Polizei dem FBI einen Handflächenabdruck, den er, wie er sagte, vom Rohr des Gewehrs genommen hatte, bevor er die Waffe nach Washington sandte. Der Handflächenabdruck wurde zuverlässig als der von Oswalds rechter Hand identifiziert.

Früh am Morgen des 23. November, nach Oswalds erster Nacht in Haft, machte man eine Entdeckung, die ihn noch mehr belastete. In Chicago fanden die Angestellten der »Kleins Sporting Good Company«, die die Akten der Firma auf Geheiß des FBI durchsuchten, ihre Eintragungen über ein Gewehr mit der Seriennummer C-2766. Die Firma Klein, die ein großes Versandgeschäft führte, hatte die Waffe am 20. März – acht Monate vor dem Attentat – an einen Kunden namens A. Hidell, Postfach 2915, Dallas, Texas, versandt. Das Bestellformular war handschriftlich mit »A. Hidell« unterzeichnet.

Für die ursprünglichen Ermittler war der Fall damit sozusagen abgeschlossen. Die Unterschrift »A. Hidell« war von Regierungshandschriftexperten als die Schrift Oswalds identifiziert worden. Die Dallas-Polizei erklärte, daß Oswald bei seiner Verhaftung Dokumente auf seinen Namen sowie auch gefälschte Dokumente auf »Alek J. Hidell« ausgestellt, jedoch mit dem Foto Oswalds, bei sich trug. Das Postfach Nr. 2915 im Dallas Postamt gehörte Oswald. Doch das war noch nicht alles.

In einer Ritze im Gewehrkolben waren Baumwollfasern. Sie wurden vom FBI-Laboratorium mikroskopisch untersucht und paßten zu den Fasern des Hemdes, das Oswald bei seiner Verhaftung trug.

Monate später sagte Oswalds Frau Marina, daß ihr Mann ein Gewehr besessen habe. Sie hätte es – so ihre Aussage – spät im September im Hause in der Nähe von Dallas, wo sie damals wohnte, gesehen. Oswald und seine Frau lebten in den Monaten vor dem Attentat getrennt und sahen einander nur gelegentlich. Marina lebte mit ihren Kindern im Hause einer Freundin namens Ruth Paine. Oswalds Eigentum war teilweise in Ruth Paines Garage, und dort sah Marina die Waffe in eine Decke gehüllt. Nach der Ermordung fand die Polizei die Decke während einer Durchsuchung in der Garage. Es war freilich kein Gewehr mehr da, doch die Untersuchung des FBI ließ vermuten, daß die Decke durch einen harten, hervorstehenden Gegenstand gedehnt worden war.

Am Vorabend der Ermordung hatte Oswald einen Mitangestellten, Buell Frazier, gebeten, ihn zu Mrs. Paines Haus zu fahren. Frazier zitiert, daß ihm Oswald gesagt hat: »Ich gehe nach Hause und hole mir ein paar Vorhangstangen... ich brauche sie für die Wohnung.« Oswald blieb über Nacht bei seiner Frau und verließ sie am nächsten Morgen, bevor sie wach war, um 7.15 Uhr. Dann ging er zu Frazier hinüber, ein paar Häuser weit entfernt, der ihn im Auto zur Arbeit mitnahm. Fraziers Schwester bemerkte, daß Oswald eine schwere braune Tasche trug. Frazier fragte ihn, was die Tasche enthalte. Oswald sagte etwas von Vorhangstangen, und Frazier erinnerte sich, daß er schon am Abend davon gesprochen hatte. Als sie bei der Texas School Book Depository ankamen, ging Oswald vor und trug sein Paket unter dem rechten Arm.

Nach dem Attentat fand die Polizei bei der Durchsuchung des sechsten Stockwerks einen braunen Papierbeutel, groß genug, den Mann-licher-Carcano zu verhüllen. Er schien selbstgemacht zu sein. Das FBI fand später einen Handflächen- und einen Fingerabdruck auf dem Beutel, die zu Oswalds rechter Handfläche und seinem linken Zeige-finger paßten. Fasern auf dem Papierbeutel waren Fasern der Decke in Mrs. Paines Garage sehr ähnlich.

Am Tag nach dem Attentat machte die Polizei in der Garage weiter sensationelle Entdeckungen. Sie stießen auf zwei Fotos, auf denen ein Mann ein Gewehr in einer, zwei linksextreme Zeitungen in der anderen Hand hielt und eine Pistole auf der Hüfte trug. Später entschied der Warren-Ausschuß, daß der Mann Oswald und das Gewehr die Mordwaffe waren. Oswalds Frau sagte aus, daß sie ihren Mann in dieser seltsamen Pose im vergangenen Frühjahr aufgenom-men hätte. Im Hintergrund des Fotos sah man den Hinterhof des

Hauses, wo sie zu dieser Zeit gewohnt hatten. Ein FBI-Fotoexperte stellte des weiteren fest, daß die Fotos mit einer Imperial Reflex Kamera aufgenommen worden waren, die angeblich Oswald gehörte. Und darüber hinaus gab es noch den ballistischen Beweis.

Wie wir bereits wissen, war das am Nachmittag des Attentates gefundene Zaubergeschoß aus dem Mannlicher-Carcano und aus keinem anderen Gewehr der Welt gefeuert worden. Auch die drei Patronenhülsen aus der Depository gehörten ohne Zweifel zu dieser Waffe. Auch die mit dem Mord des Polizisten verknüpften Beweise schienen Oswald zu belasten, denn die in der Nähe der Mordszene gefundenen Hülsen wurden ebenfalls aus Oswalds Pistole gefeuert.

Lange bevor der Katalog des Beweismaterials gegen Oswald komplett war, waren die Behörden von Dallas zuversichtlich, gegen Oswald ein gerichtliches Verfahren eröffnen zu können. Zehn Minuten nach sieben Uhr, am Abend des Attentats, wurde Oswald des Mordes am Polizisten Tippit angeklagt. Später am Abend waren sich der Bezirks-Unterstaatsanwalt William Alexander und Captain Fritz vom Mord-Department darüber einig, daß es auch hinreichende Gründe dafür gab, Oswald der Ermordung des Präsidenten zu beschuldigen. Alexander erklärte dem Verfasser 1978, die Tatsache, daß Oswald die Depository nach dem Attentat verlassen hatte, die Vorhangstangen-Geschichte und die »kommunistische« Literatur, die in seinem Besitz gefunden worden war, genügten, die zweite Anklage zu erheben. Laut Polizeichef Curry holte man Oswald 1.30 Uhr nachts aus seiner Zelle. Richter David Johnstone erhob gegen ihn die formelle Anklage, vorsätzlich John F. Kennedy mit einem Gewehr erschossen zu haben.

Polizeichef Curry fügt hinzu, darauf habe Oswald typisch reagiert. Er sagte: »Ich weiß nicht, wovon Sie reden.« »Was soll denn das? Weshalb tun Sie das?« Oswald war ziemlich arrogant. Er sagte sarkastisch: »Nun, das ist der Prozeß.« Und er leugnete alles.

Oswalds Dementis wurden später als Lügen abgetan; einige von ihnen waren es zweifellos auch. Aber eine Abweisung von Oswalds Aussagen insgesamt zeugte von einer großen Unüberlegtheit. Eine Überprüfung dessen, was er sagte, hätte Aufschluß zu seiner wahren Rolle bei dem Attentat geben können.

Oswald und der Mannlicher-Carcano

Oswald behauptete in seinem Verhör von Anbeginn, niemals in seinem Leben ein Gewehr besessen zu haben. In späteren Verhören, nachdem das FBI die Bestellung des Gewehrs von der Versandfirma in Chicago ermittelt hatte, wurde Oswald direkt befragt, ob er die Waffe gekauft hätte. Er leugnete das entschieden ab, obwohl er offen zugab, das Postfach Nr. 2915 in Dallas gemietet und auch zur Zeit, als das Gewehr angeblich dorthin versandt wurde, benutzt zu haben. Es wurde niemals bewiesen, daß er es war, der das Paket, das die Waffe enthielt, vom Postamt abholte.

Oswald gab zu, daß er den Namen »Hidell« benutzte – den Namen, unter dem das Gewehr bestellt worden war –, und sagte, daß er den Namen in New Orleans angenommen hatte, als er für die »Fair Play for Cuba Organisation« arbeitete. Ab einem gewissen Zeitpunkt widersprach er sich jedoch, als er behauptete, daß er »niemals den Namen benutzt hätte, niemanden dieses Namens kannte und niemals zuvor den Namen gehört hätte«. Das tat er wahrscheinlich nur aus streitsüchtigem Überdruß, denn gleich darauf antwortete er wütend: »Ich sage Ihnen schon alles, was ich über diese Identitätskarte zu sagen vorhabe. Sie haben Aufzeichnungen gemacht. Lesen Sie sie, wenn Sie Ihr Gedächtnis auffrischen wollen.« Warum weigerte sich Oswald, über die falsche Identitätskarte zu sprechen? Wie sich herausstellte, ist der Gebrauch des Namens »Hidell« besonders interessant.

Der Warren-Bericht enthielt eine diesbezügliche Behauptung, die einfach falsch war. Er besagte, daß »Untersuchungen durchgeführt wurden in bezug auf Personen, die den Namen ›Hidell‹ oder ähnliche Namen benutzt hatten... Gründliche Ermittlungen waren sowohl in Dallas als auch in New Orleans erfolglos«. Tatsächlich enthalten die Akten des Warren-Ausschusses selbst eine Aussage von einem gewissen John Rene Heindel. Er erklärte, er sei in der Marineinfanterie oft »Hidell« genannt worden, das sich mit »Rydell« reimte... »Es war ein Beiname, nicht nur die falsche Aussprache meines richtigen Namens.« Heindel bestätigte auch, daß er in der Marineinfanterie zusammen mit dem angeblichen Mörder diente. Sie waren beide im Stützpunkt Atsugi, Japan, stationiert. Schließlich lebte Heindel in New Orleans, wo Oswald geboren wurde, einen Teil seiner Jugend verbrachte und während des Sommers 1963 wohnte. All dies ist für die Untersuchung von überaus großer Bedeutung.

Eine ernsthafte Studie des Falles Kennedy muß die Möglichkeit – und viele würden meinen: Wahrscheinlichkeit – einbeziehen, daß Oswald mit dem CIA oder einem andern Zweig des amerikanischen Nachrichtendienstes Verbindungen hatte. Falls eine solche Verbindung bestand, mag sie wohl in Atsugi begonnen haben, wo Oswald und Heindel zur gleichen Zeit dienten und das ein Operationsstützpunkt des CIA war. Wir werden auf diese Zeit ausführlich zurückkommen und werden auf folgendes schließen: Wenn Oswald von andern in einen Mordkomplott hineingezogen oder als Sündenbock angesetzt wurde, begann diese Verbindung, die auf der Dealey Plaza endete, während Oswalds Aufenthalt in New Orleans. Unter solchen Umständen ist es besonders beeinträchtigend, daß der Warren-Ausschuß es nicht nur unterließ, den Namen »Hidell« zu erwähnen, sondern sogar die Existenz eines Mannes mit diesem Namen bewußt leugnete.

Kein einziger Satz in den zahlreichen Aktenstücken des Warren-Ausschusses deutet auf den ernsthaften Versuch hin, das Fortbestehen einer Beziehung zwischen Oswald und Heindel-»Hidell« nach ihrer gemeinsamen Dienstzeit in Atsugi zu ermitteln. Das gilt auch für das 1979 veröffentlichte Beweismaterial des Senatsausschusses für Attentate. Und das ist, angesichts der Rolle, die der amerikanische militärische Geheimdienst am Tage des Attentats in bezug auf die falsche Namensführung »Hidell« gespielt hatte, milde gesagt, eine bemerkenswerte Tatsache.

Zur Unterstützung der Sicherheitsmaßnahmen des FBI anläßlich des Besuchs Präsident Kennedys, befanden sich am Tage des Attentates auch Agenten des militärischen Nachrichtendienstes in Dallas. Oberstleutnant Robert Jones von der 112. Nachrichtendienst-Gruppe in Sant Antonio, nördlich der texanischen Grenze, war einer der dienstführenden Offiziere. Sofort nach Bekanntwerden des Attentates verlangte Jones von seinem Stab am Tatort Informationen. Am frühen Nachmittag erhielt er dann einen Anruf, der ihn »von der Verhaftung eines gewissen A. J. Hidell unterrichtete....«. Seltsamerweise deutet jene Information darauf hin, daß im Anruf der Name Oswald nicht erwähnt wurde, obwohl die in Oswalds Brieftasche gefundenen Dokumente beide Namen enthielten. Jones sagt, daß er den Namen »Hidell« sofort in den militärischen Nachrichtendienstakten fand. Die Akten über »Hidell« wiesen gleichzeitig auf die Akten Lee Harvey Oswalds hin, der »ebenso unter dem Namen A. J. Hidell bekannt war«. Sie enthielten Informationen über Oswalds Vergangenheit, einschließlich der Jahre, die er in der Sowjetunion verbracht hatte, sowie die Tatsache, daß er vor kurzem in New Orleans in Pro-Castro-Aktivitäten verwickelt war. Tatsächlich war also nach der von dem Kongreßausschuß für Attentate zusammengefaßten Zeugenaus-

sage von Jones, Mitte 1963, unter den Namen Lee Harvey Oswald und
A. J. Hidell ein Dossier angelegt worden. Dieses vor Augen, rief Jones
sofort das FBI in Dallas an und teilte ihm den Inhalt der Akten mit.
Eine der Personen, mit denen er sprach, war Gordon Shanklin. Jones
sagte weiter aus, daß abgesehen von seinem schriftlichen Bericht über
die Ereignisse des Tages, damit seine Tätigkeit in diesem Falle beendet
war.

Es ist selbstverständlich wesentlich, alles über den Gebrauch des
Namens »Hidell« durch Oswald zu wissen, nicht zuletzt deshalb, weil
die Post Oswald mit diesem Namen in Zusammenhang mit der
Zustellung des Mannlicher-Carcano belastete. Der Warren-Ausschuß
hat ausdrücklich verlangt, alle Armee-Dokumente des Falles Oswald
einsehen zu können. Doch hat die Armee das fragliche Dossier,
bezüglich dessen Jones unter Eid aussagte, niemals vorgelegt. Jahrelang haben unabhängige Forscher des Falles Kennedy nach diesem
Dokument gefragt, jedesmal erhielten sie die Auskunft, es sei unauffindbar.

Der Kongreßausschuß erfuhr 1978, das Armeedossier Oswalds habe
man 1973 routinemäßig vernichtet. In einem Meisterstück von
»Understatement« beklagte der Ausschuß die Vernichtung des
Armee-Nachrichtendienst-Dossiers als »äußerst ärgerlich«, um so
mehr als das Kriegsministerium schon früher den Zugang zu diesem
Dokument vereitelt hatte.

Der Kongreßausschuß erachtete Oberstleutnant Jones' Aussage als
»glaubhaft«. Das Zeugnis hat allerdings einen Haken bezüglich
Oswalds zweiten Namen »Hidell«. Jones verwies nochmals auf diese
Tatsache. Im Index des Armee-Nachrichtendienstes waren die beiden
Namen aus diesem Grunde gekoppelt.

Doch hat Oswald – und das ist das Entscheidende – in Wirklichkeit
den Namen »Hidell« in New Orleans niemals verwendet. Es gibt in
der gesamten Dokumentation von Oswalds Leben keine einzige
dahingehende Referenz, daß er diesen Namen benutzte – außer beim
Bestellen des Gewehres, mit dem er den Präsidenten angeblich
erschossen hatte, sowie der Pistole, die angeblich beim Erschießen des
Polizisten Tippit benutzt wurde. Falls Jones' Angaben den Tatsachen
entsprechen, hatte der Nachrichtendienst der Armee entweder besondere Informationen über den Gebrauch des Namens »Hidell« durch
Oswald, oder er war vom Kauf dieser Waffen Monate vor dem
Attentat informiert. Im ersteren Falle hätte der Nachrichtendienst dem
Ausschuß wesentliche Informationen vorenthalten, während es im
zweiten Fall zwei weitere Möglichkeiten gibt. Entweder hat der
Armee-Nachrichtendienst Oswalds Postfach seit Anfang 1963, als ihm
die Waffen zugesandt wurden, überwacht, oder aber er wurde von

einer menschlichen Quelle*, vielleicht Oswald selbst, über die Waffen-
einkäufe informiert.

Der Bericht des Kongreßausschusses ist so verfaßt, als ob die verwirrenden Möglichkeiten, die sich aus Jones' Angaben ergeben, gar nicht
existierten. Der Ausschuß ließ, was das Verschwinden der Oswald-
Akten anbetraf, verlauten, »die Frage, ob Oswald mit dem militärischen Nachrichtendienst in Verbindung gestanden hat oder nicht, läßt
sich ohne Zugang zu den Akten nicht beantworten«. Der Verdacht,
daß der vermeintliche Mörder mit irgendeinem Geheimdienst in Verbindung gestanden hat, ist stärker denn je. Inzwischen ist die Rolle
des Armee-Nachrichtendienstes in den ersten Stunden der Untersuchung im Zusammenhang mit der belastenden »Hidell«-Affäre
sowohl unklar als auch nicht·dokumentiert. Die Verantwortung dafür
trägt die Armee allein.

Oberstleutnant Jones erwähnte noch eine weitere Quelle, die mehr
Licht auf das vor dem Attentat existierende Material zur Person
Oswalds werfen könnte. Es handelt sich um den FBI-Agenten Shanklin, mit dem Jones am Nachmittag des Attentates gesprochen haben
soll. Shanklin wird allgemein für dafür verantwortlich gehalten, die
Vernichtung bestimmter Briefe Oswalds angeordnet zu haben. So war
ein Brief Oswalds an das FBI, der als Beweismaterial hätte dienen
können, vorsätzlich nach dem Attentat vernichtet worden. Der Kongreßausschuß hielt daraufhin die Glaubwürdigkeit Shanklins für
»wesentlich beeinträchtigt«.

Weshalb Oswald zum Zweck eines Waffenkaufs einen anderen
Namen gebraucht hatte, bleibt ein Rätsel. Wollte Oswald seine wahre
Identität verbergen, um die Waffe zu einer kriminellen Handlung zu
gebrauchen? Eine derartige Maßnahme wäre außergewöhnlich
töricht. Einem Europäer mag die Tatsache ungewöhnlich erscheinen,
daß in Texas der Besitz einer Waffe ebenso normal ist wie ihr Nichtbe-
sitz. In keinem Fall wird der Besitz einer Waffe mit der Jagd auf Wild in
Zusammenhang gebracht. 1963 konnte in Texas jede Person ein
Gewehr in Dutzenden von Geschäften wie ein Stück Kuchen kaufen,
ohne nach dem Zweck des Einkaufs befragt zu werden. Oswald hätte
also die Waffen ebensogut in einem beliebigen Geschäft erwerben
können, ohne mehr als eine spätere vage Identifizierung durch einen
Angestellten zu riskieren. Tatsächlich aber hat Oswald nicht nur seine
Postfachnummer auf dem Bestellschein angegeben, obendrein provozierte er, entdeckt zu werden, indem er mit einer »Hidell«-Identitäts-

---

* »Human soucre«, Fachausdruck in den Nachrichtendiensten, um die Quelle der
Information z. B. von Wanzen, Tonbändern, Fotografien etc. zu unterscheiden.
A.d.Ü.

karte in der Tasche und einem unter dem Namen »Hidell« gekauften
Gewehr herumlief, um den Präsidenten zu ermorden. Später wies er
sich dem erstbesten Polizisten als »Hidell« aus. Es wird behauptet,
die Schlauheit von Verbrechern sei unvermeidlich mit einem Quan-
tum von Dummheit vermischt. Alles übrige Beweismaterial zur Person Oswalds belegt das Gegenteil. Seine Schulprotokolle zeigen, daß
er seiner Klasse um drei Jahre voraus war, seine ungewöhnliche Intelligenz wurde wiederholt von seinen Vorgesetzten im Marineinfanteriekorps bestätigt. Welche Erklärung gibt es für sein Benehmen?
Wie läßt sich die auf all dies folgende Torheit erklären? Während er
wütend jede Teilnahme am Mord leugnete, lieferte er der Polizei
selbst das ihn am schwersten belastende Indiz in die Hände.
Am Morgen nach dem Attentat gab Oswald seine Adresse und andere wichtige Details zu Protokoll. Obwohl sich ein Großteil seines
Besitzes in seiner Unterkunft befand, gab Oswald freiwillig an, verschiedene ihm gehörige Gegenstände in der Garage der Mrs. Paine,
in deren Haus seine Frau wohnte, aufzubewahren. Polizisten kehrten von dort, laut Bericht, triumphierend zurück. Ein hochbelasten-
des Foto zeigte Oswald mit einem Gewehr in der Hand und einer
Pistole im Gürtel. Als Oswald um sechs Uhr desselben Abends mit
einer Vergrößerung des Bildes konfrontiert wurde, reagierte er voller Selbstvertrauen. Das Foto stammt nicht von ihm, so erklärte er
Captain Fritz vom Mord-Department der Polizei in Dallas. Das
Gesicht auf dem Foto sei zwar seins, aber das Bild sei ihm unbekannt,
er hätte es nie gesehen, behauptete er Captain Fritz gegenüber. Als
ihm dieser wiederum sagte, das Bild sei in der Garage gefunden
worden, behauptete Oswald, das Bild sei niemals in seinem Besitz
gewesen, er verstünde allerhand von Fotografie, da er selbst als
Fotograf gearbeitet habe; dieses Bild sei von einem Unbekannten
aufgenommen worden. Er fügte noch hinzu, daß er hier, im City
Hall, fotografiert worden sei und, da ihn viele Leute bei der Überführung ins Gefängnis aufgenommen hätten, sei es relativ leicht gewesen, sein Gesicht in das Foto des Unbekannten einzufügen. Er sagte,
in Sachen der Fotografie wirklich zuständig zu sein, ja, zu gegebener
Zeit würde er beweisen, daß das Bild nicht ihn darstelle und von
Unbekannten zusammengestellt worden sei. So die Aussage von
Captain Fritz.
Oswalds Behauptung, es handelte sich um gefälschte Fotos, kann
freilich als verzweifelter Versuch gedeutet werden, die Beweisführung um einige Stunden hinauszuzögern. Die Aussagen von Experten, wonach die Aufnahmen mit einer im Besitz Oswalds befindlichen Kamera gemacht wurden, sowie die Aussagen seiner Witwe, sie
habe sie für ihren Mann aufgenommen, scheinen ein hinreichender

Beweis dafür. Nichtsdestotrotz gibt es Leute, die an Oswalds Aussage, die Fotos seien Fälschungen, glauben.

1977 studierte John Pickard, Kommandant der fotografischen Abteilung des Kriegsministeriums von Kanada, im Auftrag des Kanadischen Rundfunks CBC die Oswald-Fotos. Sein Bericht lautet: Die Fotos zeigen die Kennzeichen einer Fälschung. Die Schatten fallen in einander widersprechende Richtungen. Der Schatten von Oswalds Nase fällt in diese, die seines Körpers in eine andere Richtung. Die Fotos wurden von verschiedenen Blickwinkeln, Entfernungen und dem Blitzlicht einmal in der linken, dann der rechten Hand aufgenommen. Wenn zwei derartig aufgenommene Negative übereinander gelegt entwickelt werden, passen die Einzelheiten nicht zueinander. Die Fotos bekräftigen Oswalds Behauptung, sein Kopf sei in das Foto eingefügt worden, um ihn zu belasten.

Mit der Unterstützung des Britischen Rundfunks, der BBC, die eine Dokumentation über die Ermordung Kennedys vorbereitete, hat der Verfasser einen Fachmann um ein zusätzliches Urteil gebeten. Detektiv Oberinspektor a. D. Malcolm Thompson ist ehemaliger Präsident des Institutes der »registered photographs« sowie des internationalen Konzils der Gerichtsfotografen und Inhaber zahlreicher Auszeichnungen für seine Arbeit hinsichtlich Personenidentifikationen. Nachdem Thompson die Oswald-Gewehrfotos eine Woche lang studiert hatte, bezweifelte er ihre Echtheit. Er fand Spuren von Retouche zwischen Oswalds Kopf und einer Säule sowie am Gewehrkolben. Ebenso wie dem kanadischen Experten fielen auch ihm die Widersprüche in den Schattenrichtungen auf. Der auffälligste Punkt aber war, nach Thompsons Meinung, Oswalds Kopf. »Ich habe Fotos von Oswald gesehen, sein Kinn ist nicht viereckig, sondern gerundet. Der Mann auf diesen Bildern hat ein viereckiges Kinn. Erst von der Oberlippe aufwärts ist es der Kopf Oswalds. Meine Schlußfolgerung: man hat Oswalds Kopf auf ein fremdes Kinn gesetzt. Einer der Arme Oswalds scheint ebenfalls auf den Körper angeklebt.« Das Urteil Polizeidirektor Thompsons: »Meiner Ansicht nach sind die Fotos gefälscht... Sie sind das Ergebnis einer Montage.«

Diese Aussagen sind beeindruckend. Der Kongreßausschuß 1978 vertrat jedoch die entgegengesetzte Ansicht. Ein Ausschuß von Fotoexperten sammelte eine eindrucksvolle Menge von Daten. Sie sollten beweisen, daß die Fotos Oswalds mit dem Gewehr echt sind. Nach eingehenden Untersuchungen fanden sie für die scheinbaren Widersprüche in den Fotos technische Erklärungen. So wurde eine verdächtige Linie als ein Wassertropfen entlarvt, scheinbares Retouchieren als der Schatten eines Blattes. Eigentümlichkeiten bezüglich der Kopfgröße wurden Veränderungen des Kamerastandes zwischen den Auf-

nahmen zugeschrieben. Oberinspektor Thompson wurde wieder zu
Rate gezogen. Sowohl er wie auch Major Pickard betonten, später
hergestellte und weniger klare Drucke studiert zu haben, und nicht
jene, die dem Kongreßausschuß zur Verfügung gestellt worden
waren. Doch Thompson hat noch immer Zweifel bezüglich des so
deutlich anderen Kinns auf den zweifellos authentischen Fotos
Oswalds. Obwohl der Sprecher des Ausschusses von der Echtheit der
Fotos überzeugt ist, hat er öffentlich zugestanden, »es wäre möglich,
ein Foto so zu fälschen, daß auch wir die Fälschung nicht entdecken
können«. Der Laie sucht also vergeblich Gewißheit im Urteil der
Fachleute. Abgesehen von ihren technischen Argumenten, mag es
mehr als Zufall sein, daß eine der linksgerichteten Zeitungen in
Oswalds Hand, in der Korrespondenzrubrik, einen Brief von Dallas,
gezeichnet »L. H.« enthält. Die Fotos von Oswald mit dem Gewehr
sind wahrscheinlich genau das, was sie darstellen. Doch hilft diese
Wahrscheinlichkeit kaum, das Geheimnis, das die Fotos umhüllt, zu
klären. Warum, weshalb, zu welchem Zweck wurden sie aufgenommen?
Die Rätsel häufen sich. Marina Oswald, wie sich der Leser erinnern
wird, hat zuerst behauptet, sie habe das Bild selbst im Hof hinter dem
Haus aufgenommen. Als sich herausstellte, daß die Posen Oswalds
auf den Bildern verschieden sind, erinnerte sie sich, vielleicht zwei
Aufnahmen gemacht zu haben. 1979 sagte sie zum letztenmal aus,
sich nicht erinnern zu können, wie viele Bilder sie aufgenommen
habe. Diese Aussage scheint die am wenigsten anfechtbare. Oswalds
Mutter, Marguerit, berief sich in ihrer Aussage darauf, noch ein
anderes Bild gesehen zu haben, auf dem Oswald das Gewehr mit
beiden Händen über seinen Kopf hält. Dieses Foto, erklärte sie, wurde
sofort nach dem Attentat von ihr und Marina vernichtet, um Oswald
zu schützen. Der Warren-Ausschuß hat Marina nie über dieses Foto
befragt, obwohl ihre Aussage, sich nicht erinnern zu können, wie viele
Fotos sie gemacht habe, damit noch unglaubwürdiger wurde. Tatsa-
che ist, daß wirklich noch ein anderes Foto existierte.
Als der Senatsausschuß für Nachrichtendienste 1976 die Rolle der
Nachrichtendienste in der Untersuchung des Falles überprüfte, ent-
deckte sie ein Foto Oswalds aus der gleichen Serie. Es befindet sich im
Besitz von Mrs. Roscoe White, der Witwe eines Polizisten in Dallas.
Ihrer Aussage nach hatte ihr Mann gesagt: »Eines Tages würde dieses
Foto viel Geld wert sein.« Wie es in der höflichen Prosafassung des
Kongreßausschusses heißt, »hat der Polizist White dieses Bild nach
dem Attentat in Ausführung seines Dienstes erworben«. Ein Polizei-
Kollege erwähnte, »zahlreiche Bilder für seine Kollegen als eine Art
Souvenir angefertigt zu haben«. Wenn das Bild als eine Art Souvenir

vervielfältigt wurde, weshalb gab es keine Kopie davon in dem Ausschuß als Beweismaterial? Das zeugt von Nachlässigkeit in der Behandlung der Indizien. Mehrere Polizisten mußten von dieser Version des Bildes im Jahre 1963 gewußt haben, denn es stellt Oswald mit dem Gewehr in einer Position dar, die genau den Fotos der Rekonstruktion durch die Polizei entsprach.

1978 erklärte ein Berufsfotograf mit Namen Robert Hester, der der Polizei und dem FBI nach dem Attentat mit fotografischen Arbeiten aushalf, er hätte eine Version des Gewehrfotos bereits am 22. November – also am Tag *bevor* die Polizei angab, das Bild gefunden zu haben, gesehen. Außerdem erinnerte er sich an das Bild als Farbdiapositiv. Die offiziellen Berichte erwähnen keine Farbenversion des Oswald-Fotos.

Diese Vorkommnisse erinnerten an Oswalds Reaktion, als er die Dallas-Polizei beschuldigte, es handle sich bei beiden Fotos um eine von der Polizei gestellte Falle. Oswalds Reaktion wird freilich als die eines in die Enge getriebenen Mannes ausgelegt. Und doch hat das Ganze den Beigeschmack eines Tarnungsmanövers, dessen Urheber nicht unbedingt die Polizei gewesen sein muß.

Zum erstenmal in dieser Geschichte haben jene Fotos auf die ambivalente Rolle Marinas, der russischen Frau Oswalds, hingedeutet. Ihre 1978 erschienene, von ihr autorisierte Biographie hat es nahegelegt, die willentliche Vernichtung jener Kopien als die Tat einer loyalen Ehefrau zu betrachten, die – unwissend, ob Oswald den Präsidenten wirklich ermordet hat oder nicht – ihren Mann zu schützen suchte. Bevor Marina die Bilder verbrannte, informierte sie die Polizei, daß ihr Mann ein Gewehr besessen hätte, im Laufe der folgenden Wochen eine ergiebige Quelle belastenden Materials gegen Lee Oswald. Als Oswalds Frau war sie natürlich in der denkbar besten Lage, Informationen über ihn zu geben. Als Ausländerin mag sie sich im Mittelpunkt einer amerikanischen Tragödie verpflichtet gefühlt haben, in jeder denkbaren Weise mitzuarbeiten. Eine Tatsache ist unzweifelhaft: Zwar trauten ihr die Mitglieder des Warren-Ausschusses nicht, dennoch machte der Ausschuß von ihren Aussagen Gebrauch, um Oswald vor der Öffentlichkeit schuldig erscheinen zu lassen. Der Warren-Ausschuß wußte in einzelnen Fällen genau, daß Marina die Unwahrheit sagte. Ein Anwalt des Ausschusses schrieb: »Marina Oswald hat gegenüber dem Geheimdienst, dem FBI und diesem Ausschuß wiederholt in Dingen, die für unser Land und der Welt von Bedeutung sind, gelogen.« Noch 1979 schrieb der Kongreßausschuß sarkastisch bezüglich ihrer angeblichen Unkenntnis der Aktivitäten Lee Oswalds. In diesem Dokument wird ihr Zeugnis in der Vergangenheit als »unvollständig und unbeständig« beschrieben, und es wird beteuert, daß sich der Ausschuß nicht auf ihre Aussagen verlassen habe. Marina tendierte zu Gedächtnislücken in Bereichen, die ihr wohlvertraut waren. Auf die Frage, ob ihr Mann gerne fotografiert habe, antwortete sie beispielsweise, sich nicht erinnern zu können. Auf die Frage, ob Oswald einmal einen Job ausübte, der mit Fotografieren zu tun hatte, meinte sie, nichts dergleichen zu wissen. Das erscheint mehr als seltsam, zumal Oswald ja Kameras besessen und einen Job in Dallas hatte, der notwendig den Besitz fotografischer Ausrüstung voraussetzte. Gerade in Anbetracht dieses Jobs gibt uns Oswald Anlaß zu verunsichernden Gedanken bezüglich der Gewehr-Fotos.

Diese wurden angeblich im März 1963 aufgenommen, als Oswald in der fotografischen Abteilung von Jaggers-Chiles-Stovall, die auch einen Kontrakt mit der amerikanischen Armee hatte, arbeitete. Ein Kollege aus dieser Zeit erzählt: ». . . ungefähr nach einem Monat in der Firma fragte mich Oswald, ob es erlaubt sei, eigene Bilder abzuziehen. Ich entgegnete, daß die Angestellten derlei ab und zu tun, wenn es auch offiziell nicht gestattet ist.« Das legt den Gedanken nahe, daß Oswald, vielleicht mit der Hilfe anderer, selbst die ihn belastenden Fotos gefälscht hat. Falls er mit seinem neu erworbenen Gewehr jemanden umbringen, schwer verletzen und verhaftet würde, könnte er darauf hinweisen, daß die von der Polizei als Indiz benutzten Fotos Fälschungen wären. Das könnte den Verdacht, das Opfer einer Fälschung durch die Polizei geworden zu sein, wie er in der Polizeistation von Dallas behauptete, bekräftigen und die Chance des Freispruchs von der Mordanklage bedeuten. Das Szenario ist einer Agatha Christie würdig – oder hielte sie es für an den Haaren herbeigezogen?

Der Kongreßausschuß ließ sich auf Spekulationen dieser Art nicht ein. Der fotografische Experte des Ausschusses entschied sich für die Echtheit der Fotos. Dabei berief er sich auch auf die Gesetze der Logik. Weshalb sollte ein Bildfälscher das Risiko, entdeckt zu werden, verdreifachen, indem er verschiedene Versionen seiner Fälschung fabrizierte? Es gibt allerdings noch eine weitere Interpretation. Diese Version läßt es zu, die Fotos zwar an sich als authentisch anzusehen und trotzdem als Fälschung in einem ganz anderen Sinn, der nunmehr einen Hinweis auf ihren wirklichen Zweck erkennen läßt.

Alle Kopien zeigen Oswald in stolzer Pose, zwei linksgerichtete Tageszeitungen, »The Worker« und »The Militant« zur Schau stellend. Diese Tatsache enthält einen offensichtlichen Widerspruch. »The Worker«, die Zeitung der kommunistischen Partei Amerikas, orientiert sich nach der Moskauer Parteilinie, »The Militant«, das Organ der trotzkistischen Arbeiterpartei, vertritt regelmäßig der sowjetischen Parteilinie diametral entgegengesetzte Ansichten. Die beiden Blätter unterscheiden sich also leidenschaftlich in ihrer ideologischen Tendenz. Kein Sozialist ließe sich mit beiden Zeitungen zugleich fotografieren. Was auch immer Oswalds Schwäche gewesen sein mag, er muß sich schon lange vor 1963 dieser fundamentalen Gegensätze bewußt gewesen sein. Gleichwohl hat Oswald, von den Fotos abgesehen, mit beiden kommunistischen Gruppierungen korrespondiert. Manche interpretieren diesen Widerspruch als ein Indiz für ein anderes geheimes Vorhaben Oswalds, in welchem sein Marxismus nur eine Fassade war. In diesem Zusammenhang wären die Bilder – falls echt – eine Art Charade, ein Privatscherz, den er mit irgendwelchen Eingeweihten teilt. Es besteht allerdings auch die Möglichkeit, daß die Fotos Teil einer Operation waren, die darauf abzielte, die Linke als solche zu diskreditieren. Die fotografischen Experten sind sich nicht einig, die Inkompetenz der Polizei ist offensichtlich, und Marinas Wissen um die Entstehung der Fotos bleibt ungeklärt. Die Kontroverse über die Fotografien treibt also ihr Spukwesen noch weiter.

Einige Punkte des Beweismaterials, das Gewehr betreffend, wie die Fasern, die an dem Kolben hafteten, sowie die Decke, in die das Gewehr in der Painschen Garage gewickelt sein sollte, weisen darauf hin, daß Oswald das Gewehr in Gebrauch hatte. Doch das waren nur indirekte Indizien, für deren Beweisgültigkeit das FBI keinen Anspruch erhob. Die Fasern an dem Gewehrkolben verdienen eine gesonderte Erwähnung. Das FBI nahm an, daß sie vom Hemd, das Oswald bei seiner Verhaftung trug, »stammen könnten«. Oswald selbst gab in der Haft an – und das lange bevor die Frage der forensischen Bedeutung des Hemdes bekannt war – sein Hemd nach dem Attentat in seinem Logis gewechselt zu haben. Wenn letzteres zutrifft, dann stammten die Fasern von einem Hemd, das Oswald während des Attentats gar nicht getragen hatte. Dieser Umstand könnte damit erklärt werden, daß er das Gewehr vorher, nicht aber in der Book Depository, gehandhabt hatte. Dasselbe gilt auch für seinen Handflächenabdruck auf der Unterseite des Gewehrkolbens.

Dieser Abdruck wurde definitiv als der Oswalds identifiziert. Doch konnte er nicht am Gewehr entdeckt werden, als dieses im Hauptquartier des FBI in Washington eintraf. Dieser Abdruck wurde erst einige Tage später von einem Polizisten in Dallas, der ihn hier in der Nacht des Attentates abgenommen hatte, in das Hauptquartier nachgesandt. Manche vermuten, daß es sich um eine Fälschung durch die Polizei von Dallas handelt. Nach der Ansicht des Arztes mag der betreffende Polizist eine Nachlässigkeit begangen haben, indem er dem FBI den Abdruck nicht sofort übermittelt hatte, doch gibt es keinen Grund für eine andere, ominöse Annahme. Heute ist das wichtigste bei einem Handflächenabdruck seine Lokalisation. Nach

Aussage des Polizisten, der auf ihn aufmerksam geworden war, befand sich der Abdruck auf der Unterfläche des Metallrohres – an einer Stelle also, die nur dann zugänglich ist, wenn der hölzerne Teil entfernt ist. Mit anderen Worten, Oswalds Handfläche muß das Gewehr berührt haben, als es auseinandergenommen war. Aus diesem Grunde ist der Abdruck zwar ein unwiderlegbarer Beweis für eine Handhabung durch Oswald zu irgendeinem Zeitpunkt, keineswegs jedoch dafür, daß er das Gewehr in der Hand hielt, als es auf den Präsidenten abgeschossen wurde.

Und nun zur Behauptung, daß Oswald den Mannlicher-Carcano am 22. November zur Depository getragen hat.

Die Vorhangstangengeschichte

Oswald gab zwar zu, am Morgen des Attentates ein Paket zu seiner Arbeitsstätte mitgenommen zu haben, leugnete aber beharrlich, in diesem Paket ein Gewehr transportiert zu haben. Er sprach von einer Tüte, die sein Lunch, aus einem Käsesandwich und einem Apfel bestehend, enthielt. Auf die Frage, wie groß jener Beutel gewesen sei, antwortete er: »Oh, ich kann mich nicht erinnern. Es mag ein kleiner Beutel gewesen sein. Es mag auch ein großer Beutel gewesen sein. Man findet nicht immer genau die Größe, die zu einem Sandwich paßt.« Als er diese ausweichende Antwort gab, wußte Oswald bereits, daß Buell Frazier, sein Arbeitskollege, der ihn am Abend vor dem Attentat zu seiner Frau und am nächsten Morgen zurück zur Arbeit gefahren hatte, der Polizei die Geschichte von den Vorhangstangen erzählt hatte. Oswald wies Fraziers Aussage zurück, jemals bei seiner Frau gewesen zu sein, um Vorhangstangen für sein gemietetes Zimmer zu holen. Er bestand darauf, am folgenden Morgen weder ein langes Paket getragen noch es auf den Hintersitz in Fraziers Wagen gelegt zu haben. Beide Aussagen sind unglaubwürdig. Es gibt keinen Grund, an Fraziers und seiner Schwester Wort zu zweifeln. Beide hatten Oswald mit dem langen Paket gesehen. Ironischerweise waren es gerade Frazier und seine Schwester, denen ein leichter Zweifel aufkam, ob Oswald wirklich die Mordwaffe und nicht die Vorhangstangen bei sich trug. Beide bestanden darauf, daß das Paket gute fünfundzwanzig Zentimeter kürzer war als der auseinandergenommene Mannlicher-Carcano. Frazier demonstrierte sogar, daß es für Oswald physisch unmöglich gewesen wäre, ein ein Meter langes Gewehr mit dem Lauf in der Achselhöhle in seiner Handfläche zu tragen. Der Ausschuß glaubte an einen Irrtum seitens Fraziers und seiner Schwester. Um die eigene Theorie, wonach Oswald das

Gewehr zur Depository mitgenommen hatte, zu fundieren, fertigte man einen ein Meter und zwanzig Zentimeter langen Sack, der am Fenster im sechsten Stockwerk gefunden worden war. Dieser Sack verwies durch einen Finger- und Handflächenabdruck unwiderlegbar auf Oswald, obwohl er keine Kratzer oder Ölspuren von Metallteilen des Gewehres trug. Das ist ungewöhnlich, denn der Mannlicher-Carcano war ölig, als man ihn fand. Die Schlußfolgerung des Ausschusses lautet: Oswald hat das Gewehr zur Arbeit mitgenommen. Diese Entscheidung erscheint gerechtfertigt. Sicherlich hatte Oswald etwas zur Arbeit mitgenommen, seine Antworten auf die Frage, was er dabeihatte, waren ausweichend.

Wir können die Saga vom Papiersack nicht abschließen, ohne Erwähnung eines besonderen Vorfalls, der sich zwölf Tage nach dem Attentat ereignete. Am 4. Dezember 1963 ging ein Paket als unzustellbar an die Post zurück, das an »Lee Oswald« adressiert war. Seine Adresse war fälschlich mit Nassau Street 601 angegeben, während Oswald in der Nachbarschaft, in der Neches Street, gewohnt hatte. Das Paket enthielt einen braunen Papiersack aus ziemlich festem Papier, dessen beide Enden offen waren. Da es kaum einen Postbeamten in Dallas gab, der nach dem 22. November eine an Lee Oswald adressierte Sendung beiseite geschoben hätte, muß das Paket bereits vor dem 22. November die falsche Adresse erreicht haben. Von wem und aus welchem Grunde wurde das Paket an Oswald geschickt? Diese Frage ist wesentlich, da ein ähnlicher Papiersack zum Hauptbeweismaterial gegen Oswald gehört. Der Warren-Ausschuß erwähnt das rätselhafte Paket überhaupt nicht, auch scheint es weder forensisch untersucht noch weiter verfolgt worden zu sein.

Von diesem geringfügigen Rätsel abgesehen, gibt es überzeugende Indizien gegen Oswald einschließlich der Tatsache, daß er einen Mannlicher-Carcano besaß und diesen am Tage des Attentates zur Arbeit mitnahm. Aber hatte Oswald am 22. November 1963 auch mit diesem Gewehr drei Schüsse auf den Präsidenten abgefeuert?

Die Patronenhülsen im sechsten Stockwerk

Niemand bestreitet die Tatsache, daß in der Nähe des berühmten Fensters im sechsten Stockwerk drei gebrauchte Patronenhülsen sowie eine unabgefeuerte Patrone im Gewehr gefunden wurden. Doch kaum jemand weist auf die fatale Tatsache hin, daß – wo immer – lediglich drei Patronenhülsen gefunden wurden. Nicht ein einziges Reservegeschoß wurde bei Oswald selbst, in seiner Unterkunft oder unter seinen Sachen, die im Hause seiner Frau aufbewahrt waren, gefunden. Intensive Untersuchungen ergaben, daß man in ganz Dallas nur in zwei Geschäften die zu diesem Gewehr passende Munition kaufen konnte. Eines der Geschäfte lag weit außerhalb von Dallas. Beide Geschäfte waren ganz sicher, Oswald als Kunden niemals gesehen zu haben. Überhaupt wird Munition normalerweise zu Hunderten oder Dutzenden, nicht jedoch als eine Handvoll verkauft. Der traditionellen und nicht plausiblen Version zufolge hatte Oswald, mit Ausnahme der vier Geschoßhülsen, die in der Book Depository gefunden worden waren, keine weitere Munition. Diese Version legt auch den Gedanken nahe, daß er an jenem Morgen mit vier Patronen in der Tasche und dem Selbstvertrauen, auf keinen Fall mehr zu brauchen, loszog, um den Präsidenten der Vereinigten Staaten zu erschießen. Die vier Geschosse im sechsten Stockwerk verdienen indessen mehr Aufmerksamkeit, als man ihnen bisher zugebilligt hat. Auch hier geben die Fakten abermals Anlaß zu dem Verdacht, daß die vier Mannlicher-Carcano Geschosse von Dritten in die Depository hineingeschmuggelt wurden, um Oswald zu belasten.

Laut technischer Gutachten wurden die drei gebrauchten Patronen aus dem Mannlicher-Carcano abgefeuert. Alle drei zeigten Markierungen, die durch das Gehäuse des Mannlicher-Carcano verursacht wurden. Wie wir bereits sahen, haben verfeinerte moderne Tests am »Zaubergeschoß« – und, wichtiger als das, an den Geschoßfragmenten im Auto des Präsidenten und in dessen Wunden – diese als nur von zwei Geschossen herrührend identifiziert. Die Annahme, daß das Gewehr im sechsten Stockwerk zum Abfeuern zweier Kugeln auf den Präsidenten gebraucht wurde, ist daher logisch. Die Gegenwart einer dritten leeren Hülse ist nicht notwendigerweise ein Beweis dafür, daß das Gewehr für einen dritten Schuß auf die Autokolonne gebraucht wurde.

Auf den Grund für einen Zweifel wies zuerst der Kongreßabgeordnete Christopher Dodd hin. Er bemühte sich, aus den Ergebnissen der akustischen Verfahren Hinweise darauf zu gewinnen, in wie schneller Folge die Schüsse von der Depository aus abgefeuert worden waren. Dabei stieß Dodd auf einen offensichtlichen Widerspruch. Seiner Ansicht nach spricht die Kürze des Intervalls zwischen dem ersten und dem zweiten Schuß dafür, daß der Präsident von *zwei* Gewehren bzw. Schützen von hinten angeschossen wurde. Gemäß den wissenschaftlichen Nachforschungen traf der zweite Schuß, der von einem Mannlicher-Carcano abgefeuert wurde, sowohl den Präsidenten als auch den Gouverneur. Dodd folgerte daraus, der zweite Schuß mußte von einem hypothetischen zweiten Gewehr abgefeuert worden sein. Dieser Annahme gemäß konnte Dodd also auch nur zwei der gefundenen Patronenhülsen auf Schüsse, die beim Attentat abgefeuert wurden, zurückführen, eine, die sowohl den Präsidenten als auch den Gouverneur traf, die andere, die vermutlich die tödliche Kopfwunde des Präsidenten verursachte. Was bedeutet dann die Existenz einer dritten leeren Patronenhülse im sechsten Stockwerk? Für den Kongreßabgeordneten Dodd bestätigt die Ballistik-Untersuchung lediglich, daß die drei fraglichen Hülsen aus einem Mannlicher gefeuert wurden, sie besagt nichts über den Zeitpunkt. Dodd vermutet, daß die dritte Hülse von einem früheren Schuß im Gewehr verblieben war. Beim Neuladen des Gewehrs fiel sie auf den Fußboden, um der eigentlichen Todespatrone Platz zu machen. Dodds Denken ist zwar nicht geradlinig, doch keineswegs unlogisch. Sollte die Theorie Dodds zutreffen, dann wäre die ballistische Untersuchung der von Oswald abgeschossenen Patronen auf die zwei Geschosse einzuschränken. Die Tatsache bleibt bestehen, daß eine offensichtlich belastende Kette von Indizien Oswald noch immer mit dem ihm angelasteten Verbrechen verbindet. Es ist nun Zeit zu rekapitulieren. Die Bruchstücke zweier Geschosse stammen aus einem Gewehr, das unter dem Namen »Hidell«, jedoch in einer Handschrift, die Oswald zugeschrieben wird, bestellt wurde. Fingerabdrücke beweisen, daß Oswald das Gewehr, zumindest als es zerlegt war, gehandhabt hatte. Es wurde nachgewiesen, daß Oswald am Tag des Attentates ein Paket zur Arbeit mitgenommen hatte. Ein Papiersack mit seinen Fingerabdrücken wurde in der Nähe des Fensters im sechsten Stockwerk gefunden. Es ist leicht daraus zu schließen, daß – wer auch immer seine Komplizen waren – Oswald selbst die zwei Schüsse, die den Präsidenten töteten und den Gouverneur verletzten, abfeuerte. Doch verweilen wir noch einmal an dieser Stelle.

Seit Jahren besteht eine Kontroverse bezüglich Oswalds Fähigkeiten als Schütze. Offiziellen Ermittlungen zufolge wurde Oswald in der Marineinfanterie zu verschiedenen Zeiten als »ziemlich guter Schütze« wie auch als »ziemlich schlechter Schütze« bezeichnet. Der Warren-Ausschuß hat jedoch in seinem Bericht die Aussage eines seiner früheren Marineinfanteriekollegen nicht berücksichtigt: ». . . wir standen in der gleichen Linie zusammen, nicht auf dasselbe Ziel, aber zu gleicher Zeit feuernd, ich erinnere mich, sein Schießen beobachtet zu haben. Es war ein großer Spaß, weil Oswald oft am Ziel vorbeischoß, sich aber keinerlei Sorgen darüber zu machen schien.« Es gibt keine Anzeichen dafür, daß sich Oswalds Schützenkunst zwischen seiner Marineinfanterie-Karriere und dem Attentat auf Kennedy wesentlich verändert oder verbessert hätte. Die Antwort auf die Frage, die immer wiederkehrende Frage, hätte Oswald diese Perfektion im Umgang mit seinem Mannlicher-Carcano erwerben können, wird unbefriedigend bleiben. »Vielleicht ja, vielleicht nein.«

Es gibt aber eine noch wesentlichere Frage, die von größter Wichtigkeit für ein endgültiges Urteil bezüglich Oswalds Schuld ist: War
Oswald überhaupt um 12.30 Uhr am 22. November im sechsten Stockwerk, und zwar an einer Stelle, von der er aus auf den Präsidenten
hätte schießen können? Neue Beweismittel haben 1979 die Fragwür-
digkeit einer Antwort auf diese Frage vergrößert.

Hat Oswald auf den Präsidenten geschossen oder im Erdgeschoß zu Mittag gegessen?

Erwartungsgemäß hat Oswald ausgesagt, nicht einmal in der Nähe
des sechsten Stockwerks gewesen zu sein, als der Präsident erschossen wurde. Der Chef des Mord-Department der Dallas-Polizei berichtet: »Ich fragte ihn, in welchem Teil des Gebäudes er sich aufgehalten
habe, als der Präsident erschossen wurde. Er antwortete, ungefähr zu
dieser Zeit seinen Lunch im Erdgeschoß eingenommen zu haben. Sein
Lunch veranlaßte ihn also, in den Speisesaal im ersten Stock zu gehen,
gleichwohl behauptet er, im Erdgeschoß gewesen zu sein, als der
Präsident vorbeifuhr. Im Gegensatz zu anderen seiner Behauptungen
kann man diese nicht ohne weiteres von der Hand weisen.«
Der offiziellen Untersuchung zufolge ließen sich keinerlei Hinweise
über Oswalds Aufenthaltsort während des Schießens ermitteln. Drei
Fingerabdrücke Oswalds ließen sich auf zwei der Bücherkisten in der
Nähe des berühmten Fensters feststellen, doch bewies dies nichts.
Oswald hatte Arbeiten im sechsten Stockwerk zu verrichten, seine
Fingerabdrücke waren im übrigen nicht die einzigen, die man auf den
Kisten fand. Ein identifizierbarer Handflächenabdruck wurde wohl
gefunden, doch die dazugehörige Person konnte niemals festgestellt
werden. Er gehörte weder zu einem der Hausangestellten, die mit den
Kisten zu tun hatten, noch zu den offiziellen Ermittlern, die die Kisten
nach dem Attentat untersuchten. Die Möglichkeit ist aber zu erwägen,
daß der Abdruck von einem unbekannten Scharfschützen, der vom
sechsten Stockwerk feuerte, stammte.
Ein chemischer Test der rechten Wange Oswalds zur Identifikation
von Spuren, die vom Feuern eines Gewehrs herrühren, waren negativ. Am Ende überbewertete der Warren-Ausschuß die Tatsache, daß
sich Oswald um 11.55 Uhr, also volle fünfunddreißig Minuten vor
dem Anschlag, noch im sechsten Stockwerk befand. Diese Annahme
beruhte auf einem Zeugnis des Jahres 1964 von Charles Givens, einem
Arbeiter der Depository. Nach seiner Aussage kam Oswald vom
Lunch zurück, um im sechsten Stockwerk Zigaretten zu holen. Bei

dieser Gelegenheit sah und sprach Givens mit Oswald. Aus den Akten des Warren-Ausschusses ergab sich inzwischen, daß Givens selbst nach dem Attentat von der Polizei gesucht wurde. Er war wegen eines Rauschgiftvergehens vorbestraft und im Depository nach dem Attentat nicht anwesend.

Als man ihn nach dem Attentat stellte und befragte, erwähnte er nichts davon, Oswald oben gesehen zu haben. Er äußerte, ganz gegenteilig »Lee im Domino-Zimmer, wo die Angestellten zu Mittag essen, ungefähr 11.50 Uhr, eine Zeitung lesend, gesehen zu haben«. Das Domino-Zimmer befindet sich im Erdgeschoß der Depository. Selbst wenn die spätere Aussage zuträfe, daß er Oswald fünf Minuten später im sechsten Stockwerk gesehen hätte, wäre es wenig bedeutungsvoll, wenn sich Oswald mehr als eine halbe Stunde vor dem Attentat im sechsten Stockwerk befunden hätte. Die Aussagen deuten jedenfalls darauf hin, daß Oswalds Erklärungen und tatsächliche Handlungen in Übereinstimmung stehen. Das ist ein Indiz, das die offiziellen Untersuchungen entweder unzureichend ermittelten oder ignorierten.

Tatsache ist, daß Oswald laut und deutlich seine Ungeduld bekundete, seinen Kollegen im sechsten Stockwerk zu folgen, die auf dem Weg hinunter in den Speisesaal den Lift betraten. Er rief ihnen etwa zu »Hey, Guys, wie wär's mit dem Lift für mich« und »vergeßt nicht, die Lifttüren zu schließen« oder Worte wie »schickt doch einen der Aufzüge wieder hoch«. Etwas später, ungefähr um 12 Uhr, kehrte Bonnie Williams in den sechsten Stock zurück, um seinen Lunch in Ruhe zu sich zu nehmen. Seine Lunchtüte, Hühnerknochen und eine leere Flasche Pop, wurden später als Beweis für die Richtigkeit seiner Behauptung dort gefunden. Williams blieb im sechsten Stockwerk bis 12.15 Uhr, vielleicht sogar bis 12.50 Uhr. Er sah niemanden oben und sicherlich nicht Oswald.

Bei seinem Verhör behauptete Oswald, seinen Kollegen zum Lunch gefolgt zu sein. Allein habe er einen kleinen Imbiß im Erdgeschoß-Speisesaal zu sich genommen. Er glaubte aber, sich zweier schwarzer Arbeiter zu erinnern, die durch das Zimmer gingen. Einer der beiden war als Junior bekannt, an den Namen des andern erinnerte er sich nicht, er würde ihn aber wiedererkennen, wenn er ihn sähe, er war ein kleiner Mann. In der Depository gab es zwei Räume, wo die Arbeiter zu Mittag aßen. Das »Domino-Zimmer« im Erdgeschoß und der eigentliche Lunchraum im ersten Stockwerk. Tatsächlich existierte ein Arbeiter namens »Junior« Jarman. Er verbrachte seine Mittagspause meistens in Gesellschaft eines zweiten Schwarzen namens Harold Norman. Norman war zutreffendermaßen klein gewachsen. Norman bestätigte später, zwischen 12.00 und 12.15 Uhr im Domino-Zimmer

zu Mittag gegessen zu haben. Seiner Erinnerung nach war irgend
jemand im Raum. Ungefähr 12.15 Uhr erschien Jarman im Domino-
Zimmer, die zwei schwarzen Arbeiter verließen das Gebäude für
einige Minuten. Zwischen 12.30 und 12.35 Uhr passierten sie abermals, kurz vor dem Attentat, das Erdgeschoß auf ihrem Weg hinauf zu
einem der oberen Stockwerke, von wo aus sie sich die Autokolonne
aus einem Fenster ansehen wollten. Falls Oswald sich während dieser
Zeit nicht im Erdgeschoß befunden haben sollte, mußte er telepathi-
sche Gaben besessen haben, um aus einem Stab von fünfundsiebzig
Mitarbeitern ausgerechnet jene zwei Männer zu bezeichnen, die sich
tatsächlich dort aufhielten. Diese Information wird im Warren-Bericht
nicht erwähnt.

Der Warren-Bericht stellt fest: Kein Angestellter sah Oswald nach
11.55 Uhr, als er sich noch im sechsten Stockwerk befand. Damit
verschweigt der Bericht zwei Informationen. Bill Shelley, ein Aufseher, bestätigte, Oswald in der Nähe des Telefons im Erdgeschoß 10
oder 15 Minuten vor 12 Uhr gesehen zu haben. (Wir wissen nicht, ob
Oswald einen der beiden Telefonapparate benutzt hatte.) Ein Angestellter namens Eddie Piper gab an, Oswald »um zwölf Uhr unten im
Erdgeschoß« persönlich gesprochen zu haben. Der Warren-Ausschuß
verfügte über beide dieser Aussagen, unterließ es aber, sie zu veröffentlichen.

Wenige Stunden nach dem Attentat sagte Oswald aus, vom Erdgeschoß in den ersten Stock gegangen zu sein, um sich eine Coca-Cola
zum Lunch zu holen. Der Coca-Cola-Automat befand sich in der
Kantine im ersten Stockwerk. Eddie Piper bestätigte, daß Oswald zu
ihm sagte: »Ich gehe *hinauf* essen.« Heute wird diese Geschichte von
einem weiteren Zeugen bekräftigt, den der Ausschuß niemals
befragte, dessen Geschichte also begraben blieb, bis der Verfasser 1978
auf seine Spuren kam.

1963 war Carolyn Arnold Sekretärin des Vizepräsidenten der Book
Depository. Ein FBI-Bericht, der im Warren-Bericht fehlte, besagt, daß
Mrs. Arnold vor der Depository auf der Straße stand und auf die
Autokolonne wartete, nachdem sie kurz vorher »flüchtig Lee Harvey
Oswald in der Eintrittshalle gesehen zu haben glaubte«. Als der
Verfasser Mrs. Arnold 1978 aufsuchte, um eine Aussage aus erster
Hand von ihr zu bekommen, war sie überrascht, was das FBI über sie
berichtet hatte. Ihre spontane Reaktion aufgrund dieser Tatsache
ereignete sich, bevor der Verfasser ihr von der Wichtigkeit bestimmter
Details, wie Zeitpunkt und Ort des Geschehens im Zusammenhang
mit Oswalds Aussagen gemacht hatte. Mrs. Arnold erinnerte sich
genau, was sie tatsächlich in bezug auf Oswald beobachtet hatte – es
war schließlich ihr Beitrag zu jenem ereignisreichen Tag. Als Sekretä-

rin des Vizepräsidenten der Firma kannte sie Oswald. Dieser hatte die
Gewohnheit, bei ihr Kleingeld zu wechseln. Mrs. Arnolds tatsächliche
Aussage gegenüber dem FBI unterscheidet sich erheblich vom offiziellen Bericht und ist vor allem nicht im geringsten vage. Sie sagte:»Etwa
eine Viertelstunde vor dem Attentat ging ich auf einen Augenblick in
den Lunchraum des ersten Stockwerks... Oswald saß in einem
Clubsessel auf der rechten Seite, wenn man hereinkommt. Er war wie
immer allein und schien seinen Lunch zu essen. Ich sprach nicht mit
ihm, habe ihn aber ganz deutlich erkannt.« Mrs. Arnold hat einen
plausiblen Grund, sich daran zu erinnern, daß sie in den Speisesaal
ging. Sie war damals schwanger und hatte großen Durst auf ein Glas
Wasser. Sie erinnerte sich auch an die Zeit, 12.15 Uhr, vielleicht auch
ein wenig später.

Es ist nicht ausgeschlossen, daß sich Oswald erst, nachdem ihn Mrs.
Arnold gesehen hatte, in den sechsten Stock begab, um den Präsidenten zu erschießen. Ein anderer Zeuge, Arnold Rowland, gab zu
Protokoll, zwei Männer im sechsten Stockwerk am Fenster gesehen zu
haben. Einer hielt ein Gewehr über seiner Brust gekreuzt. Das war um
12.15 Uhr. Rowlands Frau bekräftigte, daß ihr Mann ihre Aufmerksamkeit auf jenen Mann lenkte, von dem er annahm, es handelte sich
um einen Geheimdienst-Posten. Es gab selbstverständlich keinen
derartigen Posten. Im übrigen weiß man von keinem Angestellten, der
sich zu dieser Zeit im sechsten Stockwerk befand. Eine Schlüsselrolle
in der ganzen Geschichte spielt der Zeitpunkt: 12.15 Uhr. In diesem
Falle kann dieser ganz exakt bestimmt werden, weil Rowland sich
erinnerte, den fraglichen Mann mit dem Gewehr bemerkt zu haben,
als das Polizeiradio in ihrer unmittelbaren Nähe die Nachricht brachte,
daß die Autokolonne des Präsidenten Cedar Springs Road erreicht
habe. Das Polizei-Logbuch bestätigt, daß der Präsident diesen Bereich
zwischen 12.15 und 12.16 Uhr passierte. Mrs. Arnold gab die Zeit, als
sie ihr Büro verließ, mit 12.15 Uhr oder später an, das bekräftigten ihre
und ihrer Kollegen zeitliche Aussagen. Sie äußerte dem FBI gegenüber, das Gebäude schließlich nach dem Aufenthalt im Speisesaal, erst
12.25 Uhr verlassen zu haben. Wenn Mrs. Arnold Oswald 12.15 Uhr
oder später im Speisesaal gesehen hat, wer waren jene beiden Männer, von denen einer ein Gewehr hatte und die Rowland in den
Fenstern des sechsten Stockwerks gesehen zu haben angab?

Oswald wurde niemals von verläßlichen Augenzeugen im Fenster des
sechsten Stockwerks identifiziert, nachdem er unten gesehen worden
war. Der Ausschuß legte jedoch großen Wert auf die Aussage eines
gewissen Howard Brennan, einem Zuschauer auf der Straße gegenüber der Depository, der einen Mann hinter dem berühmten Fenster
zwischen 12.22 und 12.24 Uhr gesehen zu haben glaubte. Als er im

Augenblick des Attentates erneut hinaufsah, feuerte dieser Mann seinen letzten Schuß ab. Später am selben Tag sah Brennan bei einer Identifizierungsgegenüberstellung Oswald persönlich. Er konnte aber Oswald nicht positiv als den Mann, den er im Fenster gesehen zu haben glaubte, identifizieren, obwohl er sein Bild inzwischen auf dem Fernsehschirm gesehen hatte. Einen Monat später bestätigte Brennan dem FBI, sicher zu sein, daß der Mann im Fenster Oswald gewesen war. Drei Wochen nach dieser Aussage war er jedoch wieder unsicher. Abermals Monate später bekundete Brennan im offiziellen Verhör vor dem Ausschuß, er hätte Oswald bei der Parade identifizieren können, jedoch Angst vor kommunistischen Repressalien gehabt. Brennans Aussage war also voll von Widersprüchen. Er behauptete zwar, den letzten Schuß gesehen zu haben, doch sah er weder ein Aufblitzen noch Rauch, noch einen Rückschlag. Nach dem Attentat unterließ er es, die Aufmerksamkeit der andern dorthin zu lenken, vielmehr eilte er mit der Menge zum Grashügel. Vor dem Warren-Ausschuß gab Brennan zu, schlecht zu sehen, seit dem Attentat seien seine Augen verletzt gewesen. Ohne weiteres erklärte sich der Warren-Ausschuß damit zufrieden. »Brennan glaubt, der Mann, den er im Fenster sah, war Lee Harvey Oswald.« Wohlweislich machte der Kongreßausschuß 1979 von Brennans Aussage keinen Gebrauch. In der Tat war Brennan weniger überzeugend als viele Zeugen, die von der offiziellen Untersuchung diskreditiert oder total ignoriert wurden. Er mag einen Mann mit einem Gewehr gesehen haben, doch kann nichts in seiner Aussage zu dem zwingenden Schluß führen, dieser Mann sei mit Oswald identisch gewesen.

Lee Oswald trug bei seiner Verhaftung ein rostbraunes, langärmeliges Hemd mit einem weißen T-shirt darunter. Seiner Aussage nach hat er seine Kleidung nach dem Attentat gewechselt; bei der Arbeit habe er ein »rötlich gefärbtes Hemd« getragen. Der Polizist, der Oswald nach dem Attentat, doch bevor er die Depository verließ, sah, erinnerte sich, daß er später nach seiner Verhaftung »anders gekleidet zu sein schien«. »Das Hemd, das Oswald bei der Arbeit trug, war etwas dunkler.« So der Polizist. Einerlei ob Oswald sein Hemd gewechselt hat oder nicht, keines der Hemden paßt zu der Kleidung, die die Zeugen beschrieben haben, die einen Scharfschützen zwischen 12.15 und 12.30 Uhr im sechsten Stockwerk bemerkt haben wollen. Rowland, der ihn zuerst sah, erinnerte sich an »ein sehr helles Hemd, hellblau oder weiß ... am Hals geöffnet ... mit einem T-shirt darunter«. Selbst Brennan, der Zeuge, den der Warren-Ausschuß als glaubwürdig ansah, beschreibt den Scharfschützen im Fenster als »hell, eher in khaki gekleidet«. Zwei Beamte des Stadthauses – ihnen fiel ebenfalls ein Mann im sechsten Stockwerkfenster auf – sprechen von

»einem offenen Kragen... T-shirt oder Sporthemd ...hell, wahrscheinlich weiß« und einem »Sporthemd... gelb«. Mrs. Walther, die
wenige Augenblicke vor dem Attentat zwei Männer im Fenster sah,
gab an: »Der Mann hinter dem zum Teil geöffneten Fenster trug einen
dunkelbraunen Anzug, der andere hatte ein weißlich aussehendes
Hemd oder eine Arbeitsjacke an, wie ein Handwerker. *Der weiß
gekleidete Mann hatte das Gewehr.*« Keine dieser Beschreibungen
paßt also zum rostbraunen Hemd, das Oswald bei seiner Verhaftung,
noch zum roten, das er angeblich während der Arbeit trug.

Mrs. Arnold war die letzte verläßliche Zeugin, die Oswald vor dem
Attentat in der Kantine im ersten Stockwerk gesehen hatte. Eine
spätere Identifizierung Oswalds, unmittelbar nach dem Anschlag auf
den Präsidenten, fand im gleichen Raum statt.

Als die Schüsse auf der Dealey Plaza zu hören waren, ahnte ein
Motorradpolizist ihren Ursprung intuitiv hoch oben in der Deposi-
tory. Er fuhr geradenwegs zum Gebäude, stieg ab und drängte sich
zum Eingang. Begleitet von einem Angestellten der Depository eilte er
in den ersten Stock hinauf. Dort bemerkte er eine Gestalt hinter einem
Glasfenster an einer Tür. Mit der Pistole in der Hand ging er durch die
Tür und passierte einen kleinen Vorraum. Von dort sah er einen
Mann, im Begriff wegzugehen. Auf Befehl des Polizisten »kommen
Sie her«, wandte sich der Mann um. Baker fiel auf, daß dieser Mann
weder nervös noch außer Atem war, sondern vielmehr ruhig; er
schien eine Flasche Coca-Cola bei sich zu haben. Als Baker später
begann, Fragen zu stellen, identifizierte der Angestellte der Depository den fraglichen Mann als einen Kollegen, Lee Harvey Oswald,
genau dort, wo er höchstens fünfzehn Minuten vor dem Attentat
zuletzt gesehen worden war. Baker ließ Oswald gehen und eilte weiter
hinauf in das obere Stockwerk.

Im Warren-Bericht wird die Begegnung Bakers mit Oswald mit eineinhalb Minuten, nachdem die Schüsse gefallen waren, angegeben. Der
Ausschuß berechnete knapp 1½ Minuten für Oswald als Scharfschützen des sechsten Stockwerks, um die Tür des Speisesaales zu erreichen. Anderen nicht weniger glaubhaften Rekonstruktionen der
Ereignisse folgend, brauchte Baker weniger Zeit, während Oswald,
wenn er der Scharfschütze im sechsten Stockwerk gewesen sein sollte,
länger gebraucht hätte, sich »vorzeigbar« zu machen und vom sechsten Stockwerk zum ersten herunterzukommen. Dem Warren-Bericht
gelang es, Oswald noch knapp zur rechten Zeit auf den ersten Stock zu
bringen, um dort Baker zu begegnen. Nachdem der Kongreßausschuß
seine eigenen Tests am Tatort gemacht hatte, kam er 1979 zu dem
Schluß, die verfügbaren Zeugenaussagen schließen es »nicht aus, daß
sich Oswald zur Zeit der Schüsse im sechsten Stockwerk befand«.

Unabhängige Berechnungen besagen demgegenüber, Oswald hätte, wenn er wirklich der Schütze im sechsten Stockwerk gewesen wäre, den Speisesaal nicht rechtzeitig erreichen können, um dem Polizisten dort zu begegnen. Die Frage bleibt unbeantwortet. Aber die Beweise dafür, daß sich Oswald fünfzehn Minuten vor und zwei Minuten nach dem Attentat im Speisesaal befunden hat, können nicht übersehen werden.

Die Neueinschätzung der beschriebenen Umstände – Oswalds Aufenthalte – ist im Zusammenhang mit einem anderen Faktum zu sehen: Der Präsident kam auf der Dealey Plaza verspätet an. Sein erster Termin in Dallas fiel auf 12.30 Uhr, von hier waren es noch etwa fünf Minuten bis zu der Book Depository. Im Falle exakter Pünktlichkeit wäre die Autokolonne an der Book Depository um 12.25 Uhr vorbeigefahren. Diese Tatsache ging eindeutig aus dem offiziellen Programm hervor, hätte also selbstverständlich das »Timing« des Mörders bestimmt. Ein Mörder, der sich für 12.25 schußbereit hält, hätte sich kaum noch 12.15 Uhr im Speisesaal aufgehalten, wie es Oswald tat.

Die Vermutung, daß der Mörder sich gleichwohl doch so verhalten würde, um ein Alibi zu haben, liegt auf der Hand. Im gegebenen Fall hätte er äußerst ungeschickt operiert, der Speisesaal war zudem ein schlecht ausgesuchtes Alibi. Der Raum war während des gesamten Zeitraums im Hinblick auf ein Alibi leer, Oswald konnte dort nur von zufälligen Beobachtern gesehen werden. Andererseits ist es allerdings ebenso schwer zu verstehen, weshalb Oswald, der bekannt war, sich für Politik und Politiker zu interessieren, im Speisesaal bleiben sollte, wenn der Präsident vorbeifahren würde. Es ist bekannt, daß Oswald am Morgen einen Arbeitskollegen fragte, weshalb sich die Menschenmenge auf der Straße ansammelte. Als er hörte, der Präsident würde hier vorbeikommen, sagte er bloß »Aha«. Anhänger der offiziellen Version behaupten, es gehöre zu Oswalds Alibi vorzutäuschen, nicht einmal vom Besuch des Präsidenten in Dallas gewußt zu haben. Ihre Vermutung ist berechtigt. Die Frage ist zu naiv, um echt zu sein.

Die Umstände belasten Oswald zweifellos schwer. Ganz abgesehen von den Indizien, die ihn mit dem Gewehr verbinden, macht er sich mit seinen eigenen Aussagen – wie mit der unglaubwürdigen Vorhangstangengeschichte – irgendwie verdächtig. Dennoch sind die Beweise unzureichend, ihn mit dem Gewehr hinter ein Fenster im sechsten Stockwerk zu stellen. Die Wahrscheinlichkeit, daß andere von jenem Fenster aus schossen, ist in der Tat groß. Oswald könnte genau das gewesen sein, was er, kurz bevor er starb, so emphatisch behauptet hat: »ein Sündenbock«. Falls dies zutrifft, hat es den Anschein, daß er sich seiner gefährlichen Lage in dem Augenblick, als das Chaos auf der Dealey Plaza ausbrach, bewußt war. Von diesem

Augenblick an benahm sich derselbe Oswald, der bei der Begegnung mit dem Streifenpolizisten Baker so ruhig erschien, wie ein Mensch in Panik.

Oswald selbst berichtet, wie er den Tatort verließ. Er erzählte bei seinen späteren Verhören, wie er sich im ersten Stock eine Flasche Coca-Cola besorgte, dann jenem Streifenpolizisten Baker begegnete und schließlich hinunterging. Im allgemeinen Wirrwarr hörte er, wie ein Aufseher sagte, für den Rest des Tages gebe es keine Arbeit mehr. Oswald beschloß also, die Depository durch den Haupteingang zu verlassen. Vor der Depository traf er einen jungen Mann mit einem Bürstenhaarschnitt, von dem er annahm, er sei Geheimdienstagent, denn er zeigte eine Identitätskarte. Oswald wies den Agenten zur nächsten Telefonzelle, und dann fuhr er mit Bus und Taxi nach Hause in sein Logis. Diese Angaben sind hinlänglich durch die Aussagen anderer bekräftigt. Eine Büropersonalangestellte sah Oswald, als sie in ihr Büro im ersten Stockwerk zurückkehrte, mit seiner Coca-Cola-Flasche in der Hand zwei Minuten nach dem Attentat: »Ich hatte überhaupt keinen Verdacht. Er benahm sich so kühl und ruhig, daß ich überhaupt nicht auf die Idee kam, er könnte etwas mit dem Anschlag zu tun haben.« Der erwähnte Vorarbeiter befand sich im Erdgeschoß. Der »Geheimagent« war wahrscheinlich Robert MacNeil, ein Reporter der NBC, der die Autokolonne verlassen hatte, nachdem die Schüsse gefallen waren.

Oswalds Aussage über seinen Weg nach Hause wurde aufgrund der Autobuskarte in seiner Tasche bei seiner Verhaftung bestätigt, sowie von einem Taxifahrer aus Dallas bekräftigt. Es ist unwahrscheinlich, daß ein vollkommen unschuldiger Mensch Minuten nach der Ermordung des Präsidenten der Vereinigten Staaten nach Hause ging, bloß weil »die Arbeit für den Tag beendet war«. Das Naheliegende für einen politisch interessierten Menschen wie Oswald wäre gewesen, noch einige Zeit in der aufgeregten Atmosphäre der Dealey Plaza zu verweilen. Oswalds Entschluß, ein Taxi zu nehmen – nach seinem eigenen Bekenntnis hatte er das noch nie in seinem Leben getan – spricht dafür, daß er fliehen wollte.

Sobald er seine Unterkunft erreichte, nahmen die Dinge eine mysteriöse Wendung, die weder der Beteuerung seiner Unschuld noch aber der öffentlichen Version, die ihn als Mörder und Einzelgänger betrachtete, entspricht. Was auch Oswalds Anteil an den tragischen Ereignissen des Tages gewesen sein mag – alles deutet darauf hin, daß er Komplizen hatte.

Zeitplan der Geschehnisse, die zur Ermordung des Polizisten J. D. Tippit und zu Oswalds Verhaftung im Texas-Filmtheater führten:

12.45 Uhr: Streifenpolizist J. D. Tippit erhält Befehl, sich in das Oak Cliff Quartier zu begeben und sich für jede Eventualität bereit zu halten.

13.00 Uhr: Polizeihauptquartier ruft Tippit. Keine Antwort.

13.08 Uhr: Tippit funkt Hauptquartier. Keine Antwort.

13.16 Uhr: Zivilist funkt per Polizeiradio. Berichtet Schießerei und Ermordung eines später als J. D. Tippit identifizierten Polizisten.

13.15 Uhr: Wird offiziell als Zeitpunkt der Ermordung festgestellt.

13.12 Uhr: Der tatsächliche aus verläßlichen Aussagen rekonstruierte Zeitpunkt des Mordes.

13.00 Uhr: Oswald kommt in großer Eile in seinem Mietzimmer-Apartment an. Kleidet sich um und bewaffnet sich mit einem 0.38 Smith & Wesson Revolver.

13.04 Uhr: Oswald verläßt das Apartment und wird zuletzt von seiner Gastwirtin 13.05 Uhr bei der gegenüberliegenden Autobushaltestelle gesehen.

13.20 Uhr: Polizeiautos treffen am Tatort ein. Polizei funkt Beschreibung Oswalds.

Wenige Minuten später wird Oswald im Texas-Kino festgenommen. Er trägt einen 0.38 Smith & Wesson Revolver bei sich.

Im Körper des toten Polizisten werden vier Kugeln gefunden. Vier auf der Straße gefundene Patronenhülsen stammen aus dem 0.38 Smith & Wesson Oswalds.

Schlußfolgerung:

Oswald (und Oswald allein) hat den Polizisten J. D. Tippit ermordet. Der Fall ist klar.

Doch weisen die im folgenden zusammengefaßten Schwachstellen im Beweismaterial darauf hin, daß Oswald Komplizen hatte.

1. Die Ballistik-Indizien. Drei der vier im Leichnam des Polizisten Tippit gefundenen Kugeln stammten aus einer Western-Winchester, eine aus einer Remington-Petersen Patrone. Zwei der vier auf der Straße gefundenen Patronenhülsen stammten aus einem Western, die andern zwei aus einem Remington Petersen-Geschoß. Eine Kugel nur stellte die Polizei von Dallas dem FBI am Tage nach dem Mord zur Verfügung, die übrigen drei erst Monate später. Zwei der Patronenhülsen wurden vom Polizisten J. M. Poe markiert. Die Dallas-Polizei übergab dem FBI vier Hülsen sechs Tage nach dem Mord. Keine der Hülsen war markiert.

2. Widersprüche zwischen der Zeittafel und der Hypothese, daß Oswald ohne Komplizen gehandelt habe.

Die Entfernung zwischen Oswalds Mietshaus und dem Tatort beträgt neun Zehntel einer Meile, die Oswald in den acht Minuten zwischen dem Verlassen seines Apartements und dem Mord nur im Laufschritt oder mit Bus oder Taxi hätte zurücklegen können. Doch sah niemand einen laufenden Mann auf der gegebenen Strecke, es gingen zu der Zeit keine Busse, und kein Taxi-Logbuch verzeichnete eine Fuhre zur gegebenen Zeit auf der gegebenen Strecke.

3. Indizien, die auf Komplizen hinweisen.

   A. Indirekte Indizien. Zwei verläßliche Zeugen sahen Oswald vor dem Mord in einer westlichen Richtung, also in der Richtung zu und nicht von seinem Apartement, auf den Tatort zugehen. Das deutet, zusätzlich zum zeitlichen Widerspruch, darauf hin, daß er in einem Privatauto an Tippit vorbeigefahren war, ausstieg und zu ihm zurückging.

   Oswalds Vermieterin berichtete, daß zwischen 13.00 Uhr und 13.04 Uhr ein Polizeiwagen mit zwei Polizisten auf der Straße gegenüber anhielt, zwei Hupsignale gab und langsam weiterfuhr. Die Polizei wußte von keinem Polizeiwagen zu dieser Zeit mit zwei Polizisten im Oak Cliff Viertel.

   B. Direkte Hinweise auf einen Komplizen.

   Ein verläßlicher Zeuge sah einen Mann in einem langen Überrock vom Auto des erschossenen Polizisten weglaufen, in einen alten Plymouth-Wagen steigen und in Hast wegfahren. Ein anderer glaubhafter Zeuge sah nach der Schießerei einen Mann mit einer Handwaffe am Wagen des erschossenen Polizisten, der einem zweiten Mann auf der Straße gegenüber zurief, daß er sich auf seinen Weg machen sollte. Die Beschreibung des Mannes mit der Waffe paßte nicht auf Oswald.

Keiner dieser Zeugen wurde offiziell vernommen. Vom Warren-Ausschuß abgesehen, hat auch der Kongreßausschuß für Attentate die Indizien, die darauf hinwiesen, daß Oswald bei der Ermordung des Polizisten Tippit einen Komplizen gehabt hätte, vernachlässigt.

Der Mafioso John Martino sagte in einem Privatgespräch: »Oswald sollte einen Verbindungsmann im Kino treffen. ›Sie‹ planten, Oswald im Kino zu treffen, ihn aus dem Land herauszuschmuggeln und sodann zu liquidieren. Doch beging Oswald einen Fehler ... So befahlen ›sie‹ Ruby, ihn umzulegen.«

Der zweite Staatsanwalt des Gerichtskreises Dallas, William Alexander, der die erste Untersuchung im Tippit-Mordfall leitete, sagte 1977: »Sicherlich besteht die Möglichkeit, daß sich Oswald auf dem Weg zu einem Komplizen befand, als er Tippit erschoß.« Dem Verfasser gegenüber äußerte Alexander 1978: »Ich möchte wissen, weshalb sich Oswald überhaupt in der Nähe des Tatortes befand ... Soviel wir von ihm wissen, handelte er selten ohne Motiv ... war es ein Fluchtversuch? War er auf dem Wege, einen Mithelfer zu treffen?«

6.
Die Sphinx von Texas

Eine verfassungsgemäße und minuziöse Nachprüfung der Arbeitsmethoden der Nachrichtendienste ist eine Illusion. Sind sie gut, dann halten sie die Außenseiter zum Narren – sind sie schlecht, halten sie sich selbst zum Narren.

John le Carré

Als Jesse Curry fünfzehn Jahre nach dem Attentat durch das berühmte Fenster im sechsten Stock der Texas School Book Depository auf die Dealey Plaza schaute, dachte er gleichzeitig an den sonderbarsten Häftling seiner Karriere: »Man hatte den Eindruck, daß Oswald sowohl in der Technik des Vernehmens als auch in der Vereitelung dieser Technik geschult war ...«, sagte der einstmalige Chef der Dallas-Polizei über Oswalds Verhalten bei Verhören. Jesse Curry war von Oswalds Haltung überaus beeindruckt. Er erklärte dem Verfasser: »Mich hat die absolute Selbstbeherrschung bei einem so jungen Menschen erstaunt. Es war, als ob man ihn bereits vorher auf genau die Situation, in der er sich befand, programmiert hätte ... ›Man‹, fragte ich, ›wer denn‹?? Er aber schüttelte nur den Kopf: ›Wer weiß wer?‹«

Oswald war ein Rätsel und nicht nur für die Behörden von Texas. Die gewichtigen Rechtsgelehrten des Warren-Ausschusses haben es niemals geschafft, Oswald den für jede Anklage wesentlichsten Bestandteil eines Verbrechens, eines Motivs, zu überführen. Der Warren-Bericht gibt schlicht zu, daß man »nie wußte, was in Oswalds Kopf in der Woche vor dem Attentat vor sich gegangen war«. Er nimmt, wenig überzeugend, zu Klischees, wie »feindselige Einstellung gegen die Umwelt« oder »gegen das amerikanische Establishment« und dergleichen Zuflucht. Auch 1979 noch klammerte sich der Kongreßausschuß an ähnliche psychologische Banalitäten. »Oswalds Konzept des politischen Aktivismus entsprang seiner verschrobenen Weltsicht und seiner selbst.« Die Klischees mögen zutreffend sein, sie unterscheiden Oswald gleichwohl nicht von tausend ähnlich linksgerichteten jungen Leuten. Wären sie ein zureichender Grund zum Präsidentenmord, es würde kein Tag ohne zumindest ein Attentat auf den jeweiligen Präsidenten vergehen. Der Bericht des Jahres 1979 gibt allerdings zu, daß eine derartige Motivation zur Tat mangels eines stichhaltigeren Grundes unterstellt wurde. Die Erklärung deutet also darauf hin, daß der Abschnitt »Motivation« des Berichtes bereits abgeschlossen war, als die neuen Akustik-Indizien die Kommission zu einer neuen Beurteilung der Umstände, d. h., daß es mehr als einen Attentäter gegeben haben muß, zwangen. Von der Warren-Ausschuß-Theorie des Einzelgängers bis zu dieser Erkenntnis war es ein langer Weg, wenngleich nicht lang genug, um eine Neuorientierung, daß Oswald in Wirklichkeit nur eine manipulierte Marionette war, einzuleiten. Vermutete der Bericht des Jahres 1979 das Wirken dunkler Mächte hinter dem Attentat, so handelte es sich tatsächlich um Rechtsextreme, die Mafia und Anti-Castro-Exilkubaner. Der Bericht versuchte gar nicht die gegebenen Umstände mit Oswalds *links*extremen Allüren in Verbindung zu bringen. Nur flüchtig wird die Möglichkeit angedeutet, daß er sich gerade aus diesem Grunde als perfekte Marionette hätte eignen können. Was auch immer die Wahrheit sein mag, das Fehlen eines Motivs galt immer als ein mildernder Umstand für Oswald. Bei seinem Verhör bekundete Oswald stets unmißverständlich den Eindruck seiner Sympathie für Präsident Kennedy.

»Ich bin kein Rebell, ich hatte nichts gegen den Präsidenten«, war die Antwort auf die Frage nach seiner Meinung über John F. Kennedy. Er sagte auch: »Ich habe keine Vorurteile gegen den Präsidenten. Meine Frau und ich mochten auch seine Familie, das sind interessante Menschen. Über seine nationale Politik habe ich freilich meine eigenen Anschauungen.« In diesem Punkt wurde seine Aussage von allen, die ihn kannten, bestätigt. Selbst seine Frau Marina, deren Aussagen ihn so schwer und vielfach belasteten, erzählte, daß Oswald »sich immer positiv über den Präsidenten geäußert hätte«. »Er freute sich, als Kennedy zum Präsidenten gewählt wurde ... was immer er über Kennedy sagte, war gut, nur gut, immer gut.« Zur Zeit der Präsidentenwahl lebten die Oswalds in der UdSSR. Marina sagte: »Lee war stolz auf den Präsidenten seines Vaterlandes.« Er hielt ihn für ein »gutes Staatsoberhaupt«. Die offiziellen Aussagen seiner Verwandten und Bekannten gaben ebenfalls keinen Anhaltspunkt dafür, daß Oswald seine Einstellung in letzter Zeit verändert hätte.

Die Oswalds waren im August 1963, als der neugeborene Sohn der Kennedys im Alter von zwei Tagen starb, in New Orleans. Die Presse war natürlich voll von der Familientragödie und Lee verfolgte wie Millionen seiner Landsleute die Nachrichten gespannt und besorgt. Er hoffte bis zuletzt, das Kind würde überleben und war nach seinem Tode wirklich deprimiert.

Leutnant Francis Martello von der New-Orleans-Polizei, der Oswald zu ungefähr demselben Zeitpunkt wegen eines Straßenauflaufs von Pro- und Anti-Castro-Exilkubanern verhörte, hatte denselben Eindruck: daß Oswald den Präsidenten Kennedy schätzte. Martello beschrieb Oswald als »in keiner Art und Weise gewalttätig ... ich würde niemals annehmen oder auch nur träumen, daß Oswald das

Attentat begangen hat, sondern im Gegenteil, meinen Kopf dafür hinhalten, daß er diese Tat nicht begangen hat«.

Oft begehen Menschen Verbrechen, die jenen, die sie gut kennen, in totalem Widerspruch zu ihrem Charakter zu stehen scheinen. Dennoch ist es bemerkenswert, daß kein einziger der Bekannten Oswalds jemals von ihm irgendeine Kritik über den Präsidenten zu hören bekommen hat.

Der einzige Anhaltspunkt, den man vage als einen Wandel in Oswalds Einstellung zu Kennedy deuten könnte, verweist auf den Vorabend des Attentates. Im Gespräch mit seiner Frau Marina schien er das Thema des bevorstehenden Präsidentenbesuches in Dallas zu meiden. Es gibt für diese Beobachtung eine harmlose, viel plausiblere Erklärung. Die Oswalds lebten zu dieser Zeit getrennt. An jenem Abend besuchte Oswald seine Frau und bat sie, der Ehe noch eine Chance zu geben, er würde ein Appartement mieten, und sie könnten ein neues gemeinsames Leben beginnen. Er schien ausschließlich um die Zukunft ihrer gescheiterten Ehe besorgt. Dieses Bemühen ist bei einem Mann unerklärlich, der eine Tat plant, die ihm am folgenden Morgen die Freiheit, wenn nicht das Leben kosten würde.

Obwohl Oswald leidenschaftlich jegliche Verbindung zu dem Attentat verneinte und den Journalisten »ich bin nichts weiter als ein Sündenbock« zuschrie, machte er dennoch eine Anspielung darauf »etwas zu wissen«. Ohne einen Rechtsanwalt wollte er jedoch keine Aussage machen. Der Vorstand des Verbandes der Dallas-Rechtsanwälte besuchte ihn in der Haft. Oswald hatte eine konkrete Vorstellung von dem Rechtsanwalt, den er als Vertreter wünschte: »Er muß an die Dinge glauben, an die ich glaube, Glaube muß für ihn so wichtig sein, wie er für mich ist. Auch muß er, soweit er dessen fähig ist, an meine Unschuld glauben. Wenn ich den Mann finde, der diesen Bedingungen entspricht, werde ich mich vielleicht von ihm vertreten lassen.« Oswald versuchte tatsächlich, sich mit einem John Abt, einem Anwalt aus New York, in Verbindung zu setzen. Der Bericht eines Geheiminspektors, der anwesend war, als Oswald darum bat, daß sich die Polizei mit Abt in Verbindung setzte, mag Licht auf Oswalds Denkweise werfen. ».. . er versuchte mit einem New Yorker Rechtsanwalt, einem Herrn Abt, in Verbindung zu treten. Er entschied sich für den Anwalt, den er persönlich nicht kannte, weil Abt 1949 oder 1950 die ›Opfer‹ des Smith Act, die der Verschwörung gegen die Verfassung angeklagt waren, verteidigte.« John Abt war aber über das Wochenende verreist, und Oswald hatte ihn nicht erreicht. Falls er ihn deshalb zu seinem Verteidiger gewählt hatte, weil auch er, Oswald, an einer Verschwörung beteiligt gewesen war, so werden wir es nie erfahren.

Oswald war wirklich ein Rätsel, und er war sich dessen bewußt. Als ihn sein Bruder Robert in der Haft besuchte, warnte er ihn: »Bitte, ziehe keine Schlüsse aus den sogenannten Indizien.« Später schrieb Robert in sein Tagebuch: »Ich suchte in seinen Augen nach einem Zeichen von Schuld, oder wie immer es heißen mag ... Aber ich sah in ihnen nichts – weder Schuld noch Scham, gar nichts. Als Lee endlich bemerkte, daß ich in seinen Augen nach einem Zeichen suchte, sagte er, ›du wirst nichts in ihnen finden‹.«

Jahre endloser Ermittlungen und tastenden Suchens nach einem Schlüssel für Oswalds wirkliche Rolle bei dem Attentat ergaben keine eindeutige Antwort. Dennoch besitzen wir mittlerweile gewisse Bruchstücke eines Bildes von Oswald, deren Bedeutung der Öffentlichkeit unmittelbar nach dem Attentat unbekannt war. Ironischerweise kam die erste Andeutung, daß die Person Oswalds eine andere war, als er zu sein schien, von dem Nachfolger im Amt des Präsidenten und dem Mann, der den Warren-Ausschuß eingesetzt hatte, Lyndon Johnson. In einem Interview mit dem CBS 1969 hörte man: »Ich glaube, daß weder der Warren-Ausschuß noch ich selbst, noch irgendein anderer sicher sein kann, was Lee Oswald und die anderen, die am Attentat mitbeteiligt gewesen sein mögen, motiviert hat. Aber Oswald war ein undurchsichtiger Typ, er hatte gewisse Verbindungen, die genau untersucht werden sollten.« Diese Äußerung war nicht ungewöhnlich. Dennoch hatte Johnson den Eindruck, zuviel gesagt zu haben. Er bat daher den CBS, die Ausstrahlung der obigen Sätze zu unterlassen. Der CBS fügte sich seiner Bitte und veröffentlichte die Äußerung Lyndon Johnsons erst 1975.

Da war es wieder, das magische Wort »Sicherheit«, das Wort, das Gerichtspräsident Warren 1964 statt einer Antwort auf die Frage gab, ob die Akten des Warren-Ausschusses veröffentlicht würden. »Ja, wenn die Zeit dafür reif ist. Aber ob das zu unseren Lebzeiten der Fall sein wird, weiß ich nicht. Ich denke dabei nicht an irgend etwas Besonderes, sondern an Dinge, deren Veröffentlichung die nationale Sicherheit gefährden könnten. Material dieser Art wird aufbewahrt, nicht aber veröffentlicht.« Die Berufung auf die nationale Sicherheit war schwer bei dem ursprünglichen offiziellen Urteil, daß der Präsident von einem Einzelgänger, einem jungen Texaner mit verschrobenen politischen Ansichten erschossen wurde, zu vereinen. Heute, nachdem die Mordkommission die Schlußfolgerung gezogen hat, daß Oswald – wenn er überhaupt daran beteiligt war – das Attentat nicht allein ausgeführt hat, ist die Berufung auf die nationale Sicherheit noch viel weniger überzeugend. Offiziell wird die Geheimhaltung von Dokumenten damit gerechtfertigt, daß ein Nachrichtendienst seine Methoden und die Identität seines Personals abzuschirmen verpflichtet sei. Das Argument ist freilich berechtigt, obwohl es fraglich ist, ob hängt, im Jahre 1979 immer noch abgeschirmt werden müssen. Was den Verdacht, daß etwas nicht mit rechten Dingen zugeht, zu rechtfertigen scheint, ist der Umstand, daß die Nachrichtendienste ihre Oswald-Akten noch immer wie Staatsgeheimnisse behandeln. Der CIA hat Akten, die sich auf das Attentat beziehen, nur auf massiven Druck seitens der Rechtsbehörden, des Senats oder des Kongresses freigegeben.

Oft war auf diese Weise freigegebenes Material von der Zensur bis zur Unkenntlichkeit entstellt. Nach wohlunterrichteten Quellen hat der Warren-Ausschuß nur einen Bruchteil der Oswald-Akten des CIA jemals zu Gesicht bekommen. Experten, die sonst immer erfolgreich Zugang zu den Dokumenten der Nachrichtendienste haben, sind überzeugt, daß der CIA selbst heute noch Hunderte von Attentatsakten zum Teil oder zur Gänze zurückhält. Vom Repräsentantenhaus bevollmächtigte Mitglieder des Mordausschusses fühlen sich noch immer in ihren Bemühungen, vorhandene Daten zu ermitteln, durch die Verzögerungsmanöver, Ausflüchte und Widerspenstigkeit des CIA behindert. 1977 erregte das FBI großes Aufsehen bei der Freigabe von 100 000 Seiten ihrer Attentatsakte. Die Presse äußerte sich ziemlich unkritisch dazu, war aber entweder nur mangelhaft informiert oder zu desinteressiert, um bei der Pressekonferenz die eigentlich wesentlichen Fragen zu stellen. Ein jämmerliches Spektakel amerikanischer Medien war da geboten. Der Verfasser dieses Buches war mit seiner drängenden Beharrlichkeit der einzige, der dem Sprecher des FBI immerhin das Geständnis abnötigte, daß »bis zu zehn Prozent der Kennedy-Akten nicht freigegeben werden«. Ein Grund dafür sei das Abschirmen von gewissen Geheimdienst-Angehörigen, der zweite und weniger berechtigte Grund, die bekannte Ausrede von der »nationalen Sicherheit«.

Einige der freigegebenen Akten geben ihrerseits zu neuen Fragen Anlaß, so beispielsweise Seite 66 der Warren-Ausschuß-Akte Nr. 206, die erst 1976 freigegeben wurde. Hierbei handelt es sich um einen FBI-Bericht, wonach am Tage nach dem Attentat ein Telefongespräch in Dallas abgehört wurde. Eine männliche Stimme sagt, er (der Sprecher) sei sicher, Lee Harvey Oswald habe den Präsidenten erschossen, er nehme aber an, nicht Oswald, sondern ein anderer sei der wahre Schuldige, »wir beide wissen, wer wirklich verantwortlich ist«. Das Dokument erwähnt nicht, daß die angezapften Telefonleitungen die Michael Paines und seiner Frau, Ruth Paine, der Gastgeberin von Marina Oswald, waren. Es ist nicht klar, ob das Paar jemals wegen dieses Gespräches zwischen Mr. Paines Büro und dem Haus Mrs. Paines verhört wurde.

Eine Niederschrift des Gesprächs scheint nicht zu existieren. Auch weiß man nicht, was mit dem Tonband geschehen ist. Dokument Nr. 266 ist typisch dafür, wie die Geheimdienste das Recht der Öffentlichkeit, informiert zu werden, auslegen.

Ein Großteil dieses Buches ist der Zusammensetzung jener Stücke des Zusammensetzspiels gewidmet, die durch das Netz der nationalen Sicherheitsverordnungen geschlüpft sind. Manchmal ergeben die Stücke ein Bild, das auf eine düstere kommunistische Verschwörung hindeutet – ein Gespenst, das, wie Präsident Johnson kurz nach dem Attentat befürchtete, »das Land in einen Krieg stürzen könnte, der 40 Millionen das Leben kosten würde«. Marina, die Frau, die Oswald aus Sowjetrußland mitgebracht hat, bleibt ein Rätsel für sich, und neue Fragen, die sie betreffen, multiplizieren die Anzahl der bereits vorhandenen.

Weshalb haben die russischen Behörden ihr, bevor sie in die Vereinigten Staaten ging, neue Papiere ausgestellt? Schon lange vor dem Attentat hat der CIA begonnen, daß sie ein sowjetischer Spitzel mit gefälschten Papieren sei. Auf eine Reihe von Fragen bezüglich der offiziellen Dokumente Mrs. Oswalds hat der CIA nie eine zufriedenstellende Antwort bekommen.

Weshalb bekam Marina in den Vereinigten Staaten einen Brief aus der UdSSR von einem Mann, den die CIA in Verdacht hatte, ein Agent des Ersten Direktorats des sowjetischen Geheimdienstes, KGB, zu sein? 1964 betrachtete der Warren-Ausschuß die Mutmaßung, Marina als sowjetische Spionin zu betrachten, fast wie einen Witz. »Das wäre ein schöner Skandal, wenn sie beichten sollte: ›Ich bin Spionin‹«, bemerkte Senator Russell. Sie beichtete zwar nicht, aber vieles spricht dafür, daß irgend jemand in der Kommission Lust hatte, einen Skandal zu provozieren. Andeutungen, die den amerikanischen Geheimdiensten unbequem waren, wurden nicht weiter verfolgt.

Ein Bekannter Oswalds, Tefil Meller, sagte der Polizei nach dem Attentat, er habe 1962, bevor er »mit einem ehemaligen Überläufer nähere Verbindungen aufnahm«, Erkundigungen beim FBI eingeholt. Er habe die Auskunft, Oswald sei »allright«, bekommen.

Was heißt das eigentlich?

Ein anderer Einwohner von Dallas, George de Mohrenschildt, freundet sich mit Oswald ebenfalls nach dessen Rückkehr aus der UdSSR an. Wie Meller behauptete auch er, Oswalds politische Verläßlichkeit überprüft zu haben. Der Beamte des CIA für Kontakte in den Vereinigten Staaten, J. Walton Moore, antwortete, laut de Mohrenschildt, sofort, und ohne zu zögern: »Ja, der ist o. k. Ein harmloser Narr.« Was mußte ein CIA-Beamter in Dallas bereits gewußt haben, um eine Auskunft ohne Einsicht in die CIA-Akten zu geben, über einen Mann, der früher ein Überläufer war und der jetzt wieder »o. k.« ist? Auf die de-Mohrenschildt-Verbindung wird später noch zurückzukommen sein.

Betrachten wir das Dokument Nr. 1133 des Warren-Ausschusses näher. 1975 entdeckte ein bekannter Washingtoner Journalist, Seth Kantor, daß der FBI dieses Dokument noch immer zurückhielt. Betroffen stellte er fest: Unter der Nummer 1133 war ein Tonband seiner eigenen Telefongespräche am Nachmittag des Attentates aus Dallas festgehalten.

Der offizielle Grund, seine Gespräche als Staatsgeheimnis zu erklären, war, »sie könnten die Identität geheimer Informationsquellen bekanntgeben«. Kantor versuchte mit allen Mitteln, die Freigabe des Dokumentes durchzusetzen, um es dann mit seinen eigenen, noch vorhandenen Aufzeichnungen jenes Nachmittags zu vergleichen. Schließlich wurde ihm das Dokument übergeben, das die nicht wirklich welterschütternde Information enthielt, nämlich, daß er an jenem Nachmittag Anrufe von der Dallas City Hall, vom Parkland Hospital und vom Flugplatz Love Field aus gemacht hatte. Der Freigabe des Dokuments wurde die Erklärung beigefügt, die bisherige Geheimhaltung sei einem bürokratischen Irrtum zu verdanken. Persönliche Aufzeichnungen Kantors zeigten, daß er von der City Hall ein Gespräch mit einer Nummer in Florida , Coral Gables MO 5-6473, geführt hatte. Das aber war die Nummer von Hal Hendrix, einem Journalisten aus Miami, der für dieselbe Gruppe von Zeitungen wie Kantor arbeitete und der ihm Informationen über Oswald verschaffte. Hendrix war schon am Nachmittag des Attentates in der Lage, Kantor Einzelheiten über Oswalds Vergangenheit, seiner Übersiedlung in die UdSSR und die Pro-Castro-Tätigkeiten nach seiner Rückkehr zu geben. Diese Informationen wurden bald allgemein bekannt. Das Hendrix-Gespräch hat dennoch eine besondere Bedeutung. Hendrix ist kein gewöhnlicher Journalist.

Anfang 1963 erhielt er den Pulitzer-Preis für seine Reportage über die Kuba-Krise. Seine besondere Brillanz offenbarte sich jedoch im Herbst 1963. Am 24. September beschrieb und verteidigte er jenen Putsch, in dem der Pro-Kennedy-Präsident der dominikanischen Regierung aus seinem Amt gejagt wurde. Das Ungewöhnliche seines Berichtes bestand darin, daß der Putsch erst *24 Stunden* später stattfand. Hendrix' Informant war angeblich ein CIA-Beamter in der Homestead Airforce Base südlich von Miami. Wegen seiner prophetischen Gabe und seiner »phänomenalen« Beziehung zu den Geheimdiensten war Hendrix seinen Washingtoner Kollegen bald als der Mann mit dem sechsten Sinn bekannt. Jahre vergingen, bevor die besonderen Informationsquellen von Hendrix durchschaubar wurden. 1976 bekannte er sich schuldig, dem Senatskomitee, das die Verbindungen zwischen multinationalen Kooperationen und dem CIA untersuchte, Informationen vorenthalten zu haben. Er gestand, daß er gegenüber dem Komitee im Zusammenspiel mit dem CIA gelogen und seinen Zugang zu CIA-Informationen verheimlicht hatte. Das war der Mann, der am Nachmittag des 22. November schon soviel über Lee Oswald wußte und dessen Identität das FBI zwölf Jahre lang geheimgehalten hatte.

Wie wir bereits im Zusammenhang mit »alias Hidell« gehört haben, hatte der amerikanische militärische Nachrichtendienst schon vor dem Attentat ein Dossier über Oswald. So war es möglich, daß ein Oberst des Armee-Nachrichtendienstes bereits binnen einer Stunde nach Oswalds Verhaftung dem FBI Informationen zur Verfügung stellen konnte. Es könnte sich dabei natürlich um ein typisches Beispiel der Kompetenz des Armee-Nachrichtendienstes gehandelt haben, der, wie der Oberst es jetzt beschreibt, Oswald als potentiellen Spion observierte.

Der Verfasser sprach mit dem Kongreßabgeordneten Richardson Preyer, kurz nachdem der Kongreß-Ausschuß erfuhr, daß die Akten vernichtet worden waren. »Es gab Fälle, in denen die Akten, wie soll ich sagen, es ausdrücken, böswillig vorenthalten oder sogar vernichtet wurden . . . Wir kennen das Problem nicht, das sind aber Probleme, an die wir gewöhnt sind.« »Das Pentagon-Dossier über den Kennedy-Mord wurde vernichtet, wir wissen nicht, weshalb.«

Kein Wunder ist es also bei einem derartigen Verhalten der amerikanischen Nachrichtendienste, wenn der Verdacht aufkam, daß sie eine direkte Rolle bei der Ermordung des Präsidenten spielten, daß der Mord einem Putsch gleichkommt. Es ist aber höchst unwahrscheinlich, daß einer der Nachrichtendienste als geschlossene Gruppe oder einer der Nachrichtendienst-Direktoren einen Anteil an dem Mord hatten. Der Kongreß-Ausschuß für Attentate kam 1979 zu der Erkenntnis, daß weder der Geheimdienst, noch das FBI oder der CIA als Organisation am Mord beteiligt waren. Die Armee wurde in den Akten des Ausschusses nicht erwähnt. Der Ausschuß zog aber Beweise in Betracht, die darauf hindeuteten, daß einzelne Mitglieder der Nachrichtendienste in der Vergangenheit geheime Verbindungen mit Oswald gehabt haben könnten, ja möglicherweise sogar am Attentat beteiligt waren. Eine besonders schwerwiegende Aussage ist noch immer – wie es der Oberstaatsanwalt des Komitees vorsichtig ausdrückte – »nicht widerlegt worden«. Doch das Verhalten der Geheimdienste verheimlicht vielleicht – abgesehen von deren Inkompetenz – eine zwar peinliche, doch weniger schreckliche Wahrheit als die direkte Beteiligung am Mord.

Der Warren-Bericht stellte fest: »Die genaue Überprüfung der Akten

der föderalen Nachrichtenbehörden und das Zeugnis der verantwortlichen Beamten der amerikanischen Regierung beweisen, daß es absolut keine Art von Spitzel- oder Agenten-Verbindung zu irgendeiner
Zeit zwischen einem der staatlichen Geheimdienste und Lee Harvey
Oswald gegeben hat.« Heute, nach Watergate und den darauffolgenden CIA-Skandalen, erscheint uns ein derartig umfassendes Vertrauen in die Nachrichtendienste eher fraglich. Der Warren-Ausschuß
hat bei weitem nicht alle Akten gesehen, einige der »verantwortlichen
Beamten«, die zu Rate gezogen wurden, haben sich seither als höchst
unverantwortlich entpuppt. Das Kongreßmordkomitee war 1979 vorsichtiger und vermied pauschale Behauptungen.

Die Abschrift einer 1974 veröffentlichten Exekutivsitzung des Warren-
Ausschusses wirft ein interessantes Licht auf die ethische Einstellung
des CIA im Hinblick auf die Veröffentlichung. Mitglied der Kommission, Allen Dulles, selbst ein vormaliger Direktor des CIA, sagte
seinen Kollegen, wie ein CIA-Angehöriger auf Ermittlungen betreffs
eines Agenten, den er angeworben hat, reagieren würde.

DULLES: Er würde es nicht sagen.
OBERRICHTER WARREN: Würde er es unter Eid auch nicht sagen?
DULLES: Ich glaube nicht, daß er es unter Eid sagen würde, nein.
PRÄSIDENT: Weshalb nicht?
DULLES: Er darf es unter Eid nicht aussagen. Vielleicht nicht einmal
seiner eigenen Regierung, er würde es auf keine andere Art und
Weise sagen.
PRÄSIDENT: Würde er es seinem eigenen Vorgesetzten sagen?
DULLES: Vielleicht ja, vielleicht nein.

Was auch Lee Oswald über sich und den amerikanischen Nachrichtendienst hätte sagen können, ging der Geschichte für immer verloren. Spät am Morgen des 24. November beschloß der Polizeichef von
Dallas, seinen Gefangenen in das Kreisgefängnis zu verlegen. Als
Oswald zum Polizeiauto eskortiert wurde, sprang im Keller der City
Hall ein Zuschauer aus der Gruppe der Journalisten hervor und
feuerte aus seinem Revolver eine einzige tödliche Kugel auf Oswald
ab. Jack Ruby, ein Nachtklubinhaber in Dallas, mit Mafia-Verbindungen, hat Oswald für alle Zeit zum Schweigen gebracht. Das letzte, was
der als Meuchelmörder Beschuldigte gehört hatte, bevor er erschossen
wurde, war die laute Stimme eines Journalisten »Haben Sie irgend
etwas zu Ihrer Verteidigung zu sagen?«

Lee Oswald war noch einige Minuten bei Bewußtsein. Polizeibeamte
legten ihn auf den Boden eines nahegelegenen Büros, einer versuchte
mit ihm zu sprechen. 1978 erzählte Detektiv Billy Cambest dem
Verfasser:»Ich hielt ihn für schwerverletzt und kniete mich neben ihn

auf den Boden. Ich fragte ihn, ob er ein Bekenntnis ablegen oder eine Aussage in bezug auf die Ermordung des Präsidenten machen wollte ... Mehrere Male antwortete er, indem er seinen Kopf ganz entschieden schüttelte ... es war nicht wegen der Schmerzen oder dergleichen – er hatte sich entschlossen, mir und der Nachwelt keine Mitteilung zu machen.«

Bevor Oswald zur Ambulanz getragen wurde, hatte man ihn künstlich beatmet – das Schlimmste, was man bei einer Bauchwunde tun konnte, weil es das Risiko schwerer innerer Blutung erhöhte. Die Ärzte im Parkland Hospital, die zwei Tage zuvor um das Leben Kennedys kämpften, versuchten jetzt vergeblich, Oswald wieder zum Leben zu erwecken.

Der Tote wurde in die Leichenhalle gebracht, wo ihn ein FBI-Team fotografierte und ihm seine Fingerabdrücke noch ein letztes Mal abnahm. Spät am 25. November, am selben Nachmittag, an dem Präsident Kennedy in Washington zu Grabe getragen wurde, wurde auch sein angeblicher Mörder in einem Friedhof außerhalb von Dallas beerdigt. Er liegt in einem fellbezogenen Sarg, in einer versiegelten Betongruft unter einer schwarzen Steinplatte, die als Inschrift nur das eine Wort »OSWALD« trägt. Keine Einzelheiten, nicht einmal das Datum der Geburt und des Todes.

Während seines Verhörs durch die Polizei von Dallas soll Oswald einmal anstelle der Antwort auf die formelle Frage nach seinen Daten geantwortet haben: »Jeder weiß schon, wer ich bin.«

In den achtzehn Jahren seit seinem Tode existieren nur flüchtige Einblicke in sein Leben; wer er wirklich war, wissen wir noch immer nicht.

II
OSWALD

Einzelgänger oder Marionette?

7.
Rote Gesichter

Frage mich, und ich werde Dir sagen, daß ich für den Kommunismus kämpfe.

Lee Oswald in einem Brief aus der UdSSR 1959.

Dallas reagierte auf die Verhaftung Oswalds wie die Pawlowschen Hunde auf das Glockensignal. In dem Augenblick, als sie entdeckten, daß ihr Gefangener in der Sowjetunion gewesen war, daß sich bündelweise kommunistische Propagandaschriften in seinem Besitz befanden, begann das Gerede von der »internationalen kommunistischen Verschwörung« und deren Ziel, den Präsidenten zu ermorden. Im fernen Washington und in Moskau reagierte ein anderer Schlag von Beamten auf eine angemessenere Weise. Der CIA und der KGB wußten, daß die Frage unvermeidlich gestellt werden würde: War Oswald ein Spion? War er einer von uns, oder war er einer von ihnen? Diese Fragen sind noch immer nicht zufriedenstellend beantwortet. Die Antworten, die wir bis jetzt auf diese Fragen bekamen, sind nicht viel mehr als in den Sand geschriebene Zeichen.

Ein anonymer CIA-Angehöriger hat in einem vor kurzem freigegebenen Dokument viel Aufsehen damit erregt, in welcher Weise er im November 1963 eilig Oswald-Akten in der Annahme, daß Oswald nach seiner Rückkehr aus der UdSSR von der DCD* vernommen worden war, überprüfte. Er berichtete, daß keine der später gefundenen Anhaltspunkte auf einen Kontakt zwischen Oswald und den Nachrichtendiensten hindeutete.

Im Februar 1964 lief ein sowjetischer Nachrichtendienst-Angehöriger zu den Amerikanern über und gab eine Schilderung der Reaktion Moskaus auf die Ermordung Kennedys. Er behauptete, wenige Stunden nach der Ermordung damit beauftragt worden zu sein, die sowjetische Seite des Falles Oswald zu erkunden. Ein Sonderflugzeug wurde eigens nach Minsk geschickt, um alle offiziellen Akten, den Aufenthalt Oswalds in der Sowjetunion betreffend, zu holen. Laut Yuri Nosenko, dem Überläufer, war das Resultat negativ.

Der KGB zeigte nach dem Übertritt Oswalds in die Sowjetunion

---

* DCD Domestic Contacts Division, Abteilung für innerstaatliche Kontakte der CIA.

kein Interesse an seiner Person. »Ich setze ohne Zögern meinen Namenszug unter die Versicherung: Die Sowjetunion hat damit nichts zu tun.«

Nachdem der Senatsausschuß für Nachrichtendienste einen Blick hinter die Kulissen der geheimen Nachrichtendienste geworfen hatte, blieb er 1975 von den Dementis, sowohl des CIA als auch seiner sowjetischen Gegenspieler, unbeeindruckt. Senator Richard Schweiker, der eine wichtige Rolle in der Senatsuntersuchung spielte und Zugang zu vielen geheimen Akten des Nachrichtendienstes hatte, erklärte 1978 dem Verfasser: »Entweder haben wir ihn ausgebildet, in die Sowjetunion geschickt, und die Russen gaben daraufhin vor, nichts gemerkt zu haben, sie nahmen uns auf den Arm, oder aber die Russen haben ihn instruiert und zu uns zurückgeschickt, um uns auf diese Weise zu überlisten.« Es sind also nicht nur die Amateur-Spionage-Experten, die Oswalds Zusammenspiel mit irgendeinem der Geheimdienste vermuten. Er bewegte sich auf rätselhafte Weise, als ein flüchtiger Schatten, auf der Oberfläche des Kalten Krieges. Ein Außenseiter, der diesen Schatten zu bannen versucht, stößt auf den massiven Widerstand spontaner Solidarität der Angehörigen der Nachrichtendienste, denen Lügen zum Lebensstil geworden ist, ohne deren Mitarbeit er andererseits sein Ziel nicht erreichen kann.

Edward Epstein, einer der Autoren, der sich am häufigsten zum Thema Kennedy-Mord geäußert hat, erregte 1978 großes Aufsehen mit einem Buch. Er versuchte nachzuweisen, daß Oswald zwar nicht mit dem Ziel eines Attentates, jedoch für irgendwelche anderen Zwecke, dem KGB diente. Er stützt sich dabei vornehmlich auf Gespräche mit dem vormaligen Chef des CIA-Spionageabwehrdienstes, James Angleton. In einer der Senats-Nachrichtendienst-Ausschußsitzungen wurde Angleton aufgefordert, sich zu diesen seinen Behauptungen zu äußern. Er antwortete mit einem charakteristisch und meisterhaft undurchsichtigem: »Well, wenn es genau stimmt, hätte es nicht gesagt werden sollen.« Als der Verfasser ihn interviewte, hatte er Gelegenheit, Angletons Meisterschaft in der Kunst der Täuschung durch Desinformation persönlich zu erleben. Er ist, gerade dieser Fähigkeiten wegen, mit einem unbestechlichen Scharfblick für die Schliche des sowjetischen Geheimdienstes ausgestattet. Jeder Versuch, die Schattenwelt, in die sich Oswald begab, als er in die Sowjetunion ging, zu sondieren, muß sich der Möglichkeiten mehrseitiger Täuschungsmanöver bei Männern wie Angleton bewußt sein. Wir nehmen zunächst – um mit dem Einfachen zu beginnen – an, Oswald, der junge Marineinfanterist, wurde von der sowjetischen Spionage angeworben. Er könnte auch das Werkzeug der Gegenseite gewesen sein, diese Hypothese wird jedoch erst später untersucht.

Der jugendliche Oswald war von Anfang an ein widersprüchlich. Er
soll in New Orleans bereits im Alter von sechzehn Jahren in einer
Bibliothek kommunistische Literatur verschlungen haben. Zur selben
Zeit bat er die Sozialistische Partei der Vereinigten Staaten um Information. Ein Schulfreund erzählte, Oswald begann Reden über den
Kommunismus zu halten und »eine kommunistische Zelle in der Stadt
zu suchen«. Seiner Auffassung nach »sei der Kommunismus die
einzig richtige Gesellschaftsform für den Arbeiter«. Ein anderer, ebenfalls gleichaltriger Freund erklärte demgegenüber, die Gerüchte, der
junge Oswald habe sich mit dem Kommunismus befaßt, seien einfach
Unsinn – ein Punkt, auf den wir viel später noch zurückkommen
werden. Oswald bekundete seine Überzeugung, im Kommunismus
das einzig richtige Lebensprinzip zu sehen, auf eine seltsame Weise.
Er ließ sich vom Symbol des amerikanischen Imperialismus in den
Augen der kommunistischen Welt, der Marineinfanterie, anwerben,
und er tat dies, bevor er das dafür erforderliche Mindestalter erreicht
hatte. Nachdem sein Versuch mißlungen war, begann er, das Marine-
infanterie-Handbuch seines älteren Bruders zu verschlingen, ähnlich,
wie er eben erst marxistische Traktate verschlungen hatte. Von seiner
Mutter wissen wir, daß er das Handbuch so lange studierte, bis er es
»auswendig kannte«. Sechs Tage vor seinem siebzehnten Geburtstag
gelang es ihm schließlich, wirklich angenommen zu werden. Der
Grund seiner Begeisterung für das Marineinfanteriekorps mag dem
seiner Begeisterung für den Kommunismus in gewisser Weise ver-
wandt gewesen sein. Das Problem der Motivation wird um so uner-
klärlicher, je tiefer wir in die Widersprüche der Lebensgeschichte
Oswalds eindringen.
Während des Grundtrainings zeigte der Rekrut Oswald großes Interesse an der Wartung und Reparatur von Flugzeugen. Im Frühjahr 1957
wurde er in der Radar- und Luftverkehrskontrolltechnik ausgebildet.
Für die darauffolgenden Dienstposten erwarb Oswald den sogenannten »Security Check«. Laut den Akten wurde Oswald von den Armee-
Sicherheitsbehörden für »vertrauliche« Posten als tauglich befunden.
In diesen Monaten zeigte sich Oswald als ein Einzelgänger, der sich
von seinen Marineinfanteriekameraden absonderte. Er jagte nicht
immer mit der Meute, wenn seine Einheit Diensturlaub hatte, und
zumindest im Rückblick scheint einiges an seinem Gehabe geheimnisvoll. Während er sich auf dem Keesler Luftwaffenstützpunkt befand,
glaubten seine Freunde Oswald an Wochenendurlauben zu Hause, in
dem hundert Meilen entfernten New Orleans. Doch seine Mutter war
damals, wie wir wissen, bereits nach Texas übersiedelt, auch seine
Verwandten in New Orleans wußten nichts von irgendwelchen Besuchen.

Oswalds Leistungen bei der Marineinfanterie waren zufriedenstellend. Als Flugzeug-Elektronik-Operator, eine Tätigkeit, die über-
durchschnittliche Intelligenz verlangt, qualifizierte er sich bei einem
Kurs als siebenter von dreißig Studenten. Als unmittelbares Ergebnis
darauf wurde er nach Japan zum MACS-1 (Marine Air Control Squa-
dron One) in Atsugi versetzt. 1957 war in Atsugi das heute berühmte
U-2 Spionageflugzeug stationiert. Damit kam Oswald mit der Welt der
militärischen Geheimnisse in Berührung.

Die Amerikaner übernahmen Atsugi, als Luftwaffenstützpunkt einige
Meilen südwestlich von Tokyo gelegen, von der japanischen Luft-
waffe des Zweiten Weltkriegs. Zur Zeit der Ankunft Oswalds war
Atsugi ein Ausgangsstützpunkt der Düsenkampfflugzeuge der
Marineinfanterie und der Marine-»Constellation«-Flugzeuge. Es
diente als Radar-»Blase« der Überwachung eines weiterreichenden
Luftsektors sowie der Aufgabe, »Funkverbindung mit den Piloten, die
Flugzeuge mit Hilfe von Radar auf ihr Ziel zuzusteuern«, zu gewährleisten. Darüber hinaus galt es, nach fremden in der Regel also
sowjetischen und auch chinesischen Flugzeugen, die sich »verirrt«
hatten, Ausschau zu halten. In dieser Funktion war Oswald eingesetzt. Stunde um Stunde starrte er auf den Radarschirm und steckte
die Kurse der Flugzeuge ab. Der Neuling war so gut, daß ein Vorgesetzter von ihm schrieb: »Ich kann ihn jederzeit gebrauchen ... er
konzentriert sich auf seine Arbeit und macht sie vorzüglich.« Manchmal diente er als »Chef der Crew«. Ein Offizier Oswalds äußerte,
Oswald war jener Typus, den man mit einem komplizierten Sachverhalt nur einmal zu konfrontieren brauchte und auf den man sich dann
ganz verlassen konnte.

Während Oswald am Radarschirm arbeitete, beobachtete er ein rätsel-
haftes Phänomen, das seine Kollegen gleichermaßen in Erstaunen
versetzte. Von Zeit zu Zeit erklang die Stimme eines Piloten aus dem
Äther, die Wetterinformation über eine Höhe von 90000 Fuß verlangte. Das geschah 1957, als noch niemand von einem Flugzeug
gehört hatte, das so hoch fliegen konnte. Das Rätsel wurde aufgeklärt,
als die Marineinfanteristen entdeckten, daß in ihrer Nachbarschaft ein
neuer Flugzeugtyp, namens U-2, stationiert war. Die Offiziere hielten
die U-2 für ein Universalflugzeug. In Wirklichkeit war sie jedoch ein
»spy in the sky«, ein Luftspion, und zu jener Zeit wahrscheinlich der
wichtigste Trumpf des westlichen militärischen Nachrichtendienstes.

In den folgenden Wochen sahen Oswald und seine Freunde die U-2
aus ihrem eigentümlichen Hangar rollen, raketenartig aufsteigen und
von fernen Missionen zurückkehren. Lang und bleistiftdünn, muß die
U-2 den jungen Marineinfanteristen wie ein Phantom aus einer

Science-Fiction-Welt vorgekommen sein. Zu jener Zeit gab es noch keine Satellitenspione. Der Wert der U-2, die den sowjetischen und chinesischen Luftraum aufklärte und mit hochbrisanten Fotos heimkehrte, war daher für die Vereinigten Staaten unermeßlich. Stützpunkte der Armee und der Luftwaffe, Häfen und Fabriken blieben alle gleichermaßen ihrer Aufklärungstätigkeit nicht verborgen. Es wird angenommen, daß nahezu alle zu jenem Zeitpunkt bekannten Informationen über die militärischen Aktivitäten der Sowjets den U-2-Flügen zu verdanken sind. Für den westlichen Nachrichtendienst war die Ohnmacht der Sowjetunion, die U-2 zu stoppen, eine Genugtuung. Das neue Superflugzeug flog so hoch, daß keine Boden-Luft-Rakete und kein konventionelles Flugzeug es erreichen konnten. Die genaue Einsatzhöhe sowie die technischen Daten, die sie in die Lage hätten versetzen können, um der U-2 habhaft zu werden, waren natürlich »top secret«. Der Container, der die U-2 beherbergte, wurde streng bewacht, und die Marineinfanteristen hatten strengstes Verbot, über irgend etwas, was sie sahen oder auf dem Radarschirm beobachteten, zu sprechen.

Wahrscheinlich verband sich mit Atsugi ein weiteres Geheimnis, nicht minder bedeutend als das der U-2, nämlich die Lagerung eines großen Vorrats von Kernwaffen. Nach einem Übereinkommen zwischen Japan und den Vereinigten Staaten sollten in den amerikanischen Luftbasen im Territorium Japans keine Kernwaffen gelagert werden. Das militärische Personal in Atsugi vermutete jedoch, daß die Vereinigten Staaten sich nicht an diese Vereinbarung hielten. Ein Offizier namens Charles Rhodes erinnerte sich erst kürzlich, daß ein Oberst ihn in einen riesigen, drei Stockwerke tief gelegenen Gebäudekomplex geführt hatte, in dem dieser enorme Waffenobjekte, die er als Bomben identifizierte, sehen konnte. Der Oberst äußerte sich nicht über diese Entdeckung noch ließ er irgendwelche Fragen von Rhodes zu.

Die Aura militärischer Geheimnisse war auch noch für den letzten Marineinfanteristen faszinierend. Manche vermuten, daß sie auf Oswald einen besonders starken Eindruck gemacht haben. Leutnant Charles Donovan, der befehlshabende Offizier von Oswalds Radar-Team, erinnerte sich noch genau daran, mit Oswald die U-2-Radar-»Blips« besprochen zu haben. Ein anderer ehemaliger Marineinfanteriefreund erinnerte sich an den in Atsugi umherwandernden und fotografierenden Oswald. Falls er Radar-Einrichtungen oder die U-2 in Aktion fotografiert haben sollte, wären seine Aufnahmen ein Geschenk des Himmels für den sowjetischen Nachrichtendienst gewesen. Es gibt Äußerungen, die genau das vermuten, und Oswald Kontakte zur Spionage nachsagen.

So wie er in den USA allein auf Weekendtrips angeblich nach New Orleans fuhr, ging er jetzt für zwei Tage nach Tokyo. Einem Freund vertraute er an, in Tokyo ein Verhältnis mit einer Nachtklub-Hosteß zu haben. Das wäre an sich nicht ungewöhnlich, bliebe nicht der Verdacht, daß dies Oswalds finanzielle Möglichkeiten übersteigen würde. Die fragliche Hosteß arbeitete im »Queen Bee«, einem der elegantesten Klubs in Tokyo. Dessen Kundschaft waren amerikanische Offiziere, nicht Soldaten. Eine Nacht mit einem dieser Mädchen kostete mehr, als Oswald in einem Monat verdiente. Man hat ihn mit dieser Freundin einige Male zusammen gesehen. Einige Offiziere waren erstaunt, daß sich eine Frau von ihrem Stil und ihrer Schönheit in Oswalds Gesellschaft befand. Vielleicht unterschätzten seine Kameraden sein Talent, mit Frauen umzugehen. Die andere Möglichkeit ist nicht auszuschließen, daß jenes Mädchen als Agentin geheimer Informationen Oswalds diente. Daß fahrlässiges Ausplaudern geheimer Informationen in Tokyoer Klubs wie überall in Bars, wo Soldaten verkehren, Sicherheitslecks verursachte, ist nicht neu, ebenso wie Sex als Köder für geheime Information so alt ist wie die Spionage selbst.

Was auch immer der Hintergrund jener Liaison gewesen sein mag, Oswald war äußerst ungehalten über die Nachricht der Verlegung seiner Staffel auf die Philippinen. Im Oktober 1957 begann sein einstiges Glanzbild eines Modell-Marineinfanteristen zu verblassen. Gemäß den Personalakten schoß sich Oswald in den Arm, wobei er sich eine harmlose Wunde beibrachte, bevor seine Staffel Atsugi verlassen sollte. Angeblich fügte er sich diese Wunde mit einer Pistole bei, die er gekauft und in seinem Schrank aufbewahrt haben soll. Oswald wurde später wegen des Besitzes einer nicht angemeldeten Feuerwaffe zu einer Geldstrafe und zu zwanzig Tagen Zwangsarbeit verurteilt. Sollte die Nichtversetzung auf die Philippinen der Zweck dieser Übung gewesen sein, dann hatte sie ihn verfehlt. Oswald wurde bald aus dem Spital entlassen, um rechtzeitig genug mit seiner Staffel Japan zu verlassen. Einige Monate später kehrte er nach Atsugi zurück, wo er abermals in Schwierigkeiten geriet. Dieses Mal begann er eine Rauferei bei einer Party. Das Kriegsgericht befreite ihn von dem Vorwurf, absichtlich einen Sergeanten mit einem Drink übergossen zu haben, befand ihn jedoch für schuldig, eine »provokative Sprache« gebraucht zu haben. Oswald mußte seine Strafe – achtzehn Tage Einzelhaft – absitzen. Seine damaligen Freunde erzählten, daß er seither mit Bitterkeit vom Marineinfanteriekorps sprach, und sich der Eindruck eines Einzelgängers noch verstärkte. Seine Bekannten aus dem Korps mied er zunehmend, während er mit Japanern beiderlei Geschlechts gesehen wurde.

Infolge einer Krise, die durch Auseinandersetzungen zwischen Kommunisten und national-chinesischen Truppen ausgelöst worden war, ging Oswald im Herbst 1958 mit seiner Staffel nach Taiwan. Oswald zog erneut die Aufmerksamkeit auf sich. Während er nachts allein als Wache Dienst tat, schoß er vier oder fünfmal in die Dunkelheit, angeblich auf Leute in einem Wald, die auf seine Warnung nicht reagiert hatten. Was es auch immer damit auf sich hatte, Lee Harvey Oswald erklärte, den Nachtdienst nicht ausstehen zu können. Kurz nach dem Zwischenfall wurde er abermals nach Atsugi zurückbeordert und wiederum in Gesellschaft einer auffallenden Frau, diesmal einer Eurasierin, seiner Angabe nach Halbrussin, gesehen.

Nachdem Oswalds Dienstzeit im Pazifik beendet war, wurde er auf den Luftwaffenstützpunkt El Toro in Santa Ana, Kalifornien, versetzt. Die Funktion der Staffel bestand, laut seinem Vorgesetzten Leutnant Donovan, in der »Bewachung von Flugzeugen, hauptsächlich aber darin, Rekruten wie auch Offiziere für den Übersee-Dienst auszubilden«. Wie bereits andere Offiziere zuvor beurteilte auch Donovan Oswald als einen »Teamführer«, »äußerst kompetent« und »intelligenter als die meisten seiner Kollegen«. Der Leutnant schätzte Oswald selbst als Schachpartner. Es fiel ihm auf, wie gut sich der junge Marineinfanterist in weltpolitischen Vorgängen auskannte. Ja, es war geradezu sein Hobby. Bald zeigte sich Oswalds besonderes Interesse für alles, was russisch war.

In El Toro bewarb er sich um ein Marine-Diplom im Sprechen und Schreiben der russischen Sprache. Er fiel zwar durch, zeigte aber durchaus Kenntnisse in den Grundlagen der russischen Sprache. In den folgenden Wochen sah man Oswald Stunde um Stunde mit russischen Sprachlehren beschäftigt. Er abonnierte bereits ein Monatsblatt in russischer Sprache und spielte russische Grammophonplatten so laut, daß man sie außerhalb der Kasernen hören konnte. Nun fing er an, Leute, ob sie es verstanden oder nicht, auf russisch anzureden, ja selbst seinen Namen in russischer Sprache auf eine seiner Jacken zu zeichnen. Seine Freunde nannten ihn »Genosse Oswaldskowitsch«, was er ebenso komisch fand wie sie. Einer seiner Freunde, Kerry Thornley, äußerte sich dazu später: »Er machte oft Witze über den Kommunismus. Ich erinnere mich, wie ein Sergeant vom Heck eines Lastwagens irgendeine Ansprache hielt und Oswald in einem pseudorussischen Akzent daraufhin sagte: ›Ah, da haben wir ja noch eine Kolchosen-Ansprache.‹«

Oswalds Interesse gegenüber der kommunistischen Ideologie, insbesondere der sowjetischen Politik, war also offensichtlich. Er abonnierte wieder »People's World«, das sozialistische Blatt, das er bereits in New Orleans als junger Mann gelesen hatte. Marineinfanterist Thornley führte des öfteren politische Diskussionen mit Oswald. Dabei war die Position seines Gesprächspartners Oswald eindeutig: »Die marxistische Ethik ist die einzige Ethik, der Kommunismus ist das bestmögliche politische System in der Welt.« Fidel Castro hatte eben die Macht in Kuba an sich gerissen. Oswald und Nelson Delgado, ein Marineinfanterist aus Puerto Rico, hatten lebhafte Gespräche über die Ereignisse in Kuba. Beide faßten den Entschluß, eines Tages nach Havanna zu gehen. Delgado schlug vor, Oswald sollte an die kubanische Botschaft in Washington schreiben. Tatsächlich trugen bald darauf einige der an Oswald gerichteten Briefe das offizielle kubanische Siegel. Als sie gemeinsam auf Kurzurlaub nach Los Angeles fuhren, äußerte Oswald, er beabsichtige einen »Spaziergang zum kubanischen Konsulat«. Eines Abends, Oswald hatte keinen Dienst, wünschte ein Mann am Eingang zum Lager, Oswald zu sehen. Eine Stunde später fand Delgado Oswald mit jenem Fremden, der wie ein Kubaner aussah, in ein Gespräch vertieft, das länger als zwei Stunden dauerte.

Dieser Vorfall wurde Jahre später in einem CIA-Memorandum aufgegriffen: »Delgados Aussage klingt glaubwürdig ... sie hat größere Bedeutung, als ihr im Warren-Bericht zugemessen wurde. Die Vermutungen, auf die dies hindeuten könnte, sollten weiter verfolgt werden.« Das Memorandum besagt, daß sowjetische sowie kubanische Auskünfte auf amerikanische Anfragen hin sich darauf beschränkten, jegliche Verbindung mit Oswald zu verneinen. Bezüglich des Fremden am Eingang zum Lager fragte der CIA-Beamte: »Wer war dieser Mann?« Existieren Berichte von Los Angeles nach Washington und Havanna, die den Anfang eines Dossiers über Oswald bilden könnten?

Kurz vor dem Abschluß seines Dienstes in der Marineinfanterie bat Oswald Nelson Delgado, einen Sack für ihn in einem Verschlußfach der Los Angeles-Bus-Station zu hinterlegen. Laut Delgado sowie einem andern Marineinfanteristen enthielt der Sack neben persönlichen Besitzgegenständen auch mehrere Fotos, die ein Kampfflugzeug aus verschiedenen Winkeln fotografiert zeigten. Oswald hätte die Fotos ganz legal während seines Trainings aufgenommen haben können, doch fragte sich Delgado, weshalb er sie aufgehoben hatte. Inzwischen bereitete sich Oswald auf einen dramatischen Schritt vor.

Schon im Frühjahr 1959 ersuchte er um Zulassung zum Studium der Philosophie am Albert-Schweitzer-Institut in der Schweiz. Er wurde angenommen. In einem Brief an seinen Bruder hieß es nun ziemlich geheimnisvoll: »Bald werde ich aus dem Korps herauskommen, denn ich weiß, was ich will, und ich weiß, wie ich vorgehe ...« Zu dieser Zeit, im August 1959, benahm sich Oswald, als ob er es kaum erwarten könnte, aus dem Marineinfanteriekorps entlassen zu werden. Er bat um eine frühzeitige Entlassung mit dem Hinweis auf seine behinderte Mutter, die seine Hilfe brauchte. Dieser Grund entsprach jedoch nicht den Tatsachen. Oswalds Mutter wurde zwar einige Monate zuvor leicht verletzt, war aber zur Zeit seines Gesuches bereits wieder vollkommen geheilt. Nichtsdestotrotz veranlaßte Oswald seine Mutter, einen Nachweis ihrer Verletzung, beziehungsweise ihrer Behinderung, zu erbringen. Oswald wurde daraufhin entlassen. Gleichzeitig ersuchte er um einen Reisepaß mit Gültigkeit für Kuba und die Sowjetunion. Obwohl dies kaum mit seiner Angabe, nach Hause zu wollen, um einer behinderten Mutter beizustehen, übereinstimmte, machte das Marineinfanteriekorps keine Schwierigkeiten und stellte keine weiteren Fragen. Seine Staffel war überrascht von der Eile, in der sich seine Entlassung vollzog. Sein Paß wurde prompt bewilligt, binnen weniger Tage war Oswald aus dem Dienst entlassen und auf dem Wege nach Texas.

1979 entdeckte der Kongreß-Ausschuß für Attentate nichts Besonderes in seinen Dienstakten. Falls Oswald das Werkzeug eines auch halbwegs ernstzunehmenden Geheimdienstes gewesen sein sollte, würde man freilich auch keine auffälligen Widersprüche erwarten können. Nichts deutet darauf hin, daß die Kommission sich ausführlich mit Oswalds Staffelkameraden befaßt hätte.

Weder die Toleranz des Marinekorps gegenüber Oswalds offensichtlicher Vorliebe für alles Russische, noch seine geplante Reise in die Sowjetunion hatten jemals die Kommission in irgendeiner Weise stutzig gemacht.

Tatsächlich verweilte Oswald nicht in Texas. Seinem Bruder sagte er, daß er er wolle sofort nach New Orleans weiterfahren gedenke, um dort für »eine Exportfirma zu arbeiten«. Diese Angaben waren ebenso unrichtig wie die Geschichte, seine kränkliche Mutter betreuen zu müssen. In New Orleans ging Oswald unverzüglich an Bord eines Schiffes, das am 9. Oktober im englischen Hafen von Southampton anlegte. Zu Mitternacht des folgenden Tages trug er seinen Namen in einem Hotel der finnischen Hauptstadt Helsinki ein. Oswald befand sich auf der letzten Station seiner Reise nach Moskau. Von Helsinki war es nur noch ein Sprung nach Moskau, alles vollzog sich reibungslos wie zuvor. Ohne vorheriges Ansuchen gewährte der Konsul in Helsinki Oswald ein Sechs-Tage-Touristen-Einreisevisum für die Sowjetunion. Die Leichtigkeit, mit der er das Visum erhielt, läßt vermuten, daß ihn die Russen erwarteten. Dieser Verdacht wird weiter durch eine Meldung des schwedischen Geheimdienstes bekräftigt, der von einem Flugbesuch Oswalds in Stockholm, wo er die sowjetische Botschaft konsultiert hatte, berichtet. Nachforschungen bei dem CIA und im Außenministerium ergaben, daß Antragsteller gewöhnlich zwei Wochen, mindestens aber fünf Tage auf ein Visum warten mußten. Der sowjetische Konsul in Helsinki war, nach Information des amerikanischen Nachrichtendienstes, ein KGB-Beamter, der ermächtigt ist, Visa auch sofort auszustellen, wenn der Gastreisende politisch nicht verdächtig ist. Lee Harvey Oswald wurde also als »erwünscht« angesehen. Am 16. Oktober erreichte er Moskau per Eisenbahn, wurde von einem Intourist-Vertreter begrüßt und zum Hotel »Berlin« geleitet. Dort trug er sich als »Student« im Gästebuch ein.

Nach einer Reihe von Begegnungen mit sowjetischen Beamten besuchte Oswald – wie Angestellte der Botschaft berichteten – die Amerikanische Botschaft in Moskau. Als er seinen Paß sowie einen formellen Brief vorlegte, sagte er: »Ich erkläre hiermit meine Loyalität gegenüber der Union der Sozialistischen Sowjet-Republiken.« Um das Maß voll zu machen, fügte er hinzu, den sowjetischen Behörden aus freien Stücken versprochen zu haben, ihnen jede Information über das Marineinfanteriekorps, und soweit seine Kenntnis davon reichte, über seine Spezialtätigkeit mit Radar, mitzuteilen. Ergänzend meinte er, Kenntnis von Dingen besonderen Interesses zu besitzen. Oswald war nun allem Augenschein nach ein Verräter. Das war klar. Aber war er das wirklich? Einer der amerikanischen Konsularbeamten bemerkte etwas in Oswalds Gehabe, das in stutzig machte: »Es war, als ob er eine einstudierte Rede hielt, als ob er von anderen Leuten genau unterrichtet gewesen wäre ... er schien Worte zu benutzen, die er auswendig gelernt, jedoch nicht völlig verstanden hatte. Ich dachte an die Möglichkeit, daß er während seiner Dienstzeit im Marineinfanteriekorps, vielleicht auch später, Kontakte zu Personen hatte, die ihn präzise lenkten, ja sein Handeln in irgendeiner Weise beeinflußten.«

McVicars Reaktion war ähnlich der, der Dallas-Beamten, die Oswald, als des Kennedy-Mordes verdächtig, verhörten. Der damalige Konsul erklärte dem Verfasser 1978, noch immer das quälende Gefühl zu haben, daß Oswalds Gehabe in der Moskauer Botschaft nicht »spontan« war. Wer stand hinter Oswald?

Naheliegend wäre es anzunehmen, daß der junge Oswald in Japan oder in den Vereinigten Staaten mit kommunistischen Spionen in Kontakt stand, die ihn zum Übertritt in die SU überredeten. Oswald gab nach dem Attentat zu, in Tokyo Kommunisten gekannt zu haben. Vielleicht trifft das zu. Der Mann, der dies berichtete, entpuppte sich jedoch später als ein Kontaktmann des *amerikanischen* Geheimdienstes. Wenn Oswald mit kommunistischen Spionen in Berührung stand, brauchten diese Kontakte nicht die einzigen mit der Welt der Spionage gewesen zu sein.

Betrachten wir das Bild weiter, verwischen sich die Konturen zusehends.

8.
Ein Riß in der Leinwand

Die Wahrheit über Oswald wurde uns nicht mitgeteilt.

Senator Richard Rusell, einstmaliges Mitglied des Warren-Ausschusses, 1970.

Nelson Delgado, der Stubenkamerad Oswalds im Marine-Luftkontrollstützpunkt in Kalifornien, war erstaunt über die Geschehnisse um Oswald. Oswald hatte über Kontakte mit den kubanischen Behörden geprahlt, und jetzt bekam er auch noch sowjetische Zeitungen zugestellt. Delgado erinnert sich, daß er Oswald fragte:»Und die lassen dir das durchgehen und das in einem Marinestützpunkt wie diesem?!«
Das war eine gute Frage. Da spielte Oswald offen in einem aus Gründen der nationalen Sicherheit abgeschirmten Sektor eines Marineluftstützpunktes auf der Höhe des Kalten Krieges den Revolutionär. Und die einzige Verwarnung, die er je erhielt, wurde von einem Captain Block ausgesprochen, dem der Lagerpostdienst von der linksextremen Korrespondenz Oswalds berichtete. Captain Block fragte Oswald, was es damit auf sich hätte, und Oswald erklärte ihm angeblich in aller Seelenruhe:»Es steht im Einklang mit den Grundsätzen des Marineinfanteriekorps, die Ideologie der Russen eingehend zu studieren.« Damit schien die Sache erledigt, und Oswald fuhr fort, russische Platten zu spielen, russische Bücher und Zeitungen zu lesen und stolz sein Interesse an allem, was Sowjetrußland betraf, zur Schau zu stellen. Offensichtlich verursachte das keinerlei Besorgnis.
Auch Kerry Thornley, ein Kamerad Oswalds im Luftkontrollstützpunkt, ging durch eine Phase von jugendlichem Enthusiasmus für den Kommunismus. Der Verfasser sprach mit ihm und Thornley glaubt heute allerdings:»Im Rückblick bin ich überzeugt, daß sowohl Oswald als auch ich unter der Beobachtung des militärischen Nachrichtendienstes standen. Schließlich war es mitten im Kalten Krieg, und Oswald galt allgemein als Kommunist.« Thornleys Darlegung ist überzeugend, und es ist auffällig, daß Oswalds herausforderndes Verhalten nirgends in den Akten des Marinekorps erwähnt wird, zumindest nicht in denen, die der Öffentlichkeit zugänglich sind. Beim Studium der historischen Ereignisse sind jene Dinge, die in den öffentlichen Aufzeichnungen ausgelassen wurden, oft wichtiger als jene, die vermerkt sind. Oder sollte man die Inkompetenztheorie der Geschichte auch auf den Fall Oswald anwenden und alle Widersprü-

che als die natürlichen Folgen von menschlichem Irren und Nachlässigkeit erklären? Vielleicht war die Obrigkeit nicht aufmerksam
genug, um sich um Oswalds Benehmen zu kümmern, vielleicht hat
der Marine-Nachrichtendienst von Oswald gehört, ihn aber nicht
ernst genug genommen, um sich um ihn zu kümmern. Vielleicht war
all das der Fall. Jedenfalls war dies das Anfangsglied einer Kette von
Widersprüchen und offizieller Blindheit. Die Kette erstreckt sich fast
ohne Unterbrechung von seiner Dienstzeit bis zum Tage des Attentates. Sie ist so langgezogen und so unwahrscheinlich, daß eine ganze
Reihe von Natur aus vorsichtigster und gewissenhaftester Erforscher
des Falles zu einer überraschenden Schlußfolgerung kamen. Sie nehmen an, daß der junge Sozialist Oswald irgendwo auf der Strecke als
Rädchen der Maschinerie der amerikanischen Nachrichtendienste
einverleibt wurde.

Diese Hypothese ist der Kern der noch immer fortlaufenden Nachforschungen über die Zusammenhänge bei Kennedys Ermordung. Sie
sind ein tastendes Suchen im Dunkel der Geschichte, das endlose
Studium dokumentarischer Aufzeichnungen und das hartnäckige
Bestehen auf der Freigabe geheimer Akten. Voreingenommene
Medien neigen dazu, die Forscher als Nörgler mit Scheuklappen zu
bespötteln, doch ist der Großteil der ernsthaften Kritiker unvoreinge-
nommen. Freilich schwanken sie mit jeder neuen Entwicklung in den
Theorien über die Theorien. Doch werden sie am Ende mit denselben
offenstehenden Fragen konfrontiert.

Wurde Oswald vollkommen von seinem marxistischen Kurs abge-
bracht und für die Zwecke irgendeines Nachrichtendienstes im
Namen patriotischer Pflicht benutzt? Oder wurde er einfach als Links-
radikaler eingeordnet und unwissentlich vom Nachrichtendienst aus-
genutzt? Wurde er von dem sowjetischen oder dem kubanischen
Geheimdienst angeworben? Oder war er wirklich nur, worauf der
Warren-Bericht bestand, ein verwirrter Jünger linksextremer Lehren,
der von niemandem und keinem Land gelenkt worden war? Ein Stück
Treibholz im Strudel der Weltpolitik. Die Indizien deuten darauf hin,
daß die ursprüngliche offizielle Annahme falsch war und daß Oswald
eine Figur auf dem Schachbrett internationaler Spionageintrigen war.
Es ist folgerichtig, anzunehmen, daß für ihn die Schachpartie während
seiner Dienstzeit begann, denn es war zu dieser Zeit, daß die Wider-
sprüchlichkeiten ihren Anfang nahmen. Sie rechtfertigen eine skepti-
sche und genauere Analyse des Verhaltens des Marineinfanteristen
Oswald. Sie sollte mit dem Beginn seines intensiven Studiums der
russischen Sprache einsetzen.

Der Warren-Bericht geht über die Details von Oswalds Fortschritten in
der russischen Sprache hinweg, in diesem wird nur festgestellt,

Oswald habe in allen Bereichen einer Prüfung, an der er nach seiner
Versetzung aus Japan nach Kalifornien teilgenommen hatte,
»schlecht« abgeschnitten. Tatsächlich wurde Oswalds Fähigkeit, russische Texte zu lesen, mit + 4 bewertet, das heißt, daß er vier mehr als
die Hälfte der Fragen richtig beantwortet hatte. In der schriftlichen
Prüfung erzielte er + 3 und in der Konversation − 5, eine sehr
schlechte Note. Obwohl Oswald die Prüfung nicht bestand, zeigen die
Resultate doch, daß er die Grundlagen der russischen Sprache
beherrschte. Er muß also schon am Russischen gearbeitet haben,
bevor er Japan verließ, jedoch bemerkte dies keiner seiner dortigen
Freunde. Das einzige Indiz, daß er schon in Japan Russisch lernte,
kommt vom Marineinfanteristen Dan Powers, der Oswald außerhalb
des Lagers in der Begleitung einer Eurasierin sah. Oswald erzählte
Powers damals, die Frau sei eine Eurasierin, die ihn im Russischen
unterrichtete. Wir wissen nichts weiter über diese Frau, doch scheint
die Annahme, sie sei eine russische Spionin gewesen, gerechtfertigt.
Wichtig ist, daß Oswald plötzlich zwischen Februar, als er bei der
Marineprüfung durchfiel, und Sommer 1959 bemerkenswerte Fortschritte in der russischen Sprache gemacht hatte. Ein Freund im
Korps, der von Oswalds Interesse an der russischen Sprache wußte,
macht ihn mit seiner Tante, die sich auf die staatliche Prüfung für
Russisch vorbereitete, bekannt. Die Tante, Rosaleen Quinn, traf
Oswald in Santa Ana zum Abendessen, und sie unterhielten sich zwei
Stunden lang auf russisch. Frau Quinn meinte, daß Oswald besser
und mit viel mehr Selbstvertrauen als sie, die schon über ein Jahr mit
einem Lehrer gearbeitet hatte, russisch spreche. Oswald erklärte seine
ausgezeichneten Fortschritte damit, daß er regelmäßig Radio Moskau
höre. Jeder, der Fremdsprachen lernt, weiß, daß das Lesen aus
Büchern zum Verständnis der Grammatik und der Sprachstruktur
verhilft, aber man nur durch das Sprechen der Sprache in der Konversation fließend wird.
Das ist besonders für einen russisch lernenden Angelsachsen zutreffend, da Russisch eine der schwerst erlernbaren Sprachen überhaupt
und ausnehmend schwer für Angelsachsen ist. Die Diskrepanz zwischen dem Prüfungsergebnis und Rosaleen Quinns Aussage legt die
Vermutung nahe, daß Oswald in der Zwischenzeit an einem Schnell-
kurs teilgenommen haben könnte. Im Warren-Bericht wird über diese
kleinen Widersprüche hinweggegangen. Doch stehen uns heute Indizien zur Verfügung, die die Widersprüche zu erklären vermögen und
zusätzlich eine Reihe dringender Fragen aufwerfen.
Zwei Monate nach dem Attentat gab der oberste Rechtsbeirat, Lee
Rankin, in einer geschlossenen Sitzung des Warren-Ausschusses
einen Überblick über die Bereiche der Untersuchung im Zusammen-

hang mit dem Attentat, die einer eingehenderen Prüfung bedurften. Er begründete seine Vorschläge mit den ersten Berichten der Armee und anderer Nachrichtendienste, die über Oswald bereits Auskunft gegeben hatten. Im Verlauf seiner ausführlichen Darlegung sagte Rankin: »Wir versuchen, einen speziellen Punkt herauszufinden. Wir wollen die Einzelheiten seiner Sprachstudien in der Monterey-Schule der Armee ermitteln...« Die Monterey-Schule, die jetzt »Defense Language Institute« (Sprachinstitut des Verteidigungsministeriums) heißt, bot schon seit langem Schnellkurse in den üblichen europäischen Sprachen bis zu den ausgefallensten Dialekten an. Sie war und wird von der US-Regierung und den militärischen Nachrichtendiensten benutzt, um ihre Angehörigen in Sprachen von Suaheli bis Mandarin Chinesisch auszubilden.

Die Monterey-Schule war schon sehr besucht, als Oswald in Kalifornien diente. Die Oswaldschen Akten erwähnen nicht, daß er während seiner Dienstzeit im Marinekorps Unterricht in Sprachen erhielt. Die Bemerkung Rankins ». . . wir müssen diese Spur verfolgen, damit wir erfahren, *was* er in der Monterey-Schule der Armee *studierte*«, deutet eindeutig darauf hin, daß Rankin von einem Sprachkurs Oswalds wußte. Die Abschrift der Sitzung, in der diese Passage verzeichnet ist, war als »streng geheim« gestempelt und wurde erst nach einem von einem unabhängigen Forscher angestrengten Rechtsstreit 1974 freigegeben.

Weitere Episoden während der Dienstzeit Oswalds müssen erneut nachgeprüft werden, so zum Beispiel der seltsame Zwischenfall in Atsugi, bei dem sich Oswald angeblich in den Arm geschossen hat. Thomas Bagshaw, ein Marineinfanterist, der anwesend war, sagt heute aus, daß die Kugel die Decke traf und Oswald überhaupt nicht berührte. Pete Connor war ebenfalls anwesend und bezeugte das gleiche. Andere Marineinfanteristen meinten, Oswald sei leicht verletzt gewesen. Keiner der drei Truppeneinheitsärzte, in deren Dienstbereich Oswald zur Zeit fiel, kann sich eines Marineinfanteristen mit einer selbstzugefügten Schußwunde entsinnen. Die seither verstrichenen Jahre tun das ihre, um die Erinnerungen zu verwässern, doch ist es merkwürdig, daß ein so außergewöhnlicher Zwischenfall allen drei Ärzten nicht mehr im Gedächtnis geblieben ist.

Die Berichte über Oswalds Dienstzeit im Fernen Osten, besonders in Taiwan, enthalten weitere Widersprüche. Er soll in Taiwan im Herbst 1958 gedient haben. Das Kriegsministerium gab dem Kongreßausschuß für Attentate 1978 die Auskunft, Oswald sei mit einer Nachhut in Atsugi geblieben, während der Hauptteil seiner Einheit nach Taiwan versetzt wurde.

Soviel wir wissen, behauptet Oswald jedoch, in Taiwan gedient zu

haben, und dies wird zumindest von seinem Vorgesetzten, Lieutnant
Charles Rhodes, bestätigt. Er erinnert sich daran, daß Oswald mit
seiner Einheit nach Taiwan ging, plötzlich aber am 6. Oktober in einem
Militärflugzeug nach Atsugi, dem Hauptstützpunkt der CIA-Operationen im Fernen Osten, zurückgeflogen wurde. Rhodes wurde informiert, daß Oswald zwecks medizinischer Behandlung nach Atsugi
versetzt wurde. Die in den Akten verzeichnete Krankheit Oswalds
führt zu weiteren Fragen.

Oswald litt an einer Harnröhrenentzündung, einer leichten Krankheit, die er sich, den Akten gemäß, »in der Ausübung seiner Pflicht,
nicht aus Fahrlässigkeit« zuzog. Als der Verfasser einen der Ärzte, die
Oswald zur Zeit behandelt hatten, darüber befragte, konnte er sich der
Episode zwar nicht mehr erinnern, meinte jedoch, der Vermerk ent-
spreche einer medizinischen Routine, um den bei Geschlechtskrank-
heiten vorschriftsmäßigen Gehaltsabzug zu verhindern. (Der Bericht
über Oswalds Schußunfall wurde mit einem ähnlichen Vermerk versehen.) Die Erklärung des Arztes ist völlig plausibel. Doch erscheint es
weniger glaubhaft, daß die leichteste Form einer Geschlechtskrank-
heit ein hinreichender Grund war, Oswald zur Behandlung übers
Meer an einen anderen Stützpunkt zu versetzen. Der Zustand ist zwar
lästig, doch gehen Tausende, die an ihm leiden, »ihrem täglichen
Leben nach«.

In Anbetracht der Widersprüche in der Oswald-Saga, möchten wir
uns an dieser Stelle einige Spekulationen erlauben. Die Schußwunde,
deren sich die Ärzte nicht erinnern, und die triviale Krankheit, die eine
weite Überführung notwendig machte, könnten eine Ausrede gewesen sein, um Oswald zu einem anderen Zweck außer Kurs zu setzen.
Dieses Vorgehen ist nicht außergewöhnlich. So war ein englischer
Seeoffizier im Ersten Weltkrieg, laut Unterlagen, zu einer Zeit, in der
er sich tatsächlich in Rußland aufhielt, in einem Marinespital in Malta.
Der betreffende Offizier war ein hochrangiger Angehöriger des
Marine-Nachrichtendienstes, und die Spitalsunterlagen dienten zur
Abschirmung seiner Teilnahme an Spionageunternehmen in Südruß-
land.

Krankheiten vorzutäuschen, ist ein Standardtrick der Geheimdienste.
Zwar kann Oswald kaum mit einem hochrangigen britischen Geheimagenten des Ersten Weltkriegs verglichen werden, doch mag auch
seine Krankheit zweckdienlich gewesen sein.

Seit seiner Versetzung nach Japan lebte Oswald buchstäblich im
Schatten amerikanischer Spionageoperationen. In Atsugi, wo er die
Aufklärungsflüge der U-2 beobachten konnte, befanden sich ungefähr
zwei Dutzend Gebäude, in denen angeblich eine technische Bera-
tungsstelle für Streitkräfte untergebracht war. Die Bezeichnung »Joint

Technical Advisory Board« war der Deckname einer der größten CIA-Stützpunkte der Welt, von dem aus die U-2-Operationen gelenkt und getarnte CIA-Operationen in Asien unternommen wurden. Offizielle Unterlagen bestätigen nur, daß Oswald, wie andere Marineinfanteristen, die ebenfalls bei der Radar-Überwachung dienten, über ein Unbedenklichkeitszeugnis für vertrauliche Dienste verfügte. Der Kommandant seiner Radar-Einheit, Lieutnant Donovan, behauptete, Oswald müsse zu diesem Zeitpunkt bereits ein Unbedenklichkeitszeugnis für »geheime« Dienste gehabt haben. Oswalds Kollege in der Marineinfanterie, Delgado, meinte: »Wir hatten alle Zugang zu ›geheimen‹ Informationen.« Nach Angaben des Kongreßausschusses war jedoch zwar Leutnant Donovan, nicht aber die unter ihm dienenden Marineinfanteristen »Geheimnisträger«. Letztere wurden nur zu »vertraulichen« Posten zugelassen. Doch glaubte einer der engsten Bekannten Oswalds in der Marineinfanterie, daß dieser eine Ausnahme in der Sicherheitsbewertung bildete.

Kerry Thornley, der mit Oswald in Kalifornien diente, sagte aus: »Oswald hatte ein Unbedenklichkeitszeugnis höherer Rangklasse . . . Ich glaube, er arbeitete in der Abteilung für Sicherheitsunterlagen, die ›S‹- und ›C‹-Akten, irgendwo in der LTA oder in El Toro, wo ein Geheimnis-Unbedenklichkeitszeugnis wohl unerläßlich ist.« Näher darüber befragt, erinnerte sich Thornley an entsprechende »Gerüchte«, Oswald betreffend, die darauf hindeuteten, daß sein Sonderstatus, die Aufmerksamkeit seiner Kollegen erweckte.

Nach dem Attentat schrieb der Personaloffizier des Marineinfanteriekorps einen Bericht über Oswalds Unbedenklichkeitszeugnis. Der Bericht, der ein Prachtexemplar militärischer Semantik darstellt, besagt, Oswald könne für bestimmte Dienste ein Geheimnis-Unbedenklichkeitszeugnis gehabt haben, das ihn zu besonderen, geheimen Aufgaben befugte. Was immer sein genauer Status gewesen sein mag, weder die zwei kriegsgerichtlichen Episoden noch seine marxistischen Überzeugungen und seine Vorliebe für die Sowjetunion erschütterten das Vertrauen seiner Obrigkeit in ihn.

Das nächste Rätsel betrifft seine Finanzen. Wie konnte Oswald, ein einfacher Marineinfanterist, das Geld für seine Rundreise nach Moskau beiseite legen. Den Unterlagen entsprechend war ihm dies nicht möglich. Er verfügte nur über ein Bankguthaben von nicht mehr als 203 Dollar, das er bei seiner Abreise abhob.

Es ist auch schwer verständlich, wie er in den Jahren nach seiner Rückkehr aus der Sowjetunion seine erheblichen Lebenskosten bestreiten konnte. Dieser Bereich ist zu kompliziert und letztlich zu spekulativ, um ihn hier ausführlich zu behandeln, doch berechtigt er zur Annahme, Oswald habe Geld aus unbekannten Quellen erhalten.

1978, fünfzehn Jahre nach dem Attentat, waren seine Steuerunterlagen für 1962 der Öffentlichkeit noch immer nicht zugänglich.

Im Gegensatz dazu enthalten die Berichte des Warren-Ausschusses bereits die Einkommensteuerunterlagen seines Mörders, Jack Ruby.

Die konventionellen Berichte über Oswalds Reise in die Sowjetunion enthalten dementsprechend eine Reihe von logischen Lücken. Eine dieser scheint die Mitglieder der Warren-Kommission völlig verwirrt zu haben, denn die Tatsachen werden in ihrem Bericht eindeutig verdreht. Dort heißt es: »Oswald ist am 9. Oktober in England eingetroffen und am selben Tag nach Helsinki, Finnland, geflogen, wo er sich im Hotel Torni eintrug.« Die britischen Stempel in seinem Reisepaß zeigen jedoch, daß er zwar am 9. Oktober in Southhampton sein Schiff verließ, England jedoch erst am folgenden Tag. Die Ausreisekarte im Archiv des Londoner Flughafens trägt den Vermerk »ausgereist am 10. Oktober 1959«. An diesem Tage jedoch gab es nur einen London-Helsinki-Flug, der wiederum nicht rechtzeitig genug auf dem Flughafen in Helsinki landete, um für die Zeitangabe, die das Hotel-Register verzeichnet, nämlich 23.33 Uhr, vom Flughafen bis dorthin zu gelangen.

Der Widerspruch führte zu der von einigen Forschern geäußerten Annahme, er sei von London nach Helsinki in einem militärischen Flugzeug geflogen. Das ist jedoch unwahrscheinlich, denn erstens wird der Londoner Flughafen nur selten von militärischen Flugzeugen benutzt und zweitens, falls Oswald auf einer Geheimmission war, hätte er kaum zunächst zur Tarnung den Atlantik in einem Schiff überquert und dann seine Reise mit einem derart durchsichtigen Manöver beschlossen. Der Kongreßausschuß für Attentate erklärte: »Trotz intensiver Nachforschungen konnten die Umstände von Oswalds London-Helsinki-Flug nicht aufgeklärt werden.« Das Problem ist noch ungelöst und läßt Vermutungen zu. In Helsinki gab Oswald am Tag nach seiner Ankunft das Zimmer im Hotel Torni auf und trug sich im Hotel Kurki ein. Beide Hotels befinden sich im Geschäftsviertel und sind, was für Oswald wirklich ungewöhnlich war, Hotels erster Klasse.

Nach dem Attentat gab Oswalds Mutter Marguerite eine Erklärung für die Notwendigkeit einer Tarnung aus. Sie glaubte, daß ihr Sohn »ein Geheimagent der US-Regierung« war. Mrs. Oswald ist zwar eine schillernde Dame mit Neigung zu Übertreibungen und emotioneller Überreaktion, doch steht sie heute nicht allein in dieser Annahme.

1978 berichtete ein ehemaliger Finanzbeamter der CIA, James Wilcott, dem Kongreßausschuß eine sensationelle Geschichte: »Oswald«, so versicherte er, »wurde von der Armee als Doppelagent für eine Aufgabe in der UdSSR angeworben.« Wilcott, der bei der CIA in

Tokyo diente, behauptete, diese Information kurz nach der Ermordung Kennedys von einem CIA-Sachbearbeiter erhalten zu haben. In den Akten sei Oswald unter einem besonderen Deckzeichen geführt worden.

Er sei zur Zeit, als er die Information erhielt, mit dem Decknamen vertraut gewesen und habe unwissentlich mit dem Fonds für das Unternehmen zu tun gehabt. Er habe später erfahren, daß die Mission sinnlos war, weil Oswald für eine derartige Doppel-Mission ungeeignet war und die Russen von seiner Aufrichtigkeit nicht überzeugen konnte.

Der CIA habe Oswald anscheinend in seinem Griff gehabt, »vielleicht weil bei einem Lügendetektortest entdeckt wurde, daß er jemanden ermordet oder ein anderes Verbrechen begangen hatte«.

Die Enthüllungen James Wilcotts verursachten kein besonderes Aufsehen. Vielleicht waren die Amerikaner zu dieser Zeit der Horrorgeschichten über den CIA und der Kennedy-Affäre müde. Doch berichtete die New York Times Wilcotts Geschichte an herausragender Stelle, und er wurde vom Ausschuß für Attentate zunächst ernst genommen. Als seine Geschichte nachgeprüft worden war, blieb der Ausschuß jedoch unbeeindruckt. Wilcott konnte den CIA-Sachbearbeiter, der ihm die Geschichte erzählt haben sollte, nicht identifizieren, und die anderen Agenten, die er ebenfalls zitierte, stritten es ab, von der Geschichte zu wissen. Ein CIA-Agent, der bei einem der Gespräche über Oswald angeblich anwesend war, befand sich im November 1963 überhaupt nicht in Tokyo. Schließlich gesellte sich Wilcott zu jener Gruppe, die sich verpflichtet fühlte, den CIA in jeder erdenklichen Weise anzugreifen. Kurz nach seinen Enthüllungen über Oswald und den CIA nahm er, Seite an Seite mit Philip Agee, dem ehemaligen CIA-Angehörigen, der sich mit einem Buch über die Geheimnisse des CIA einen Namen gemacht hatte, an einem internationalen Treffen in Havanna teil. Da Wilcott viele Jahre für die CIA gearbeitet hat und auch die von Agee erhobenen Beschuldigungen als authentisch angesehen werden, mag die Aussage Wilcotts einen Kern von Wahrheit enthalten. Die Möglichkeit, daß Wilcott noch immer loyal zum CIA steht und die Aussage im Auftrag des CIA machte, kann nicht ausgeschlossen werden. Mangelnde Information ist eine der Lieblingsmethoden der Nachrichtendienste, und vielleicht war Wilcotts Aussage absichtlich unglaubwürdig, um das Interesse des Kongreßausschusses vom wahren Sachverhalt abzulenken. Auf keinen Fall dürfen sie uns davon abschrecken, Oswalds Vergangenheit weiter nachzugehen, da die generelle Richtung von Wilcotts Beschuldigungen auf den richtigen Weg weist.

Es lohnt sich zum Beispiel, Wilcotts Vermutung nachzugehen, daß der

amerikanische Nachrichtendienst Oswald »irgendwie in seinem Griff
hielt«, und ». . . vielleicht, weil der CIA entdeckte, daß er jemanden ermordet oder ein anderes Verbrechen begangen hat«. Ein Marineinfanterist starb im selben Stützpunkt auf den Philippinen, wo auch
Oswald diente, unter verdächtigen Umständen. Eines Nachts wurde
Martin Schrand, als er seinen Wachdienst versah, mit seiner eigenen
Waffe erschossen. Es konnte nicht festgestellt werden, wie sich das ereignet hatte. Die Wunde war unter seinem rechten Arm, und das
Gewehr lag etwas entfernt hinter ihm, was Selbstmord als Todesursache ausschloß. Es wurde entschieden, »Unfall« als Todesursache
anzugeben. Mehrere Marineinfanteristen vermuteten, daß Schrand
ermordet worden war, und einer von diesen behauptete – allerdings
erst *nach* dem Kennedy-Attentat –: »Ich habe ein Gerücht gehört, daß
Oswald irgendwie für Schrands Tod verantwortlich war.«

Wir haben zwar keinen Beweis dafür, daß Oswald mit dem Tod
Schrands zu tun hatte, doch mag der Zwischenfall, angesichts Wilcotts Vermutung, daß die CIA Oswald in ihrem Griff gehabt habe,
nicht unberechtigt sein. Wilcotts Aussagen über CIA-Anwerbemetho-
den sind zumindest vereinbar mit Bemerkungen, die während einer
Exekutivsitzung des Warren-Ausschusses gemacht wurden. Der oberste Bundesrichter Warren sprach über den CIA und das FBI und sagte
unter anderem: »Sie und die anderen Nachrichtendienste benutzen
Menschen mit einem kriminellen Charakter als Geheimagenten.« Der
ehemalige Direktor des CIA, Allan Dulles, stimmte ihm zu: »Ja, diese
haben einen furchtbar schlechten Charakter.«

Der CIA stritt selbstverständlich durchgehend ab, mit Oswald zu tun
gehabt zu haben. 1964 sagte ihr damaliger, von Kennedy ernannter
Direktor, McCone, unter Eid aus: »Meine Untersuchungen ergaben,
daß Lee Harvey Oswald weder ein Agent noch Angestellter, noch
Informant des CIA war. Der CIA hat sich mit ihm niemals in Verbindung gesetzt, noch hat er ihn befragt oder mit ihm gesprochen,
Informationen oder Berichte von ihm erhalten oder von ihm verlangt
oder mit ihm direkt oder indirekt in Verbindung gestanden.« 1979
gaben leitende Angehörige des CIA, einschließlich Richard Helms,
der 1963 stellvertretender Direktor für Planung und zuständig für
CIA-Aktivitäten, die der Mitwirkung von Agenten und Spitzeln
bedurften, dem Kongreßausschuß ähnliche Versicherungen. Helms
beeidete 1964: »Es existieren in dem CIA weder in den Akten noch in
der Erinnerung seiner Angehörigen Anhaltspunkte für eine geplante
oder stattgefundene Verbindung zu Oswald.« Er versicherte außerdem, »daß ein Sachbearbeiter des Ausschusses im Hauptquartier des
CIA Zugang zu dem gesamten Material gehabt habe«. Heute klingen
diese Versicherungen etwas hohl.

1975 untersuchte der Senatsausschuß für Nachrichtendienste die auf die Ermordung des Oberhauptes eines fremden Staates, Fidel Castro, gerichtete Planung des CIA. Auf die Frage, weshalb er nicht einmal den Direktor des CIA, McCone, über die Planung informiert habe, entgegnete Helms etwas unsicher: »Nun, ich dachte, er würde diese Angelegenheit etwas befremdend finden ... schließlich ... es handelte sich um ein anrüchiges Unternehmen.«

Ein anderer Zeuge war aufrichtiger. Er meinte, Helms habe das Unternehmen verschwiegen, da er wußte, daß McCone Mord aus Überzeugung ablehne. Als McCone dem Warren-Ausschuß 1964 versicherte, es habe keine Verbindung zwischen Oswald und der CIA gegeben, beruhte seine Aussage auf der ihm vom stellvertretenden Direktor unterbreiteten Unterlagen.

Ein kürzlich freigegebenes Dokument straft Helms Versicherung, niemand in dem CIA habe jemals auch nur erwogen, mit Oswald in Verbindung zu treten, Lügen. Tatsächlich wurde ein Kontakt mit einer der für die Sowjets zuständigen Abteilungen des CIA erwogen. In dem drei Tage nach der Ermordung Kennedys geschriebenen und teilweise zensierten Memorandum heißt es: »Im Sommer 1960 haben wir uns für ihn interessiert.« »... er sollte durch die innerstaatliche Kontaktabteilung oder andere geeignete Kontakte befragt werden ... ich weiß nicht, was schließlich geschah.« Als verantwortlicher stellvertretender Direktor sollte Helms von der Existenz dieses Memorandums gewußt haben, als er vor dem Warren-Ausschuß seine Versicherungen abgab.

In einer Sitzung des Senatsausschusses für Nachrichtendienste erklärte Helms seine Einstellung zur Beantwortung offizieller Anfragen folgendermaßen:

SENATOR MORGAN: ... die Warren-Kommission bat Sie, Informationen zu unterbreiten, die Sie selber für wichtig hielten?
HELMS: Nein, Sir. Die Warren-Kommission forderte mich auf, Fragen zu beantworten, die mir hinsichtlich Informationen, die den CIA betreffen, gestellt wurden. Der Ausschuß beantragte jedoch nicht, daß ich aus eigener Initiative über ein gegebenes Subjekt spreche.
SENATOR MORGAN: Sie meinen, falls Sie um eine spezifische Information nicht gebeten wurden, gaben Sie sie nicht aus freien Stücken?
HELMS: Das ist korrekt, Sir.

Als ihn der Kongreßausschuß für Attentate einige Jahre später zu einer Erklärung drängte, weshalb er der Warren-Kommission nichts über die Mordpläne gegen Fidel Castro gesagt hatte, antwortete Helms mit einem Achselzucken: »Es tut mir leid, die Welt ist schlampig.« Zu jener Zeit zahlte Helms bereits die Zeche für seine Schlamperei. 1977 stand er im Zusammenhang mit seiner Zeugenaussage vor einem anderen Ausschuß unter Anklage und plädierte »nolo contendere«. Er wurde wegen irreführender Aussagen unter Eid über die CIA-Aktionen gegen Allende in Chile zu zwei Jahren Gefängnis mit Bewährung und zu einer Geldstrafe verurteilt. Er plädierte, er sei dem höheren Wert seines Eids zur Geheimhaltung gefolgt. Bei einer anderen Gelegenheit soll sich Helms über sich selbst und seine CIA-Kollegen so geäußert haben: »Wir sind ehrenwerte Männer. Sie müssen uns einfach vertrauen.«

James Angleton, der Chef der Gegenspionage-Abteilung des CIA, wurde bereits früher erwähnt. Wie aus 1976 freigegebenen Dokumenten hervorgeht, hat er dem stellvertretenden Direktor des FBI, William Sullivan, Ratschläge erteilt, wie er sich gegenüber der Warren-Kommission verhalten sollte. Er warnte Sullivan, daß die Kommission an den CIA und das FBI dieselben Fragen stellen und überprüfen werde, ob sich die Aussagen widersprechen würden. Fragen, die Angleton voraussah, waren:

1. War Oswald jemals ein CIA-Agent?
2. Hat der CIA Indizien für eine Verschwörung, Präsident Kennedy zu ermorden?

Die Antworten, die er gab, waren im Vergleich zu denen seiner Kollegen kurz und bündig.

1. Nein.
2. Nein.

Zu einem Zeitpunkt war Angleton für das Verhalten des CIA gegenüber der Warren-Kommission verantwortlich. Laut einer vor kurzem gemachten Aussage besprach er das Attentat informell mit einem Mitglied der Warren-Kommission, dem früheren Direktor des CIA, Allen Dulles. Wie jetzt bekannt wurde, stand Dulles damals noch, trotz seiner »objektiven« Stellung als Mitglied der Warren-Kommission in enger Verbindung mit dem CIA. Wie aus einem anderen Dokument hervorgeht, das der CIA nur unter Druck und mit dem Hinweis auf das Gesetz über die Informationsfreiheit herausgab, hatte Dulles CIA-Angehörige geschult, wie sie mit der Frage, ob Oswald ein Agent gewesen sei, umgehen sollten. In einem internen Memorandum heißt es, »er formulierte die Aussagen, die es eindeutig machten, daß Lee Harvey Oswald niemals ein Agent oder Angehöriger des CIA gewesen war«. Der anonyme Verfasser des Memorandums kommentierte: »Ich stimmte ihm bei, daß eine *mit Sorgfalt formulierte* Verneinung die richtige Antwort auf die Frage war.« (Kursiv vom Verfasser.) Die Warren-Kommission bekam die wohlformulierten Antworten und akzeptierte sie. War es denn wirklich so notwendig, die Antworten »mit Sorgfalt zu formulieren«?

Der CIA gibt zu, eine Akte »201« über Oswald angelegt zu haben, die das »wesentliche Material« über den angeblichen Mörder enthielt. Die Annahme, die Existenz einer »201«-Akte bedeute automatisch, daß Oswald ein CIA-Agent gewesen war, verursachte bei der Bekanntmachung dieser Tatsache zunächst großes öffentliches Aufsehen. Zur Enttäuschung der Leute, die bei ihren Nachforschungen beweisen wollten, daß Oswald ein Geheimagent gewesen war, war diese Annahme jedoch falsch. Tatsächlich führt der CIA über alle Personen, die sie interessieren, eine »201«-Akte. Die Existenz einer »201«-Oswald-Akte beweist daher weder, daß er ein Agent war, noch, daß er es nicht war. Doch verlangt die besondere Sorgfalt in der Behandlung des »201«-Dossiers Oswalds durch den CIA Aufmerksamkeit. Ihrer Angabe zufolge besitzt der CIA 1196 Dokumente, die sich auf Oswald beziehen. Manche dieser Dokumente sind mehrere hundert Seiten lang, und sie sollen »hauptsächlich« im »201«-Dossier enthalten sein. Zweihundertundsechzig der Dokumente über Oswald sind noch immer als »geheim« klassifiziert, die freigegebenen Dokumente in vielen Fällen beträchtlich zensiert. Doch besteht die Möglichkeit, daß die aufschlußreichsten Dokumente außerhalb des »201«-Dossiers zu finden sind.

Oswalds vorliegendes »201«-Dossier wurde am 9. Dezember 1960 angelegt. Fünf Dokumente, die sich auf Oswalds Anfragen betreff seiner Rückkehr aus der UdSSR in die Vereinigten Staaten bezogen und dei dem CIA von drei anderen Behörden übermittelt worden waren, gaben den Anlaß, eine Oswald-Akte anzulegen. Das widerspricht jedoch der Tatsache, daß das Dossier mehrere Dokumente des Auswärtigen Amtes enthält, die von 1959 und vom Sommer 1960 datieren. Auffällig dabei ist, daß das Dossier nicht schon bei Oswalds Übertritt in die UdSSR eröffnet wurde. Logischerweise hätte der CIA seit dem Augenblick, wo Oswald in Moskau seine Absicht erklärte, den Sowjets Information »von besonderer Wichtigkeit im Radarwesen« zu geben, auf ihn aufmerksam werden müssen. War es doch anzunehmen, daß seine in der amerikanischen Botschaft in Moskau geäußerte Absicht sich auf Atsugi und damit auf die U-2 bezog. Der Kongreßausschuß folgerte 1979, daß das Dossier tatsächlich erst Ende 1960 angelegt wurde, als das Auswärtige Amt Information über alle amerikanischen Überläufer verlangte. So wurden gleichzeitig mit Oswalds Akte auch Dossiers über andere Überläufer eröffnet. Der Ausschuß fand heraus, daß die »201«-Akten oft erst lange nach Oswalds Übertritt angelegt wurden. Immerhin erklärten nicht alle Überläufer ihre Absicht, Radar-Geheimnisse einer potentiell feindlichen Macht zu

verraten. Die Richtigkeit dieser Erklärung wird von jenen, die die
Existenz einer Verbindung zwischen Oswald und dem US-Nachrich-
tendienst glaubwürdig hielten, bezweifelt. Weitere Lücken in den
CIA-Akten tragen nicht zur Verminderung ihrer Zweifel bei.

Einer der offenkundigen Wege, Oswalds Aktivitäten zu verfolgen,
wäre die Überwachung seines Briefwechsels durch den CIA gewesen.
1976 stellte der Senatsausschuß für Nachrichtendienste fest, daß der
CIA schon seit Jahren Briefe zwischen den USA und der UdSSR abfing
und fotografierte. Das galt auch insbesondere für die Zeit, in der sich
Oswald in der UdSSR aufhielt. Die CIA-Akten sollten also Fotokopien
des Oswaldschen Briefwechsels enthalten. Die Wirklichkeit ist nicht
ganz so einfach.

Der CIA zeigte den Sachbearbeitern des Kongreßausschusses zwei
Karteikarten über Oswald in den Akten der Post-Abfang-Aktion.
Beide tragen den Stempel »geheim«. Aus der ersten Karte geht hervor,
daß der CIA bereits zwei Wochen nach Oswalds Besuch in der
amerikanischen Botschaft in Moskau, die Überwachung seiner Korrespondenz angeordnet hat. Auf derselben Karte wurde am 20. November 1959 vermerkt, es existierten bisher keine Akten unter Oswalds
Namen. Eine schriftliche Bemerkung über die schon vor Wochen,
unmittelbar nach Oswalds Übertritt stattgefundene, telegrafische
Kommunikation fehlt. Merkwürdigerweise scheint das Gesamtergeb-
nis der postalischen Überwachung ein einziger Brief zu sein, den ihm
seine Mutter 1961 geschrieben hat. Wir wissen jedoch aus Briefen, die
seine Familie und Freunde aufbewahrt haben, von zumindest fünfzig
Postsendungen für die Dauer seines Aufentahltes in der UdSSR.
Weshalb enthält seine Karteikarte nur den Vermerk über einen einzigen Brief? Die CIA gab dem Kongreßausschuß die folgende Auskunft:
Der Abfangdienst hat nur vier Tage in der Woche gearbeitet und in
den vier Tagen wurden nur Stichproben überprüft. Das widerspricht
den Untersuchungsergebnissen des Senatsausschusses für Nachrichtendienste. Sie deuten auf viel umfassendere Überwachungsmetho-
den hin. Das Dossier Oswalds ist in bezug auf eine Briefüberwachung
nicht überzeugend. Im Bericht des Kongreßausschusses wird sarkastisch von dem, was die Kartei »augenscheinlich« enthält, gesprochen. Jene, die der Ansicht sind, Oswald sei im Auftrag eines des
amerikanischen Nachrichtendienstes »übergelaufen«, weisen darauf
hin, daß Richard Snyder, der Konsul, der Oswald in der Moskauer
Botschaft gesehen hat, mehr als ein bloßer Konsul gewesen sei. Im
linksgerichteten »Who's Who im CIA« heißt es, Snyder habe seit 1951
für den CIA gearbeitet. Falls diese Information richtig ist, war Snyder
zum Zeitpunkt von Oswalds Aufenthalt in der UdSSR ein getarnter
CIA-Mann. Der CIA selbst und Snyder behaupten jedoch, er habe für

den CIA nur im Jahre 1949 gearbeitet. Der Kongreßausschuß stellte fest, Snyders Dossier trage zum Zweck der Abschirmung den roten Vermerk »Vorsicht«. Dem CIA entsprechend war der Grund dafür ein Widerspruch zwischen dem Inhalt der Akten und der Oswald betreffenden Aussage des späteren CIA-Direktors Richard Helms. Der Kongreßausschuß gab sich mit dieser Erklärung nicht zufrieden und bezeichnete sie als »nicht zufriedenstellend«.

Wie die sowjetischen KGB-Angehörigen, die als »Sekretäre« und »Attachés« getarnt sind, sind auch die amerikanischen Botschaften in aller Welt mit CIA-Männern durchsetzt. Falls Konsul Snyder, wie vermutet, ein CIA-Angehöriger war, hätte er der CIA sicherlich auf Oswalds Drohung, militärische Geheimnisse an die Sowjets zu verraten, schriftlich benachrichtigt, und dies hätte sich in den Akten niederschlagen müssen. Das geschah wahrscheinlich auch, doch auf eine Art, die das Auffinden der Dokumente für den Uneingeweihten erschwert. Die Oswaldsche »201«-Akte könnte nur einer Fassade gedient haben, um im gegebenen Fall der Öffentlichkeit Sand in die Augen zu streuen. Die Geheimdienste führen selten oder nie ihre Agenten in bezug auf ein geheimes Projekt mit ihrem wirklichen Namen. Es dreht sich dabei nicht um die Irreführung einer imaginären Geschichtsschreibung, sondern um die Sicherheit der Agenten und der Projekte in der Gegenwart. Dokumentarische Tarnung ist eine Art tägliches Gesellschaftsspiel in den Nachrichtendiensten. Falsche Namen schützen die Agenten vor Spionen, die den Dienst unterwandern, und hüten die Geheimnisse einer Abteilung vor den Angehörigen einer anderen Abteilung. Das Spiel kann auch so gespielt werden, daß der Name auf der Akte richtig, doch der Inhalt der Akte zur Tarnung der tatsächlichen Funktion des Agenten falsch ist. Wie immer es um die »201«-Akte Oswalds steht, Geheimdienstangehörige müssen sich über die Versuche von Bearbeitern des Attentates amüsieren, den Fall Kennedy anhand einer genauen Untersuchung der »201«-Akte zu klären. Ein vor kurzem freigegebenes Dokument illustriert das Spiel. Es handelt sich um das haarsträubende CIA-Projekt, das den Kodenamen »ZR/RIFLE« trägt und innerhalb der als »Exekutive Action« bekannt wurde.

1975 bekräftigte das Mitglied des Senatsausschusses für Nachrichtendienste, Senator Mondale, später Vizepräsident der Vereinigten Staaten, daß die »Executive Action« den Zweck verfolgte, »eine Basis zu etablieren, um Attentate auf fremde Staatsoberhäupter oder Politiker durchführen zu können«. Einige CIA-Angehörige, unter ihnen Richard Helms, behaupten zwar, die Planung sei niemals in die Tat umgesetzt worden, doch deuten bekannt gewordene Indizien auf das Gegenteil. Es gibt zwar keine Anhaltspunkte dafür, daß »ZR/RIFLE«

mit der Ermordung Kennedys zu tun hatte, doch beweist ihre Existenz, daß es Verbindungen zwischen dem CIA und Berufsmördern gab. Nach Aussage des Senatsausschusses für Nachrichtendienste war einer der dem Projekt zugehörigen Agenten unter dem Kodenamen »QJ/WIN« bekannt. »Er ist ein Ausländer mit einer kriminellen Vergangenheit, der in Europa angeworben wurde.« Der ehemalige Direktor des CIA, Richard Helms, bemerkte: »Falls jemand zur Ausführung eines Mordes gesucht wurde, war er der richtige Mann.«

Im Kontext der CIA-Methoden sind einige kürzlich freigegebene Dokumente aus den »ZR/RIFLE«-Akten wesentlich für das Studium Oswalds und dem CIA. Es handelt sich um die handgeschriebenen Kurznotizen des hochrangigen CIA-Angehörigen William Harvey. Über das Thema, wer für einen Meuchelmord geeignet sei, schrieb Harvey: »Tarnung: Planung sollte die Beseitigung von Sows und Tschechs, falls notwendig, einschließen. . . . Vermeide den Gebrauch *jeglichen* Personals mit Beziehungen zu Verbrechern; Fallgruben und andere (unleserlich) Faktoren: Reiseeinschränkungen, Polizeisuchlisten etc. Es sollten *irreführende 201-Akten* angelegt werden, beinhaltend *gefälschte und rückdatierte Dokumente . . .* « (Kursiv vom Verfasser)

Harveys Kurznotizen lassen annehmen, daß das Anlegen gefälschter 201-Akten nichts Außergewöhnliches war. Die Parallele ist offensichtlich. Falls Lee Oswald mehr als der politisch irregeführte junge Mann der Warrenschen Version war, ist seine 201-Akte wertlos. Oberst Fletcher Prouty, Verbindungs-Offizier zwischen dem Pentagon und dem CIA in der Zeit, als Oswald in der Marineinfanterie diente und in die UdSSR überlief, meinte, es bestünde kein Zweifel, daß Oswalds CIA-Akten »manipuliert« wurden. Prouty hat viel Erfahrung mit Geheimakten und verfügt über genaue Kenntnis der U-2-Unternehmen des Atsugi-Luftstützpunktes, auf dem Oswald in Japan stationiert war.

1979 sagte Oberst Prouty dem Verfasser: »Das Konzept der Tarnung und der Tarnungsoperationen ist den meisten Leuten fremd und schwer klarzumachen. Doch ist es fundamental im Nachrichtendienst. . . Zunächst trat Oswald der Marineinfanterie bei, dann wurde er auf den hochgeheimen Atsugi-Luftstütztpunkt versetzt. Das machte ihn für den CIA interessant. Wir brauchen Leute für bestimmte Zwecke und wählen sie entsprechend aus. Und dann, falls sie sich freiwillig melden, werden sie in den CIA aufgenommen, ein umständlicher Prozeß.« Aktenmäßig wird der neue CIA-Angehörige einer Welt vielschichtiger Täuschungen einverleibt. In solch einem Falle würde »zunächst die normale Marineakte aufrechterhalten, weil er seinen Freunden etc. mitgeteilt haben wird, er sei in die

Marineinfanterie eingetreten. Diese Akte wird dann seine Laufbahn im Marineinfanteriekorps verzeichnen, seine Beförderung, Diensteinsatzwechsel etc., wie bei einem regulären Marinesoldaten. Da er aber auch ein Angehöriger des CIA ist, wird auch ein »201«-Dossier angelegt. Dieses wird seine Arbeit für den CIA enthalten, in diesem bestimmten Falle beispielsweise den genauen Tätigkeitsbereich in Atsugi. Dann ist er in der Akte ein CIA-Angehöriger unter der Tarnung eines Marineinfanteristen. Das sind schon zwei Dossiers. Es wird aber noch ein weiteres Dossier angelegt, das seine Tarnung im Zivilleben enthält, falls er als Zivilist für den CIA tätig wird. Die drei Dossiers müssen dann ständig aufeinander abgestimmt und manipuliert werden, um dem CIA die notwendige Flexibilität in der Einsetzung des Agenten zu gewährleisten. Mein Büro führte seine Akten entweder gemeinsam mit dem CIA oder unabhängig von ihm. Zum Beispiel muß die Akte für das Zivilleben eines Mannes so geführt werden, daß trotz eines längeren Einsatzes für den CIA, die Kontinuität seines Zivillebens nachgewiesen werden kann, ohne daß sein CIA-Dienst erwähnt wird. Das System ist etwas kompliziert, aber es funktioniert . . .«

Oberst Prouty glaubte: »Lee Oswald war kein gewöhnlicher Marineinfanterist. Er war ein Marineinfanterist in einem getarnten Einsatz . . . Offensichtlich ist ein Teil des Materials in seinem Dossier unrichtig. Was nicht daran stimmt, kann das Ergebnis irrtümlicher Eintragungen sein, wahrscheinlich jedoch ist es das Ergebnis einer beabsichtigten Verdunkelung. Unsere Akten enthalten die Lebensgeschichte von Tausenden unserer Angehörigen, und alle sind in einem systematischen Durcheinander . . .« Der Kongreßausschuß für Attentate war sichtlich irritiert über die Fälschung von Dokumenten und den Gebrauch falscher »201«-Dossiers durch den CIA. Der Ausschuß bemerkte: »Die Akten des CIA machen es nicht immer klar, ob das fragliche Individuum in irgendwelcher Kapazität für den CIA tätig war oder nicht . . .« Der Ausschuß hoffte in diesen Fällen Widersprüche zwischen dem Inhalt der Akten und den Aussagen der verhörten CIA-Angehörigen zu entdecken. Angesichts des von Oberst Prouty angedeuteten Irrgartens des Dokumentationssystems, ist es durchaus möglich, daß der Inhalt von Oswalds CIA-Dossier erfunden wurde. 1964 fand im Laufe einer Sitzung des Warren-Ausschusses folgender Dialog zwischen dem Kongreßabgeordneten Hale Boggs und dem früheren Direktor des CIA, Allen Dulles, statt.

DULLES: »Es ist sehr schwer, so eine Sache zu widerlegen. Wie wollen Sie beweisen, daß ein Mann nicht unser Agent gewesen ist?«

BOGGS: »Sie könnten es aber widerlegen, wenn Sie es wirklich wollten.«

DULLES: »Nein, ich habe nie herausgefunden, wie man so etwas widerlegen kann.«

BOGGS: »Hatten Sie denn Agenten, die in ihren Akten überhaupt nicht existierten?«

DULLES: »Nicht notwendigerweise auf Papier. Das heißt, *in den Akten gab es für sie nur ein Geheimzeichen, deren Bedeutung nur zwei Angehörige des CIA und niemand außerhalb kannte* (Kursiv vom Verfasser), und so konnte einer sagen, das Zeichen steht für den und den Agenten, und jemand anders konnte sagen, es steht für einen andern Agenten.«

Dulles sprach noch von einer weiteren Möglichkeit. Er beantwortete die Frage, ob denn ein höherer CIA-Angehöriger nicht wissen müßte, wer Oswald angeworben haben könnte, wenn er tatsächlich für den CIA gearbeitet hätte, folgendermaßen:»Jemand mag ihn *ohne höhere Billigung* angeworben haben.« Dulles gibt damit der Überlegung Raum, daß Oswald auf niedriger Ebene ohne Rückhalt durch höhere Vorgesetzte angeworben wurde, in einer Weise, die in den Akten keine identifizierbaren Spuren hinterließ. Wie ein CIA-Angehöriger vor dem Kongreßausschuß 1978 aussagte, besteht die Möglichkeit, daß jemand in einem »Westentaschenunternehmen« persönlich und ohne Mitwissen anderer CIA-Angehöriger als Agent eingesetzt wird. Andererseits behauptete der ehemalige Chef der Abteilung für geheime Operationen innerhalb Sowjetrußlands, der CIA habe Oswald bei diesen Unternehmen niemals benutzt. Die Suche nach Oswald innerhalb des CIA gleicht der Erkundung eines schwarzen Loches im Weltenraum. Die mit dieser Aufgabe betrauten Ermittler des Kongreßausschusses für Attentate konnten das Gefühl nicht loswerden, daß der CIA Informationen über Oswald und die Umstände der Ermordung des Präsidenten hartnäckig zurückhielt. Die Besessenheit der Öffentlichkeit Amerikas, den Sünden des CIA auf die Spur zu kommen, mag die Aufmerksamkeit der Untersuchenden von einem anderen Bereich Oswaldscher Tätigkeiten abgelenkt haben.

Als der Direktor des CIA, McCone, eine Verbindung zwischen Oswald und dem Geheimdienst verneinte, fügte er hinzu: »Ich verstehe unter Geheimdienst natürlich nur den CIA.« Obwohl es unwahrscheinlich ist, daß der CIA nicht davon Kenntnis hatte, konnte Oswald doch von einem anderen Geheimdienst angeworben worden sein. Oberst Prouty mit seiner Pentagon-Erfahrung gab an, wie bei der Anwerbung eines Agenten durch einen der Nachrichtendienste des-

sen Namen in den Akten anderer Behörden frisiert wurde. Der Kongreßausschuß für Attentate betonte, daß die Frage, ob Oswald mit
dem militärischen Nachrichtendienst in Verbindung stand, ungeklärt
bleiben mußte, weil die Armee ihre Oswald-Akten vernichtet hatte.
Diese Möglichkeit wurde von keinem geringeren als dem früheren
Direktor des CIA, Richard Helms, angedeutet.

Als Helms in einer Sitzung des Kongreßausschusses bedrängt wurde,
ob sich denn der CIA nicht beim Verteidigungsministerium erkundigt
habe, wieviel Schaden durch Oswalds Übertritt verursacht wurde,
antwortete er: »Ich glaube, wir haben angenommen, dies liege in der
Verantwortung der Marine.« Helms' Argument ist durchaus berechtigt. Lee Oswald gehörte der Marine an, und die Marineakten sind
voller Unstimmigkeiten. Drei Tage nach Oswalds Auftritt in der US-
Botschaft in Moskau wurde die Marine über ihn befragt. Das FBI
kommentierte: »Die Akten des Marineinfanteriekorps enthalten keine
abträglichen Informationen über Oswald.« Daraus geht hervor, daß
das Korps, ein Synonym für amerikanischen Chauvinismus, keine
Notiz von Oswalds offenem Bekenntnis zum Marxismus und seinem
Studium der russischen Sprache genommen hat.

Die amerikanische Botschaft in Moskau reagierte mit überraschender
Gelassenheit auf Oswalds Mitteilung, er habe den sowjetischen
Behörden geheime Radarinformationen angeboten. Nichts weist darauf hin, daß Konsul Snyder auch nur den geringsten Versuch machte,
den jungen Überläufer von seinem verräterischen Vorhaben abzubringen. In den Vereinigten Staaten informierte der Marinenachrichtendienst das FBI: »Die Marine beabsichtige nicht, etwas in dieser Angelegenheit zu unternehmen.« Oswald war damals zwar außerhalb ihrer
Reichweite, doch scheint die Marine ein Vorgehen gegen den Überläufer, der seine Bereitschaft zum Verrat offen angekündigt hatte, selbst
für den Fall, daß sie Hand an ihn legen könnte, nicht einmal in
Erwägung gezogen zu haben.

Trotz dieser munteren Unbekümmertheit wurden in Kalifornien, wo
Oswald zuletzt gedient hatte, innerhalb von Wochen die Flugsignale,
Codes, Radio und Radarwellenanlagen verändert. Auch wurden
Oswalds Kollegen in der Marineinfanterie von Beamten in Zivilklei-
dung über ihn befragt. Die Marine scheint seinen Übertritt also doch
ernst genommen zu haben. Der frühere Chef der Gegenspionage des
Verteidigungsnachrichtendienstes, Oberst Thomas Fox, bemerkte
hierzu: »Routinemäßig hätte das gesamte klassifizierte Material, zu
dem Oswald Zugang gehabt haben könnte, festgestellt werden müssen. Oswald diente auf Stützpunkten der höchsten Geheimklasse,
und doch gibt die Marine zu, die in solchen Fällen übliche Schadenbe-
wertung nicht unternommen zu haben.«

Edward Epstein stellt in seiner durchdringenden Analyse des Oswaldschen Übertrittes fest, daß vor ihm nur zwei andere Soldaten der
amerikanischen Streitkräfte in ein kommunistisches Land übergelaufen sind. Wie bei Oswald, bestand auch da der Verdacht, sie hätten mit
dem sowjetischen, beziehungsweise ostdeutschen Nachrichtendienst
in Verbindung gestanden. In beiden Fällen, wie auch in zwei späteren
im Jahre 1960, wurde eine Schadensbewertung vorgenommen. Die
Marine gab bisher keine Erklärung für ihr nach Oswalds Übertritt,
abweichendes Verfahren. Soweit wir aus den bisher bekannten Akten
entnehmen können, hatte sich die Marine so verhalten, als ob sein
Dossier makellos sei. Erst im September 1960, ein ganzes Jahr nach
seinem Übertritt, wurde er aus der Marineinfanteriereserve als »unerwünscht« entlassen. Zur weiteren Verwirrung wird in Oswalds »201«-
Akte sein beruflicher Status ab 1960 als Radaroperator der US-Marine
angegeben, obwohl er bereits aus dem aktiven Dienst im Herbst 1959
ausgeschieden war. Sollte es sich bei all dem nur um die übliche
bürokratische Fahrlässigkeit handeln?
1978 interviewte der Verfasser Sergeant Gerry Hemming, der kurz vor
Oswald in der Radarkontrollstation auf dem Stützpunkt Atsugi
diente. Hemmings behauptet, am Ende seiner Dienstzeit von dem
Marine-Nachrichtendienst angeworben worden zu sein. Er traf
Oswald im Januar 1959 auf dem kubanischen Konsulat in Los Angeles.
Das war der Zeitpunkt, als Oswald unerwartet als einziger seiner
Einheit aus Japan nach Santa Ana in Kalifornien versetzt worden war.
Der Schauplatz der angeblichen Begegnung paßt zu den Gesprächen
über Kuba mit seinem Kameraden Delgado in Santa Ana und Oswalds
Vorstellung, er sei mit den kubanischen Behörden in Kontakt. Das
Jahr 1959 stellte einen Wendepunkt in den Beziehungen zwischen den
Vereinigten Staaten und Kuba dar. Ein Jahr zuvor hatte Washington
Fidel Castros Revolution noch als einen Wandel in der Richtung der
Demokratie begrüßt. Die Beziehungen verschlechterten sich erst spä-
ter, als Castros Regime seine wahren marxistischen Tendenzen zeigte,
und schlugen dann in offene Feindseligkeit über. In den sechziger
Jahren war Sergeant Hemming für seine Verbindungen mit Anti-
Castro-Exilkubanern bekannt, doch arbeitete er 1959, als Amerikas
Kuba-Politik noch in der Schwebe war, mit Anhängern von Castro
zusammen. Hemming beschreibt seine Begegnung mit Oswald wie
folgt:»Er versuchte, das Vertrauen der kubanischen Konsularbeamten
zu gewinnen. Er war noch sehr jung aber für sein Alter in bestimmten
Details schon sehr genau informiert. Ich hatte den Eindruck, er arbeite
als Spion oder Geheimagent für den polizeilichen, militärischen oder
Marine-Nachrichtendienst, und fühlte, daß er eine Gefahr bedeutet –
für mich und auch für Castros Vertreter. Mein Eindruck beruhte auf

den Fragen, die er an mich stellte, sowie auf seiner offensichtlichen
Kenntnis *meines* Hintergrundes. Bei unserer ersten Begegnung nahm
er nicht an, sondern er *wußte,* daß ich bei der Radarkontrolle diente,
und nannte die Einheit, zu der er gehört hatte, bei ihrem Kodenamen.
Überhaupt kannte er Codes und Dinge, die ein gewöhnlicher Marineinfanterist nicht wissen konnte. Er sprach über diese Dinge aus der
Kenntnis *seines* Hintergrundes. Ich war sicher, daß er von jemandem
beauftragt wurde, sich mit mir in Verbindung zu setzen.« Heming
erklärte, daß Oswald, der bei der Radarkontrolle in Atsugi, einem
abgeschirmten Bereich der Streitkräfte diente, mit CIA-Agenten persönlich bekannt gewesen sein mußte. Seine Fachkenntnisse sowie die
auf persönlicher Kenntnis beruhende Bürgschaft von Angehörigen
des CIA hätten ihn zu einem äußerst geeigneten Anwerbekandidaten
machen müssen.

Das ist freilich nur der persönliche, intuitive Eindruck Hemmings bei
der Begegnung mit Oswald 1959. Abgesehen von den bereits erwähnten ungewöhnlichen Umständen seiner Reise nach Moskau, können
wir die wahre Rolle Oswalds zu diesem Zeitpunkt nicht ermitteln.
Doch hält es ein ehemaliger ranghoher Angehöriger des CIA für
glaubhaft, daß Oswald für einen der Nachrichtendienste gearbeitet
habe. Denn diese Annahme stimmte auch, seiner Kenntnis zufolge,
zeitlich mit den Versuchen der amerikanischen Nachrichtendienste,
die Sowjetunion zu infiltrieren, überein.

Victor Marchetti resignierte in seiner Arbeit, von dem CIA nach
vierzehnjährigem Dienst enttäuscht. Als Mitglied des Stabes führenden und als Exekutiv-Assistent des stellvertretenden Direktors gehört
er zu den wenigen, die nicht nur kritisch, sondern auch aus persönlicher Erfahrung über die Aktivitäten des CIA in den fünfziger und
sechziger Jahren sprechen. Marchetti schrieb ein authentisches Buch
über den CIA, das zufolge des Widerstandes durch den CIA das erste
vor seinem Erscheinen zensierte Buch in der Geschichte Amerikas
werden sollte. Die Lücken im Text zeigen, wo die Schere des CIA an
der Arbeit war, und zeugen so von der Authentizität der mitgeteilten
Informationen. Marchettis Darstellung der Beziehungen zwischen
dem CIA und den militärischen Nachrichtendiensten trägt zum Verständnis der Struktur bei, in deren Gewebe der Fall Oswald verwickelt
sein mag. Marchetti schreibt: »Obwohl der CIA seit seinem Bestehen
die ausschließliche Verantwortung für Spionage-Operationen im Ausland hatte, behielten die militärischen Nachrichtendienste und die
Nachrichteneinheiten der in Überseegebieten stationierten Streitkräfte das Recht, taktische Informationen für ihre eigenen Erfor-
nisse zu sammeln . . . Die militärischen Nachrichtendienste versuchten immer mehr Informationen durch ihre eigenen Geheimagenten zu

erwerben . . .« Das erklärte, wie der CIA in der Lage war, eine Verbindung mit Oswald korrekterweise zu verneinen, selbst wenn er ein Spion gewesen sein sollte. Marchetti schreibt weiter: »Zur Vermeidung von Doppeleinsätzen verschiedener Agenten sollten im Prinzip alle Spionagemissionen unter der Obhut des CIA koordiniert werden. Doch unterließen die militärischen Nachrichtendienste oft, den CIA von ihren Aktivitäten zu informieren, sei es, weil sie wußten, den CIA würde sie nicht billigen, sei es, weil der CIA und sie die Bereiche ihrer Aktivitäten im vorhinein abgegrenzt hatten. Die eifersüchtige Wahrung von Einflußgebieten belastet die Gemeinschaften der militärischen Nachrichtendienste ziemlich stark.«

Marchetti schrieb dies vor einigen Jahren in einem allgemeinen Zusammenhang und ohne Bezug auf Lee Harvey Oswald und auf die Möglichkeit, ihn als angeblichen Überläufer einzusetzen. Der Verfasser trat mit Marchetti 1978 in Verbindung, als er erfuhr, Marchetti habe spezielle Kenntnisse von sowjetischen Angelegenheiten. Marchetti wurde von dem CIA direkt nach seinem Universitätsabschluß in russischer Sprache und Geschichte angeworben. In der Zeit, als Oswald in die Sowjetunion ging, war er Mitglied eines CIA-Teams, das mit der Analyse sowjetischer militärischer Tätigkeiten betraut war. In dieser Position wußte er durch amtliche oder private Kontakte über die Unternehmungen des Marine-Nachrichtendienstes Bescheid. Der Verfasser befragte Marchetti speziell hinsichtlich unabhängiger Spionageunternehmen durch den Marine-Nachrichtendienst innerhalb der Sowjetunion. Seine Antwort war: »Die Vereinigten Staaten hatten große Schwierigkeiten 1959, Informationen aus der Sowjetunion zu sammeln; die technischen Mittel waren damals noch nicht so weit entwickelt wie heute, deshalb waren wir gezwungen, zu verschiedenen anderen Methoden Zuflucht zu nehmen. Zu diesen gehörte ein Programm der ONI (Office of Naval Intelligence = Marine-Nachrichtendienstbehörde). Innerhalb dieses Programms wurden ungefähr vierzig junge Männer ausgewählt, die als desillusionierte arme junge Amerikaner erscheinen sollten, die das übersättigte Leben nicht mehr mitmachen und sehen wollten, worum es eigentlich im Kommunismus ging. Sie wurden nach Osteuropa oder in die Sowjetunion geschickt mit der speziellen Absicht, sich von den Russen finden zu lassen. Die Russen sollten dann, falls sie diese für amerikanische Agenten hielten, versuchen, sie umzupolen; sollten die Russen jedoch an die Authentizität der jungen Amerikaner glauben, hoffte man, daß sie diese zu KGB-Agenten ausbilden würden. Die jungen Leute wurden in verschiedenen Marineeinrichtungen in den Vereinigten Staaten und Übersee ausgebildet, doch wurde die Operation von Nags Head, North Carolina, geleitet.«

Kein anderer CIA-Angehöriger mit dem Hintergrund Marchettis
sprach je zuvor über einen Plan, daß man falsche Überläufer in die
Sowjetunion geschickt hatte. Marchetti könnte den Plan erfunden und
dem Lebenslauf Oswalds angepaßt haben, so genau paßt es auf den
Fall des angeblichen Mörders. Marchetti, der auch in der Abteilung für
geheime Operationen des CIA arbeitete, hält es für glaubwürdig, daß
Oswald als geeigneter Kandidat für solche Operationen angeworben
und angestellt wurde. Er lenkte die Aufmerksamkeit des Verfassers
auf einen Zwischenfall nach Oswalds Verhaftung, der diesen Verdacht verstärkt und der bis heute nicht ausgeräumt wurde.
einen Zwischenfall nach Oswalds Verhaftung, der diesen Verdacht
verstärkt und bis heute nicht erklärt wurde.
Sobald Oswald am 22. November in eine Zelle im fünften Stockwerk
des Polizeihauptquartiers von Dallas eingesperrt wurde, gab der Chef
der Polizei, Jesse Curry, Anordnung, daß ihm die üblichen Privilegien
und Rechte eines Untersuchungshäftlings gewährt werden sollten.
Dem polizeilichen Routineprotokoll entsprechend, bat Oswald am
Samstag, dem Tag nach dem Attentat, um Erlaubnis, zu telefonieren.
Er tätigte zwei Anrufe, den ersten um 16.00 Uhr, den zweiten um 20.00
Uhr. Beide Male sprach er mit Ruth Paine, in deren Haus Marina lebte.
Der Inhalt drehte sich um seine Suche nach juristischem Beistand. Bei
einem dritten Anruf konnte er keine Verbindung erhalten. Dann
versuchte er spät in der Nacht nochmals, eine Verbindung zu bekommen. Die Telefonistin, Mrs. Troon, erinnert sich an diesen Anruf
aufgrund besonderer Umstände. Ihre Kollegin, Mrs. Swinney, wurde
gewarnt, Polizeibeamte, wahrscheinlich Geheimagenten, würden
Oswalds Gespräche abhören. Tatsächlich kamen zwei Männer, die
sich als befugt auswiesen und die in das anschließende Zimmer
geführt wurden. Ungefähr um 22.45 Uhr blinkte das rote Licht auf, das
Anrufe aus der Telefonzelle der Häftlinge signalisierte. Beide Telefoni-
stinnen beeilten sich, die entsprechende Verbindung an der Schaltta-
fel herzustellen. Mrs. Swinney stöpselte die Leitung ein, und Mrs.
Troon hörte neugierig mit. Dann geschah etwas Ungewöhnliches.
Mrs. Swinney sagte den Geheimagenten, die im Nebenzimmer mit-
hörten, Oswald sei dabei, den »erwarteten Anruf« zu machen. Mrs.
Troon berichtete: »Ich war sprachlos über das, was dann passierte.
Mrs. Swinney setzte sich mit Oswald wieder in Verbindung und sagte
ihm ›Entschuldigen Sie bitte, aber die Nummer antwortet nicht.‹ Dann
zog sie den Verbindungsstöpsel heraus, ohne überhaupt versucht zu
haben, die Verbindung für Oswald durchzustellen. Einige Minuten
später riß sie das Blatt von ihrem Notizblock und warf es in den
Papierkorb.«
Mrs. Troon holte ein paar Minuten später das Blatt mit der von Oswald

angegebenen Nummer wieder heraus und hob es als Andenken auf. Spätere Nachforschungen ergaben, daß Oswald – falls Mrs. Troons Angaben richtig sind – einen Mann namens Hurt in Raleigh, North Carolina, zu erreichen versuchte. Mrs. Swinney notierte zwei weitere Nummern, die unter dem Namen »Hurt« im Telefonbuch zu finden waren. Die Nummern bezogen sich auf zwei verschiedene Personen desselben Namens. Sie wurden befragt und bestritten, etwas über Oswald zu wissen. Einer der beiden, John D. Hurt, diente im Zweiten Weltkrieg im amerikanischen Armeenachrichtendienst. Der Oberste Rechtsberater des Kongreßausschusses meinte diesbezüglich: »Es handelte sich um einen Anruf nach auswärts. Das war meiner Ansicht nach bedeutend. Die fragliche Identität der Person, die Oswald zu erreichen versuchte, macht die Sache noch beunruhigender.«*

Marchetti bemerkte dazu, daß die Vorwahlnummer des Anrufs eine Gegend betraf, die in der Nähe des Marinestütztpunktes lag, in dem die Infiltration der Sowjetunion durch angebliche Überläufer einstens geplant wurde. Weder Oswalds Adreßbuch noch andere der vielen Einzelheiten, die aus Oswalds Leben bekannt wurden, weisen auf Kontakte in North Carolina. Das Rätsel blieb bis jetzt ungelöst.

Angesichts von Marchettis Behauptung, daß der amerikanische Nachrichtendienst die Sowjetunion mit Agenten zu infiltrieren versuchte, lohnt es sich, die Liste der amerikanischen Überläufer zu untersuchen. Dokumente des Außenministeriums und neuere Forschungen des Kongreßausschusses zeigen, daß in der Zeitspanne von 1945 bis 1959 nur zwei amerikanische Soldaten in die Sowjetunion oder nach Osteuropa übergelaufen sind. In den achtzehn Monaten bis 1960 wuchs die Zahl der Überläufer mit einer militärischen Vergangenheit plötzlich an. Fünf der Überläufer dienten in den in Westdeutschland stationierten Streitkräften. Zwei weitere waren ehemalige Marineinfanteristen, die bei der Nationalen Sicherheitsbehörde arbeiteten, einer »sehr geheimen« Behörde, die mit dem Entschlüsseln ausländischer Codes beauftragt war. Von den abtrünnigen Zivilisten hatte einer in der OSS (Office of Strategic Studies), dem Vorläufer des CIA, gedient, ein weiterer war ehemaliger Major der Luftwaffe, ein dritter ein ehemaliger Angehöriger der Marine, der zur kritischen Zeit bei der Rand Development Corporation angestellt war. Dazu kam natürlich noch Oswald, der eben von der Marineinfanterie entlassen war. Es ist ungewiß, wie sich das weitere Schicksal dieser Überläufer gestaltete. Von zweien wird angenommen, daß sie in der Sowjetunion gestorben sind. Die CIA weigert sich, aus Gründen der »nationalen Sicherheit«, über die zwei Überläufer aus der Nationalen Sicherheitsbehörde Aus-

---

* Manche glauben, es habe sich um einen versuchten Anruf *an* Oswald gehandelt.

künfte zu geben. Von den restlichen sieben kehrten vier nach einigen Jahren in die Vereinigten Staaten zurück.

Das mag wichtig sein . . .

Der plötzliche Anstieg von Überläufern, die einmal bei der Regierung oder im Verteidigungsbereich kurz vor oder nach dem Überlauf Oswalds dienten, sollte angesichts der Behauptung, die Amerikaner hätten zu dieser Zeit falsche Überläufer in die Sowjetunion geschickt, genauer untersucht werden. Im Falle der fünf Angehörigen der Armee in Deutschland war die Untersuchung unzulänglich. Ein Außenseiter stößt auf besondere Schwierigkeiten bei derartigen Untersuchungen, nicht zuletzt, weil Überläufer aus Überzeugung, geschweige denn Spione, die in die Vereinigten Staaten zurückgekehrt sind, verständlicherweise die Öffentlichkeit scheuen. Doch mag es der Mühe wert sein, den Fall des Angestellten der Rand Development Corporation, der 1959 übergelaufen war, genauer zu betrachten.

Der fragliche Mann hieß Robert Webster. Er war ein junger Kunststoff-Experte, der von einer Ausstellung in Moskau nicht mit seinen Kollegen heimkehrte. Die Rand Development Corporation war eine der ersten amerikanischen Firmen, die der Sowjetunion technische Produkte und Informationen verkauften. Diese Firma unterscheidet sich, wenigstens nach außen, von der besser bekannten und von dem CIA gegründeten Rand Corporation. Für diese arbeitete David Ellsberg, als er die Pentagon-Dokumente kopierte. In den siebziger Jahren befand sich das frühere Büro der Rand Development in der Lexington Avenue in New York, gegenüber dem der Rand Corporation. Das kann – oder kann auch nicht – reiner Zufall sein. Ein anderer Kongreßausschuß stellte einmal fest, daß die Rand Development mehrere CIA-Kontrakte habe. Der Präsident der Rand Development war Henry Rand, der zusammen mit einem anderen Angestellten der Firma George Bookbinder, ein Veteran des OSS war, dem Vorläufer des CIA im Zweiten Weltkrieg. Der einstmalige Vertreter der Rand Development in Washington, Christopher Bird, war ein CIA-Agent gewesen. Robert Webster traf Bookbinder und Rand in Begleitung von Konsul Snyder, als er seine Absicht, zu den Sowjets überzutreten, erklärte. Es lassen sich viele Parallelen zwischen Oswalds und Websters Aufenthalt in der UdSSR ziehen.

Webster erklärte seine Absicht, in die Sowjetunion überzulaufen, zwei Wochen vor Oswalds Übertritt. Webster, der wie Oswald bei der Marine gedient hatte, arbeitete in der Sowjetunion in seinem Fachgebiet. Webster heiratete zwar keine sowjetische Frau, da er bereits verheiratet war, doch lebte er mit einer Russin in staatlich tolerierter wilder Ehe, und sie bekamen ein Kind in der Sowjetunion. Es wird angenommen, daß seine Lebensgefährtin eine KGB-Agentin war.

Webster verließ, offensichtlich enttäuscht von dem sozialistischen Paradies, die UdSSR zwei Wochen vor Oswald.

Lee Oswald hat Webster entweder persönlich getroffen oder er wußte von ihm. Marina, Oswalds russische Frau, erzählte einem Bekannten, Oswald habe vor seinem Übertritt bei einer Ausstellung in Moskau gearbeitet. 1961, vor seiner Rückkehr in die Vereinigten Staaten, bat Oswald um eine höchst interessante Information. Ein neuerer Bericht besagt: »Er erkundigte sich über das Geschick eines jungen Mannes namens Webster, der kurz vor ihm in die Sowjetunion gekommen war . . .« Webster soll den amerikanischen Behörden nach seiner Rückkehr mitgeteilt haben, er sei mit Oswald niemals in Kontakt gekommen. Ob die angeblichen Überläufer einander kannten oder nicht – es wäre interessant, mehr über Websters Kontakt mit dem sowjetischen und dem amerikanischen Nachrichtendienst zu erfahren. Wenn das Projekt, Überläufer in die Sowjetunion zu schicken, wirklich existierte, besteht selbstverständlich die Möglichkeit, daß viele von ihnen niemals in den offiziellen Akten auftauchten. Ein kürzlich von dem CIA freigegebenes Dokument zeugt von der Existenz eines weiteren Amerikaners, der gleichzeitig mit Oswald in der UdSSR war.

Es handelt sich um ein internes Memorandum hinsichtlich eines amerikanischen Staatsbürgers und seiner »möglichen Beziehung zu Lee Harvey und Marina Oswald«. Der Verfasser wird den Mann X nennen, da sein Name und seine Aktennummer in dem Dokument leer bleiben. Im Memorandum wird berichtet, »X sei 1958 und 1959 in der UdSSR gewesen und habe sich zweimal mehrere Monate in Minsk, wo auch Oswald später lebte, aufgehalten«. Es geht aus dem Dokument hervor, daß X, da er 1961 von dem CIA in Kopenhagen befragt wurde, Sowjetrußland verlassen hatte. X behauptete, in Minsk als der einzige Amerikaner eine Art von Kuriosum gewesen zu sein und eine Gruppe junger Russen angezogen zu haben, die sich für den Lebensstandard in den Vereinigten Staaten und im Westen interessierten. Die Neugier der jungen Russen habe sich auf Mädchen, Autos, lustiges Leben und Jazzmusik in der »Stimme von Amerika« gerichtet. Unter den Russen habe sich ein gewisser Igor (LNU),* dessen Vater ein sowjetischer General war, befunden. Oswald betrachtete sich ebenfalls als eine Kuriosität, da er der einzige Amerikaner in Minsk war und zog eine vergleichbare Gruppe von jungen Menschen an sich. Es sei noch bemerkt, daß sich unter Oswalds Freunden in Minsk ein junger Sowjetrusse namens Pavel Golovachew befand, dessen Vater anscheinend ein sowjetischer General war.

Der letzte Teil des Memorandums ist stark zensiert, möglicherweise,

* Familienname unbekannt.

um die Adresse von X, der inzwischen in die Vereinigten Staaten zurückgekehrt war, abzuschirmen. Doch überlebte der folgende Satz die Zensur: »Sowohl X als auch Oswald haben in der amerikanischen Marineinfanterie als Techniker gedient.«

Die Stadt Minsk, in der sowohl X als auch Oswald viele Monate verbrachten, war ein wirtschaftliches Zentrum und daher von Interesse für die westlichen Nachrichtendienste. Da beide in der Marineinfanterie dienten, direkt nacheinander in der Sowjetunion waren und wegen der noch ungeklärten Widersprüche in der offiziellen Darlegung von Oswalds Geschichte, läßt es sich nicht so leicht von der Hand weisen, daß der Marine-Nachrichtendienst wirklich ein Projekt hatte, angebliche Überläufer in die Sowjetunion zu schicken. Oswald mag Teil dieses Projektes gewesen sein oder auch das Werkzeug eines anderen Nachrichtendienstes. Es gibt einen schwerwiegenden Einwand gegen diese Annahme: War ein zwanzigjähriger junger Mann für eine Mission hinter dem Eisernen Vorhang geeignet? Das Gegenargument, Jugend und offensichtliche Unerfahrenheit seien eine gute Tarnung, ist nicht ganz stichhaltig. Der Verfasser hat eine eigene Hypothese. Oswald war vielleicht ungeeignet für Spionage im herkömmlichen Sinne, doch konnte er dazu benutzt werden, Informationen über das Verhalten der Sowjets gegenüber jungen Überläufern aus den Streitkräften zu sammeln. In einer Zeit, in der die Besorgnis hinsichtlich von Übertritten zunahm, hätte dies einem Bedürfnis der Nachrichtendienste gedient. Wenn die Annahme des Verfassers richtig ist, führt sie zu einer weiteren Frage: War Oswald wirklich linksgerichtet und ein unwissentliches Werkzeug, das von Anfang an beobachtet und überwacht wurde? Oder war er ein bewußter Agent mit einer eingegrenzten Mission, der er trotz seiner Jugend gewachsen war? Die Idee, daß Oswald ein Agent war, ist nicht nur das Privateigentum der Anhänger der Verschwörungstheorie im Falle Kennedy.

Otto Otepka, der umstrittene frühere Oberste Sicherheitsbeamte des Auswärtigen Amtes, äußert, daß seine Abteilung 1963 amerikanische Überläufer überprüfen ließ, weil weder der CIA noch die Nachrichtendienste, noch der Marine-Nachrichtendienst mitteilen wollten, wer von diesen authentisch und wer ein getarnter Agent war. Auch Oswalds Fall wurde überprüft. Nur fünf Monate vor der Ermordung Kennedys war es für das Außenministerium immer noch ungewiß, ob Oswald »zu uns oder zu ihnen gehörte«.

Die Widersprüche im Falle Oswald sind noch immer nicht gelöst, doch bleibt der Verdacht bestehen, daß Oswald in irgendeinem Sinne »einer von uns« war. Der Verdacht wird, wie wir sehen werden, von neueren Indizien bezüglich seiner Aktivitäten in den Monaten vor der Ermordung Kennedys verstärkt.

Als die Warren-Kommission den CIA und das FBI fragte, ob Verbindungen zwischen Oswald und ihnen bestanden, verneinten sie dies. Das Verteidigungsministerium, das dem Armee- und Marine-Nachrichtendienst übergeordnet war, behauptete ebenfalls, Oswald sei niemals ein Informant oder Agent der Nachrichtendienste in ihrem Bereich gewesen. Bemerkenswert ist, daß das Ministerium der speziellen Aufforderung, seine Oswald-Akten freizugeben, nicht zufriedenstellend entsprach. Der Armee-Nachrichtendienst übermittelte seine Oswald-Akten dem Warren-Ausschuß niemals. Er unterließ dies trotz der – siehe den Zusammenhang mit dem Zweitnamen »Hidell« gesehen haben – zugegebenen Tatsache, daß er eine Akte über Oswald führte. Diese Akte wurde aber, wie der Kongreßausschuß zu seiner Bestürzung erfuhr, inzwischen vernichtet. Das läßt Raum für Zweifel, denn ein militärischer Nachrichtendienst hätte an Oswald als Radarfachmann zuerst Interesse haben müssen.

Von dem Augenblick an, als Oswald in der UdSSR eintraf – ob er nun ein alleinstehender Abtrünniger war oder nicht – muß er den sowjetischen wie auch den amerikanischen Nachrichtendienst interessiert haben. Die beiderseitige Verneinung eines solchen Interesses ist höchst unbefriedigend.

9.

Liebesgrüße aus Moskau

Ein Kommunist muß für jede Art von Intrige und Hinterlist bereit sein... illegale Methoden gebrauchen... die Wahrheit verheimlichen...

Lenin

21. November
»6.00 p. m. Nachricht von der Polizei. Muß das Land vor 8.00 p. m. verlassen, da Visum abläuft. Welch ein Schock! Ich gehe auf mein Zimmer. Ich habe noch 100 Dollar. 2 Jahre habe ich darauf gewartet, angenommen zu werden. Meine sehnlichsten Träume zerstört von einem kleinen Polizeibeamten, wegen schlechter Planung. Ich war zu ehrgeizig.
7.00 p. m. Ich mache mit allem Schluß. Mein Handgelenk in kaltem Wasser, um den Schmerz zu lindern. Dann durchschneide ich die Schlagader. Dann Handgelenk in heißes Bad. Wenn Rima um 8 Uhr kommt, werde ich tot sein, ein Schock für sie. Irgendwo wird eine Violine gespielt werden, während ich zuschaue, wie mein Leben erlischt.«
Auffällig sind die grammatischen Fehler und dysgraphischen Eigenheiten (Dysgraphie und Dyslexia: Störung des Schreib- bzw. Lesevermögens auf erworbenem oder angeborenem Hirnschaden beruhend) in dieser Passage, die aus Oswalds »Historischem Tagebuch« stammt. Es befand sich in seinem von der Polizei von Dallas beschlagnahmten Besitz. Angeblich soll er die Zeilen geschrieben haben, als ihm ein Polizeibeamter mitgeteilt hatte, daß er die Sowjetunion vor 8.00 p. m. zu verlassen, weil sein Visum abgelaufen sei. Das »Tagebuch« erzählt, wie er im letzten Augenblick noch von seiner Intourist-Begleiterin, Rima Shirokowa, gerettet und ins Botkin-Krankenhaus gebracht worden war. Er blieb eine Woche im Krankenhaus. Kurz nach diesem Vorfall begab sich Oswald in die amerikanische Botschaft und warf seinen Reisepaß auf den Schreibtisch des Konsuls, sein Aufenthalt in der UdSSR wurde weiterhin (offiziell) genehmigt. Die sowjetische Regierung wies das Ersuchen der USA ab, russische Staatsbürger, die Oswald persönlich gekannt haben, zu interviewen. Sie stellte den Amerikanern insgesamt nur fünfzehn Dokumente, die sich auf Oswalds Aufenthalt in Rußland bezogen, zur Verfügung. Diese Dokumente, das »Tagebuch« und Marinas Aussagen sind wahrscheinlich alles, was wir je über diese Periode aus Oswalds Leben erfahren

werden. Die Echtheit der Dokumente sowie die des »Tagebuches«
wird angezweifelt.

Die Zweifel an der Echtheit des Tagebuches haben nichts mit der
mangelhaften Rechtschreibung zu tun. Oswald war ein Dyslektiker.
Das beeinträchtigte aber keineswegs seine Intelligenz und sein Urteils-
vermögen. Das Verdächtige am Tagebuch ist der Inhalt. Der dramatische Selbstmordversuch mit Violinbegleitung enthält eine Menge von
Widersprüchen, die möglicherweise die ersten Aufschlüsse darüber
ergeben, wie Oswald tatsächlich von seinen Gastgebern behandelt
wurde.

Der Krankenhausbericht besagt: »Der Patient spricht kein Russisch.
Seine Gesten und sein Gesichtsausdruck lassen aber darauf schließen,
daß er frei von Beschwerden ist.« Das verträgt sich schlecht mit dem
Oswald, der vor zwei Monaten mit einer Frau in Kalifornien ein
zweistündiges Gespräch in fließendem Russisch geführt haben soll.
Nach dem Attentat stellte der CIA eine Narbe an Oswalds Handgelenk
fest, die aber kaum das Resultat von einem ernsthaften Selbstmordversuch hätte sein können. Wie aus einem 1976 freigegebenen Dokument hervorgeht, war der CIA an dieser Narbe immerhin interessiert
genug, um Oswalds Exhumierung für eine nochmalige Untersuchung
zu beantragen.

Oswald schreibt in seinem »Tagebuch«, er wäre acht Uhr abends
blutend in seinem Hotelzimmer entdeckt worden. Laut Aufzeichnungen des Krankenhauses – einem der wenigen von den sowjetischen
Behörden den Amerikanern übergebenen Dokumente über Oswalds
Aufenthalt in der UdSSR – wurde er aber 4.00 p. m., also vier Stunden
früher, ins Krankenhaus eingeliefert.

Weiter schreibt Oswald etwas kritisch und herablassend über einen
älteren Amerikaner, den er im Spital getroffen habe. Dieser mißtraute
ihm offensichtlich, weil er, Oswald, sich nicht in der Botschaft gemel-
det hatte, vor allem aber, weil er der Beantwortung von Fragen über
den Zweck seines Moskauer Aufenthaltes ausgewichen sei. Mit der
letzten Anekdote hatte aber der Autor (die Autoren?) des »Tagebuches« Pech. FBI-Ermittlungen ergaben nämlich, daß ein älterer Amerikaner zu dieser Zeit tatsächlich im Botkin-Krankenhaus eingewiesen
worden war. Der Betreffende, ein Geschäftsmann aus New York, war
jedoch ganz sicher, im Moskauer Krankenhaus weder Oswald noch
irgendeinem Amerikaner begegnet zu sein.

Oswald war indessen keineswegs der einzige Überläufer, der nach
seiner Ankunft in der Sowjetunion einige Zeit im Krankenhaus verbrachte. Der Aufenthalt im Krankenhaus eignete sich vorzüglich zur
Beobachtung und Vernehmung solcher Überläufer durch den KGB,
den bedeutendsten russischen Nachrichtendienst. Dies mag also die

Methode gewesen sein, ihn als einen der letzten Ankömmlinge einer ganzen Reihe von Überläufern zu testen. Einer sowjetischen Quelle zufolge, so wurde dem amerikanischen Nachrichtendienst nach dem Attentat bekannt, entbehrten derartige Annahmen jeglicher Grundlage. Als Quelle entpuppte sich jedoch ein gewisser Yuri Nosenko, ein KGB-Offizier, der 2 Monate nach dem Attentat zu den Amerikanern überlief. Nosenko behauptete, persönlich für die Überwachung Oswalds verantwortlich gewesen zu sein. Oswald war sofort als labil klassifiziert worden, der KGB nahm sich also gar nicht die Mühe, ihn gründlich zu vernehmen. Nosenkos Geschichte war jedoch voller Lücken und Widersprüche. Wir werden auf ihn noch später zurückkommen. Als sich Oswald vor seiner Rückkehr in die Vereinigten Staaten bei der amerikanischen Botschaft in Moskau meldete, erklärte er, niemals von den Russen über Radarstationen oder andere militärische Geheimnisse befragt worden zu sein. Diese Aussage ist jedoch unglaubwürdig. Der CIA ist überzeugt, die Russen hätten sich für Oswald, auch wenn er keine Radar-Informationen anzubieten wußte, allein deswegen interessiert, weil er in der Marineinfanterie (die Elite der amerikanischen Streitkräfte) gedient hatte. Harry Rositzke, ein ehemaliger CIA-Angehöriger, auf die Anwerbemethoden des sowjetischen Nachrichtendienstes spezialisiert, schreibt: »Der KGB konzentriert sich bei der Anwerbung von Spionen auf Leute minderen Ranges, wie US-Regierungsangestellte, Kontakt-Beamte, Sekretäre, Botschaftswachen und Wehrpflichtdienstleistende, (also nicht Karriere-)Mitglieder der Streitkräfte. Als Gruppe betrachtet sind das »Bürger zweiten Ranges«, nach der Ansicht des KGB, also auch politisch naiv und vereinsamt. Überall in der Welt bemühen sich sowjetische Geheimagenten mit amerikanischem Personal Kontakte dieser Art herzustellen. Es bedarf folglich großer Fantasie sich vorzustellen, die Sowjets hätten darauf verzichtet, einen Marineinfanteristen eines U-2-Stützpunktes nicht zu verhören.

Das Tagebuch war nach Untersuchungen von Graphologen sowie des Kongreßausschusses für Attentate auf nur eine Papiersorte geschrieben. Graphologen wiesen nach, daß es ohne Unterbrechung, also nicht zu verschiedenen Zeitpunkten, geschrieben worden war.

Dem bekannten Autor, Edward Epstein, fiel eine Notiz im Tagebuch im Zusammenhang mit Oswalds Besuch in der Botschaft am 31. Oktober 1959 auf: »McVicar ist Richard Snyder als ›Hauptkonsul‹ (Generalkonsul) gefolgt.« Das geschah aber erst zwei Jahre später, kurz bevor Oswald Rußland verließ. An einer anderen Stelle heißt es, Oswald habe seinen Lohn in neuen Rubeln bezogen. Der Rubel wurde aber erst ein Jahr nach dem Datum dieses Vermerks neubewertet. Diese und weitere Widersprüche weisen fast mit Bestimmtheit darauf hin, daß das »Tagebuch« erst lange nach den in ihm verzeichneten Ereignissen geschrieben worden sein kann. Weshalb?

Der Zweck mag der gewesen sein, diese russische Episode in knappen Zügen und ohne die geringste Anspielung auf Kontakte mit sowjetischen Behörden zu skizzieren.

Nach Oswalds Beschreibung waren seine ersten russischen Begegnungen Intourist-Begleiter und Dolmetscher, Menschen also, die nach allen Erfahrungen meistens Spitzel des KGB sind. Wir wissen nicht, wo sich Oswald in den sechs Wochen, nachdem er sein Hotelzimmer verlassen hatte, aufgehalten hat. Aber es ist mehr als wahrscheinlich, daß er während dieser Zeit vom KGB wiederholt und gründlich verhört worden ist. Schließlich hatte dieser nicht nur die Aufgabe, alles, was er an nützlicher Information besaß, aus ihm herauszuholen, er mußte auch die wahre Ursache seines Übertritts ausfindig machen und sich von der Glaubwürdigkeit seiner Aussagen überzeugen.

All das war wesentlich zur Beantwortung der Frage, welche Rolle Oswald tatsächlich gespielt hatte. Diese Frage ist immer noch unbeantwortet. War er ein echter Überläufer oder war er, wissentlich oder auch unwissentlich, ein Werkzeug des amerikanischen Nachrichtendienstes?

Das Ergebnis der sowjetischen Untersuchung ist unbekannt. Wir wissen nur, Oswald, der faktisch noch US-Staatsangehöriger war, wurde mit einem für Staatenlose ausgestellten Personalausweis in das 450 Meilen von Moskau entfernte Minsk versetzt. Zur Deckung seiner Unkosten gab ihm das »Rote Kreuz«, ein Pseudonym für die MVD, der Behörde für die interne politische Sicherheit, 5000 Rubel. Oswald schrieb nach seiner Rückkehr aus der UdSSR: »Nach einer bestimmten Zeit stellten die Russen fest, daß ich wirklich nicht mehr als ein naiver, vom Ideal des Kommunismus überzeugter Amerikaner war und gewährten mir eine monatliche Unterstützung –.« Das könnte der Schlüssel zu seiner wahren Rolle sein. Der Aufenthalt in Minsk war die finanziell unbeschwerteste und glücklichste Periode seines ganzen Lebens. Seine Wohnung war – wie sein Tagebuch und die in seinem Besitz gefundenen Fotos bezeugen – etwas, was die kühnsten Wunschträume eines russischen Arbeiters der 60er Jahre weit überstieg: Sie war geräumig, hatte Balkons mit Aussicht auf den Fluß und war mit allem, was in der Sowjetunion als Luxus galt, ausgestattet. Er arbeitete in der Bielorussischen Fabrik für Radio und Fernsehgeräte. Sein Arbeitslohn und die »Rote Kreuz«-Unterstützung ergaben ein höheres Einkommen, als er es jemals hätte ausgeben können. Er schreibt über Affären mit fünf Mädchen aus Minsk und verbrachte Abend für Abend mit einem Mädchen am Arm im

Kino, im Theater oder in der Oper. Nach seiner eigenen Beschreibung lebte er auf großem Fuß.

Vielleicht hatte das Leben in Minsk auch einen ernsteren Aspekt. FBI-Chef Edgar J. Hoover sprach vor dem Warren-Ausschuß von Gerüchten, wonach es außerhalb von Minsk eine Schule zur Ausbildung von Spionen geben soll. Tatsächlich wurde der CIA bereits 1947 von einer Spionageschule in Minsk unterrichtet. Nach dem Attentat wurde die Existenz einer Schule, von einer hohen Mauer umgeben und mit von außen undurchsichtigen Fenstern versehen, bestätigt. Sie befand sich außerdem in unmittelbarer Nachbarschaft des Fremdspracheninstitutes. In seinen, aus dieser Zeit stammenden, Aufzeichnungen scheint Oswald absichtlich den Besuch dieses Institutes verschwiegen zu haben.

Das Kapitel der Oswald-Odyssee, das die größte und andauerndste Aufmerksamkeit auf sich lenkte, war seine Heirat mit Marina, der Russin, die er in Minsk kennenlernte und die er als seine Frau nach Amerika heimbrachte.

Nach dem Attentat skizzierte Marina ihre Lebensgeschichte vor dem Warren-Ausschuß.

Als Kriegskind kannte sie ihren Vater nicht, und sie verlor ihre Mutter zu Beginn ihrer Studentenzeit. 1959 wurde sie als Pharmazeutin approbiert, verließ ihre Stellung aber schon nach einem Tag. Nach dem Tod ihrer Mutter übersiedelte sie nach Minsk, wo sie bei ihrem Onkel mütterlicherseits und seiner Frau wohnte und im Dritten Klinischen Krankenhaus angestellt war. Sie führte ein aktives gesellschaftliches Leben, hatte Männerbekanntschaften, ging oft in die Oper und zu Tanzabenden. Marina berichtete, im Einklang mit Oswalds Tagebuch, dem jungen amerikanischen Überläufer zufällig in Minsk begegnet zu sein. Das war Mitte März, soviel steht fest. Darüber hinaus erinnert sich Marina nur nebelhaft. Wer hat sie an jenem Abend Oswald vorgestellt? Der Warren-Ausschuß nahm aufgrund von Marinas frühen Aussagen und dem »Historischen Tagebuch« an, die Bekanntschaft könnte von einem gewissen Yuri Mereginsky, dem Sohn eines Universitätsdozenten, einem jungen Mann, der sie beide schon von früher her kannte, vermittelt worden sein. In Marinas von einem »ghostwriter« geschriebener Autobiographie heißt es, Yuri sei ein Student der Medizin gewesen. Die Senatskommission hat der Identität Mereginskys in Anbetracht der Möglichkeit, die Begegnung sei vom KGB inszeniert worden, eine gewisse Bedeutung beigemessen. Marina wurde bei verschiedenen Anlässen über Yuri befragt. Zuerst gab sie an, den Namen nicht zu kennen. Beim zweitenmal erinnerte sie sich des Namens. Später sei sie ihm mehrmals begegnet, auch Lee hätte »gelegentlich« von ihm gesprochen. Einige Wochen später konnte sie sich beim öffentlichen Verhör an gar nichts mehr erinnern. »Erinnern Sie sich, wer Sie Oswald vorgestellt hat?« »Nein, ich erinnere mich nicht.« Seltsam, daß sie sich nicht des Treffens, das für ihr Leben so verhängnisvoll werden sollte, erinnerte. Mereginsky mag eine fiktive Person gewesen sein. Andererseits könnte er aber, wenn Einzelheiten über ihn bekannt wären, der Wegweiser zu einer Fundgrube von Informationen sein. Oswald hätte, so berichtet Marina, bei ihrer ersten Begegnung so gut russisch gesprochen, daß sie annehmen mußte, er stamme aus einem anderen Teil der Sowjetunion. Die Begegnung dauerte drei Stunden. Sie trafen sich wieder bei einem Tanz. Oswald begab sich bald darauf in ein Krankenhaus, wo er von Marina regelmäßig besucht wurde. Ihrer Auffassung nach habe die antiseptische Krankenhausatmosphäre in Oswald den sofortigen Wunsch, sie zu heiraten, ausgelöst. Von hier an ist die Geschichte verworren. Einerseits teilte sie mit, Oswald hätte ihr im Krankenhaus die Verlobung und einen Monat nach ihrer ersten Begegnung die Heirat angeboten. Das gab sie vor dem Warren-Ausschuß im Jahre 1964 an. Andererseits aber sagte sie 1976 vor dem Kongreßausschuß, er hätte den Heiratsantrag eineinhalb Monate vor der Hochzeit, was ihrer ersten Begegnung entsprach, gemacht. Die Trauung fand am 30. April 1961, also knapp sechs Wochen nach ihrem ersten Treffen, statt. Im Kontext einer derart stürmischen Werbung könnte man annehmen, sie würde sich zumindest auf eine Woche genau an den Moment, in dem sie »ja« gesagt hatte, erinnern.

Es war noch kein Monat seit der Hochzeit vergangen, als Oswald Marina seine Absicht mitteilte, in die Vereinigten Staaten zurückzukehren. Nach einem Briefwechsel mit der US-Botschaft in Moskau, sollte ihm sein Reisepaß, den er bei seinem Übertritt dem Konsul gegeben hatte, zurückgesandt werden. Die Behörden machten Marina wegen ihrer Reise in die Vereinigten Staaten keine Schwierigkeiten. Im Krankenhaus, in dem sie arbeitete, soll man sie allerdings heftig kritisiert haben. Im Februar 1962 wurde ihre erste Tochter geboren. Am 2. Juni verließ das Paar Rußland für immer.

Das war Marinas Geschichte, und der Warren-Ausschuß mußte sie so akzeptieren. Jetzt wissen wir, daß der Ausschuß mit dieser Version einige Probleme hatte, ebenso mit Oswalds Tagebuch und der rührenden Geschichte des Kennenlernens und der Trauung. In einer Geheimsitzung der Exekutive sagte Oberstaatsanwalt Rankin: ». . . sein Lebensstil, das zusätzliche Einkommen vom ›Roten Kreuz‹ . . ., Marinas Behauptung, er sei nie in Leningrad gewesen . . . seine Behauptung des Gegenteils . . . all das ist problematisch. . . . ihre Verwandtschaft . . . auch da stimmt etwas nicht. Sie sagt, sie sei als Kind eines unbekannten Vaters geboren, und doch war sie unter dem Namen

ihres Vaters registriert ... dann haben wir den Onkel mit einem
Posten in irgendeinem Bereich des Innenministeriums ... man hat
den Eindruck, er sei mehr gewesen als der obskure Beamte, von dem
sie sprach ... Dann haben wir die Phase, in der Oswald Mitglied eines
Schießvereins war ... eine Phase, für die sie keine Erklärung bietet ...
was wir über diese Periode seines Lebens wissen, deutet auf ein geziel-
tes Training, auf Mitarbeit mit den sowjetischen Behörden, auf Mitarbeit mit Angehörigen des Nachrichtendienstes ... es ist im Vergleich zu den Erfahrungen des Durchschnittsamerikaners in der
Sowjetunion ungewöhnlich ...«
Marina half dem Ausschuß nicht, all diese Fragen zu beantworten und
die Widersprüche zu klären. Dagegen erhob sie schwer belastende
Aussagen gegen ihren verstorbenen Mann. Doch waren auch diese
belastenden Aussagen widersprüchlich, verworren und inkonse-
quent. Zunächst gewann ihr Kommentar in gebrochenem Englisch:
»Lee guter Mann, Lee nicht schießt niemand«, viele Sympathien.
Trotzdem verwandelte sich Lee in wenigen Wochen von einem guten
Ehemann in einen bösen, der sie mißhandelte. Einmal identifizierte sie
den Mannlicher-Carcano als Oswalds »verhängnisvolles Gewehr«,
später aber zweifelte sie, ob es ihrem Mann gehörte. Dann behauptete
sie, Oswald habe bereits Monate vor dem Attentat zwei bekannte
politische Persönlichkeiten erschießen wollen. Er sei der unbekannte
Attentäter gewesen, der im Frühjahr 1963 den Rechtsextremisten,
General Edwin Walker, angeschossen und verfehlt hatte. Der Warren-
Ausschuß nahm die Behauptung ernst, doch scheint diese Aussage
heute zweifelhaft. Weiter gab sie an, Oswald hätte vom Besuch von
Vizepräsident Nixon in Dallas gesprochen und seine Pistole mit den
Worten »das werde ich mir mal ansehen« in den Gürtel gesteckt. Sie
schien damit anzudeuten, Oswald hätte die Absicht gehabt, Nixon
ebenfalls zu erschießen, in seinen mörderischen Vorhaben sei er also
nicht besonders wählerisch gewesen. An diesem Vorhaben habe sie
ihn allerdings gehindert, indem sie ihn in das Badezimmer einsperrte.
Diese Geschichte wurde entkräftigt. Es stellte sich heraus, daß das
Badezimmer nur von innen nach außen abzuschließen war. Übrigens
war Nixon zur angegebenen Zeit nicht in Dallas.
Senator Russells Kommentar: Marinas typische Reaktion auf schwie-
rige, ihr unangenehme Fragen ist stets die Gegenfrage »ich weiß nicht,
wovon Sie reden«. Ein Anwalt des Warren-Ausschusses stellte das
Image Marinas als einer hingebungsvollen, guten Mutter und Ehefrau
sehr in Frage. Er meinte vielmehr, sie sei kalt, berechnend, geizig,
jeder Regung von Großmut spöttisch gegenüberstehend und in ihren
persönlichen Beziehungen zeitweise ohne einen Anflug von Mensch-
lichkeit. Derselbe Anwalt ließ seine Befürchtung, Marina habe über

wesentliche Bereiche der Aussage »wiederholt gelogen«, offiziell vermerken.

Je mehr Nachforschungen der CIA über Marinas Biographie in der UdSSR anstellte, um so weniger kümmerten sie sich um ihre das Attentat betreffenden Aussagen und um so mehr beunruhigte sie die Undurchsichtigkeit bei ihrer Abstammung und ihren Aktivitäten in der UdSSR.

In den frühen Versionen ihrer Lebensgeschichte wurde sie 1941 im arktischen Norden Rußlands als Marina Nikolajewna Prusakowa geboren. Prusakow war der Familienname ihrer Mutter, den Marina angeblich deshalb angenommen hatte, weil sie ihren Vater nicht gekannt hat.

In ihrer 1977 veröffentlichten Biographie heißt es jedoch, Marina hätte zuerst angenommen, sie sei die Tochter des zweiten Ehemannes ihrer Mutter, bis sie entdeckte, illegitim auf die Welt gekommen zu sein. Sie forderte ihren Stiefvater auf, die Wahrheit zu sagen, dabei erfuhr sie, ihr Vater habe Nicolaj Didenko geheißen und sei ein Verräter gewesen, der im 2. Weltkrieg ums Leben gekommen ist. Diese Version könnte der Wahrheit entsprechen, doch gab es keinen stichhaltigen Grund, sie dem Warren-Ausschuß vorzuenthalten. Ihr Taufschein gibt Severodvinsk als ihren Geburtsort an. Der CIA fand jedoch heraus, daß die Stadt erst 1957, als Marina bereits sechzehn Jahre alt war, so benannt worden ist.

Marina benötigte einen Geburtsschein für ihre Heirat im April 1961. Der Geburtsschein aber, den sie der US-Botschaft in Moskau mit ihrem Einreisegesuch vorlegen mußte, war, wie Edward Epstein bemerkte, auf den 19. Juni 1961 datiert. Das ließ den Verdacht aufkommen, die sowjetischen Behörden hätten ihr neue und gefälschte Papiere für die Reise ausgestellt. Der Verdacht war nicht unbegründet. Marina hatte höchst interessante Verwandte. Da war zum Beispiel Alexander Medwedew, der zweite Mann ihrer Mutter. Er war ein hochqualifizierter Elektrotechniker, der in eine gehobenere Stellung nach Leningrad versetzt wurde. Das schien dem CIA unvereinbar mit seinen Briefen an Marina, die »fast von einem Analphabeten« hätten sein können. Dann gab es den Onkel in Minsk, der im Namen der Familie die Genehmigung zu ihrer Heirat gegeben hatte. Ilya Prusakow war von Haus aus Ingenieur und hatte in der MDV, dem Ministerium des Innern, den Rang eines Oberstleutnants. Das ergaben die Nachforschungen. Er war gleichzeitig ein prominenter Bürger von Minsk und ein Mitglied der kommunistischen Partei. Obwohl sie diese Tatsache bei ihrer Einreise in die Vereinigten Staaten verleugnete, war Marina ein Mitglied des Komsomol, der Jugendbewegung der kommunistischen Partei, gewesen. Das sind zwar nur Details, in ihrer Vielfalt ergeben sie jedoch ein Gesamtbild. So erfuhr der CIA auch, daß Marina unmittelbar nach Abschluß ihrer Ausbildung als Apothekerin einen Job angenommen hatte, um ihn aber schon nach einem Tag wieder aufzugeben. Daraufhin nahm sie einen Urlaub von mehreren Monaten. In der Sowjetunion würde ein derartiges Benehmen als unsozial angesehen und womöglich geahndet werden. Der CIA resümiert in ihrem Bericht: ». . . es ist fast unvorstellbar, daß ein derartiges Benehmen in der UdSSR unbestraft bleibt . . . sie wäre ganz bestimmt auf Schwierigkeiten mit dem Komsomol und der Gewerkschaft gestoßen.« Von Schwierigkeiten gab es indessen keine Anzeichen. Hingegen fällt eine seltsame Übereinstimmung mit Oswalds Ankunft in Moskau und dem Ende von Marinas sogenanntem Urlaub auf. War das reiner Zufall? Oder hatte man Marina darauf vorbereitet, mit dem Überläufer aus den Vereinigten Staaten Kontakt aufzunehmen? Die CIA-Spionageabwehr war bezüglich dieses Punktes besonders unzufrieden. Grund dafür ist ein 1976 freigegebenes Geheimdokument, das erst aufgrund eines Prozesses, bei dem es um die Informationsrechte des Bürgers ging, veröffentlicht wurde. Es bezieht sich auf einen zusätzlichen Urlaubsmonat, den Marina, wie sie zugab, in einem staatlichen »Erholungsheim« in der Nähe von Leningrad im Herbst 1960 verbrachte.

Der CIA besaß eine Kopie von Marinas Adreßbuch. Es enthielt den Namen Lev Prisentsew, der neben einer Leningrader Adresse eingetragen war. Nach einem Bericht des FBI behauptete Marina, diesen Mann im »Erholungsheim« kennengelernt zu haben. Der Name wurde routinemäßig in den Computer gegeben, doch gab es keine Antwort darauf. Daraufhin fütterten sie den Computer mit der Adresse »Kondrat'yewskiy Prospekt 63, Apt. 7, Leningrad (und auch K.P. No. 7, Apt. 63, da die Reihenfolge im Adreßbuch unklar war). Diesmal gab der Computer folgende Auskunft:

> Robert E. Webster, der seine amerikanische Staatsbürgerschaft 1959, als er in die UdSSR überlief, aufgegeben hatte und im Mai 1962 in die Vereinigten Staaten als Ausländer unter der Sowjet Quota zurückkehrte, gab an, er hätte während eines Aufenthaltes in der UdSSR in einer Dreizimmerwohnung in Kondrat'yeskiy Prospekt 63, Apt. 18, Leningrad gewohnt.

Da taucht er also wieder auf, Robert Webster von der US-Marineinfanterie, vor Oswald zu den Kommunisten übergelaufen und gleichzeitig mit ihm in die USA zurückgekehrt, der Mann, nach dem sich Oswald in Moskau erkundigt hatte. Der CIA-Beamte muß gestutzt haben, als der Computer noch eine weitere Übereinstimmung »herausfand«. Marina Prusakowa hatte also Kontakt mit einem im selben Haus

wohnenden Mann wie Webster, der ungefähr gleichzeitig mit Oswald
übergelaufen und wieder nach Amerika zurückgekehrt war.
Leningrad ist eine große Stadt. Ist das nicht zuviel des Zufalls?
Der CIA beobachtete bereits seit einiger Zeit die Rückkehr reuiger
amerikanischer Abtrünniger aus der UdSSR mit sowjetischen Ehe-
frauen. Robert Webster, jener Überläufer, dessen Wege sich mit denen
Oswalds wiederholt kreuzten, hatte ein Kind von einer Russin, die
vermutlich dem KGB angehörte. Ein anderer Überläufer, James Mintkenbaugh, behauptete, er sei als sowjetischer Spion geschult worden,
überdies hätte man ihm nahegelegt, eine Russin zu heiraten. Die
Absicht war naheliegend, nämlich, sie mit Mintkenbaugh in die
Vereinigten Staaten zu schicken, um sie dort als sowjetische Geheim-
agentin arbeiten zu lassen. Kurz nach Kennedys Ermordung erwähnte
ein CIA-Beamter in einem Memorandum, an Marina Prusakowa
schon vor ihrer Abreise aus der Sowjetunion interessiert gewesen zu
sein.

> ... zu diesem Zweck verfolgte ich mit zunehmendem Interesse
> die Entwicklung einer neuen russischen Technik: sowjetische
> Frauen heiraten Ausländer, sie dürfen die UdSSR mit ihren
> Männern verlassen, dann lassen sie sich scheiden, behalten
> ihren Wohnsitz aber im Ausland ... es sind ungefähr zwei
> Dutzend parallele Fälle beobachtet worden. Wir hatten ein
> doppeltes Interesse an diesem Fall. Erstens waren wir neugie-
> rig, ob auch Oswalds Frau das Land mit ihm verlassen würde,
> und zweitens interessierten uns die Erfahrungen, die Harvey in
> der UdSSR gemacht hatte.

Selbstverständlich haben die sowjetischen Behörden Marina Oswald
auch die Erlaubnis erteilt, die UdSSR zu verlassen. Dieser Punkt
beunruhigte ursprünglich auch den Oberstaatsanwalt des Warren-
Ausschusses, Rankin. »... werden Marinas Aussagen noch andere
Gesichtspunkte erklären, weshalb sie die UdSSR ohne Schwierigkeiten verlassen durfte.«
Die Kommission betrachtete aber die Frage als zufriedenstellend
beantwortet, da Marina ihre Ausreisebewilligung, wie andere in vergleichbaren Fällen, erst nach einer Verzögerung von fünfeinhalb
Monaten erhielt (tatsächlich geschah dies hier schon nach vier Monaten). Diese Verzögerung beruhigt aber keineswegs die Spionageab-
wehr des CIA. Vermutlich hätten die sowjetischen Behörden die
Fiktion der Vorsicht aufrechterhalten, wenn Marina im Auftrag des
KGB geheiratet hätte. Der amerikanische Geheimdienst hatte also alle
Gründe, das Paar nach seiner Rückkehr in die Vereinigten Staaten
weiter zu beobachten.

Zunächst gab Marina im Juli 1962 der sowjetischen Botschaft in Washington, was wie eine Routineinformation aussah, ihre neue amerikanische Adresse. Die Korrespondenzen der kommunistischen Botschaften in den USA wurden von dem FBI abgefangen, so auch Marinas Brief. Man hätte diesen Brief als harmlos ansehen können, wäre er nicht an den zweiten Sekretär der Botschaft adressiert worden. Der Mann hieß Vitaliy Gerasimow. Der CIA wußte, daß er »an geheimen Zusammentreffen in den USA teilnahm und für wichtige Informationen zahlte«. Da Gerasimow aber auch als Konsul tätig war, gab dieser Kontakt dem Nachrichtendienst keinen besonderen Anlaß, Marina zu verdächtigen. Ein Brief, der später im Jahr 1962 aus der Sowjetunion kam, gab dem CIA erneuten Anlaß, sich um die Frau Lee Harvey Oswalds zu kümmern. Das bedeutete Arbeit für den Computer.

Auf Veranlassung des Chefs der Spionageabwehr, James Angleton, wurde 1962 die Korrespondenz von zehntausend amerikanischen Staatsbürgern ungesetzlicherweise abgefangen, geöffnet und fotografiert. Diesem Unternehmen, das später einen großen Skandal verursachte, ist das Abfangen eines Briefes an Marina aus Leningrad zu verdanken. Der Brief kam von einer angeblichen Freundin aus alten Zeiten, Anna Sobolewa, und der Inhalt schien belanglos. Aber wie Edward Epstein, der Angleton interviewte, berichtet, ergab ein Computercheck der Adresse des Absenders wieder einen jener besonderen Zufälle. Die Adresse war die eines gewissen Igor Sobolew, über den der CIA bereits Akten führte und von dem sie glaubte, er sei ein Angehöriger des Ersten Oberen Direktorates, des ranghöchsten Bereichs des KGB. Vielleicht war »Ella« tatsächlich Sobolews Frau oder Tochter und ihre Beziehung zu Marina rein freundschaftlich. Vielleicht. Aber die Zufälle summieren sich.

Die Annahme, Marina Oswald sei eine Art Mata Hari gewesen, ist wohl absurd. Wie ihr Mann, so war auch sie zu jung und unerfahren für eine solche Rolle. Doch ist es möglich, daß sie angesetzt wurde, und zwar nicht, um mit ihm zusammen zu spionieren, sondern, um zu ermitteln, für wen er wirklich arbeitet. Dieser Meinung sind Angehörige des Nachrichtendienstes. Die Hypothese mag der Wahrheit entsprechen. Marina mag sich ihrer Rolle nicht voll bewußt gewesen sein. Ein bis heute ungelöstes Rätsel erhöhte den schon bestehenden Verdacht des CIA in besonderer Weise.

Oswalds rätselhafte Rolle erhielt einen neuen Aspekt durch den Übertritt eines hohen KGB-Offiziers, Yuri Nosenko, Anfang 1964. Nosenko versicherte den Amerikanern, seine Organisation hätte niemals das geringste Interesse an Oswald gehabt.

War Nosenko wirklich ein Überläufer oder war er von Moskau als

Nachrichtenvermittler gesandt? Und welche Nachricht wäre den
Russen wichtig genug gewesen, um so einen hochrangigen Offizier
zu verlieren?

Ein KGB-Märchen

Genau zwei Monate nach dem Kennedy-Attentat erhielt das CIA-
Hauptquartier in Virginia eine chiffrierte Nachricht. Der Absender
war Yuri Nosenko, ein KGB-Offizier, der der sowjetischen Delegation in Genf angehörte. Nosenko hat sich bei einer früheren Reise in
die Schweiz mit dem CIA in Verbindung gesetzt, die ihn bereits
damals als einen besonderen Fang ansah. Seine Karriere im sowjetischen Nachrichtendienst, die nach dem Krieg in der Marine ihren
Anfang genommen hatte, war jetzt mit einer hohen Stellung im
Zweiten Oberen Direktorat des KGB, dessen Bereich die Spionageabwehr innerhalb der Sowjetunion bildete, im Alter von 36 Jahren
auf ihrem Höhepunkt. In Moskau spezialisierte sich Nosenko Jahre
hindurch auf das Kompromittieren und die Erpressung prominenter
Ausländer, insbesondere von Briten und Amerikanern. Der CIA
knüpfte hohe Hoffnungen an Nosenko als Quelle wichtiger Informationen aus dem Zentrum des sowjetischen Nachrichtendienstes.
Diese Hoffnung sollte jedoch ihr »Neuling« in einem, in Hast arran-
gierten, Geheimtreffen in Genf zunichte machen.
Statt dessen gab Nosenko den Amerikanern eine Fülle von Unge-
reimtheiten auf.
Zunächst erklärte er, daß er sofort zum Westen übertreten und
damit seine Karriere im KGB und auch seine Frau und Kinder in
Moskau aufgeben wollte. Das kam völlig unerwartet, da er bei einer
früheren Begegnung beteuerte, Rußland niemals verlassen zu wollen. Es war auch unerwünscht. Im Verlauf der folgenden Tage versuchte ihn der CIA zu überreden, als aktive Kontaktperson in Moskau zu bleiben. Darauf konfrontierte Nosenko die Amerikaner mit
einer Neuigkeit, die kaum eine Alternative zuließ. Er behauptete,
vom KGB-Hauptquartier per Kabel den Befehl erhalten zu haben,
sich innerhalb von fünf Tagen in Moskau zu melden. Nosenko
meinte, sein Verrat sei entdeckt worden und der CIA müßte daraus
die einzige ehrbare Konsequenz ziehen und ihn so schnell als möglich in die Vereinigten Staaten hinüberschaffen. Der CIA hatte keine
Wahl. Am Tage, an dem seine Frist abgelaufen war, wurde
Nosenko aus der Schweiz herausgeschmuggelt. Inzwischen war der
CIA mit der Analyse von Nosenkos letztem Informationsgeschenk
beschäftigt. Die Information bestand darin, er, Nosenko, sei persön-

lich für die Betreuung des Falles Oswald in der Sowjetunion verantwortlich gewesen.
Als stellvertretender Direktor des anglo-amerikanischen Sektors der
Spionageabwehr war es naturgemäß seine Pflicht, den Fall Oswald bei
seinem Übertritt 1959 zu überwachen. Nosenko behauptete, der KGB
habe von Oswald, als dieser, bereits in Moskau, um die Aufenthalts-
bewilligung ersuchte, zum ersten Male gehört. Damals war noch
nichts über seine Vergangenheit in der Marineinfanterie bekannt,
andernfalls hätte man sich auch nicht dafür interessiert. Das KGB hielt
Oswald für nur mäßig intelligent und emotionell unstabil. Das geringe
Interesse an ihm verringerte sich mit seinem Selbstmordversuch und
verflüchtigte sich völlig, als er ein zweites Mal mit Selbstmord drohte.
Nosenko sagte, das KGB habe Oswald niemals bezüglich seiner
Kenntnisse und Erfahrungen in der Marineinfanterie verhört oder
auch nur daran gedacht, ihn als Spion einzusetzen. Die Aufenthalts-
bewilligung erteilte ihm nicht das KGB, sondern eine andere Behörde,
die ihn später auch nach Minsk versetzte. In Minsk wurde Oswald
allerdings routinegemäß diskret überwacht, falls er sich im Auftrag
des CIA in der Sowjetunion aufhalten sollte. Im übrigen war das
Interesse des KGB an Oswald gleich Null. Deshalb gab Oswalds
Entscheidung, in die Vereinigten Staaten zurückzukehren und seine
Frau mitzunehmen, weder zu Besorgnis noch zu Schwierigkeiten
Anlaß. Über Marina bemerkte Nosenko herablassend: »... sie war
nicht gerade eine Leuchte ... wir waren froh, das Paar loszuwerden.«
Das sei, laut Nosenko, das Ende jener russischen Episode Oswalds
gewesen, hätte er nicht einige Monate vor dem Attentat um erneute
Genehmigung, in die Sowjetunion zurückzukehren, ersucht. Sein
Gesuch wurde abgewiesen. Da Oswald sich als Kommunist gebär-
dete, ja in der SU gelebt hatte, beunruhigte nach der Ermordung
Kennedys den KGB. Der Chef der Zweiten KGB-Behörde, General
Gribanow, ordnete eine unter seiner persönlichen Leitung stehende
Überprüfung aller Oswaldschen Kontakte und Aktivitäten in der SU
an. Ein für diesen Zweck bereitgestelltes Militärflugzeug brachte zwei
Kisten Oswaldscher Dokumente von Minsk nach Moskau. Wenn
Nosenkos Version der Wahrheit entspricht, haben sich die Russen
wohl mit dem »Gesamtmaterial« 15 Oswaldscher Akten, die sie dem
Warren-Ausschuß übergaben, über die Amerikaner lustig gemacht.
Nosenko wußte nur von einem einzigen russischen Versuch, Oswald
zu beeinflussen. Als ihn nämlich Marinas Onkel, Oberst Medwedew,
bat, sich bei seiner Rückkehr in die Vereinigten Staaten nicht allzu
kritisch über die Sowjetunion zu äußern. Nosenko hat über alles, was
in der SU über Oswald bekannt war, persönliche Kenntnis, denn er
war nach dem Attentat erneut für den Fall Oswald zuständig. Wieder-

holt behauptete er, Berichte des nach Minsk entsandten KGB-Spezial-
teams erhalten zu haben. Aufgrund des Resultats dieser auch Ministerpräsident Chruschtschow vorgelegten Untersuchung wurde das
KGB freigesprochen. Aus Nosenkos Blickwinkel war das KGB unanfechtbar. Das war der erste Bissen, den die Sowjetrußland-Abteilung
des CIA nicht schlucken konnte, sowie der Anfang einer zehn Jahre
langen Kontroverse (innerhalb des CIA) über Nosenkos wirkliche
Motive.

Das Mißtrauen des CIA gegenüber Nosenko und seiner Version der
Oswald-Geschichte war nur zu gerechtfertigt. Er hatte schon vor dem
Attentat seine Bedenken, als ihm Nosenko seine Dienste anbot und
dann die lächerlich kleine Summe von 300 $ als Anzahlung für seine
Dienste akzeptierte. Das paßte nicht zu seiner Behauptung, ein
Oberstleutnant im KGB zu sein. Nach weiteren Vernehmungen
begann seine Fassade abzubröckeln. So z. B. behauptete er, während
seiner Verhandlungen mit den Amerikanern in Genf ein Telegramm
aus Moskau erhalten zu haben, in dem er aufgefordert wurde, sofort
nach Moskau zurückzukehren. Nun hatte ein Team von amerikanischen Experten nicht nur den Schlüssel zur Dechiffrierung des russischen Codes, sondern auch Zugang zu den zwischen Moskau und
Genf gewechselten Telegrammen. Am besagten Tage hatte keines der
Mitglieder der sowjetischen Delegation ein Telegramm erhalten.
Nosenko wurde diesbezüglich länger verhört und gab schließlich zu,
die Geschichte erfunden zu haben. Doch bestand er darauf, dies nicht
im Auftrag des KGB, sondern aus eigener Initiative getan zu haben,
um die Amerikaner dazu zu zwingen, ihn zu akzeptieren und in die
Vereinigten Staaten zu versetzen. Dann untermauerte die Gegenspionageabteilung vollends auch noch die Grundlage der Nosenko-
Geschichte mit dem Zweifel an seiner angeblichen Karriere im KGB.
Major Anatoliy Golitsin, ein anderer Überläufer des russischen Nachrichtendienstes, bestätigte, Nosenko habe der Organisation angehört,
behauptete jedoch, er habe nicht die von ihm angegebenen Posten
innegehabt. Golitsin hatte enge Beziehungen zu den Abteilungen, in
denen Nosenko angeblich gearbeitet hatte, war ihm aber nie begegnet.
Als Nosenko über seinen meteorhaften Aufstieg vom Kapitän zum
Oberstleutnant in weniger als vier Jahren näher befragt wurde, konnte
er ihn nicht zufriedenstellend begründen und gab schließlich zu,
seinen Rang übertrieben zu haben, um den CIA zu beeindrucken.
Ein schlechtes Gedächtnis konnte nicht für alle Fehler, die Nosenko
gemacht hatte, verantwortlich gemacht werden. Da war z. B. der Fall
eines amerikanischen Militärattachés in den fünfziger Jahren, für den
er angeblich zuständig gewesen war. Seine Antwort auf die Frage
nach dem Ende dieser Episode machte es klar, daß er von der Auswei-

sung des Diplomaten aus der Sowjetunion nichts wußte. So ging es von Fall zu Fall weiter. Nosenko behauptete, über den Fall des Sowjetoffiziers Oleg Penkovsky, der wegen Spionage für die Amerikaner verhaftet, überführt und 1963 hingerichtet wurde, genaue Kenntnis zu haben. Doch stellte sich heraus, daß Dinge, von denen er angeblich in täglichen Berichten 1961 informiert wurde, sich erst später, als er, nach seiner eigenen Aussage schon in einem anderen Bereich des KGB tätig war, ereigneten. Überdies bezeugte er eine für einen hochrangigen Angehörigen der Internen Abteilung des KGB unwahrscheinliche Unkenntnis des amerikanischen Establishment in Moskau. Alles in allem ist sein Versagen im Lügendetektortest nicht überraschend.

Schließlich kamen die leitenden Angehörigen der CIA zum Schluß, der »Übertritt« Nosenkos sei ein Trick des KGB gewesen.

Er gab zwar auch wahrheitsgemäße Informationen. Die aber waren wenig beeindruckend. Auf sein Konto kam schließlich die Identifizierung William Vassalls, eines Beamten der britischen Admiralität, der den Russen sieben Jahre lang geheimes Material zukommen ließ. Er war auch für die Verhaftung eines Feldwebels der amerikanischen Armee, Robert Johnson, verantwortlich, der für die Russen spioniert haben soll. Der CIA überprüfte diese Fälle erneut und glaubte jetzt, das KGB habe Vasall und Johnson schon vor Nosenkos Fingerzeig als entlarvt und nutzlos abgeschrieben. Doch diente ihre Identifizierung Nosenko zur Stärkung seines lädierten Ansehens bei den Amerikanern. Das sich blind durch ein Minenfeld von sowjetischen Täuschungsmanövern tastende CIA-Team sucht vergeblich nach dem wahren Motiv seiner Mission. Was war der Preis, der den Verlust eines vielversprechenden KGB-Angehörigen wie Yuri Nosenko aufwog? Der Chef der amerikanischen Spionageabwehr, Angleton, hatte den Eindruck, Nosenko bemühte sich zu sehr, das Scheitern gewisser wichtiger CIA-Unternehmen in der Sowjetunion auf natürliche Ursachen zurückzuführen. Er schloß daraus, Nosenkos Aufgabe sei es, einen denkbaren Verdacht des CIA, einen Unterwanderer auf hoher Ebene in ihrer Mitte zu haben, im Keime zu ersticken.

Angletons Hypothese berührte nicht Nosenkos unglaubwürdige Darstellung der nicht existierenden Beziehungen zwischen Oswald und dem KGB. Interne Kämpfe im amerikanischen Nachrichtendienst verdunkelten zudem die Beantwortung der Frage nach dem Zweck dieses Manövers. Sie ist noch immer nicht beantwortet.

Kurz nach seinem Übertritt gab Nosenko Anlaß zu einem Streit zwischen dem CIA und FBI-Direktor, Edgar J. Hoover. Für Hoover war Nosenko ein Geschenk Gottes, weil die Leugung jeglicher Verbindung zwischen dem KGB und Oswald die Beschuldigung, das FBI habe die Überwachung eines wichtigen sowjetischen Geheimagenten vernachlässigt, widerlegen konnte. Heute meint das FBI, Nosenkos Informationen seien – vorausgesetzt er war ein aufrichtiger Überläufer – das überzeugendste Argument für die Unschuld der Sowjetrussen an der Ermordung Kennedys gewesen.

Auf dem Höhepunkt ihres Mißtrauens beschloß der CIA, Nosenko »feindselig« zu behandeln. Von da an wurde Nosenko vier Jahre lang mehr als ein Kriegsgefangener als ein willkommener Schützling der Vereinigten Staaten behandelt. Lange Zeit hat man ihn von der Welt abgeschnitten, in Einzelhaft in einer eigens für diesen Zweck konstruierten Zelle, die einem Banktresorraum glich, eingesperrt. Er wurde 24 Stunden des Tages beobachtet und blieb ohne Schreib- und Lesematerial, ja man hat ihm selbst das Liegen während des Tages nicht erlaubt. Wenn seine Wachen ein Fernsehgerät benutzten, legten sie sich Kopfhörer an, damit er nichts mitbekommen sollte. Einmal fing er in seiner Verzweiflung an, die Werbung auf der Zahnpaste zu lesen. Da nahm man ihm die Zahnpaste weg. Ein andermal riß er Fäden aus seiner Bekleidung, um damit die bereits verstrichenen Tage zu zählen.

Als die Behandlung Nosenkos dem Kongreßausschuß bekannt wurde, kam es im Senat zu einem Skandal. Der CIA entschuldigte sich damit, die Technik der Russen kopiert zu haben, was den Aufruhr noch steigerte.

Die Entrüstung der amerikanischen Politiker ist verständlich. Für uns aber ist Nosenkos Leidensweg vom alleinigen Standpunkt, welche Information er über Oswalds Verhältnis zum KGB zutage brachte, wichtig. Die Antwort auf diese Frage ist, ironischerweise gleich Null. Manche Angehörige des CIA meinten, diese Methode des Vernehmens habe seine Tendenz zum Lügen nur weiter verstärkt. Nach Ansicht des Kongreßausschusses für Attentate haben »die Art und Weise, in der er von dem CIA behandelt wurde – seine Vernehmungen, die lange Einzelhaft – ihn als eine potentielle Informationsquelle zerstört . . .« Ihren Zweck erfüllt die CIA-Methode niemals. Nosenko brach nicht – wie geplant – zusammen.

Als der Warren-Ausschuß die Ergebnisse seiner Untersuchung zusammenfaßte, hielt Nosenko seine Befrager noch immer hin. Die Kommissionäre mußten eine Wahl treffen zwischen dem allgemeinen Desinteresse des FBI an Nosenko und dem CIA-Verdacht, er sei vom KGB beauftragt worden, den Amerikanern falsche Informationen zu geben. Der Ausschuß vermied die Wahl, indem er Nosenko in seinem Bericht überging.

Inzwischen änderte sich nichts an Nosenkos Gefangenenstatus. Sein Fall war zum Gegenstand eines Tauziehens in den oberen Kreisen des

CIA geworden. Erst vier Jahre nach dem Attentat beschloß der Direktor des CIA, genug sei genug gewesen. Der Gefangene wurde freundlicher behandelt und die neu für den Fall eingesetzten Beamten schrieben Berichte, die über die Ungenauigkeit der von ihm gemalten Bilder hinweggingen. Kurz danach wurde Nosenko freigelassen. Er bekam ein neues Heim und die amerikanische Staatsbürgerschaft. Heute erfreut er sich des Postens eines CIA-Beraters. Fast alle hochgestellten CIA-Angehörigen, die ihm am meisten mißtrauten, sind inzwischen pensioniert. Seine Verteidiger behaupten, er habe nur, um seine Bedeutung zu vergrößern, gelogen und die meisten seiner »Fehler« fänden in seinem schlechten Gedächtnis eine natürliche Erklärung.

Als Nosenko 1978 in einer geheimen Sitzung vor dem Kongreßausschuß für Attentate erschien, verwickelte er sich in noch weiteren Widersprüchen. Schließlich weigerte er sich, Fragen, die sich auf vergangene CIA-Verhöre bezogen, zu beantworten. Als Grund gab er an, seine damaligen Aussagen seien das Resultat von Verhören gewesen, bei denen man ihn wie einen Feind behandelt un ihn absichtlich verwirrt habe. Die Entschuldigungen Nosenkos und die seiner Verteidiger erwähnen jedoch nicht »die Assistenz des KGB, die Fassade des Überläufers« aufrecht zu erhalten. Nosenko vergaß zum Beispiel, eine offensichtliche Diskrepanz aufzuklären, als er bekannte, er hätte seinen Rang in dem KGB übertrieben, um die Amerikaner zu beeindrucken. Zahlreiche KGB-Dokumente, die er mit sich brachte, beziehen sich auf ihn als Oberstleutnant, also mit dem Rang, den er zugab, nicht innegehabt zu haben. In die Ecke getrieben, fiel ihm nichts Plausibleres ein, als daß sich ein KGB-Beamter geirrt haben mußte. Vertraut mit der Genauigkeit der KGB-Bürokratie konnten das die KGB-Experten des CIA nicht akzeptieren. Sie meinten, die Dokumente bekräftigten die Annahme, Nosenko sei von dem KGB zu einem Täuschungsmanöver gebraucht worden. Diese Hypothese wird von der folgenden Begebenheit weiter bestärkt.

Bevor sich der Direktor des FBI, Hoover, entschloß, den Überläufer unter amerikanischen Schutz zu stellen, zog er einen anderen Sowjetrussen zu Rate. Dieser war ein den UN zugeteilter russischer Diplomat, der seit einiger Zeit den Amerikanern geheime Informationen lieferte. Seine Chiffre in dem FBI war »Fedora«. Der FBI konsultierte »Fedora« nach dem Übertritt Nosenkos. Fedora setzte sich für die Glaubwürdigkeit des Überläufers ein und stimmte dessen Behauptung zu, niemals den Rang eines Oberstleutnants in dem KGB innegehabt zu haben. Er bestätigte auch, er wüßte aus Moskau, das KGB habe Nosenko kurz vor seinem Übertritt telegraphisch aus der Schweiz nach Moskau zurückberufen. Diese Information war der beste Beweis für ein sowjetisches Täuschungsmanöver. Der CIA hatte bewiesen, daß ein Telegramm niemals geschickt worden war, und Nosenko selbst gab zu, die Geschichte erfunden zu haben. Die Russen haben sich jedoch am deutlichsten mit der Rangbeförderung des sogenannten Überläufers verraten.

Im Laufe der Nachforschungen für sein Buch »Legende« hatte der Autor Edward Epstein während der 70er Jahre ein Treffen mit dem Presseattaché der sowjetischen Botschaft in Washington. Epstein interessierte sich für Oswalds Aufenthalt in der SU. Obwohl der sowjetische Diplomat wußte, daß Epstein an einem größeren Werk arbeitete, teilte er ihm vertraulich mit, es gäbe in den Vereinigten Staaten einen Ex-KGB-Angehörigen, der über Oswald »alles, was über ihn in der SU bekannt war«, wüßte. Der Diplomat empfahl dann seinen Landsmann Nosenko.

Vor einigen Jahren bot ein sowjetischer Journalist »Paris Match« Fotos von Nosenkos Familie in der SU an. Alte CIA-Angehörige meinen, auch das stimme mit der Annahme überein, die Russen wünschten Nosenko-Geschichten im Westen zu verbreiten. Alles deutet darauf hin, daß Yuri Nosenko vom KGB beauftragt wurde, den Amerikanern falsche Informationen zu geben. Wenn das aber der Fall war, mußte das von Nosenko als Glanzpunkt seines Programmes präsentierte Märchen von »Oswald in Rußland« eine besondere Bedeutung und einen besonderen Zweck gehabt haben.

Manche Leute behaupteten, die Sowjets seien für die Ermordung Kennedys verantwortlich gewesen, sie hätten Oswald das Gewehr in die Hand gegeben. Für diese Annahme gibt es jedoch keine glaubwürdigen Beweise. Alle verantwortlichen Nachforscher des Attentats, einschließlich der CIA-Angehörigen, die Oswald am meisten mißtrauten, weisen Hypothesen dieser Art als total unglaubwürdig zurück.

Es gibt keinen Grund für die Annahme, die Sowjetunion hätte ein so wahnsinniges Unternehmen je auch nur in Betracht gezogen. Noch konnte ihr der Tod Kennedys politisch vorteilhaft erscheinen. Weshalb gaben sich dann die Russen all die Mühe, eine total unglaubhafte Geschichte über Oswald zu verbreiten? Die Spionageabwehr des CIA fand die Behauptung Nosenkos, das KGB habe Oswald niemals über seine Erfahrungen in der Marineinfanterie vernommen, einfach absurd. Sie wußten von anderen reuig heimgekehrten Überläufern, daß jeder Neuankömmling aus den Vereinigten Staaten aus Routine einem KGB-Intensivverhör unterworfen wurde. Warum hätte ausgerechnet Oswald als Marineinfanterist mit Radar-Erfahrungen in einem U-26-Stützpunkt die Ausnahme von der Regel sein sollen.

Newton Miler, ehemaliger Chef der Spionageabwehr gegen das KGB, meinte in einem Interview kürzlich, die Russen hätten sich sicher für

Oswald, und zwar wegen seiner besonderen Erfahrungen interessiert. Seit amerikanische Botschaften von Marineinfanteristen bewacht werden, hat das KGB ein besonderes Interesse an diesem Korps. Selbst die Anweisungen zur Routineüberprüfung von Touristen lenkten besondere Aufmerksamkeit auf ehemalige Angehörige der Streitkräfte. Die KGB-Experten des CIA waren durch das Fehlen von Berichten über KGB-Verhöre in Oswalds »Tagebuch« unbeeindruckt, neigten sie doch zur Annahme, daß dieses Werk alle Merkmale einer gezielten Fälschung habe. Der ehemalige stellvertretende Direktor des CIA-Sowjet-Sektors sagte dem Kongreßausschuß für Attentate, es sei jedem, der mit der Routine in der SU vertraut ist, absolut undenkbar, daß man Oswald nicht verhört habe. Auch er hat der Routine in keiner Weise entgehen können. Ein anderer hochrangiger und altgedienter CIA-Angehöriger sagte dem Komitee, er fände die offizielle Version der sowjetischen Einstellung gegenüber Oswald »unglaubwürdig«. Sie widerspräche jedenfalls aller Erfahrung.

In ihrem Schlußbericht kam die Kommission zu dem Resultat, »Nosenko hat bezüglich Oswald nicht die Wahrheit gesagt.«

Das KGB hat sich also für Oswald sicherlich interessiert. Er wurde zweifelsohne vernommen, und es bedeutete keine große Verhörstechnik, Information über seine Tätigkeit als Radar-Spezialist in der Marineinfanterie in Atsugi aus ihm herauszuholen. In dem Augenblick, in dem die Russen auch nur eine Spur Verdacht von Oswalds Kenntnis des Spionageflugzeugprogramms schöpften – und sie wußten bereits ungefähr, worum es in Atsugi ging – hätten sie sein Verhör intensiviert. Tatsächlich ist es am wahrscheinlichsten, daß die sowjetische Tarnung der Rolle und Aktivitäten Oswalds in der SU unentwirrbar mit der U-2 und der internationalen Krise, die sie verursachte, verwikkelt ist.

Am 1. Mai 1960 stürzte ein unter CIA-Kontrolle fliegendes amerikanisches U-2-Spionageflugzeug in der Nähe der russischen Stadt Sverdlovsky ab. Es war die einzige U-2, die auf sowjetischem Boden niederging. Der Zwischenfall ereignete sich zwei Wochen vor dem schon lange vorbereiteten und vorsichtig geplanten Gipfeltreffen zwischen Chrutschow und Eisenhower, von dem man sich eine dramatische Verbesserung der Ost-West-Beziehungen versprochen hatte. Das Wrack der U-2 zerstörte diese Erwartungen. Gary Powers, der Pilot des Flugzeuges, wurde von den Russen gefangen genommen. Die Ausrüstung und die in den Trümmern gefundenen Filme ließen keinen Zweifel über die Mission des Flugzeuges. Die Amerikaner wußten zunächst nicht, was den Russen noch unversehrt in die Hände gefallen war, und beharrten mehrere Tage darauf, es habe sich nur um eine Wetterermittlungsmission gehandelt, wobei das Flugzeug irrtümlicherweise in den sowjetischen Luftraum geraten sei. Als Chruschtschow das belastende Beweismaterial vorlegte und die Amerikaner auch informierte, daß die U-2 mit sowjetischen Raketen abgeschossen worden sei, sah sich Eisenhower gezwungen, die Wahrheit zuzugeben und erklärte sich persönlich verantwortlich. Das Gipfeltreffen hat zwar stattgefunden, die Chance aber, die Ost-West-Beziehungen zu verbessern, hat die U-2-Affäre zeitweilig verhindert.

Die Schlüsselfrage war folgende: wie konnte es den Sowjets gelingen, das Flugzeug abzuschießen? Das ganze U-2-Unternehmen beruhte darauf, daß das Flugzeug höher als alle anderen Flugzeuge und jenseits der Höhenreichweite jeglicher Raketen fliegen konnte. Die Sowjets konnten es einfach nicht abschießen. Das U-2-Programm funktionierte schon seit Jahren, und die Russen standen der »schwarzen Dame der Spionage«, wie sie die U-2 nannten, machtlos gegenüber. Natürlich waren sie auf der Suche nach technischen Verbesserungen, die die U-2 angreifbar machen würden.

Der Absturz Gary Powers' bedeutete entweder, die Russen hatten eine neue Rakete, die die U-2 erreichen konnte, oder die U-2 flog bei ihrer letzten Mission unterhalb der taktischen Flughöhe.

Manche vermuteten auch, die Russen vermochten die U-2 abzuschießen, weil sie neue Information über sie hatten, deren Quelle Lee Harvey Oswald gewesen sein mußte. Gary Powers, der Pilot der U-2, der nach seiner Entlassung aus Rußland ein Buch über die Affäre schrieb, glaubte auch an diese Hypothese.

Powers betont, Oswald habe anläßlich der Rückgabe seines Reisepasses der amerikanischen Botschaft in Moskau offen gesagt, er würde den Russen die »gesamte Information«, die er beim Militärdienst erworben hätte, darunter solche, die für sie von besonderem Interesse wäre, geben. Er fügte hinzu, er hätte die Informationen bereits einem »sowjetischen Regierungsbeamten« angeboten. Zweifellos kannte Oswald die taktische Flughöhe und die während des Fluges gebrauchten Radar-Techniken der U-2. Powers meinte, diese Daten hätten es den Russen ermöglicht, ihre Fernlenkwaffen mit größerer Präzision auf höhere Ziele einzustellen und die U-2 abzuschießen. Powers' Flugzeug stürzte wenige Monate nach Oswalds Ankunft in der Sowjetunion ab. Es war das Ende der amerikanischen Spionageflüge über Rußland.

Es gibt immerhin auch Hinweise auf eine niedrigere Flughöhe. In Moskau wurde behauptet, die U-2 sei auf einer Höhe von 65 000 Fuß, also weit unter ihrer taktischen Flughöhe, getroffen worden.

Wenn die Russen die taktische Flughöhe schon kannten und 90 000 Fuß hoch schießen konnten, dann war es sinnlos, Powers monatelang zu verhören. Die Länge des Verhörs läßt darauf schließen, daß sie die

Flughöhe nicht kannten. Oberst Fletcher Prouty war der Verbindungsoffizier zwischen dem CIA, die das U-2-Programm beaufsich-
tigte und den Luftstreitkräften, die die Ausrüstung und die Piloten,
wie Gary Powers, zur Verfügung stellten. Er war für Geheimoperationen wie die U-2-Flüge verantwortlich und hatte persönliche und bis in
Einzelheiten gehende Kenntnis sowohl von den technischen Aspekten der U-2 als auch von der Kette strategischer Befehlsstellen, die die
Flüge kontrollierten. Prouty meinte, es sei absurd anzunehmen, die
Information, die ihnen Oswald geben konnte, hätte es den Russen
ermöglicht, die U-2 abzuschießen. Die Flughöhe und das Radar-
Abwehrsystem wären als Information zum Zwecke des Abschießens
belanglos gewesen. Die Russen besaßen einfach nichts, das so hoch
geschossen werden konnte. Nach Proutys Auslegung der technischen
Evidenz flog die U-2 von Powers – aus einem ungeklärten Grund –
unter der taktischen Flughöhe, als sie getroffen wurde. Die Ursache
mag Sabotage auf dem U-2-Stützpunkt gewesen sein.
Die volle Wahrheit mag den höheren Kreisen des sowjetischen und
amerikanischen Nachrichtendienstes bekannt sein, wird aber nie veröffentlicht werden. Powers, der vielleicht heute mehr Licht auf die
Angelegenheit werfen könnte als damals in seiner von dem CIA
gebilligten Autobiographie, kann nicht mehr befragt werden. Er verunglückte 1977 tödlich bei einem Helikopterflug. Inzwischen ist die
Möglichkeit einer Beteiligung Oswalds an der U-2-Affäre durch zwei
weitere Hinweise verstärkt worden.
Der erste Hinweis ist ein Brief Oswalds nach Hause kurz nach der
Entlassung von Gary Powers. In diesem schrieb Oswald unter anderem: »Als ich Gary Powers in Moskau sah, schien er mir der Prototyp
eines sympathischen, intelligenten Amerikaners.« Das ist alles. Die
einzige Anspielung auf die U-2-Affäre, die Oswald je gemacht hat. Am
ersten Mai 1960, dem Tag, an welchem Gary Powers abgeschossen
wurde, berichtet das »Tagebuch« von einer Party in Minsk. Nach
seiner Rückkehr in die Vereinigten Staaten sagte Oswald aber einem
seiner Arbeitskollegen, er sei an einem Ersten-Mai-Festtag in Moskau
gewesen. Oswald verbrachte insgesamt drei Erste-Mai-Festtage in der
SU. Der einzige Tag, an dem es sich nicht mit Sicherheit feststellen
läßt, wo er war, ist der erste Mai 1960, der Tag des U-2-Zwischenfalles,
der übrigens in seinem »Tagebuch« niemals erwähnt wird. Das ist
überraschend, erstens, weil die U-2-Story in der SU sensationelles
Aufsehen erregte, und zweitens, weil die U-2, die er von Atsugi her
kannte, für ihn von besonderem Interesse gewesen sein muß. Vielleicht ist es mehr als Zufall, daß das Tagebuch über den Monat in
dessen Verlauf der gefangengenommene Pilot verhört wurde, keine
weiteren Aufzeichnungen enthält. In seiner Autobiographie spricht

Gary Powers von einem Guckloch, durch das er in seiner Zelle in der
Lubyanka beobachtet wurde. Die Spekulation, Oswald sei einer der
geheimen Beobachter und Zuhörer gewesen, ist verlockend. Obwohl
Atsugi nicht der Ausgangspunkt seines verhängisvollen Fluges war,
wurde Power intensiv über die von Atsugi in Japan aus unternommenen Flugeinsätze verhört. Es wäre logisch gewesen, Oswald als den
einzigen Amerikaner, der von der U-2 wußte und Atsugi kannte, zu
Powers' Verhör hinzuzuziehen, damit er die Antworten des Piloten
hätte kommentieren und eventuell hinterfragen können. Powers, der
nach seiner Rückkehr von dem CIA lange verhört wurde, war von der
Eignung Oswalds für diese Rolle überzeugt. Bei einem Interview sagte
er: »Oswald hatte Zugang zu allen Informationen. Er wußte, wie hoch
wir flogen, wie lange wir bei den einzelnen Missionen wegblieben und
in welche Richtung wir flogen.«
Für wen auch immer Oswald in Wirklichkeit gearbeitet hat, eines ist
gewiß: die Russen haben ihn strengstens in bezug auf U-2-Flugopera-
tionen und alles, was mit der Marineinfanterie zusammenhing, vernommen. Wenn er, wie manche glauben, kein wahrer Überläufer war,
sondern im Auftrag des amerikanischen Nachrichtendienstes gehandelt hat, gab er vermutlich harmlose oder falsche Informationen.
Wenn er aber ein wahrer Abtrünniger war, war er in der Lage,
wertvolle Informationen zu geben. Wie dem auch sei, Nosenkos
Behauptung, man hätte Oswald überhaupt nicht vernommen, ist total
unglaubwürdig. Vielleicht befürchteten die Russen, neue Nachforschungen über Oswalds Vergangenheit würden zusätzliche Information über die U-2-Affäre, die bisher ein Propaganda-Plus für sie
gewesen war, ans Tageslicht bringen. Sie mögen auch berechtigt
angenommen haben, daß die Vereinigten Staaten ebenfalls daran
interessiert waren, die U-2-Geschichte einschlafen zu lassen.
Der Kongreß-Ausschuß für Attentate sagte, es sei der »CIA mißlungen
von einer potentiellen Quelle kritischer Evidenz zu profitieren ... sie
ließen eine Gelegenheit, wesentliche Information über Oswald, seine
Frau, Marina, und eine mögliche KGB-Verbindung herauszufinden,
vorübergehen.« Manche Angehörige der CIA sind der Meinung,
Oswald und die U-2 sind zwei Themen, die man besser nicht berührt.
Nosenkos Mission hatte auch möglicherweise den Zweck, die Schachpartie zwischen den Nachrichtendiensten des Ostens und Westens,
deren Züge mit Pseudoüberläufern gespielt werden, zeitweilig aufzu-
halten. Wenn das tatsächlich das Motiv des KGB war und Oswald
seinerseits eine Schachfigur des amerikanischen Spielteams gewesen
ist, war das Ergebnis der Schachpartie Remis. Sicherlich hat man die
Nosenko-Geschichte, ohne die Öffentlichkeit zu beunruhigen, in den

Hintergrund der Attentatsermittlungen geschoben. Der Warren-Ausschuß hütete sich vor einer Äußerung zum Thema Nosenko und machte es zum Staatsgeheimnis. Die Nachricht, die Nosenko aus dem Osten überbrachte, die Sowjets hätten keinerlei Kontakt mit Oswald gehabt, fand allerdings ihren Widerhall im Warren-Bericht.

Inzwischen verblieb die Welt der Nachrichtendienste in den Augen der Öffentlichkeit, was sie immer war und wie es ihre Vorgesetzten gewünscht hatten: undurchsichtig.

10.

Er war unser Mann

Die Aktivitäten des Nachrichtendienstes sind spezifisch
und geheim ... sie haben ihre eigenen Regeln und Methoden der Tarnung, deren Zweck Irreführung und Ver-
tuschung sind ...

Präsident Dwight D. Eisenhower, 1960.

Barhäuptig und ohne Überrock in bitterer Kälte stehend, legte der
erste, im 20. Jahrhundert geborene Präsident der Vereinigten Staaten,
den Amtseid in Washington ab. Er sprach die damals bewegenden,
heute aber hohl klingenden Worte: »Laßt die Botschaft von hier und
heute in die Welt gehen, zu Freund und Feind, damit von nun an eine
neue Generation von Amerikanern die Fackel der Freiheit trägt ...
und die stufenweise Abschaffung der Menschenrechte, deren Auf-
rechterhaltung wir uns als Nation zu Hause und in der Welt verpflichtet haben, weder zulassen noch dulden.« Der Präsident sprach leidenschaftlich für den Frieden, nicht aber ohne den Kreml zu warnen. »Wir
dürfen sie nicht durch Schwäche in Versuchung führen. Denn nur
wenn unsere Rüstung jenseits aller Zweifel hinreichend ist, können
wir jenseits aller Zweifel sicher sein, sie niemals gebrauchen zu
müssen.« Das war der 20. Januar 1960 und der Beginn der tausendtägi-
gen Präsidentschaft von John Kennedy. Zur selben Zeit verstrickte
sich auf der anderen Hemisphäre, in der sowjetischen Stadt von
Minsk, ein junger Amerikaner in Betätigungen, die sein Schicksal mit
dem Kennedys unerbittlich aneinanderketten sollten. Die Zeit für
Oswalds Rückkehr war gekommen.
Soweit bekannt, hatte seit einem Jahr niemand mehr etwas in den
Vereinigten Staaten von Oswald gehört. In der ersten Woche im
Februar des Jahres 1960 schrieb er an die amerikanische Botschaft in
Moskau: »Ich wünsche, in die Vereinigten Staaten zurückzukehren.«
In diesem Brief bezog er sich auf einen früheren, den er im Dezember
des Vorjahres geschrieben haben soll. Konsul Snyder, von der Bot-
schaft, schrieb, er hätte den ersten Brief nicht erhalten. Von diesem
Punkt an ist der zeitliche Ablauf der Ereignisse voller »Zufälle«. Am
ersten Februar bat das Auswärtige Amt der USA die Botschaft in
Moskau, sich nach der Adresse Oswalds zu erkundigen, da seine
Mutter um ihn besorgt war. Die Besorgnis der Mutter wurde dem CIA
berichtet. Dann schrieb Oswald in mehreren Briefen, er hätte genug
von der Sowjetunion und bat um die Kooperation der amerikanischen
Behörden für seine Rückreise. Es folgte mehr als ein Jahr bürokrati-

scher Korrespondenz, die schließlich zu der sowjetischen und amerikanischen Einwilligung zu Oswalds Ausreise aus der SU, beziehungsweise Einreise in die Vereinigten Staaten mit seiner russischen Frau,
führte. Am 10. Juli bekam Oswald von Konsul Snyder, einem Diplomaten mit CIA-Hintergrund, der ihn schon bei seinem Übertritt
gesehen hatte, seinen Reisepaß zurück. Im vorangehenden Briefwechsel fordert Oswald zunächst Garantien für gerichtliche Immunität nach seiner Rückkehr. Als ihm diese zugesichert worden war,
verlangte er die Einreisebewilligung für seine sowjetische Ehefrau.
Dann besuchte er, auf Konsul Snyders Aufforderung, die Moskauer
Botschaft mit seiner Frau Marina. Die Botschaft berichtete, Oswald
habe offen zugestanden, seine Lektion gelernt zu haben, er sei gründlich von seinen Illusionen geheilt worden.« Die Botschaft gab ihm
daraufhin seinen Paß mit dem Vermerk »gültig nur für die Einreise in
die Vereinigten Staaten« zurück und empfahl Washington, Marinas
Ansuchen um ein Visum zu billigen. Das scheint auf den ersten Blick
der normalen Prozedur zu entsprechen. Doch enthalten die Paßpa-
piere einen jener Widersprüche, auf die man häufig in der Oswald-
Geschichte stößt. Routinegemäß hätte das Paßamt den Vermerk »Vorsicht«, der als Warnung allen amerikanischen Paßämtern in der Welt
dient, dem Namen Lee Harvey Oswalds hinzugefügt. Den »Vorsicht«-
Vermerk hätten die Behörden normalerweise auch nach dem Darle-
hen für seine Heimreise eingetragen und erst nach Rückerstattung der
geliehenen Summe wieder gestrichen. Einen »Vorsicht«-Stempel hat
es aber in den Oswald-Akten niemals gegeben. Das Auswärtige Amt
erklärte das Fehlen des Vermerks als Folge wiederholten menschlichen Irrens. Erstaunlicher noch als das ist die folgende Tatsache, daß
Oswald 1963, bereits 24 Stunden nachdem er einen neuen Reisepaß
für weitere Reisen in kommunistische Länder beantragt hatte, auch
ausgestellt bekam. Das wäre natürlich charakteristisch für ein amerikanisches »Laissez-faire«, falls es ein solches überhaupt gibt. Tatsächlich hat aber zur Zeit von Oswalds Abwanderung das FBI in Verbindung mit dem Auswärtigen Amt amerikanische Reisende, bei denen
man kommunistische Tendenzen vermutete, überwacht und im Verlauf dieses Unternehmens die unschuldigsten Fische in seinem Netz
gefangen. Oswald war freilich auch nicht unbeobachtet geblieben.
Das Rätsel ist, wie jemand mit seiner Vergangenheit durch das Sieb
schlüpfen konnte, als er 1963 um die Erlaubnis bat, seine Reisen in die
Sowjetunion zu wiederholen. Doch spielten Zufälle eine besondere
Rolle in der Oswald-Geschichte.
So stand Oswald im August 1961 neben einem Auto mit englischem
Kennzeichen auf der Straße in Minsk, der Stadt, in der er in der SU
wohnte. Und während er nichtsahnend dastand, klickten zwei Kame-

ras. Die Fotos (s. Abb. 10) kamen nach Kennedys Ermordung zum
Vorschein, wurden vom Warren-Ausschuß zur Kenntnis genommen
und dann wieder vergessen. Der Kommentar des Ausschusses: »Die
Bilder wurden von amerikanischen Touristen in Minsk aufgenommen, die Touristen kannten Oswald nicht und sprachen auch nicht
mit ihm, sie erinnern sich bloß, daß einige Leute an ihrem Auto
herumstanden.« Das war auch nach den Akten des Ausschusses
zutreffend. Inzwischen hat man Dokumente ausfindig gemacht, die
die Lücken in der offiziellen Version zum Teil ausfüllen. Aus diesen
geht hervor, daß drei Amerikanerinnen auf einer Autotour durch die
UdSSR Oswald während eines abendlichen Fotoausflugs auf dem
Zentralplatz von Minsk kurz trafen. Er sprach mit ihnen hauptsächlich
über ihre Reise und andere ·belanglose Dinge. Im Warren-Bericht
steht: »Die Damen haben den Kulturpalast fotografiert, es ergab sich,
daß Oswald mit auf dem Bild war.« Nach Aussage des CIA wurden die
Damen nach ihrer Heimkehr aus einem kommunistischen Land routinemäßig interviewt. Dabei lieh sich der CIA etwa 150 der von ihnen
aufgenommenen Fotos aus und behielt fünf für das Archiv zurück.
Angeblich hat der CIA das Archiv erst nach der Ermordung Kennedys
durchsucht und bei diesem Anlaß entdeckt, der Mann auf einem der
Minsker Fotos kann nur Oswald sein. Daraufhin erwarben sie von
einer der drei Touristinnen noch ein zweites Foto. Das ist die offizielle
Geschichte, und es ist nicht verwunderlich, daß sie wenig Glauben
fand. Skeptiker waren der Meinung, es sei fast ausgeschlossen, daß
harmlose Touristen von all den Millionen von Menschen in der
Sowjetunion ausgerechnet Oswald fotografiert haben sollen. Noch
unwahrscheinlicher ist, daß in den fünf von hundertfünfzig Fotos, die
der CIA behielt, eines Oswald darstellen soll. Der Kongreß-Ausschuß
für Attentate erwähnt 1979 diese Fotos im Zusammenhang mit der
Frage, ob der CIA geheime Akten über Oswald führte. Der Bericht
erwartet von seinen Lesern, an jenen Zufall der Aufnahmen in Minsk
und an eine der alternativen CIA-Erklärungen, weshalb sie lange vor
der Ermordung Kennedys eine Oswald-Aufnahme archivierten, zu
glauben. Ein Beamter sagte, das Foto sei interessant als Aufnahme
eines Intourist-Reiseführers, ein anderer meinte, das Interessante am
Bild sei der Kran im Hintergrund gewesen. Die auf diesen Zwischenfall bezogenen Akten des Komitees sind als geheim klassifiziert, auch
der offizielle Bericht drückt sicher nicht die volle Wahrheit aus. Als die
erste Auflage dieses Buches in Druck war, gelang es dem Autor, mit
einem der drei Touristinnen, Rita Naman, in Verbindung zu treten.
Ihre Wiedergabe der Geschehnisse stimmte in der Tat nicht mit dem
überein, was man bisher über die Minsker Oswaldfotografien gehört
hatte.

Rita Naman, englischer Herkunft, bestätigt, sie hätte im Spätsommer des Jahres 1961 mit einer Freundin, Monica Kramer, eine Autofahrt durch die Sowjetunion unternommen. In einem gewissen Sinne waren sie Pioniere, da vor ihnen nur wenige Touristen aus dem Westen kommunistische Länder per Auto bereist hatten. Mrs. Naman überzeugte den Verfasser, daß sie und ihre Freundin Monica Kramer lediglich ganz normale Touristen waren und vor ihrer Reise keinerlei Kontakt mit dem amerikanischen Nachrichtendienst hatten. Der erste ungewöhnliche Zwischenfall ereignete sich nicht erst in Minsk, sondern schon in Moskau.

Anfang August besuchten sie mit ihrem Intourist-Führer das Moskauer Film-Festival, das im Juli eröffnet wurde. Sie waren eben im Begriff, das Festival zu verlassen, als sich ihnen ein junger Mann näherte, der, ungleich den meisten Russen, denen sie begegnet sind, Englisch mit einem amerikanischen Akzent sprach. Er schien nichts besonderes vorzuhaben und sagte weder, wer er sei, noch was er in der SU mache, doch bemerkten die beiden Touristen bei ihrem Reiseführer eine gewisse Nervosität und eine unnatürliche Eile loszufahren. Sie saßen bereits im Wagen. Der junge Mann verzögerte ihre Abfahrt, indem er durch das offene Fenster die Konversation fortsetzte, sie schließlich im Befehlston aufforderte loszufahren. Sie hätten den Vorfall vergessen, wären sie nicht demselben jungen Mann zehn Tage später wieder begegnet. Er sprach sie diesmal auf dem Hauptplatz von Minsk an und sprach wieder nur über belanglose Dinge. Dabei hat ihn Frau Kramers Kamera verewigt. Wie wir jetzt wissen, war jener freundliche junge Mann Lee Oswald. Frau Naman Geschichte läßt die Begegnung mit Oswald in einem neuen Licht erscheinen und sie stellt eine neue Frage. Ist es glaubwürdig, daß das Treffen nach 10 Tagen und 400 Meilen von Moskau entfernt dem reinen Zufall zuzuschreiben war?

In Oswalds »Tagebuch« ist ein Aufenthalt in Moskau während dieses Sommers verzeichnet. Das Datum der Notiz liegt jedoch einige Wochen *vor* der Begegnung mit den Touristen. Im »Tagebuch« wird von einem Besuch bei Konsul Snyder zu einer Aussprache wegen seiner gewünschten Rückkehr in die USA und von einem mehrtägigen Besuch Marinas in Moskau berichtet. Das ist schön und gut, aber laut »Tagebuch« war er am 14. Juli, fast drei Wochen *vor* der Begegnung beim Film-Festival, wieder in Minsk. Ein weiterer Eintrag zeigt, daß er sich auch am ersten August, dem Tag der Moskauer Begegnung, in Minsk aufhielt. Das verstärkt zwar den Verdacht, Oswalds Tagebuch sei gefälscht, beantwortet aber nicht die Frage der wirklichen Umstände seiner Begegnung mit den Amerikanerinnen. Selbst wenn Oswald ein zweites Mal nach Moskau gekommen ist – was im Tagebuch nicht erwähnt wird – sind wir zur Annahme gezwungen, die Begegnungen seien beabsichtigt gewesen. Rita Naman gibt uns weitere Hinweise, die den Verdacht eines Geheimauftrages verstärken, das Geheimnis jedoch noch mehr verdunkeln.

Frau Naman erzählt, die sowjetischen Behörden hätten sich, aus noch immer unbekannten Gründen, sehr für ihre Aktivitäten interessiert. Sobald sie in Minsk aus Moskau angekommen seien, wurde Rita Naman aufgefordert, das Büro des Hotelmanagers aufzusuchen. Dort wurde sie von einem Staatsbeamten in Zivil intensiv über den wahren Zweck ihrer Reise befragt. Er beschuldigte sie, antisowjetische Propaganda zu betreiben. In Moskau gaben die Amerikanerinnen tatsächlich einem Mann, der sich als Student ausgab, wahrscheinlich aber ein Agent Provocateur war, eine Kopie des Newsweek-Magazins. Frau Naman bestand darauf, sie seien nichts als Touristen, damit war das Verhör zu Ende. Eine Stunde später begegneten sie Oswald zum zweiten Male. Diesmal hat es Frau Naman, noch unter dem Eindruck ihres Verhörs, absichtlich vermieden, sich in ein Gespräch mit ihm einzulassen. Das war aber noch nicht das Ende ihrer Schwierigkeiten. Frau Naman erzählt weiter, sie seien an der polnischen Grenze von demselben Beamten, der sie schon in Moskau verhört hatte, befragt worden. Ihr Auto sei dabei auch gründlichst untersucht worden. Sie hatten den Eindruck, die Russen suchen nach Papieren.

Der Bericht des Ausschusses für Attentate von 1979 erwähnt lediglich zwei Touristinnen, die am Foto-Vorfall in Minsk beteiligt waren. Doch weiß man seit langem, daß die Gruppe aus drei Touristinnen bestand. Die dritte Reisegefährtin, eine gewisse Mrs. Mary Hyde, war eine ältere amerikanische Dame, die die Bekanntschaft der beiden anderen in ihrem Moskauer Hotel gemacht hat. Soweit sich Rita Naman erinnert, erzählte ihnen Frau Hyde, sie sei von ihrer Reisegruppe getrennt worden und habe die beiden gebeten, sie auf ihrer Reise durch Minsk nach Polen und dem Westen mitzunehmen. Sie waren einverstanden und so kam es, daß Mrs. Hyde dabei war, als die Fotos in Minsk aufgenommen wurden. Tatsächlich scheint sie die Initiatorin des fraglichen Foto-Ausflugs gewesen zu sein. Mary Hyde nahm ein Bild mit Monica Kramers Kamera auf, dann bat sie Rita Naman, dieselbe Szene wieder mit ihrer, Mrs. Hydes Kamera, aufzunehmen. Das sind also die beiden Fotos, auf denen Oswald erscheint.

Nach dem Attentat wurde Mrs. Hyde vom FBI vernommen. Nachdem sie ihre Erinnerung mit ihren eigenen Aufzeichnungen verglichen hatte, bestätigte sie die obige Version im wesentlichen. Doch unterließ sie zu erwähnen, daß sie in Warschau alleine und lange von polnischen Regierungsbeamten verhört worden war. Seit ihrer Begegnung im Moskauer Hotel hatten die beiden Freundinnen den Verdacht, etwas stimmte nicht mit Mary Hyde. Sie schien die UdSSR sehr gut zu kennen, fand sich in der Moskauer Untergrundbahn zurecht, ja machte den Eindruck einer gerissenen Person. Monica Kramer war besonders von Frau Hydes aufgeweckter Persönlichkeit beeindruckt und sagte, halb im Spaß, sie sei sicher ein amerikanischer Spion. Über Mary Hydes Hintergrund ist nur bekannt, daß ihr Mann Kapitän in der amerikanischen Handelsflotte gewesen war. Sie erzählte ohne Umschweife, sie habe sich den zwei anderen einfach zugesellt, weil sie von ihrer Reisegruppe getrennt worden sei. Dies ist sicherlich nicht alltäglich. Wie jeder, der die Sowjetunion damals oder auch noch heute besucht, genau weiß, sind plötzliche Änderungen der Reiseroute hier selten und schwierig. Das Intourist-System dient der Überwachung von Ausländern, ein geplanter Wechsel in den Reiseplänen ist ziemlich ungewöhnlich. Dieser Umstand könnte das Interesse der Behörden an der »Party« hinreichend erklären. Nach dem Attentat erklärte jedoch ein CIA-Angehöriger Frau Naman, er glaube, »der Kontakt mit Oswald sei die Ursache ihrer Schwierigkeiten in Minsk gewesen«.

Das KGB mag mit der Konfrontation der Amerikaner in Moskau und Minsk einen provokatorischen Zweck verfolgt haben. Trotzdem besteht auch die Möglichkeit, daß Frau Naman und Frau Kramer die unschuldigen Werkzeuge eines Geheimunternehmens des amerikanischen Nachrichtendienstes geworden sind.

Der Kongreßausschuß für Attentate berichtet von einer CIA-Operation 1961 namens »American Visitors Program«. Innerhalb dieses 1961 unternommenen Projektes gab der CIA kleinere Aufträge an sorgfältig ausgewählte amerikanische Sowjetreisende. Der ehemalige CIA-Sowjetexperte Harry Rositzke schreibt, man habe damals eine zunehmende Anzahl von Touristen damit beauftragt, sich umzusehen und anschließend zu berichten. Es wurden überdies außenstehende Personen, meistens Amerikaner, eigens zu dem Zweck angeworben, die Sowjetunion als Touristen auf vorher vereinbarten Reiserouten zu besuchen, um über Schlüsselpositionen genau zu berichten. Nach Rositzke war das Projekt äußerst erfolgreich. Die sogenannten Touristen und Besucher brachten Aufnahmen von Installationen, Fabriken und selbst Fernlenkwaffenstützpunkten heim, einschließlich Informationen über die sowjetische Industrie und Technologie. Es ist möglich, daß der amerikanische Nachrichtendienst innerhalb dieser Operation Kontakt mit Oswald gesucht hat und ihn im Verlauf dieses Vorhabens beobachten und fotografieren ließ.

Die konventionelle Version, Oswald wäre zufällig über amerikanische Touristen gestolpert und von ihnen fotografiert worden, mag ebenfalls wahr sein, sie beantwortet aber nicht die folgenden Fragen. Wie konnte Oswald, ein Ausländer mit Reisebeschränkungen, innerhalb weniger Tage die gleichen Leute in voneinander weit entlegenen Ortschaften treffen? Weshalb ignoriert der offizielle Bericht dieses Problem? Mrs. Kramer und Naman scheinen tatsächlich Touristinnen gewesen zu sein. Wie aber stand es um Mrs. Hyde? War es wirklich Zufall, daß der CIA von 150 Fotos fünf zurückbehielt und von diesen gerade jene, auf denen Oswald abgebildet ist, zu den Akten legte? Wenn die Fragen, die sich auf die noch immer als geheim klassifizierten Akten des Kongreßausschusses beziehen, beantwortet sind, sollten die Unterlagen der Öffentlichkeit freigegeben werden. Wenn nicht, sollte man in dieser Angelegenheit weitere Nachforschungen anstellen.

In den Monaten nach der Minsker Foto-Episode setzte Oswald seine Bemühungen, in die USA zurückzukehren, fort. Es fehlte ihm an Geld für seine Reise und die seiner Familie. Er suchte Hilfe und fand sie bei dem Auswärtigen Amt der Vereinigten Staaten, das ihm die notwendige Summe lieh und Marinas Einreise in die Vereinigten Staaten ermöglichte.

Kurz bevor sie die Sowjetunion verließen, gingen die Oswalds in die amerikanische Botschaft zur Klärung der letzten Formalitäten. Dort hatten Oswald und Marina anläßlich ihrer ärztlichen Routineuntersuchung ein Gespräch mit dem Botschaftsarzt, Captain Alexis Davison. Der Kapitän war nicht nur Arzt der Botschaft, sondern auch zweiter Luft-Attaché. Davison war kurz danach in einen Spionage-Skandal verwickelt. Er mußte zugeben, der Kontaktmann zwischen dem amerikanischen Nachrichtendienst und dem Sowjetischen Spion Oleg Penkofsky gewesen zu sein.

Am 1. Juni 1962 verließen Lee und Marina Oswald mit ihrer Tochter die Sowjetunion und fuhren mit der Eisenbahn nach Holland. Der Bericht dieser Reise enthält weitere Widersprüche. Vermutlich reiste das Paar durch Helmstedt, einer der abgeschirmtesten und strengsten Kontrollstellen der ostdeutschen Grenze. Marinas Paß trägt den Stempel von Helmstedt, nicht so der Oswalds. Das Auswärtige Amt der Vereinigten Staaten und die offiziellen deutschen Quellen bestehen darauf, daß Oswalds Paß in Helmstedt gestempelt worden wäre, hätte er die Grenze dort überschritten. Den Schlüssel zu Oswalds wahren Unternehmungen, die den Warren-Ausschuß nicht besonders zu interessieren schienen, gibt eine Seite seines Adressenbuches an, das er für Notizen über seine Rußlandreise benutzt hatte. Ein Leser der ersten Ausgabe dieses Buches wies auf einen handgezeichneten Plan von West-Berlin auf der fraglichen Seite hin. Auf dem Plan wird besonders klar die Eisenbahnstation gezeigt, die für Ost-West-Reisende wie Oswald als idealer Zugangspunkt zu West-Berlin diente.

Die Indizien deuten darauf hin, daß Oswald seine Reise – ohne Marina – in West-Berlin unterbrach und dann auf einer anderen Route wieder aufnahm. Weshalb? Der Grund für seinen Umweg ist zwar unbekannt, doch diente West-Berlin seit langem schon als Treffpunkt für die Nachrichtendienste und als Zufluchtsort für die Agenten, die »aus der Kälte kamen«. In Amsterdam angekommen, wohnten sie nicht in einem Hotel, sondern in einem von der amerikanischen Botschaft in Moskau empfohlenen Etablissement, das von Marina abwechselnd als Privatwohnung und als Pension beschrieben wurde.

Die dokumentarische Evidenz der Oswaldschen Reise zeigt einen Aufenthalt von nur einer Nacht in Holland. Marina behauptete nach dem Attentat, sie hätten drei Tage in Holland verbracht. Als sie später vor der Mordkommission über diese Episode befragt wurde, reagierte sie mit Verwirrung. Es ist immerhin interessant, daß sie glaubt, man hätte für ihre Unterkunft im voraus gesorgt und ihre Gastgeber hätten englisch gesprochen. Manche Forscher der Oswald-Geschichte vermuten, der amerikanische Nachrichtendienst hätte Oswalds Bericht in Holland aufgezeichnet. In einer Sitzung der Exekutive sagte der Oberstaatsanwalt des Warren-Ausschusses: ». . . wir wissen nicht, warum sie dorthin gingen, weshalb sie hier verweilten, was es mit dem kleinen Appartement auf sich hat und was sie dort überhaupt machten . . .« Marina war keine große Hilfe bei solchen Fragen. Der Oberstaatsanwalt bemerkte trocken: ». . . sobald sie an die Bereiche rührt, die uns wirklich interessieren, ist sie unfähig . . .«

Eine von Marinas Varianten der Reise, die der Evidenz total widerspricht, wird vom Warren-Bericht nicht erwähnt. In einem ihrer frühesten Interviews mit dem Geheimdienst soll sie gesagt haben, »sie und Oswald wären zur Botschaft in Moskau gegangen, wo das Konsulat ihre Reise arrangierte«, dann kamen sie »in New York *per Flugzeug* an . . . wohnten einen Tag in irgendeinem New Yorker Hotel und setzten die Reise mit der *Eisenbahn* nach Texas fort« (das Unterstrichene vom Verfasser in kursiv gesetzt). Diese Version unterscheidet sich wesentlich von der, die im Bericht erschien. Sie könnte als Doppelfehler – was sehr eigenartig wäre – in der Übersetzung gedeutet werden, Marina sagte aber in Gegenwart zweier Diplomdolmetscher aus. War die Variante der fehlerhaften Wiedergabe einer Tarnungsgeschichte zu verdanken? Sie ist jedenfalls seltsam und bleibt ungeklärt.

Aufgrund dokumentarischer und zusätzlicher Beweise entschied die offizielle Untersuchung, die Oswalds seien tatsächlich mit dem Schiff, an Bord der SS Maasdam, von Holland nach New York gereist. Das entsprach Marinas Version, als sie 1964 vor dem Warren-Ausschuß aussagte. Es gelang dem Ausschuß nicht, Zeugen ausfindig zu machen, die sich an das ungewöhnliche Paar – Oswald mit seiner armselig gekleideten russischen Frau und dem auf russische Art gewickelten Baby – auf dem Schiff erinnerten. Bei seiner Ankunft in New York wurde der Überläufer und vermeintliche Verräter weder von den Angehörigen der CIA noch des FBI in Empfang genommen. Hingegen begrüßte sie Spas Raikin, der im Warren-Bericht später als Vertreter des »Travelers Aid Society« erscheint und der vom Auswärtigen Amt beauftragt wurde, den Oswalds behilflich zu sein. Raikin war nebenbei auch Generalsekretär der »American Friends of the Anti-Bolshewik Block of Nations«, einer Emigranten-Gruppe, die in direkter Verbindung mit dem FBI und dem militärischen Nachrichtendienst stand. Diese Gruppe hatte ebenfalls Kontakte mit Anti-Castro-Aktivisten in New Orleans, deren Hauptquartier im selben Haus war, in dem Monate später Oswalds Name mit dem von dem CIA unterstützten Anti-Castro-Aktivisten verknüpft wurde. Oswald erzählte Raikin, Wachtposten bei der amerikanischen Botschaft in Moskau gewesen zu sein. Der Vertreter der »Travelers Aids Society« erinnerte sich auch, daß der Chef der Einwanderungsbehörde des Hafens, der ihm gewöhnlich beistand, wenn er Ankömmlinge treffen sollte, ihm im Falle der Oswalds mürrisch und wenig hilfsbereit begegnete. Das kann natürlich auf die frühere ablehnende Haltung seiner Behörde gegenüber Marina zurückzuführen sein.

Das Auswärtige Amt erleichterte darüber hinaus die »Heimkehr des verlorenen Sohnes«. Auf seine Veranlassung sprach das Ministerium für Gesundheit, Erziehung und Soziale Wohlfahrt (HEW) Oswald das Recht auf Hilfe zu. Diese Zusage war nur durch eine Manipulation bestimmter Gesetze möglich – ein bemerkenswertes Entgegenkommen im Falle eines einstmaligen Überläufers, wenn nicht Verräters.

Die HEW-Aufzeichnungen in Dallas besagen, daß Oswald mit der »Zustimmung des Auswärtigen Amtes« als Radar-Fachmann in die SU gegangen ist. Weitere Dokumente zeugen von Verbindungen bezüglich Oswalds seitens des HEW in Dallas mit der HEW in New York und Washington. Sie zeigen, daß Washington im Auftrag des Auswärtigen Amtes gehandelt haben muß.

Der Warren-Bericht sagt nichts über die Zustimmung des Auswärtigen Amtes zu Oswalds Reise in die SU.

Die Oswalds scheinen am Tag nach ihrer Ankunft in den Vereinigten Staaten nach Texas geflogen zu sein. Als sie sich zum Abflug bereit machten, bemerkten die Beamten, die ihnen behilflich waren, etwas, was wiederholt beobachtet wurde. Die Oswalds hatten bei der Abfahrt zwei Koffer weniger als die sieben, mit denen sie angekommen waren. Oswald behauptete, er hätte die fehlenden Koffer per Eisenbahn bereits als Gepäck aufgegeben. Aber die Gepäckstücke verringerten sich weiter, bevor sie in Texas ankamen. Als Oswalds Bruder sie in Dallas Flughafen empfing, begrüßte er sie mit nur zwei Koffern. Der Warren-Ausschuß interessierte sich für diese Eigenartigkeit nicht. Das Phänomen des schrumpfenden Gepäcks bleibt also ungeklärt. Und dennoch mag es zu einem andern seltsamen Detail im letzten Kapitel der Oswald-Odyssee passen. Obwohl es an direkten Flügen nicht fehlte, flogen die Oswalds mit Delta 821, einem Flugzeug, das auf seiner Route auch in Atlanta landete.

Möglicherweise im Zusammenhang damit fand man in Oswalds Adressenbuch nach dem Attentat einen Namen mit einer Adresse in Atlanta. Der Name war Natascha Davison, die Mutter Kapitän Davisons, des amerikanischen Luftwaffen-Attachés mit Spionage-Kontakten, mit dem die Oswalds in der Moskauer Botschaft ein Gespräch geführt hatten.

Nach dem Attentat sagte Davison dem Geheimdienst, er könne sich nicht erinnern, den Oswalds in Moskau begegnet zu sein. Als ihn jedoch das FBI vernahm, konnte er sich erinnern. Als Zeuge sagte Davison vor dem Kongreßausschuß für Attentate aus, er hätte »ein oberflächliches Training« für Spionage und gab zu, eine Rolle im Penkovsky-Unternehmen gespielt zu haben. Er bestärkte, an keinem anderen Geheimunternehmen beteiligt gewesen zu sein und leugnete insbesondere, zu Oswald in irgendeiner Verbindung gestanden zu haben. Nachforschungen über Davisons Vergangenheit brachten keine weiteren Anhaltspunkte. Der Kongreßausschuß resümierte seinen Bericht: »Der Beweis dafür, daß Davison ein Spionage-Kontakt Oswalds in Moskau gewesen war, ist unzureichend«. Es wurde niemals erklärt, weshalb die Oswalds via Atlanta, dem Wohnort Davisons, eine Route, die sie einzunehmen keinen Grund hatten, nach Dallas reisten.

Oswald und seine Frau standen vor der schwierigen Aufgabe, sich der amerikanischen Umgebung anzupassen. Oswald war zwar hier zu Hause, aber es war ihm offensichtlich unbehaglich, besonders, wenn seine Mutter versuchte, sein Leben zu dirigieren. Binnen weniger Wochen mietete er einen Holzbungalow in Fort Worth. Dort richteten sich Oswald, Marina und das Baby häuslich ein. Oswald fand einen Job als Hilfsarbeiter in einer lokalen Metallfabrik und machte Überstunden. Dies war erforderlich, da er mehr als 600 Dollar Schulden hatte. Den größeren Teil schuldete er dem Staat für seine Rückreise aus der SU, zweihundert Dollar mußte er seinem Bruder für den Flug von New York City nach Texas zurückbezahlen. Obwohl ein Versager stellte sich Oswald zumindest seiner Verantwortung.

Die Reaktion der Armeebehörden und des Nachrichtendienstes auf seine Rückkehr war überraschend.
Zunächst gab es nicht die mindesten Anzeichen dafür, daß das Marineinfanteriekorps überhaupt jemals Oswald, einen Reservisten der Marineinfanterie, der damit geprahlt hatte, elektronische Geheimnisse den Sowjets angeboten zu haben, vor ein Kriegsgericht stellen würde. Als Oswald den aktiven Dienst verließ, mußte er ein Formular unterzeichnen, in dem die Strafen für den Verrat geheimen Materials aufgezählt waren. »Personal kann zum Dienst zurückberufen ... vor ein Kriegsgericht gestellt und der illegalen Weitergabe als geheim klassifizierter Information angeklagt werden.«
Oswalds Übertritt sowie seine Drohung, den Russen geheime Information bekanntzugeben, hatten eine teilweise Änderung des amerikanischen Streitkräfte-Codes zur Folge. Dennoch verriet die Marineinfanterie bei der Rückkehr des verlorenen Sohnes nicht das mindeste Interesse, ihn zu sehen, geschweige denn, ihn vor ein Kriegsgericht zu stellen. Oswald, ein Mann, der möglicherweise des Hochverrats schuldig gewesen wäre, kehrte unbemerkt heim.
FBI-Beamte schienen nichts von ihm zu wissen, ja sie reagierten nur zögernd auf seine Rückkehr nach Texas. Sein Name stand nicht auf der FBI-Liste Tausender als potentiell nicht loyal klassifizierter Bürger. Dennoch führte man seit seinem Übertritt eine »Sicherheitsakte« über Oswald. Örtliche FBI-Beamte interviewten ihn einige Wochen nach seiner Heimkehr. Fraglich war, ob er während seines Aufenthaltes in der SU vom sowjetischen Nachrichtendiensdt verhört worden war. Oswald verneinte das, lehnte es aber ab, sich einem Lügendetektor-Test zu unterziehen. Das war das Ende der Episode. Damit schloß das FBI die Oswald-Sicherheitsakten ab. Später gab es zwar noch weitere Beziehungen zwischen Oswald und dem FBI, diese waren jedoch anderer Art, und wie wir sehen werden, zweifelhafter Natur.
Noch 1976 behauptete der CIA-Direktor William Colby, die Agency wäre mit Oswald nach dessen Rückkehr aus der Sowjetunion weder in Verbindung getreten, noch hätten sie ihn vernommen. Er bezog sich im Interview auf eine Anweisung, die der CIA vor Oswalds Rückkehr erhielt und in der es hieß: »Er ist für die DCD, die Heim-Kontakt-Abteilung des CIA von keinem Interesse, weil er einfach keine Information besitzt, die die Abteilung zu dieser Zeit zu ermitteln sucht.« Überdies gab es 1962 in den Vereinigten Staaten bereits so viele Leute, die zwischen den USA und kommunistischen Ländern herumreisten, daß der CIA »nicht in der Lage war, sie alle zu vernehmen«. Unsere Gutgläubigkeit wird schlicht überfordert mit der Behauptung, der CIA interessiere sich nicht für einen Mann, dessen zufällig aufgenommenes Foto in Minsk er in seinen Akten aufbewahrte. Weiter ist unver-

ständlich, daß er keine Zeit fand, einen Mann, der in der Moskauer Botschaft damit geprahlt hatte, Radar-Geheimnisse den Russen anzubieten, zu interviewen. Von allen Aussagen des CIA, die dem Attentat folgten, ist diese wohl die unglaubwürdigste, die selbst von sonst unkritischen Beobachtern zurückgewiesen wird.

November 1959, binnen einer Woche nach Oswalds Besuch in der Besuch in der Moskauer Botschaft, als er seinen Übertritt erklärte, zirkulierte in der Kriegsmarine ein an die Nachrichtendienste gerichteter Auftrag, weitere Begebenheiten »in Anbetracht des *anhaltenden Interesses* vom Hauptquartier des Marinekorps und der US-Nachrichtendienste in der Affäre« zu berichten. Der Fall Oswald war, wie die Anweisung in Großbuchstaben betonte, »IM BEREICHE DER NACHRICHTENDIENSTE«. Als Oswald im März 1961 zum ersten Mal seinen Wunsch äußerte, in die Vereinigten Staaten zurückzukehren, schrieb ein höherer Beamter des Auswärtigen Amtes, jedes Risiko bei einer Rückgabe seines Reisepasses »wäre mehr als gerechtfertigt angesichts der Gelegenheit, die seine Rückkehr den Vereinigten Staaten bieten würde, Informationen von Herrn Oswald hinsichtlich seiner Tätigkeiten in der UdSSR zu erhalten«.

Selbst Angehörige der Nachrichtendienste stellten die Behauptung in Frage, Oswald wäre nach seiner Rückkehr nicht gründlichst vernommen worden. Thomas Fox, einstmaliger Chef der Spionageabwehr-Abteilung des Verteidigungs-Nachrichtendienstes, hielt es für »undenkbar«, daß Oswald über seine Behandlung seitens des KGB nicht vernommen worden ist.

1979 folgerte der Kongreßausschuß, der CIA hätte »reuige Abtrünnige nicht routinemäßig vernommen«. Er berichtigte aber, mehrere Heimkehrer seien von dem CIA zu irgendeiner Zeit vernommen worden. Einer der Verhörten war Libero Ricciardelli, Luftwaffen-Held des Zweiten Weltkrieges, der mit seiner Familie 1963 aus der UdSSR zurückkehrte. Ein anderer war Bruce Davis, der in Deutschland von der amerikanischen Armee desertierte. Ein dritter war der bereits erwähnte Robert Webster, der zu gleicher Zeit mit Oswald zu den Russen überlief und dessen Geschichte viele Parallelen zu der Oswalds aufweist. Webster, der einige Wochen vor Oswald in die Vereinigten Staaten zurückkehrte, wurde intensiv von dem CIA in Gegenwart von Vertretern der Luftstreitkräfte vernommen. Anschließend wurde er nach Washington gebracht und zwei Wochen vernommen. Es ist schwer anzunehmen, der CIA hätte keinen Weg gefunden, auch Oswald zu vernehmen. Das Komitee stieß hier auf ein Rätsel, doch alles deutet darauf, daß es sich um ein fiktives Rätsel handelt, daß Oswald also tatsächlich auch vernommen worden ist. Ein CIA-Memorandum berichtet von einer Auseinandersetzung unter CIA-

Beamten wegen eines geplanten Oswald-Interviews. Der Schreiber
wurde vom Komitee befragt, wußte aber nicht, ob das Interview
stattgefunden hat. Immerhin wird im besagten Memorandum der
Bereich Oswaldscher Erfahrungen, der der CIA am meisten interessierte, angegeben:

> Wir interessierten uns besonders für – – – – Oswald uns von der
> Fabrik in Minsk geben könnte, in der er gearbeitet hat, für
> gewisse Sektoren der Stadt Minsk und natürlich für – – – – und
> beim Ausarbeiten von Personalakten behilflich sein könnte.

Einen anderen CIA-Beamten schien den Kongreßausschuß auf eine
Spur zu führen, um herauszufinden, ob Oswald vernommen wurde.
Er erinnerte sich, im Sommer 1962 Informationen über die Minsker
Fabrik, in der Oswald gearbeitet hatte, eingeholt zu haben. Hierbei
stieß er auf »einen Bericht von einem CIA-Amt im Ausland, dessen
Beamte einen ehemaligen Marineinfanteristen, der nach seinem Übertritt ind die Sowjetunion in der Minsker Radiofabrik gearbeitet hat,
interviewt haben«. Der CIA-Beamte erinnert sich, der Überläufer habe
mit seiner Familie in Minsk gelebt und hätte Oswald sein können. Die
Beschreibung paßt exakt. Und dennoch führte diese Information nur
in eine Sackgasse. Weder in Oswalds Akten noch in denen, die sich
auf die Radiofabrik in Minsk bezogen, fand man Referenzen auf die
obige Information. Das Komitee ließ es dabei bewenden. Der Spur
könnte indessen weiter gefolgt werden.
Sowohl das oben erwähnte CIA-Memorandum wie auch Zeugen
deuteten mit ihren Hinweisen auf die Heim-Kontakt-Abteilung und
das CIA-Amt im Ausland darauf, daß Oswald vernommen worden ist.
Der logische Ort für das Verhör durch die Heim-Kontakt-Abteilung
konnte nur der Bereich von Dallas gewesen sein, wo Oswald nach
seiner Heimkehr lebte. Der zuständige CIA-Beamte für diesen Bereich
war J. Walton Moore. Moore leugnete, wie wir sehen werden, mit
Oswald Kontakt gehabt zu haben. Man beachte jedoch folgende
Passage der CIA-Mitteilung über »Interviews mit Oswald«:

> . . . ich war von Oswalds sonderbarem Gehabe in der SU vom
> Augenblick an, in dem ich den – – – – Bericht las, so stark
> beeindruckt, daß ich meinen Untergebenen andeutete: gehen
> Sie nicht zu streng mit ihm um, wenn Sie die gesuchte Informa-
> tion aus ihm herausholen wollen, denn er ist ein seltsamer
> Typ.

Der Schreiber mag von früheren Kontakten Oswalds mit dem Nachrichtendienst nicht gewußt haben, doch riet er seinen Untergebenen,
Oswald nicht zu streng zu vernehmen, weil sie damit nicht weit

kommen würden. Die richtige Methode war, die Information im Laufe eines freundlichen Gesprächs aus ihm herauszulocken. Es ist sehr wahrscheinlich, daß sein Verhör in dieser Weise stattfand. Wir können sogar erraten, wer ihn verhört hat.

Oswald und der Baron

Wenige Tage nach seiner Ankunft in Texas besuchte Oswald einen russischen Emigranten, der in der Texas Erdöl-Industrie arbeitete. Sein Name war Peter Gregory. Oswald bat ihn um eine Referenz, die seine Kompetenz in der russischen Sprache bestätigen sollte. Gregory tat, was von ihm verlangt wurde, und das war Oswalds Entree in den Gesellschaftskreis russischer und osteuropäischer Emigranten. In den folgenden Wochen hießen die Mitglieder der russischen und osteuropäischen Exilgemeinde das junge Paar willkommen. Obwohl sie in dem wohlhabenden Milieu ihrer neuen Freunde durch ihre Armut aus dem Rahmen fielen, wurden ihre Berichte über das Leben im neuen »Rußland« in den eleganten Salons der erfolgreichen Emigranten gierig verschlungen. Oswald begegnete in diesem für ihn nicht angemessenen Milieu dem Mann, der sein Freund und Mentor werden sollte und diese Rolle vielleicht nicht ohne besondere und schwer durchschaubare Gründe auf sich nahm. Sein Name war George de Mohrenschildt. Er war Erdöl-Geologe und noch mehr als das.

Selbst der Warren-Ausschuß konnte George de Mohrenschildt nicht völlig ignorieren. Er berichtet, George de Mohrenschildt intensiv überprüft, doch dabei »keine Anzeichen von revolutionären oder illoyalen Tendenzen« entdeckt zu haben. Der Bericht schloß mit dem Urteil, Mohrenschildt sei »eine hochindividualistische Persönlichkeit mit vielseitigen Interessen«, doch das war eine bemerkenswerte Untertreibung. Der Mann, der eines Tages der Mentor des marxistischen Überläufers werden sollte, wurde kurz vor dem ersten Weltkrieg als Sprößling einer aristokratischen Familie in Rußland geboren. Von Geburt hatte er das Recht auf den Titel eines Barons. Sein Vater Sergej de Mohrenschildt war Zeremonienmeister des Adels in der Provinz von Minsk, wo Oswald später die meiste Zeit von seinem Aufenthalt in der SU verbrachte. Der junge Adelige soll sich offen gegen die Revolution geäußert haben, weshalb er eingesperrt wurde. Es gelang ihm jedoch, mit Frau und Kind aus Rußland zu fliehen. George wuchs auf dem Familiengut in Polen auf, diente im elegantesten Kavallerie-Regiment und studierte dann an einer belgischen Universität. Er ging im Alter von 27 Jahren in die Vereinigten Staaten, kühn, kultiviert und romantisch, wie für die Rolle eines Berufsemigranten geschaffen. In den Jahren vor dem zweiten Weltkrieg war er, wie viele andere seiner Art, wohlhabend in den Kreisen der amerikanischen Ostküste willkommen. Durch einen sonderbaren Zufall wurde er der Freund der reichen Bouvier-Familie sowie der Eltern von Jacqueline, die später John F. Kennedy heiratete. George war viermal verheiratet, dreimal mit Amerikanerinnen aus reichen Häusern und das vierte Mal mit einer Exilrussin. Während seiner ersten Jahre in Amerika war er der Prototyp eines russischen Emigranten, er genoß das Leben, ohne sich um eine Karriere zu kümmern. In den vierziger Jahren erwarb er das Diplom eines Magisters der Erdöl-Geologie an der Universität von Texas. Damit begann seine Karriere in der internationalen Welt des Erdöls. In den folgenden Jahren bereiste er beruflich die ganze Welt.

Inzwischen und inmitten all des »Glamour« begann der Baron, fast unvermeidlich, auch für den Nachrichtendienst zu arbeiten.

Nach dem Attentat erklärte de Mohrenschildt vor dem Warren-Ausschuß: »Ich war niemals Agent irgendeiner Regierung oder in deren Sold mit Ausnahme der Regierung der Vereinigten Staaten, und zwar als Angehöriger der International Cooperation Administration«. Tatsächlich war de Mohrenschildt jedoch schon lange davor in internationalen Intrigen verwickelt. Unbestritten ist, was wir über seine Tätigkeiten im Zweiten Weltkrieg wissen. Auch kursierten Gerüchte, die auf FBI-Berichten beruhten, wonach er in Amerika als Geheimagent für die Deutschen gearbeitet haben soll. Dieses Gerücht beruht auf einem Zwischenfall zu Beginn des 2. Weltkrieges, als man ihn beim Skizzieren einer Texas-Küstenlandschaft, die zufällig auch ein Kriegsmarinestützpunkt war, entdeckte. Anscheinend aufgrund einer Liaison mit einer Mexikanerin wurde er 1942 aus Mexiko, unter massiven Beschuldigungen, für die Deutschen spioniert zu haben, ausgewiesen.

Sein Reisepaß trug den Vermerk »feststellen, ob er ein Sicherheitsrisiko ist«. In New York stand er ebenso unter Verdacht wegen seiner Beziehungen zu einem Vetter, Baron Konstantin de Maydell, einem Weißrussen, der wegen seiner prodeutschen Einstellung bekannt war. Erwiesenermaßen assistierte Mohrenschildt jedoch seinem Vetter bei der Produktion eines Films über die polnische Widerstandsbewegung, was zusammen mit anderen Faktoren doch wohl auf seine Loyalität zur Sache der Verbündeten hindeuten könnte.

Maydell erinnerte Mohrenschildt in einem Brief an die notwendigen Kreditbriefe Nelson Rockefellers. Als de Mohrenschildt in Mexiko verhaftet wurde, hatte er Kreditbriefe der Chase Manhatten, also der Rockefeller-Bank, im Werte von 6000 $ bei sich. Während des Krieges arbeitete Nelson Rockefeller in enger Verbindung mit dem Nachrichtendienst der Alliierten in der berühmten British-Security-Coordination. Er war zuständig für Lateinamerika. Seine Aufgabe war es, Erdöl-Lieferungen an Deutschland zu verhindern. Der Vorsichtsvermerk auf de Mohrenschildts Reisepaß könnte lediglich als Tarnung gedient haben. Es gibt keine Anhaltspunkte für eine Untersuchung, auch erhielt er ohne Schwierigkeiten zahlreiche Reisepässe. Nach Mohrenschildts eigener Version war er eben im Begriff, einer Einberufung in die polnische Armee zu folgen, als der Krieg sich über ganz Europa auszubreiten begann. Er arbeitete später in den Vereinigten Staaten für den französischen Nachrichtendienst und sammelte Beweise gegen Leute, die an prodeutschen Aktivitäten beteiligt waren.

Dokumente beweisen, daß de Mohrenschildt viel gereist ist und daß er, in dieser Zeit mindestens eine Person für die Alliierten angeworben hat. Ende 1942 wohnte de Mohrenschildt in Washington in einem Haus, das er mit einem Offizier des britischen Nachrichtendienstes und einem hohen Offizier der amerikanischen Kriegsmarine teilte. Im gleichen Jahr stellte er einen in CIA-Akten vermerkten Antrag, für das OSS, den Vorgänger des CIA, zu arbeiten. Ein viele Jahre später geschriebener Bericht des CIA bezeugt die Ablehnung seines Gesuches wegen des Verdachtes, für die Deutschen gearbeitet zu haben. Während des Krieges war natürlich doppelte Vorsicht geboten.

Die fünfziger Jahre brachten ihm Geld und Erfolg. Zu dieser Zeit wurde er in New Yorks exklusivem Racquet Club oft in Gesellschaft von Jake Cogswell gesehen, von dem später behauptet wurde, er sei ein CIA-Angehöriger in Kuba gewesen. De Mohrenschildt besuchte Kuba in den fünfziger Jahren. Ebenso bereiste er Westafrika, wo er unauffällig Möglichkeiten für Erdölprojekte ausfindig machte. 1957 verbrachte er mehrere Monate in Jugoslawien. Als geologische Studienreise deklariert, wies dies klar auf die Verbindung mit dem CIA hin. Hier arbeitete er für die American Co-operation Administration, heute bekannt als eine von dem CIA finanzierte Organisation und Tochterorganisation der berüchtigten AID (Agency for International Development). Während seines Aufenthaltes in Jugoslawien wurde er beschuldigt, militärische Festungsanlagen gezeichnet zu haben. Als de Mohrenschildt in die Vereinigten Staaten zurückkehrte, berichtete er dem CIA in Washington und in Dallas, Texas, wie er nunmehr lebte. Über ihre Begegnungen mit ihm in Dallas schrieb der CIA, »er hätte sie mit Informationen aus dem Ausland versehen, die sofort in zehn separaten Berichten an alle heimischen Agenturen weitergeleitet wurden«. Von Ende 1960 bis Herbst 1961 war er mit seiner vierten Frau Jeanne auf einer angeblichen Vergnügungsreise in Zentralamerika und der Karibik. De Mohrenschildt bot dem Auswärtigen Amt einen

Reisebericht an. Ein auf dieser Reise aufgenommenes Foto zeigt die Mohrenschildts in Gesellschaft des amerikanischen Botschafters in Costa Rica. Das Paar besuchte auch Guatemala, einen wichtigen Stützpunkt der Exilkubaner beim Überfall in der Schweinebucht.

Ein Bekannter der Familie de Mohrenschildts sagte vor dem Warren-Ausschuß aus, von »George wiederholt Anspielungen gehört zu haben, in irgendeiner Weise für das Auswärtige Amt tätig gewesen zu sein«. De Mohrenschildts Anwalt und persönlicher Freund, Patrick Russell, äußerte sich 1978 gegenüber dem Verfasser: »Persönlich war ich stets davon überzeugt, daß George ein CIA-Angehöriger war. Unter seinen Bekannten befanden sich Mitglieder ausländischer Regierungen sowie der Regierung der Vereinigten Staaten, die militärische oder politische Stellungen innehatten . . .« Im übrigen habe er regelmäßig Reisen nach Übersee unternommen, oft, ohne von seiner Frau begleitet zu werden. Nach seiner Rückkehr mußte er jedesmal einen Bericht erstatten. Seine Beziehungen zu Lee Harvey Oswald waren gewiß nicht ausschließlich freundschaftlicher Art. 1979 bemerkte ein Mitglied des Kongreßausschusses für Attentate, in den Akten würde er zwar nicht als Geheimagent aufgeführt, stand aber »immer wieder einmal mit den Nachrichtendiensten in Verbindung«.

Als Oswald und seine sowjetische Frau 1962 nach Texas kamen, schien de Mohrenschildt, als russischer Emigrant optimal geeignet, Oswald über seine russischen Abenteuer auszuhorchen. De Mohrenschildt und seine Frau behaupteten, Oswald im Herbst desselben Jahres zufällig über Freunde in der russischen Gemeinde getroffen zu haben.

Im Laufe der Jahre haben jedoch die Teilnehmer dieses gesellschaftlichen Zufallstreffens verschiedene Versionen über sein Zustandekommen gegeben. Nach einer frühen Version hat der Dallas'sche Geschäftsmann russischer Abstammung, Oberst Lawrence Orlov, die Mohrenschildts bei den Oswalds eingeführt. Orlov erinnerte sich an das Treffen, bei dem er allerdings den Eindruck hatte, die Oswalds und die de Mohrenschildts kannten sich bereits. Nach dem Attentat erklärte de Mohrenschildt dem FBI, die Oswalds durch den Doyen der wohlhabenden russischen Kolonie in Dallas, George Bouhe, kennengelernt zu haben. Bouhe seinerseits gibt eine ganz andere Erklärung. Jeanne de Mohrenschildt sagt einfach: »Wir hörten in der russischen Gemeinde von einem amerikanischen Marineinfanteristen, der in die SU übergelaufen war und dann mit einer jungen russischen Frau und einem Kind heimkam . . . Er suchte Arbeit, sie und ihr Kind brauchten Hilfe. So beschlossen wir, die beiden unter unsere Fittiche zu nehmen.« Während seines Verhörs durch die Mordkommission gab de

Mohrenschildt zu, daß die Beziehungen zu Oswald die Billigung eines in Dallas stationierten CIA-Agenten, J. Walton Moore, hatten.

Moore existiert wirklich. Er war Angehöriger der DCD, der innerstaatlichen Abteilung des CIA, der 1957 de Mohrenschildts Bericht nach dessen Jugoslawienreise entgegengenommen hatte. Der Ausschuß für Attentate gab eine Beschreibung seines Arbeitsbereiches 1979 ab, der »Kontakte zu Personen, die zu Informationsreisen ins Ausland gingen, umfaßte«. Moores Briefwechsel mit dem CIA-Hauptquartier während der zwei Jahre nach Mohrenschildts Jugoslawien-Aufenthalt zeigt, daß die beiden sich in dieser Zeit mehrere Male begegnet sind. Sie interessierten sich beide für China. Abgesehen davon schaute sich Moore de Mohrenschildts zentralamerikanische Reisefilme an.

Kurz nach dem Attentat behauptete de Mohrenschildt zum ersten Mal, CIA-Geheimagent Moore habe über besondere Oswald betreffende Informationen verfügt. Er teilte dem FBI mit, er hätte, kurz nachdem er Oswalds Bekanntschaft gemacht hatte, Moore gefragt, ob es ein Risiko sei, mit Oswald zu verkehren. Laut de Mohrenschildt antwortete Moore: »Nein, er ist o. k., er ist nur ein harmloser Narr.« Jeanne de Mohrenschildt war beim Gespräch zugegen: »Moore wußte von Oswald. Er war sich ganz klar, über wen wir sprachen. Seiner Meinung nach war Oswald absolut okay und einwandfrei. Der CIA hatte kein belastendes Material gegen ihn.« Wenn Jeanne de Mohrenschildts Version wahrheitsgetreu sein sollte, wäre Moores Verhalten mehr als seltsam. CIA-Akten enthielten Material über Oswald und seine Aktivitäten in der SU. Noch seltsamer aber ist Jeannes Behauptung, Moore sei unvorbereitet sofort über den Fall Oswald, der spontan bei einem Tischgespräch aufkam, informiert gewesen. Wenn der CIA keinen Verdacht gegen Oswald hatte, wie konnte dann ihr Vertreter in Dallas, ohne sich zu vergewissern, derartige Äußerungen über ihn machen? Hat de Mohrenschildt seinen CIA-Kontaktmann wirklich erst, nachdem er Oswald kennengelernt hatte, zu Rate gezogen, oder hat ihn der CIA veranlaßt, sich der Oswalds anzunehmen.

De Mohrenschildts Aussagen über »den Mann des CIA in Dallas« waren dem CIA seinerzeit höchst peinlich und sind es auch heute noch. De Mohrenschildt behauptete, ein FBI-Angehöriger, der ihn nach dem Attentat besuchte, ein Mann namens James Wood, versuchte ihn unter Druck zu setzen, die Geschichte der Begegnung mit Moore zurückzuziehen. Die Akten bezeugen den unglaubwürdigen Widerruf, den de Mohrenschildt unter Druck abgelegt hat und der ihn in einem zweideutigen Licht erscheinen läßt.

Moore, der noch in Dallas lebt, entledigte sich 1976 mit gespielter Lässigkeit eines Reporters: »Soweit ich mich erinnern kann, habe ich de Mohrenschildt während der zwei Jahre vor dem Attentat gar nicht gesehen. Ich habe keine Ahnung, wie George meinen konnte, ich hätte ihm ein CIA-Okay für Oswald gegeben. Ich habe Oswald nie gesehen und seinen Namen zum ersten Mal nach dem Attentat gehört.« Moore war vorsichtiger, als er vom Mordkomitee verhört wurde. Er leugnete noch immer, mit de Mohrenschildt jemals über Oswald gesprochen zu haben, doch gab er zu, ihn von 1957 an des öfteren wegen der Entgegennahme von Berichten getroffen zu haben. Jeanne de Mohrenschildt reagierte auf diese Aussage mit Hohn und Verachtung. »Die Zusammenarbeit meines Mannes mit Moore war während dieser Periode so eng, daß wir mit ihm und seiner Frau wenigstens zweimal im Monat zu Abend gegessen haben.«

Als Vertreter der Domestic Contacts Abteilung des CIA in Dallas und als Freund der Mohrenschildts war Moore in der idealen Lage, Oswald über seine Tätigkeiten und Erfahrungen in der Sowjetunion unauffällig zu verhören. 1977, bei seinem letzten Interview, sprach ein schon lebensmüder George de Mohrenschildt wahrscheinlich die Wahrheit. Er traf Oswald auf Anregung des CIA-Angehörigen Moore und hätte ihn ohne dessen Anregung niemals getroffen. Es steht jetzt ziemlich außer Zweifel, daß der CIA Oswald, mit seinem oder ohne sein Wissen, sobald er aus der Sowjetunion heimkam, fortlaufend beobachtete. Es unterliegt auch keinem Zweifel, daß de Mohrenschildt auf Oswald einen unmittelbaren Einfluß hatte.

Zwischen George und Lee kam es schnell zu einer kameradschaftlichen Beziehung. Sie waren ein seltsames Paar. De Mohrenschildt war dreißig Jahre älter, Renommist und ein Mann von Welt, Parasit einer reichen Clique, die Gerald Ford, ehemaliges Mitglied des Warren-Ausschusses, als »konservativ und antikommunistisch« bezeichnete. Im Gegensatz zu ihm war Oswald introvertiert, erfüllt von idealistischen Vorstellungen und bedrückend arm. George de Mohrenschildt, der während des Krieges den Prodeutschen spielte, seine Freunde mit Heil-Hitler-Grüßen ärgerte, und inzwischen für die Alliierten arbeitete, eignete sich vorzüglich für die Rolle, Oswald zu fördern. In den Augen seiner Freunde aus Dallas war de Mohrenschildt ein politischer Einzelgänger, Verfechter der Sache der Minderheiten und ein Liberaler, der es liebte, die Konvention zu verspotten. Es fiel ihm nicht schwer, den Kontakt zu Lee Harvey Oswald zu finden, und er schien Lee wirklich gerne zu mögen. Jahre später pflegte er zu sagen: »Lee Harvey Oswald war ein liebenswürdiger Typ. Er wird als debil dargestellt, aber er war gerissen wie nur wenige. Seiner Zeit voraus, war er eine Art Hippie am Anfang der sechziger Jahre.« Abgesehen von Oswalds sowjetischer Episode hatte er mit dem Baron vieles gemein. In einer nach dem Attentat geschriebenen Skizze porträtiert de Mohrenschildt Oswald als einen jungen Mann mit persönlichen Anschauungen, die heute allerdings wenige schockieren würden. So teilte er zum Beispiel de Mohrenschildts Empörung über die Rassendiskriminierung in den Vereinigten Staaten und sprach voller Bewunderung von Martin Luther King. Am ergreifendsten vielleicht hören sich heute seine Äußerungen über Präsident Kennedy an. Oswald pries den Präsidenten wiederholt für seine Bemühungen um das Rassenproblem und um eine Verständigung mit der kommunistischen Welt. De Mohrenschildt zitiert eine Aussage, die Oswald ein Jahr vor dem Attentat gemacht hat: »Welch gutaussehender Mann! Diese offenen und aufrichtigen Gesichtszüge! Wie verschieden von den andern Politikern! Wenn er es schafft, wird er der größte Präsident in der Geschichte der Vereinigten Staaten werden!«

Wenn es de Mohrenschildts Hauptaufgabe gewesen ist, aus Oswald Informationen über seine sowjetische Episode herauszuholen, war dies nicht gerade schwierig. Die neuen Freunde unterhielten sich stundenlang über Oswalds Erfahrungen in der Sowjetunion und de Mohrenschildt erhielt einen unerwarteten Freundschaftsbeweis. Nach seiner Rückkehr in die Vereinigten Staaten begann Oswald seine Erinnerungen und Kommentare über den Aufenthalt in der UdSSR niederzuschreiben und sprach kurz von seiner Absicht, sie zu veröffentlichen. Dann schien er seine Meinung geändert zu haben und ließ sich von einem beharrlichen Reporter aus Dallas nicht zum Sprechen bringen. Dennoch übergab er seine ausführlichen Aufzeichnungen de Mohrenschildt und bat ihn respektvoll um seine Meinung. Es ist denkbar, daß die Aufzeichnungen sofort kopiert und an de Mohrenschildts Freund in dem lokalen CIA, Jim Moore, weitergegeben wurden. De Mohrenschildts Schwiegersohn, Gary Taylor, sagte später dem Warren-Ausschuß, Oswald wäre wie Wachs in den Händen seines Schwiegervaters gewesen. »Was er auch immer vorschlug, ergriff Oswald mit beiden Händen, selbst wenn es sich darum handelte, wann und wo er zu Bett gehen sollte.«

Im Oktober 1962 befolgte Oswald einen Rat seines Freundes, der sein Leben verändern sollte.

Am 7. Oktober desselben Jahres besuchte eine Gruppe von Weißrussen, darunter die de Mohrenschildts mit Tochter und Schwiegersohn, die Oswalds in ihrem einfachen Appartement in Fort Worth. Oswald sagte anläßlich dieses Besuches, er hätte seinen Job in der naheliegenden Metallfabrik verloren, was – wie sich später herausstellte – gelogen war, und das gab den Anlaß zu einer Diskussion darüber, was er demnächst tun sollte. George de Mohrenschildt präsentierte ihm einen fertigen Plan. Er meinte, Oswald hätte in Dallas eine bessere Gelegenheit, Arbeit zu finden, und schlug noch vor, Marina könnte inzwischen bei einer der Emigrantenfamilien wohnen. Alle Anwesenden waren sich einer gewissen Spannung im Verhältnis zwischen Oswald und Marina bewußt, und manche glaubten sogar, Oswald habe manchmal seine Frau geprügelt. De Mohrenschildts Vorschläge schienen praktisch zu sein, und sie wurden angenommen. Jahre später erinnerten sich einige der Anwesenden, daß George de Mohrenschildt seine Rolle übertrieben hatte; auch, daß er auffallend gut über Oswalds Arbeitsaussichten in Dallas informiert war. Man hatte sogar den Eindruck, de Mohrenschildt würde Oswald finanziell unterstützen. Für diese Vermutung spricht vielleicht, daß Oswald, trotz seiner scheinbaren Armut, gerade zu dieser Zeit die letzte Rate der 200 $, die er seinem Bruder für die Fahrt von New York schuldete, gezahlt hatte.

Am Tage nach dieser Begegnung in seinem Appartement befolgte Oswald de Mohrenschildts Rat aufs genaueste. Er verließ seinen Posten in Fort Worth, der ihm eigentlich hätte zusagen müssen, ohne Kündigung oder Erklärung und fuhr nach Dallas. Von einigen Tagen in der YMCA der Stadt abgesehen, ist es unbekannt, wo er den größten Teil des folgenden Monats wohnte.

Er mietete ein Postfach, eine Einrichtung, die – vorausgesetzt daß das Fach nicht behördlich überwacht war – die absolute Geheimhaltung der Post sicherte. Von diesem Zeitpunkt an richtete Oswald, wo immer er sich aufhielt, ein Postfach ein. Einige Tage nach seiner Ankunft in Dallas fand er auch einen Job, wo er genauso viel verdiente wie in Fort Worth. Obwohl er die Stellung durch die Texas Employment Commission fand, behaupten sowohl die Frau als auch die Tochter von de Mohrenschildt, daß George dahinter steckte. Anstelle einer Hilfsarbeit in einer Fabrik, handelte es sich bei dieser neuen Tätigkeit um fotografische Techniken, die Oswald gerne lernen wollte. Das Labor erwies sich als ein vorteilhafter Platz für einen jungen Mann, der als Überläufer den Sowjets militärische Geheimnisse angeboten hatte.

Oswalds neue Stellung war bei einer Firma namens Jaggers-Chiles-Stovall, die sich nicht nur mit Werbungen für Zeitungen und Handelskatalogen beschäftigte, sondern auch Aufträge des US-Armee-Landkartendienstes ausführte. Ein Großteil der Arbeit für die Armee bezog sich auf Material, das auf Aufnahmen der U-2 beruhte, die Oswald aus Japan kannte und welche nur Angestellten mit besonderem Unbedenklichkeitszeugnis zugänglich waren.

Eigentlich waren die Techniker zu eng zusammengepfercht, um eine sichere Überwachung zu ermöglichen. Oswald arbeitete Schulter an Schulter mit einem jungen Mann namens Dennis Ofstein, der in der Sicherheitsabteilung der Armee (Army Security Agency) gearbeitet hatte. Oswald sprach nicht über seine Vergangenheit, wurde aber etwas aufgeschlossener, als er entdeckte, daß Ofstein etwas russisch sprechen konnte. Ofstein erinnerte sich später an die seltsam professionelle Art, in der Oswald über Dinge von militärischem Interesse, die er in der Sowjetunion beobachtet hatte, sprach. Er erwähnte zum Beispieleine wichtige Strategie der Russen, »die Trennung der militärischen Einheiten. Sie vermischen nicht die Panzer-Divisionen mit den Infanterie-Divisionen und andere Einheiten wie wir in den Vereinigten Staaten. Sie konzentrieren ihre Flugstreitkräfte an einem geographischen Bereich und ihre Infanterie an einem andern.« Als ihm Ofstein bei der Vergrößerung einer Fotographie behilflich war, bemerkte Oswald: »Die Aufnahme habe ich in der SU gemacht, sie zeigt ein Armee-Hauptquartier, die Wachtposten hatten Waffen, Munition und den Befehl, Eindringlinge niederzuschießen.« Während der sechs Monate, die er für Jaggers-Chiles-Stovall arbeitete, erlernte Oswald verfeinerte fotographische Techniken. Er erwarb auch Fotoausrüstungen, die seine finanziellen Verhältnisse überschritten. Als die Polizei seinen Besitz nach dem Attentat beschlagnahmte, fanden sie eine Minox-Kamera, die allgemein die Spionenkamera genannt wird. Das wurde erst vor kurzem bekannt.

Gus Rose, ein Polizeidetektiv aus Dallas, fand die Minox in Oswalds alter Marinetasche. Sie war unter dem übrigen beschlagnahmten Besitz im Hauptquartier der Polizei von Dallas registriert und dort aufbewahrt, bis das FBI die Untersuchungen übernahm und das Beweismaterial, einschließlich der Kamera, nach Washington brachte. Zwei Monate später setzte sich das FBI mit der Polizei von Dallas in Verbindung und versuchte, sie vergeblich zu überreden, den Katalog von Oswalds beschlagnahmtem Besitz abzuändern, das Wort »Kamera« zu streichen und mit »Belichtungsmesser« zu ersetzen. Die Polizei weigerte sich, die Liste zu ändern, und Detektiv Rose besteht darauf, das Objekt, das er fand, sei eine Kamera und nicht ein Belichtungsmesser. Der Detektiv wird in seiner Behauptung sehr von Assistent District Attorney Bill Alexander bekräftigt, der die Minox gleich nach der Sicherstellung sah. Er erinnert sich, den Mechanismus der Kamera selbst ausprobiert zu haben und findet die FBI-Behauptung, die Kamera hätte nie existiert, einfach lächerlich. Als Detektiv und Besitzer der gleichen Kamera kennt er sich mit der Minox gut aus. Er meint, das Gehabe des FBI wegen der Minox sei ein weiterer Hinweis darauf, daß Oswald vor dem Attentat Verbindungen zu irgendeinem Bereich des Nachrichtendienstes hatte. Warren de Brueys, der FBI-Agent, der Oswalds Besitz nach Washington brachte und seine Aktivitäten innerhalb einer begrenzten Zeit 1963 überprüfte, sagt, er könne sich an die Minox-Kamera nicht erinnern. De Brueys, der jetzt im Ruhestand

ist, meint aber: »Meine Aussagefähigkeit ist eingeschränkt... ich
hatte ein Geheimhaltungs-Dokument unterzeichnet, bevor ich mich
vom Büro zurückzog.«

Ein Anwalt im Stab des Kongreßmordkomitees berichtete eindeutig,
daß sich unter Oswalds beschlagnahmtem Besitz eine Minox-Kamera
befunden hat.

Zusammen mit der Kamera hat die Polizei noch eine ganze Menge von
technischem Zubehör, einschließlich belichteter Minox-Filme, nach
dem Attentat konfisziert. 1978 gab das FBI infolge eines gerichtlichen
Urteils, das die Informationsrechte der Öffentlichkeit sicherte (Freedom of Information Act), fünfundzwanzig Bilder, die aus den Minox-
Kassetten stammten, frei. Die Mehrzahl sind Aufnahmen aus Europa,
fünf zeigen militärische Anlagen, die in Asien oder Lateinamerika
aufgenommen wurden. Abgesehen von dem Minox-Material beschlagnahmte die Polizei noch drei andere Kameras, ein Fernrohr,
zwei Feldstecher, einen Kompaß und sogar einen Schrittzähler. Niemand, der Oswald während der zwei letzten Jahre seines Lebens
kannte, erinnerte sich seiner als eines Wander-Enthusiasten. Der
Gesamtwert seiner Ausrüstung ging in etliche Hunderte von Dol-
lars.

Oswalds ebenfalls beschlagnahmtes Adreßbuch enthielt die Worte
»Micro-dots« neben dem Namen der Firma Jaggars-Chiles-Stovall. Die
»Mikro-dot«-Technik dient zur Speicherung und Vermittlung von
Informationen. Ein System fotographischer Verkleinerungen ermöglicht die Übertragung einer Unmenge geschriebenen Materials auf
einen Punkt, wie in gedruckten Punktzeichen. Dieser Punkt kann
dann anstelle eines Punktzeichens in einem scheinbar harmlos
geschriebenen Dokument, z. B. einem Brief, heimlich untergebracht
werden. Die Technik wird fast ausschließlich in der Spionage verwendet. Alles in allem passen Oswalds Aktivitäten, sein Besitz und seine
Verbindungen schlecht zu seinem öffentlichem Image eines Arbeiters
in finanziellen Schwierigkeiten. Man kann den Verdacht, daß er in
Wirklichkeit etwas anderes war, nicht loswerden. In der Woche vor
Weihnachten 1962 schienen die Oswalds in einer ziemlichen Ehekrise
zu leben. Eine Zeitlang waren sie wieder getrennt, und die weißrussi-
sche Kolonie war voll von Gerüchten über Oswalds Grausamkeit
gegen seine Frau. Oswald seinerseits beklagte sich über Marina, nicht
zuletzt über ihre Schwäche, das eheliche Sexleben mit Freunden zu
besprechen. Viele russische Freunde vermieden es, in die ehelichen
Auseinandersetzungen der Oswalds verwickelt zu werden. George de
Mohrenschildt gehörte wohlbemerkt nicht zu den letzteren. Er fuhr
fort, Oswald zu besuchen, und unterhielt sich mit ihm meistens in
englischer Sprache.

Marina hatte noch immer Schwierigkeiten, einer englischen Konversation zu folgen.

Mit dem schicksalsschweren Jahr 1963 trat Oswalds Leben in eine neue Phase. Allem Anschein nach verfiel er wieder in einen Zustand vereinsamter Besessenheit mit linksextremen Idealen, der sich tragisch auf Gewalttätigkeit zuspitzte. Jahre hindurch glaubte man daran, daß Oswald jetzt auf einen Kurs festgelegt war, der ihn – und ihn allein – als Kennedys Mörder auf die Dealey Plaza führte. Jetzt, seitdem das der Kongreßausschuß für Attentate entschieden hat, daß zumindest zwei Scharfschützen am Attentat beteiligt waren, zeigt der Wegweiser in neue Richtungen.

Vielleicht war Oswald tatsächlich, wie er von sich behauptet hatte, nur eine Marionette im Spiel der·anderen.

11.
Der »Faschistenjäger«

Nicht einmal Marina weiß, weshalb ich heimkam.

– *Lee Harvey Oswald nach seiner Heimkehr aus der UdSSR.*

Die Glückwunschkarte für das Jahr 1963, worin Marina und Lee Oswald allen Angehörigen der sowjetischen Botschaft in Washington »Gesundheit, Erfolg und alles Gute« für das Neue Jahr wünschten, kam früh an. Glückwunschkarten entziehen sich nicht den Augen des amerikanischen Postabfangdienstes. Oswald, der Marxist, war abermals dabei. Er hat niemals wirklich aufgehört, dabei zu sein. Trotz seiner Enttäuschung, die er über das Leben in der Sowjetunion äußerte, ließ er sich wieder, sobald er in die Vereinigten Staaten zurückgekehrt war, sozialistische Literatur per Post zustellen. Er abonnierte »The Worker«, die Zeitung der amerikanischen kommunistischen Partei und »The Militant«, ein von der sozialistischen Arbeiterpartei herausgegebenes Nachrichtenblatt.

In den Anfangswochen las er Marx und Lenin. Seit 1963 bombardierte er linksgerichtete Verleger mit Aufträgen für sozialistische Propagandaschriften. So bestellte er sich selbst eine englische Übersetzung der sozialistischen »Internationale«. Gleichzeitig las er H. G. Wells, Biographien über Hitler, Nikita Chruschtschow – und Präsident Kennedy.

Das Eheleben wurde für Lee wie auch für Marina zunehmend unerträglicher. Schließlich machte Oswald, laut Marina, den Vorschlag, sie und das Kind sollten in die Sowjetunion zurückkehren. Im Februar 1963 bat Marina die sowjetische Botschaft in Washington um Unterstützung für die Rückreise. Inzwischen wurde sie erneut schwanger, Oswald war hocherfreut. Das war der Zeitpunkt, als Oswald begann, mit dem Feuer zu spielen. Er kaufte Feuerwaffen.

Postversand-Bestellscheine sowie Belege der Postversandfirma sind Beweise für den Ankauf eines Mannlicher-Caracano 6,5 mm Gewehres und eines .38 Smith & Wesson Revolvers im März 1963. Das Gewehr wurde nach dem Attentat in der Texas School Book Depository gefunden. Der Revolver war die Waffe, mit der Oswald angeblich den Polizisten J. D. Tippit erschossen haben soll.

Die Belege geben den Namen des Bestellers als »Hidell« an. Hidell war der Spitzname eines Kameraden in der Marineinfanterie. Abgesehen

vom Einkauf der Waffen haben wir keine Beweise dafür, daß Oswald
den Namen »Hidell« als Zweitnamen benutzte. Dennoch behauptet,
wie bereits gesagt, ein hochrangiger Offizier des Armee-Nachrichtendienstes, seine Abteilung hätte bereits vor dem Attentat Akten unter
dem Namen »Hidell alias Lee Harvey Oswald« geführt. Da wir bezüglich anderer Gelegenheiten keine Hinweise für den Gebrauch des
Pseudonyms haben, ist die einzige Erklärung für die Existenz eines
»Hidell«-Dossiers, daß der Nachrichtendienst vom Einkauf der Waffen bereits zur Zeit des Einkaufs informiert war. Oswalds Waffenein-
käufe wurden in der Tat niemals bezweifelt. Der Waffenversand war
an sein Postfach in Dallas adressiert. Die Handschrift auf den Bestell-
scheinen haben Graphologen als die von Oswald identifiziert. Was hat
Oswald mit den Waffen getan?
Der Warren-Ausschuß kam zu dem Schluß, Oswald benutzte das
Gewehr sieben Monate vor dem Kennedy-Attentat bei einem mißlungenen Anschlag auf den in Dallas lebenden Generalmajor a. D.
Edwin Walker. Der Kongreßausschuß für Attentate meinte, der
Anschlag spräche für Oswalds »homicidal disposition«. Ob zutreffend
oder nicht, der Anschlag auf Walker ist ein wichtiger, wenngleich
vernachlässigter Aspekt der Attentatsgeschichte. Das Folgende ist die
Warren-Version der Ereignisse.
1963 spielte General Walker eine führende Rolle in der ultrakonserva-
tiven Rechtsextremistenbewegung, die gegen einen Kompromiß mit
der Sowjetunion, gegen die Aufhebung der Rassentrennung, gegen
alles mit einem Anflug von Liberalismus gerichtet war. Zwei Jahre
zuvor gab er unter Mißbrauch seiner Position als Befehlshaber der
24. Division der US-Armee in Westdeutschland wegen rechtsextremer
Propaganda in seiner Division den Anlaß zu einem nationalen Skandal. Er weigerte sich, die Propaganda einzustellen, und wurde daraufhin seiner Stellung als Divisionsbefehlshaber enthoben. Verbittert
ersuchte er um seine Entlassung aus der Armee. Als Zivilist stürzte er
sich in die Politik, unter anderem als rechtsextremistischer Kandidat
bei den Gouverneurswahlen in Texas. Als Kennedy die Durchsetzung
der Rassenintegration in der Universität von Mississippi bekannt gab,
war Walker wieder in den Schlagzeilen.
Er spielte eine führende Rolle bei den Vorgängen, als eine rassistische
Gruppe die Immatrikulation eines Schwarzen zu verhindern versuchte. Die Konfrontation der Rassisten mit Vollstreckungsbeamten
und dem Militär führte zu zwei Toten und vielen Verletzten. General
Walker wurde auf Anordnung des Justizministers Robert Kennedy,
dem Bruder des Präsidenten, vorübergehend in ein Irrenhaus eingewiesen. Anfang 1963 kehrte er nach Dallas zurück – als strahlendes
Vorbild der John-Birch-Society. Präsident Kennedy mußte ihn im

Sinne gehabt haben, als er in seinem ersten Amtsjahr äußerte: »Die schrillen Stimmen des Extremismus sind wieder laut im Lande. Sie widersetzen sich zwar korrekterweise dem Eindringen von Politik in die Armee, sind aber sehr darauf bedacht, daß die Armee ihre Politik befolge.«

Jedermann in Dallas kannte den berüchtigten General. Für Oswald den Marxisten, Liberalen und Idealisten muß er ein politisches Monster gewesen sein.

Oswald war häufig in Diskussionen um den Rechtsextremismus verwickelt, der auch ein selbstverständliches Thema in seinen Gesprächen mit George de Mohrenschildt bildete. Bei einer Party in Dallas begegnete Oswald einem Deutschen, der mit Erdöl zu tun hatte und zu Besuch in Texas war. Oswald und der Deutsche hatten ein langes Gespräch über Walker, den der Deutsche mit Hitler verglich und für den »gefährlichsten Mann im Lande« hielt. Auf dem Heimweg von der Party soll George de Mohrenschildt eine Rede über die Sünden der Rechtsextremisten, der »Faschisten« und insbesondere der John-Birch-Society gehalten haben. De Mohrenschildt, der ein Freund von Wortspielen und Witzeleien war, nannte Walker den Nazi-General »Fokker« Walker. Wenn Oswald sich nicht schon früher für den General interessiert hätte, mußte es ihm jetzt klar geworden sein, worum es ging. Am nächsten Morgen berichteten die Zeitungen, der General würde das ganze Land bereisen und überall politische Reden halten. Der offizielle Bericht über die folgenden Ereignisse beruht hauptsächlich auf Marinas Aussagen sowie den belastenden Beweisstücken, die man nach dem Attentat auf Kennedy in Oswalds beschlagnahmten Besitz gefunden hat.

Die Oswalds übersiedelten in eine größere Wohnung, in der sich Oswald ein Arbeitszimmer einrichtete, in welchem er schreiben und seinem Hobby als Fotografen nachgehen konnte. Einige Monate später fand die Polizei fünf Fotos, die mit Oswalds Kamera aufgenommen worden waren.

Sie zeigten die Rückseite von Walkers Haus und Eisenbahngeleise in der Nachbarschaft. Der Warren-Ausschuß meinte, sie stammten aus der Phase der Erkundung eines sorgfältig vorbereiteten Planes, General Walker zu erschießen. Einzelheiten in einem der Fotos datieren das Bild auf den 10. März, zwei Tage bevor Oswald den Revolver und den Mannlicher-Carcano per Post bestellte. Die Waffen wurden am 20. nach Dallas geschickt. Einige Tage später sah sie Marina im Haus. Oswald erklärte, er würde sie für die Jagd benutzen. Einmal sah sie ihn das Haus mit dem Gewehr verlassen und des öfteren beobachtete sie ihn bei der Pflege des Gewehrs. Angeblich bat Oswald seine Frau, ihn mit dem Gewehr in einer Hand, zwei sozialistischen Zeitungen in der andern und den Revolver im Gürtel aufzunehmen. (Die Authentizität der Fotos wird bestritten. Der Verfasser glaubt an ihre Echtheit. Der Zweck der Aufnahmen bleibt rätselhaft.)*

In der ersten Aprilwoche verließ Oswald die Firma Jaggars-Chiles-Stovall. Angeblich haben sie ihn aufgrund unzureichender Leistung entlassen. Das klingt jedoch etwas merkwürdig, da er in den letzten Wochen vor der angeblichen Kündigung viele Überstunden gemacht hatte. Von nun ab war Oswald oft ganze Tage abwesend, erzählte jedoch nicht, womit er seine Zeit verbrachte. Nach Marinas Aussage kam er am 12. April sehr spät nach Hause. Das war der Abend, an dem jemand versucht hatte, Walker zu erschießen.

An diesem Abend saß der General um neun Uhr abends an seinem Schreibtisch im ebenerdigen Arbeitszimmer in der Nähe eines vorhanglosen Fensters. Ein Schuß fiel, verfehlte jedoch knapp den Kopf des Generals und schlug in die Wand ein. Er rief die Polizei. Niemand wurde festgenommen. Der Fall blieb bis nach dem Attentat auf Kennedy ungelöst. Dann entschied der Warren-Ausschuß, Oswald, nur er allein – könne der Täter gewesen sein.

Die Ergebnisse der Ballistikuntersuchungen im Walker-Attentat wurden inzwischen in Frage gestellt. Im Hause des Generals wurde zwar eine Kugel gefunden, sie war aber durch den Einschlag in einen Fensterrahmen und in die Wand zu stark beschädigt, um identifiziert zu werden. Der Sonderausschuß für Feuerwaffen des Ausschusses für Attentate war nicht in der Lage, die Kugel mit dem nach dem Kennedy-Attentat gefundenen, Gewehr in Verbindung zu bringen. Die Neutronenaktivierungsanalyse ergab, daß es sich wahrscheinlich um ein 6,5-Mannlicher-Carcano-Geschoß gehandelt hat. Die früheren Untersuchungen gaben allerdings zu einer Verwirrung Anlaß. Laut Zeitungsberichten unmittelbar nach dem Anschlag hat die Polizei das Kaliber des Geschosses mit 30,06 (?) und nicht mit 6,5 angegeben. Ein anderer Polizeibericht aus der gleichen Zeit beschrieb das Attentatsgeschoß als eine Stahlhülsenpatrone unbekannten Kalibers. Die Geschoßbefunde waren nicht beweiskräftig. Andere Indizien deuteten jedoch auf Oswalds Beteiligung, wenn nicht direkte Schuld am Anschlag hin.

Nach Marina hatte Oswald, als er am Abend des Attentates ausging, eine Nachricht für sie hinterlassen. Sie »glaubte«, die Nachricht vor seiner Heimkehr gefunden zu haben. Die besagte Nachricht tauchte zehn Tage nach der Ermordung Kennedys in einem Buch aus Oswalds Besitz auf. Die Handschrift wurde als diejenige Oswalds identifiziert. Der Kommentar des Warren-Ausschusses: »Die Mitteilung macht den

---

* für Kontroverse s. Kapitel 5, in dem sie ausführlich behandelt wird.

Eindruck, der Schreiber erwartete, getötet, gefangengenommen zu
werden oder zu verschwinden.« In der Mitteilung gibt Oswald Marina
weiterhin Anweisungen, auf welche Art sie seine Kleider und seinen Besitz vernichten und auf welchem Weg sie das städtische Gefängnis erreichen würde, »falls ich noch lebe und gefangengenommen
werde«. Schließlich bat er sie, die Botschaft (vermutlich die sowjetische Botschaft) von den Ereignissen zu benachrichtigen. Marina behauptete, Oswald wäre gegen 23.30 Uhr, nachdem sie seine Nachricht
gelesen hatte, in einem an Panik grenzenden Zustand und großer Hast
heimgekommen und habe ihr überstürzt mitgeteilt, daß er mit seinem
Gewehr General Walker angeschossen, möglicherweise jedoch verfehlt habe. Später, erzählte seine Frau weiter, zeigte er ihr die Erkun-
dungsfotos und Notizen, die er sich im Stadium der Vorbereitung zum
Attentat gemacht hatte. Auf Marinas Drängen vernichtete er dann
alles mit Ausnahme der Fotos und der Mitteilung. Marina war angeblich schockiert von der Tat, beschloß aber, da er Walker verfehlt hatte,
zu schweigen. Laut Marina hat Oswald zunächst das Gewehr in der
Nähe von Walkers Haus vergraben. Erst einige Tage später holte er es
nach Hause. Er versprach ihr, nie wieder dergleichen zu tun und
einige Tage lang schien er unentdeckt geblieben zu sein. Dann aber
geschah etwas Überraschendes.

Am Wochenende nach dem Zwischenfall bekamen die Oswalds unerwarteten Besuch ihrer Freunde, der de Mohrenschildts. Kurz nachdem sie ankamen, machte George de Mohrenschildt eine außeror-
dentliche Bemerkung: »Wie kommt es, daß du den General verfehlt
hast?« Es folgte betroffenes Schweigen. De Mohrenschildt beschrieb
später, Oswald schien »zusammenzuzucken ... sein Gesichtsausdruck veränderte sich«. Dann änderte jemand das Thema. Das Bemerkenswerte an der Geschichte ist Oswalds Reaktion. De Mohrenschildts Frage brachte ihn vollkommen aus dem Gleichgewicht. Als er
nach dem Anschlag auf den General heimgekommen war, schien er
noch aufgeregter gewesen zu sein. Das stand im Gegensatz zu seinem
Verhalten einige Monate später. Damals wurde er Sekunden nach
dem Attentat auf Kennedy von einem Polizisten angehalten. Nach
dem Bericht des Polizisten Baker und eines anderen Augenzeugen
wirkte Oswald damals ruhig, gelassen und gesammelt; sein Gesichtsausdruck blieb unverändert. Das war ein oder zwei Minuten, nachdem er vermutlich sein Geschoß im Kopf des Präsidenten explodieren
sah. Das Folgende verdeutlicht nur einen der Widersprüche in Marinas und der de Mohrenschildts Aussagen.

Marina glaubte, Jeanne de Mohrenschildt habe das Gewehr zum
ersten Mal in einem Schrank gesehen, als sie ihr einige Tage vor dem
Anschlag das Apartment gezeigt hatte. Jeanne aber sagte, sie habe

das Gewehr zum ersten Mal während des Besuches *nach* dem Anschlag gesehen und habe es sofort ihrem Mann mitgeteilt. Diese Mitteilung führte zur anzüglich gemeinten Frage, wieso Oswald den General verfehlt hätte. Ist das denkbar, in einer Zeit, in der Marina, einig mit Oswald, sich bemühte, den Vorfall zu verheimlichen, spontan eine Schranktür öffnete und damit Jeanne de Mohrenschildt einen Blick auf die Waffe erlaubte?

Abgesehen von der Unwahrscheinlichkeit dieses Zwischenfalles widersprechen sich die Aussagen Marinas und der de Mohrenschildts hinsichtlich des Datums. In einem nach dem Attentat mit Beamten des Auswärtigen Amtes stattgefundene Interview behaupteten die de Mohrenschildts, das mit dem »Gewehr-im-Schrank« wäre im Herbst des Vorjahres gewesen. Falls aber Jeanne de Mohrenschildts Version stimmte, hatte sie das Gewehr im Schrank an einem der Tage gesehen, an dem es vermutlich noch in der Nähe des Walkerschen Hauses vergraben war. Wenn der Fall Walker jemals vor Gericht gekommen wäre, hätte der Verteidiger ein ganzes Arsenal von Widersprüchen zu seiner Verfügung gehabt.

Marinas Aussagen nach dem Attentat über Oswald und das Gewehr waren ebenso sonderbar wie widerspruchsvoll. Zwei Wochen nach dem Attentat erzählte sie dem FBI, Oswald niemals bei Schießübungen gesehen zu haben. Ein paar Monate später änderte sie ihre Aussage und behauptete, er habe mit einem Gewehr geübt. Sie bezog sich auf einen Vorfall im Januar 1963, als er sein Gewehr reinigte und ihr erzählte, er habe an jenem Tage Schießübungen gemacht. Das war ein schlimmer Fehler. Das Gewehr wurde nämlich erst zwei Monate nach diesem angeblichen Zwischenfall bestellt. 1978 sagte sie vor dem Mordkomiteee unter Eid aus, Oswald habe sein Gewehr regelmäßig »einmal in der Woche« gereinigt und sei ziemlich oft zum Zielschießen gegangen.

Ihren Besuch bei den Oswalds nach dem Walker Attentat beschreibend, berichteten die de Mohrenschildts noch, wie eifrig Lee und Marina ihnen von Oswalds Leidenschaft für das Zielschießen erzählt hätten. Jeanne de Mohrenschildt zitierte Marina, die ihr beschrieben hatte, wie »Oswald mit dem Baby in den Park spazierengegangen wäre und dort auf Blätter und Dinge geschossen hätte«. Es bedeutet keine Überraschung, daß der amtliche Bericht dieses »Juwel« ausläßt. Dort wird auch nicht erwähnt, daß in Oswalds Besitz weder Munition, noch Gewehr-Reinigungsgeräte gefunden wurden.

Im April 1967, also drei Jahre nach dem Attentat, erklärte George de Mohrenschildt, er befinde sich im Besitz neuer, sehr interessanter Informationen über Oswald. Bei seiner Rückkehr von einer Auslandsreise ordnete er Material, das sich in Gepäckstücken befand, die in

einem Warenhaus aufgehoben waren. Da stieß er auf ein Foto von
Oswald. Das Foto war eine Kopie der inzwischen berühmt gewordenen Aufnahme, die Oswald mit seinen Waffen und den zwei sozialistischen Zeitungen zeigt und angeblich vor dem Anschlag auf Walker
aufgenommen wurde. Auf der Rückseite befanden sich zwei Inschrif-
ten (s. Einlage z. Abb. 8). Eine war von Graphologen als die Schrift
Oswalds identifiziert worden »Meinem Freund George von Lee
Oswald« und das Datum »5. IV. 63.« Mit dem Datum könnte der
fünfte April 1963 gemeint sein. Aber es ist im Stil und in der Reihenfolge europäischer Daten geschrieben. Ein Amerikaner wie Oswald
hätte normalerweise in der amerikanischen Art den Monat zuerst und
dann den Tag geschrieben: 4. 5. 63. Ein Nachforscher verglich das
Datum auf dem Foto mit Dutzenden anderer Oswaldscher Daten und
fand nicht eines unter diesen, das dem auf der Rückseite jenes Fotos
glich.

Die zweite, in kyrillischer Schrift geschriebene, Inschrift wird mit
»Jäger der Faschisten ha-ha-ha!« übersetzt. Nach Meinung von Fach-
leuten, die vor dem Kongreßausschuß aussagten, war der ironische
Ausruf, der sich an Oswald richtete, zuerst mit Bleistift geschrieben,
sodann mit Tinte nachgezogen. Wichtig dabei ist, daß die kyrillische
Inschrift weder mit der Handschrift Oswalds noch Marinas und nicht
mit der George de Mohrenschildts identifiziert werden konnte. Die
Frage bleibt offen, ob die Schreiberin Jeanne de Mohrenschildt war.
Doch spricht ein weiteres Detail dagegen.

Der Schriftexperte des Ausschusses für Attentate meinte, die Über-
schrift der Bleistiftunterlage sei von jemandem geschrieben worden,
dem die kyrillische Schrift nicht geläufig war. Diese Feststellung
schloß sowohl beide Oswalds als auch beide de Mohrenschildts aus,
die entweder mit der kyrillischen Schrift aufgewachsen oder, im Falle
Oswalds, hinlänglich in ihr geübt waren. Wer war die fünfte Person,
die, ungeübt in der russischen Schrift, eine Bemerkung auf das
Oswald-Foto schrieb, in der Absicht, das Bild noch kompromittierender für ihn zu machen. Die Frage ist unbeantwortet geblieben.

Selbst im Eingeständnis ihres schlechten Erinnerungsvermögens reagierte Marina seltsam auf das Foto. Sie sagte zunächst, sie erinnere
sich nicht, das Schlagwort »Faschistenjäger« geschrieben zu haben.
Abgesehen davon, daß Marina laut fachlicher Beurteilung nicht die
Schreiberin war, wäre anzunehmen, daß sie sich erinnerte, ob sie das
Schlagwort geschrieben habe oder nicht. Doch schien sie etwas Wich-
tiges gesagt zu haben, als sie vor dem Kongreßausschuß mit der
Bemerkung herausplatzte: »Mich überraschte, daß er das Bild George
de Mohrenschildt zeigte, und zwar wegen des Gewehrs und des
Revolvers. Erstens war ich immer dagegen und in meinem Gedächtnis

fühle ich immer noch meine Überraschung darüber, daß er George
solche Fotos zeigte ... wie hatte er es wagen können, George solche
Bilder zu zeigen?«

Ein Anwalt des Ausschusses bemerkte sofort die Bedeutung dessen,
was Marina hier als Aussage entschlüpfte. Als er aber versuchte, der
Frage der Oswaldschen Waffenfotos und dem Vorgang, bei dem
George de Mohrenschildt sie zuerst zu Gesicht bekam, nachzugehen,
zog sich Marina hinter einem »ich will keine Schatten auf einen Mann
werfen, der vielleicht unschuldig ist«, zurück. Dann entschuldigte sie
sich mit ihrem schlechten Gedächtnis und bat um eine Unterbrechung
des Verhörs. Als es fortgesetzt wurde, fiel der berühmte Vorhang des
Vergessens über die ganze Episode. Dennoch brachte Marina, falls in
der momentanen Aufhellung ihres Gedächtnisses die Wirklichkeit
angesprochen wurde, die Lösung des Falles einen Schritt vorwärts.
Denn es bedeutete, daß George de Mohrenschildt, der gewiß mit den
Nachrichtendiensten in Verbindung stand, vier oder fünf Monate vor
dem Kennedy-Attentat das Foto Oswalds in der Pose eines militanten
Linksextremisten gesehen hatte.

Die de Mohrenschildts hatten ihre eigene und dubiose Version der
ersten Begegnung mit dem Foto des Waffenfans Oswald. Danach
wurde das Foto, in braunes Papier gefaltet, zwischen Grammophonplatten gefunden, die mit anderen Gegenständen während der Abwesenheit Oswalds im Ausland in einem Lagerhaus von Dallas aufbewahrt waren. Wie es dahin gelangte, wurde niemals aufgeklärt. Wie
seltsam. Sie entdeckten das Foto – so die Version von de Mohrenschildt – erst im Januar oder Februar 1967. Das Datum stimmte mit der
Zeit ihrer Rückkehr nach mehreren Jahren Abwesenheit im Ausland
überein. Das war auch der Zeitpunkt, in dem der Warren-Bericht in
zunehmendem, ja erfolgreichem Maße kritisch angegriffen wurde.
Viele meinten, das Foto Oswalds mit dem Gewehr sei in irgendeiner
Weise gefälscht. Und nun produzierte de Mohrenschildt eine neue
Kopie des Bildes, das noch überdies von Oswald gezeichnet war, und
zwar genau im richtigen Augenblick.

Es gab noch einen letzten den Einkauf der Waffen betreffenden Punkt,
den der Warren-Ausschuß nicht nachgeprüft hatte. Oswalds Finanzen zur Zeit des Einkaufs sind genau überprüft worden, und es wird
von allen, die ihn kannten, bestätigt, daß er am Rande der Armut
lebte. Als er aus der UdSSR heimkehrte, schuldete er die verhältnismäßig große Summen von 200 Dollar seinem Bruder und 435 Dollar
dem Auswärtigen Amt. Ende 1962 zahlte er seine Schuld an das
Auswärtige Amt – wie man es im Falle eines Mannes in derartig enger
finanzieller Lage erwarten konnte, in Raten von 10 Dollar pro Monat.
Dann jedoch war er plötzlich in der Lage, den Rest seiner Schuld an

das Auswärtige Amt, nämlich 396 Dollar, in weniger als sieben Wochen, in denen er insgesamt nur 490 Dollar verdient hatte, abzuzahlen. Auf die Gefahr hin, den Leser mit diesen Nachrechnungen zu langweilen, müssen wir dennoch die Frage stellen, wie er mit den übrig gebliebenen 94 Dollar die Miete bezahlen und die Familie ernähren konnte? Die Miete allein betrug 68 Dollar, es blieb ihm also die fürstliche Summe von vier Dollar pro Woche für die Ernährung seiner Familie und die üblichen Nebenkosten übrig. Das war also offenkundig unmöglich. Man kann daraus nur schließen, daß er aus geheimen Quellen Geld erhielt. Der plötzliche und unerwartete Wohlstand fällt »zufällig« mit seinem Entschluß zusammen, noch mehr auszugeben und sich Feuerwaffen zu kaufen. Die Quittung des Auswärtigen Amtes für die beglichene Schuld trägt das Datum von Samstag, den 9. März. Der Postscheck für das Mannlicher-Carcano-Gewehr trägt den Stempel des Dallaser Postamtes vom Dienstag, den 12. März. Der Scheck wurde am frühen Morgen dieses Tages im Postamt bezahlt, und das Postamt öffnete erst um 8 Uhr. Es ist jedoch bewiesen, daß Oswald an diesem Morgen pünktlich um acht Uhr bei seiner Arbeit war. Daraus ergeben sich alle möglichen Fragen. Aus welcher Quelle kam das Geld, das Oswald die Abzahlung seiner Schulden kurz vor dem Waffeneinkauf ermöglichte? War es Oswald oder ein anderer, der den Postscheck für das bestellte Gewehr gezahlt hatte?

Im Falle des Walker-Anschlags gab es von Anfang an Hinweise auf die Beteiligung anderer Personen, Hinweise, die wohl der Warren-Ausschuß, nicht aber die Mordkommission auf die leichte Schulter nahm.

General Walker war nicht der einzige, den der Fehlschuß aufmerken ließ. Walter Coleman, ein vierzehnjähriger Junge, stand im Eingang eines naheliegenden Hauses, als er den Schuß hörte. Er blickte sofort über das Gitter, um zu sehen, was geschehen war; und das erfolgte zur rechten Zeit, um eine verdächtige Szene, an der zumindest zwei Männer beteiligt waren, zu erspähen. Der Bericht des Mordkomitees besagt, daß der junge Coleman »einige Männer schnell in einem grünen oder hellblauen Ford, Modell 1959 oder 1960, die Allee entlang davonfahren« sah. Er sah noch einen zweiten Wagen, einen 1958er Chevrolet, schwarz mit einem weißen Streifen auf der Seite, auf dem Kirchenparkplatz neben Walkers Haus. Der Wagen war offen, und ein Mann beugte sich über den Rücksitz, so daß man glauben konnte, es würde etwas auf dem Boden des Wagens liegen.

Als der Fall Walker nach dem Kennedy-Attentat wieder aufgenommen wurde, verhörte man Coleman abermals. Er sagte aus, sich die Männer angesehen zu haben, doch sah keiner Oswald ähnlich.

Oswald besaß keinen Wagen und lernte erst Monate später Auto-
fahren.

1963 stand General Walker wegen seiner rechtsextremen Anschauungen im Mittelpunkt der Aufmerksamkeit. Er wußte, daß er in Gefahr
war. Damals, wie jetzt, umgab er sich, wo immer er war, mit Leibwachen, deren Aufgabe es vor allem war, sein Haus zu bewachen. Vier
Abende vor dem Anschlag sah eine seiner Leibwachen, Robert Surrey,
einen Mann um das Haus herumschleichen, »durch Fenster spähen
und so weiter . . .«. Er berichtete alles dem General, den die Sache
hinlänglich beunruhigte, so daß er sie am nächsten Tag der Polizei
mitteilte. Ein anderer Leibwächter, Max Claunch, sah einige Tage
zuvor, bei der Ausschau nach verdächtigen Personen, »einen Kubaner
oder einen dunkelhäutigen Mann in einem 1957er Chevrolet einige
Male langsam ums Haus herumfahren«. Verdächtige Vorgänge wurden auch in den Wochen nach dem Anschlag um das Haus herum
beobachtet. Die letzte Aussage führte zu einem typischen Beispiel der
Vertuschungsmanöver in der Attentatsuntersuchung.

Eine der im Besitz Oswalds gefundenen Fotografien zeigt die Rückan-
sicht von General Walkers Haus und einen geparkten Wagen, einen
1957er Chevrolet. Als das Foto von dem Warren-Ausschuß als amtli-
ches Beweismaterial zur Schau gestellt wurde, zeigte das Bild ein
charakteristisches Merkmal. Das Nummernschild des Wagens war
ausgeschnitten (s. Abb. 9). Die zwei Polizisten aus Dallas, die das Foto
im Besitz Oswalds gefunden hatten, sagten, das Bild sei schon damals
beschädigt gewesen. Sie nahmen an, Oswald selbst habe das Nummernschild ausgeschnitten, um die Identifizierung des Besitzers zu
vereiteln. Marina Oswald erzählte indessen eine andere Geschichte.
Intensiv über das Foto verhört, wiederholte sie mehrere Male, daß es
im Bild kein Loch gegeben habe, weder als es gefunden noch als es
vom FBI weggenommen wurde. Sie sagte: »Ich erinnere mich ganz
genau an das Nummernschild des Wagens. Es gab kein Loch im
Originalbild. Ich erinnere mich sehr zuverlässig.« Marinas Aussagen
waren allerdings für ihre Unzuverlässigkeit bekannt. Diesmal jedoch
sprach sie offensichtlich die Wahrheit.

Sechs Jahre nach dem Kennedy-Mord schrieb Jesse Curry, der einstmalige Chef der Polizei von Dallas, seine Erinnerungen, insbesondere
im Hinblick auf die Erfahrungen zur Zeit des Attentats, nieder. Er
veröffentlichte eine Anzahl von Polizeifotos, unter ihnen eine Aufnahme aus Oswalds Besitz nach der Beschlagnahmung. Auf der
linken unteren Ecke des Bildes befindet sich, zum Teil verdeckt, das
Foto von Walkers Haus, dabei sieht es so aus, daß der Teil des Bildes,
der das Nummernschild des Wagens enthält, unbeschädigt ist
(Abb. 9). Der kritische Bereich ist nur ein ganz kleiner Teil eines aus

der Ferne aufgenommenen Bildes und obwohl die Nummer auf dem Schild sichtbar ist, sind die Zahlen nicht lesbar. Hat jemand wesentliches Beweismaterial nach dem Attentat verfälscht? Wenn ja, weshalb?

1979 berichtete der Kongreßausschuß für Attentate, er hätte die Möglichkeit der Existenz mehrerer, am Attentat gegen Walker beteiligter Komplizen nur in beschränktem Maße und unvollständig verfolgt und hätte sodann die Untersuchung gänzlich abgebrochen. Das Komitee hat diese Spur aufgegeben, bereute jedoch später, es getan zu haben, als es wissenschaftlich als gesichert galt, daß mehr als ein Scharfschütze an der Ermordung Kennedys teilgenommen hatte. Im Kontext der Walker-Episode bemerkte das Komitee über Marina: »... wir brauchen nicht alles, was uns Marina über den Vorfall erzählt, zu glauben, noch, daß ihr Oswald alles, was er wußte, mitgeteilt hatte, denn beide mögen darauf bedacht gewesen sein, die Beteiligung anderer zu tarnen.« Das Komitee, das fest davon überzeugt war, daß Oswald einer der Kennedy-Attentäter war, fügte bezüglich des Falls Walker hinzu: »... es ist möglich, daß Oswalds Komplizen bei der Ermordung Kennedys schon an früheren seiner Aktivitäten mitbeteiligt gewesen waren.« Das Komitee spekulierte etwa: »Wenn es bewiesen werden könnte, daß Oswald Komplizen beim Anschlag auf General Walker gehabt hätte, wären diese die wahrscheinlichen Kandidaten für die Rolle des Scharfschützen auf dem Rasenhügel.« Jetzt scheint es als erwiesen, daß die Walker-Episode mehr Aufmerksamkeit verdiente, als ihr das Komitee zugestehen wollte. Eine fachgemäße Untersuchung der Fotografie des Chevrolet 1957, der hinter General Walkers Haus geparkt war, sowie seines Nummernschildes, könnte einen Anfang bilden.

Durch einen jener Zufälle, die in diesem Fall so charakteristisch sind, fahndete die Polizei von Dallas am Tage des Attentates auf Kennedy nach einem 1957er Chevrolet. Radio-Transkripte dieses Tages zeigen, daß zwei Stunden nach dem Attentat, als sich Oswald bereits in Haft befand, das Polizei-Hauptquartier die Beschreibung eines 1957er Chevrolet Sedans ausstrahlte. Die Insassen sollten auf den Besitz verborgener Waffen durchsucht werden. Das Auto wurde zuletzt in der Nähe des Schauplatzes der Ermordung des Polizisten Tippit gesehen. Das Transkript sagt nicht mehr aus. Der Fall des Chevrolet hinter General Walkers Haus führt wieder in eine Sackgasse. Es könnte dennoch ein Hinweis auf die politische Natur des Walker-Attentates sein. Die Leibwache des Generals sprach von einem Kubaner oder »einem dunkelhäutigen Mann«, der einen Chevrolet ums Haus fuhr. Kuba und die kubanische Politik interes-

sierten besonders General Walker sowie Lee Oswald. Das Problem
Kuba ist der Schlüssel zur Lösung des Kennedy-Rätsels.
Von der Rassenfrage abgesehen, war Kuba 1963 Walkers Lieblings-
thema, dienlich zum Aufhetzen des Pöbels. Mit seinen Reden und
Aktivitäten machte der General in diesem Jahre nach eigenen Wor-
ten »der amerikanischen Regierung mit Castro und den Kommunisten die Hölle heiß«. In rechtsextremistischen Kreisen war das
Kuba-Problem ein Grund mehr, den Präsidenten zu hassen. Ihrer
Meinung nach trug der Präsident persönlich die Schuld am Scheitern des Unternehmens, Fidel Castro mittels kleiner CIA-trainierter
Armeen von Exilkubanern zu stürzen.
Kennedy verriet die Sache der Freiheit und war also auch ein Kommunist. Heute klingen solche Töne fanatisch, zu jener Zeit hatte der
rassistische Ultrachauvinismus jedoch eine große Gefolgschaft und
einflußreiche Freunde. Der Präsident selbst nahm ihre Empörung
ernst. 1962 sah die Veröffentlichung von »Sieben Tage im Mai« die
fiktive Geschichte eines Putsches, in dem rechtsextreme Generäle
einen Präsidenten wegen seiner Befriedungspolitik zu stürzen versuchten. Als Präsident Kennedy erfuhr, daß das Buch verfilmt werden sollte, bot er das Weiße Haus als Szenarium für den Film an.
Nach den Worten seines Sonderberaters, Arthur Schlesinger,
meinte der Präsident, der Film würde »zur Warnung der Nation«
dienen. General Walkers Adjutant und Partner, Surrey, war der
Redakteur des Flugblattes »Gesucht wegen Hochvertrates«, das
gegen Präsident Kennedy gerichtet war und vor seiner Ermordung
in Dallas verteilt wurde. Im Flugblatt war Kennedy des Hochverra-
tes an Kuba beschuldigt worden. Während der Monate vor dem
Attentat hielt Walker Ansprachen in exilkubanischen Versammlungen und suchte »die Exilkubaner in Dallas gegen den Präsidenten
aufzuhetzen«. Walkers Worte der Weisheit fanden seltsamerweise
Gehör in den Ohren von Lee Harvey Oswald, der sich als Marxist
bezeichnete.
Oswald war wahrscheinlich zugegen, als General Walker einer Versammlung beiwohnte, die zum Zweck der Beschaffung von Mitteln
durch die exilkubanische Fraktion Directorio Revolucionario Estudiantil einberufen worden war. Ein Augenzeuge berichtet, Oswald
habe hinten im Saal gesessen: »Er sprach zu niemandem, hörte nur
zu und ging dann weg.« Oswald selbst berichtete einige Tage später, einer Versammlung in Dallas, in der General Walker eine
Ansprache an mehr als tausend Zuhörer gehalten hatte, beigewohnt
zu haben. Die Adresse und die Telefonnummer des Generals standen in Oswalds Adreßbuch. Was veranlaßte Oswald, der sechs
Monate zuvor den General zu erschießen versucht hatte, einen

Monat vor dem Kennedy-Attentat die Walkerschen Versammlungen
so eifrig zu besuchen? Wie ist es möglich, Oswalds vermutlichen Haß
gegen die Rechtsextremisten mit seinem angeblichen Attentat auf das
Leben des Präsidenten, den die Rechtsextremisten haßten, zu vereinen? Einer seiner Bekannten in Dallas, ein gebildeter Mann, der aus
einer Familie von Politikern stammte, hatte aus Gesprächen, die er mit
Oswald vor dem Attentat geführt hatte, den Eindruck, Oswald sei
kein Kommunist gewesen. Entgegen all seinem linksextremen Gerede
schien sein Kommunismus irgendwie einer konkreten Grundlage zu
entbehren. George de Mohrenschildt, Oswalds Freund mit Verbindungen zum Nachrichtendienst, erklärte die Dinge auf seine eigene
individuelle Weise. Jahre später machte er die Bemerkung: »Oswald
war eine Schauspielernatur.« ·

George de Mohrenschildt gab an, Dallas neun Tage nach dem Attentat
auf Walker verlassen zu haben. Laut seiner Aussagen vor dem Warren-Ausschuß war er zu dieser Zeit mit den Vorbereitungen für einen
Job in Haiti, der ihn mehrere Jahre lang beschäftigen sollte, in
Anspruch genommen. Er hatte einen hochbezahlten Vertrag für geologische Erdölgutachten mit der haitischen Regierung und außerdem
besaß er einen Anteil an einer Sisalhanfplantage. Im letzteren Projekt
war er geschäftlich mit Clemard Charles, dem Präsidenten der Banque
Commerciale de Haiti, assoziiert. George de Mohrenschildt
behauptete, seine Interessen in Haiti beschränkten sich auf den beruf-
lichen Bereich ohne »andere Zwecke oder Absichten«. Vor seiner
Abreise nach Haiti verbrachte er einige Zeit in Washington mit Vorbereitungen zu dem Projekt, mit dem Einholen von persönlichen Auskünften, Besprechungen mit dem Bergbauamt usw. Der Warren-
Ausschuß glaubte ihm diese Darstellungen. In Wirklichkeit bekräftigt
sein Programm die Hypothese, daß er an geheimen politischen Intrigen beteiligt war. Unsere gegenwärtigen Kenntnisse dieser Hintergründe sind das Resultat ausgiebigster Untersuchungen seitens der
Experten des Kongreßausschusses.

Elf Jahre später berichtete das Sicherheitsamt des CIA, daß zehn Tage
nach seiner Abreise aus Dallas ein CIA-Angehöriger »eine dringende
Überprüfung George de Mohrenschildts forderte«. Im selben Dokument steht, Mohrenschildt habe keine zufriedenstellenden Auskünfte
über seine Aktivitäten in Washington gegeben die noch vor seiner
Reise nach Haiti stattgefunden haben sollten. Das Dokument berichtet
weiter:

> ». . . es ist interessant, daß – – – – Interesse an de Mohrenschildt
> mit dem ersten Teil der Reise zusammenfiel. Die Information
> weist auf die Möglichkeit – – – – und sich de Mohrenschildt

möglicherweise in demselben Milieu in Washington D. C. ca.
26. April 1963 befand ...«

Eine von de Mohrenschildts Verabredungen in Washington wurde
inzwischen aufgeklärt. Aus seinen CIA-Akten geht hervor, daß ein
CIA-Angehöriger im Büro des Stabschefs des Armeenachrichtendien-
stes in der ersten Maiwoche anrief, und das insbesondere, um über de
Mohrenschildt und seinen Haiti-Geschäftspartner, Clemard Charles,
zu sprechen. Der »Assistent Director« des Armeenachrichtendienstes
bestätigte, Charles in diesem Monat getroffen zu haben. Bei dieser
Begegnung waren auch Tony Czaikowski von dem CIA, der als ein
Professor der Universität von Georgetown vorgestellt wurde, und
George de Mohrenschildt zugegen. George de Mohrenschildt kam in
Begleitung seiner Frau. Die ehemalige Armeenachrichtendienst-
Angehörige sagte vor dem Komitee aus: »Ich wußte nicht, welcher
Sache George diente, ich habe aber den Eindruck gewonnen, daß er
seinen Partner aus Haiti in irgendeiner Weise im Griff hatte.« Sie gab
ferner zu Protokoll, der Mann aus Haiti hätte keine wertvollen militärischen Informationen anzubieten, auch erinnere sie sich keiner Diskussion über Waffenlieferungen. Doch weisen andere, jetzt zugängliche
Informationen darauf hin, daß Charles während der folgenden
Monate an mehreren Waffengeschäften mit den Vereinigten Staaten
beteiligt war. Der Assistant Director des Armee-Nachrichtendienstes
erklärte, das Treffen habe Oberst Sam Kail vom Armee-Nachrichtendienst aufgrund von Charles' Beziehungen zum Präsidenten von Haiti
und wegen Haitis strategischer Lage zu Castros Kuba vorgeschlagen.
Oberst Kail spezialisierte sich auf kubanische Nachrichtendienst-
Unternehmen, an denen der Armeenachrichtendienst und der CIA
beteiligt waren. Von Kail wird später noch die Rede sein.
Die Armeenachrichtendienst-Repräsentantin beim Washingtoner
Treffen bemerkte über George de Mohrenschildt trocken: »Ich wußte,
der Texaner kam nicht, um Hanf zu verkaufen.« Es ist ohnedies
unwahrscheinlich, daß de Mohrenschildt in Haiti ausschließlich mit
der Hanfplantage und dem Erdöl-Gutachten beschäftigt war. Eine
dem Kongreßausschuß nahestehende Quelle, die de Mohrenschildt in
Haiti kannte, berichtete, sein Gehabe sei recht seltsam gewesen, so
z. B. »folgte er Leuten im Auto«. Dieselbe Quelle berichtet, daß de
Mohrenschildt sowie sein Freund, der Bankpräsident, in Verbindung
mit einer Frau standen, die ein Bordell führte, »das vom Nachrichten-
personal der amerikanischen Botschaft häufig besucht wurde«.
Eine andere Quelle, mit Verbindungen zum CIA, behauptet, de
Mohrenschildt sei an einem gescheiterten CIA-Putsch, Papa Doc
Duvallier zu stürzen, beteiligt gewesen.

Jetzt scheint etwas über die wahre Rolle von Oswalds Freund de Mohrenschildt ans Tageslicht gekommen zu sein. Die Verbindung zu dem vermutlichen Attentäter war mit seiner Abreise nach Haiti beendet. Abgesehen von einer Postkarte, in der Oswald seine neue Adresse angab, endete die zwielichte Beziehung so unvermeintlich, wie sie begonnen hatte. Oswald sandte die Postkarte von New Orleans, wo er den ganzen Sommer 1963 verbrachte.

Als der Kongreßausschuß für Attentate seinen Bericht über die Möglichkeit einer Verschwörung veröffentlichte, vermutete man, daß Anti-Castro-Exilkubaner und gewisse Elemente der Mafia an der Ermordung Präsident Kennedys schuld gewesen sein könnten. Die Tatsache von Oswalds Aufenthalt in New Orleans ist eine wesentliche Grundlage für diese Hypothese. Das war der Augenblick, von dem an Oswald in der Öffentlichkeit durch sein linksextremes Gebaren bekannt wurde. Insgeheim aber benutzte jemand seinen Namen, der sich als *Anti*-Castro-Aktivist ausgab.

Wer war Oswald? Wer spielte welches Spiel? Denn eines ist gewiß, in dem halbdunklen Szenarium wurde ein Spiel gespielt und die Kulisse war Kuba.

III
KUBA

Der Schlüssel
zum Verbrechen

12.
Die »Company« (CIA) und die Mafia

Anti-Castro-Aktivisten und -Organisationen ... hatten
die Mittel, das Motiv und die Gelegenheit, den Präsidenten zu ermorden.

– *Stab-Bericht des Kongreßausschusses für Attentate,
1979.*

Kuba war der Albatros des Präsidenten Kennedy. Der Sturmvogel
hatte schon seit Jahrzehnten in der Takelage des Staatsschiffes geni-
stet. Aus der Sicht Washingtons war Kuba nur eine der vielen bettel-
armen Inseln unter der brennenden Sonne der Karibik gewesen. Sie
war nichts als eine Marionette in den Händen der Vereinigten Staaten,
und Washington hoffte, diesen Zustand zu erhalten. Es blieb auch
dabei, zumindest solange Fulgencia Batista an der Macht war, ein
ehemaliger Feldwebel und altmodischer Diktator, der zuerst für seinen eigenen Wohlstand sorgte. In seiner Lieblingsbeschäftigung
wurde er vor allem von den Mafiabossen Amerikas gefördert, die
Havanna zu einem Mekka des Glücksspiels und der Prostitution
gemacht hatten. Das war allen recht, mit Ausnahme der großen
Mehrheit der Kubaner, die in Elend und Armut lebten.
Am Neujahrstag 1959 scharten sich die Kubaner unter der Flagge der
Freiheit, die der bis dahin unbekannte Fidel Castro gehißt hatte.
Batista ergriff die Flucht. In Washington sowie in den US-Zitadellen
der Mafia lauerten das Eisenhower-Regime und die Bosse darauf, daß
die Castro-Revolution offen ihre Farben bekenne. Obwohl der CIA
Castro schon seit Jahren voll düsterer Vorahnungen verfolgt hatte,
vermuteten nur wenige im Ausland den marxistischen Charakter des
Aufstands. Doch war es schon nach einigen Monaten klar, daß Kuba
ein kommunistischer Staat geworden war. Damit stand das Schreck-
gespenst des Kommunismus an der Schwelle der Vereinigten Staaten.
Der CIA und das Weiße Haus waren entsetzt und empört.
Tausende von Exilkubanern überfluteten die südliche Küste der Vereinigten Staaten und Florida, und der CIA machte es sich zur Aufgabe,
sie zu unterstützen. Unter Howard Hunt, der als CIA-Angehöriger
später für seine Rolle im Watergate-Skandal in Verruf kam, formten
die vereinten Exilkubaner den kubanischen Revolutionsrat. Junge
Kubaner wurden mit dem Beistand der »Familie«, wie der CIA in der
Umgangssprache hieß, zum bewaffneten Angriff gegen Castro angeheuert. In Florida und Panama, später in Nicaragua und Guatemala,
bildeten Offiziere der US-Armee die Exilkubaner für die Landung in

ihrer Heimat aus. Diesen skrupellosen Plan faßte Hunt wie folgt zusammen: »Castro vor oder gleichzeitig mit der Landung zu ermorden (eine Aufgabe für kubanische Patrioten) und die Idee eines Volksaufstandes aufs Eis zu legen, bis die militärische Entscheidung gefallen ist.«

Präsident Eisenhower war krank, und seine Amtszeit näherte sich ihrem Ende. Richard Nixon herrschte im Weißen Haus. Kaum ein Vizepräsident vor ihm hat je eine so große Rolle gespielt. Nixon stand in enger Verbindung zu jenen, am Sturz Castros interessierten, reichen Amerikanern und Kubanern. Er war, wie er selbst ausdrückte, »der entschlossenste und beharrlichste Fürsprecher eines gewaltsamen Umsturzes in Kuba«. Rückblickend bemerkte er allerdings später, er würde diese Phase seiner Tätigkeiten am liebsten vergessen. Auf einem jener Tonbänder, die seinen Charakter widerspiegeln, gab er angstvoll zu bedenken: »Kuba ist wie eine Kruste, die die Dinge, die dem Staat gefährlich werden könnten, abdeckt ... wenn das, was sie verschließt, frei würde, müßte die Kuba-Affäre in einem Fiasko enden.«

Kennedys Wahl im November 1960 fiel mit dem Höhepunkt der Vorbereitungen zur Invasion Kubas zusammen. Die Pläne, die er von dem CIA und der Eisenhower-Regierung übernommen hatte, führten tatsächlich zu etwas viel Schlimmerem als einem Fiasko. Am 17. April 1961 landete eine Streitkraft von Exilkubanern an der Südküste von Kuba in der berüchtigten Schweinebucht. Wer die Verantwortung dafür, was dann geschah, trägt, ist bis heute noch ein brisantes Thema, sowohl von den Anhängern wie von den Gegnern Kennedys umstritten. Die ausführlich dokumentierten Ereignisse lassen darauf schließen, daß der Präsident von dem CIA unzureichend informiert und von der Armee falsch beraten gewesen war. Planmäßig sollten die Exilkubaner zunächst einen Brückenkopf etablieren, ein Stück Land erobern und dies zum Territorium und Sitz einer provisorischen Regierung erklären. Ohne die geringsten Anhaltspunkte für das Gelingen dieses Unternehmens hoffte man, dies würde zu einem allgemeinen Aufstand und zum Sturz Castros führen. So landete eine heterogene Streitmacht von 1500 Exilkubanern, mit einer undurchführbaren Mission betraut, auf einer Insel, die von Castro-Anhängern beherrscht war. Die Angreifer wateten hilflos in Salzsümpfen herum. Ihre Munition ging zu Ende, und Castros Flugzeuge versenkten das Schiff mit den Munitionsvorräten. Die Niederlage war vollständig und ruhmlos. Viele kamen ums Leben, mehr als tausend wurden gefangen genommen. Der Präsident nahm die Verantwortung für das Unternehmen auf sich. Doch die Katastrophe hinterließ einen bitteren Nachgeschmack.

Der CIA und gewisse militärische Kreise beschuldigten den Präsidenten der Unentschlossenheit im kritischen Moment. Er lehnte die Bereitschaft zu weiteren Luftangriffen und militärischem Eingriff mit der Begründung ab, sie diplomatisch nicht verantworten zu können. Howard Hunt, der CIA-Angehörige, der die Landung geplant hatte, erzählte dem Verfasser, er und seine Kollegen hätten die Nachrichten mit Zorn und Bestürzung verfolgt. »Im Kriegshauptquartier des CIA waren Verwirrung und Verzweiflung zu spüren, als wir hörten, daß die Landungsstreitkräfte in den Sümpfen zusammengeschlagen wurden. . . . je verzweifelter die Nachrichten, um so mehr hofften wir, die Regierung würde sich verpflichtet fühlen, das Gleichgewicht durch den Einsatz amerikanischer Streitkräfte wiederherzustellen. Wir konnten es kaum glauben, als die Regierung auf die Situation nur mit wiederholten Ablehnungen reagierte. Ich hatte ein Gefühl der Leere. Es schien mir vollkommen unglaubwürdig, die Regierung könnte ein Unternehmen, das sie in Gang gesetzt hatte, vollständig aufgeben und die Vernichtung der wackeren Exilkubaner im Brückenkopf zulassen. . . . irgendwo und irgendwann schienen wir als Nation den Willen zum Sieg verloren zu haben.« Vom Präsidenten sagte Hunt: »Ich glaube, er hat die Nerven verloren.«

Die Reaktion des CIA weist darauf hin, daß die Agency sich bewußt war, den Schweinebucht-Überfall ohne amerikanische militärische Unterstützung nicht durchsetzen zu können. Sie rechnete damit, den Präsidenten zum direkten Eingriff überreden zu können. Nach den Ereignissen kamen John F. Kennedy und sein Bruder zur Überzeugung, von dem CIA hinters Licht geführt worden zu sein. Das Schlimmste an der Sache war vielleicht, daß der Direktor des CIA, Dulles, des Präsidenten Hoffnung, die Landung würde einen allgemeinen Aufstand entfachen, bewußt geschürt hatte, obwohl CIA-Berichte auf die völlige Unwahrscheinlichkeit einer solchen Folge hinwiesen. Das war die Zeit, in der sich der CIA über jegliche Gesetze hinwegsetzte. CIA-Angehörige landeten gegen das ausdrückliche Verbot des Präsidenten mit den Exilkubanern. CIA-Geheimagenten ermunterten ihre kubanischen Schützlinge, die Landung, selbst im Falle der Verweigerung durch den Präsidenten, durchzuführen. Das war nach den Worten Robert Kennedys »faktisch Hochverrat«. Der Präsident äußerte sich privat in verständlichem Zorn: »Ich möchte den CIA in tausend Scherben schlagen und die Stücke in alle Winde streuen.« Das tat er wohl nicht, doch die auf die Schweinebucht folgende, drastische Reorganisation des CIA führte zur Resignation des stellvertretenden Direktors, Richard Bissell, der für die Planung der Invasion verantwortlich war und des Direktors, Allen Dulles. Später wurde Dulles ironischerweise Mitglied des Warren-Ausschus-

ses, der mit den Unzulänglichkeiten der Nachrichtendienste äußerst
duldsam verfuhr. In den niedrigeren Rangstufen des CIA war das
Ressentiment gegen den Präsidenten vielfach andauernd, da für sie
die Zusammenarbeit mit den Exilkubanern mit einem Kreuzzug gegen
den Kommunismus gleichbedeutend war.

Der Bruder des Präsidenten, Justizminister Robert Kennedy, hatte der
CIA gegen sich aufgebracht, weil er persönlich die Verantwortung für
die Leitung der kubanischen Unternehmungen auf sich nahm.
Howard Hunt nannte ihn einen »aggressiven kleinen Mann«, dessen
Anwesenheit bei Konferenzen CIA-Angehörige unangenehm empfanden. Hunt erinnert sich insbesondere an einen Zusammenstoß
zwischen Robert Kennedy und dem auf Wirkung bedachten William
Harvey, der nach der Schweinebucht-Affäre eine führende Rolle in
exilkubanischen Angelegenheiten spielte. Harvey war der Gründer
und Chef der berüchtigten »Executive Action«-Abteilung des CIA, die
mit der Aufgabe betraut war, ausländische politische Führer, wenn
»notwendig«, durch Meuchelmord zu beseitigen. Harvey schockierte
Besucher mit einem grauenerregenden Plakat hinter seinem Schreibtisch, das die Aufschrift trug: »Der Baum der Freiheit wird mit dem
Blut der Patrioten bewässert.« Das war eine taktlose Anspielung auf
das Schweinebucht-Fiasko. Robert Kennedy fand das Plakat ziemlich
geschmacklos und lehnte jenen Mann völlig ab. Harvey wurde versetzt. Das Verhalten der Gebrüder Kennedy befremdete viele CIA-
Angehörige, ja entfachte den Haß vieler heißblütiger Exilkubaner.
Nach Hunt hatte »das Scheitern des Schweinebuchtunternehmens
eine katastrophale Wirkung auf die Moral der Exilkubaner. Vor allem
waren sie darüber empört, daß ein Land wie die Vereinigten Staaten
eine derartige Katastrophe nur neunzig Meilen von ihren Grenzen
entfernt zulassen konnten . . . das Ereignis erschütterte das Vertrauen
der Exilkubaner . . .« Die besser informierten und intelligenteren Mitglieder der exilkubanischen Gemeinde lasteten die Schuld am Fiasko
dem Präsidenten persönlich an.

Für viele von ihnen war das Synonym für die Schweinebucht »Verrat«.
Der Befehlshaber der Landungsstreitkräfte, Pepe San Roman, gab
seinen Empfindungen in folgendem Ausdruck: »Nachdem alles vorbei war, haßte ich die Vereinigten Staaten. Meiner Meinung nach
hatten sie uns verraten. Tag für Tag wurde es schlimmer, mein Zorn
wuchs und wuchs, bis ich nur noch nach einem Gewehr greifen und
gegen die Amerikaner kämpfen wollte. Unsere Erwartungen waren
zerschmettert. Die Regierung der Vereinigten Staaten war für mich
alles gewesen, mehr als meine Mutter, mehr als mein Vater, mehr als
Gott. Es war ein Schlag unter die Gürtellinie, der unsere Hoffnungen
und unsere Pläne zunichte machte. Und ich weiß, ich fühle es, daß sie

bereits, bevor sie uns entsandt hatten, sich darüber klar waren, das Unternehmen nicht durchzuführen.«

Viele Extremisten empfanden San Romans Kommentar gemäßigt. Sie suchten einen Sündenbock und fanden ihn logischerweise in der amerikanischen Regierung. Mario Kohly, dessen Familie in der Exilpolitik viel von sich reden machte, äußerte sich bestimmter über die Quelle des Verrats. Er zitierte seinen Vater, der ein Anrecht auf die Exilpräsidentschaft erhob. »John F. Kennedy hat sein eigenes Volk verraten. Er war ein Hochverräter, ein Kommunist.« Kennedy hatte sich schon früh in seiner Amtszeit Feinde gemacht. Die Verwirrung und die Widersprüchlichkeit der Kuba-Politik der Vereinigten Staaten während der folgenden zwei Jahre haben das ihrige zu weiterem Mißtrauen beigetragen. Kennedys Kuba-Politik bestand aus einem Gemisch von Fehleinschätzungen und Gratwanderungen. Diese Politik mag ihn das Leben gekostet haben. In seiner Antrittsrede sprach der junge Präsident von seiner Verpflichtung, die »Freiheit in der Stunde ihrer größten Not zu verteidigen«. In den darauffolgenden Monaten sollte Kennedy noch viele Lektionen erhalten. Nach dem Schweinebucht-Debakel war Kennedy zunächst entschlossen, das Kubaproblem aggressiv zu lösen.

Seine Berater behaupteten, eine Koexistenz mit Castro könnte es auf lange Sicht nicht geben und Kennedy ließ sie aus dieser Überzeugung ihre eigenen Schlußfolgerungen ziehen. Der CIA, der jetzt in der Theorie zumindest unter der Aufsicht des Justizministers stand, setzte einen neuen Sonderausschuß für Anti-Castro-Unternehmen in Miami ein. Unter dem Codenamen JM/WAVE bildete er das Hauptquartier eines sogenannten »Geheimkrieges« gegen Kuba. Es war das ehrgeizigste aller CIA-Projekte, an dem siebenhundert CIA-Angehörige und eine ihnen zugeordnete Armee von Offizieren Tausende von Exilkubanern anheuerte, ausbildete und versorgte. Das Unternehmen sollte das Castro-Regime durch Kommandoüberfälle auf industrielle sowie militärische Angriffspunkte aus den USA sowie Guerilla-Operationen durch Anti-Castro-Kubaner aus dem Inneren des Landes zermürben. Der Plan war selbst innerhalb der Familie Kennedy umstritten. Der Präsident befürwortete Operationen in bescheidenem Maße, während sein Bruder Robert eher großartig und zugleich vage sich dafür einsetzte, »daß weder an Zeit noch Geld, noch Kraftaufwand, noch Menschenmaterial gespart werden sollte.« Robert Kennedy stürzte sich mit all seiner unbegrenzten Kennedy-Energie und Kampfeslust in das Unternehmen. In dem CIA gab es keinen Mangel an Dilettanten, die sich den Kubanern als militärische Berater anboten.

Das Zentrum der Aktion war Miami, wo sich die Mehrzahl der Exilkubaner befand. Im Bereich des Universitätsgeländes baute der

CIA das getarnte Unternehmen »Zenith Technological Services« auf.
Im Jahre 1962, auf dem Höhepunkt ihrer Tätigkeit, beherbergte die JM/
WAVE-Station 600 Amerikaner, meistens CIA-Offiziere, sowie 3000
Vertrags-Agenten. Von Schiffsgeschäften, über Detektiv- und Reise-
agenturen bis zu Feuerwaffenläden gab es alles, was zur vagen Tar-
nung des Kuba-Kreuzzuges hätte dienen können. Daneben existierten
Hunderte sogenannter »sicherer« Häuser für geheime Treffen und
Unterkünfte, von bescheidenen Apartments bis zu Luxusvillen.
Zu dieser Zeit lebte fast eine Viertel Million kubanischer Flüchtlinge in
den Vereinigten Staaten. Viele von ihnen waren bereit, sich hier eine
neue Existenz zu gründen, während andere von der Idee besessen
waren, Castro zu stürzen. Unter ihnen gab es viele tapfere junge
Männer, die nach dem von der USA angebotenen Strohhalm griffen.
Nacht für Nacht verließen Motorboote die Küste Floridas zu Sabotage-
und Propagandamissionen. Die Exilkubaner hatten versteckte Waf-
fenlager in »safe houses«* die ihnen der CIA zur Verfügung stellte, in
abgeschirmten, von dem CIA eingerichteten Lagern wurden sie von
US-Armeeinstruktoren ausgebildet. Es ist überraschend, wie wenige
von ihnen sich ernstlich Gedanken über die Schwäche, die dem
eigenen Plan anhaftete, machten, während Fidel Castro noch immer
der unbestrittene und populäre Führer Kubas war. Auf lange Sicht
erreichten die Unternehmen der Exilkubaner wenig, doch bekräftigten sie Castros Behauptung, die Vereinigten Staaten ständiger krimineller Aggression für schuldig zu halten. Inzwischen hatten sich der
Präsident und sein Bruder verpflichtet, Hunderte von kubanischen
Kommandos, die in der Schweinebucht so ruhmlos gefangengenommen worden waren, zu befreien. In einem Anflug von aufrichtiger
Teilnahme wurde beschlossen, die Gefangenen vor Weihnachten 1962
freizubekommen. Nach längeren Verhandlungen einigten sie sich mit
Castro auf ein Lösegeld, kurz vor Neujahr 1963 wurde der letzte der
Schweinebucht-Gefangenen nach den Vereinigten Staaten zurückgeflogen. Präsident Kennedy begrüßte die Freigelassenen in einer Mas-
senversammlung im Miami-Sportstadium. Tief ergriffen hielt er eine
hochemotionelle Rede, in der er nicht nur Castro und den Kommunismus angriff, sondern vielmehr auch die Freiheit zu versprechen
schien: »Castro und die anderen Diktatoren mögen einen Staat beherr-
schen, nicht aber das Volk. Sie mögen die Körper der Menschen in ihre
Kerker werfen, nicht aber ihren Geist. Sie mögen die Verwirklichung
der Freiheit verhindern, nicht aber den Willen zur Freiheit.« Und dann
gab er, die Flagge der in der Schweinebucht gelandeten Exilkubaner-
Brigade in der Hand, das Versprechen, das Tausende von Exilkuba-

---

* »safe house«, Bordell unter polizei-hygienischer Kontrolle.

nern hören wollten: »Ich kann Ihnen versichern«, und nach einer
Effektpause, »daß die Flagge dieser Brigade in einem freien Havanna
zurückgegeben werden wird.« Der Beifall war stürmisch, doch des
Präsidenten Berater zeigte sich besorgt, denn die letzten Sätze waren
nicht im Skript enthalten, und eine Verpflichtung gegenüber den
Exilkubanern gab es schlicht nicht mehr. In den achtzehn Monaten seit
dem Schweinebucht-Unternehmen hatte sich viel verändert.

Kennedy nahm den stürmischen Beifall im Miami-Stadium nur
wenige Wochen nach Beendigung der Kuba-Krise entgegen. Im Oktober zitterte die Welt noch, als Moskau und Washington einander mit
nuklearem Krieg bedrohten. Die unmittelbare Ursache der Krise war
die Installation von sowjetischen Fernwaffen auf Kuba, die die Vereinigten Staaten bedrohten. Die Krise fand ein Ende, zu Castros bitterer
Enttäuschung, durch das Übereinkommen zwischen den USA und
der UdSSR, das diese verpflichtete, die Raketenbasen aus Kuba abzuziehen. Castro protestierte laut, und die Vereinigten Staaten ihrerseits
gaben – wiewohl indirekt – die Versicherungen, sie würden Kuba
nicht angreifen. Das war eine Verpflichtung und der Präsident wußte,
daß sie bei seinen politischen Gegnern kaum populär sein würde.
Kennedy nahm an, daß die Republikaner so argumentierten: »Wir
hatten eine Chance, Castro loszuwerden, anstelle dessen haben wir
sein Regime garantiert.« Das sicherlich war die Ansicht vieler innerhalb des CIA sowie der Exilkubaner. Das Ausmaß der Meinungsverschiedenheit zwischen Kennedy und seinen Gegnern spiegelt sich in
der noch heute bestehenden Überzeugung, die Sowjets hätten die
Fernwaffen tatsächlich niemals aus Kuba abgezogen. Howard Hunt,
höherer politischer Offizier des CIA und einer der wenigen, den die
Exilkubaner noch immer als einen Helden verehren, erklärte dem
Verfasser: »Der Abzug der Raketenbasen aus Kuba wurde niemals
bewiesen. Mr. Chruschtschow gab zwar seine Zustimmung zur fotografischen Überwachung der sowjetischen Schiffe, die die Insel verlassen sollten. Doch gab es damals noch keine Satellitenraster, noch
Kameras, die durch hölzerne Kisten hätten fotografieren können. Der
Präsident bestand nicht auf einer direkten Inspektion der Installationen und der die Insel verlassenden sowjetischen Schiffe. Wir hoffen
zwar, daß die Raketen abgezogen wurden, doch niemand wagt es zu
behaupten, daß dies tatsächlich der Fall war.« Ein Exilkubaner sagte
noch 1978 voll Bitterkeit zum Verfasser: »Die Kubakrise war ein gut
inszenierter Geck.« Hunt sprach über Kennedys Ansprache an die
Schweinebucht-Veteranen mit Verachtung. Die Exilkubaner präsentierten Kennedy wohl eine Flagge. Aber die Stimmung der Brigade
war ihm gegenüber so feindlich, daß es kaum zur Präsentation kam.«
Zu dieser Zeit war das Mißtrauen der Exilkubaner wohlbegründet,

denn die Vereinigten Staaten hatten das Interesse an ihnen verloren.

Abgesehen von seinen in Volksversammlungen gegebenen Versprechungen, verschärfte sich der Konflikt zwischen dem Präsidenten und
den extremen Elementen in dem CIA in gleichem Maße, in dem seine
Beziehung zur politischen Wirklichkeit zunahm.

Robert Kennedy war entsetzt, als er mitten in der Kuba-Krise von
weiteren CIA-unterstützten Kommandoüberfällen auf Kuba erfuhr,
und zwar in dem Augenblick, als die Welt am Rande des Nuklearkrie-
ges stand. Der Geheimkrieg auf Kuba war ein Mißerfolg. Im Angesicht
der Kongreßdebatten über Koexistenz war Kennedy bereit, dies
wenigstens sich selbst gegenüber einzugestehen. Trotz seiner den
Exilkubanern gegebenen öffentlichen Versprechungen begann der
Präsident die Tätigkeit des CIA einzuschränken. Mitte März 1963 traf
er die Entscheidung, die Exilkubaner unter Kontrolle zu bringen.

Die Lage spitzte sich zu, als zur gleichen Zeit die kampflustigste Anti-
Castro-Gruppe, Alpha 66, eine Reihe von der amerikanischen Regierung nicht autorisierte Überfälle auf sowjetische Schiffe in kubanischen Häfen unternahm. Nur wenige Monate nach der Kubakrise war
das eine gefährliche, doch den Absichten der rechtsextremen Anti-
Castro-Exilkubanern entsprechende Provokation. Daraufhin distanzierte Kennedy sich und die Vereinigten Staaten eindeutig von derartigen Angriffen auf Kuba. Am 31. März folgte die Schlagzeile »US
HANDELT! ÜBERFÄLLE WERDEN GESTOPPT!« Die Regierung gab
bekannt, daß sie »alle notwendigen Schritte unternehmen werde, um
zu gewährleisten, daß der Boden der Vereinigten Staaten nicht als
Stützpunkt für die Überfälle auf Kuba oder sowjetische Schiffe mißbraucht werde«. Binnen zweier Tage bekräftigte die US-Regierung
ihre Worte mit Taten, indem sie ein Kommandoschiff in Florida
beschlagnahmte und die britische Regierung veranlaßte, ein weiteres
Unternehmen mit Stützpunkt auf den Bahamas zu vereiteln. Der
Machtapparat Amerikas, der bis jetzt den Exilkubanern Vorschub
leistete, erhielt nun den Befehl, sie im Zaume zu halten.

An der Küste von Florida machten sich die Zoll- und Einreisebehör-
den, die Küstenwache, die Marine und das FBI zugleich daran, die
kubanischen Kommandoüberfälle zu vereiteln. Das Justizministerium
erhob Anklage gegen einen der berüchtigsten Anführer der kubanischen Extremisten, Rolando Masferra, dessen Prestige auf seiner
Freundschaft mit dem Diktator Batista beruhte. Am 12. April nannte
ihn der Präsident beim Namen als Beispiel für die Art von Mensch,
den die Vereinigten Staaten nicht in führender Stellung in Kuba zu
sehen wünschten. In derselben Pressekonferenz vernichtete er, was
noch von der Illusion, die USA würde militärisch gegen Kuba eingrei-

fen, überlebt hatte. »Unter keinen Umständen wird es in Kuba zu einer bewaffneten Intervention seitens der Vereinigten Staaten kommen. Meine Regierung wird alles, was in ihrer Macht steht, tun – und ich glaube, daß sie in der Lage ist, die Verantwortung dafür zu übernehmen – daß kein Amerikaner an irgendwelchen Unternehmen innerhalb von Kuba beteiligt ist. Das fundamentale Problem Kubas ist eine interne Angelegenheit, aber kein Streitpunkt zwischen Kuba und den Vereinigten Staaten. Ich werde dafür sorgen, daß wir zu diesem Grundsatz stehen...« Kennedy machte eindeutig klar, daß dieser Wandel seiner persönlichen Überzeugung entsprach.

Theoretisch setzte der Präsident nur unautorisierten exilkubanischen Unternehmen ein Ende, er ließ die Frage der von Washington gebilligten Missionen jedoch offen. Faktisch gab es 1963 nur kaum noch autorisierte Operationen gegen Kuba. Im Sommer kam es noch vorübergehend zu Aktivitäten, die anscheinend den Zweck verfolgten, Castro von einer Einmischung in die Angelegenheiten anderer lateinamerikanischer Länder abzuschrecken. Aber die Absicht des Weißen Hauses, Castro mit Gewalt zu stürzen, hatte sich verflüchtigt. Howard Hunt erinnert sich bitter an einen kubanischen Freund, der Robert Kennedy um weitere Unterstützung bat. Er kam von der Unterredung mit Robert Kennedy mit der Gewißheit zurück, »daß alles in engen Schranken gehalten werden würde. Eine bestimmte Menge Geldes und eine gewisse Menge von Materialien sollten den Exilkubanern zur Hebung ihrer Moral zur Verfügung gestellt werden. Es war eine Mischung von Beruhigungspille und Schaufensterdekoration, um der exilkubanischen Gemeinde glaubhaft zu machen, etwas werde für sie unternommen, obwohl faktisch seit der Schweinebuchtexpedition alle weiteren Unternehmungen gegen das gegenwärtige Regime von Kuba abgebrochen worden waren.«

Die Exilkubaner unter Kontrolle bringen war leichter gesagt als getan. Ein Veteran der Schweinebucht, später an terroristischen Anti-Castro-Aktivitäten beteiligt, erklärte kürzlich: »Wir wurden von der CIA ausgebildet. Sie zeigte uns, wie man Zeitbomben ansetzt, sie lehrten uns zu töten.« Exilgruppen der verschiedensten Art wurden ausgebildet. Doch haben die Warnungen des Weißen Hauses viele ermuntert, jetzt erst recht weiter zu kämpfen. Kampffreudige Gruppen wie Alpha 66 und die Internationale Anti-Kommunistische-Brigade hatten nicht die geringste Absicht aufzugeben. Besorgniserregender war jedoch, daß gewisse Kräfte des CIA diesen ihren Politfiguren loyal blieben, sie vor allem moralisch weiter unterstützten. Während der Präsident den militärischen Einsatz gegen Kuba abbaute, setzte der CIA in den Kommandolagern Floridas ihr Soldatenspiel fort. Nach Captain Bradley Ayers, den der CIA zur militärischen Ausbildung der Exilkubaner eingesetzt hatte, wurde das intensive Training während des Jahres 1963, stark abgeschirmt, fortgesetzt und weitere Kommandomissionen gegen Kuba ausgeführt. Der CIA leugnet jegliche Beteiligung an diesen Unternehmen. »Doch gewohnheitsgemäß«, so Ayers, »beanspruchte eine exilkubanische Splittergruppe, wie Alpha 66, wohl die öffentliche Anerkennung für derartige Überfälle, die sie wohl nach vorherigem Einvernehmen mit dem CIA unternahm.« Hat Präsident Kennedy die Überfälle in Wirklichkeit sanktioniert, während er sich öffentlich von ihnen distanzierte? Ayers behauptet, seinen Einsatzbefehl von General Krulak, einem persönlichen Freund des Präsidenten und Mitglied des Regierungskomitees, erhalten zu haben, das die Überfälle auf Kuba autorisierte. Er behauptet sogar, Robert Kennedy hätte CIA-Stützpunkte in Florida während des Sommers 1963 zweimal persönlich besucht. Offizielle Aufzeichnungen und Kennedys Terminkalender enthalten keine Hinweise auf derlei Besuche. Wir können uns der Wahrheit nicht vergewissern, da sich der CIA noch immer weigert, über seine kubanischen Aktivitäten zu sprechen. Es ist denkbar, daß Robert Kennedy, von andern Pflichten völlig in Anspruch genommen, die Kompetenz-Überschreitung durch den CIA gegenüber der offiziellen Politik – die »erweiterte Theorie der Autorisation« – nicht zur Kenntnis nahm. Die Regierung ließ hier eine gefährliche Lücke in der Definition und praktischen Handhabung ihrer Kubapolitik zu. Sie wurde von Exilkubanern wie von Anti-Castro-Aktivisten des CIA bis aufs äußerste ausgenützt. Das Ergebnis führte zu einer heiklen Situation.

Im Frühjahr 1963 führte die Kuba-Frage zu einer Konfrontation zwischen Kennedy und den Aktivisten, die im gewaltsamen Umsturz des Castro-Regimes die einzige Lösung des Problems sahen. Im April 1963 entschied sich der Präsident für einen Kurs der Befriedung, die aber für die Anti-Castro-Aktivisten unannehmbar war. Die verschärfte Kontrolle der Exilkubaner markierte das Ende der Kubakrise und den Anfang neuer Beziehungen zur UdSSR. Der Präsident kündete den Abzug Tausender von sowjetischer Militär»beratern« aus Kuba an. Die neue Kuba-Politik traf auf lauten Widerspruch in den Vereinigten Staaten, nicht zuletzt seitens Richard Nixons, der ihre Umkehr in zwei im April gehaltenen Reden forderte. Er verlangte entscheidende Aktion zum Sturz des kommunistischen Regimes und offene Unterstützung der Exilkubaner.

Den neuen Kurs des Präsidenten nahmen natürlich die Exilkubaner und ihre CIA-Mentoren am meisten übel. Viele witterten schon seit langem Verrat. 1963 glaubten sie – nach den Worten des CIA-Angehörigen Howard Hunt – die Unterstützung ihres bewaffneten Einsatzes durch die Regierung der Vereinigten Staaten sei nichts als ein »Betrug am kubanischen und amerikanischen Volk gewesen«. Als Teil der neuen Richtlinie griff Präsident Kennedy den kubanischen Revolutionsrat direkt an. Der kubanische Revolutionsrat repräsentierte die Exilregierung, die aus der zwei Jahre zuvor von dem CIA unter Hunt gegründeten Vereinten Anti-Castro-Front hervorgegangen war (»Cuban Revolutionary Council« [CRCJ]).

Auf Kennedys Anordnung wurde dem Revolutionsrat die finanzielle Unterstützung von dem CIA entzogen. Der Präsident des Rates, Miro Cardona, resignierte und beschuldigte Kennedy, sein Versprechen, einen erneuten Landungsversuch auszurüsten, gebrochen zu haben. Die Stimmung der Exilkubaner nahm bedrohliche Formen an. Am 4. April 1963 geriet Charles Sapp, der Chef des Polizeinachrichtendienstes in Miami, in Sorge. Unmittelbar nach den offiziellen Einschränkungsmaßnahmen bekam seine Abteilung beunruhigende Informationen aus exilkubanischen Quellen. Was er erfuhr, veranlaßte Sapp, seinen Vorgesetzten zu berichten. Seit Präsident Kennedy eine neuorientierte Kuba-Politik – und hiermit die Beendigung von Kommandounternehmen gegen Kuba – betreibt, betrachten Exilkubaner diese Politik als gegen sie gerichtet. Gezielte militärische Aktionen und Gewalttaten richten sich nunmehr auch gegen die Regierung der Vereinigten Staaten. 1978 äußerte sich Sapp gegenüber dem Verfasser, seine Abteilung und der Geheimdienst von Miami seien ab April 1963 zur Ansicht gekommen, »das Leben verschiedener Mitglieder der Regierung, insbesondere des Präsidenten selbst, sei durch Anti-Castro-Kubaner bedroht«. Die Sicherheitsbehörden von Florida waren indessen nicht über den Zorn der Kubaflüchtlinge, sondern auch über die fanatischen Rechtsextremen besorgt.

Kurz nachdem der Präsident die Einschränkung der Anti-Castro-Unternehmungen veranlaßt hatte, tauchten in den Briefkästen im Bereich von Miami ominöse Flugblätter auf. »Kubanische Patrioten«, hieß es darin, »haben jetzt nur noch eine Chance, in ihr Vaterland zurückzukehren. Die Fügung Gottes müßte einen Texaner, der als Freund der Lateinamerikaner bekannt ist, binnen Wochen zum Herrn des Weißen Hauses machen.« Für den Text gibt es nur eine Auslegungsmöglichkeit: er fordert den Tod Kennedys und seinen Ersatz durch Lyndon Johnson. Das Flugblatt, charakteristisch für die John-Birch-Society, war gezeichnet »ein Texaner, der sich gegen den orientalischen Einfluß auflehnt, der jetzt das eigene Volk beherrscht, erniedrigt, beschmutzt und versklavt«. »Binnen Wochen« geschah zwar nichts, aber bald sollte der Wunsch des Verfassers dieses Flugblattes erfüllt werden. Als ob der aus Exilkubanern, widerspenstigen CIA-Angehörigen und amerikanischen Rechtsextremisten beste-

hende Zündstoff noch nicht genügte, gesellte sich diesem gefährli-
chen Gemisch noch ein viertes Element hinzu.
CIA-Torheit und Kennedy-Übereifer entfachten den Haß eines neuen
Feindes – der Mafia.
Sechzehn Wochen vor Kennedys Amtsantritt unterhielten sich vier
Männer, auffallend in ihrem lässigen Gehabe und in ihrer tadellosen
Kleidung, Cocktails schlürfend im Boom Room von Miamis exklu-
sivem Hotel Fontainebleau. Es sah so aus, als ob es Geschäftsleute
oder Politiker wären, die irgendwelche Pläne ausdiskutierten. Tatsächlich aber waren zwei der würdigen Herrn Mafiosi, die einen
Angehörigen der CIA trafen. Der Gegenstand ihrer Unterredung war
ein Meuchelmord, das Ziel Fidel Castro. Das Treffen war ein Teil des
neuesten und gefährlichsten Coup in einer Reihe von grotesken CIA-
Projekten.
Castros unerwünschter Aufstieg war wie zugeschnitten für das Engagement der CIA-Sondergruppe für Entführung und Mord. Weniger
als ein Jahr nach der Castro-Revolution schrieben höhere Angehörige
der CIA-Memoranda, in denen sie empfahlen, die »Elimination Fidel
Castros ernsthaft zu erwägen«. Mit Elimination war Mord gemeint. Im
Sommer 1960 wimmelte es von Komplotten. Nachrichten gingen
zwischen Washington und der CIA-Station in Havanna hin und her,
deren Thema die Beseitigung »von drei führenden Politikern« war
und, im Falle Raoul Castros »ein Unglücksfall, der seinen Einfluß
neutralisieren sollte«. Die gegen Castro ausgeheckten Projekte würden jeder Glaubwürdigkeit entbehren, wären sie nicht vom Senats-
Ausschuß für Nachrichtendienste enthüllt und dokumentiert worden.
Die hochbezahlten Hexenmeister des CIA spielten zunächst mit dem
Gedanken, Castros Schuhe mit Chemikalien zu imprägnieren, die zu
einem allgemeinen Haarausfall, einschließlich der Barthaare und
damit zum Verlust seines Wahrzeichens führen würde. Bartlos würde
Castro sein Charisma verlieren. In der CIA-Welt grotesker Klischees
war es nur ein Schritt von Castros Bart zu seinen Zigarren. Sie planten,
unbemerkt Castro eine mit Holzspänen gefüllte Zigarre zu unterschieben und ihn in einer seiner Marathonansprachen zum Wahnsinn zu
treiben. Ein anderer Zauberkünstler schlug vor, dasselbe Resultat
durch das Bespritzen der Wände seines Fernsehstudios mit einer LSD-
artigen Droge zu erreichen. Die Enthüllung solcher Pläne machte den
CIA zum Gegenstand des Gespöttes in den Augen der amerikanischen Öffentlichkeit. Dabei wäre es weiterhin geblieben, wenn die
Hüter der Freiheit nicht von ihren grotesken Projekten zu tödlichen
Spielzeugen und schließlich zu Mordverschwörungen übergegangen
wären.
Im Herbst 1960 präparierten die Techniker des CIA Zigarren, die, mit

einem Gift behandelt, so gefährlich waren, daß der Raucher – sie hofften dabei auf Castro – binnen Sekunden sterben müßte. In den darauffolgenden Monaten konstruierte der CIA einen mit einem Fungus bestreuten Taucheranzug, der mit Tuberkulosebazillen imprägniert war. Weiter stellten sie eine mit Sprengstoff geladene Muschel her, um sie an Castros Lieblingstauchplatz zu versenken. Geheimagenten innerhalb Kuba versuchten sogar, die kleinen Überraschungen der Agency an Ort und Stelle zuzustellen. Es ist nicht überraschend, daß eine zu solchen ausgeklügelten Hirngespinsten geneigte Organisation sich schließlich an die Mafia wandte.

Erfahrenen Angehörigen des CIA war die Idee nicht neu.

Der Flirt zwischen den amerikanischen Nachrichtendiensten und der Mafia hatte bereits im Zweiten Weltkrieg begonnen, zu der Zeit als alles, was dem Krieg zuträglich erschien, auch gerechtfertigt war. In den Vereinigten Staaten erwarb der Marinenachrichtendienst den Beistand des damaligen »Don of dons« der Mafia, Lucky Luciano, zur Vereitelung deutscher Sabotageakte in amerikanischen Werften. Mit Hilfe seines Partners, Meyer Landsky, mobilisierte Lucky Luciano das Netzwerk seiner Hafenviertel-Rowdies. Als Gegenleistung wurde seine kriminelle Vergangenheit offiziell übersehen. Die Amerikaner sicherten sich gleichermaßen die Mitarbeit der Mafia-Anführer in Europa, wo ihre sizilianischen Brüder die Operationen der Alliierten vom Mittelmeer aus unterstützten. Dieses Bündnis ist im offiziellen Kriegsbericht der OSS, dem Vorgänger des CIA ausführlich dokumentiert. Aus den Akten wird ersichtlich, daß einige Nachrichtendienstangehörige langfristig hinsichtlich der Seriosität dieser Beziehung Bedenken hatten. Doch hat der Frieden dieser Verbindung kein Ende gesetzt. Der Kriegspartner der Agency, Meyer Lansky, wurde mittlerweile als der Hexenmeister in Finanzangelegenheiten des »organisierten Verbrechens« bezeichnet. Die altmodischen mörderischen Methoden wurden jetzt dazu benutzt, die altmodische Struktur der amerikanischen »Gangs« der mordernen Welt anzupassen. Das Resultat war das »Organisierte Verbrechen«. Die rivalisierenden »Gangs« arbeiteten von nun an innerhalb eines gigantischen Syndikates, das nach Lansky die Ausmaße selbst des US Stahlsyndikates überschritt. Der Profit wird in legalen Investitionen angelegt, deren Ursprung nachzuspüren fast unmöglich ist. Es ist heute offenkundig, daß diese lockere »Arbeitsgemeinschaft« mindestens bis in den Vietnamkrieg hinein bestand. Sie bildete eine Sondergruppe des CIA, innerhalb deren heroinhandeltreibende Mafiosi in Südostasien ein passendes Arbeitsfeld gefunden hatten. Erfahrene Angehörige des CIA sahen in der Castro-Revolution in Kuba die günstige Gelegenheit, »alte Freunde« einzuschalten. Selten in ihrer Geschichte hatten die zwei

Organisationen eine auch nur annähernd so enge Interessengemein-
schaft.

Castros Vorgänger, der Diktator Batista, war schon seit langem eine
Marionette des amerikanischen Nachrichtendienstes und der Mafia.
Als die Vereinigten Staaten 1944 Schwierigkeiten seitens der kubanischen Linken befürchteten, hatte Lansky Batista angeblich überredet,
zeitweilig abzudanken. Das Abtreten würde ihm mit einer Beste-
chungssumme von einer Viertel Million Dollar sowie einem Anteil im
Glücksspielgeschäft erleichtert. Das war der Zeitpunkt, in dem die
Glückspielindustrie, die Kuba längst vereinnahmt hatte, zu einer
Goldgrube der Mafia wurde. Die Gangsterbosse errichteten eine Zitadelle von Kasinos und Hotels, die amerikanische Geldvergeuder
schwarenweise anzog. Spieltische, Prostitution und verschwenderi-
scher Luxus machten Havanna für das Syndikat um ein Vielfaches
einträglicher als Las Vegas. Der internationale Rauschgifthandel mit
Havanna als Zentrum war eine zusätzliche Einnahmequelle. Das
Unternehmen Havanna erbrachte jährlich einen Profit von schätzungsweise mehr als hundert Millionen Dollar. Das war eine Investi-
tion, die die Unterwelt auf jede nur erdenkliche Weise zu verteidigen
bereit war. Als das Batista-Regime in der von einer volksweiten
Empörung getragenen Revolution stürzte, versuchte die Unterwelt
ihre Investitionen dadurch zu retten, daß sie um die Gunst Castros
warb.

Ein Großteil der Waffen, die Castro zum Sieg verhalfen, wurden ihm
von Mafia-Waffenschmugglern beschafft. Das war eine Strategie, die
sich nicht bezahlt machte. Lansky erkannte die Zeichen der Zeit, er
verließ Havanna am Tage, als Castro einzog. Eine Zeitlang duldeten
die neuen Machthaber die Kasinos unter staatlicher Kontrolle. Doch
bald ließ Castro Santos Trafficante, Lanskys Partner, der für den
Transport europäischen Heroins über Havanna in die Vereinigten
Staaten verantwortlich gemacht wurde, festnehmen. Die Kasinos
wurden für immer geschlossen. Nach einiger Zeit übersiedelten Santos Trafficante und die letzten der Kasino-Organisatoren nach Florida. Sie blieben zwar Schlüsselfiguren in der Kriminalhierarchie
der Vereinigten Staaten, doch brüteten sie finster über den Verlust
ihrer Geldquellen, ja, sie träumten sogar von einer Rückkehr nach
Havanna.

Die kurzsichtigen Augen des CIA sahen in den Bossen der Unterwelt
die perfekten Mitverschwörer zur Ermordung Castros. Der CIA
wurde wiederholt informiert, daß Lansky persönlich einen Preis von
einer Million Dollar auf Castros Ermordung ausgesetzt hatte. Man
versuchte zunächst, Castro zu beseitigen, indem ein Mädchen gedun-
gen wurde, seine Nahrung zu vergiften. Möglicherweise waren die

Verschwörer dem Erfolg nahe. Ein Kongreßausschuß-Bericht erwähnt eine ernstliche Erkrankung, die Castro im Sommer 1960 befiel. So begann ein Unternehmen, dessen Knoten erst durch die Untersuchungen des Senatsausschusses für Nachrichtendienste 1975 entwirrt wurden.

Im September 1960 fanden CIA-Beratungen auf höchster Ebene über die Einschaltung der Mafia zur Ermordung Castros statt. Allen Dulles, der Direktor des CIA, war zumindest bei einer dieser Beratungen anwesend – eine Tatsache, die er verschwieg, als er drei Jahre später Mitglied des Warren-Ausschusses wurde. Mit der Ausführung des Projektes wurde mit der Genehmigung durch Dulles und seines stellvertretenden Direktors Richard Bissell der Sicherheitsrat betraut.

Der erste Schritt war die Wahl eines Mittelmannes, der das Vertrauen des CIA genießen sollte, gleichzeitig aber hinlänglich unabhängig war, um die Agency im Falle des Bekanntwerdens der Mission an die Öffentlichkeit nicht zu kompromittieren. Die Wahl fiel auf Robert Maheu, einen ehemaligen FBI-Agenten in Chicago. Dieser Mann war dem CIA bereits behilflich gewesen, als es darum ging, einen führenden ausländischen Politiker mittels eines gefälschten Sex-Filmes und der Einmischung in Erdölvereinbarungen mit Saudi Arabien zu kompromittieren. Maheu war in dieser Zeit hauptberuflich für den Multimillionär Howard Hughes tätig, der eigene Interessen auf Kuba verfolgte und bereit war, sich am Mordkomplott gegen Castro zu beteiligen. So kam es, daß Maheu Ende September 1960 mit zwei Gangsterbossen in der luxuriösen Umgebung des Miami Fontainebleau Hotel zu Tisch saß.

Die Gangster gebrauchten die Decknamen »John Rawlston« und »Sam Gold«. »Rawlston« war John Roselli, der sich aus bescheidenen Anfängen – er hatte Alkohol für Al Capone in Chicago geschmuggelt – in Las Vegas an die Spitze des Syndikates heraufgearbeitet hatte. In den Vernehmungen des Kefauver Kriminalausschusses wurde er als ein »Prinz« unter den illegalen Spekulanten mit engen Beziehungen zu Meyer Lansky beschrieben. Sein guter Freund bei dieser Begegnung mit dem CIA war Sam Giancana, genannt Sam Gold; er war zu jener Zeit der Gangsterboß von Chicago, dessen strafgesetzliche Verfolgung eines der Spezialprojekte des Justizministers Robert Kennedy war.

Giancana soll am Kuba-Unternehmen des Syndikats beteiligt gewesen sein, was ihm, in Verbindung mit seiner hohen Stellung in der Rangordnung der Mafia, für den CIA-Plan sehr geeignet erscheinen ließ.

Der Verfasser interviewte 1978 den vierten Teilnehmer jenes Treffens in Miami, einen Gefolgsmann Giancanas. Dieser erklärte die näheren

Zusammenhänge der Verschwörung. Nach seinen eigenen Worten: »Johnny rief Sam an, wir brauchen jemanden, der viele Kubaner kennt, den Typ von Kubaner, der überredet werden könnte, an einem derartigen Komplott teilzunehmen. Sie müßten natürlich Rechtsbrecher sein, aber jemanden, der die Kubaner wirklich kennt.« »Und wer«, fragte ich den vierten Mann, »kannte die Kubaner wirklich?« Vorsichtig, mit mehr als einer Andeutung von Angst, sagte meine Kontaktperson: »Nun, der geeignetste Mann wäre Santos Trafficante.« Der Bericht des Senatsausschusses für Mordkomplotte bestätigt diesen Namen. Kurz nach dieser ersten Zusammenkunft traf ein CIA-Agentenführer Giancana wieder. Diesmal war er in Begleitung eines Mannes mit dem Namen Pecora, der in Wirklichkeit der mächtige Mafiaführer Santos Trafficante war. Auch im Jahre 1979 ist dieser Namen gleichbedeutend mit der brutalen Ausübung der Macht durch die Spitze des »Organisierten Verbrechens«. Der Name Trafficante stand im Mittelpunkt der Aufmerksamkeit des Mordkomitees, als es 1979 zu der Schlußfolgerung kam, »individuelle Mitglieder« der Mafia könnten an der Ermordung Präsident Kennedys beteiligt gewesen sein.

Santos Trafficantes Vergangenheit war seiner neuen Mission angemessen. Sein Vater kam um die Jahrhundertwende nach Amerika. Er etablierte sich in kurzer Zeit in Florida als unbestrittener Chef eines mächtigen Verbrecherzentrums. Der junge Trafficante übernahm die Kontrolle der Florida-Unternehmen und des Sanssouci-Kasinos in Havanna. Die Reichweite seiner Macht wurde nach der Beseitigung Albert Anastasias, damals als der rücksichtsloseste Gangsterboß Amerikas gefürchtet, anerkannt. Anastasia, der sich in Trafficantes Unternehmungen in Kuba einzumischen versuchte, starb in einem Barbierstuhl, von Kugeln durchlöchert. Fidel Castro nahm Trafficante nach der Revolution in Haft, sein Kerker soll jedoch luxuriös ausgestattet gewesen sein. Nach Castros Machtübernahme beobachteten US-Rauschgiftbehörden für einige Zeit ein Anwachsen des kubanischen Kokainschmuggels in die Vereinigten Staaten. Das führte zum Verdacht, daß Castro und der Gangster eventuell zu einem Übereinkommen betreffs eines gegenseitig profitablen modus operandi gekommen wären. Andererseits verblieb Trafficante in enger Verbindung mit Meyer Lansky, der einen Preis von einer Million Dollar auf die Ermordung des kubanischen Führers ausgesetzt haben soll. Der CIA verlor den festen Boden unter ihren Füßen, als sie sich an Trafficante um Hilfe wandte. Er war ein Diktator in seinem eigenen Bereich, der keinem andern diente. Immerhin machte er verbindliche Gesten, als er die Männer aus Washington traf. Obwohl diese ungeduldig auf Resultate warteten, geschah nichts.

Die Bemühungen, Castro unter Einsatz der Mafia umzubringen, waren kaum weniger unwirklich als die ihnen vorangegangenen Komplotte. Trafficante stellte die CIA-Representanten einer gewissen führenden Persönlichkeit in der Exilkuba-Bewegung vor. Der Mann soll Antonio da Varona gewesen sein. Er war einstmaliger Ministerpräsident Kubas und bald darauf der Vizepräsident des kubanischen Revolutionsrates, den Präsident Kennedy 1963 im Stich ließ. Angeblich plante die CIA-Mafia, durch einen Angestellten von Castros Lieblingsrestaurant Gift in dessen Essen zu schmuggeln. Es kam nie dazu, vermutlich, weil Castro inzwischen ein anderes Restaurant bevorzugte. Wäre der Plan geglückt, wäre Castro zur Zeit der Schweinebucht-Landung gestorben. Das war April 1961. Ein Jahr lang, nach der mißlungenen Landung, · geschah nichts. Dann wurde der CIA wieder aktiv. Diesmal unter der Leitung von William Harvey, einem berüchtigten Trunkenbold, der auch in der Koordination des CIA mit exilkubanischen Unternehmen eine führende Rolle spielte. Es gab noch einen zweiten Plan mit vergifteten Tabletten und, wie der Senatsausschuß für Nachrichtendienste berichtete, auch mit »Sprengstoffen, Gewehren, Karabinern, Fernhörgeräten und Schiffsradar«. All diese Dinge wurden denselben kubanischen Mittelleuten in einer Geheimoperation auf einem Parkplatz in Miami überreicht. Wieder geschah nichts. Der Kongreßausschuß für Attentate spekulierte: »Die Mafia-Bosse glaubten nicht mehr an eine Veränderung in Kuba durch den Tod Castros«. Vielleicht simulierten sie ihre Beteiligung an den Komplotten nur als eine Gegenleistung dafür, daß sie wegen ihrer Verbrechen in den Vereinigten Staaten nicht strafrechtlich verfolgt wurden. In einem gescheiterten Abhörfall gegen Giancana und Maheu erwies sich diese Hoffnung als gerechtfertigt. Soweit wir wissen, wurde die Mafia in Mordkomplotte gegen Fidel Castro nach 1962 nicht mehr eingeschaltet.

Seit die Komödie der Irrungen in den Vereinigten Staaten bekannt wurde, gibt es eine polemische Diskussion, ob Präsident Kennedy an den Komplotten mitbeteiligt war und ob er überhaupt von ihnen wußte. Das Thema war jedenfalls Gegenstand einer Diskussion im Ovalen Raum, wie Ted Szulcz, Lateinamerika-Berichterstatter der New York Times, bei einem Interview mit dem Präsidenten erfuhr. Szulcz erinnert sich, wie der Präsident sich mitten in einem Gespräch über Kuba plötzlich in seinem Schaukelstuhl nach vorne beugte und fragte: »Was würden Sie davon halten, wenn ich Castros Ermordung befehlen würde?« Szulcz antwortete, politischer Mord sei im Prinzip unrecht, er würde außerdem nicht zur Lösung des Kuba-Problems beitragen. »Kennedy«, so erklärte Szulcz, »lächelte und meinte, er habe mich nur getestet, weil er unter starkem Druck seitens seiner

Berater vom Nachrichtendienst stand, Castros Ermordung anzuordnen. Er habe sich dem Rat entschieden widersetzt, da sich die Vereinigten Staaten aus moralischen Gründen niemals an politischen Morden beteiligen dürften. Er freue sich, daß ich seine Überzeugung teile.«

Vielleicht können Kennedys Bemerkungen, die er an Senator George Smathers richtete, den Kern seines Dilemmas näher beleuchten. Senator Smather war selbst ein leidenschaftlicher Gegner Castros. Smathers bestätigt, der Präsident sei von der Idee eines Attentates entsetzt gewesen. Weiter fügt er hinzu: »Ich erinnere mich, er sagte, der CIA habe oft Dinge unternommen, von denen er nichts wußte, mit denen er in keiner Weise übereinstimmte.« Er beklagte sich darüber, daß der CIA über einen fast autonomen Status verfügte. Eine Anzahl von CIA-Angehörigen nahm an, der Präsident wüßte von den Mordkomplotten, das Thema sei jedoch in seiner Gegenwart tabu gewesen. Der Senat-Ausschuß für Nachrichtendienste war von der Annahme, daß der Präsident die Komplotte billigte, nicht überzeugt.

Es gibt *einen* dokumentarischen Beweis dafür, daß der Bruder des Präsidenten etwas über die Beteiligung der Mafia an den Mordkomplotten erfahren hat. Anfang 1962 wurde Robert Kennedy über den Versuch des CIA, einen ihrer Mafia-Kontakte, nämlich Sam Giancana, vor gerichtlicher Verfolgung zu schützen, informiert. Kennedy beharrte auf einer Erklärung. Er erfuhr schließlich über Giancanas Rolle in den Komplotten von einem CIA-Anwalt, Lawrence Houston. Nach Houston war Kennedy wütend und entgegnete: »Ich hoffe, Sie werden niemals wieder mit dem Syndikat zusammenarbeiten, ohne den Justizminister davon zu unterrichten.« Houston sagte: »Wer jemals erlebt hat, wie sein Blick stählern wurde, die Kiefermuskeln sich strafften, die Stimme sich senkte und die Worte präziser wurden, versteht, daß einem dabei himmelangst wurde.«

Viel später besprach Robert Kennedy den Castro-Komplott mit zwei Vertrauten. Er behauptete: »Ich habe sie gestoppt ... ich erfuhr, daß gewisse Leute einen Anschlag auf Castros Leben planten, ich habe das Unternehmen gestoppt.« Der Bericht der Mordkommission bemerkt hierzu: Der CIA hatte Robert Kennedy nicht informiert, daß die Unternehmen nach einer Unterbrechung wieder aufgenommen wurden. Die Tragweite dieser Täuschung ist groß ... sie ist Ausdruck unmittelbaren Ungehorsams gegen die persönlichen Anordnungen des Justizministers ... Inzwischen verfolgte Robert Kennedy, dem nur ein Teil der dunklen Geschichte bekannt wurde, die Untersuchung von Sam Giancanas Verbrechen so eifrig wie je zuvor.

Was auch immer über die Einstellung der Brüder Kennedy gegenüber

Kuba* zweifelhaft erscheinen mag, gegenüber der Mafia und dem »organisierten Verbrechen« waren sie kompromißlos. Zwischen den Kennedys und dem Syndikat herrschte Krieg: Kreuzzug gegen Blutrache.

---

* Neueste Analysen bekräftigen die Hypothese, daß die Brüder Kennedy über die frühen Mordkomplotte gegen Castro informiert waren und sie vielleicht sogar billigten. In seinem Buch über den CIA »The Man who kept the Secrets. Richard Helms and the CIA (Deutsch: CIA. Thomas Powers. Hoffmann und Campe. Hamburg 1980) meint Thomas Powers, höhere CIA-Angehörige enthielten sich der Aussage, der Präsident hätte die Komplotte gebilligt – entweder weil sie keinen Beweis dafür hatten, oder weil es zur Tradition eines Geheimdienstes gehört, die Schuld auf sich zu nehmen. Es scheint jedoch höchst unwahrscheinlich, daß der Präsident die *späteren* CIA-Komplotte gebilligt habe, die in der zweiten Hälfte von 1963, also zur Zeit, als er sich für eine positive Annäherung und einen Kompromiß mit dem kubanischen Führer einsetzte, ausgeheckt wurden. (S. ein späteres Kapitel dieses Buches.)

13.
Die Mafiosi verlieren die Geduld

Dieser Mann Kennedy wird sich wundern und er bekommt, was er verdient ... er wird umgelegt werden.

– Mafia-Boss Santos Trafficante in einem Gespräch über die Zukunft des Präsidenten. Ende 1962.

Der Kampf begann fünf Jahre bevor John F. Kennedy zum Präsidenten gewählt wurde.

Im Jahre 1956 fand Robert Kennedy, einunddreißig Jahre alt und Rechtsberater des Senatsausschusses für Untersuchungen erste Indizien einer Infiltration der Gewerkschaftsbewegung durch führende Mafiosi. Bei der weiteren Verfolgung dieser Spur stellte sich heraus, daß einige Gewerkschaften bereits unter der Kontrolle der Mafia standen. Eingeschüchterte Informanten berichteten über hohe Summen von Gewerkschaftsgeldern, die auf Privatkontos übergeleitet wurden, von berüchtigten Gangstern in leitenden Gewerkschaftsstellungen und von der Ermordung und Folter jener, die sich widersetzten oder beklagten. Typisch ist das folgende, in Kennedys Bericht enthaltene Ergebnis.

Ein Gewerkschaftsbeamter ging von Los Angeles nach San Diego, um Arbeiter, die Musikautomaten warteten, gewerkschaftlich zu organisieren. Dort wurde ihm befohlen, sich von Diego fernzuhalten, wenn ihm sein Leben lieb sei. Er erschien dessen ungeachtet und wurde bewußtlos geschlagen. Als er am nächsten Morgen erwachte, war er blutüberströmt und hatte schreckliche Bauchschmerzen. Unfähig, die Rückreise nach Los Angeles anzutreten, ging er in ein Spital. Eine Notoperation wurde vorgenommen und eine große Gurke aus dem Enddarm entfernt. Später drohte man ihm, daß es das nächste Mal eine Wassermelone sein würde. Dieser Mann kam glimpflich davon. In dutzenden anderer Fälle wurden die Opfer mit von Kugeln durchlöcherten Gesichtern gefunden oder durch Starkstromstöße und langsame Folter ermordet.

Die Spuren führten bereits in den Anfangsstadien der Untersuchung direkt zu Amerikas größter und mächtigster Gewerkschaft, der »International Brotherhood of Teamsters«, der Gewerkschaft der Lastfahrer. Mit ihren zahlreichen über das ganze Land verteilten Mitgliedern, kontrollierte diese Gewerkschaft die Lastfahrer der Vereinigten Staaten, sowie die Arbeiter in den Warenlagern und übte einen unmittelbaren Einfluß auf fast alle industriellen Unternehmen aus.

Earl Warren, der später die Untersuchung der Hintergründe der Ermordung John F. Kennedys leiten sollte, äußerte sich über diese Gewerkschaft einmal folgendermaßen: »Sie ist nicht nur bewundernswert in ihrem Ausmaß, sondern auch das leuchtende Vorbild der Arbeiterbewegung Amerikas.« Das war nicht Robert Kennedys Meinung. Er hielt die Gewerkschaft, angefangen beim Präsidenten Dave Beck für durch und durch korrupt. Als sich die Indizien häuften, wurde ein Senatssonderausschuß mit Robert Kennedy als oberstem Rechtsbeater und seinem Bruder, Senator John F. Kennedy als Mitglied der Kommission eingesetzt. Die Enthüllungen zerstörten das Image Dave Becks als öffentliche Person.

Sein Nachfolger, James Hoffa, wurde später langen Strafverfolgungsverfahren durch Robert Kennedy ausgesetzt. Er wurde ein skrupelloser persönlicher Feind der Kennedys. Robert Kennedy konzentrierte seine Ermittlungen auf Hoffa lange bevor dieser durch manipulierte Wahlen Präsident der Gewerkschaft wurde. Die Fehde zwischen beiden spitzte sich zu, als Kennedy Hoffa bei der Bestechung eines Senatsanwaltes auf frischer Tat ertappte.

1958 auch noch wegen Meineids und illegalen Abhörens angeklagt, wurde Hoffa von allen drei Anklagepunkten freigesprochen. Er machte keinen Hehl daraus, wie er das zustande gebracht hatte. »Man ist nie sicher mit einer Jury, es ist wie Zielschießen auf Fische in einem Faß.« Das alles war nur der Anfang eines erbitterten Kampfes. Der gegenseitige Haß beider Männer wurde zu einem Teil der amerikanischen Szene. Hoffa bezeichnete Kennedy als »tückischen Bastard«, »kleines Monster«, »verwöhnten Bengel« und titulierte ihn mit anderen, nicht zitierbaren Ausdrücken. In den Verhören des Senatsausschusses kam es zu wiederholten Zusammenstößen zwischen den Kennedys und Hoffa. Beim Verlassen eines Verhörs murmelte Hoffa: »Dieser Sohn einer Hündin, ich werde ihm das Rückgrat brechen, diesem Scheißkerl.« Am nächsten Morgen kam es zu folgendem Wortwechsel:

KENNEDY: Als sie gestern nach den Zeugenaussagen den Saal verließen, sagten sie »dieser Scheißkerl, ich werde ihm das Rückgrat brechen«?
HOFFA: Wer?
KENNEDY: Sie.
HOFFA: Wem soll ich das gesagt haben?
KENNEDY: Wer da war. Haben Sie diese Bemerkung gemacht nachdem die Zeugen vor dem Komitee aussagten?
HOFFA: Ich habe mit überhaupt keinem der Zeugen gesprochen.
KENNEDY: Also mit wem dann?

HOFFA: Ich weiß nicht, ich mag den Ausdruck über irgend jemanden als Redewendung benutzt haben.
KENNEDY: Nun, wessen Rückgrat wollten Sie brechen?
HOFFA: Ich kann mich nicht einmal erinnern.
KENNEDY: Wessen Rückgrat drohten Sie zu brechen, Herr Hoffa?
HOFFA: Redewendung. Ich weiß nicht, worüber ich sprach und ich weiß nicht, worüber Sie sprechen.

Hoffa entkam einer Verurteilung, doch haben ihn die Kennedys wiederholt und öffentlich erniedrigt. In der Wahlkampagne zwischen Kennedy und Nixon unterstützte Hoffas mächtige Gewerkschaft selbstverständlich Nixon. Als sich der Wahltag näherte, sprach der Präsident der Lastwagenfahrer-Gewerkschaft Hoffa unter lautem Beifall zu seinen Mitgliedern: »Wenn es darum geht, daß Kennedy, wie er versprach, Hoffa vernichten wird, dann werde ich ihm antworten, das hängt davon ab, ob er lange genug leben wird.«
Wie sein Bruder Robert, war auch John F. Kennedy entschlossen, das Syndikat zu brechen. Als ihm einmal mitgeteilt wurde, eine Senatsausschuß-Ermittlung würde wahrscheinlich auch eine führende Persönlichkeit der demokratischen Partei kompromittieren, entgegnete er: »Machen Sie sich keine Sorgen und beschaffen Sie sich ruhig alle Beweise. Hier gibt es nur eine Regel. Wir wollen die Gangster nicht verwunden, wir wollen sie vernichten.« Den Worten folgten Taten.
1959 gelang es John F. Kennedy, ein neues Gesetz, das die Modalitäten der Gewerkschaftswahlen regelte, in beiden Häusern durchzusetzen. Robert Kennedy berichtete, die Mafia und die Gewerkschaft der Lastwagenfahrer hätten während der Wahlen versucht, die kompromißlose Einstellung der Kennedys ihnen gegenüber durch Druck und Versprechungen aufzuweichen.
Die Annäherung vollzog sich durch einen der wichtigsten Gefolgsmänner Hoffas, einen Chicagoer Anwalt, der früher für Al Capone tätig war. Je mehr Beweismaterial Robert Kennedy mit gewissenhafter Ausdauer fand, desto mehr kam er zu der Überzeugung, es nicht mit der Korruption in den Gewerkschaften, sondern mit der Mafia selbst zu tun zu haben. Er drückte sich allerdings vorsichtiger aus, indem er sagte: »Es sind Gangster, die wohlorganisiert arbeiten und niemals in der Geschichte unseres Landes mehr Macht hatten als jetzt. Sie kontrollieren Politiker und bedrohen ganze Gemeinschaften. Sie durchdringen mit Korruption und Schrecken große, wie kleine Unternehmungen, ihre Macht wächst täglich.«
Im Jahre 1960 veröffentlichte Kennedy kurz vor den Wahlen die Geschichte seines Kampfes gegen Hoffa und die Gangster unter dem Titel »The Enemy Within« (Der Feind in unserer Mitte), das ein

Bestseller wurde. Am Ende des Buches nannte er einige Gangster, die in seinen Untersuchungen eine Rolle spielten, wie Shorty Feldman, Tony Provenzano, Henry de Roma und Frank Matula. »Keine Gruppe gleicht dem einstigen Al-Capone-Modell mehr, als die Jimmy Hoffas. Sie sehen wie Al-Capone-Leute aus. Sie haben die glatten Gesichter und die grausamen Augen von Gangstern; sie tragen die teuren Anzüge, den Diamantring, die edelsteinbesetzen Uhren und das starke süßliche Parfum. Unter den mit Hoffa verknüpften Namen wurden u. a. Paul Dorfman und Barney Baker angeführt. Baker, den Kennedy als Hoffas Boten der Gewalttätigkeit bezichtigte, sowie Dorfman hatten wiederum Beziehungen zu Jack Ruby, der Oswald nach dem Attentat auf Kennedy für immer zum Schweigen brachte. Robert Kennedy beschäftigte sich aber auch mit der Strafverfolgung des Mafiabosses von Chicago, Sam Giancana, der später an den CIA-Mafia Mordkomplotten gegen Castro beteiligt war. Dabei stieß Kennedy auf eine Verbindungskette, die bis zu Meyer Lansky und Santos Trafficante, den Bossen des Mafia Wett- und Spiel-Imperiums reichte.

Als John F. Kennedy im Jahre 1961 zum Präsidenten der Vereinigten Staaten gewählt worden war, ernannte er seinen Bruder Robert zum Justizminister. Robert Kennedy hielt eine Ansprache auf den Stufen des Justizministeriums, in dem er seine Prioritäten bekanntgab. Über das »Organisierte Verbrechen« sagte er: »Die Situation ist äußerst ernst, doch glaube ich, daß vieles zur Lösung dieses Problems beitragen kann.« Ergänzend fügte er hinzu, »das Organisierte Verbrechen ist wie ein Staat im Staate, mit einer eigenen Regierung, deren Macht auf Korruption und Einschüchterung beruht.« Zu dieser Zeit war der Direktor des FBI Hoover noch von der Angst vor der Roten Gefahr besessen, er wollte nicht einmal die Existenz der Mafia zugeben.

Bis 1961 war Robert Kennedy für das Organisierte Verbrechen kaum mehr als ein Ärgernis. Doch besaß er nun als höchster Justizbeamter die Macht, gegen Hoffa vorzugehen. Innerhalb von neun Monaten nach der Wahl konzentrierten sich nicht weniger als dreizehn Schwurgerichte, sechzehn Anwälte und dreißig FBI-Beamte darauf, Hoffa unter Anklage zu stellen. Ein Sonderteam, bekannt geworden als »Schnappt-Hoffa-Team«, arbeitete Tag und Nacht an der Aufdeckung der Gewerkschaftskorruption. Hoffa wurde angeklagt, Bestechungsgelder von Speditionsfirmen angenommen, die Pensionskasse der Gewerkschaftler veruntreut und illegale Zahlungen von einer Speditionsfirma in Tennessee erhalten zu haben. Wie üblich machte er von allen auch nur möglichen Tricks Gebrauch, um sich aus der Affäre zu ziehen.

Jahre später prahlte Hoffa damit, im Besitz anrüchiger Informationen zu sein, die den Kennedys ernsthaften Schaden zufügen könnten.

Verschiedene Versionen kursierten hinsichtlich der Natur dieser Informationen. Hatte Hoffa Beweise für eine Beziehung zwischen dem Filmstar Marilyn Monroe und Robert Kennedy? Gerüchte, wonach Hoffa Zugang zu Abhör-Aufnahmen haben sollte, waren im Umlauf. Tatsächlich existierten keine greifbaren Beweise für eine engere Beziehung zwischen Marilyn Monroe zu dem jüngeren Kennedy, der zudem als guter Ehemann bekannt war. Doch beide haben sich häufig getroffen und gelegentlich Telefonate geführt. Bandaufnahmen derartiger Gespräche hätten den hinterlistigen Hoffa selbstverständlich interessiert, es ist jedoch sehr viel wahrscheinlicher, daß sich seine Informationen auf den Präsidenten persönlich bezogen. Wie heute bekannt ist, hatte der Präsident mindestens ein Jahr lang eine Affäre mit Judith Exner, einer schönen, zwanzig Jahre jüngeren Frau. 1975 ersah der Senatsausschuß für Nachrichtendienste aus dem Telefonregister des Weißen Hauses, daß Judith Exner den Präsidenten zwischen seinem Amtsantritt und März 1961 ungefähr siebzigmal angerufen hatte. Judith Exner gab der Presse bereitwillig Interviews über ihre sexuellen Beziehungen zum Präsidenten in verschiedenen Hotels und im Weißen Haus. Doch waren es nicht die Bettgeschichten, die den Anlaß zu äußerster Besorgnis gaben. Obwohl der Präsident kaum sehr klug war, Beziehungen zu einer Dame, wie Ms. Exner zu unterhalten, war er weder der erste, noch der letzte Politiker, der dieser Schwäche zum Opfer fiel. Was Washington mit Sorge und Spekulationen erfüllte, war die Enthüllung, daß Judith Exner gleichzeitig neben ihrem Verhältnis zum Präsidenten, einen anderen Gönner und Liebhaber hatte. Dieser war ohne Zweifel niemand anders als Sam Giancana, der Boß des Organisierten Verbrechens in Chicago. Die Möglichkeit ist nicht auszuschließen, daß die Mafia, die die Schwäche des Präsidenten für schöne Frauen kannte, absichtlich diese Frau in seine Nähe brachte, die gleichzeitig ihr diente. Ms. Exner verharmloste zunächst derartige Befürchtungen, indem sie verlauten ließ, zuerst Kennedy und erst einige Monate später auch Sam Giancana durch Frank Sinatra in Las Vegas vorgestellt worden zu sein. Das war eine bequeme Erklärung, die jedoch einer Nachprüfung nicht standhielt. Das FBI, sowie ein enger Partner Giancanas behaupteten, Ms. Exner habe den Präsidenten erst einige Monate nach dem Beginn der Affäre mit Giancana kennengelernt. Ms. Exner räumte in der Tat ein: »Es besteht die Möglichkeit, daß ich von Anfang an als Werkzeug benutzt wurde.«

Welchen Zweck könnte die Mafia damit verfolgt haben? Da das Organisierte Verbrechen wie nie zuvor verfolgt wurde, hätte ein Spion im Weißen Hause potentiell durchaus zweckdienlich sein können. Diese Hypothese gewinnt an Gewicht, betrachtet man Giancana nicht

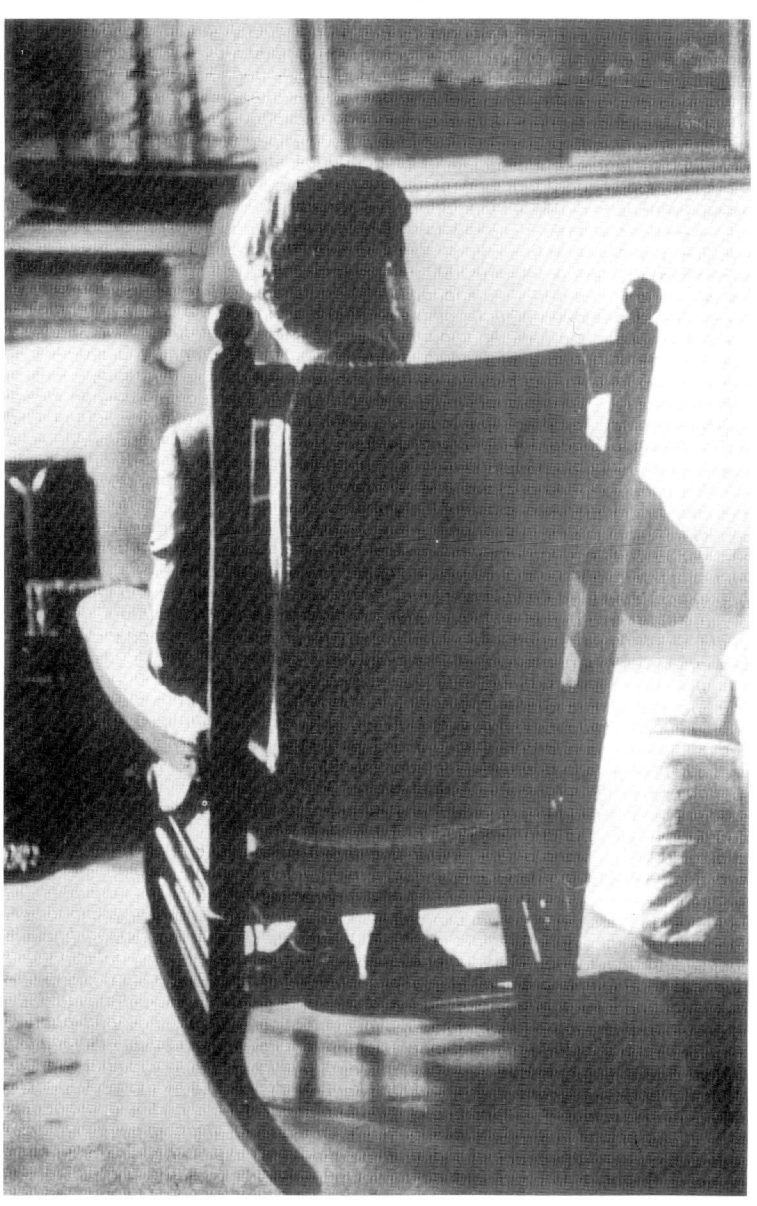

John F. Kennedy, US-Präsident von 1960 bis 1963

Sekunden vor dem Attentat. Ungefähr zu diesem Zeitpunkt bemerkte die Frau des Gouverneurs zum Präsidenten: »Mr. Kennedy, Sie können nicht behaupten, daß Dallas Sie nicht lieben würde.« Waren ein oder zwei Bewaffnete hinter den Fenstern im 6. Stock? *(eingeklinktes Photo oben)*

Der Hinterhalt. Jenseits des verwundeten Präsidenten befindet sich eine einge-
friedete Fläche, auf der Wissenschaftler einen 2. Bewaffneten vermuten.

Wissenschaftler haben mit größter Genauigkeit festgestellt, daß von dieser
günstigen Position ein 2. Mann auf den Präsidenten schoß.

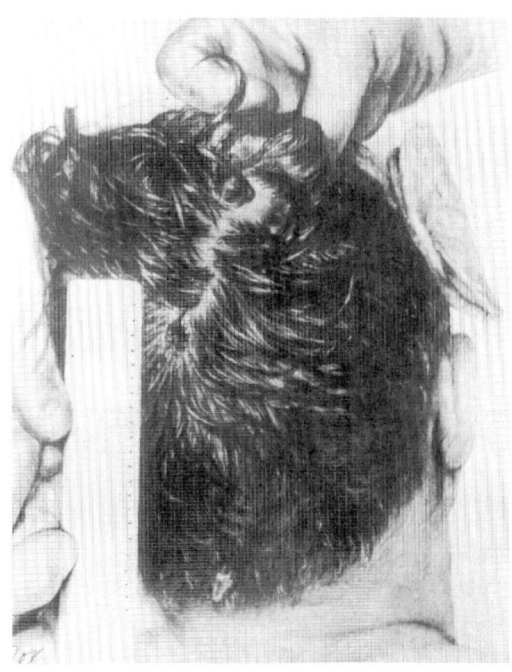

Eine verpfuschte Autopsie: Eine im Jahr 1979 vom Untersuchungs-Ausschuß veröffentlichte medizinische Zeichnung. Experten, die sich auf ein Originalphoto stützten, stellten fest, daß die Sachverständigen seinerzeit um 4 Inches die Einschußwunde in den Kopf des Präsidenten verfehlten.

Das Gewehr, auf den Namen »Hidell« bestellt, führte direkt zu Oswald. Aber benützte Oswald wirklich diesen Namen?

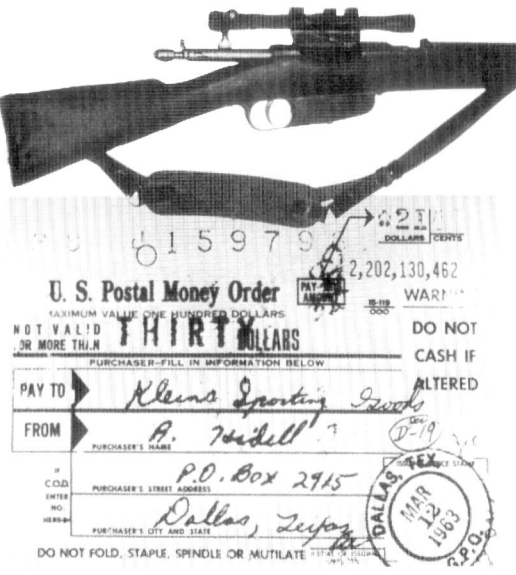

Lag sein Finger am Tag des Mordes auf dem Abzug? Verursachte das fast unbeschädigte Geschoß (unten) sowohl die erste Wunde des Präsidenten als auch die unzähligen Verletzungen des Gouverneurs?

Lee Harvey Oswald zur
Zeit seiner Ankunft in der
Sowjetunion 1959

Ein umstrittenes Photo.
Wahrscheinlich im Früh-
jahr 1963 aufgenommen,
scheint es Oswald mit
dem Gewehr in der Hand
zu zeigen, das später am
Tatort gefunden wurde. Eine Kopie, die Jahre später
auftauchte, trug eine
offensichtlich authenti-
sche Widmung an Oswald
in russischer Sprache:
»Faschistenjäger, ha, ha,
ha!!!« Der Autor dieses
seltsamen Satzes bleibt
unbekannt.

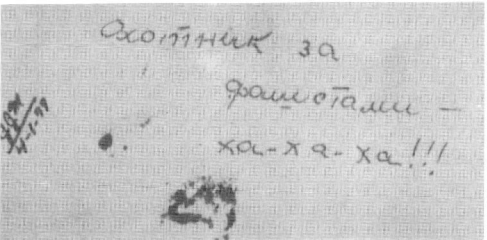

Gefälschter Beweis? Angeblich photographierte Oswald das Haus des Generals Walker bevor er versuchte, ihn zu erschießen. Es wurde lange Zeit behauptet, daß das Nummernschild am Auto von Oswald unkenntlich gemacht worden sei, bevor die Polizei das Photo entdeckte. Tatsächlich zeigt ein Photo, daß das Schild bis nach dem Mord unversehrt geblieben war *(Bild unten)*. Was kann das Motiv für die Unkenntlichmachung des Nummernschilds sein?

Zufällige Überwachung? Oswald *(Pfeil rechts)* 1961 in der sowjetischen Stadt Minsk. Das von Touristen gemachte Photo landete bald in den Akten des CIA.

Marina, Oswalds sowjetische Frau. Wie spontan war ihr heftiges Werben und was konnte sie über Oswalds Aktivitäten im Jahr 1963 erzählen? Ihre »Vergeß-lichkeit« bei verschiedenen offiziellen Verhören war frustrierend.   ▽

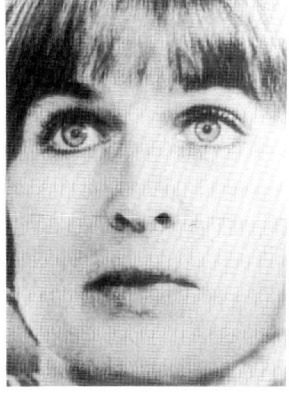

Der Freund, George de Mohrenschildt, der lange Zeit mit Oswald in Dallas zu-sammen war, stand mit dem CIA und dem US Military Service in Verbindung. Er sagte, daß der CIA ihn ermutigt hätte, Oswald zu kontaktieren. Leider erschoß er sich am Vorabend des Verhörs.

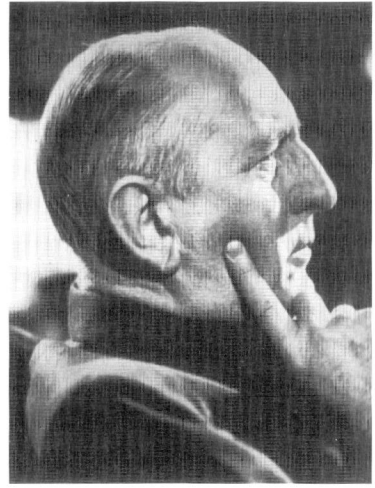

Senator Richard Russel, Mitglied der Warren-Kommission: »Uns wurde nicht die Wahrheit über Oswald gesagt«

Kommissionsmitglied Hale Boggs: »Hoovers Blick war nur gerichtet auf Oswald, auf Ruby, auf ihre Freunde . . .«

Senator Richard Schweiker: »Ich glaube, daß Oswald eine besondere Beziehung zu einem der Geheimagenten hatte . . .«

Kongreßmitglied Richardson Preyer: »Das Pentagon hat die Akten zum Kennedymord vernichtet . . .«

CIA-Direktor Richard Helms: »Wir sind ehrbare Männer. Sie müssen uns nur vertrauen.« Er unterließ es, der Warren-Kommission von der Verschwörung zu berichten, die Castros Ermordung zum Ziel hatte.

Allen Dulles, früherer CIA-Direktor: Auch er wußte von der CIA-Mafia-Verschwörung gegen Castro, doch berichtete er davon nie seinen Kollegen in der Warren-Kommission.

James Hosty, FBI-Agent, der 1963 Nachforschungen über Oswald nachging, sagte aus, daß ihm befohlen wurde, Beweismaterial nach dem Mord zu vernichten.

CIA-Direktor William Sullivan: »Ich glaube, da könnte was dran sein« bezüglich einer besonderen Beziehung zwischen Oswald und dem amerikanischen Geheimdienst. Er starb bei einer Schießerei 1978.

Carlos Marcello berichtete, davon gesprochen zu haben, »eine Figur aufzutreiben, die die Schuld auf sich nimmt« für den Tod des Präsidenten. Nachforschungen ergaben, daß Schlüsselfiguren mit seiner Organisation in Verbindung standen.

Santos Trafficante behauptet, vorausgesagt zu haben, daß der Präsident »demnächst getroffen werde«. Oswalds Killer kannten verschiedene Genossen von ihm und haben wahrscheinlich Trafficante persönlich getroffen.

Sam Giancana

Judith Exner

Freunde des CIA: die Gangster John Roselli und Sam Giancana *(links unten)* wurden vom CIA für Verschwörungen eingesetzt, um Castro zu töten. Sam Giancana, der Boß der Verbrecher Chicagos, protegierte das Party-Girl Judith Exner *(links unten)*, die auch ein Verhältnis mit Präsident Kennedy hatte. Giancana und Roselli wurden 1970 auf brutale Weise ermordet, als von beiden erwartet wurde, daß sie Fragen des Kongresses bezüglich des Kennedy-Mordes beantworteten.

Eine persönliche Fehde: Robert Kennedy hatte heftige Auseinandersetzungen mit Jimmy Hoffa *(rechts),* bevor sein Bruder Präsident wurde. 1962 berichtete Edward Partin *(unten rechts)* von Plänen, den jüngeren Kennedy zu erschießen oder in die Luft zu jagen.

»Hawk« Daniels *(unten links)* hörte ein Telefongespräch Hoffas ab, in dem über Explosionsmaterial diskutiert wurde. Partin und Daniels sind sich darüber einig, daß Hoffa den Präsidenten bedrohte.

Der Kopf des Ganzen? Diese Abbildung *(links oben)* wurde 1978 vom Untersuchungsausschuß veröffentlicht im Bemühen, einen Geheimdienst-Beamten ausfindig zu machen, der unter dem Namen »Maurice Bishop« tätig war. Anti-Castro-Anführer Antonio Veciana *(unten mit dem Autor)* sagt aus, daß Bishop vor dem Mordanschlag mit Oswald zusammengetroffen sei und versucht habe, Beweise zu beschaffen, die Oswald mit kubanischen Diplomaten in Mexiko City in Verbindung bringen sollten. Ob der CIA-Beamte David Philips *(oben rechts)* mit »Bishop« identisch ist, konnte nicht geklärt werden. Die Suche nach »Bishop« dauert an.

◁ Konspirativer Treff? Das schäbige Gebäude in New Orleans bewohnten Guy Banister *(oben rechts)* und David Ferrie *(oben links)*. Beide waren Rechtsextremisten mit Beziehungen zu US-Geheimdiensten und zur Mafia. Dennoch verteilte der scheinbare Linkssympathisant Oswald *(Mitte rechts)* Pro-Castro-Flugblätter mit dieser Adresse. Banisters Angestellte Delphine Roberts sagte aus, daß Oswald das Büro mit Banisters stillschweigender Duldung benützte.

Den Spionen wird nach-
spioniert: Der kubanische
Geheimdienst identifiziert
das Gebäude *(links)* als
den Punkt, von dem aus
der CIA mit Film- und Ton-
aufzeichnungen die kuba-
nische Botschaft in Mexi-
ko observierte. Kubani-
sche Photographen be-
obachteten abwechselnd
Albert Rodriguez Gallego
(rechts), von dem behauptet wird, daß er der CIA-
Agent sei, der den Be-
obachtungsposten ein-
nahm. Die CIA gibt die
Observierung zu, doch be-
streitet sie, Bilder von
Oswald beim Betreten der
Botschaft zu haben. Sie
behauptet, daß Tonband-
aufzeichnungen Oswalds
vernichtet worden seien.
Warum?

In der Mordnacht war Jack Ruby in Dallas auf der Polizeistation mit seinem Gewehr. Dieser Ausschnitt aus einem Filmstreifen zeigt ihn *(Pfeil, rechts)* auf einer
stark besuchten Pressekonferenz.

Lee Harvey Oswald wird erschossen

Ein bisher unbekanntes Photo von Oswald, das von einem Polizeioffizier gemacht wurde.

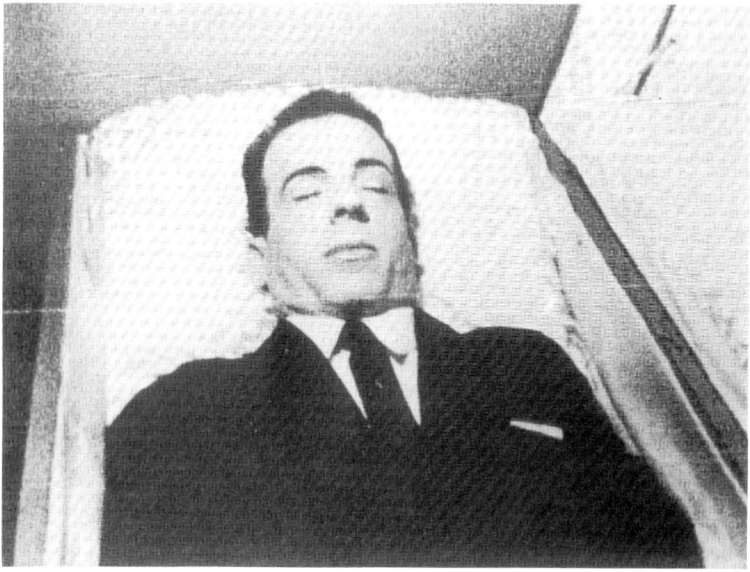

lediglich als Gangsterboß, sondern auch als eine Schlüsselfigur in den CIA-Mafia-Komplotten zur Ermordung Fidel Castros. Judith Exner behauptete, daß ihre Gespräche mit dem Präsidenten ausschließlich Dinge persönlicher Natur »von Mann zu Frau« betrafen. Ihr Erinnerungsvermögen ist jedoch in manchen Bereichen vage, auch zerstreuen ihre Aussagen den Verdacht über Giancanas wahre Motive nicht. Der Senatsausschuß bestand bei ihrem Verhör nicht auf Detailangaben. Frank Sinatra wurde niemals vernommen. Giancana, von dem behauptet wird, er habe damit geprahlt, daß seine Organisation dem Präsidenten ein Mädchen untergeschoben habe, kann nicht mehr befragt werden. Er wurde ermordet. Die Umstände seines Todes deuten – wie wir sehen werden – darauf hin, daß er sehr viel mehr hätte sagen können, als seine bereits bekannten Äußerungen ahnen ließen.

Die einfachste Erklärung dafür, daß die Mafia eine Frau ins Bett des Präsidenten schmuggelte, ist natürlich Erpressung. Damit würden sich im übrigen Jimmy Hoffas Anspielungen erklären, anrüchige Informationen zu besitzen. Selbst wenn Jimmy Hoffa diese Information von Giancana nicht erhalten haben sollte, kannte er eine hinreichende Anzahl von Las-Vegas-Typen, die von dieser Affäre Kenntnis gehabt haben könnten. Ein enger Freund Hoffas, der Kasinobesitzer Morris Dalitz »Joe« mit jahrelangen Beziehungen zur Unterwelt, behauptete ebenfalls, Kennedy gut gekannt zu haben. Falls aber Giancana oder Hoffa eine Erpressung geplant hatten, gibt es nicht die geringsten Indizien für einen Erfolg. Die Exner-Beziehung nahm im März 1962 ein jähes Ende, nachdem Hoover, damals noch Direktor des FBI und über die Affäre wahrscheinlich informiert, mit dem Präsidenten zu Mittag gegessen hatte. Während des Mittagessens berichtete er dem Präsidenten über Ms. Exners Beziehungen zu Sam Giancana. Von diesem Augenblick an waren im Telefonregister des Weißen Hauses keine weiteren Anrufe von Judith Exner verzeichnet. Die Kennedys aber verfolgten Hoffa und Giancana unvermindert weiter.

Als Giancana vor dem McClellan-Komitee aussagte, kam es zu persönlichen Zusammenstößen zwischen ihm und Robert Kennedy. Giancana berief sich dreiunddreißigmal auf den fünften Ergänzungs-Artikel, wonach ein Beschuldigter berechtigt ist, die Aussage zu verweigern, wenn er sich damit selbst belasten könnte. Als ihn Kennedy fragte, »Herr Giancana, stimmt es, daß Sie Leute, die sich Ihnen widersetzen, in Koffer stopfen lassen, um sie loszuwerden, stimmt das?«, grinste Giancana und berief sich auf den fünften Artikel. Die Akten belegten, daß für ihn brutaler Mord an der Tagesordnung war. Der Katalog seiner Verbrechen erstreckt sich von der alten Mafia-

Methode, die Opfer in Zement gegossen in einen Fluß zu werfen bis
zum Aufhängen an Fleischerhaken, an denen die Opfer tagelang mit
elektrischen Stößen, Eishaken und Lötlampen zu Tode gefoltert wurden. Auf diese brutale Weise kam Giancana an die Spitze seines
Syndikats, das ihm schätzungsweise 200 Millionen Dollar im Jahr
eintrug. Die strafrechtliche Verurteilung Giancanas war eines der
wichtigsten Ziele Robert Kennedys. Ab Mitte des Jahres 1963 wurde
Giancana Tag und Nacht überwacht. Selbst auf dem Golfplatz folgten
ihm FBI-Agenten.
1960 erfolgten nur fünfunddreißig Verurteilungen für Verbrechen, die
mit dem Organisierten Verbrechen in Verbindung standen, 1963
waren es 288 und in den letzten Monaten der Kennedy-Administration verdoppelte sich die Zahl. Bevor die Kennedys an die Macht
kamen, verbrachten die Anwälte für die Abteilung Organisiertes
Verbrechen im Durchschnitt 61 Tage im Gerichtshof und 660 Tage auf
der Suche nach Beweismaterial. Im letzten Jahr der Kennedy-Administration lag das Verhältnis bei 1081 Tagen im Gerichtssaal zu 6177
Tagen Recherchen. New York Citys ehemaliger Oberstaatsanwalt für
Organisiertes Verbrechen, Ralph Salerno, meinte, »das Ende ihrer
Tage war gekommen und sie wußten es, denn ein enormes finanziel-
les Imperium wurde ernsthaft bedroht«. Das Ausmaß, in dem sich die
Verbrecherbosse und ihre Gefolgsmänner bedroht fühlten, wird
durch die Abhörberichte aus der Zeit der totalen Überwachung der
Mafia ersichtlich. Anfang des Jahres 1962 wurde ein Gespräch des
Mafiabosses von Philadelphia, Angelo Bruno, mit einem seiner Kum-
panen, Willy Weisburg, abgehört. Weisburg sagte schon damals:
»Schau, was dieser Kennedy gemacht hat. Jemand sollte ihn ersta-
chen. Jemand sollte den Scheißkerl umlegen. Ich mein's im Ernst. Ich
hoffe, ich werde zu einem Verhör geladen. Dann bring ich ihn um, im
Scheißweißen Haus selbst. Jemand muß den Scheißkerl umlegen.«
Angelo Bruno entgegnete diesem Fluß von Drohungen mit einer
Anekdote. Ein Jahr später hören wir ihn davon reden, sein Hab und
Gut zusammenpacken und in seine Heimat zurückkehren zu wollen.
Auf einem anderen Tonband des FBI spricht ein verzagter Bruno: »Mit
uns ist es vorbei, ich gehe nach Italien und du solltest mitkommen . . .«
Andere zogen den Kampf der Flucht vor.
In den Kennedys traf die Mafia auf einen Gegner, der eine Entschlos-
senheit und eine Ausdauer an den Tag legte, der sie weder zuvor,
noch nachher wieder begegnet ist. Wenn eine Anklage niedergeschla-
gen worden war, befahl Justizminister Kennedy seinen Ermittlern
beharrlich neue Gründe für eine gerichtliche Verfolgung zu finden.
Noch einen Monat vor der Ermordung seines Bruders verlangte er
vom Kongreß größere Vollmachten für die Bekämpfung des Organi-

sierten Verbrechens. Er forderte ein Gesetz für die elektronische Überwachung und eine Immunitätsklausel, die zögernde Zeugen zum Reden bringen sollte. Mit Rückendeckung seines Bruders führte Robert Kennedy einen wahren Feldzug gegen das Verbrechen.

1979 erklärte ein Kongreßabgeordneter und Mitglied des Kongreßausschusses für Attentate, weshalb es logisch ist, die Mafia der Mittäterschaft an der Ermordung Kennedys zu verdächtigen. Floyd Fithian, Historiker von Beruf sagt: »Das Organisierte Verbrechen hatte ein Motiv, der Kennedy-Administration ein schnelles Ende zu bereiten, denn seine Situation begann sich ernsthaft zu verschlechtern.« Nach Ansicht des Kongreßabgeordneten waren die Aussichten trostlos genug, um individuelle Mitglieder des Syndikats zu veranlassen, die Ermordung Kennedys ernsthaft in Erwägung zu ziehen. Wenn John F. Kennedy nicht mehr im Weißen Haus regierte, konnte es nur eine Frage der Zeit sein, bis auch sein Bruder das Justizministerium verließ. Die Feindschaft zwischen Robert Kennedy und dem Vizepräsidenten Lyndon Johnson war allgemein bekannt. »Das Organisierte Verbrechen verfügte über die Mittel, John F. Kennedy zu ermorden, hatte ein Motiv zum Mord und es hatte auch die Gelegenheit, ihn auszuführen.« Die offizielle Stellungnahme des Kongreßausschusses für Attentate spiegelt die Schlußfolgerungen Fithians. Gibt es aber einen Beweis für die Mittäterschaft der Mafia?

Im Oktober 1963, einen Monat vor dem Attentat, registrierten Abhörgeräte in Chicago, wie Sam Giancana drei Freunden Witze erzählte. Das geschah, als Giancana, wo er auch war, überwacht wurde. In dem FBI-Abhörbericht heißt es: »Jemand fragt, ob Bobby Kennedy Golf spielt, sie wissen, daß John F. Kennedy das tut. Vorschlag, eine Bombe in seinen Golfsack zu schmuggeln. Allgemeines Gelächter.«

Für einige war die als »Pest« bezeichnete Regierung Kennedys im Weißen Haus nicht mehr lediglich nur lästig, geschweige denn ein Scherz. Kennedy war hart auf den Fersen Hoffas. Bis zu Kennedys Amtszeit war es Hoffa immer wieder gelungen, freigesprochen zu werden. Doch Mitte des Jahres 1963 lautete die Anklage: Versuchte Bestechung gegenüber einem Gericht in Tennessee während eines Verfahrens, in dem Hoffa der Annahme illegaler Geldsummen vom Arbeitgeber, beschuldigt wurde. Ein Jahr später sollte Robert Kennedys Unversöhnlichkeit und Beharrlichkeit doch noch belohnt werden. Hoffa wurde wegen des Bestechungsversuches und der Veruntreuung einer Million Dollar Gewerkschaftsgelder zu einer Gefängnisstrafe verurteilt. Er schien sein Talent »Fische in einem Fasse zu schießen eingebüßt zu haben«. Doch dürfte Robert Kennedy dieser Sieg nur wenig Genugtuung bereitet haben. Sein Bruder war tot. Es gibt mindestens einen Hinweis dafür, daß der verfolgte Hoffa ab 1962 die Kennedys mit derselben Brutalität zu bekämpfen beschloß, mit der er gegen seine Widersacher in den Gewerkschaften vorzugehen pflegte. Ironischerweise kam dieser Hinweis in jenem Prozeß ans Tageslicht, in dem Hoffa endlich verurteilt wurde.

Der wichtigste Zeuge der Anklage in diesem Prozeß war Edward Partin. Er war Lastwagenfahrer-Gewerkschafts-Beamter in Louisiana, der den Ermittlungsbehörden belastendes Material über Hofa zur Verfügung gestellt hatte. Er behauptete, Hoffa habe im Sommer des Jahres 1962 von der Ermordung Robert Kennedys gesprochen: »Jemand muß den Scheißkerl umlegen ... Sie wissen, ich habe alle notwendigen Informationen ... da steht sein Haus (zeichnet mit seinen Fingern) so, und es ist unbewacht. Er fährt ein Kabriolett und geht allein schwimmen. Ich besitze ein 27-Gewehr mit einem optisch hochempfindlichen Teleskop, das auf weite Distanzen exakt schießt. Es wäre einfach, ihn damit umzulegen, aber so gefällt es mir nicht. Es ist zu offenkundig.« Hoffa spielte damals, so Parkin, mit dem Gedanken, Robert Kennedy mit einer Bombe umzubringen. Ich wollte mir eine Plastikbombe verschaffen und jemand anheuern, der die Bombe ins Haus wirft, das Ding brennt dann nieder, nachdem die Bombe explodiert ist. Ihr wißt, der Scheißkerl geht früh zu Bett ...«

Selbstverständlich wurde vermutet, Partin hätte diese und andere Geschichten erfunden, um seine Stellung den Behörden gegenüber zu verbessern. Tatsächlich weisen aber Indizien darauf hin, daß er die Wahrheit gesprochen hatte. Partin wiederholte seine Behauptung noch 1978 dem Verfasser gegenüber und fügte hinzu, Hoffa habe ihn sogar gebeten, eine für seinen Zweck geeignete Plastikbombe zu beschaffen. Partin informierte einen Bundesermittler, der nunmehr die Telefongespräche zwischen Partin und Hoffa abhörte. Der Verfasser interviewte auch Hawk Daniels, den Ermittler, der später Richter in Louisiana wurde. »Ja, auch ich habe zwei Telefongespräche abgehört.« Partin rief an und Hoffa antwortete. Partin sprach kurz über die Plastikbombe und sagte, er hätte das Gewünschte besorgt. Hoffa sagte, »wir werden darüber sprechen«, und wechselte das Thema abrupt. Es war klar, daß er wußte, wovon Partin sprach. Richter Daniels nahm Partins Warnung ernst und informierte das Justizministerium. Die Behörden, einschließlich des Geheimdienstes, waren sich seit diesem Zeitpunkt bewußt, daß eine akute Gefahr von Hoffa ausging. Präsident Kennedy habe ihm selbst gesagt, so Daniels, einer der Gangster Hoffas sei nach Washington entsandt worden, um Robert Kennedy zu ermorden.

Seit 1962 lebte Partin, der die Behörden zuerst von Hoffas Mordabsichten informiert hatte, in beständiger Angst um sein Leben. Mehrere Mordversuche wurden unternommen, Richter Daniels vermutet, auf

Veranlassung des rachsüchtigen Hoffa. Obwohl der Verfasser ein Fernsehinterview mit Partin vereinbart hatte, erschien dieser nicht, sondern schickte einen Kollegen mit der folgenden Nachricht: »Es tut mir leid, daß ich diesen Termin nicht einhalten kann ... doch aus Gründen meiner persönlichen Sicherheit, insbesondere der meiner Familie, die ich aus diesem Staat wegschaffen und verstecken mußte ... ich glaube, das Treffen wäre unfair gegenüber meiner Familie, die bisher nur Angst, Tod und Todesdrohung kannte...«

Hoffas Mordplan aus dem Jahre 1962 bezog sich nur auf Robert Kennedy, doch Partin behauptet, wenn er Hoffa richtig verstanden habe, beabsichtige Hoffa die Ermordung Robert Kennedys und seines Bruders. Richter Daniels teilte diese Meinung: »Ich glaube, Hoffa beabsichtigte, seine Drohungen durchzuführen und er verfügte über die entsprechenden Mittel, das zu tun. Ich glaube, es war eine Frage des Wie und Wann und nicht des Zweifels an der Notwendigkeit, mindestens Robert Kennedy und womöglich auch seinen Bruder umzubringen.« Heute existieren Beweise dafür, daß ein anderer Mafia-Boß mit wahrscheinlich mehr Macht und Erfahrung als Jimmy Hoffa, dessen mörderische Absichten unterstützte, nämlich Santos Trafficante.

Nach seiner Ausweisung aus Kuba wurde Trafficante in den Vereinigten Staaten die Schlüsselfigur für zahlreiche Anschläge auf Fidel Castro. Kuba war indessen nicht sein einziges Problem. Die Kennedys hatten seinen Namen, bereits lange bevor sie an die Macht kamen, in Verruf gebracht. Noch während sich Trafficante auf Kuba aufhielt, drängte Robert Kennedy auf Informationen über ihn. Recherchen des Kriminalkommissariats von Miami führten direkt auf Trafficante als »die Schlüsselfigur der Mafia-Kreise in Tampa, Florida. Seiner Familie wurden dutzende von Gangstermorden und Rauschgiftunternehmungen zur Last gelegt. Leute, die Trafficante und seine sizilianische Familie kannten, wußten von seiner Publicityscheu. Als John F. Kennedy Präsident wurde, beobachtete Trafficante eine zunehmende Verfolgung seiner Freunde Jimmy Hoffa und Sam Giancana; Trafficante war selbst bereits ein Gezeichneter. Wie der Kongreßausschuß herausfand, vertraute er seine Gefühle 1962 einem reichen kubanischen Emigranten, José Aleman, in Miami an. Aleman und Trafficante hatten seit langem Verbindungen. Trafficante bot sich an, Aleman einen Kredit von einer Million Dollar zu beschaffen. Der Kredit war bereits, so äußerte er, von Hoffa und seiner Gewerkschaft zugesagt worden. Es war also selbstverständlich, Jimmy Hoffa zu erwähnen, als sie sich im September des Jahres 1962 in Miami trafen. Aleman, der diese Aussage in einem geheimen Treffen mit dem Verfasser 1978 bekräftigte, zitierte alsbald Trafficante zum Thema John F. Kennedy.

»Hast du gesehen, wie sein Bruder Hoffa angegriffen hat? Er weiß nicht, wie gefährlich so ein Zusammenstoß ist. Hoffa ist doch kein Millionär, sondern ein Freund der Arbeiterschaft. Hoffa selbst ist ein Arbeiter, er verdient sowas nicht... Hör auf meine Worte, dieser Mann Kennedy befindet sich in Schwierigkeiten und er bekommt, was er verdient.«

Als Aleman den Einwand machte, Kennedy habe doch sein Geschäft gut verrichtet, er würde auch wieder gewählt werden, entgegnete der Mafia-Boß kühl: »Du verstehst mich nicht. Kennedy wird es nicht bis zu den Wahlen machen. Er wird umgelegt werden.« Aleman erklärte Ermittlern gegenüber, Trafficante habe ohne dies direkt auszusprechen, klargemacht, er wisse, daß Kennedy ermordet werden sollte. Aleman seinerseits bestätigte, den sicheren Eindruck gewonnen zu haben, daß Hoffa bei der Ermordung Kennedys eine Hauptrolle spielen sollte.

Es kann kaum Zweifel darüber geben, wie Trafficantes angebliche Bemerkung, »es wird den Präsidenten erwischen« (he is going to be *hit*), zu interpretieren ist. Aleman wettete mit einem Komplizen Trafficantes, ob Kennedy ermordet werden würde oder nicht. In anderen Gesprächen Alemans mit Ermittlern sowie in seinem Interview mit dem Autor, war eindeutig, daß mit »hit« nur Mord gemeint sein konnte. In einer öffentlichen Sitzung des Kongreßausschusses 1978 waren Alemans Aussagen zaghaft und verworren, im Gegensatz zu seinem früheren Verhalten.

Hier erklärte er, mit »hit« sei die vermutliche Niederlage des Präsidenten bei den kommenden Wahlen gemeint gewesen. Bevor der Verfasser ihn treffen konnte, bestand der zurückgezogen lebende Aleman auf komplizierten Vorsichtsmaßregeln. Vor dem Kongreßausschuß betonte er: »Ich bin äußerst besorgt um meine persönliche Sicherheit. Ich habe mein Geschäft verkauft und lebe zu Hause ... ich meine, Santos Trafficante könnte jeden Augenblick etwas unternehmen.« Der Vorsitzende des Ausschusses gab seiner Bewunderung für Alemans persönlichen Mut Ausdruck, und der Oberste Rechtsbeirat fügte hinzu: »Wir beobachten in dem Zeugen den Ausdruck einer Angst, die wir, ehrlich gesagt, persönlich voll und ganz anerkennen müssen.«

In der Zeit der angeblichen Gespräche mit Trafficante über das künftige Schicksal des Präsidenten war Aleman Informant des FBI. Er beteuerte, jenes Gespräch unverzüglich seinen FBI-Kontaktleuten berichtet zu haben, jedoch ohne Erfolg. Im Verlauf des Jahres 1963 bestätigte er, Trafficante noch des öfteren getroffen und das FBI gewarnt zu haben. »Meiner Ansicht nach mußte etwas geschehen, ich habe sie gewarnt, vorsichtig zu sein.« Ein FBI-Agent – so Aleman –

habe sich mit ihm noch am 22. November des Jahres 1963, einige Stunden nach der Ermordung Kennedys in Verbindung gesetzt. Das FBI bestreitet allerdings diese Behauptung.

In New Orleans lebte ein kleiner Sizilianer namens Carlos Marcello, der allen Anlaß hatte, die Kennedys zu hassen. Seiner Körpergröße wegen (162 cm) als der »kleine Mann« bekannt, war Marcello, wie Trafficante, eine der zwei oder drei finstersten Gestalten in der Geschichte des Organisierten Verbrechens. Aaron Kohn, 1978 Chef des Kriminalkommissariats von New Orleans, beschrieb Marcello dem Verfasser als »eine der einflußreichsten Persönlichkeiten des Organisierten Verbrechens im Süden der Vereinigten Staaten ... das Haupt der Mafia, oder Cosa Nostra, in diesem Bereich.« Zur Zeit der Ermordung Kennedys scheffelte Marcellos Syndikat die ungeheuerliche Summe von jährlich 1114 Millionen Dollar. Statistisch war das Syndikat das größte finanzielle Unternehmen im Staat von Louisiana, Marcello wurde als Mini-Midas bezeichnet. Sein Aufstieg fiel in die dreißiger und vierziger Jahre. Zu Beginn seiner Karriere wurde er des Verstoßes gegen die Rauschgiftgesetze überführt. Seitdem distanzierte er sich stets durch mehrere Zwischenstufen von dem von ihm veranlaßten Verbrechen und wurde so für seine Geschicklichkeit in dieser Technik berühmt. Im Gegensatz zu Santos Trafficante und Sam Giancana, nahm er an dem berüchtigten Apalachin-Treffen des Organisierten Verbrechens im Jahre 1957 nicht teil. Er herrschte in seinem Territorium ohne auf ernsthaften Widerspruch zu stoßen. Stets hatte er auch einen Blick für Verdienstmöglichkeiten jenseits der Grenzen seines Bereiches. Einem kürzlich erschienen Bericht zufolge soll er vor der Machtergreifung Castros die Beute Batistas mit Santos Trafficante und Meyer Lansky aufgeteilt haben. Der Richter Daniels bestätigt, daß Marcello mit Santos Trafficante und Hoffa in Verbindung stand. Glaubwürdig wird berichtet, daß Marcello Hoffa in New Orleans empfangen hat, als der Nixon-Kennedy-Wahlkampf seinen Höhepunkt erreicht hatte. Ein Augenzeuge berichtet über dieses Treffen: »Marcello brachte einen Koffer, mit 500 000 Dollarnoten gefüllt, für Nixon bestimmt, mit. Die zweite Hälfte der zugesagten Million Dollar sollte von der Mafia in New Jersey und Florida kommen. Später wurde Marcello des Versuchs verdächtigt, den Hauptzeugen der Anklage in einem Verfahren gegen Jimmy Hoffa zu bestechen.

In weniger als drei Monaten nach der Amtseinsetzung Präsident Kennedys wurde Marcello auf dramatische Weise ein Opfer des Feldzuges gegen das Organisierte Verbrechen.

Carlos Marcello, von sizilianischen Eltern abstammend, in Tunis mit dem Namen Calogero Minacore geboren, verbrachte den Großteil seines Lebens in den Vereinigten Staaten. Da er ständig mit der

248 *Kuba · Der Schlüssel zum Verbrechen*

Möglichkeit einer Ausweisung rechnen mußte, verfügte er über gefälschte Dokumente, in denen Guatemala als sein Geburtsland angegeben war. Tatsächlich rechnete kaum jemand mit seiner Abschiebung, da sein Einfluß zu fürchten war. Das Kriminalkommissariat von New Orleans stellte eine beeindruckende Liste jener zusammen, die aktiv um Milde für Marcello baten, der sich der tätlichen Beleidigung eines FBI-Beamten schuldig gemacht hatte. In dieser Liste waren eingetragen: Ein Sheriff, ein Sheriff a. D., ein Abgeordneter, zwei ehemalige Abgeordnete, zwei ehemalige Polizeikommissare, der Vorstand einer Uferbezirksgewerkschaft, ein Bankpräsident, ein ehemaliger Staatsanwalt (›assistant district attorney‹), ein höherer Beamter der Jugendbewährungsbehörde, drei Versicherungsgesellschaften, fünf Grundstücksmakler, fünf Fachärzte, der Direktor eines Beerdigungsinstitutes und sechs Pfarrer.«

Kriminalkommissar Kohn fügte hinzu, daß Marcello aufgrund korrupter Absprachen sich der Unterstützung durch Friedensrichter, Bürgermeister, Gouverneure und mindestens einen Kongreßabgeordneten versichert hatte. Mit Robert Kennedy im Justizministerium war jedoch sein Einfluß plötzlich wirkungslos geworden.

Am 4. April 1961 wurde Marcello anläßlich eines Routinebesuchs bei der Einwanderungsbehörde in New Orleans verhaftet. Wie berichtet, wurde er auf persönliche Anordnung des Justizministers festgenommen und in Handfesseln zum Flugplatz gebracht. Dort wurde er als einziger Fluggast in einer staatlichen Düsenmaschine nach Guatemala geflogen. Wenige glaubten jedoch ans Ende des »kleinen Mannes«. Bald wieder tauchte Marcello, illegal zu Schiff oder per Privatflugzeug in die USA geschmuggelt, auf. Sobald er sich in seinem eigenen Bereich, mit Zugang zu Anwälten und teuer erkauften Vorrechten befand, blieb sein Status unverändert.

Doch führte er von nun an einen langen Rechtsstreit mit den Einwanderungsbehörden und dem Justizministerium. Die peinigendste Erfahrung Marcellos bestand wohl in der ihn betreffenden öffentlichen Erniedrigung. Für einen der größten Bosse der Mafia, vom traditionellen Stolz der Sizilianer durchdrungen, bedeutete seine Abschiebung eine unerträgliche Demütigung.

Einem glaubhaften Bericht folgend, schwor Marcello Rache. Wie einer seiner ehemaligen Gefolgsmänner behauptet, traf er Marcello im Herbst 1962 auf dessen dreitausend Hektar großen Gut in der Nähe von New Orleans. Unter den drei anderen Gästen befand sich Edward Becker, dessen berufliche Tätigkeit Kasino-Geschäfte sowie Nachforschungen für die Kunden des Syndikats einschloß. Becker behauptete, als Gast mit dem Petrologen Carl Roppolo, der Marcello persönlich kannte und mit ihm ein Geschäft zu machen hoffte, anwesend gewesen zu sein. Die Identität des dritten Mannes ist nicht geklärt. Es könnte sich um einen gewissen Liverde aus dem Gefolge Marcellos gehandelt haben.

Die Informationen des folgenden Berichts gehen auf Becker zurück. Marcello galt als äußerst vorsichtig, doch bildete dieses Treffen eine Ausnahme. Whisky floß und lockerte die Zungen. Bald kam das Gespräch auf Marcellos Heimsuchungen und Bedrängungen durch die Angriffe der Kennedys. Marcello wurde wütend als er von Robert Kennedy und dessen Ausweisung sprach. Er stieß den sizilianischen Fluch aus »Livarsi la petra di la scarpa!« »Nimm den Stein aus meinem Schuh heraus!« Was er damit meinte, wurde aus dem späteren Gespräch deutlich: »Macht euch keine Sorgen über den kleinen Scheißkerl, diesen Bobby. Es wird schon für ihn gesorgt werden.« Er bezeichnete den Präsidenten als den Hund und seinen Bruder als dessen Schwanz. »Der Hund wird dich noch weiter beißen, wenn du ihm den Schwanz abschneidest, aber wenn du ihm den Kopf abschneidest, stirbt der ganze Hund.« Der Vergleich war eindeutig. Mit dem Tod des Präsidenten blieb sein Bruder nicht lange Justizminister und damit wäre die Verfolgung der Mafia beendet gewesen. Das war eine unheimliche und exakte Vorhersage der Ereignisse, die dem Tode Kennedys ein Jahr später folgten. Becker betonte, es sei ihm beim Zuhören klar geworden, worum es ging, ein äußerst zorniger Marcello kündigte an, die Ermordung Kennedys auf irgendeine Weise arrangieren zu wollen.

Der Kongreßausschuß war schockiert, daß das FBI – obwohl von der Drohung zu spät informiert, um eventuelle Vorbeugungsmaßnahmen zu ergreifen – diese Spur nicht weiter verfolgt hatte. Erst der Autor und Pullitzer-Preisträger, Ed Reid fand Beckers Bericht 1967 während er für ein umfassendes Werk zum Thema »die Mafia«, Nachforschungen anstellte. Reid informierte das FBI. Die Informationen erreichten hochrangige Beamte, einschließlich Direktor Edgar J. Hoover, doch die Reaktion des FBI war verblüffend. Die Antwort beschränkte sich lediglich auf kritische Bemerkungen zum professionellen Status Ed Reids und zur Glaubwürdigkeit Beckers. Das Vorgehen des FBI wurde vom Kongreßausschuß als »nicht gerade energisch« und »mangelhaft« bezeichnet. Damit war die Sache erledigt. Der Oberste Rechtsberater stellte fest, Hoover habe sein Versprechen gegenüber der Warren-Kommission, daß das FBI den Fall Kennedy niemals als abgeschlossen betrachte, gebrochen. Briefwechsel des FBI zeigen, daß Becker mit Einverständnis Hoovers diskreditiert wurde, damit die Veröffentlichung seiner Marcello betreffenden Behauptung vereitelt werden konnte. Im Gegensatz zum FBI forderte der Kongreßausschuß eine Vernehmung Beckers.

Beckers eigene Weste ist sicher nicht schneeweiß. Aber kann man von Leuten, die mit Mafiapersönlichkeiten verkehren, erwarten, daß sie Heilige sind? Zu Beckers Gunsten sei erwähnt, daß er sich zum angegebenen Zeitpunkt tatsächlich in Louisiana befand und mit seinem angeblichen Begleiter, Roppolo, in geschäftlicher Verbindung stand.* Roppolos Familie scheint Marcello nahegestanden zu haben, was ein Treffen mit Marcello glaubhaft macht. Ein ehemaliger hochrangiger Ermittler der Staatsanwaltschaft von Los Angeles empfiehlt Becker als ehrlich und intelligent. Becker sagt: »Unter den Leuten, die aus dem alten Vaterland – Sizilien – kommen und Leuten, die eine macchiavellistische Politik betreiben, ist es nicht ungewöhnlich, über Mord, auch über die Ermordung von Staatsoberhäuptern zu sprechen. Ich glaube nicht, daß es außerhalb der Reichweite Marcellos lag. Er hatte die Macht. Sie wissen das. Sie wissen's verdammt gut, ein Marcello geht nicht herum und macht eitle Sprüche. Wenn er droht, hat er die Macht, die Drohung auszuführen ... ich sage, er hatte die Möglichkeit und den Willen, daß es geschehen sollte. Klar?« Der Direktor des Kriminalkommissariats von New Orleans sagte: »Marcello ist meiner Ansicht nach ein Soziopath. Er weiß wie er sich seine Leute verpflichtet. Er ist fähig, rücksichtslos Strafen anzuordnen. Er ist fähig, jemanden ermorden zu lassen. Wenn Sie wissen wollen, was für eine Art von Mensch er ist, dann schauen Sie sich den ›Paten‹ an.«

Im Jahre 1979 erörterte der Kongreßausschuß die Bedeutung der angeblichen Drohungen Marcellos und der vergleichbaren angeblichen Drohungen seiner Freunde Hoffa und Trafficante.

Angesichts Marcellos berühmter Vorsicht und Trafficantes Geschick, gerichtliche Verfahren zu vermeiden, zögerten die Ausschußmitglieder anzunehmen, daß Mafiabosse das Risiko auf sich nahmen, in das Attentat auf Kennedy verwickelt zu sein und obendrein über ihr Vorhaben plauderten. Im Falle Jimmy Hoffas stellte der Ausschuß fest, dieser sei kein Mafiaboß, auch verfüge er nicht über die zur Ausführung und Abschirmung eines derartigen Verbrechens notwendige Technik. Sie erkannten die Tatsache des Hasses gegen die Kennedy-Brüder an, doch hielt man es für unwahrscheinlich, daß Hoffa das Risiko eingegangen sei, sich aktiv am Attentat zu beteiligen.

Vorsichtig stellte der Ausschuß fest: Trafficante und Marcello trotz der Unwahrscheinlichkeit, daß sie ein so großes Risiko auf sich

---

* Als der Kongreßausschuß wegen Zeitmangels gezwungen war, seine Ermittlungen abzubrechen, hatte er weder Roppolo noch Liverde ausfindig gemacht. Die beiden sind eindeutig Schlüsselfiguren für zukünftige Ermittlungen.

genommen haben sollten, nicht von der Liste der Verdächtigen streichen zu wollen.

Immerhin erklärten die Kongreßabgeordneten: »Sowohl Trafficante als auch Marcello hatten das Motiv, die Mittel und die Gelegenheit zur Ermordung Präsident John F. Kennedys.« Der oberste Rechtsbeirat des Ausschusses, Professor Blakey, sagt unverhohlen: »Ich bin fest überzeugt, die Mafia hat es getan. Das ist die historische Wahrheit.« Das Urteil der Geschichte mag weniger eindeutig sein, doch beruht die Überzeugung Professor Blakeys auf einer Unzahl von Indizien.

Der Bericht des Kongreßausschusses hält seinem eigenen Argument, das Risiko des Attentates habe Marcello und Trafficante abgeschreckt, folgendes entgegen: »Ein von der Unterwelt organisiertes Attentat auf den Präsidenten müßte gut getarnt, abgeschirmt und maskiert sein ... Die Ermordung des Präsidentern durch die Mafia hätte niemals als das erscheinen dürfen, was sie tatsächlich war.«

Schon in Beckers erstem Bericht, viele Jahre vor den Spekulationen des Kongreßausschusses ist ein zusätzliches Detail bemerkenswert. Marcello erklärte, wie er sich gegen eine Entdeckung seiner Urheberschaft am Attentat decken würde: »Ich werde einen Narren als Sündenbock ansetzen. Das ist eine sizilianische Methode.«

Die Lehensherrschaft Marcellos soll sich von New Orleans bis zu den Städten im Südosten und Dallas, im Herzen von Texas, erstrecken. Einige Monate nach Marcellos Zornausbruch kam Lee Harvey Oswald in New Orleans an.

Bald wurde er als »Einzelgänger und Narr«, der den Präsidenten ermordet hatte, berüchtigt.

14.
Drei Hypothesen

Meiner Ansicht nach existierte eine Verbindung zwischen dem Attentat und den Exilkubanern. Und ich
glaube, daß mehr als eine Person am Attentat beteiligt
war.

– *Senator Richard Schweiker, nach der Senats-Nachrich-
tendienst-Ausschuß-Untersuchung, 1976.*

Sieben Monate vor der Ermordung Kennedys hielt sich Vizepräsident Lyndon B. Johnson, ein Texaner, in Dallas auf. Dabei kündigte
er den baldigen Besuch des Präsidenten im Staat Texas an.
Am Abend des 24. April 1963 bestieg Oswald in der Greyhound-
Endstation im Geschäftsviertel von Dallas den Nachtautobus nach
New Orleans. Er kehrte in seinen Geburtsort zurück. Nach den
frühesten, offiziellen Berichten besuchte er hier lange nicht gesehene Verwandte, bei denen er auch vorübergehend wohnte. Über
seine Aktivitäten während der ersten Tage in New Orleans ist
wenig bekannt. Die Verwandten waren ein Onkel und eine Tante,
Charles Murret und seine Frau Lillian. Eines Tages, zu einem späteren Zeitpunkt, sollte seine Tante aussagen, sie sei sicher, ihr lang
verlorener Neffe habe sie an einem Montag von der Autobus-Station
angerufen. Oswald aber verließ Dallas an einem Mittwoch. Wenn
die Aussage seiner Tante den Tatsachen entspricht, wissen wir
nicht, wo sich Oswald zwischen Donnerstag und Montag aufgehalten hat. Vielleicht war er vier Tage lang auf einem Bummel in New
Orleans. Doch erinnert diese Lücke an jenen Monat in Dallas im
Vorjahr, als auch niemand wußte, wo er sich aufhielt. Mehrere an
den Nachforschungen Beteiligte fragten sich, wo befand sich
Oswald? Was hat er in diesen vier Tagen getan? Andere haben
verständlicherweise diese Besorgnis als Haarspalterei unwichtiger
Details bezeichnet. Doch sind jetzt gerade die Details seines Aufent-
haltes in New Orleans wichtig geworden. In diesem Falle wird das
Fragezeichen durch die Entdeckung, daß auch seine Verwandten in
New Orleans eine mehr als zufällige Bedeutung haben konnten,
betont. Die Mordkommission fand heraus, daß Oswalds Onkel
»viele Jahre für ein Mafia-Glücksspielsyndikat arbeitete, das mit der
Familie eines gewissen Carlos Marcello in Verbindung stand«. Diese
Tatsache, die später genauer untersucht werden soll, ist typisch für
einige der rätselhaften Aspekte des Aufenthalts Oswalds in New
Orleans. Angesichts so vieler Ungewißheiten müssen sich die Nach-
forschenden langsam vorantasten und von Fall zu Fall entscheiden,

ob es sich um Zufall oder die Bestandteile einer Verschwörung handelt.

Der gemeinsame Nenner aller Aktivitäten sowie Kontakte Oswalds in New Orleans ist Kuba.

In dieser Szene bewegt sich Oswald wie ein schattenhafter Geist – gelegentlich mit scheinbar erkennbaren Konturen eines Pro-Castro-Gesinnten, dann wieder als Castro-Gegner auf der Seite der Exilkubaner und den Förderern ihrer Sache in der Mafia und den Nachrichtendiensten. Dieses Doppelbild verfolgt uns überall von New Orleans bis zum Vorabend des Attentates in Dallas.

Wer nach der Wahrheit sucht, wird mit drei Gruppen annehmbarer Attentatstheorien, sowie einer großen Zahl teils scheinbarer Widersprüche konfrontiert.

Die erste ist vom logischen Standpunkt her die schwächste. Sie stützt sich auf ein Minimum an Beweismaterial. Ihrer These nach war Oswald an einer kommunistischen Verschwörung beteiligt, die in Moskau oder Havanna ihren Ausgangspunkt hatte. Obwohl Oswald bei seiner Ankunft in Moskau 1959 gerade bei der Marineinfanterie gedient hatte, insofern also Geheimnisträger war, gibt es keinen Anhaltspunkt dafür, daß der sowjetische Geheimdienst ihn später zu irgendwelchen Zwecken eingesetzt hat. Der Kongreßausschuß bedauert, daß sich die Sowjets noch immer weigern, ihm bei der Aufklärung des Falles Oswald behilflich zu sein. Es wird zwar für wahrscheinlich gehalten, daß Oswald Kontakt zum sowjetischen Nachrichtendienst gehabt hat, doch geht der Ausschuß davon aus, daß die Sowjets an der Ermordung Kennedys nicht beteiligt waren. Ernstzunehmende Kenner der sowjetischen Szene halten es für undenkbar, daß Moskau den Tod des Präsidenten gewünscht habe, geschweige denn, daß es das ungeheuerliche Risiko, den KGB mit Kennedys Ermordung zu beauftragen, auf sich genommen hätte. Das Komitee mußte auch die Möglichkeit, daß das kommunistische Kuba hinter der Tragödie von Dallas steckte, untersuchen. Diesem Aspekt der Theorie dienten jahrelange Nachforschungen.

Ihr liegt die Annahme zugrunde, Fidel Castro oder der außer Kontrolle geratene kubanische Nachrichtendienst haben, in Kenntnis der Versuche des CIA Castro zu ermorden, seinerseits entschlossen zurückgeschlagen. Diese Theorie hatte wenigstens einen namhaften Anhänger, Lyndon B. Johnson. Johnson schöpfte diesen Verdacht, als er, bereits Präsident, von den wiederholten Versuchen des CIA, Castro zu ermorden, erfuhr. Anscheinend ohne Präsident Johnson zu informieren, wie er wahrscheinlich seine Versuche auch vor Kennedy verheimlichte, fuhr der CIA in den mittleren sechziger Jahren mit seinen Versuchen, Castro umzubringen, fort. 1979 erklärte das Kongreßmordkomitee definitiv, die kubanische Regierung sei an dem Attentat nicht schuldig. Nichtsdestotrotz wird in diesem Buch die Behauptung, Castro sei in irgendeiner Weise an der Ermordung Kennedys beteiligt gewesen, noch einmal gründlich zu prüfen sein.

Eine zweite, unterdessen überholte, wenngleich respektable Theorie beruht auf einer Annahme, die Lee Oswald von Anfang bis zum Ende als verwirrten linksgerichteten Einzelgänger betrachtet. Der oberste Rechtsberater des Kongreßausschusses für Attentate schloß sich dieser Theorie 1979 an. Ihr zufolge taucht der aufrichtig linksgerichtete Oswald, prahlend seine Pro-Castro-Haltung demonstrierend, in New Orleans auf und zieht damit die bösartige Aufmerksamkeit rechtsextremer Anti-Castro-Exilkubaner auf sich. Wegen des gemeinsamen Kampfes gegen Castro und Kuba waren diese militanten Exilkubaner untrennbar mit gewissen Elementen des CIA, ebenso wie mit der Mafia verbunden. Diesen Leuten bedeutete, so die Theorie, Oswald eine perfekte Marionette, der geeignete Sündenbock. Wissend oder unwissend, vielleicht im Glauben, daß er zum ersten Mal in seinem Leben Freunde und Verbündete habe, wird Oswald in eine Verschwörung, den Präsidenten zu ermorden, miteinbezogen. Vielleicht unter dem Anschein, es handle sich um eine linksgerichtete Verschwörung, wird Oswald in eine Position manipuliert, in der schließlich nur noch er allein der Schuldige zu sein scheint.

Die dritte Theorie, die ebenfalls von gewichtigen, und auch rechtskundigen Beobachtern vertreten wird, gleicht der zweiten, geht aber in ihren Schlußfolgerungen sehr viel weiter. Sie beruht auf der Überzeugung, die Oswalds Linksextremismus durch all die Monate und Jahre hindurch als Maskerade erkennt. In Wirklichkeit habe er auf niederem Rang im amerikanischen Nachrichtendienst gedient. Die Anhänger dieser Theorie können Oswalds unglaubliche Karriere als »marxistischer« Marineinfanterist nicht verkraften. Mit Mißtrauen betrachten sie die mangelhafte Reaktion des CIA auf seine sowjetische »Odyssee«. Sie mutmaßen in Oswalds linksextremer Pose lediglich eine, mit Präzision gepflegte, Fassade. Andere vermuten, daß Oswald erst nach seiner enttäuschten Rückkehr aus der Sowjetunion »umgedreht« sei und daß die Verkettung mit dem amerikanischen Nachrichtendienst erst in Dallas zustande kam, ja dieser ihn ohne seine aktive Mitwisserschaft als Werkzeug benutzt habe. Welcher Version auch immer der Vorzug gegeben wird, New Orleans ist ein konstanter Faktor in der These, wonach Oswald das Werkzeug gewisser Machtcliquen innerhalb des amerikanischen Nachrichtendienstes gewesen ist. Diese Annahme ist keineswegs auf paranoide Individuen beschränkt, die im CIA oder dem FBI die Quelle aller Übel Amerikas sehen. 1976 zog Kongreßabgeordneter Don Edward, ein ehemaliger FBI-Agent aus seinen persönlichen Erfahrungen als Vorsitzender des Unterausschusses für konstitutionelle Rechte die Schlußfolgerung: FBI und CIA waren in irgendeiner Weise »an dieser Täuschung beteiligt«. Ebenfalls 1976 kamen zwei andere Senatoren nach intensiven Nachforschungen zu einem beängstigenden Schluß, die Person Oswalds betreffend. Der demokratische Senator Garry Hart sowie der republikanische Senator Richard Schweiker waren vom Senatsausschuß für Nachrichtendienste beauftragt worden, Nachforschungen über die Reaktion des CIA und des FBI auf die Ermordung Kennedys anzustellen. Diese Nachforschungen führten zu einem genauen Studium der tatsächlichen Rolle Oswalds.

Senator Hart, ursprünglich abgeneigt, die »Flamme der Kennedy-Affäre zu schüren«, war jedoch sowohl von dem Material, das er durch Zugang zu geheimen Akten kennenlernte, wie auch von der FBI-Taktik, ihm den Zugang zu weiteren Geheimakten zu verweigern, wahrhaftig entsetzt. Seine Erfahrungen kommentierte er etwa so: »Ich glaube nicht, daß man die Dinge, die mir nunmehr bekannt wurden, schweigend hinnehmen kann, ich kann darüber nicht hinweggehen.« Hart bewertete die Leistung des CIA und des FBI, was die Nachforschungen über die Beziehung zwischen Kuba und Oswald anbetrifft, mit »minus C«. Die Antworten, die Hart in Bezug auf Oswalds Aufenthalt in New Orleans bekam, wiesen auf mehr als Inkompetenz. Er forderte deshalb weitere Nachforschungen, um festzustellen, »wer war Oswald wirklich – wen kannte er? Welcher Natur waren seine Verbindungen mit dem exilkubanischen Netzwerk? War seine öffentliche Identifizierung mit der Linken nur eine Tarnung seiner Verbindung mit den Anti-Castro Rechtsextremen?« Nach Senator Harts Ansicht war Oswald genügend »weltgewandt«, um ein Doppelagent zu sein. Harts Kollege, Senator Schweiker, ging noch weiter. 1978 äußerte er sich dem Verfasser gegenüber: »Der Warren-Ausschuß fiel zusammen wie ein Kartenhaus. Ich glaube, der Warren-Ausschuß wurde seinerzeit aus noch unbekannten Gründen als ein Placebo für die amerikanische Öffentlichkeit eingesetzt. Er stellt eines der größten Tarnungsmanöver in der Geschichte unseres Volkes dar.« Über Oswalds Rolle in New Orleans meinte Schweiker: »Die Pro-Castro-Pose einerseits und die Verbindung zu den Anti-Castro Exilkubanern andererseits wiesen auf den Nachrichtendienst und darauf hin, daß er entweder ein einfacher Geheimagent oder ein Doppelagent war ... Meiner persönlichen Ansicht nach hatte er eine besondere Beziehung zu einem der Nachrichtendienste. Alle Spuren, die ich während meiner 18monatigen Beschäftigung als Mitglied des Sonderausschusses für Nachrichtendienste entdeckte, deuteten darauf hin, daß Oswald

entweder Angehöriger eines der vielen Nachrichtendienste war oder
mit mehreren in Wechselbeziehung stand.«
Senator Schweiker ist nicht der einzige, der das glaubt. Seine Nachforschungen führten unmittelbar zum Einsatz des Kongreßausschusses
für Attentate, der 1979 Amerika mit seinem Beweismaterial für eine
Verschwörung und einen zweiten Mordschützen erschütterte. Einige
übergeordnete Mitglieder im Stab dieses Ausschusses waren ebenfalls
nach zwei Jahren Forschungsarbeit von der Rolle Oswalds als eines
Geheimagenten niederen Ranges überzeugt. Ein vorsichtiger, in seinen Arbeitsmethoden peinlich gewissenhafter Nachforscher ist der
festen Überzeugung: »Präsident Kennedy war das Opfer einer Clique
innerhalb der amerikanischen Nachrichtendienste.«
Unmittelbar nach dem Attentat schien der Öffentlichkeit alles klar.
Wer auch immer der wirkliche Urheber der Ermordung Kennedys
gewesen sein mochte, der Mörder selbst trug den Stempel eines
Linksextremen. Ob mit Recht oder zu Unrecht war mit Oswald
zugleich die politische Linke in die Schuld miteinbegriffen. War dieses
Urteil gerechtfertigt oder waren Oswald und seine Gesinnungsgenossen Opfer eines bösartigen Täuschungsmanövers der Rechtsextre-
men? Falls diese Frage überhaupt beantwortet werden kann, muß die
Antwort in der Erhellung der Monate gefunden werden, die dem
Attentat unmittelbar vorausgingen. Doch gerade dieser Zeitabschnitt
war vom Warren-Ausschuß nur mangelhaft oder gar nicht untersucht
worden. Nach der jahrelangen Arbeit inoffizieller Nachforscher,
sowie der umstrittenen offiziellen Untersuchung im Jahre 1967 in
Louisiana wurde ein großer Teil der Untersuchungsergebnisse im
Bericht der Senatsmordkommission veröffentlicht. Nach den Worten
seines obersten Rechtsberaters hatte nun der Ausschuß auf New
Orleans als Ausgangspunkt weiterer Untersuchungen hingewiesen.
Die Indizien aus New Orleans führen jedoch in ein Labyrinth, dessen
Innerstes die so schwer erfaßbare Wahrheit über die Person Oswalds
birgt.

15.
Viva Fidel?

> Die Tatsache, daß Oswald Mitglied des Komitees »Fair Play for Cuba« war... ist eine Tatsache, die auf verschiedene Arten gedeutet werden kann.
>
> *Wesley Liebeler, Anwalt des Warren-Ausschusses.*

Oswalds Interesse an kubanischer Politik begann viele Jahre bevor er nach New Orleans zog. Wir berichteten bereits über die Diskussionen, die er mit seinem Freund, Nelson Delgado, in der Marineinfanterie hatte. Diesem erzählte er, er wolle nach Kuba gehen, um auf der Seite der Revolution zu kämpfen. Es gibt Anhaltspunkte für geheime Besuche Oswalds im kubanischen Konsulat in Los Angeles, aber auch für die Zweifel des Konsulates an seiner Aufrichtigkeit als Castro-Anhänger. Auf Gerry Hemmings, der zu dieser Zeit für den Nachrichtendienst der Marine arbeitete, machte Oswald den Eindruck irgendeines Geheimagenten, der für irgendwen arbeitet. Dieser Verdacht spielt eine gewisse Rolle für das Nebulöse, das seinen Aufenthalt in New Orleans umgibt.

Im Frühjahr 1963, einige Tage bevor er nach New Orleans ging, schrieb Oswald einen Brief, den er an das »Fair Play for Cuba« Comittee (Komitee für Fair Play für Kuba) in New York adressierte. Darin schrieb Oswald in seinem unverkennbaren Gekritzel, mit zahlreichen Rechtschreibfehlern durchsetzt, folgendes:

> Gestern stand ich zum ersten Mal in meinem Leben mit einem Plakat um meinen Hals und verteilte Kuba-Flugblätter... Einige fluchten, andere lobten mich... Auf meinem selbstgemachten Plakat stand HÄNDE WEG VON KUBA! und VIVA FIDEL! Ich bitte jetzt um weitere 40 bis 50 der ausgezeichneten Pamphlete.

Monate später erinnerten sich zwei Polizisten an einen Mann, der ein Pro-Castro-Zeichen trug und Flugblätter auf der Hauptstraße verteilte. Das FBI überprüft selbstverständlich die Korrespondenz des FPCC (Fair Play for Cuba Comittee). Drei Tage nach Oswalds Abreise nach New Orleans muß das FBI Berichten zufolge von dem Brief gewußt haben. Ein 1962 gestempelter Briefumschlag aus Oswalds Besitz beweist, daß er schon kurz nach seiner Rückkehr aus der UdSSR Briefe vom FPCC erhalten hatte. Zunächst schien es sich nur um privates Interesse zu handeln. Doch bald darauf änderte

Oswald seine Taktik. Jetzt bereitete er sich auf einen offenen Propagandafeldzug vor. Er brauchte einige Wochen, um sich in New Orleans zu etablieren. Er nahm eine Stellung als Monteur bei einer Kaffeeproduktionsfirma an, fand ein Appartement und rief seine Frau aus Dallas zu sich. Dann widmete er sich ernsthaft der Pro-Castro-»Maskerade«, die ihn den ganzen Sommer beschäftigte. In einem weiteren Brief an das Komitee legte er seine Absicht dar, eine Zweigstelle des FPCC in New Orleans zu eröffnen.

Oswald bat um taktische Ratschläge, Propagandamaterial in größeren Mengen und Bewerbungsformulare für neue Mitglieder, die er anzuwerben hoffte. Darüberhinaus schrieb er auch, er denke daran, »ein kleineres Büro auf eigene Kosten zu mieten«. Später gewann dieses Detail besondere Bedeutung.

Der Direktor des FPCC antwortete unverzüglich und höflich, jedoch nicht ohne ein Wort der Warnung. Er betonte, das FPCC würde, besonders im rechtsgerichteten New Orleans, auf scharfe Opposition stoßen. Er warnte Oswald davor, unnötige Zwischenfälle zu provozieren, die zukünftige Anhänger abschrecken könnten. Oswald ignorierte diese Warnung vollkommen. Er hatte es derartig eilig, daß er nicht einmal auf die Antwort aus New York und auf das bestellte Material wartete. Oswald hatte seinen eigenen Plan und seine eigenen Ziele für das FPCC in New Orleans. Sofort ließ er sich in der »Jones Druckerei«, die gegenüber seiner Arbeitsstätte lag, tausend Exemplare eines Pro-Castro-Flugblattes drucken. Er benutzte hierbei den Namen »Osborne«, den er auch einige Tage später bei »Mailers Service Company« (Briefversand A. G.) angab. Er bestellte 500 Bewerbungsformulare und 300 Mitgliedskarten.

In den folgenden Wochen verteilte Oswald Flugblätter, die manchmal seinen eigenen Namen, manchmal auch seine Postfachnummer und den Namen »Hidell« trugen. Er setzte auf einer der FPCC-Karten den Namen »A. J. Hidell«, handgeschrieben, in die Rubrik »Vorstand« ein. Diese Karte wurde bei Oswalds Verhaftung zusammen mit auf den gleichen Namen lautenden Personalausweisen in seiner Tasche gefunden. »Hidell« war der Spitzname eines Marineinfanteristen, der mit Oswald im japanischen Stützpunkt Atsugi gedient hatte. Obwohl Oswald niemals öffentlich als »Hidell« auftrat, führte ihn der Nachrichtendienst der Armee in seinen Akten unter diesem Namen. Später bestellte er die Waffe, die vermutlich den Präsidenten getötet hatte, auf den Namen »Hidell« per Post. Marina, Oswalds Frau, sagte aus, Oswald habe sie überredet, »Hidell« in die Rubrik »Vorstand« des »Fair Play for Cuba« Formulares einzutragen. Graphologen bestätigten die Handschrift auf dem Formular als die Marinas. Mit Oswald als einzigem Mitglied blieb das FPCC in New Orleans eine Fiktion, die

zwar nur auf dem Papier existierte, es ihm jedoch ermöglichte, seine
Rolle voll auszuspielen.
Er schickte den Herausgebern der von ihm schon seit langem abon-
nierten kommunistischen Zeitung »The Worker«: Hall und Devis
Ehrenmitgliedskarten.
Am 16. Juni, einen Tag nach dem auf der »Hidell«-Karte verzeichne-
ten Datum, verteilte Oswald in den Docks von New Orleans an die
Matrosen des amerikanischen Flugzeugträgers »Wasp« Pro-Castro-
Flugblätter. Ein Marineoffizier verständigte die Polizei, die Oswald
dann aufforderte, die Docks sofort zu verlassen.
Daraufhin brach unser marxistischer Held seinen Einsatz für das
FPCC zeitweilig ab. Unerklärlicherweise schien Oswald in den folgen-
den zwei Monaten sein Interesse für Kuba verloren zu haben. Alle
seine fieberhaften Vorbereitungen, das angesammelte Propa-
gandamaterial einbegriffen, schienen offensichtlich umsonst gewesen
zu sein. Er las viel, doch wenige von diesen Büchern hatten den
Kommunismus zum Inhalt. FBI-Ermittlungen in der Bibliothek
Oswalds zeigten, daß seine Lektüre von dem »Alltagsleben im Alten
Rom« bis »Hornblower«, »Hotspur«, Aldous Huxley und Science
Fiction alles mögliche umfaßte. Er las auch »Profiles in Courage« von
John F. Kennedy und ein gerade erschienenes Buch über den Präsi-
denten. Von den siebenundzwanzig in diesem Sommer gelesenen
Büchern bezogen sich zwei auf Kennedy. Über Kuba las er nichts.
Im Juli besuchte Oswald mit seinem Onkel Charles Murret – ausge-
rechnet – ein jesuitisches Seminar in Mobile, Alabama, an dem sein
Vetter Eugen studierte. Auf Wunsch seines Vetters hielt Oswald im
Seminar einen Vortrag über seine Erfahrungen in der UdSSR, in dem
er die Ansicht vertrat, der sowjetische Kommunismus sei ein völliger
Mißerfolg und das Leben in der SU für ihn nicht geeignet. Bei anderen
Gelegenheiten behauptete er allerdings des öfteren das Gegenteil.
Oswald und seine Frau hielten den Briefwechsel mit der sowjetischen
Botschaft aufrecht. Beide ersuchten um ein Visum, da sie eine Rück-
kehr in die Sowjetunion planten, obwohl aus Oswalds Briefwechsel
hervorgeht, daß er lediglich Marina in die UdSSR zurückschicken
wollte.
Oswald war zu diesem Zeitpunkt als Castro-Anhänger nicht tätig. Ob
er dabei Anordnungen folgte oder freiwillig passiv war, wissen wir
nicht. Im August, drei Monate vor dem Attentat, wurde er wieder
aktiv. Von diesem Augenblick an prägte er sich den Bewohnern von
New Orleans als treuer Anhänger Castros ein.
Am 5. August besuchte er ein Warenhaus, dessen Besitzer Carlos
Bringuier, ein führender und fanatischer Gegner Castros war. Der
Aussage Bringuiers und seiner Freunde zufolge, betrat Oswald ohne

Voranmeldung das Geschäft, begann ein Gespräch und gab sich als
Freund der Exilkubaner aus. Diese behaupteten, Oswald habe sich als
Marineinfanterist und erfahrener Guerillakämpfer ausgegeben. Er bot
sich an, Exilkubaner auszubilden und sogar persönlich am bewaffneten Kampf gegen Castro teilzunehmen. Am folgenden Tag kam
Oswald wieder und bekundete abermals seine Anti-Castro-Gesin-
nung. Diesmal hinterließ er als Beweis seiner Angaben ein Marinein-
fanterie-Handbuch. Er verließ das Warenhaus mit der Beteuerung,
Fidel Castro bekämpfen zu wollen. Drei Tage später teilte er wieder,
wie selbstverständlich *Pro*-Castro-Flugblätter im Geschäftsviertel von
New Orleans aus. Ein Freund berichtete dies Carlos Bringuier, der
sofort ins Stadtzentrum eilte und Oswald zur Rechenschaft zog.
Bringuier redete auf die Passanten ein und erklärte, Oswald, ein
Kommunist, habe ihnen, den Exilkubanern, seine Dienste angeboten.
Eine Menschenmenge versammelte sich um die Streitenden und
Bringuier wütete weiter gegen Oswald. Die Dinge spitzten sich zu und
die Polizei trat dazwischen. Oswald, Bringuier und zwei seiner
Freunde wurden auf eine Polizeistation abgeführt und des öffentli-
chen Friedensbruches beschuldigt.
Ein Zufall war dieser Zwischenfall kaum. Selbst die Polizisten auf dem
Revier hatten den Eindruck, es handelte sich um eine abgekartete
Sache. Leutnant Francis Martello von der New Orleans Polizei meinte
später, Oswald habe die Exilkubaner in ein »Spiel« gezogen, während
Wachtmeister Horace Austin glaubte, Oswald sei äußerst naiv und
von den Kubanern manipuliert worden. Wer manipulierte wen?
Eine bequeme Erklärung ist die, Oswald habe den Streit absichtlich
provoziert, um sich der Öffentlichkeit noch klarer als Anhänger
Castros einzuprägen. Sein darauffolgendes Verhalten steht mit dieser
Annahme in Einklang.
Einen Tag nach dem Zusammenstoß mit den Exilkubanern suchte
Oswald den Redakteur der Zeitung »States Item« auf und versuchte
ihn zu überreden, der FPCC Kampagne größere Publizität zu verschaf-
fen. Drei Tage später rief er den bekannten New Yorker Reporter Long
John Nebel an. Er schlug Nebel vor, auf eigene Kosten in dessen
Programm mitzuwirken. Genau eine Woche nach dem Bringuier-
Zwischenfall, provozierte Oswald abermals einen Straßenauflauf. Am
Morgen des 16. August bot er in einem Arbeitsamt jedem, der ihm
Mittags einige Minuten beim Verteilen von Flugblättern helfen würde,
die fürstliche Summe von zwei Dollar an. Er fand wenigstens einen
Freiwilligen, den Studenten Charles Steele. Mittags stand Oswald in
Begleitung Charles Steeles und eines weiteren, nicht identifizierten,
Mannes im Geschäftszentrum. Einige Minuten lang verteilten die drei
Pro-Castro-Flugblätter. In dieser kurzen Zeit wurde Oswalds Demon-

stration von einer lokalen Fernsehstation gefilmt. Der Film zeigt einen schlanken, jungen Mann, mit scharfem Profil und einem leichten Lächeln auf den Lippen, der schüchtern Flugblätter verteilt. Oswald erreichte so die erwünschte Publizität. Am nächsten Tag wurde er über Kuba und das FPCC im Radio interviewt. Einige Tage debattierte er im Radio über Kuba. Die Sendung brachte eine Auseinandersetzung zwischen Oswald auf der einen und Carlos Bringuier, sowie Ed Butler, dem Vorstand einer extrem antikommunistischen Organisation, der »Information Council of America« auf der anderen Seite. Oswald versuchte standhaft Castro zu verteidigen. Was seine Gegner, die von seinem einstigen Überlauf in die UdSSR erfahren hatten, sich zu Nutze machten, um die Diskussion über Kuba in eine Entlarvung Oswalds als Kommunisten zu wandeln.

Niemals wieder sollte Oswald in der Öffentlichkeit als Anhänger Castros in Erscheinung treten. Er hatte es auch nicht nötig, denn von nun an trug er den unauslöschbaren Stempel eines Castro-Anhängers. War Oswalds öffentliche Entlarvung als Kommunist der Anfang eines Planes? Monate später gab der Warren-Ausschuß eine Erklärung für Oswalds Verhalten. Er meinte, Oswald wollte unbedingt nach Kuba; auf diese Weise hoffte er, die Kubaner von seiner politischen Verläßlichkeit überzeugen zu können. Die damals existierenden Indizien schienen diese Annahme zu rechtfertigen. In der Zeit zwischen der Episode in New Orleans und dem Attentat gab Oswald sicherlich den Anschein, nach Kuba gehen zu wollen. Doch der Anschein täuschte in diesem Falle. Wichtige Anhaltspunkte, die zur Zeit des Warren-Ausschusses nicht zugänglich waren, weisen darauf hin, daß Oswald eventuell Teil eines geheimen Planes einer der Nachrichtendienste war, der darauf abzielte, Castros Anhänger zu diskreditieren. Betrachten wir noch einmal die Ereignisse der Oswald-Kampagne in New Orleans.

Die Konfrontation mit den Exilkubanern schien eindeutig inszeniert zu sein. Bringuiers eigenem Bericht zufolge, schimpften er und seine Freunde über Oswald und warfen einige Flugblätter in die Luft. Oswald reagierte mit einem Lächeln. Bringuier sagt, er habe seine Brille abgenommen, um sich mit Oswald zu schlagen. Doch Oswald lächelte weiter und sagte: »O.k. Carlos, wenn du mich schlagen willst, schlag zu.« Es kam zu keiner Schlägerei. Später wurde vor dem Amtsgericht Anklage wegen Ruhestörung erhoben. Überraschenderweise entschied der Richter, Oswald eine Geldstrafe von 10 Dollar aufzuerlegen und die beiden andern, die den Streit eigentlich angefangen hatten, freizusprechen. Bringuiers Darstellung von Oswalds Besuch und Angebot, die Castro-Gegner tatkräftig zu unterstützen, macht allerdings stutzig. Einige vertreten die Ansicht, Oswalds New

Orleans-Besuch diente dazu, die Aufmerksamkeit auf sich zu lenken
und die Exilkubaner zu provozieren, ihn bei der Straßendemonstra-
tion anzugreifen. Das ist die einzige Erklärung, die die Widersprüche
einigermaßen ausräumen könnte. Doch hält sie einer genauen Untersuchung nicht stand. Oswald konnte sich kaum darauf verlassen, von
einem der Exilkubaner beim Verteilen von Flugblättern gesehen zu
werden, der dann schnellstens seine Kumpane herbeiholen und einen
Straßenauflauf verursachen würde. Wenn jedoch das ganze eine
Scharade gewesen sein sollte, welchen Zweck verfolgte sie? Die halbe
Antwort könnte die sein, daß Oswald sich gegenüber Kuba in ein
gutes Licht zu setzen beabsichtigte. Die Kehrseite wird gewöhnlich
übersehen. Der FPCC-Zwischenfall war eine gelungene Propaganda
für die *Anti*-Castro-Bewegung. Denn Bringuier stellte Oswald bereits
auf der Straße als einen »Verräter an seinem Land« bloß, der die
Exilkubaner zu täuschen versucht hatte. Der Auflauf auf der Straße
und der darauffolgende Gerichtsfall lenkten die öffentliche Aufmerksamkeit auf Oswald und führten zu dem eigentlichen Propaganda-
Erfolg: der Radiodebatte und einer Fernsehsendung. Jetzt war der
Vertreter des FPCC in New Orleans dramatisch als einstiger Überläufer in die SU bloßgestellt. Innerhalb weniger Stunden bat Bringuier das
»Komitee für Un-amerikanische Aktivitäten« schriftlich, eine Untersuchung aller kommunistischen Aktivitäten Lee Harvey Oswalds einzuleiten!
Oswalds scheinbarer Zusammenstoß mit den Exilkubanern könnte
ein inszeniertes Propagandaunternehmen gewesen sein, ein harmlo-
ses Stück, das man mit Varianten überall im Land durchspielen
konnte. In gewissem Sinn ist dies keine Spekulation. 1963 nahmen das
FBI, der CIA und der US-Armee-Nachrichtendienst an getarnten
Operationen gegen verschiedene linksgerichtete Organisationen teil.
Im Falle des FPCC versuchten die Nachrichtendienste beharrlich,
diese Gruppe nicht nur zu unterwandern und zu bespitzeln, sondern
auch zu diskreditieren. Vor dem Bericht des Senatsausschusses für
Nachrichtendienste 1976 war nur wenig darüber bekannt, und vieles
wird noch jetzt geheimgehalten. Der Ausschuß veröffentlichte unter
anderem einen Gemeinschaftsbericht des CIA und FBI vom September 1963, aus dem hervorgeht, daß Operationen dieser Art gegen das
FPCC seit dessen Gründung ständig durchgeführt wurden.

Ein anonymer CIA-Berichterstatter schreibt:
Wir benutzen verschiedene Methoden, um die Aktivitäten die-
ser Organisation in den Vereinigten Staaten zu neutralisieren.
Im Dezember 1961 versandte der CIA New York ein anonymes
Flugblatt an ausgewählte Mitglieder des FPCC in den gesamten

Vereinigten Staaten, das darauf zielte, einen Bruch zwischen den Anhängern des FPCC und der SWP (Socialist Workers Party) hervorzurufen. Diese Methode war sehr wirksam. 1961 wurde eine Liste mit rufschädigendem Material gegen Organisatoren und führende Mitglieder des FPCC zusammengestellt, das aus allgemein zugänglichen Quellen stammte. Dies wurde an den Agentenführer des FBI, De Loach, weitergeleitet.

Weitere Dokumente zeigen, wie der CIA das FPCC mit Agenten unterwanderte, die dem Hauptquartier Fotokopien des FPCC-Briefwechsels und Dokumente zuspielten. Es ist sicher, daß sowohl die CIA, als auch der Armee-Nachrichtendienst ein »aktives Interesse« an linksgerichteten Organisationen innerhalb der USA einschließlich des FPCC zeigten. Der Senatausschuß zur Untersuchung der Nachrichtendienste entdeckte mindestens einen Fall, in dem ein Spitzel mit einer Pro-Castro-Deckung für den Nachrichtendienst der Armee arbeitete.

Weder der CIA, noch das FBI, noch der Nachrichtendienst der Armee boten nach dem Attentat den Untersuchungsbehörden diese Informationen an. Die Rolle des Nachrichtendienstes der Armee bedarf weiterer Untersuchungen, da das Senatsmordkomitee entdeckte, daß das Verteidigungsministerium Dossiers über Oswald alias »Hidell« geführt und vernichtet hatte. Dieser Reinigungsprozeß der innerstaatlichen Armeespionage hat wahrscheinlich auch alle Spuren verwischt, die zur Identifikation des Nachrichtendienstpersonals und dessen Methodik hätten führen können. Der Nachrichtendienst der Armee behauptet, die Dokumente seien routinemäßig vernichtet worden. Als der Kongreßabgeordnete Preyer 1978 mit dem Verfasser darüber sprach, nannte er die Vernichtung der Dokumente »böswillig«. Er meinte auch: »Wir wissen nicht, weshalb es geschah... nach all den vorhergehenden Beschuldigungen über die innerstaatliche Spionagetätigkeit der Armee, ordnete Minister Laird ein Stop dieser Art von Spionage und die Vernichtung aller diesbezüglicher Dokumente an... Vielleicht wurden bei diesen Vorgängen auch die Kennedy-Akten vernichtet.« Der endgültige Bericht des Senatsausschusses weist darauf hin, daß das außergewöhnliche Vorgehen der Armee den dokumentarischen Beweis für oder gegen Oswalds Verbindung mit dem Nachrichtendienst der Armee verhindert habe.

Inzwischen ist bekannt, daß der Nachrichtendienst der Armee 1963 über mehr Geheimagenten und ebensoviel Geld wie der CIA verfügte. Der Kongreßabgeordnete Preyer bemerkte, erst in den siebziger Jahren sei bekannt geworden, daß die Armee über lange Zeit Tausende amerikanischer Privatbürger beobachten ließ und Akten über sie führte. All dies wurde im Namen der »nationalen Sicherheit« unternommen, vor allem gegen linksgerichtete Dissidenten, wie Oswald einer zu sein schien. Diese Akten wurden wahrscheinlich vernichtet, so der Abgeordnete Preyer – um die Rechte der bespitzelten Bürger zu wahren. Etwas von der Art und Weise dieser Operationen sickerte jedoch bereits 1963 in der Presse durch.

Ein Zeitungsartikel, der ironischerweise in Dallas, Texas, erschien, beschrieb, wie man eine Person wie Oswald hätte benutzen können. Darin wurde behauptet, Teams der Nachrichtendienste der Armee, Luftwaffe und Marine seien, in Verbindung mit dem FBI und der Polizei in allen Städten der USA eingesetzt worden, um »die Sicherheit der Nation gegen subversive Elemente« zu schützen. Eine Methode, dies zu erreichen, sei die Unterwanderung subversiver Gruppen. »Geheimagenten traten diesen Gruppen bei, um auf diese Weise die Namen, Adressen, vergangene Aktivitäten und zukünftige Pläne der Individuen und Gruppen aufzuspüren. Oft konnte ein Nachrichtendienst aus einem scheinbar unbedeutendem Hinweis ein ganzes Bild zusammensetzen.«

Dieser Artikel wurde am 5. August 1963 veröffentlicht, in derselben Woche, in der Lee Oswald und Carlos Bringuier jenen nicht überzeugenden Straßenauflauf verursachten. Andere Berichte bestätigen, daß der amerikanische militärische Nachrichtendienst Personen, die in kubanische Politik verwickelt waren, innerhalb der Vereinigten Staaten aufs genaueste überwachte. Vor diesem Hintergrund und mit unserem gegenwärtigen Wissen, daß die Armee ihre »Oswald-Hidell«-Dossiers vernichtet hat, scheint es möglich, daß Oswald Teil einer Operation des militärischen Nachrichtendienstes war. Wurde er bespitzelt oder war er selbst ein Spion? Derartige Spekulationen über Oswalds »kleine Spiele« sind jedenfalls gerechtfertigt.

Im November 1963, vier Tage vor der Ermordung Kennedys, wurde ein junger Mann namens John Glenn vor dem Kongreßausschuß für unamerikanische Aktivitäten beordert. Bei dem Verhör stellte sich folgendes heraus: Glenn trat im November 1962 dem FPCC bei und versuchte, Kuba via Mexiko zu besuchen, was ihm schließlich im Sommer 1963 gelang. Zur gleichen Zeit begann Oswald in New Orleans wieder aktiv zu werden. Glenn blieb in Kuba bis sein Visum abgelaufen war und reiste dann in das linksgerichtete Algerien. Der Fall hat zahlreiche Parallelen mit dem Fall Oswalds. Wie Oswalds Heimreise aus der UdSSR, wurde auch Glenns Rückreise vom Außenministerium bezahlt. Wie Oswald benutzte auch Glenn ein Postfach als Adresse und abonnierte die linksextreme Zeitung »The Militant«. Auch er fuhr in die Sowjetunion und nach Osteuropa, allerdings als Reiseleiter. Glenn könnte in der Tat mit den Kommunisten sympathisiert haben, seine Vorgeschichte ist jedenfalls verdächtig: Glenn unterbrach plötzlich seine Universitätskarriere und trat der Luftwaffe bei, innerhalb derer er dem Nachrichtendienst zugeordnet wurde. Er erhielt ein Unbedenklichkeitszeugnis als möglicher Geheimnisträger und studierte Russisch. Seine Laufbahn als linksextremer Aktivist begann kurz nach seinem Ausscheiden aus dem Luftwaffendienst. Das Ergebnis seines Kuba-Besuches war eine emotionell gefärbte Aussage vor dem Ausschuß für anti-amerikanische Aktivitäten, die das FPCC als wirksame Fassade für kommunistische Tätigkeiten erkennen ließen.

Nachdem Oswald von Bringuier als ehemaliger Überläufer in die SU identifiziert war, verlangte Bringuier die Überprüfung Oswalds durch einen Kongreßausschuß. Es ließen sich zwar keine sicheren Schlüsse aus der Analogie der beiden Fälle ziehen, dennoch sollten die auffallenden Ähnlichkeiten offiziell untersucht werden. Rückblickend passen die bis jetzt entweder unbekannten oder nicht erklärbaren Informationen über die New Orleans Affäre exakt in das Szenario einer geplanten Untergrabung der »Free Play for Cuba«-Organisation.

Oswalds exilkubanischer Streitpartner in New Orleans, Carlos Bringuier, hatte sicher Kontakte zum CIA. Er war der New Orleans-Delegierte des »Directorio Revolionario Estudiantil« (DRE), einer exilkubanischen Kampfgruppe. Diese Gruppe war bei der Schweinebucht-Landung eng mit dem CIA verknüpft und wurde von ihm anschließend auch finanziell unterstützt. Der Kongreßausschuß entdeckte, daß Bringuier seinen Kontakt mit Oswald sofort seinem Hauptquartier in Miami berichtet hatte, das diese Information umgehend an den CIA weiterleitete. Dieser stellte dem Ausschuß ein Dokument zur Verfügung, das Kontakte mit Bringuier bestätigte. Wie bereits im Falle George de Mohrenschildts berichtet, war die Abteilung für inneramerikanische Kontakte stets bemüht, von Reisenden aus kommunistischen Staaten Informationen zu erhalten. Bei Befragungen verwirrten jedoch Sprecher die Sachlage für den CIA, indem sie von der Abteilung für inneramerikanische Kontakte (DCD = Domestic Contacts Disezion) sprachen, statt von der Abteilung für innerstaatliche Operationen, einer geheimen Abteilung des CIA, die bereits geheime Aktionen innerhalb der USA durchführte.

Carlos Bringuier veröffentlichte ein rechtsextremes Nachrichtenblatt, das vom »Kreuzzug zur Befreiung Kubas« unterstützt, zur Befreiung Kubas aufrief. Auch diese Vereinigung wurde vom CIA finanziert. Alle Etappen zur Diskriminierung Oswalds als Kommunist tragen die Fingerabdrücke des CIA und haben keineswegs den Anschein eines Zufalls.

Carlos Bringuier rief zunächst William Stuckey, einen Berichterstatter

an, der einmal wöchentlich bei der Radiostation WDSU eine Sendung machte. Stuckey besuchte Oswald und fand zu seiner Überraschung einen gepflegten, sich gut ausdrückenden jungen Mann,
das Gegenteil des ungepflegten, wild aussehenden Prototyps der
Linksextremen, den er erwartet hatte. Der Aufnahme und Ausstrahlung des ersten Interviews, an das er sich als irgendwie auffällig
und gezielt erinnerte, plante Stuckey, später eine Debatte folgen zu
lassen. Was dann geschah, war ein typischer Fall der Manipulation
der Medien für politische Zwecke. Stuckey wurde mit Informationen bombardiert, die alle darauf gezielt schienen, Oswald in einem
schlechten Licht erscheinen zu lassen. Zunächst rief der Chef des
FBI Stuckey in New Orleans an und las lange Auszüge aus Oswalds
Dossier vor. Stuckey erfuhr auf diese Weise, daß Oswald früher zur
Sowjetunion übergelaufen war. Bald darauf tauchte der unermüdliche Bringuier wieder auf und gab dem Berichterstatter ähnliche
Informationen. Er erzählte, er habe einen seiner Freunde, der sich
als Castro-Anhänger ausgab, zu Oswald geschickt und so diese
Informationen erhalten. Schließlich wurde Stuckey noch am selben
Abend von Edward Butler angerufen, dem Vorsitzenden einer
rechtsextremen Organisation, der »Information Council of America«, verkürzt INCA. Butler behauptete, er habe in einem Telefongespräch mit einem Abgeordneten des »Ausschusses für unamerikanische Aktivitäten« in Washington Oswalds Beziehungen zur
Sowjetunion bestätigt gefunden. Der Name »Information Council of
America« spricht Bände bezüglich Herkunft und politischer Richtung dieser Organisation. Zur Zeit der Enthüllungen über Oswald
war der Manager dieses Gremiums Mitglied des kubanischen Revolutionsrates CRC, jener vom CIA gegründeten kubanischen Exilregierung.
Das Ergebnis der Radiodebatte war vorausbeschlossen. Der »Kommunist und Verräter« Oswald war auf das Manöver hereinge-
fallen.
Nach dem Attentat veröffentlichte der Warren-Bericht diese Ereignisse, ohne allerdings auf Einzelheiten einzugehen. Der Warren-
Ausschuß lud den Vorsitzenden der INCA, Butler, nicht zur Zeugenaussage vor, um ihn über die Identität seines Informanten in
Washington zu befragen. Der FBI-Bericht, den Stuckey erhalten
haben will, wird nirgendwo in der Unmenge von Berichten über das
Büro und seine Tätigkeiten bezüglich Oswalds und das FPCC
erwähnt. Die FBI-Akten zeigen im Gegenteil und unkorrekt, daß der
erste Kontakt des FBI mit Stuckey wegen Oswald erst lange Zeit
nach der Radiodebatte stattfand. Das ist nur ein Beispiel für die
Widersprüche und Unzuverlässigkeiten, die die Glaubwürdigkeit

des FBI in Frage stellen. Wiederum können wir hier Anzeichen finden, daß die amerikanischen Nachrichtendienste über spezifische Informationen verfügten, die ihre Einstellung gegenüber Oswald beeinflußten.

Zunächst gibt es den Kontakt zwischen Oswald und dem FBI nach dem Straßenauflauf mit Carlos Bringuier. Als Oswald von der Polizei von New Orleans in Haft genommen wurde, verlangte er einen Vertreter des FBI zu sehen, den Vertreter einer Organisation, die er angeblich verabscheute. Das war am frühen Samstagmorgen des 10. August. Es ist unwahrscheinlich, daß, wie es geschah, ein FBI-Agent zu dieser Stunde und an einem Samstag dem Ruf eines unbedeutenden Häftlings sofort Folge geleistet hätte. Aber Sonderagent John Quingley saß anderthalb Stunden lang in der Schwüle des Polizeireviers und sprach mit Oswald. In seinem Bericht über dieses Interview gab Quinley vor, die Vorgeschichte Oswalds nicht zu kennen: »Ich wußte nicht, wer dieses Individuum war.« Das steht im Widerspruch zu heutigen Informationen. Als Oswald 1961 in die Sowjetunion auswanderte, wurde die Akte seiner Dienstzeit bei der Marine durch den FBI von New Orleans, seinem Geburtsort, überprüft. Der Agent, der den Fall bearbeitete war John Quingley. In einem anderen Bericht, der erst 1977 veröffentlicht wurde, kommt Quingley dem Anlaß, weshalb Oswald nach dem Streit mit Bringuier ausgerechnet einen FBI-Agenten sehen wollte, näher, als das übrige FBI-Material. Quingley berichtete diesmal, ein Polizeiagent habe sich mit ihm in Verbindung gesetzt. Er habe mitgeteilt, daß Oswald einen FBI-Agenten zu sehen wünschte, um ihm über seine Aktivitäten innerhalb des FPCC in New Orleans Informationen anzubieten. Die Information, die Oswald Quingley mitteilen wollte sowie Oswalds wahre Beziehung zum FBI bleiben jedoch weiter im dunkeln. Das Vorgehen des FBI-Büros in New Orleans war außergewöhnlich nachlässig. Wie der Senatsausschuß 1976 zu seinem Erstaunen vernahm, stellte das FBI die weitere Beobachtung Oswalds Ende 1962 ein, obwohl es routinemäßig von seinem Briefkontakt mit der kommunistischen Zeitung »Worker« unterrichtet war. In der Terminologie des FBI war dies ein »kommunistischer Kontakt«, der normalerweise eine sofortige Wiederaufnahme einer Überwachung gerechtfertigt hätte. Mehrere Monate später wurde Oswalds Akte auf Grund eines Hinweises des FBI-Agenten James Hosty aus Dallas, dem Oswalds Kontakt mit dem »Worker« auffiel, erneut aktualisiert. Doch wurde das FBI-Hauptquartier nicht informiert, als die abgefangene Korrespondenz Oswalds Beziehungen zum FPCC enthüllte. Erst als Zeitungen über Oswalds Straßenaktivitäten schrieben, forderte das Hauptquartier das FBI New Orleans auf, den Fall vollständig zu untersuchen und Bericht

zu erstatten. Trotz dieser Aufforderung wurde ein Bericht aus New
Orleans erst zwei Monate später abgeschickt. Angesichts des Furors,
den Oswald in New Orleans verursacht hatte, war der Bericht äußerst
lückenhaft. Er entsprach nicht dem außergewöhnlichen Interesse, das
das FBI, wie es Zeugen 1978 dem Verfasser berichteten, für die Person
Oswald hatte. Oswalds Vermieterin in New Orleans, Nina Garner,
wurde bereits drei Wochen nach Oswalds Ankunft in New Orleans
vom FBI-Agenten Milton Quaak befragt. Sie erfuhr später, daß
Oswald von FBI-Agenten in einem Wagen strengstens überwacht
wurde. Nach dem Attentat gab FBI-Direktor Hoover dem Warren-
Ausschuß die Versicherung, von allen Geheimagenten, die mit
Oswald Kontakt hatten, eidesstattliche Aussagen angefordert zu
haben. Der Ausschuß erhielt indessen keine eidesstattliche Erklärung
von Milton Quaack, der Oswald nachweislich überwacht hatte. Als
der Verfasser im Jahre 1978 Quaack telefonisch erreichte, erwartete er,
an die Presseabteilung des FBI verwiesen zu werden. Quaack reagierte, bevor der Anrufer überhaupt seinen Wunsch darlegen konnte
mit einem Ausbruch: »Nein, ich will nichts sagen. Sie werden kein
Wort aus mir herausbringen«, schrie er und legte den Hörer auf. Wie
er, wurde auch Warren de Brueys, ein Geheimagent aus New Orleans,
der die Aufgabe hatte, politische Gruppen zu überwachen, von einer
eidesstattlichen Aussage entbunden. Als sich der Ausschuß für Attentate nach dem Grund dafür erkundigte, antworteten beide, nicht
darum ersucht worden zu sein.

Der Kongreßausschuß untersuchte verschiedene schwerwiegende
Behauptungen, wie etwa diese, daß Oswald während seines Aufenthaltes in New Orleans Beziehungen zum FBI unterhalten haben soll.
Die bekannteste dieser Behauptungen stammt von William Walter,
einem ehemaligen FBI-Sicherheitsbeamten. Er gab an, vor dem Attentat Akten eingesehen zu haben, wonach Oswald Spitzel des FBI sein
mußte. Dutzende von Interviews mit Walters Kollegen durch den
Ausschuß ergaben keine Beweise für diese Behauptung. Die Glaubwürdigkeit dieses Zeugen wurde weiterhin durch die unhaltbare
Aussage in Frage gestellt, das FBI sei von einer möglichen Bedrohung
des Lebens Kennedys in Dallas im voraus informiert gewesen. Darüber hinaus existiert die Aussage eines gewissen Orest Penas, Barbe-
sitzer aus New Orleans, der 1963 gelegentlich Informationen an De
Brueys geliefert haben soll. Pena behauptete nach dem Attentat,
Oswald sei am Vorabend des Straßenauflaufs mit Bringuier und den
Anti-Castro Exilkubanern in seiner Bar gewesen. Pena, dessen Aussage angeblich zwei seiner Freunde bekräftigten, sprach von einem
Zwischenfall, als Oswald seine Bar in Begleitung eines Mexikaners
besuchte. Pena zog diese Behauptung jedoch während seines Verhörs

durch den Warren-Ausschuß zurück. Später wiederholte er seine ursprüngliche Aussage.

1975 gab er folgende öffentliche Erklärung dafür. Er habe Oswald des öfteren in Gesellschaft des FBI-Agenten De Brueys gesehen. Dieser habe ihn vor seinem Verhör durch den Warren-Ausschuß körperlich bedroht und gewarnt, über seine Beobachtungen zu sprechen. Der ehemalige Geheimagent De Brueys wies diese Beschuldigungen wiederholt zurück, der Ausschuß für Attentate glaubte ihm.

Dem Verfasser erschien der FBI-Agent zunächst ebenfalls glaubhaft, bis er Pena persönlich gesprochen hatte. Dabei hatte er den Eindruck, daß Pena die Beschuldigung des Agenten erfunden hatte, um Wichtigeres zu verheimlichen. Pena befand sich fraglos in der günstigeren Beweislage, was den Fall Oswald anbetrifft. Er war aktiver Castrogegner und mit dem kubanischen Revolutionsrat eng verbunden. Pena war es, der Bringuiers Entlassung aus der Haft nach dem Straßenkrawall veranlaßte. Als der Verfasser Pena interviewte, betonte Pena, abgesehen von seinen Beschuldigungen gegenüber De Brueys, zwei Punkte. Er wiederholte die Behauptung, die zwei Zeugen bekräftigten: Oswald sei in Begleitung eines Mannes, der ein Mexikaner zu sein schien, in seiner Bar gewesen. Wie wir später erfahren werden, erscheint diese Aussage glaubhaft. Pena behauptete weiter, genaue Kenntnis darüber zu haben, daß Oswald im Sommer des Jahres 1963 für »einen Nachrichtendienst der Regierung« gearbeitet habe. Ein zweiter, nach Ansicht des Verfassers, zuverlässigerer Zeuge als Pena aus New Orleans, gab eine zusätzliche, abweichende Version getarnter Kontakte Oswalds in New Orleans.

Oswald war kurz nach seiner Ankunft in New Orleans bis Mitte Juli, bevor er sich in die öffentliche Phase seiner FPCC-Auftritte gestürzt hatte, bei der William Reilly Kaffeegesellschaft tätig. Während er dort arbeitete, besuchte er des öfteren eine benachbarte Garage, deren Manager ein Amerikaner namens Adrian Alba war. Alba, dessen Hobby das Sammeln von Feuerwaffen war, unterhielt sich gelegentlich mit Oswald über seine Liebhaberei und lieh ihm entsprechende Zeitschriften. Er beschreibt, fast zurückhaltend, Oswald bei der Reparatur seines Mannlicher-Carcano behilflich gewesen zu sein. Interessanter ist indessen eine weitere Begebenheit, an die sich Adrian Alba erinnerte. Er wartete in seiner Garage mit auswechselbaren Nummernschildern versehene Autos, die der Geheimdienst und das FBI benutzten. Im Frühsommer des Jahres 1963 erschien eines Morgens ein Mann in der Garage, den er für einen FBI-Agenten aus Washington hielt. Er wies sich aus und wählte aus dem Wagenpark einen grünen Studebaker. Am folgenden Morgen sah Alba den grünen Studebaker vorbeifahren und vor Oswalds Arbeitsstätte etwa 30 Meter entfernt, anhalten. »Lee Oswald ging auf den Wagen zu und beugte sich zum Fenster herunter und erhielt vom Fahrer einen großen weißen Umschlag. Ich glaube, er steckte ihn unter sein Hemd. Dann ging Oswald ins Haus zurück und der Wagen entfernte sich.« Laut Alba erschien derselbe Wagen zwei Tage später wieder und Oswald sprach kurz mit dem Fahrer. Einige Tage später brachte der »Agent aus Washington« den Wagen in die Garage zurück.

Es überraschte Alba, in dem Warren-Bericht nichts über eine Beziehung Oswalds zum FBI zu finden. Als der Kongreßausschuß Albas Aussagen überprüfte, fand er keine verwertbaren Indizien. Dennoch zögert der Verfasser, Albas Aussagen als nicht relevant abzutun. Dieser Zeuge ist ein reservierter, vorsichtiger Mann, der kein Motiv zu haben scheint, Geschichten zu erfinden. Es unterliegt keinem Zweifel, daß er Oswald, als dieser im benachbarten Haus arbeitete, gesehen hat. Er wies finanziell einträgliche Interviewangebote von Zeitungen und Fernsehen zurück. Albas Beobachtungen wurden, obwohl er oft mit Freunden über sie sprach, niemals vor dem Gespräch mit dem Verfasser im Jahre 1978 veröffentlicht. Die Annahme geheimdienstlicher Kontakte Oswalds mit dem FBI könnte ein Irrtum sein. Doch bestärkt diese Aussage den Verdacht, daß Oswald Beziehungen zu einem der unzähligen Nachrichtendienste gehabt haben könnte.

Bevor Oswald die William Reilly Gesellschaft verließ, verabschiedete er sich von Alba. Dem Bericht zufolge wurde ihm, wegen zu häufiger Abwesenheit auf Grund vorgeblicher Krankheiten gekündigt. Doch schien Oswald guter Dinge zu sein. Er hoffte, so sagte er Alba, demnächst im New Orleans Werk der NASA (National Aeronautics and Space Administration) zu arbeiten. »Ich habe«, so Oswald gegenüber Alba, »meine Schale Gold am Ende eines Regenbogens gefunden.« Wie ist Oswalds Anstellung bei der Reilly Company zu deuten? Nachforscher glauben auch hier die allgegenwärtige »Cuban Connection« entdeckt zu haben. Oswalds Boß William Reilly war ein amerikanischer Förderer des »Kreuzzugs zur Befreiung Kubas«, einer Gruppe, die das erklärte Ziel hatte, der kubanischen Exilregierung zu Geld und Anhängerschaft zu verhelfen.

Der gemeinsame Nenner der Widersprüche und anhaltenden Zweifel über Oswalds wirkliche Rolle ist der amerikanische Nachrichtendienst. Der Schatten einer vage umschriebenen Verbindung zu der Welt der geheimen Nachrichtendienste verfolgte Oswald von Japan 1958 bis 1963 in New Orleans. Die Gründe für den Verdacht einer Verbindung zwischen Oswald und den Geheimdiensten reichen von dem Zweifel an der Echtheit des Interesses der Nachrichtendienste an Oswald nach seiner Rückkehr aus der UdSSR bis zu Penas offener Behauptung einer Oswald-FBI-Verbindung. Ständig haben der CIA und das FBI ihre Beteuerungen, nichts mit Oswald zu tun gehabt zu haben, aufrechterhalten. Der Kongreßausschuß stellt mit Überraschung fest, daß das FBI nach der Ermordung des Präsidenten seine kubanische Abteilung zur Person Oswald nicht befragt hatte. Vielleicht beruht diese Unterlassung, wie die fehlende Erklärung der Verbindung von der Mafia und Oswald auf reiner Inkompetenz. Die Beteuerungen des FBI und CIA, mit Oswald keine Beziehungen gehabt zu haben, mögen, mindestens im wörtlichen Sinne, der Wahrheit entsprechen. Es gibt viele Zimmer im Hause der amerikanischen Nachrichtendienste und Oswald mag in einem Zimmer gewohnt haben, das weder von dem Warren-, noch von dem Kongreßausschuß für Attentate durchsucht wurde. Wie der Kongreßausschuß für Attentate andeutete, bleibt die Frage »einer möglichen Beziehung zum militärischen Nachrichtendienst« also unbeantwortet. Es ist auch möglich, daß Oswald – wenigstens in den letzten Monaten vor dem Attentat – lediglich mit getarnten Mittelsmännern der Nachrichtendienste unwissentlich zu tun hatte. In der Welt der Nachrichtendienste werden zahllose Unternehmen von Strohmännern, Scheinorganisationen und Individuen durchgeführt, deren Übeltaten keinem der Regierungsnachrichtendienste zur Last gelegt werden können. So mag es sich mit Oswald in New Orleans verhalten haben. Im Jahre 1978, am Ende seiner Tätigkeit konzentrierten sich die Nachforschungen des Kongreßausschusses auf eine Spur, die bis dahin unerklärt blieb.

Die Spur begann mit einem lange vergessenen Dokument und einer Deckadresse.

16.

»Blinde Kuh« in New Orleans

Ich glaube, Oswald hat sich in den Monaten vor dem
Attentat übernommen. Er wußte nicht mehr, für wen er
arbeitete und weshalb. Jemand aber benutzte ihn und der
wußte genau, wie und weshalb.

– *Sachbearbeiter im Stab des Kongreßausschusses für
Attentate 1979.*

FBI-Agent Quigley hatte ein Bündel von Papieren unterm Arm, als er
nach seinem Gespräch mit Oswald die Polizeistation in New Orleans
verließ. Ob sich der Agent dessen bewußt war oder nicht, der junge
Häftling hatte sein Wort, dem FBI Informationen zu geben, gehalten.
Wie Quigley später schreiben sollte, hatte ihm Oswald mehrere Exemplare seiner Pro-Castro-Propaganda »zur Verfügung« gestellt. Zwei
dieser Exemplare waren gelbe Flugblätter, die er auf der Straße verteilt
hatte. Das dritte war ein vierzig Seiten langes Pamphlet mit dem Titel
»Das Verbrechen gegen Kuba«. Auf den ersten Blick erschien die
Sache uninteressant, überholt. Eine schlecht geschriebene Tirade
gegen Amerikas Kubapolitik. Doch war das »Verbrechen gegen Kuba«
eine Indizien-Zeitbombe. Es trug auf der Innenseite des Rückumschlags einen Stempel mit der Adresse
    FPCC
    544 CAMP ST.
    NEW ORLEANS, LA.
Auf den ersten Blick wirkte 544 Camp Street nichtssagend. Es handelte
sich um ein schäbiges Gebäude, einen dreistöckigen Überrest aus dem
19. Jahrhundert, mit einer abblätternden Fassade; einem Ausblick auf
einen staubigen Platz mit der Statue Benjamin Franklins in der Mitte
sowie ein paar schläfrigen Betrunkenen auf den Bänken (Abb. 25).
Doch paßte das Gebäude weder zu »Fair Play for Cuba« noch zu
seinem New Orleans Vertreter, Lee Oswald. Bis zum Sommer 1963
war es vom CRC, dem kubanischen Revolutionsrat, der Tarnungsor-
ganisation der Exilkubaner und von Guy Banister und Partnern, einer
Detektivagentur gemietet und Treffpunkt der Exilkubaner mit ihren
amerikanischen Nachrichtendienstkontakten. Das Gebäude war als
Zufluchtsort der Rechtsextremisten bekannt. Das New Orleans-FBI
kannte seine Stammgäste sehr gut. Als der Geheimagent Quigley
diese Adresse auf Oswalds Pamphlet las, muß sie bei ihm den Eindruck eines absoluten Widerspruches gemacht haben. Doch waren er
und seine Kollegen vom FBI keineswegs neugierig.
Nicht, daß die unwahrscheinliche Adresse ihrer Aufmerksamkeit

entgangen wäre. Einige Tage nachdem Oswald sein Exemplar, das erste Pamphlet, Quigley übergeben hatte, erhielt Quigley ein zweites Exemplar per Post. Der Absender war ein FBI-Spitzel, der an Oswalds Demonstration teilgenommen, eine Handvoll seiner Propaganda mitgenommen hatte. Aus FBI-Akten geht hervor, Quigley habe prompt New York um Information über den Autor des Pamphlets, Corliss Lamont, gebeten. Andere Einzelheiten, wie eine von Oswald angegebene Postfachadresse, wurden überprüft. Scheinbar hat es niemand für notwendig oder auch nur interessant befunden, der verblüffenden Tatsache nachzugehen, daß Oswald für seine linksgerichtete Organisation die Adresse eines Hauses angab, das als Treffpunkt der Rechtsextremen bekannt war.

Doch hat irgendjemand später, wahrscheinlich nach dem Attentat, darauf aufmerksam gemacht. In diesem Pamphlet, das von Informanten geschickt und erst 1978 der Öffentlichkeit freigegeben wurde, steht gekritzelt »Siehe Innenseite des Rückumschlags«; eingekreist ist der Stempel daneben und in derselben Handschrift »ck out«, vermutlich kurz für check out. Ein flüchtiger Blick auf den Warren-Bericht zeigt, daß das verspätete Interesse des FBI zu keinen weiteren Erkenntnissen führte. In der Chronologie des aufgezeichneten Oswaldschen Lebenslaufs ist der Satz zu finden: »Obwohl einige Exemplare der bei seiner Verhaftung in Oswalds Besitz gefundenen Propagandaliteratur den Stempel ›FPCC, 544 Camp Street, New Orleans, La.‹ tragen, haben intensive Nachforschungen keine Beziehung zwischen Oswald und dieser Adresse ergeben.« Der Kongreßausschuß kommentiert, die Nachforschungen des FBI seien »nicht gründlich« gewesen. Der Ausschuß mutmaßte, neuerworbene Indizien »wiesen auf einen, von dem des FBI abweichenden Schluß«, der den Verdacht verstärkt, der angebliche Meuchelmörder habe an einem getarnten Unternehmen teilgenommen. »544 Camp Street« mag der schwerwiegendste Hinweis – auf die schon seit langem vermutete – Verschwörung sein.

Drei Tage nach dem Attentat folgten FBI-Agenten der Camp Street-Spur mit oberflächlichen Ermittlungen. Sie interviewten den Besitzer des Hauses, Sam Newman. Dieser sagte, er habe niemals dem FPCC ein Büro vermietet und Oswald niemals »in oder in der Nähe des Gebäudes gesehen«. Auf Grund dieses und ähnlich geführter Interviews stellte das FBI die Berichte zusammen, auf die sich der Warren-Ausschuß verließ. Das Ergebnis war – kein FPCC-Büro und kein Oswald in Camp Street. Fall abgeschlossen. Niemand lenkte die Aufmerksamkeit auf eine eigentümliche Tatsache. Zusätzlich zu den in New Orleans gefundenen Pamphleten wurden noch weitere zwanzig in Oswalds Besitz in Dallas gefunden. Zehn davon trugen den

Stempel »544 Camp Street«. Überdies beachtete die offizielle Untersuchung nicht die Hinweise in Oswalds Korrespondenz vom Sommer 1963. In dieser sprach er über ein Büro, das er in New Orleans benutzt hatte.

Mai 1963, weniger als einen Monat nach seiner Ankunft in der Stadt, schrieb Oswald dem Vorstand des FPCC in New York: »Da ich jetzt in New Orleans lebe, habe ich erwogen, auf meine eigenen Kosten ein kleines Büro zum Zweck der Gründung einer Filiale des FPCC in dieser Stadt zu mieten.« Obwohl selbst ein bescheidenes Büro nicht weniger als dreißig Dollar pro Monat kostete, war er entschlossen, eines zu finden. Als ihn das Hauptquartier warnte, unüberlegt zu handeln, antwortete Oswald: »Gegen Ihren Rat entschloß ich mich sofort ein Büro zu mieten.« Das klang so, als ob Oswald das Lokal für das FPCC binnen kurzer Zeit zu finden hoffte. Zwei Monate später schrieb er abermals zu diesem Thema, dieses Mal jedoch, daß er das Büro aufgegeben hatte. Als er keine Antwort auf sein Schreiben erhielt, schrieb Oswald am 1. August: »In bezug auf meine Bemühungen, eine Zweigstelle des FPCC hier zu eröffnen ... habe ich, wie geplant, ein Büro gemietet, das aber drei Tage später, vom Vermieter aus nicht klaren Gründen, sie sprachen von Umänderungen etc. wieder geschlossen wurde. Ich weiß, daß Sie Verständnis haben werden ...«

Wie wir wissen hat Oswald gelegentlich die Tatsachen seinen Plänen angepaßt. Er log gezielt; sicher verfolgte er einen Zweck mit der FPCC Kapriole in New Orleans.

Überprüfen wir noch einmal die Daten und die seltsam vagen Auskünfte, die der Hausbesitzer, Sam Newman, dem FBI und Geheimdienstagenten gab.

Oswalds Brief vom ersten August, in dem er mitteilte, er habe für kurze Zeit ein Büro benutzt, das jedoch dann geschlossen wurde, ist wenige Tage vor dem Straßenauflauf mit Anti-Castro Exilkubanern datiert. Wenn seiner Geschichte irgendwelche Tatsachen zugrunde liegen, muß er das Lokal gegen Ende Juli gemietet haben. Der Hausherr Newman erwähnte einige kurzfristige, mißlungene Versuche, im Sommer 1963 Raum in Camp Street 544 zu vermieten. Dabei spielte ein Mann eine Rolle, der ihm erzählte, »er arbeite bei Tag als Elektriker, am Abend wolle er Spanischunterricht erteilen«. Der Mann machte eine Anzahlung. Eine Woche später kam er zurück und erklärte, »es sei ihm nicht gelungen, eine hinreichende Anzahl von Studenten zu finden«. Geld war scheinbar kein Problem, denn, so sagte Newman, er durfte die Anzahlung behalten. Das von Newman erwähnte Datum paßte genau in Oswalds Geschichte von dem kurz benutzten Lokal. Der Mann, beschrieben als dreißigjährig mit olivefarbener Haut, war aber offensichtlich nicht Oswald. Doch der Bericht enthält einen andern Hinweis, der diese Tatsache vielleicht aufklärt.

Nach dem Attentat erhielten die Behörden einen Tip, daß Ernesto Rodriguez, der eine spanische Sprachschule leitete ... Tonbänder über eine spanische Konversation mit Oswald besaß ... Rodriguez leitet noch heute eine spanische Sprachschule, sein Vater führt ein Elektrizitätsgeschäft. Bei einem oberflächlichen Verhör leugnete Rodriguez 1963, sich im Besitze eines solchen Tonbandes zu befinden, gab jedoch zu, Oswald hätte sich mit ihm »zwecks eines spanischen Sprachkurses« in Verbindung gesetzt. Das Datum paßt.

Es handelt sich um die Zeit kurz nach dem 24. Juli. 1979 gab Rodriguez zu, Oswald getroffen, jedoch den Spanischunterricht mit diesem vergessen zu haben. Jetzt behauptet Rodriguez, wie Carlos Bringuier, Oswald habe ihn besucht, um seine Dienste zur Ausbildung von Guerillas anzubieten. In der Tat behauptet Rodriguez jetzt, daß er es war, der Oswald zu Bringuier geschickt habe. Weitere Nachforschungen ergaben, daß Rodriguez seit 1963 einer der führenden Anti-Castro Aktivisten gewesen war. Er kümmerte sich um die Finanzen des »Kreuzzug zur Befreiung Kubas Komitees«, das die Aufgabe hatte, für den vom CIA gestützten Kubanischen Revolutionsrat Geld aufzutreiben. In dieser Position stand er sicherlich auch mit William Reily, Oswalds Arbeitgeber in New Orleans und Patron des »Kreuzzugs« in Berührung.

Rodriguez war auch beim Management der Affären des »Cuban Revolutionary Council« in seinem zweitgrößten Stützpunkt in den Vereinigten Staaten, New Orleans, behilflich. Obwohl der CRC Camp Street 544 zur Zeit als Oswald seine Tätigkeiten in New Orleans aufnahm, offiziell nicht mehr benutzte, war es in der Praxis anders. Die geschäftlichen Beziehungen zwischen dem CRC und dem Mietsherrn, Sam Newman, waren ziemlich informeller Natur. In der Annahme, der CRC werde ihn bezahlen, wenn er genügend Mittel aufgebracht hatte, verlangte er keine Miete von ihm. Es ist eine Tatsache, daß die militanten Exilkubaner 544 Camp Street auch nach Oswalds Ankunft in New Orleans benutzten, ja den Sommer 1963 hindurch dort aus- und eingingen so oft sie wollten.

Die Kubaner waren in Guy Banisters Büroräumen herzlich willkommen und es gibt keinen Zweifel, daß Banister ihnen im Parterre 544 Camp Street ein Büro eingerichtet hatte. Die überzeugendsten Hinweise, die bekräftigen, daß Oswald diese, für ihn unwahrscheinliche Adresse benutzte, ja die vielleicht auch den getarnten Zweck seiner angeblichen Pro-Castro-Kampagne erklären, kommen von einem Angestellten Banisters. Die jetzt zur Verfügung stehende Information deutet darauf, daß Banister Oswald in ein Nachrichtendienstmanö-

ver, das möglicherweise darauf zielte, die »Fair Play for Cuba Organisation« zu kompromittieren, miteinbezogen hat.

Guy Banister war ein altmodischer amerikanischer »Held«, der sich
weigerte, mit Würde aufzugeben. Er war ein Staragent des FBI gewesen, ein »tough guy«, dessen lange Karriere einige der berühmtesten
Fälle des Büros krönte, einschließlich der Gefangennahme und dem
Töten des »public enemy number one«, des Mörders und Bankräubers
John Dillinger. Er war von Edgar J. Hoover empfohlen worden und
arbeitete sich zur Stellung eines Sonderagentenführers der Zitadelle
der organisierten Verbrechen Chicagos empor. Nach Angaben seiner
Familie diente er im Zweiten Weltkrieg mit Auszeichnung im Marine-
nachrichtendienst, zu dem er angeblich Zeit seines Lebens Verbindungen aufrecht erhielt. Auf Wunsch des Bürgermeisters kam Banister in den fünfziger Jahren als Stellvertretender Chef der Polizei nach
New Orleans. 1957 wurde Banister nach einem Zwischenfall, in dem
er einen Kellner des »Absinthe-House« in New Orleans mit einer
Pistole bedroht hatte, gezwungen in Pension gehen. Nach den Angaben seiner Bekannten war Banister ein Choleriker und Alkoholiker.
Die Erniedrigung seiner verfrühten Pensionierung nahm er nicht auf
die leichte Schulter, er blieb in New Orleans, wo er die »Guy Banister
Partnerschaft« gründete. Dem Namen nach eine Privatdetektivagen-
tur, war die Organisation in Wirklichkeit, mit Banisters Verbindungen
zum Nachrichtendienst und seinem selbstgefertigten Image als Super-
patriot nur eine Tarnung für den wahren Zweck: den Kreuzzug gegen
den Kommunismus. Er war Mitglied der rechtsextremen John-Birch-
Society, des Louisiana Ausschusses für »Un-American Activites« und
der paramilitärischen »Minutemen«. Hier veröffentlichte er eine rassistische Zeitschrift namens »Louisiana Intelligence Digest«. Er haßte
die United Nations und glaubte, die Pläne zur Integration der Schwarzen seien Teil einer kommunistischen Verschwörung gegen die Vereinigten Staaten. Der Kriminalkommissar für New Orleans, Aaron
Kohn, kannte ihn sehr gut. Er meinte, es handelte sich um einen
»tragischen Fall«. Als Banister sich vom FBI zurückzog, habe er an
einer ernsten Erkrankung des Gehirns gelitten, die ihn in zunehmendem Maße unzurechnungsfähig machte. Es ist traurig aber wahr, daß
es in der überhitzten Atmosphäre, besonders der südlichen Staaten,
nur zu viele Banisters gab. Ob gesund oder krank, kann Banisters
öffentliche Person 1963 nur als rechtsextremer, verschrobener Narr
bezeichnet werden. Banisters Begriff von der »Roten Gefahr« nach der
Castroschen Revolution wurde von vielen geteilt, ja sie kam der
offiziellen Einstellung der Vereinigten Staaten gegenüber Kuba
gefährlich nahe. Er nahm leidenschaftlich an der vom CIA unterstützten Kampagne zum Sturz Castros teil und half in den Organisationen

der »Cuban Revolutionary Democratic Front« und der »Friends of a democratic Cuba«. 1961, vor der Schweinebucht-Landung, versorgte er die Exilkubaner mit Munition. Nach 1963 war sein Büro, nach Aussage seiner Angestellten, voll von Waffen jeder Art. Es war mehr als ein Zufall, daß der »Cuban Revolutionary Council« (CRC) seinen New Orleans Stützpunkt im selben Haus wie Guy Banister hatte. Das Haus befand sich sowohl für Banister als auch für seine kubanischen Schützlinge in guter Lage – nahe zu den lokalen Ämtern des CIA und FBI. Mit seinem Nachrichtendienst-Hintergrund und seinem unabhängigen Status, mag er dem amerikanischen Nachrichtendienst ein geeigneter Mittelsmann gewesen sein. Da sich die verschiedenen Nachrichtendienste nicht offen mit bestimmten Unternehmungen assoziieren wollten, konnte Banister bequem als Mittelsmann dienen. Trotz seiner politischen Leidenschaften und seines Alkoholismus war Banister vielfältig einsetzbar. Sein Büro bot einen zusätzlichen Vorteil: es lag um die Ecke, der Reily Coffee Ltd., wo Oswald im Sommer 1963 angestellt war.

Banisters ehemalige FBI-Kollegen haben ihn und seine Tätigkeit nach dem Attentat nicht ernsthaft überprüft. Einige Monate später starb er, wie berichtet, an einem Herzinfarkt, wurde also von den Ermittlern des Warren-Ausschusses niemals vernommen. Es ist zweifelhaft, ob sie einen Grund dafür gefunden hätten, wenn er länger gelebt hätte. Das New Orleans FBI hatte Banisters Adresse abgeschirmt, indem man einfach 531 Lafayette Street angab. Lafayette Street 531 war aber in Wirklichkeit der Seiteneingang der Camp Street 544, welche allenfalls in Washington Interesse geweckt haben mochte. Eine partielle Untersuchung Banisters wurde drei Jahre später eingeleitet, als der New Orleans Amtsanwalt Jim Garrison den New Orleans Aspekt des Kennedy-Attentates zu überprüfen begann. Die Untersuchung endete, wie die Welt aus sensationslüsternen Schlagzeilen erfuhr, mit einem Sturm von Anschuldigungen, die Garrison des Amtsmißbrauchs beschuldigten. Dennoch bekräftigte der Kongreßausschuß für Attentate, daß Garrisons Nachforschungen zur Entdeckung wertvoller Indizien geführt hatten.

Der erste Punkt kam beim Interview mit Banisters Witwe durch Assistent District Attorney Andrew Sciambra zum Vorschein. Sie sagte, sie habe nach dem Tod ihres Mannes in seinem Besitz eine Anzahl von »Fair Play for Cuba«-Flugblättern gefunden. Also Pro-Castro-Propaganda, die zum Besitz des Vorstandes der Anti-Castro-Liga der Karibik gehörte. Banister hatte umfangreiche Akten in seinem Büro, die nach seinem Tode verstreut wurden. Einige wurden angeblich von Regierungsbeamten beschlagnahmt. Später fand der Louisiana Polizeinachrichtendienst immerhin einen halbvollen Karteika-

sten, der »Berichte über kommunistische und subversive Organisationen« enthielt. Auch diese Kartei überlebte nicht unbeschadet die
nachfolgenden Aussortierungen, doch wissen Nachforscher einiges
über den Inhalt dieser Karteien und aus einem Index sowie aus
Polizeiinterviews. Banisters Karteititel enthielten »Central Intelligence
Agency« (CIA), »Ammunition and Arms« (Munition und Waffen),
»Anti-Sowjet Underground«, »Civil Rights Program of J. F. K.« (Ras-
senintegrationsprogramm von J. F. Kennedy) und »B-70 Manned
Bomber Force«. Zwischen »Dismantling U. S. Defences« (Abbau von
US-Defensiveinrichtungen) und »U. S. Stützpunkte in Italien« befand
sich »Fair Play for Cuba Comittee« (FPCC). Das Dossier trug die
Klassifikationsnummer 23-7. Nach Angaben eines Polizeioffiziers ent-
hielt die Akte grundlegende Informationen über Oswalds Betätigun-
gen in New Orleans. Wie der Mordkomiteestab mitteilte, wurde diese
Akte unglücklicherweise vernichtet.
Es ist möglich, daß Banister sich damit begnügte, die Aktivitäten eines
Kommunisten zu überprüfen. Doch weisen Indizien auf eine anders-
artige Beziehung, die nach der »Dirty Tricks« (Schmutzigen Tricks)
Abteilung der amerikanischen Nachrichtendienste schmeckt. Während seiner beständigen Jagd nach getarnten Roten, pflegte Banister
junge Männer zwecks Erkundung und Infiltration »roter« Organisationen anzuheuern. Sie erhielten den Auftrag, sich unter die Studenten der New Orleans Universität zu mischen, sowie über potentielle
Castro-Anhänger zu berichten. Zwei dieser angeworbenen Agenten
waren Allen und Daniel Campbell, beide einstmalige Marineinfanteristen. Der Verfasser sprach mit den Brüdern 1979; schon ihre vorsichtigen Kommentare erschienen verdächtig genug. Daniel Campbell
erzählte, er sei in Banisters Büro gebracht worden, das »Leute mit
Kleinwaffen-Training für gefährliche Situationen« suchte. Am Tage
des Oswald-Bringuier-Straßenauflaufs war Campbell jedoch mit Rou-
tineschreibarbeit beschäftigt. Der Zwischenfall ereignete sich nicht
weit von Banisters Büro, Campbell hörte davon später durch eine
Freundin, die unmittelbar Zeugin war. Als beide in Mancusos Restaurant, 544 Camp Street zusammen saßen, zeigte ihm seine Freundin
zwei Männer an einem Tisch in ihrer Nähe, welche zu der Szene
gehörten. Als Campbell in sein Büro zurückkehrte, folgte ihm ein
junger Mann mit einem Marineinfanterie-Haarschnitt in sein Zimmer
und benutzte sein Schreibtischtelefon für einige Minuten. Das nächste
Mal sah Campbell den jungen Mann im Fernsehen. Campbell ist ganz
sicher, daß der Mann Lee Oswald war. Sein Bruder Allen hatte
ebenfalls Wichtiges zu sagen. Er berichtete den New Orleans-Behör-
den 1969, er sei bei einem der zwei Anlässe, zu denen Oswald für das
FPCC in der Nähe des International Trade Market Flugblätter verteilte,

in Camp Street gewesen. Als irgendjemand von der Pro-Castro-Demonstration sprach, erwarteten die Zuhörenden, Banister würde mit einem seiner Wutausbrüche reagieren. Banister aber lachte nur. Doch erinnern sich andere Angestellte an ein Ereignis, das Banister wütend gemacht habe: es war Oswalds Gebrauch der Camp Street-Adresse auf einigen seiner Flutblätter. Banisters damalige Privatsekretärin, Delphine Roberts' Aussage erklärt dessen Benehmen. Frau Roberts, die von einem ehemaligen FBI-Agenten und Mitarbeiter Banisters als die bestinformierte Person über die Begebenheiten in Camp Street beschrieben wurde, behauptet, Banister habe Oswald persönlich gekannt. Sie wußte, daß Banister Oswald ermuntert hatte, das FPCC-Unternehmen von einem Büro in Nr. 544 zu lancieren. Dem Verfasser gelang es, Frau Roberts vor ihrer Aussage vor dem Kongreßausschuß 1978 ausfindig zu machen. Sie spielte in Banisters Unternehmen eine besondere Rolle.

Mrs. Roberts war in New Orleans schon vor 1963 als rechtsextrem denkend bekannt. Aus gutem Haus und gebildet, war sie ein Mitglied der »Töchter der amerikanischen Revolution«. Sie war auf ihre rechtsextreme politische Zugehörigkeit stolz. 1962 war sie vorübergehend als Kandidatin für den New Orleans Stadtrat Gegenstand des Interesses der Presse. Mrs. Roberts war gegen alles, das einen »kommunistischen Beigeschmack« hatte, d. h. gegen alles, was in den Augen der Mehrheit der Menschen »Fortschritt« bedeutet. Sie polemisierte gegen jede Art der Aufhebung der Rassenschranken, da »Integration einen Bestandteil der internationalen kommunistischen Verschwörung« bildete. Sie wütete gegen die Einmischung des Bundes in die Angelegenheiten der Einzelstaaten und forderte den Austritt der Vereinigten Staaten aus den Vereinten Nationen. Sie zog natürlicherweise Banisters Aufmerksamkeit auf sich. Mrs. Roberts erinnert sich noch liebevoll, wie sie sich zum erstenmal begegneten und Banister ihr den Hof machte. Sie wurde seine Geliebte und Banister machte sie zu seiner persönlichen Sekretärin und Mitarbeiterin bis zum Sommer 1963. Nach dem Attentat befahl ihr Banister gegenüber dem FBI zu schweigen und hielt sie vom Büro fern, bis sich »die Dinge wieder beruhigt hätten«. Nach Banisters Tod distanzierte sie sich von allen Leuten, die sie in 544 Camp Street gekannt hatte und verweigerte beharrlich Interviews. Sie wich der Beantwortung von Fragen, die ihr die Amtsanwaltschaft von New Orleans 1967 stellte aus und versuchte ebenso, dem Stab des Ausschusses für Attentate 1978 aus dem Wege zu gehen. Als der Verfasser sich mit ihr in Verbindung setzte, leugnete sie zunächst mehrere Male, den Namen Oswald jemals vor dem Attentat gehört zu haben. Dann begann sie plötzlich, nach einer aufregenden Konfrontation mit ihrem eigenen Anwalt, ganz ruhig zu sprechen. Ein

Zeichen ihrer noch lebendigen rechtsextremen politischen Einstellung war die Bemerkung, »die amerikanischen Nachrichtendienste würden heute von zu vielen Enthüllungen zerstört werden«. Doch war schon so viel enthüllt worden, daß sie es für zwecklos hielt, weiter zu schweigen. Wenn diese Zeugin die Wahrheit spricht, wäre der Verdacht hinsichtlich Oswalds wirklicher Rolle gerechtfertigt. Sie erinnert sich seiner in der Tat.

Laut Delphine Roberts kam Oswald eines Tages 1963 in ihr Büro und verlangte ein Beglaubigungsformular als Agent Banisters. »Oswald nannte seinen Namen und verlangte ein Bewerbungsformular. Ich vermutete, daß dies nicht der wahre Zweck seines Besuches gewesen sein kann. Während unseres Gespräches gewann ich den Eindruck, daß er und Guy Banister einander bereits kannten. Nachdem Oswald das Formular ausgefüllt hatte, rief ihn Banister in sein Büro. Er schloß die Türe, woraufhin sie eine lange Besprechung hatten. Dann ging der junge Mann wieder fort. Ich nahm damals an, und ich bin heute gewiß, der wahre Zweck seines Besuches war, daß er getarnt arbeiten wollte.« Die genaue Art jener abgeschirmten Betätigung blieb Mrs. Roberts unbekannt, doch erfuhr sie bald, daß diese Arbeit mit Kuba und irgendeiner Maskerade verbunden war, die Täuschung voraussetzte. Sie fuhr fort: »Oswald kam mehrere Male wieder. Er schien Banister und das Büro gut gekannt zu haben. Wie ich erfuhr, benutzte er ein Zimmer im zweiten Stock, das über dem Hauptbüro, in dem wir arbeiteten, lag. Später ging ich einige Male mit Mr. Banister hinauf und sah verschiedene Schriftstücke an der Wand hängen, die mit Kuba zu tun hatten. Es gab auch verschiedene Flugblätter des ›Fair Play for Cuba‹ und andere Pro-Castro-Flugblätter. Banister enthielt sich jeglichen Kommentars. Doch war er sehr empört, als jemand gelegentlich Material aus dem oberen Stockwerk in unser Büro brachte. Er war darüber äußerst aufgebracht. Er wollte dieses Material nicht in seinem Büro haben.« Eines Tages, sagte Mrs. Roberts, sah sie dann das Endprodukt von Oswalds Vorbereitungen im zweiten Stock. Als sie eines Nachmittags in ihr Büro zurückkehrte, sah sie »diesen jungen Mann auf der Straße seine Pro-Castro-Flugblätter verteilen«. Ihre weitere Aussage bekräftigt die Allen Campbells. Sie erzählte Banister, was sie gesehen hatte. Er reagierte gelassen: »Mach dir keine Sorgen über ihn. Er ist ein nervöser Bursche und ein wenig verwirrt. Doch ist er auf unserer Seite und mit unserer Agentur verbunden.« Nichts in Banisters Reaktion deutete im geringsten auf Überraschung oder Zorn, als einer seiner *Anti*-Castro-Leute auf der Straße offen *für* Castro demonstrierte. Heute tut Mrs. Roberts diesen Widerspruch mit einem Achselzucken ab. »Ich wußte, daß derlei Dinge geschahen, und wenn sie geschahen, stellte man keine Fragen. Ich wußte, daß es

Gegenspione gab, Spione und Gegenspione, und ich wußte, das waren wichtige Dinge. So stellte ich keine Fragen.«

Es ist nicht sicher, ob Delphine Roberts die ganze Wahrheit aussagte und alles, was sie wußte, enthüllte. Was sie sagte, sagte sie jedenfalls widerwillig, nachdem sie sich zuvor geweigert hatte, überhaupt zu sprechen. Doch bekräftigen andere Bruchstücke von Informationen, wie Daniel Campbells Behauptung, er habe Oswald in Camp Street 544 gesehen, ihre Aussage. Mrs. Roberts' Tochter, ebenfalls Delphine genannt, benutzte ein anderes Zimmer im zweiten Stockwerk für fotografische Arbeiten. Die Tochter sagte auch, sie und eine Freundin hätten Oswald gelegentlich gesehen. »Ich weiß, er hatte seine Flugblätter, Bücher und alles in einem der Zimmer im gleichen Stockwerk, in dem wir mit unserem Fotozubehör arbeiteten. Ruhig und zurückhaltend, sprach er nicht mit vielen Leuten. Uns hat er nur im Vorbeigehen mit ›hallo‹ und ›auf Wiedersehen‹ gegrüßt. Ich sah ihn nie mit Guy Banister sprechen, doch wußte ich, daß er zusammen mit Banister in seinem Büro arbeitete. Ich sah andere Leute, die wie Amerikaner aussahen, in Oswalds Zimmer ein- und ausgehen. Von seinem Gehabe, von dem, was ich von meiner Mutter erfuhr, sowie von dem, was mir durch Banisters Arbeit bekannt war, gewann ich den Eindruck, Oswald gab vor etwas zu sein, was er in Wirklichkeit nicht war. Ich bin ganz sicher, Banister wußte, was Oswald tat . . .« Diese Aussage erscheint glaubwürdig.

Banisters Bruder berichtete vor dem Kongreßausschuß, von Guy selbst erfahren zu haben, daß Oswald »Fair Play for Cuba«-Literatur verteilte. Ivan Nitschke, ehemaliger FBI-Agent und Mitarbeiter Banisters erinnert sich: »Banister begann im Sommer 1963 sich für Oswald zu interessieren.« Adrian Alba, der die Garage neben Oswalds Arbeitsstätte betrieb, bezeugte vor dem Komitee, er habe Oswald im ebenerdigen Restaurant in 544 Camp Street gesehen. Vom Restaurant führte ein Nebenausgang zum Büroabteil des Hauses und Banister gehörte zur Stammkundschaft.

Mrs. Roberts ist überzeugt, daß sich Banisters Interesse an Oswald allein auf die Anti-Castro-Unternehmen, die sicherlich auch die Unterstützung der Nachrichtendienste hatten, bezog. Wie sie sich ausdrückte, war »Mr. Banister ein Sonderagent des FBI gewesen, der auch jetzt noch für das Büro arbeitete. Er hatte zahlreiche Beziehungen zum FBI und CIA. Ich weiß, das FBI und er hatten, auf Grund ihrer früheren Beziehungen, einen regen Informationsaustausch.« Banisters ehemaliger Mitarbeiter, Daniel Campbell, kam ebenfalls zu der Überzeugung einer Zusammenarbeit seines Bosses mit dem FBI. Ein FBI-Bericht über ein Interview mit Banister, das nach dem Attentat stattgefunden hatte, belegt, daß er über Anti-Castro-Exilkubaner

befragt wurde; nicht dagegen über Oswald oder Oswalds Gebrauch
der Camp Street-Adresse. Was Banister und den CIA betrifft, ergaben
Nachforschungen des Kongreßausschusses lediglich, daß der CIA die
Mitarbeit von Banisters Agentur zur Beschaffung von Informationen
ausländischer Nachrichtendienste zwar erwogen, schließlich aber
abgelehnt hatte. Das war jedoch 1960, drei Jahre vor Oswalds New
Orleans Intermezzo. Delphine Roberts sagt:»Ich glaube, er wurde
vom CIA finanziell unterstützt – ich weiß, daß er zu bestimmten
Zeitpunkten während des Jahres 1963 über beträchtliche Geldsummen verfügte.«Überhaupt hätten Leute, die als Geheimagenten oder
Polizisten bekannt waren, Banisters Agentur oft besucht. Vor sechzehn Jahren betrachtete sie all das als normal, da ihrer Meinung nach
ihr Boß versuchte,»etwas zu unternehmen, was den Gang der Dinge
aufhalten, die Gefahr, die unserem Lande seitens Kubas drohte,
bannen sollte«.
Die Liste der Exilkubaner, die mit Banister zu tun hatten, ist interessant. Da war beispielsweise Sergio Arcacha Smith, ein Rechtsextre-
mist, der unter Castros Vorgänger, dem Diktator Batista gedient hatte.
1961 wurde er zum Vertreter des kubanischen Revolutionsrates in
New Orleans ernannt. Von Banister angespornt, eröffnete er ein CRC-
Büro in 544 Camp Street. CIA-Akten enthüllen, daß Arcacha »weitrei-
chende Beziehungen zum FBI unterhielt . . . Zwei seiner regelmäßigen
Kontakte waren (Name ausgestrichen) und Guy Banister.« Auffallend
hierbei ist, daß Banister, der schon lange pensioniert war, als aktiver
FBI-Kontakt genannt wird. Arcacha, der unter vier Augen zugestand,
dem CIA gedient zu haben, machte sein Büro in Camp Street, laut
Äußerungen eines Bekannten, »zu einer Art Grand Central Eisenbahnstation« für die Exilkubaner. Als Arcacha sich um finanziellen
Beistand bemühte, fand er in Carlos Marcello, dem New Orleans
Mafioso, einen willigen Gönner. 1963 übersiedelte Arcacha, nachdem
man ihn aus seiner Stellung im New Orleans Revolutionsrat hinausgeworfen hatte, nach Texas. Der Grund für seinen Rausschmiß waren
Beschuldigungen, Gelder veruntreut zu haben. Arcacha leugnete
zwar von Oswalds Existenz vor dem Attentat gewußt zu haben,
gleichwohl traf einer seiner Nachfolger den angeblichen Mörder. Das
war der CRC-Delegierte Frank Bartes, der zusammen mit Bringuier
nach dem Straßenauflauf festgenommen worden war. Bartes erklärte,
weder die Camp Street besucht, noch irgendetwas anderes mit
Oswald zu tun gehabt zu haben. Tatsächlich waren Arcacha und der
CRC – von Banister abgesehen – eng mit zwei anderen Männern
verbunden, deren Wege sich mit denen Oswalds gekreuzt hatten. Bei
dem einen handelte es sich um Carlos Quiroga, Anti-Castro-Kubaner,
der zugab, Oswald einige Tage nach seiner Konfrontation mit den

Exilkubanern zu Hause besucht zu haben. Quiroga stellte einige der Informationen, die dazu beitrugen, Oswald bei einer Radiodebatte als Kommunisten zu entlarven, zur Verfügung.

Der New Orleans Werbeagent Ronnie Caire, war ein Freund der CRC und leidenschaftlicher Anhänger der Sache der Exilkubaner. Zusammen mit Arcacha war er zugleich Anführer einer anderen Anti-Castro-Organisation, des »Kreuzzugs zur Befreiung Kubas«. Die Kette von Zufällen war im New Orleans des Jahres 1963 geradezu endlos. Nach dem Attentat soll sich Ronnie Caire höchst vorsichtig geäußert haben, er glaube, sich an einen Besuch Oswalds zu erinnern. Oswald habe sich »um eine Stellung beworben«.

Vielleicht war Caires Gedächtnis besser als er dachte. Oswalds Adreßbuch enthielt auf der gleichen Seite wie Bringuiers Anschrift, noch folgende Angaben:

117 Camp
107 Decatur
1032 Canal

So wie sie eingetragen waren, schienen die Adressen keinen Sinn zu ergeben. Die erste Zeile deutet auf die Adresse eines Kleidungsleihgeschäftes, die zweite Adresse existierte nicht. Nachforschungen ergaben, daß es sich entweder um einen Fehler oder eine absichtliche Irreführung bezüglich der vertauschten Nummern 107 und 117 handelte. Der Austausch ergab für die erste Zeile Ronnie Caires Geschäftsadresse. 177 Decatur war dagegen die Adresse eines prominenten Exilkubaners, Orest Pena, der mit jenen anderen bereits erwähnten gute Verbindungen hatte. Pena arbeitete eng mit Arcacha Smith zusammen und war Spitzel für den FBI. Damit schließt sich der Kreis. Das letzte Glied der Kette Oswaldscher Verbindungen bildete David Ferrie.

David Ferrie war, in noch größerem Maße als Banister, ein begabter Mann, der sich seiner Umgebung nicht anpassen konnte. Er war ein Pilot ganz besonderer Klasse, was ihm die Stellung des Chefpiloten der Eastern Airlines eingebracht hatte. Doch das genügte ihm nicht. Er war brilliant und unberechenbar zugleich, hemmungslos und homosexuell, eine Kombination, die ihn in tragische Verwirrungen stürzte. Ferrie spielte mit religiösen Ideen. Am Ende gründete er seine eigene Kirche. Ebenso spielte er im Bereich der Medizin, ja er begann, völlig auf sich gestellt, nach der Ursache des Krebses zu suchen. Er wurde schließlich aus den Eastern Airlines hinausgeworfen. Wahrscheinlich wäre er ein unbekannter Exzentriker geblieben, wenn Kuba nicht existiert hätte. Ferrie war einer jener unstabilen Abenteurer, die plötzlich ihre Rolle im Leben in der »Krusade« gegen Fidel Castro fanden. Sein Ruf, mit Flugzeugen Wunder zu vollbringen, fand hier

sein geeignetes Betätigungsfeld. Wie berichtet, flog Ferrie vor der
Schweinebucht-Landung 1961, dutzende Male nach Kuba, einige
Male für Bombardements, andere Male, um tollkühne Landungen
auszuführen und Anti-Castro-Widerstandskämpfer aus dem Lande
zu bringen. Das war Ferries kurze Episode als Held. Sie währte nicht
lange. 1962 trieb er sich, 45 Jahre alt, ziellos in New Orleans herum und
widmete seine Zeit der Jagd nach jungen Männern oder der Verfolgung rechtsextremer Aufträge. Er war seinerzeit eine auffallende
Erscheinung, nicht zuletzt wegen seiner Alopezie, die zu einem
totalen Ausfall der Haare führte. Diesen Mangel kompensierte Ferrie
mit einer roten Perücke, manchmal, auf groteske Weise, mit offenkundig falschen Augenbrauen. Er wäre wohl eine lächerliche Figur gewesen, hätte ihm nicht sein origineller Geist immer wieder Zuhörer für
seine rechtsextremen politischen Ansichten verschafft. Bereits 1950,
als er in die Flugwaffen-Reserve eintrat, war er ein leidenschaftlicher
Anti-Kommunist. Dem Kommandeur der »US First Air Force« schrieb
er: »Ich würde nichts mehr genießen, als jeden Kommunisten, Russen, Roten oder was Sie wollen zur Hölle zu bomben . . . Wir könnten
eine Equipe bilden, die sie wirklich zur Hölle bombt . . . Ich möchte
›killers‹ ausbilden, so schlecht sich das anhört. Denn das ist es, was
wir brauchen.« Vielleicht frönte Ferrie diesem Ehrgeiz unter anderem
damit, Anti-Castro-Exilkubanern Flugunterricht zu erteilen. Er war
ein aufrührerischer Redner. Sein Lieblingsthema war die Konfrontation mit Kuba, sein Haupt-Prügelknabe Präsident Kennedy. Nach
dem Schweinebucht-Debakel hielt er eine Rede vor dem New Orleans
Ordenskapitel des »Military Order of World Wars«. Sein Angriff auf
den Präsidenten war so haßerfüllt, daß er aufgefordert wurde, das
Rednerpult zu verlassen. Dieser Haß Ferries auf Präsident Kennedy
steigerte sich zu einer Art Besessenheit. Manche, die ihn sagen hörten,
der »Präsident sollte erschossen werden«, hatten den Eindruck, daß
diese Aussage in seinem Falle keine verbale Floskel mehr war. Eine
seiner Lieblingsphrasen war: »Man kann einer Wählerschaft nicht
zutrauen, den richtigen Mann zum Präsidenten zu wählen.« Er war
ein natürlicher Weggefährte Banisters, ein Mann, von dem bekannt
war, daß er bei einer Gelegenheit seine Freunde schockierte, indem er
eine Pistole zog und schrie: »Die Zeit kommt, in der die Probleme der
Welt mit einer Kugel besser gelöst werden können, als mit dem
Wahlzettel.« Sommer 1963 waren Banister und Ferrie bereits alte
Kumpane und Ferrie einer der häufigsten Besucher in 544 Camp
Street.
Guy Banisters Sekretärin, Delphine Roberts, erinnert sich an Ferrie,
»als einen Agenten, der oft das Privatbüro hinter Banisters Büro für
seine Privatarbeit benutzte. Ich glaube, seine Arbeit stand eher dem

CIA als dem FBI nahe . . .« Als Berichterstatter scheut der Verfasser vor dem Gedanken zurück, ein Nachrichtendienst könnte einen David Ferrie engagiert haben. Von wenigstens einer gut unterrichteten Quelle wird dies indessen versichert. Victor Marchetti, der ehemalige Exekutiv-Assistent des damaligen Vizedirektors des CIA erzählte dem Verfasser, der Direktor, Richard Helms, wie andere ranghohe Angehörige des CIA entsetzt gewesen seien, als der Name Ferrie zum ersten Mal mit der Ermordung Kennedys im Jahre 1967 in Zusammenhang gebracht wurde. Marchetti bekam, als er einen Kollegen in dieser Sache befragte, zur Antwort: »Ferrie arbeitete lediglich als Vertragsagent. Vom CIA Anfang der sechziger Jahre engagiert, war er an einigen der Anti-Castro kubanischen Operationen beteiligt.« 1979 bestätigte dem Verfasser ein Informant, der für das Senatskomitee Ferrie Nachforschungen angestellt hatte: »Wir fanden Ferries Namen nicht auf der Liste der CIA-Agenten, doch ist das beim Nachrichtendienst nicht ungewöhnlich . . . Fest steht, daß die Leute, mit denen er zusammengearbeitet hatte, Nachrichtendienstbeziehungen besaßen.« Sicher war Ferrie 1963 mit Banister und den Exilkubanern eng verbunden. Am selben Tag, an dem Oswald seine Pro-Castro-Flugblätter verteilte, war Ferrie, einige Häuserblocks entfernt, der Anführer einer Anti-Castro-Demonstration. Wie bei Guy Banister wurde auch im Falle Ferries wiederholt behauptet, er habe zu Oswald Verbindungen gehabt.

Nach dem Attentat wurde Oswalds Mitgliedschaft in der Civil Air Patrol (CAP) als er erst fast sechzehn Jahre alt war, überprüft (Zivil Luftpatrouille). Oswald lebte damals bei seiner Mutter in New Orleans. 1955 trat er der Patrouille als Kadett bei. David Ferrie, bekannt als Pilot, war eine der führenden Persönlichkeiten der Patrouille. Nach dem Attentat glaubte einer der Angestellten Banisters sich zu erinnern, in Ferries Wohnung ein Foto von Oswald und anderen ehemaligen CAP-Mitgliedern gesehen zu haben. Zweimal wurde Ferrie diesbezüglich befragt. Beide Male bekundete er, sich nicht an Oswald erinnern zu können. Er leugnete überhaupt, jemals zu Oswald in irgendeiner Beziehung gestanden zu haben, beziehungsweise den CRC zu kennen oder von Arcachas Besuchen in 544 Camp Street zu wissen. Sein Nichtwissenwollen enthob ihn aber kaum des Verdachtes. Die vom FBI durchgeführte Nachprüfung der CAP-Mitgliedschaft war geradezu die Verhöhnung einer sorgfältigen Untersuchung. Die Sache wurde nicht weiter verfolgt. Edward Vöbel, ein ehemaliger Schulkamerad Oswalds, sagte aus, mit diesem zusammen unter »Captain Dave Ferrie« in der Patrouille gewesen zu sein, doch plötzlich erinnerte er sich an nichts mehr. Vöbel wurde bald darauf durch anonyme Telefonanrufe und den Besuch eines Fremden eingeschüchtert und fortan gab er vor, von nichts mehr zu wissen. Doch diese Tatsache interessierte das FBI ebenso wenig, wie der Besuch Ferries nach dem Attentat bei einem anderen Kadetten, den er fragte, ob alte Fotos aus der Kadettenzeit existierten und ob Oswald auf ihnen zu erkennen sei.

Die meisten Unterlagen der Staffel waren anscheinend »Ende 1960« gestohlen worden.

Der Kongreßausschuß war im Jahre 1978 erfolgreicher als seinerzeit das FBI.

Seine Untersuchungen ergaben, daß Ferries Dienstzeit im CAP tatsächlich mit der Kadettenzeit Oswalds zusammenfiel. Sechs Zeugen bekräftigten die gemeinsame Anwesenheit Oswalds und Ferries in Versammlungen. Einer dieser Zeugen bestätigte: »Oswald und Ferrie waren in derselben Einheit. Ich sage nicht, vielleicht. Ich sage es mit Bestimmtheit.« Keiner erinnert sich einer besonderen Beziehung zwischen dem bizarren Fluglehrer und dem Kadetten, der eines Tages berüchtigt werden sollte. Die Kommission bemerkte jedoch Ferries »Anziehungskraft auf junge Leute. Wahrscheinlich war sie darin begründet, daß er ein außerordentliches Interesse an ihnen hatte ... Oft gab er in seiner Wohnung Parties, bei denen viel getrunken wurde. Er bot sein Heim jungen Leuten an, die zu Hause unglücklich waren ...« Wie wir jetzt wissen, war Oswalds eigenes Leben zu Hause unglücklich gewesen. Einer seiner Schulfreunde glaubt sich an Oswald bei einer CAP-Diplomparty zu erinnern.

Ferries Homosexualität und seine Schwäche für junge Burschen sind eine Tatsache. Im Laufe der Jahre verursachten sie wiederholt Schwierigkeiten, ja einige Male wurde er aus diesen Gründen inhaftiert. Bei einem dieser Anlässe wurde er nur auf Intervention jenes Sergio Smith auf freien Fuß gesetzt. Gleicherweise führte Ferries Verhältnis zu den Kadetten, sowie Gerüchte von Orgien, bei denen Jungens nackt herumkrochen, zum Skandal. Ferrie verlor schließlich seinen Rang bei dieser Staffel. Es gibt keine Indizien dafür, daß Oswald in diese Vorgänge verwickelt war, doch war er mit sechzehn Jahren, an der Schwelle des Erwachsenseins, sicherlich nicht immun gegen Menschen wie Ferrie. Der Ausschuß für Attentate hob hervor, Ferrie habe, von seiner Homosexualität abgesehen, einen »enormen Einfluß« auf seine Schüler gehabt. Das Untersuchungsergebnis des Ausschusses betont, »er habe zahlreiche Jungen ermuntert, den Streitkräften beizutreten ... Viele der Kadetten engagierten sich in Ferries weitem Spektrum von Aktivitäten.«

Oswald versuchte unmittelbar nach der Episode in der Civil Air Patrol, im Alter von sechzehn Jahren, in die Marineinfanterie einzutreten. Wie wir bereits wissen, gelang ihm das wegen seines jugendlichen

Alters zunächst nicht. Während des folgenden Jahres studierte er das
Handbuch der Marineinfanterie, bis er es auswendig kannte. Einige
Tage nach seinem siebzehnten Geburtstag trat er in die Marineinfante-
rie ein. Das war etwa die Zeit, in der er sich für Marxismus und die
Politik der Linken zu interessieren begann. Nach konventioneller
Ansicht, die gewisse Widersprüche ignoriert, war das der Beginn
eines lebenslangen Engagements.

In Anbetracht der Möglichkeit seines Einflusses auf Oswald, sollte
hier die politische Ambivalenz Ferries erwähnt werden. Er war, nach
den Worten des Kongreßausschusses »fanatischer Anti-Kommunist«,
doch beschrieb er sich andererseits als »Liberaler«. Über seine Einstellung Kuba gegenüber äußerte sich Delphine Roberts. »Nun, er hatte
diesbezüglich eine vage Haltung und stellte sich bald auf die eine Seite
und dann wieder auf die entgegengesetzte. Es war wichtig für ihn,
sich so zu verhalten, weil er sich wie ein Gegenspion benahm. Er
kannte beide Seiten...« Hier sei Oswalds angebliches jugendliches
Interesse am Sozialismus näher betrachtet, das dem Bericht des Warren-Ausschusses zufolge, den Ausgangspunkt seiner linksgerichteten
Zukunft bildete. Der Bericht ignorierte jedoch den Kommentar eines
ehemaligen Schulfreundes. Die Aussage, »Oswald studierte bereits
damals den Kommunismus«, so Edward Vöbel, »ist reiner Unsinn«. In
seinem Kommentar erinnert Vöbel an eine Vielzahl von Vorfällen, die
irgendwie falsch klingen. Wie viel seines unverstandenen Wissens um
Politik war ebenfalls »Unsinn«? Das wissen wir nicht, doch wirft der
mögliche Einfluß David Ferries einen dunklen Schatten des Zweifels
auf einen kritischen Zeitpunkt in Oswalds Leben. Ob Ferrie die
Gedanken und Handlungen des jugendlichen Oswald steuerte oder
nicht, die Indizien deuten darauf hin, daß die beiden im Sommer 1963
miteinander in kontakt waren.

Falls Oswald 544 Camp Street oft besuchte, mußte er Ferrie dort
begegnet sein. Manches deutet auf diese Konstellation. Der New
Orleans Anwalt, Dean Andrews berichtete nach dem Attentat,
Oswald habe ihn mehrere Male in seinem Büro besucht und ihn um
Hilfe gebeten, den Widerruf seiner Entlassung aus der Marineinfante-
rie-Reserve zu bewirken. Andrews, dessen Aussage von seinen Büro-
angestellten bekräftigt wird, gab an, daß Oswald bei seinem ersten
Besuch sich in Gesellschaft einiger mexikanischer »schwuler Jungen«,
deren einer sein »Freund« zu sein schien, befand. Ein Mitarbeiter
Ferries, Jack Martin, der ebenfalls für Banister arbeitete, berichtete
nach dem Tod des Präsidenten, Ferrie habe ihm einmal von einem
jungen Mann erzählt, der bei einer Orgie, an der Ferrie teilnahm,
zugegen war, dann in die Marineinfanterie eintrat und New Orleans
verließ. Martin äußerte auch den Verdacht: »Ferrie habe Oswald

informiert, wie man eine, im Ausland hergestellte Feuerwaffe kauft«.
1963 hat das FBI Martins Aussagen wegen seines zweifelhaften Charakters und seines Grolls gegen Banister verworfen. Der Kongreßausschuß für Attentate war 1978 weniger abweisend – und mit gutem Grund. Delphine Roberts, Banisters Sekretärin, gab an, Ferrie habe Oswald nicht bloß getroffen, er habe ihn, mindestens einmal, zu einem Besuch mit in ein Anti-Castro Guerilla Trainingslager außerhalb von New Orleans, zum Zielschießen mitgenommen. Martins Aussage mag mit Recht bezweifelt werden. Doch erscheinen einigen, wenn auch mit wenig Recht, Delphine Roberts Aussage ebenfalls subjektiv gefärbt. Es gibt aber noch weitere, durch mehrere glaubwürdige Zeugen dokumentierte Indizien von Verbindungen zwischen Oswald, Rechtsextremen und David Ferrie. Sie orteten Oswald Anfang September 1963 in einer kleinen Stadt nördlich von New Orleans, in Gesellschaft eines Mannes, der ziemlich unzweifelhaft David Ferrie war, sowie eines zweiten Mannes, der Banister gewesen sein könnte.* Wie so oft in der Geschichte Oswalds, handelte es sich auch hier um eine bizarre Episode in einem sonderlichen Szenario. Das Mordkomitee fand die Quelle der Information jedoch als »glaubwürdig und wichtig«. Bei anderen Gelegenheiten sahen wir Oswald als Castro-Anhänger. Diese Episode verknüpft ihn mit einer weiteren großen Frage dieser Zeit – der Rassenfrage.
1963 war ein kritisches Jahr für die ganze Nation. Es ging darum, die Rassendiskriminierung der großen schwarzen Minderheit zu beenden. Das war der »Civil Rights Summer«, mit Dr. Martin Luther King als Führer einer ständig wachsenden Bewegung. Die schwarzen Führer fanden im Weißen Haus mehr Unterstützung als je zuvor. Präsident Kennedy verpflichtete sich persönlich, das Bürgerrechtsgesetz durchzusetzen. Unter anderem sollte das Wahlrecht für die Schwarzen garantiert werden. Ein Teil der Kampagne bestand darin, den Schwarzen ihre politischen Rechte bewußt zu machen. Sei es aufgrund ihrer Unterdrückung durch die Weißen, sei es aus Gründen ihrer eigenen Apathie: zehntausende von Negern hatten bis dahin niemals gewählt, oder sich auch nur als Wähler eintragen lassen. Im Baumwolland, in den kleinen landwirtschaftlichen Städten des Südens, traf die Bürgerrechtsbewegung auf wütenden Widerstand, nicht nur seitens zahlreicher Rechtsextremisten, sondern auch seitens der Durchschnitts-Weißen, die nicht wahrhaben wollten, daß die alten Zeiten der Herrschaft der Weißen gezählt waren.
Typisch für diese Einstellung war Clinton mit fünfzehnhundert Ein-

---

* Der Zeitpunkt fällt ungefähr mit jenem zusammen, als Oswald mit CIA-Agenten »Maurice Bishop« in Dallas gesehen wurde.

wohnern nördlich von New Orleans. Hier organisierte »CORE« (Kongreß für Rassengleichberechtigung) (Congress for Recial Equality) die schwarze Bevölkerung, sich als Wähler eintragen zu lassen. Die Atmosphäre war voller Spannung. Einige Wochen zuvor wurden Neger in großer Zahl verhaftet, allein weil sie dem Bürgermeister und Amtsanwalt schriftlich ein Gesuch übermittelt hatten. Eines Morgens stand eine lange Schlange Schwarzer vor der Registratur, um sich einzutragen. Der Vorgang ist einfach und konnte schnell vor sich gehen, doch machten ihn damals die Beamten langwierig und schwierig. Jener Morgen war historisch für diese kleine Gemeinde, in der sich fast alle Leute kannten. Polizei und Beamte, alle weiß, lauerten wachsam auf alles, was als Friedensbruch hätte gedeutet werden können. Die schwarzen Organisatoren befürchteten ihrerseits, daß ihre herkömmlichen Feinde, die Polizei und FBI-Geheimagenten eingreifen würden. Das war das Szenario für einen rätselhaften Zwischenfall, an dem Oswald beteiligt war und der von Weißen wie von Schwarzen berichtet wurde.

Die folgende Beschreibung der Geschehnisse beruht auf Zeugenaussagen und Interviews, die dem Verfasser gegeben wurden. Es geht um drei weiße Fremde, sowie ein auffallendes Auto. Die Hauptzeugen sind zwei »CORE«-Organisatoren, der Registrator für die Wähler und der städtische Polizeidirektor.

Die Zeugenaussagen stimmen überein, daß einige Minuten nach zehn Uhr ein schwarzer Cadillac in der Nähe der Registratur parkte. Der Wagen mußte in einer bescheidenen Kleinstadt wie Clinton auffallen, fast jeder bemerkte ihn. Der Clinton Vorstand von »CORE«, Corrie Collins, sah den Wagen ankommen. Argwöhnisch vermuteten er und sein Kollege, William Dunn, es handele sich um einen unwillkommenen FBI-Besuch. Drei Männer saßen im Wagen. Einer von ihnen, ein junger, schmalgebauter weißer Mann, stieg aus und stellte sich in die Reihe mit den Schwarzen, die auf ihre Eintragung warteten. Er wartete, ein vereinzeltes weißes Gesicht in einer langen schwarzen Schlange, geduldig mit den anderen. Nach dem Attentat behaupteten die Zeugen einstimmig, der Mann sei Lee Oswald gewesen. Die meisten erinnerten sich nur an sein Gesicht. Der Registrator, Henry, wußte indes mehr über ihn zu sagen. Er interviewte die Antragssteller in seinem Büro und erinnerte sich daher an das Gespräch mit dem fremden jungen Mann. »Ich bat ihn um seinen Personalausweis, er zog einen Marineausweis aus seiner Tasche. Auf dem Ausweis stand Lee H. Oswald mit einer Adresse in New Orleans. Oswald gab an, er wolle einen Job im nahegelegenen East Louisiana State Hospital; er meinte, er hätte eine bessere Chance einen Job zu bekommen, wenn er im Clinton-Wahlbezirk eingetragen sei. Das Ansinnen war seltsam,

besonders da er sich in die Kette der Schwarzen eingegliedert hatte.
Der Registrator sagte Oswald schließlich, er sei in diesem Wahlbezirk
nicht lange genug seßhaft, um eine Eintragung als Wähler zu beantragen.
Oswald bedankte sich und ging fort. Unterdessen zog der
schwarze Cadillac auf der Straße viel Aufmerksamkeit auf sich.
Der Registrator sagt aus, er habe den Wagen bemerkt, als er zur
Kaffee-Pause sein Amt verließ. Wie die »CORE«-Administratoren,
fragte auch er sich, was der Wagen dort zu tun hatte. Er bat den
Polizeidirektor, die Insassen zu überprüfen. Der Polizeidirektor, John
Manchester, sprach mit dem Fahrer. Er war überzeugt, es gäbe keinen
Grund zu Besorgnis. Der Cadillac blieb bis zum Nachmittag. Die
Insassen schienen damit zufrieden, dazusitzen und zuzuschauen. Der
Polizeibeamte und die anderen Zeugen erinnerten sich an den Fahrer
als, »einen hochgewachsenen, kräftigen Mann, grauhaarig und von
rötlicher Gesichtsfarbe«. Zwei Zeugen erinnerten sich an den zweiten
Insassen aus einem besonderen Grund. Wie sich der Vorstand der
»CORE« ausdrückte: »Das Bemerkenswerte an ihm waren seine
Augenbrauen und sein Haar. Sie schienen nicht echt zu sein; mit
anderen Worten, sie waren unnatürlich, sie sahen nicht, wie wirkliches
Haar aus.« Die Beschreibung der zwei Männer gab den Anlaß zu
einer späteren Kontroverse.
Der Staatsanwalt des Amtsbezirkes New Orleans, Jim Garrison, erhob
aufgrund der obigen Aussagen 1967 Anklage gegen Clay Shaw, einen
prominenten Geschäftsmann und ehemaligen Kontaktmann des CIA,
an der Verschwörung gegen Präsident Kennedy beteiligt gewesen zu
sein. Shaw war in der Tat hochgewachsen und grauhaarig. Einige der
Zeugen glaubten, er könnte der Fahrer des rätselhaften Cadillac
gewesen sein. Die Anklange gegen Shaw beruhte auf ungenügendem
Beweismaterial, er wurde freigesprochen. Angesichts aller anderen
Indizien, bevorzugen viele Nachforscher jetzt die Hypothese, Guy
Banister sei der fragliche Fahrer gewesen. Die Beschreibung paßte
besser auf Banister, als auf Shaw.
Wenige nur haben offensichtlich falsche Haare und Augenbrauen.
Der Vorstand des »CORE« identifizierte als zweiten Insassen des
Cadillac David Ferrie. Dieser arbeitete zweifellos oft mit Banister
zusammen, zudem waren beide gegen Unternehmen, wie das der
»CORE«-Kampagne in Clinton. Heute gibt Banisters Bewunderin,
Delphine Roberts, folgende Erklärung: »Er und ich waren gegen die
Art und Weise, in der sie vorgingen, sie schienen die Bürgerrechte der
Weißen zu ignorieren. Sie nahmen den Weißen alles weg, um es den
Schwarzen zu geben.«
Mit »sie« war Washington gemeint; mit Washington J. F. Kennedy.
Einige Wochen zuvor hatte der Präsident die Nation ermahnt, »unsere

amerikanischen Mitbürger so zu behandeln, wie wir selbst behandelt zu werden wünschen.«»Wenn ein Amerikaner wegen seiner dunklen Hautfarbe . . . nicht das Recht hat, die offiziellen Vertreter des Volkes, die ihn repräsentieren, zu wählen . . . wer von uns würde sich mit dem Rat, Geduld zu haben, mit einem Aufschub, zufriedengeben?« Ein unbestimmter Aufschub hätte die Männer in 544 Camp Street sicher zufriedengestellt. Guy Banister sprach sich offen für eine Form von Apartheid aus. Es scheint glaubhaft, daß er und Ferrie an irgendeinem ruchlosen Unternehmen gegen jene Bürgerrechtsgruppen beteiligt waren. Aber welcher Art war dieses Unternehmen und was hatte Oswald damit zu tun? Heute können wir nur rätseln.

Es scheint heute wahrscheinlich, daß sich Oswald einige Zeit im Wahlbezirk Clinton aufhielt, um den Boden für sein Ersuchen als Wähler vorzubereiten. Mehrere glaubwürdige Zeugen halfen, seinen Tätigkeiten auf die Spur zu kommen. Zwei dieser Zeugen leben im naheliegenden Jackson. Der Friseur der Stadt, der selten Fremde zu sehen bekommt, erinnerte sich Oswalds, der eine Anstellung als Elektriker suchte und ihn um Rat fragte. Er schickte ihn zu dem Abgeordneten Reeves Morgan, der bestätigt, ein Lee Oswald habe ihn besucht. Ebenso erinnern sich zwei Sekretäre des Spitals an Oswald, der Arbeit suchte und sich kurz darauf um das Wahlrecht in Clinton bewarb. Es liegt kein Grund vor, diese Aussagen zu bezweifeln, obwohl es als höchst unwahrscheinlich erscheint, daß Oswald wirklich in Clinton arbeiten und leben wollte. Nur die mögliche Gegenwart Banisters und Ferries tragen zur Lösung des Rätsels bei. Eine glaubhafte Erklärung könnte die sein, daß der Zwischenfall in Clinton mit irgendeinem Unternehmen des FBI, wie dem seither berüchtigt gewordenen Gegenspionageprogramm, unter dem Kurznamen COINTELPRO bekannt, verbunden war. Mit anderen US-Nachrichtendienstprojekten gegen angeblich kommunistische Organisationen, wie das »Fair Play for Cuba« war COINTELPRO ein rücksichtsloses, langfristiges Unternehmen zur Aufsplitterung und Vernichtung gewisser politischer Gruppen. Der FBI-Direktor Hoover, der der Bürgerrechtsbewegung mit unerbittlicher Feindschaft gegenüberstand, schreckte vor keinem Mittel zurück, die Bewegung und ihre Anführer zu diskreditieren. 1963 war COINTELPRO bereits etabliert. Seine Waffen waren, laut Arthur Schlesinger »Gerücht, Fälschung, Anzeige und Provokation«. Als die »CORE«-Organisatoren in Clinton den schwarzen Cadillac sahen, war ihr erster Gedanke, das FBI wende wieder seine üblichen Tricks an. Das Auto stand fast den ganzen Tag am selben Fleck, seine Insassen betrachteten stumm die Vorgänge vor dem Amt des Registrators. Die schwarzen Arbeiter deuteten den Wagen als einen naiven Versuch des FBI, die Neger, die in der

Schlange standen, durch die bedrohliche Gegenwart des FBI einzuschüchtern. Falls der Fahrer tatsächlich Guy Banister war, mögen sie Recht gehabt haben. Lee Oswalds Rolle bleibt dabei ungeklärt. Vielleicht war es die Absicht, ihn mit einer weiteren linksgerichteten Bewegung in Verbindung zu bringen. Vielleicht war, aus welchen Gründen auch immer, der Zweck, Oswald und sein Gehabe so vielen Menschen als möglich einzuprägen. Auf lange Sicht bekommt man sicherlich den Eindruck, Oswald sei von einflußreichen Gruppen manipuliert worden, die das Gegenteil seiner öffentlich zur Schau getragenen linksgerichteten Pose repräsentierten. Diese Clique hatte Verbindungen, die wir bisher nicht erörtert haben. Die Bewohner der 544 Camp Street waren mit der Mafia und dem CIA verbunden.

Im Sommer 1963 waren es zwei Jahre, seitdem der Louisiana Mafia Boß, Carlos Marcello von der Kennedy Administration aus den Vereinigten Staaten mit Gewalt abgeschoben worden war. Seine Heimkehr war zwar geheim, doch bald sah man Marcello offen in der Stadt, er hatte sein Reich des Organisierten Verbrechens wieder unter seiner persönlichen Kontrolle. Der Krieg, den Robert Kennedy gegen die Mafia führte war noch nicht entschieden. Auf persönliche Anordnung Robert Kennedys intensivierte das Justizministerium den Druck auf Mafia-Unternehmen im Süden, insbesondere auf Marcello. Wie Hoffa und der Florida-Gangster-Boß, Santos Trafficante, sprach auch Marcello wiederholt von Mafia-Justiz gegen die Kennedys. Offiziell befand sich Marcello in einem langwährenden Rechtsstreit mit der Regierung. Die Beschuldigungen, die zu seiner Abschiebung geführt hatten, wurden 1963 erneut und verstärkt erhoben. Marcello verteidigte sich entsprechend massiv. Die beiden Männer, die ihm dabei halfen, waren Guy Banister und David Ferrie.

Die Ferrie »Connection« begann vielleicht schon 1961, als Marcello sich insgeheim aus der Verbannung in Guatemala wieder in die Vereinigten Staaten einschlich. Unter zahlreichen Vermutungen über die Art seiner Rückkehr bevorzugen die meisten Nachforscher die Hypothese, ein Privatflugzeug habe ihn in die USA eingeflogen. Obwohl das von Marcello geleugnet wird, identifizierte eine Grenzpatrouille den Piloten als David Ferrie. Vom Beginn des Jahres 1962 arbeitete David Ferrie, nach seiner eigenen Angabe, als »Ermittler und Schreiber« bei einem gewissen Wray Gill, einem der Anwälte Marcellos. Daneben war er mit dem Anwalt Dean Andrews, der ebenfalls für Marcello arbeitete, assoziiert. Auch er behauptete, Lee Oswald gekannt zu haben. In den drei Monaten vor dem Attentat auf Präsident Kennedy war David Ferrie damit betraut, Marcello in seinem Kampf gegen die Regierung zu unterstützen.

Miteinbezogen in diese Aktivitäten war ein Flug nach Guatemala zur

Einholung von Indizien für die Verteidigung. Ferries Freunde bezeichneten seine Tätigkeit als die eines »Forschungsbibliothekars«. Zu seiner Forschungsarbeit gehörten auch Besuche im Town and Country Motel in New Orleans und in den Churchill Farms, den Stützpunkten Marcellos. Die von seinen Mitarbeitern beschriebene Szene, in der Marcello gesagt haben soll, er werde John F. Kennedy ermorden lassen, fand angeblich in Churchill Farms statt. Ferrie und Marcello hatten den Haß auf den Präsidenten gemein. Ein Zeuge aus New Orleans, der beide Männer kannte, sagte, Marcello hielt Ferrie für äußerst intelligent...

Der Höhepunkt der Arbeit Ferries für den Mafioso fiel genau in jene Periode, in der Ferrie die 544 Camp Street häufig besuchte. Banister scheint seinen einstigen Enthusiasmus, Gangster zu jagen, der ihn beim FBI berühmt gemacht hatte, verloren zu haben. Wie der Kongreßausschuß für Attentate bestätigte, stellte auch er seine speziellen Kenntnisse Marcello zur Verfügung. Der Autor spürte auch eine gewisse Mary Brengel auf, die zweite Sekretärin, die während des kritischen Sommers und Herbstes in Banisters Agentur arbeitete. Sie erinnerte sich eines Diktates von Banister, in dem dieser offen darüber schreibt, Marcello in seinem Kampf gegen die Abschiebung behilflich gewesen zu sein. Mrs. Brengel machte aus ihrer Überraschung darüber, daß ihr Boß für einen Mafioso arbeitete keinen Hehl, worauf Banister kurz bemerkte: »es handelt sich um Prinzipien; wenn die Regierung gegen Prinzipien verstößt, betrifft das jeden Bürger der Vereinigten Staaten.« Er ließ also keinen Zweifel: er stand auf Marcellos Seite.

In den letzten Monaten seines Mandats begann der Kongreßausschuß einen bis dahin unverzeihlicherweise vernachlässigten Bereich der Nachforschungen zu ermitteln. Es erscheint ziemlich selbstverständlich, Oswalds Familienhintergrund zu überprüfen. Dennoch hat dies niemand vor dem Kongreßausschuß unternommen. Die Ergebnisse sind aufschlußreich, da sie zeigen, daß Schlüsselfiguren der Familie mit Organisiertem Verbrechen in Berührung standen.

Oswald verbrachte einen Großteil seiner Kindheit und Jugend in New Orleans, die Entwicklungsjahre also in einem Milieu, das alle Eltern beunruhigen müßte. Bis zum Alter von fünfzehn Jahren lebte Oswald mit seiner Mutter in der 125 Exchange Alley. Exchange Alley lag im französischen Viertel inmitten all des Lärms und Wirrwarrs, der synonym mit New Orleans ist. In den Worten Aaron Kohns, des Kriminalkommissars von New Orleans, »war Exchange Alley, insbesondere der Block von Häusern, wo Oswald wohnte, buchstäblich der Brennpunkt der berüchtigsten Unterweltlokale der Stadt...« Oswald wohnte in einer ›sub-standard‹ Wohnung über einem Wettbüro, einem bekannten Treffpunkt von Spielern. Wir wissen wenig über seine frühen Hobbies. Wenigstens eine Episode weist darauf hin, daß die Atmosphäre der Gesetzlosigkeit infizierend sein mußte. Oswalds Schulfreund Edward Vöbel erinnert sich, wie er Oswald davon abbringen mußte, in ein Waffengeschäft einzubrechen, um eine Waffe zu stehlen. Knaben, die in einem derartigen Milieu aufwachsen, sind besonders geneigt, die Gesetze zu mißachten und Oswald war solchen Gefahren in größerem Maße ausgesetzt als wir bisher wußten. Oswalds Vater war tot und er wurde von einer Mutter erzogen, die Verbindungen zur Welt der Gangster hatte.

Ein Verwandter sagte einmal von Marguerite Oswald: »sie hat einen starken Charakter und ist tugendhaft. Ich bin sicher, was sie für ihre Buben tat, war ihres Wissens das Beste, was sie damals tun konnte. Doch ob es wirklich das Beste war oder nicht, ist die Frage. Heute hat das rührende Bild Marguerites, der einsamen, für ihre Kinder kämpfenden Mutter, etwas an Glanz eingebüßt. Der Außschuß für Attentate sah sich ihre Bekannten und Freunde genauer an. Einer war Clem Sehrt, Anwalt in New Orleans. Der Kongreßausschuß bemerkte: »ein Partner, Rechtsanwalt und Finanzberater eines Louisiana Bankiers, der mit Carlos Marcello verbunden war . . .«, ja der seit langer Zeit »in eine Serie von höchst fragwürdigen geschäftlichen, sowie politischen Unternehmen verwickelt war.«

Mrs. Oswald wandte sich um Rat an Sehrt, als ihr Sohn Lee in die Marineinfanterie eintreten wollte. Er war zu jung, daher schlug Sehrt vor, ein falsches Geburtszeugnis würde helfen. Nach Informationen, die die Kommission erst vor Kurzem erreichten, wurde Sehrt nach dem Attentat aufgefordert, Oswald rechtlich zu vertreten. Es ist nicht bekannt, wer ihn darum gebeten hatte. Doch ist es bemerkenswert, daß Dean Andrews, ein anderer Anwalt aus New Orleans, mit Verbindungen zu Marcello und Mitarbeiter David Ferries, ebenso behauptete, dieser Wunsch sei ihm angetragen worden. Er benannte jenen Mann, der ihn gebeten hatte, lediglich bei dessen Decknamen »Clay Bernard«. Er sagte in der Zwischenzeit, die Enthüllung der Identität dieses Mannes könnte sein Leben kosten. Nach kurzem Kontakt mit Andrews kann der Verfasser bestätigen, daß dieser noch immer Angst hat.

Marguerite Oswalds Freundschaft mit dem Unterwelt-Anwalt Sehrt war nicht ihr einziger Kontakt mit dem Organisierten Verbrechen. Sie arbeitete eine zeitlang für Raoul Sere, einen Rechtsanwalt, der später Assistent District Attorney für New Orleans war. Nach Kriminalkommissar Kohn stand Sehrt unter starkem Verdacht, mit dem »COMBINE«, einer Gruppe von Leuten aus New Orleans, die den Lauf der Gerechtigkeit durch Korruption und Bestechung behinderte, zusammengearbeitet zu haben. Er fügte hinzu: »das Büro des Amtsanwaltes war in hohem Maße dem verderblichen Einfluß eines Glücksspielsyndikates, mit anderen Worten Carlos Marcellos, ausgesetzt«. Mrs. Oswald schweigt in dieser Angelegenheit, doch gibt sie zu, Sere konsultiert zu haben, als ihr Sohn nach Sowjetrußland ging. Nicht zuletzt fand der Kongreßausschuß auch Beweise freundschaftlicher Beziehungen zwischen Mrs. Oswald und Sam Termine. Termine, der vor kurzem starb, war eine bekannte Persönlichkeit der Unterwelt Louisianas. Er diente als Leibwache und Chauffeur bei Carlos Marcello. Nachforschungen über Termine ergaben eine enge Freundschaft Termines mit Oswalds Onkel Charles Murret. Murret, der mit Mrs. Oswalds Schwester, Lillian verheiratet war, hatte viel mit Oswald zu tun. Auch seine Spur führt zur Mafia und Carlos Marcello.

Der Ausschuß für Attentate machte ausfindig, daß Charles, »Dutz«, Murret eine weit wichtigere Rolle als die des Dampfschiffbeamten, wie es die Familie vor dem Warren-Ausschuß darstellte, gespielt hat. Murret lebte auf viel größerem Fuß, als man dies, dieser Funktion entsprechend, erwarten konnte. Sein Name tauchte das erste Mal 1944 in einem Bericht über Verbrechen und Korruption in New Orleans auf. Ein FBI-Bericht beschrieb ihn als prominent in illegalen Wettunternehmen, doch niemand machte den Warren-Ausschuß auf diesen Bericht aufmerksam. Murret war ein jahrelanger Mitarbeiter von Sam Saia, einem der Führer des Organisierten Verbrechens in New Orleans. Die Steuerbehörden beschrieben ihn als einen der mächtigsten Männer des Glücksspiels in Louisiana. Nach Kriminalkommissar Kohn hatte »Saia den Ruf, Marcello sehr nahe zu stehen«. Marguerite Oswald sagte: »Die Tatsache allein, daß Murret für diese Leute arbeitete, vielleicht sogar Marcello kannte, bedeutet nichts in Bezug auf Lee.« Diese Äußerung erscheint glaubhaft angesichts der Tatsache, daß Oswald kaum in die Rolle eines Mafioso paßt. Doch widersprechen diese Umstände nicht der Tatsache, daß sich die Clique um Marcello Oswalds Existenz wohl bewußt gewesen ist.

Oswalds Vater starb bevor er geboren wurde. Viele Jahre übernahm daher Murret die Vater-Rolle. Im Alter von drei Jahren wohnte Oswald bei den Murrets. Später besuchte er sie häufig an Wochenenden, auch während seiner Marineinfanteriedienstzeit. Gewiß ist, daß er seinen Onkel Charles, anläßlich seines Aufenthaltes in New Orleans vor dem Attentat mehrere Male traf. Zunächst wohnte er eine zeitlang nach seiner Ankunft bei Murret. Er lieh ihm Geld. Als Oswald nach dem Straßenauflauf mit Bringuier verhaftet wurde, rief er die Murrets mit der Bitte an, Kaution für ihn zu hinterlegen. Als die telefonische Verbindung zustande kam, war jedoch nur Murrets Tochter zu Hause. Sie setzte sich mit einem Freund der Familie, einem

gewissen Emile Bruneau, in Verbindung. Bruneau seinerseits setzte
sich mit »irgendjemand anderem« in Verbindung, der schließlich die
Kaution hinterlegte. Bruneau wird von Kriminalkommissar Kohn als
»großer Glücksspieler« bezeichnet. Er war 1963, wie Oswalds Onkel
Charles Murret, Mitarbeiter eines gewissen Nofio Pecora. Wir werden
sehen, daß Pecora weniger als einen Monat vor dem Attentat einen
Telefonanruf von Jack Ruby, dem Mörder Oswalds erhielt. Pecora war
seinerseits, so der Ausschußbericht, ein »langjähriger Mitarbeiter
Marcellos«. Mit der bemerkenswerten Ausnahme Marcellos sind die
meisten in diesem Kapitel genannten Persönlichkeiten der Unterwelt
tot. Oswalds Mutter ist jetzt seltsam empfindlich, was ihre Familien-
beziehungen anbetrifft. In einem ihrer letzten Interviews mit dem
Ausschuß für Attentate lehnte sie die Beantwortung verschiedener
Fragen, sowie Auskünfte über ihre vergangenen Betätigungen ab. Sie
sagte nicht, ob sie von der persönlichen Bekanntschaft ihres Schwa-
gers mit Marcello wußte, oder nicht. Wenn es weitere Nachforschungen geben sollte, ist die Beantwortung dieser Frage sicher wesentlich.
Was das alles bedeutet, liegt noch im Dunkeln, aber die Möglichkeiten, die sich ergeben, sind prüfenswert. Nichts in Oswalds Geschichte
als Erwachsener deutet darauf hin, daß er die geringsten Sympathien
für die Mafia hatte – im Gegenteil. Dennoch können die Beziehungen
seiner Familie, die eventuelle Verbindung mit Marcellos Gefolgsmann, David Ferrie und die Namen jener Personen, die für ihn nach
dem Straßenspektakel bürgten, nicht ignoriert werden. Eines ist offenkundig: der Mob*hatte jede Gelegenheit, auf Oswald als posierenden
Linksextremen aufmerksam zu werden.
Die obigen Enthüllungen sind bemerkenswert, wegen der Carlos
Marcellos unterstellten Äußerung, er plane die Ermordung des Präsi-
denten. In diesem Zusammenhang gewinnt der Satz Marcellos vom
»Ansetzen eines Narren als Sündenbock« besonderes Gewicht.
Doch nichts davon vermindert den Verdacht, daß Lee Oswald wäh-
rend seines Aufenthaltes in New Orleans das Werkzeug eines Anti-
Castro-Nachrichtendienst-Unternehmens gewesen ist. Die wahre
Natur der Camp Street »Connection«, sowie der Ursprung des Deck-
namens »Hidell« erfordern weitere Nachforschungen. Oswalds Frau,
Marina, mag vieles zu sagen haben. Ihre Aussagen sind jedoch
widersprüchlich, obwohl sie zugab, den Namen »A. J. Hidell« auf der
Mitgliedskarte des »Fair Play for Cuba Organisation« selbst gezeichnet
zu haben. Sie änderte ihre Darstellung einige Wochen nach dieser
Aussage dahingehend, sie habe den Namen Hidell zum ersten Mal in
der Radio-Debatte, die dem Straßenauflauf folgte, gehört. Wir verfü-

---

* Slang für »Mafia«, »Organisiertes Verbrechen«.

gen über den ungekürzten Wortlaut der Funkausstrahlung, der Name Hidell wurde nicht ein einziges Mal erwähnt. Delphine Roberts meinte, Marina habe ihren Mann bei einem Besuch der 544 Camp Street begleitet. Als sie dazu von dem Kongreßausschuß befragt wurde, sagte Marina, sie erinnere sich nicht, dort gewesen zu sein. Auf die Frage, ob sie David Ferrie kenne, antwortete sie ebenfalls, daß sie sich nicht erinnere. Über Charles Murret, den sie regelmäßig zu treffen pflegte, sagte sie: »Ich habe seinen Namen vergessen«. 1979 zog der Kongreßausschuß für Attentate mehr als es frühere Behörden oder Ausschüsse getan hatten, Marinas Ehrlichkeit in Zweifel. Gleichwohl, wäre sie die Kronzeugin gewesen, ihre Aussage hätte entscheidend zur Verurteilung Oswalds beigetragen. Der Ausschuß sprach von ihrer wesentlichen, doch verwirrenden Rolle; »in der Untersuchung trugen die Aussagen Marina Oswalds nicht dazu bei, Klarheit zu gewinnen, dies vor allem, weil sie behauptete, wenig oder nichts über Oswalds Mitarbeiter in New Orleans oder Dallas zu wissen. Die Mitglieder des Kongreßausschusses fanden es irritierend, Marina zuzuhören. Sie mußten den Eindruck gehabt haben, daß sie sich zufällig in die Wahrheit verirrt hatte, als sie die Frage, welcher Castro-Gruppe ihr Mann zugehörte, mit »ich kann mich nicht entsinnen, ob es Pro- oder Anti-Castro-Gruppen waren, ich weiß nur, daß es mit Kuba zu tun hatte« beantwortete. In der Tat.

Als Senator Schweiker die, für dieses Kapitel angehäufte Informationsfülle sah – einschließlich des Materials »544 Camp Street« – sprach er von einem wesentlichen Durchbruch. Schweiker, dessen Arbeit für den Ausschuß für Nachrichtendienste den Anlaß für die nachfolgende Senatsuntersuchung gab, bekundet: »zum ersten Mal im Laufe der Kennedy-Untersuchungen haben wir Beweise, die Lee Oswald, den ›Mob‹, die Anti-Castro-Exilkubaner und Geheimdienstagenten zusammen in 544 Camp Street orten. Die Bruchstücke lassen sich, wie nie zuvor, zu einem Mosaik zusammensetzen.«

Als 1963 ein schwüler Herbst über New Orleans lag, schienen sich die verschiedenen Spuren der Kennedy Verschwörung zu einem überschaubaren Pfad zu vereinen. Als sich die Tage der Tragödie in Dallas näherten, gab der Präsident seinen Feinden einen weiteren gewichtigen Grund, ihn zu ermorden. Seine letzten Amtshandlungen zur Verminderung der Spannung mit Kuba reizten das chronische Ressentiment aller Anti-Castro-Exilkubaner wie nie zuvor.

17.
Das Kennedy-Erbe

Feindschaften zwischen Nationen wie Feindschaften zwischen Individuen dauern nicht ewig.

– *Präsident Kennedy 18. Juni. 1963.*

Der Präsident stand wie immer ohne Kopfbedeckung im Freien. Am Examensabschlußtag der Amerikanischen Universität von Washington D. C. hielt er zum Thema Außenpolitik wohl die bemerkenswerteste Rede seines Lebens. Der Mann am Ruder der Vereinigten Staaten kündigte einen neuen und weiseren Kurs für die Welt und für sein Land an. Er sprach über das wichtigste Thema auf Erden, den Weltfrieden. Seine Worte machten klar, wie weit er von seiner einstigen Politik der Konfrontation mit dem Kommunismus abgewichen war. »Auch wenn wir nicht in der Lage sind, unsere Differenzen aufzuheben, haben wir zumindest die Chance, deren friedliche Koexistenz zu ermöglichen. Denn letzten Endes sind wir alle Bewohner dieses kleinen Planeten. Wir atmen alle dieselbe Luft. Wir wünschen alle eine sichere Zukunft für unsere Kinder. Wir sind alle sterblich.«
Wie alle denkenden Menschen dieser Erde, und mehr als die meisten, hat John F. Kennedy aus der erst Monate alten Kubakrise eine Lehre gezogen. Er war jetzt entschlossen, einen Nuklearkrieg unmöglich zu machen und die Spannungen des Kalten Krieges abzubauen. Von da an bis zu seinem Tode sollte dies das Prinzip seines außenpolitischen Denkens bleiben. Seinen Worten folgten Taten. Einen Monat nach Kennedys Ansprache zeichneten die Vertreter Englands und der Vereinigten Staaten ein Übereinkommen mit der Sowjetunion, nukleare Bombentests in der Atmosphäre, unter Wasser und im Weltraum einzustellen. Der Präsident verkündete die Nachricht und sagte: »Laßt uns aus dem Schatten des Krieges ins Freie treten und einen Weg zum Frieden suchen... Laßt die Geschichte verzeichnen, daß wir, in diesem Lande, zu dieser Zeit, den ersten Schritt unternommen haben... Zum ersten Mal nach vielen Jahren ist jetzt der Weg zum Frieden frei.« Auch im Rückblick nach 18 Jahren haben Kennedys Worte weder an Eloquenz, noch an nüchternem Verstand eingebüßt. Doch schienen seine Worte und Taten den amerikanischen Extremkonservativen im Jahre 1963 als eine gefährliche Abweichung vom geraden Kurs. Viele nannten die Abweichung »Beschwichtigungspolitik« und, im Falle Kubas sogar Verrat an der Sache der Freiheit.

Castros Gegner waren zunehmend enttäuscht, daß die Beilegung der Kubakrise, das Regime in Havanna ungeschwächt ließ. Der Präsident verurteilte die Angriffe auf Kuba offiziell. Doch klammerten sich die Rechtsextremen an eine letzte Hoffnung: die Vereinigten Staaten würden trotz der offiziellen Richtlinien, einen getarnten Krieg gegen Kuba sanktionieren. Als die Regierung im Juni 1963 eine Serie von kontrollierten Kommandoüberfällen zuließ, lebte diese Hoffnung wieder auf. Die Dokumentation ist lückenhaft, doch scheinen die Überfälle der Warnung Castros vor militärischen Eingriffen in Angelegenheiten anderer lateinamerikanischer Staaten gedient zu haben. Diese Abweichung von Kennedys erklärter Richtlinie war gefährlich in ihrer Ambivalenz, überdies machte sie den Exilkubanern falsche Hoffnungen. Schon sprachen sie von einem neuen »totalen Krieg« und der »entscheidenden Invasion Kubas«. Die militärische Ausbildung der Exilkubaner wurde fortgesetzt und finanziell weiter vom CIA unterstützt. Doch war die Kommunikation zwischen dem Weißen Haus und der CIA Exekutive auf bedenkliche Weise gestört. Im Weißen Haus war der Präsident entschlossen, die noch immer glimmende Asche der Kubakrise endgültig zu löschen. Kuba war jetzt, im Zusammenhang der globalen Politik, insbesondere der Anfänge friedlicher Koexistenz mit der Sowjetunion zweitrangig geworden. Es kam zu einem Tauziehen zwischen der Regierung, die beschlossen hatte, ein Ende mit allen Kommandounternehmen zu machen und fanatischen Exilkubanern, die immer wieder versuchten, bis an die Grenzen zu gehen. Die Ereignisse begannen sich zu verwirren.

In der zweiten Woche des Juni, genau zu der Zeit, als die Regierung mit der Formulierung der »Nadelstich-Strategie« beschäftigt war, beschlagnahmten die Behörden Floridas ein Flugzeug und Sprengstoff, mit denen ein Angriff auf die Shell Raffinerien in Kuba geplant war. Zollbeamte nahmen kubanische und amerikanische Veteranen des CIA-Geheimkrieges in Haft. Dabei entdeckten sie, daß diese Geld und Materialien von der ehemaligen Spielklubmafia Havannas erhalten hatten. Wie sich im Laufe eines Monats zeigte, hatten die Anführer des Unternehmens nicht die geringste Absicht, ihre Operationen einzustellen, sie verlagerten ihre Stützpunkte lediglich in die Nähe von New Orleans, wo Oswald zur gleichen Zeit seine eigenen Kuba-Pläne verfolgte.

Seit einiger Zeit wurden Anti-Castro-Guerillas in einem Lager, unweit von Lacombe, bei New Orleans in der Technik des Guerillakrieges ausgebildet. Einer ihrer amerikanischen Instruktoren war nach Berichten kein anderer als David Ferrie. Einige Leute behaupten sogar, David Ferrie habe Oswald in dieses Lager zu Schießübungen mitgenommen. Mitte Juli kamen weitere Guerilla-Rekruten aus Florida in

das Lager bei New Orleans und mit ihnen eine größere Lieferung von
Sprengstoff-Material zur Herstellung von Bomben. Am 31. Juli drang
ein Team von FBI-Agenten in das Lager ein, welches sich auf dem
Grundstück eines William Mc Laney befand, und konfiszierten
Sprengstoffe und Waffen. Mc Laney und sein Bruder Mike, deren
Namen mit Mafia-Operationen verbunden waren, operierten in den
guten alten Tagen des Havanna Glücksspiels von Havanna aus.* Viele
tausende Pfund an Dynamit, Napalm und eine Unzahl von Bomben-
umhüllungen wurden bei der Razzia auf Mc Laneys Grundstück in
Louisiana beschlagnahmt. Die Aktivitäten im Lager wurden unmittel-
bar nach der Razzia eingestellt. Carlos Bringuier, der Anti-Castro-
Exilkubaner, der einige Tage später in den Streit mit Oswald verwikkelt werden sollte, half bei der Neueinteilung der Rekruten auf andere
Lager.

In den darauffolgenden Wochen setzte die amerikanische Regierung
ihre Razzien fort. Unter den Festgenommenen befanden sich Vertrags-Agenten des CIA und amerikanische Berater, einschließlich den
Mitgliedern einer Gruppe, die als »Intercontinental Penetration
Force«, »Interpen«, bekannt war. Zu ihnen gehörten Alexander Rorke
und Frank Sturgis, die seit der Kubakrise die Anordnungen der
Regierung wiederholt mißachtet hatten. Rorke kam vor der Ermordung Kennedys bei einer Kuba-Mission ums Leben; Sturgis sollte
Jahre später als einer der Watergate-Einbrecher, die unter dem Befehl
des Helden der Exilkubaner, Howard Hunt, agiert hatten, bezichtigt
werden. Nach glaubwürdigen Berichten finanzierte die Mafia vor
allem diese Anti-Castro-Gruppe. Mehrere der Mitarbeiter Sturgis', die
bei den Razzien festgenommen wurden, werden wir bei den Atten-
tatsbeweisverfahren wieder begegnen. Unter ihnen befand sich ein
gewisser Loran Hall. Von ihm wird berichtet, zweimal wegen Mißachtung des Verbotes unautorisierter exilkubanischer Unternehmen verhaftet gewesen zu sein. Er gab zu, sich in Kuba zusammen mit Santos
Trafficante, dem Mafiaboß, in Haft befunden zu haben. 1963 arbeitete
er in einer der vom CIA unterstützten Gruppen »Freies Kuba«. Eladio
del Valle, der Vorstand des Komitees für ein Freies Kuba von Florida,
soll ebenfalls Verbindungen zu Santos gehabt haben. Del Valle war ein

---

* Mike Mc Laney war der ehemalige Besitzer des Casino International in Havanna.
  1973 sagte ein Zeuge unter Eid vor dem Ausschuß für gerichtliche Nachforschungen aus, daß Mike Mc Laney Meyer Lanskys Repräsentant war. Meyer Lansky
  wurde als Finanzminister des Syndikates beschrieben. Derselbe Zeuge behauptete, Mc Laney habe die Ermordung des bahamaischen Politikers Lynden
  Pindling geplant. Mc Laney leugnete dies. Das HSCA fand 1963 keine Anhaltspunkte für Verbindungen zwischen Mc Laney und dem Syndikat. (HSCA X
  185.)

enger Freund und Mitarbeiter David Ferries. Nach und nach führen
die Namen und Spuren in dieser verworrenen Geschichte auf einen
gemeinsamen Nenner: die amerikanischen Nachrichtendienste und
die Mafia. Immer wieder begegnen wir jenen, die am stärksten durch
das Vorgehen der Regierung wegen illegaler Anti-Castro-Aktivitäten
unter Druck gesetzt worden sind. Die Reaktion dieser Gruppe wurde
vom Senatsausschuß für Nachrichtendienste in einer meisterhaften
Untertreibung folgendermaßen beschrieben: Was ihre Gemüter wohl
am stärksten erhitzte waren die, im offiziellen Jargon, an die Öffentlichkeit lancierten Erklärungen über ihre vielfältigen Aktivitäten
gegen Castro. So wurde die Liquidierung des, von der Mafia unterstützten, Lagers in der Nähe von New Orleans offiziell als die »Vereitelung von militärischen Unternehmen gegen ein Land, das mit den
Vereinigten Staaten in Frieden lebte« beschrieben. *In Frieden* mit
Castros Kuba? Dieses Konzept entfachte die Wut der Exilkubaner und
ihrer Gesinnungsgenossen. Diese Realität konnten sie nicht akzeptieren.
Zunächst schienen die Führer der exilkubanischen Bewegung zu
hoffen, den Präsidenten zur Aufgabe seiner Strategie bewegen zu
können. Der kubanische Revolutionsrat erklärte kurz nach den Razzien auf exilkubanische Kommandolager, die mit der Endphase der
Verhandlungen mit Moskau über einen Atomteststopp zusammentra-
fen, der Revolutionsrat habe, »als ersten wichtigen Schritt im Kampf
um die Befreiung Kubas Kommandos in Kuba ans Land gesetzt«.
Antonioda Varona, der neue Vorstand des Revolutionsrates,
behauptete öffentlich, die Vereinigten Staaten hätten ihre Hilfe im
Falle einer sowjetrussischen Intervention bei einem Aufstand in Kuba
zugesichert. Derartige Aufstände bzw. Unruhen fanden aber nie statt,
sie existierten nur in der Rhetorik der exilkubanischen Führer. Ende
August änderte sich die Situation. Am 19. August beklagte sich Kubas
Regierungszeitung über Luftangriffe auf Öleinrichtungen und Fabri-
ken. Die Exilkubaner bliesen zum Angriff gegen das kommunistische
Regime in Havanna. Luftangriffe, Kommandoüberfälle und Sabota-
gen häuften sich. Fidel Castros öffentliche Reden gegen die Vereinig-
ten Staaten verschärften sich entsprechend.
Er bezeichnete Kennedy als »brutal« und verglich ihn mit einem
Reiter, der »von Irrtum zu Irrtum, von Torheit zu Torheit galoppiert«.
Die Funkstationen Havannas setzten ihre Angriffe auf die Vereinigten
Staaten im allgemeinen, auf deren Streitkräfte und den CIA im beson-
deren fort. Dann griff Radio Moskau das Thema der amerikanischen
Überfälle auf Kuba in drohenden Tönen auf. Moskau sprach von
geplanter Provokation, die die Verschlechterung der Situation in der
Karibik beabsichtigte. In westlichen Zeitungen wurden ominöse

Berichte veröffentlicht, über die Vorbereitungen exilkubanischer Gruppen in den mittelamerikanischen Staaten».... die sich nicht auf ihre eigene Schlagkraft verlassen, sondern darauf rechnen, *die Vereinigten Staaten in eine militärische Konfrontation mit Kuba zu verwickeln*«. In der Sendung Radio Moskaus wurde weiter erklärt, die Angriffe seien kein Teil der nationalen Strategie, sondern Aktivität gewisser Kreise, die sich noch immer an die Hoffnung klammerten, Castros Regime mit Gewalt zu stürzen. »Wir machen noch auf folgenden Umstand aufmerksam. Diese Herausforderungen in einem Augenblick in dem in Moskau über den Atomteststop verhandelt wird ... können kein Zufall sein; die Gegner dieser Vereinbarungen beabsichtigen von der Verschlechterung der Situation in der Karibik zu profitieren und die Ratifizierung des Vertrages zu vereiteln.« Am folgenden Tag sprach Radio Moskau erneut von finsteren Kräften der Aggression in den Vereinigten Staaten, die versuchten, die Welt wieder an den Rand eines thermonuklearen Krieges zu führen.

Handelte es sich wirklich nur um die übliche Propaganda? Oder gab es in den Vereinigten Staaten eine Clique, die ernstlich die Bemühungen Kennedys, den Teststillstandsvertrag abzuschließen und der Welt wieder Hoffnung auf Frieden zu bringen, zu sabotieren versuchte? Wir wissen, daß die Sonderabteilung für Kuba der amerikanischen Regierung unter der Leitung Robert Kennedys Sabotage-Unternehmen gegen Kuba als Teil einer »Nadelstich-Strategie« bis nach dem Attentat gegen John F. Kennedy gebilligt hatte. Erwiesen ist jedoch ebenfalls, daß das Kabinett, einschließlich Robert Kennedy einen Umsturz in Kuba weder erhoffte noch ihn herbeizuführen beabsichtigte. Andererseits existieren Indizien dafür, daß eine völlig gewissenlos handelnde Clique innerhalb der Nachrichtendienste Amerikas noch immer entschlossen war, Castro zu stürzen. Wäre diese Clique erfolgreich gewesen, sie hätten Kennedys Politik der Koexistenz zerstören können.

Erst 1975 wurde durch die Untersuchungen des Senatsausschusses für Nachrichtendienste bekannt, daß ranghohe CIA-Angehörige Anschläge auf das Leben Fidel Castros vorbereiteten. Diesmal handelte es sich um ein reines CIA-Unternehmen ohne die dubiose Mitarbeit der Mafia. Die Komplotte begannen im September 1963, lange nachdem die Strategie des Präsidenten eindeutig klar geworden war. Der Scharfrichter sollte Rolando Cubela, ein enger Mitarbeiter Castros sein. Sein Deckname war AM/LASH, wir haben für dieses Unternehmen das Zeugnis des CIA. Die Initiative ergriff CIA-Aussagen zufolge Cubela selbst. Die Verbindung Cubelas mit dem CIA begann 1961 als er sich wegen des wachsenden Einflusses der Sowjetunion in Kuba von Castro enttäuscht fühlte.

Ursprünglich beabsichtigte der Kubaner in die Vereinigten Staaten überzulaufen. Doch veranlaßte ihn der CIA in Kuba zu bleiben, wo er als wichtige Informationsquelle diente. CIA-Sachbearbeiter berichteten am 7. September 1963, daß der Plan der Ermordung Fidel Castros in einem neuen Treffen mit Cubela besprochen wurde. Nach der CIA-Version erbat Cubela dann sich »Waffen«, sowie ein persönliches Treffen mit Robert Kennedy, um der amerikanischen Unterstützung sicher zu sein. Der CIA gab zu, einer seiner ranghohen Angehörigen, Desmond FitzGerald, habe Cubela getroffen und sich als persönlicher Vertreter Robert Kennedys ausgegeben. Cubela fuhr nachdrücklich fort, Zielrohr-Gewehre und andere Mordwaffen zu fordern. Der CIA spielte ihm schließlich einen mit Giftspuren versehenen Füllfederhalter, nach dem Vorbild einschlägiger James-Bond-Klischees zu. Mordanschlagspläne auf das Leben Castros wurden mit Unterbrechungen bis lange nach der Ermordung Kennedys fortgesetzt. Später beteiligte sich Manuel Artime, ein führender Exilkubaner und enger Mitarbeiter Howard Hunts, der als CIA-Angehöriger längst die Ermordung Fidel Castros empfohlen hatte. 1965 beschloß der CIA, sämtliche Bemühungen in dieser Sache zu beenden.

Die näheren Umstände der Cubela Episode wurden durch Verhöre des Senatsausschusses für Nachrichtendienste von CIA-Angehörigen mitgeteilt. Diese Aussagen deuteten darauf hin, daß die fraglichen Unternehmen von ranghohen CIA-Angehörigen, einschließlich des damals amtierenden stellvertretenden Direktors Richard Helms ohne Legalisierung der Regierung gebilligt worden war.

Es scheint, daß der CIA diese Unternehmen weder dem Präsidenten noch seinem Bruder Robert Kennedy mitgeteilt hatten.* Der CIA informierte nicht einmal ihren eigenen Direktor John McCone, der von Kennedy nach dem Scheitern der Schweinebucht-Landung eingesetzt worden war. 1966 log der CIA, als er dem Außenminister versicherte: der CIA habe sich nicht an einem Komplott mit Cubela, Castro zu ermorden, beteiligt.

1975 bekannte sich der CIA zu den tatsächlichen Vorgängen. Er gab zu, mit Cubela gearbeitet zu haben, behauptete jedoch, daß alle Initiativen, Castro zu ermorden, von Cubela allein ausgegangen seien. Einige Dokumente, die dem Ausschuß unterbreitet wurden, schienen diese Behauptung zu bekräftigen. Dieser Faktor ist wichtiger, als er scheinen mag. Falls es nämlich der Wahrheit entspräche, daß die Initiative, Castro zu ermorden, allein von Cubelas ausging und vom CIA nicht unterstützt wurde, würde dieser Tatbestand gewisse CIA-

---

* Nach dreizehn Jahren Gefängnis wurde Cubela Ende 1979 freigelassen. Er soll sich jetzt in Spanien aufhalten (Miami News, December 13, 1979).

Angehörige des Verdachtes, den Erfolg der neuen Strategie des Weißen Hauses gerade in den kritischen Monaten von September und
Oktober 1963 durch unautorisierte Unternehmungen schwerstens
gefährdet zu haben, freisprechen.

Leider war es dem Senats-Ausschuß für die Untersuchung der Nachrichtendienste nicht möglich, den Kronzeugen Rolando Cubela zu
vernehmen. Die kubanische Gegenspionage stellte Cubela eine Falle
und verhaftete ihn 1966. Die Todesstrafe wurde, auf Castros persönliche Intervention, zu dreißig Jahren Gefängnis abgewandelt. Ende
1978 reiste der Verfasser nach Kuba und verlangte, Cubela zu sehen.
Zu seiner Überraschung wurde die Bitte gewährt. Cubela erschien in
Begleitung von Wachpersonal zu einem Filminterview. Der Verfasser
führte ein dreistündiges Gespräch mit ihm. Cubela ist ein hochgewachsener hagerer Mann, der über das Verhalten des CIA äußerst
erbittert ist. Seine Version der Ereignisse weicht erheblich von der des
CIA ab. Cubela betont, daß in seinen Beziehungen zum CIA die
Initiative ausschließlich auf seiten des CIA war. Er erinnerte sich an
faszinierende Einzelheiten, die, sollten sie der Wahrheit entsprechen,
noch mehr Licht auf die Dreistigkeit des CIA werfen. Cubela bestätigt,
der CIA habe ihm nicht nur vorgetäuscht, Desmond FitzGerald ver-
trete Robert Kennedy, sondern auch, daß der US-Senator sei. Cubela
dementierte die Behauptung des CIA, sie hätten ihm die Mordwaffen
auf sein Geheiß geliefert und besteht darauf, er habe ihre James Bond
Spielzeuge zurückgewiesen. Er erinnerte sich an einen Füllfederhalter, mit einem »speziellen Gehäuse für ein 0.45 Geschoß«. CIA-
Aussagen erwähnen den Füllfederhalter mit dem Revolvergeschoß
nicht, ebenso kann sich der CIA an keine Giftspritze erinnern. Doch
konnte sich Cubela dessen außerordentlich genau entsinnen: »Ich
nahm weder das eine noch das andere an, die Idee gefiel mir nicht ...
der CIA-Agent nahm sie wieder mit.« Cubela bestand darauf, daß die
Urheberschaft am Mordplan gegen Castro, mit dem er nicht einverstanden war, allein dem CIA anzulasten sei.

Selbstverständlich sind Cubelas Äußerungen mit Vorsicht zu behandeln. Der Kongreßausschuß, der Cubela in Havanna interviewte,
betont dies ebenfalls, wenn auch in anderem Zusammenhang. Der
Verfasser hatte aufgrund spontaner und folgerichtiger Antworten des
Befragten den Eindruck seiner Glaubwürdigkeit. Die kubanischen
Behörden ließen jede gewünschte Frage zu, gelegentlich wurde außerhalb der Hörweite der Beamten gesprochen.

Auch wenn der Bericht Cubelas mit der Einstellung der offiziellen
kubanischen Propaganda übereinstimmte, besagt dies nichts hinsichtlich seines Wahrheitsgehalts. Der Verfasser war überzeugt, daß ihm
Cubela seine wahren Erfahrungen mitteilte.

In einigen Punkten, in denen er durch eine leichte Verfälschung des tatsächlichen Sachverhalts den CIA hätte kompromittieren können, stammte sein Bericht dennoch mit dem des CIA überein. Im ganzen erschien Cubela überzeugender als der CIA, obwohl einige Akten des CIA auf Cubela als Initiator der Mordanschlagspläne hinweisen, existiert kein stichhaltiger Grund dafür, die CIA-Akten als die »reine Wahrheit« zu betrachten. Wir können im Gegenteil annehmen, daß diese Akten absichtlich manipuliert wurden, um die Widersprüche der CIA-Strategie und der des Präsidenten zu verdunkeln.

Wenn Cubelas Version zutreffend sein sollte, würden gewisse CIA-Angehörige nicht nur der Planung eines Mordes ohne höhere Legalisierung, sondern auch der Anstiftung Cubelas zu dieser Tat für schuldig befunden werden müssen. Der Zeitungsleser, vor allem aber der CIA wußte zu diesem Zeitpunkt genau, daß der Präsident die friedliche Lösung der weltpolitischen Probleme anstrebte. Fitz Gerald ist inzwischen gestorben, doch kann der damalige stellvertretende Direktor des CIA, Richard Helms, noch immer hinsichtlich der CIA-Motivationen befragt werden. Viele Beobachter bezweifeln die Wahrheit der CIA-Aussagen vor dem Kongreßausschuß nicht zuletzt deshalb, weil Richard Helms bereits einen früheren Senatsausschuß irregeführt hatte. Die gegenwärtig verfügbaren Indizien lassen darauf schließen, daß entweder Helms und seine Kollegen töricht waren – was nicht auszuschließen ist – oder, daß sie bewußt Operationen billigten, die der Politik des Präsidenten zuwider liefen und die deshalb die Welt in eine Krise hätten stürzen können.

Es ist möglich, daß Cubela ein Doppelagent war, der Castro von den Mordkomplotten informierte und, daß Castro, Gleiches mit Gleichem vergeltend, die Ermordung Kennedys anordnete. Der Kongreßausschuß von 1979 war indessen von der Nichtbeteiligung Havannas beim Attentat auf Kennedy überzeugt. Inzwischen haben wir Indizien dafür, daß eine Clique in den Nachrichtendiensten die Verringerung der Spannung zwischen den Vereinigten Staaten und der Sowjetunion mit allen verfügbaren Mitteln zu vereiteln versuchte. Diese Annahme, so unvorstellbar sie einst erscheinen mochte, wird heute durch eindeutige Indizien gestützt.

1978 sprach der Verfasser mit Antonio Veciana, einem der ehemaligen Anführer der Exilkubaner. Seine Aussage stellt eine der beweiskräftigsten Indizien für »die Existenz einer Verschwörung« dar. Veciana war Mitgründer von Alpha 66, einem der militantesten und erfolgreichsten Anti-Castro-Kommandos. Im März 1963 spielte er eine führende Rolle bei den Angriffen auf sowjetische Schiffe in Kuba, die Kennedy veranlaßt hatten, schärfer gegen die exilkubanischen Akteure einzuschreiten. Die Lage spitzte sich am 13. März zu, als Alpha 66 in einem

Blitzüberfall auf einen kubanischen Hafen eine sowjetische Militäran-
lage und ein sowjetisches Frachtschiff zusammenschoß. Das ereignete
sich knapp einen Monat nach der Kubakrise. Das Außenministerium
erklärte sofort, die amerikanische Regierung verurteile schärfstens
Überfälle dieser Art. Am folgenden Tag äußerte sich der Präsident in
gleichem Sinne. Die Exilkubaner überfielen jedoch unmittelbar nach
Kennedys Erklärung einen weiteren kubanischen Hafen. Kommando
L, eine Unterabteilung von Alpha 66, griff am 26. März abermals ein
sowjetisches Schiff an. Begleitet von Ausbrüchen Fidel Castros verschärften sich Moskaus Proteste: Präsident Kennedy und die Regierung distanzierten sich von diesen Überfällen. Eine Pressekonferenz,
die die Exilkubaner im Washington abhielten, um mit ihren Erfolgen
zu prahlen und den Anschein zu erwecken, die amerikanische Regierung billige ihr Vorgehen, erzürnte Kennedy in besonderem Maße.
Die Aktivitäten von Alpha 66 wurden seither strengstens überwacht
und die Bewegungsfreiheit der Gruppe auf einen kleinen Raum in
Florida eingeschränkt. Seit diesem Zeitpunkt ging die amerikanische
Regierung energisch gegen solche Aktivitäten, die sich ihren Anordnungen widersetzten, vor. Das waren die Umstände, auf die sich
Vecianas Aussage 1976 bezog. Seine Enthüllungen wiesen auf eine
Clique im CIA oder einem anderen Nachrichtendienst hin, die hinter
den Operationen der Exilkubaner steckten und Präsident Kennedys
Bestrebungen, mit der Sowjetunion zu einer Verständigung zu gelangen, sabotierte.
Veciana enthüllte die Tatsache, daß der fragliche Angriff auf sowjetische Schiffe auf Anordnung »Maurice Bishops« ausgeführt wurde.
»Maurice Bishop« war der Deckname seines Kontaktmannes zum
amerikanischen Nachrichtendienst. Die Pressekonferenz in Washington, auf dem die Exilkubaner ihre Erfolge propagierten, fand gleichfalls auf Geheiß »Maurice Bishops« statt. Er war es, der die Exilkubaner ermunterte, die Anordnungen Kennedys zu mißachten und neue
Kommandoüberfälle zu unternehmen. »Selbst der Angriff auf sowjetische Schiffe war«, so Veciana, »die Idee ›Maurice Bishops‹. Ihr Zweck
war es, Zwietracht zwischen Kennedy und der SU zu säen. ›Bishop‹
war überzeugt von einer geheimen Vereinbarung Kennedys und
Chruschtschows, der zufolge die USA den Kampf gegen Castro nicht
mehr unterstützen würde.« »Bishop« glaubte, und er sprach mit
Veciana oft darüber, Präsident Kennedy sei ein unerfahrener Mann,
von einer Gruppe ebenso unerfahrener junger Männer umgeben, von
der »keiner weiß, wie man ein Land regiert«. Er sagte, man müsse
Kennedy in die Enge treiben, um ihn zu Entscheidungen zu zwingen,
die den Sturz des Castro Regimes herbeiführten. Deshalb beschloß er,
die sowjetischen Schiffe anzugreifen und berief die Pressekonferenz

in Washington ein. »Bishop« arbeitete für die »dirty tricks« Abteilung des CIA. »Bishop« war wie wir wissen ein Deckname und Veciana wußte das genau. Veciana bestätigte, es mit einem zu tun gehabt zu haben, »der niemals Spuren hinterließ«. Er demonstrierte, wie man das zustande bringt. Auf der Suche nach der Identität »Bishops« stellte der Kongreßausschuß Nachforschungen an, bei denen er sich auch um Auskünfte an die Öffentlichkeit wandte. Die Jagd blieb erfolglos, doch wurden Indizien für die Existenz eines Mannes mit dem Decknamen »Bishop« gefunden. Die Suche nach seiner Identität geht weiter – und mit Recht.

Als der kommunistische Charakter der Revolution Castros 1960 deutlich wurde, war Veciana ein angesehener Wirtschaftsprüfer und Angestellter einer Großbank in Havanna. Eines Tages, wahrscheinlich Mitte 1960, besuchte »Bishop« diese Bank. Er stellte sich mit der Visitenkarte einer belgischen Baufirma vor. Veciana glaubte, es mit einem Kunden zu tun zu haben. Doch stellte sich bald heraus, daß »Bishop« kein gewöhnlicher Kunde war. Er lud Veciana zum Essen ein. Nach einem allgemeinen Gespräch über Politik machte er bald einen konkreten Vorschlag. Veciana sollte sich der Anti-Castro-Bewegung anschließen. Von Anfang an wich »Bishop« Fragen nach seinen Hintermännern aus, »er sah sich nicht in der Lage, Veciana zu sagen für wen, bzw. für welchen Nachrichtendienst er arbeitete . . . doch ließ er durchscheinen, für einen amerikanischen Nachrichtendienst, wahrscheinlich den CIA, tätig zu sein«. Veciana erklärte sich bereit, für »Bishop« zu arbeiten und so begann eine Arbeitsgemeinschaft, die nach Vecianas Angaben fast dreizehn Jahre dauern sollte.

Bei abendlichen Schulungen war er der einzige Schüler. Die Schulung wurde von einem Mann, der sich Mr. Melton nannte, in einem Gebäude der kubanischen Filiale einer amerikanischen Bergwerksgesellschaft durchgeführt. Veciana lernte zwar einiges über Guerillamethoden, doch wurde der Akzent auf den psychologischen Krieg gelegt. »Bishop« bildete Veciana als Organisator aus. Da er Finanzfachmann war, wurde er bei einer erfolgreichen Operation eingesetzt, die zur Destabilisierung der kubanischen Währung führte und damit das öffentliche Vertrauen in sie untergrub. Veciana organisierte auch Sabotageunternehmen, zu denen im Oktober 1961 auch ein Attentat auf das Leben Castros gehörte. Das wird von anderen Quellen bestätigt. Der Drahtzieher dieses Attentats war »Bishop«. Es fand gleichzeitig mit anderen, nicht autorisierten CIA-Komplotten statt. Veciana plante einen Bazooka-Überfall auf das Palais des Präsidenten. Das Unternehmen wurde im letzten Augenblick vom kubanischen Nachrichtendienst entdeckt. Von »Bishop« gewarnt, floh Veciana am Tag vor dem geplanten Überfall nach Florida. Dort organisierte er, auf

»Bishops« Geheiß, die Kommandogruppe Alpha 66. Alpha 66 war, wie schon erwähnt, das militanteste aller exilkubanischen Kommandos. Auf »Bishops« Anordnung führte es Überfälle aus, die auf die Vereitelung der Kubapolitik Kennedys zielten. Veciana erklärte selbst, zu dieser Zeit die Planungsspitze noch nicht gekannt zu haben. Im Laufe der Jahre lenkte der mysteriöse »Bishop« eine Reihe von Operationen, die Attentate und bewaffnete Landungen an der kubanischen Küste umfaßten. Von 1968 an arbeitete Veciana als Bankberater in Bolivien. Er hatte einen formellen Vertrag mit der »American Agency for International Development«, einer amerikanischen vermeintlichen Hilfsorganisation, die später für den, vom CIA organisierten Umsturz Allendes in Chile berüchtigt wurde. Vecianas Büro befand sich in der amerikanischen Botschaft, seine Arbeit hatte wenig mit dem Bankwesen zu tun. Veciana behauptet, auf »Bishops« Anordnung, ein Attentat auf Castro, während dessen Besuches in Chile, mitorganisiert zu haben. Das Attentat scheiterte. »Bishop« und Veciana hatten anschließend Meinungsverschiedenheiten über die Ausführung dieses Unternehmens. Sie trafen sich zum letzten Mal zwei Jahre später in Miami, wo Veciana, in Gegenwart zweier weiterer Männer als Abschlußzahlung eine viertel Million Dollar erhielt. Veciana nahm das Geld als Pauschalzahlung für ein Dutzend Jahre Sklavenarbeit im Dienste des CIA an. Er behauptet, »Bishop« seit jenem Tage nicht mehr gesehen zu haben. Veciana respektierte in all diesen Jahren »Bishops« streng gehütete Anonymität. Sie gehörte zur Methodik der amerikanischen Nachrichtendienste. Es ist bemerkenswert, daß »Bishop« seine Identität durch all die Jahre geheimhalten konnte. Immerhin hinterließ er Spuren, von denen später noch die Rede sein wird. Im stürmischen Frühjahr 1963 war, wie gesagt, »Bishop« der geheime Organisator der Unternehmungen gegen Kuba, die von Alpha 66 durchgeführt wurden. Einige Monate nachdem »Bishop« seiner Überzeugung Veciana gegenüber Ausdruck gegeben hatte, daß Kennedy der ungeeignetste Mann für die Geschicke Amerikas sei, traf Veciana »Bishop« in der Gesellschaft Oswalds. Ende August oder Anfang September 1963 wurde Veciana, wie er sich erinnert, nach Dallas, Texas, zu einem Treffen mit »Bishop« gerufen. Sie hatten sich oft in dieser Stadt getroffen. Veciana flog nach Dallas. Nach seiner Ankunft wurde er unterrichtet, »Bishop« erwarte ihn in einem Hochhaus des Geschäftsviertels. Nach Vecianas Beschreibung handelte es sich wahrscheinlich um das Southlands Centre, die Zentralverwaltung eines großen Versicherungssyndikats. Das Erdgeschoß ist öffentlich zugänglich. Veciana kam etwas zu früh zum Treffpunkt. »Bishop« war nicht allein. Laut Veciana befand sich »Maurice« in Begleitung eines schweigsamen jungen Mannes, der etwas seltsam und besorgt schien. »Wir gingen zu dritt in eine Cafeteria. Der junge Mann blieb zehn oder fünfzehn Minuten bei uns, dann sagte ihm »Maurice«: »O.k. wir sehen uns später«, und schickte ihn fort.

Als die Zeitungen nach dem Attentat voll von Oswalds Fotos waren, erkannte Veciana ihn sofort als den jungen Mann, den er mit »Bishop« in Dallas getroffen hatte.

Veciana schließt einen Irrtum aus. In einem Bericht des Kongreßausschusses heißt es: »Veciana war ganz sicher, daß der Mann, den er mit »Bishop« getroffen hatte, mit dem Mann auf den Fotos identisch und nicht nur ihm ähnlich war.« Veciana war darauf trainiert, sich die physischen Eigenheiten von Menschen einzuprägen. Sein Kommentar: »Wenn der Mann nicht Oswald selbst war, muß er sein Doppelgänger gewesen sein.«

Es ist gut möglich, daß Oswald Dallas in der von Veciana angegebenen Zeit besucht hat. Er lebte damals zwar noch in New Orleans, doch fällt der fragliche Zeitpunkt in eine der wenigen Phasen, die nur spärlich dokumentiert sind. Oswald wurde zwischen dem 21. August und dem 17. September ungewöhnlich selten gesehen. Nur ein einziges Auftauchen in New Orleans während dieser Periode wird von Zeugen bekundet. Das war am »Labour Day«, dem 2. September, als Oswald seinen Onkel Charles Murret besuchte. Zudem war diese Zeit durch Besuche im Arbeitsamt, durch das Kassieren von Arbeitslosengeldern und durch Ausleihen von Büchern aus der Bibliothek markiert. Doch konnte während dieser Periode das FBI Oswalds Unterschrift auf kaum einem der Dokumente identifizieren. Von den siebzehn Firmen bei denen Oswald sich in dieser Zeit, nach seinen Angaben, um einen Job beworben haben will, wußten dreizehn Firmen nichts von einer Bewerbung, die restlichen vier existierten überhaupt nicht. Für seine Anwesenheit in New Orleans zwischen dem 6. und 9. September gibt es nicht einmal Hinweise. Auf seine Abwesenheit von New Orleans deutet die verspätete Rückgabe von drei Leihbüchern, deren Frist abgelaufen war, die einzige Nachlässigkeit, die er sich in all den Monaten seiner Bibliotheksbesuche zuschulden kommen ließ.

Die Glaubwürdigkeit Vecianas wurde von vielen bezweifelt. Als er erstmals von einem Ermittler des Kongreßausschusses verhört wurde, war er nach siebenundzwanzig Monaten Haft wegen Drogenhandels gerade aus dem Gefängnis entlassen worden. Aufgrund der Zeugenaussage eines ehemaligen Geschäftspartners, der sich auf diese Weise einer langjährigen Zuchthausstrafe entzog, war er verurteilt worden. Veciana glaubt, daß seine strafrechtliche Verfolgung im Zusammenhang mit seiner früheren Verbindung mit »Bishop« zu sehen ist. Einem seiner engsten Mitarbeiter, einem ehemaligen kubanischen

Kabinettminister sagte er unter vier Augen, er vermute der CIA habe ihm diese Straftaten angehängt in dem Glauben, er versuche noch immer Castro umzubringen. Diese Annahme ist an sich nicht abwegig. Beweismaterial deutet auf Beteiligung Vecianas an derartigen Aktivitäten hin. Nach Aussagen eines ehemaligen CIA-Agenten gehörte es zu seinen »dirty tricks«, kubanische Agenten dadurch zu kompromittieren, daß man sie des Drogenhandels bezichtigte. Nachprüfungen des Kongreßausschusses – mit Ausnahme dieses einen Falles – ergaben jedenfalls keine Verstöße gegen die Drogengesetze seitens Vecianas.

Die niemals abgeschlossene Überprüfung der Aussagen Vecianas führte zu einer Verunsicherung des Kongreßausschusses. Sein Bericht spiegelt nicht zuletzt die Meinungsverschiedenheit zwischen dem Oberstaatsanwalt, der Veciana niemals persönlich vernommen hatte und dem Sachbearbeiter, der viele Monate mit dem Verhör des Zeugen und der Nachprüfung seiner Aussagen beschäftigt war.

Die Annahme des Kongreßausschusses lautete: »Veciana ist nicht ganz glaubwürdig.« Weshalb schwieg er zehn Jahre lang, bevor er seine Geschichte öffentlich mitteilte? Weshalb brachte er keine Augenzeugen für seine Begegnungen mit »Bishop« und mit Oswald bei? Weshalb half er dem Ausschuß nicht tatkräftiger, »Bishop« zu identifizieren? Veciana behauptete, für seine langjährige Arbeit für »Bishop« eine Zahlung von einer viertel Million Dollar erhalten zu haben. Er nannte die Summe exakt: 253 000 Dollar. Der Ausschuß war skeptisch. Er berichtete, Veciana habe sich geweigert, einen Beleg für die Entgegennahme des Geldes vorzulegen – »aus Angst vor den Steuerbehörden«. Die in dem Bericht aufgeworfenen Zweifel wurden zu Protokoll gegeben, ohne das mit dem Ermittler, der für den Fall zuständig war, Rücksprache genommen worden wäre. Zweifel an den Aussagen Vecianas passen im übrigen nicht zu dem Teil des Berichtes, aus dem klar wird, daß der Ausschuß von der Existenz »Bishops« ausgeht. Die Ermittlungen des Verfassers zeigen darüber hinaus, daß die seinerzeit in Frage gestellten Punkte die tatsächlichen Gegebenheiten nicht ans Licht fördern.

Es überrascht nicht, daß Veciana erst Jahre nach dem Attentat über seine Beziehungen zu »Bishop« und seine Begegnung mit Oswald sprach. Er war 1963 ein prominenter Anti-Castro-Führer, der fest an die Unterstützung der Vereinigten Staaten für den Sturz des Castro-Regimes glaubte. In seinem besonderen Falle bedeutet das eine enge Verbindung zu den amerikanischen Nachrichtendiensten. Sein Status als Ausländer machte ihn besonders angreifbar. Mit den Gesetzen des Landes war er bereits in Konflikt geraten, als er die offizielle Richtlinie der Regierung mißachtete. Überdies war Veciana entschlossen, mit

Hilfe des für ihn zuständigen CIA-Angehörigen weitere Überfälle zu unternehmen. Priorität für ihn hatte die Anti-Castro-Bewegung. Unmittelbar nach dem Attentat auf Kennedy war Veciana nicht in der Lage, die volle Bedeutung der Begegnung mit Oswald zu ermessen. Seine instinktive Reaktion war, Mitwisserschaft bedeutet Gefahr – Gefahr nicht nur für weitere getarnte Unternehmen, sondern auch für sein Leben. »Bishop« hätte sich gegen ihn stellen können. So entschied sich Veciana zu schweigen. Einige Tage nach der Ermordung des Präsidenten hatte Veciana, seiner späteren Aussage zufolge, allen Grund zur Furcht und zu der Annahme, auf seine Diskretion getestet zu werden. Was nach dem Mord geschah, hätte für Nachforschungen wesentlich sein können, wurde aber vom Kongreßausschuß nicht weiter verfolgt.

Veciana behauptet, ein amerikanischer Beamter habe ihn kurz nach der Tragödie von Dallas befragt, ob er »etwas« über das Attentat oder Oswald »wußte«. Aufgrund seiner Befürchtungen antwortete Veciana, daß er nichts wisse. Bei dem Beamten handelte es sich, so Veciana, um einen höheren Agenten der Zollbehörde aus Florida, namens Cesar Diosdado. Diosdado war nach Ermittlungen des Kongreßausschusses während des geheimen Krieges gegen Kuba von den Zollbehörden dem CIA zugeteilt. Er war den Anti-Castro-Exilkubanern als derjenige bekannt, der befugt war, für die von Florida aus geplanten Unternehmen das O. k. zu geben. In dieser Eigenschaft stand er mit CIA-Agenten, die die exilkubanischen Operationen überwachten, in ständiger Verbindung. Ein Mitglied des Kongreßausschusses lud ihn vor, doch verweigerte Diosdado jede Aussage. Einem ergebnislosen Telefongespräch folgte kein Besuch, noch wurde er zwecks weiterer Ermittlungen gerichtlich vorgeladen. Als ihn der Verfasser 1980 interviewte, leugnete Diosdado nicht nur, Veciana über das Attentat befragt zu haben, sondern auch seine einstmalige Verbindung mit dem CIA, obwohl diese vom Kongreßausschuß eindeutig ermittelt worden war. Es ist bedauerlich, daß der Ausschuß diesen Zeugen niemals befragt hat und es unterließ, andere Aspekte des Falles Veciana eingehender zu überprüfen. Dies ist typisch für den auf die Mitglieder des Ausschusses ausgeübten Druck, einen Bericht baldmöglichst, dafür aber auf Kosten wesentlicher weiterer Nachforschungen zu veröffentlichen. Die Entschuldigung, Zeit und Mittel seien erschöpft, stellte weder jene zufrieden, die eine Überprüfung Vecianas befürworteten, noch ermunterte sie Veciana weiter mit dem Ausschuß zusammenzuarbeiten.

Veciana sagte, es seien fast zwei Monate nach der Begegnung mit dem »Zollbeamten« vergangen, bis er wieder aufgefordert wurde, »Bishop« zu treffen. Ihre Begegnung vor dem Attentat wurde im

Gespräch sorgfältig vermieden. Veciana glaubte das Thema damit
erledigt. Zu einem späteren Zeitpunkt sagte er: »Ich beabsichtigte
nicht, mich in Dinge, die mich nichts angehen, einzumischen. Wir
verstanden einander. Ich wußte, daß er wußte, was ich wußte. Ich
hatte gelernt, Dinge, die mich nichts angingen weder zu kennen noch
kennenlernen zu wollen. Ich respektierte die Spielregeln und die
Sache wurde niemals erwähnt. Die Situation war nicht einfach, denn
ich hatte Angst.«
Veciana arbeitete noch mit »Bishop« bis 1973 zusammen und schwieg
beharrlich. Erst 1976 brach er sein Schweigen, lange nachdem seine
Verbindung mit »Bishop« beendet war und er wegen einer anderen
Angelegenheit vom Senatsausschuß für Nachrichtendienste vernommen wurde. Jetzt erst trat er mit seinem »Bishop«-Bericht hervor, doch
in gegenseitigem Einvernehmen, dessen Anonymität keinesfalls
preiszugeben. Später wurde der Fall Veciana in einer Art gehandhabt,
die geeignet war, jeden professionellen Ermittler zu schockieren und
Veciana als Informationsquelle unmöglich machte. Nachdem der
Senatsausschuß für Nachrichtendienste das Veciana-Dossier dem
Kongreßausschuß übergab, sickerte sein Name an die Presse durch.
Das war ein Vertrauensbruch, verständlicherweise wurde Veciana
noch verschlossener. Als Anti-Castro-Kämpfer war er zunehmend
enttäuscht, nachdem Mitglieder des Kongreßausschusses dem kubanischen Führer in Havanna einen persönlichen Besuch gemacht hatten. Veciana hielt dennoch die Verbindung mit dem Kontaktmann des
Ausschusses weiter aufrecht; er weigerte sich nicht, wie der Bericht
andeutete, mit dem Ausschuß weiter zu kooperieren, als man ihn
aufforderte, eine in den letzten Jahren empfangene größere Summe
von »Bishop« zu bestätigen. Er bot sogar an, die gewünschte Information mitzuteilen, solange ihm Immunität vor strafrechtlicher Verfolgung seitens der Behörden oder die Geheimhaltung dieser Information zugesichert würden.
Was die Besorgnis des Ausschusses darüber anbetrifft, Veciana könne
keine Zeugen für seine Treffen mit »Bishop«, insbesondere seine
Begegnung mit Oswald nennen, so sind sie Anlaß zur Heiterkeit für
jedermann, der jemals mit Nachrichtendiensten zu tun hatte. Veciana
betont beispielsweise, »Bishop« habe ihn niemals persönlich angerufen, und alle Treffen seien durch einen Mittelsmann arrangiert worden. Der Verfasser verfügt in der Tat über Informationen, die zur
Identifizierung des Mittelmannes führen könnten. Er übermittelte
seine Informationen dem Ausschuß, der jedoch weitere Nachforschungen unterließ. Die Erklärung dafür lautete: keine Zeit, keine
Mittel.
Den Sachbearbeiter, der mehr als alle anderen mit Veciana zu tun

hatte, beschrieb ein Mitglied des Ausschusses als »unsern tüchtigsten Mitarbeiter«. Hunderte von Stunden der Zusammenarbeit mit Veciana überzeugten ihn von der Glaubwürdigkeit Vecianas betreffs jenes »Bishop«-Oswald-Treffens. Ein Anwalt und Mitglied des Ausschusses resümierte die inkompetente Art der Handhabung dieser eventuell wichtigen Informationen folgendermaßen:

> Die Informationen führten zu zuverlässigen Hinweisen. Die Details paßten hinreichend zueinander, um den Kern der Aussagen glaubhafter zu machen. Es ist bedauerlich, daß den Hinweisen aus Mangel an Zeit und Mitteln nicht nachgegangen werden konnte. Der Oberste Rechtsberater des Ausschusses bestand wegen des auf ihn ausgeübten Druckes, oder wegen seines instinktiven Mißtrauens gegen Veciana, auf Schlußfolgerungen. Wir waren gezwungen, über Dinge, von denen wir nichts wußten, umfassend verallgemeinernde Urteile zu fällen. Für die Kongreßabgeordneten war die Welt der Nachrichtendienste ein völlig unbekannter Sektor. Als wir begannen, etwas davon zu verstehen, mußten wir bereits unsere Arbeit unvollendet einstellen.

Als die Nachforschungen in der »Bishop«-Affäre Ende 1978 eingestellt wurden, sagte der Oberste Rechtsberater des Ausschusses, Blakey, in einer öffentlichen Sitzung: »Der Ausschuß kann zu keiner Entscheidung kommen, aber er ist in der Lage, festzustellen, daß die Behauptungen Vecianas nicht abgetan werden können.« In seinem endgültigen Bericht konnte der Ausschuß Vecianas Aussagen nicht außer acht lassen. Wie bei der weiteren Suche nach der Identität »Bishops« zu zeigen sein wird, erbrachte der Ausschuß Beweise dafür, daß ein Mitglied der amerikanischen Nachrichtendienste unter diesem Decknamen tatsächlich existierte. Er hat, wenn auch aufgrund spärlichen Beweismaterials, nachgewiesen, daß der CIA Anfang der sechziger Jahre mit Veciana in Verbindung stand. Auch der Armeenachrichtendienst hatte an Veciana wegen »Alpha 66« ein praktisches Interesse. Zwar verneinte der CIA, Veciana einen Sonderagenten zugeordnet zu haben, doch hielt der Ausschuß dieses Dementi für unglaubwürdig. Der Bericht faßt die Unzufriedenheit des Kongreßausschusses in folgenden Paragraphen zusammen: »Der Ausschuß hält es für wahrscheinlich, daß die Vereinigten Staaten Veciana, der eine führende Rolle in einer äußerst aktiven Anti-Castro-Organisation inne hatte, einen Sonderagenten zugeordnet haben. Der Ausschuß stellt fest, daß der CIA exilkubanischen Revolutionären von viel geringerer Bedeutung als der Vecianas Sonderagenten zugeordnet hat. Er konnte daraus allein jedoch auf keine bewußte Täuschung des Ausschusses

durch den CIA schließen, dies um so mehr, als ›Bishop‹ leicht einem
der militärischen Nachrichtendienste hätte angehören können.« Im
persönlichen Gespräch äußern sich die Sachbearbeiter des Kongreßausschusses unverhohlener. Sie glauben, daß die amerikanischen
Nachrichtendienste, vor allem der CIA die Wahrheit unterdrückt
haben. Im Laufe der weiteren Entwirrung der Geschichte wird der
Leser seine eigenen Schlußfolgerungen ziehen können.

Wenn Vecianas Beschreibung richtig ist, gewinnt der Zeitpunkt der
Begegnung »Bishops« und Oswalds eine besondere Bedeutung. Diese
Zeit war der Höhepunkt, der von der Regierung angeordneten Auflö-
sungen exilkubanischer Trainingslager sowie weiterer Einschränkun-
gen. Das Treffen erfolgte kurz nach Oswalds »Fair Play for Cuba«-
Maskerade in New Orleans und kurz vor der nächsten Etappe seiner
Kuba-Aktivitäten.

Ungefähr eine Woche nach dem angeblichen Treffen mit »Bishop«
betrat Oswald am 17. September das mexikanische Konsulat in New
Orleans und ersuchte um ein Touristenvisum für die Einreise nach
Mexiko.

Da er mit einer Geburtsurkunde und einem neu ausgestellten amerikanischen Paß – dem letzten Produkt seiner ziemlich reibungslosen
Beziehungen zum Auswärtigen Amt – versehen war, hatte er keine
Schwierigkeiten. Er beantragte den Reisepaß zwei Monate zuvor, kurz
vor dem Beginn seines Pro-Castro-Programms in New Orleans. Wie
1959, gab er auch diesmal auf dem Antragsformular an, die Sowjetunion besuchen zu wollen. Er lenkte sogar die Aufmerksamkeit der
Paßbehörde auf seine ruhmlose Vergangenheit, indem er darauf hin-
wies, daß sein vorheriger Paß annulliert worden sei. Oswalds Ersuchen wurde routinegemäß an das Paßamt des Auswärtigen Amtes in
Washington weiterbefördert, wo damals als Direktor Mrs. Frances
Knight, ein bürokratischer Drachen, eine beherrschende Rolle spielte.
Sie war berüchtigt, die Bewegungsfreiheit der Linksextremen einzuschränken. In diesem Fall jedoch schien ihr sonstiger Eifer versagt zu
haben. Nicht einmal eine Rückfrage über die Absichten dieses Überläufers, der einst der UdSSR amerikanische Staatsgeheimnisse angeboten hatte, erfolgte. Niemand schien sich Sorgen wegen dieses
Überläufers zu den Sowjets zu machen. Oswald erhielt den Paß
innerhalb von 24 Stunden. Zwei Monate später erhielt er im mexikanischen Konsulat ohne Verzögerung das Touristenvisum Nummer
824085. Zwangsweise deckte dies weitere Verbindungen auf, die sich
nicht als Zufall oder Verwechslung erklären lassen.

Nach dem Attentat prüfte das FBI in Kooperation mit den mexikanischen Behörden, die Identität derjenigen, die am 17. September um
eine mexikanische Einreiseerlaubnis ersucht hatten. Die Liste der

Namen wurde, mit Ausnahme dessen, der die Oswald vorangehende Nummer Nr. 824 084 besaß, öffentlich verzeichnet. Innerhalb von acht Tagen nach Kennedys Ermordung vermerkte das FBI »Keine Unterlagen über die Nummer FM 824 084 ermittelt«. Das war unrichtig. Dank eines bürokratischen Lapsus wurde der Name des Inhabers jenes Touristenvisums Nr. 824 084 1975 enthüllt. Der Inhaber hieß William Gaudet und arbeitete für den CIA. Er fuhr zu gleicher Zeit wie Oswald nach Mexiko.

Der Verfasser fand Gaudet, der jetzt ein zerknitterter alter Mann ist und seine Pensionsjahre zurückgezogen an der Küste von Mississippi verlebt. Bedrängt, zu erklären, wieso er neben Oswald auf der Liste der Einreisegesuche nach Mexiko stand, meinte er: »Offensichtlich, weil wir das Konsulat unmittelbar nacheinander betraten. Doch weiß ich nicht, weshalb mein Name von der Konsulatsliste gestrichen wurde ... Ich muß darauf bestehen, daß es dem puren Zufall zuzuschreiben ist ... Es war reiner Zufall, denn ich habe nie mit Oswald gesprochen. Ich weiß keine Erklärung dafür. Ich weiß nicht, wer dafür verantwortlich war ... Ich hatte keinen Einfluß darauf, was der CIA in Mexiko tat oder nicht tat.« Als der Ausschuß Gaudets CIA-Dossier nachprüfte, stieß er auf eine der bekannten Lücken. Der CIA gab nur zu, Gaudet habe »Informationen aus dem Ausland gesammelt«. Das war in den fünfziger Jahren. Seit 1961 bestünden keine Verbindungen mehr mit ihm. Gaudet behauptet hingegen, mit dem CIA bis 1969 zusammengearbeitet zu haben. Es scheint sein Schicksal zu sein, von Zufällen verfolgt zu werden. Er erinnere sich nicht, ob die Reise nach Mexiko dem Nachrichtendienst gedient hatte oder nicht.

Er habe unter der Tarnung des Herausgebers einer Zeitschrift namens »Latin American Newsletter« zwanzig Jahre für den CIA gearbeitet. Die Verbindung zum CIA sei streng geheim gewesen, nicht einmal seine Frau habe davon gewußt. Nach dem Attentat wurde er vom FBI interviewt, nicht jedoch ohne zuvor von seinem CIA-Boß »Bill« in New Orleans Verhaltensmaßregeln erhalten zu haben. Gaudet erzählte dem FBI dieselbe Geschichte, die nun der Verfasser erfuhr. Er sei niemals mit Oswald nach Mexiko gereist. Mit seinem Touristenausweis sei er nach Mexiko geflogen, an den Zweck dieser Reise könne er sich aber nicht mehr erinnern. Obwohl heute bereits pensioniert, ist er ärgerlich über die Art in der sein Name aufgedeckt wurde. Die Freigabe seiner Identität beruhte seiner Ansicht nach auf keinem Zufall: »Ich habe alles gründlich durchdacht und bin zur Überzeugung gekommen, daß die Leute, die wirklich hinter der Verschwörung, der Mr. Kennedy zum Opfer fiel, stecken, die Aufmerksamkeit auf mich lenken wollten. Ich bin in zu viele Zufälle verwickelt. Es muß jemand dahinter stecken.«

Für jemand, der ein Spielball des reinen Zufalls ist, ist Mr. Gaudet außergewöhnlich gut informiert. Er bestreitet zwar jegliche Beteiligung an Oswalds Reise nach Mexiko, gibt jedoch zu, Oswald in New Orleans »gekannt« zu haben. Sobald er dies ausgesprochen hatte, korrigierte er jedoch seine Aussage und bestand darauf, daß er lediglich gesehen habe, wie Oswald auf der Straße Flugblätter verteilt habe. Dennoch beschrieb Gaudet ausführlich Oswalds körperliche Erscheinung und Persönlichkeit. Seiner Erinnerung nach war »Oswald ein ängstlicher, zarter, schwacher Mann«. Ich hielt ihn nicht für besonders entschlossen. Als bekannt wurde, daß er den Präsidenten erschossen haben sollte, war es für mich eine absolute Überraschung.« Gaudet machte den Eindruck als entspräche seine erste Aussage der Wahrheit, als hätte er Oswald tatsächlich persönlich gekannt.

Als der Verfasser Gaudet nach dem ersten Besuch verließ, hatte er den Eindruck eines Mannes, der mehr wußte, vielleicht nur ein klein wenig mehr, als er zuzugeben wagte. Was er zugab, schien darauf zu zielen, seine eigene, wahrscheinlich harmlose Rolle zu tarnen.

Als der Verfasser ihn ein zweites Mal besuchte, entschlüpften dem ehemaligen Geheimagenten einige Worte, die dem Verfasser zu dieser Zeit wenig bedeuteten, unterdessen jedoch ebenso bedeutend scheinen wie Gaudets Name auf der Liste des amerikanischen Konsulats.

Als der Verfasser seiner Skepsis darüber Ausdruck gab, daß Gaudet seine offensichtliche Kenntnis Oswalds doch kaum einer »zufälligen« Begegnung auf der Straße von New Orleans verdanken könne, sagte Gaudet plötzlich: »Ich erinnere mich, daß ich ihn einmal mit einem ehemaligen FBI-Agenten namens Guy Banister sah, freilich ist Guy schon tot. Was Guy in all dem für eine Rolle gespielt hat . . . ich weiß es wirklich nicht.« Er hielt kurz inne und dann sprudelte es heraus: »Ich sah Oswald alles mögliche mit Banister besprechen und ich glaube, Banister wußte eine Menge von dem, was da vor sich ging.«

Er fuhr fort: »Ich nehme an, sie machen über Ferrie Nachforschungen. Er war mit Oswald . . .«

Dann fügte er hinzu: »Eine andere wichtige Persönlichkeit war Sergio Arcacha Smith. Ich weiß, daß er Oswald kannte und mehr weiß über die Affäre Kennedy, als er je zugegeben hat.« Als Gaudet diesen Namen erwähnte, war der Verfasser noch ein Neuling im Falle Kennedy. Die Namen »Banister«, »Ferrie« und »Arcacha« stehen nicht im Warren-Bericht. Es bedeutete dem Verfasser nichts, als Gaudet erzählte, er habe Oswald mit Banister in der Nähe seines Büros an der Ecke Camostreet – Common Street in New Orleans gesehen. Wie sich herausstellte, war Gaudets Büro nicht mehr als ein Steinwurf von Banisters in 544 Camp Street entfernt, jener rätselhaften Adresse, die zu einem Angelpunkt in den Nachforschungen zur Aufdeckung der

Mordverschwörung wurde. Ob man der Ansicht ist, daß die Ermordung des Präsidenten das Werk von Exilkubanern, der Mafia, einer Clique innerhalb der amerikanischen Nachrichtendienste oder der Kombination dieser drei Elemente war: die New Orleans Connection ist entscheidend.

Angestellte aus Banisters Büro sagten später aus, Banister habe Gaudet gekannt, auch habe dieser das Büro im Sommer 1963 gelegentlich besucht.

Stets, wenn der ehemalige Geheimagent Gaudet die Antwort auf eine Frage nicht kennt, hat er Vermutungen schnell bei der Hand. Die Annahme, der CIA sei als Organisation in die Ermordung verwickelt, weist er zwar mit Recht zurück, doch glaubt er an gewisse Verknüpfungen, deren Enthüllung dem CIA höchst unangenehm sein würden. Er hält es für sehr wahrscheinlich, daß Oswald von irgendeiner Clique innerhalb der amerikanischen Nachrichtendienste benutzt wurde. Er war nicht überrascht, daß der CIA jede Verbindung mit Oswald leugnete. Über seine eigenen Erfahrungen im Dienste des CIA sagt er: »Sie sagten mir ganz offen, sollte ich einen Fehler begehen, dann hätte ich Pech und für sie wäre ich von da an eine unbekannte Person.« Gaudet hält Oswald nicht für den Mörder des Präsidenten: »Ich glaube er war ein Sündenbock, man hat ihn vorsätzlich dazu gemacht.« Auf die Bitte, diese Behauptung mit konkreten Anhaltspunkten zu untermauern, schwieg er. Er weigerte sich über die CIA-Unternehmungen, an denen er teilgenommen hatte, zu sprechen, bestand jedoch darauf, mit dem Attentat nichts zu tun gehabt zu haben.

Am 16. September 1963, einen Tag bevor Oswald um die Einreisebewilligung nach Mexiko ersuchte, teilte der CIA dem FBI mit: »Wir erwägen, die Aktivitäten des ›Fair Play for Cuba‹ im Ausland zu neutralisieren . . . Wir ziehen auch in Betracht, falsche Informationen, die dem FPCC schädlich sein könnten, in Gebieten, wo es eine Anhängerschaft hat, zu verbreiten. Aufgrund der Besprechung mit dem Kontaktagenten (Name ausgelöscht) werden wir jedoch nichts ohne vorherige Konsultation mit dem FBI unternehmen und so dafür sorgen, daß die CIA-Operationen eventuelle FBI-Nachforschungen nicht behindern.« Wie bereits berichtet, war der amerikanische Nachrichtendienst seit langem bestrebt, das FPCC zu diskreditieren. In Mexico City hatte das FPCC eine starke Anhängerschaft und wurde deshalb eine geeignete Zielscheibe der amerikanischen Nachrichtendienste.

In den Tagen nachdem er die mexikanische Einreisebewilligung erhalten hatte, schrieb Oswald einen Bericht über den Teil seiner Laufbahn der im Dienste des Sozialismus stand. Der Höhepunkt seines Berichts war, nachdem er den Katalog seiner marxistischen Studien und die Geschichte seines Aufenthaltes in der Sowjetunion beschrieben hatte, die Saga seiner Pro-Castro-Aktivitäten in New Orleans. Wie immer, wenn Oswald etwas wichtiges vor hatte, schickte er seine Frau zu ihrer Freundin Ruth Paine nach Texas. Es hieß, sie würden nie wieder als Mann und Frau zusammenleben obwohl Marina zu dieser Zeit schwanger war. So war Oswald ungebunden. Am Abend des 24. September schlich er sich aus seinem Appartement in New Orleans und achtundvierzig Stunden später begann laut Stempel auf seinem Touristenausweis, sein wochenlanger Besuch in Mexico City.

IV
»ENDSPIEL«

Täuschungsmanöver
und Tragödie

18.
Mexico City – Vorder- und Hintertüren

Der Schlüssel zu Kennedys Ermordung ist in Oswalds
ungeklärten Tätigkeiten während der fünf Tage seines
Aufenthaltes in Mexico City zu suchen, nachdem er angeblich versucht hatte, ein Einreisevisum nach Kuba zu
erhalten.

– *William Parker, Polizeichef von Los Angeles, 1966.*

Mehrere Mitreisende würden sich sicher des jungen Mannes erinnern, der in den frühen Morgenstunden des 26. September irgendwo
im südlichen Texas in den Continental Trailways Bus einstieg. Während der Fahrt zur mexikanischen Grenze und danach, im mexikanischen Autobus brüstete er sich mit seinen Unternehmungen. Er
verließ seinen Platz, wandte sich an zwei junge Australierinnen in den
hinteren Reihen, um sie ausführlich mit Geschichten aus seiner
Dienstzeit in der Marineinfanterie und seinen Erlebnissen in der
UdSSR zu unterhalten. Er zeigte ihnen sogar einen alten Reisepaß von
1959, um zu beweisen, daß er sich tatsächlich in der Sowjetunion
aufgehalten hatte. Mit einem britischen Ehepaar aus Liverpool, Brian
und Merryl MacFarland, begann er ein Gespräch, ja er gab ihnen
dadurch einen guten Anlaß, sich seiner zu erinnern. Er hob ihnen
gegenüber besonders hervor, Sekretär des »Fair Play for Cuba Comit-
tees« in New Orleans gewesen zu sein. In einer Zeit, in der die
Spannung zwischen Kuba und den Vereinigten Staaten einen Höhepunkt erreicht hatte, in der Amerikaner, die Kuba besucht hatten, sich
bei ihrer Rückkehr in die Vereinigten Staaten gerichtlicher Verfolgung
aussetzten, betonte dieser junge Mann schließlich offen, Havanna
besuchen zu wollen.

Einige Wochen nach dem Attentat erschien den Mitreisenden so
manches von dem, was er erzählt hatte, seltsam. Die jungen Australierinnen erinnerten sich beispielsweise des Gesprächs, das jener
schwatzhafte Mitreisende mit einem älteren Mann führte, der einen
englischen Akzent hatte. Umfangreiche Nachforschungen während
des folgenden Monats identifizierten diesen Mann als einen gewissen
John Bowen, der sich jedoch Albert Osborne nannte. Als ihn schließlich das FBI fand, bestritt er neben Oswald gesessen zu haben. In
einem seltenen Moment der Skepsis entschied sich der Warren-Ausschuß, die Aussagen Osbornes als nicht glaubwürdig anzusehen.
Bezüglich seiner Doppelidentität befragt, antwortete Bowen-
Osborne, dies schon in den letzten fünfzig Jahren so gehalten zu
haben. Er behauptete, ein Missionar zu sein, der viel reiste. Seine

letzte Reise, noch vor dem Kennedy Attentat, führte ihn unter anderem durch Frankreich und Spanien. Umfassende Nachprüfungen der Grenzübertrittsstellen erbrachten jedoch keinen Nachweis seiner Einreise in diese Länder. Auch enthüllte Bowen-Osborne nichts bezüglich der Finanzierung seiner Reisen. Unter diesen Umständen liegt die Vermutung einer Verbindung mit den Nachrichtendiensten nahe. Falls dies zutreffen sollte, läßt sich darüber hinaus mutmaßen, auf welcher Seite er politisch engagiert war. Während des Zweiten Weltkriegs war Bowen-Osborne ein fanatischer Anhänger Nazi-Deutschlands. Es mag sich zwar auch hier um einen Zufall handeln, doch benutzte auch Oswald den Namen »Osborne« zweimal, als er in New Orleans Flugblätter für die »Fair Play for Cuba« bestellte.

Gegen Ende der anstrengenden Reise erzählte der junge Unbekannte den Australierinnen, schon einmal in Mexico City gewesen zu sein. Nachforschungen ergaben, daß Oswald – von einem Ausflug in eine mexikanische Grenzstadt von seinem kalifornischen Militärstützpunkt aus abgesehen – Mexiko niemals besucht hatte. Doch durch Guy Banisters Sekretärin, Delphine Roberts, erfuhr der Verfasser 1978, Oswald habe im Sommer 1963 mehrere Reisen nach Mexiko unternommen. Offenkundig machte er im Bus den Eindruck, Mexico City zu kennen, wobei er den jungen Australierinnen das Hotel »Cuba« als geeigneten Aufenthaltsort empfahl. Seltsamerweise wohnte er selbst nicht in diesem Hotel. Die mexikanischen Hotelgäste-Listen bestätigen die Eintragung L. H. Oswalds binnen einer Stunde nach seiner Ankunft in Mexico City in Nr. 18 des Hotels Comercio.

Es steht außer Zweifel, daß der Mann im Autobus und der Mann auf Zimmer Nr. 18 Lee Oswald war. Die Bus- und Grenzstationsbelege und die spätere Identifikation seitens einiger Mitreisender, sowie die Handschrift in der Hotelgästeliste sind ein überzeugender Beweis für diese Annahme. Ebenso sicher ist, daß Oswald sechs Tage später per Bus in die Vereinigten Staaten zurückkehrte. Seine Aktivitäten während dieser Tage sind jedoch noch immer Gegenstand von Widersprüchen und Vermutungen.

Der Warren-Ausschuß kam zu dem Ergebnis, Oswald habe eine Zeit der Muße in Mexiko allein verbracht. Er besuchte Kinos, vielleicht einen Stierkampf und nahm seine Mahlzeiten in einem billigen Restaurant in der Nähe des Hotels ein. Der Warren-Ausschuß erwähnt indessen nicht die Aussage eines Hotelgastes des »Comercio«, der Oswald in Gesellschaft von vier Kubanern beobachtet hatte, von denen einer aus Florida kam. Das Hotel war, wie inzwischen berichtet, Treffpunkt der Anti-Castro-Exilkubaner.

Der Schlüssel zu Oswalds Besuch in Mexiko ist also Kuba. Irgend jemand benutzte während dieser fraglichen Periode häufig den

Namen »Oswald« und dies in einer Weise, die sich später als höchst kompromittierend erweisen sollte. War dieser Mann der authentische Lee H. Oswald? Oder war dieser das Opfer eines raffinierten Spiels?

Es war Feitag, der 27. September 1963 in Mexiko City. Für Silvia Duran, eine junge Mexikanerin, die im kubanischen Konsulat arbeitete, war es ein Routine-Morgen mit der Abfertigung von Visumgesuchen. Kurz vor der Mittagspause erschien ein junger Amerikaner in ihrem Zimmer. Noch heute erinnert sie sich an ihn als einen unbeholfenen, zögernden, unsicheren jungen Mann. Er fragte: »Sprechen Sie Englisch?« und war offensichtlich erleichtert, daß sie es tat. Der Besucher erklärte dann, er sei Lee Harvey Oswald, amerikanischer Staatsbürger; er ersuchte um ein kubanisches Transitvisum. Sein eigentliches Reiseziel sei die Sowjetunion, er beabsichtige jedoch via Kuba dorthin zu reisen. Sein Gesuch sei dringend. Er wolle in drei Tagen (sic!) abreisen und zwei Wochen in Kuba bleiben. Beglaubigungszeugnisse seien kein Problem. Daraufhin übergab er ihr Unterlagen, die seinen Aufenthalt in der UdSSR, sowie seine Betätigungen in New Orleans bestätigten. Er zeigte Silvia Duran Reisepässe, alte sowjetische Dokumente, einen Briefwechsel mit der kommunistischen Partei der Vereinigten Staaten und schließlich, als Besonderheit, seine Mitgliedskarte des »Fair Play for Cuba« in New Orleans mit einem Zeitungsausschnitt über die Pro-Castro-Demonstration, die mit seiner Verhaftung endete. Laut Mrs. Duran zeigte er sogar ein Foto als Häftling zwischen zwei Polizisten. Die Konsulatssekretärin war verwirrt und ein wenig mißtrauisch. Sie empfand das Bekenntnis zur Sache Kubas als übertrieben. Wenn der junge Mann wie er angab, Mitglied der kommunistischen Partei war, weshalb hatte er nicht das Visum, wie in solchen Fällen üblich, direkt durch die kommunistische Partei besorgt? Silvia Duran erklärte, kein kubanisches Transitvisum ausstellen zu können, wenn nicht bereits eine Einreisebewilligung in die UdSSR vorliege. Ziemlich bestürzt verließ der Besucher das Konsulat und versicherte, mit den zwei für das Gesuch benötigten Fotos zurückzukehren.

Einige Stunden später erschien der junge Amerikaner mit den Fotos. Silvia Duran nahm sein Gesuch entgegen und bat ihn, nach einer Woche wieder zu kommen. »Unmöglich«, sagte der junge Mann, »ich kann nur drei Tage in Mexiko bleiben.« Die Sekretärin erklärte abermals die Formalitäten. Der Amerikaner verließ das Amt in einem Zustand der Verwirrung. Am Abend als das Konsulat schon offiziell geschlossen war, kehrte er nochmals zurück. Irgendwie gelang es ihm, hereinzukommen und offensichtlich erregt, tauchte er wieder in ihrem Büro auf. Sein Gehabe war gebieterisch. Er sei bei der sowjetischen Botschaft gewesen und mit Sicherheit bekäme er das sowjetische Visum. Er bestehe auf die unverzügliche Erteilung des Transitvisums durch das kubanische Konsulat. Ohne die Geduld zu verlieren, rief Silvia Duran die sowjetische Botschaft an, hier erfuhr sie eine andere Version der Geschichte. Dort wußte man von Oswald, erklärte jedoch, die Genehmigung aus Moskau könne vier Monate dauern. Als sie ihm diese Nachricht mitteilte, machte der junge Fremde eine Szene, die Silvia Duran niemals vergessen wird. 1978 erklärte sie dem Verfasser: »Er wollte mir nicht zuhören, seine Augen blitzten, puterrot schrie er ›unmöglich, ich kann nicht solange warten!‹ Während des Wutanfalls trat der Konsul Eusebio Azcue ein. Punkt für Punkt erklärte er die Formalitäten, jedoch ohne die geringste Wirkung. Endlich verlor auch er die Geduld und sagte: ›Ein Typ wie Sie schadet der kubanischen Revolution mehr als er ihr helfen kann.‹ Das war jedoch noch nicht das Ende. Oswald kehrte abermals zurück. Erneut kam es zu einer Szene mit dem Konsul. Azcue und einer seiner Kollegen bezweifelten die Echtheit seiner Mitgliedskarte der kommunistischen Partei Amerikas. Sie sah auffällig neu und ungebraucht aus.« Das Mißtrauen der Konsulatsbeamten war in der Tat gerechtfertigt: Oswald war niemals ein Parteimitglied gewesen. Azcue verlor die Geduld als der junge Mann ihn und Mrs. Duran spöttisch als »Bürokraten« verhöhnte. Der Konsul befahl ihm daraufhin das Gebäude zu verlassen. Der Mann, der sich Lee Harvey Oswald nannte, machte einen unvergeßlichen Eindruck. Als sein Name acht Wochen später als der des vermeintlichen Mörders Kennedys Schlagzeilen machte, erinnerten sich der Konsul und seine Sekretärin sofort an jenen lästigen Besucher.

Monate später setzte der Warren-Ausschuß die Geschichte aus ihren zahlreichen Bruchstücken zusammen. Sie beruhte nicht nur auf Silvia Durans Augenzeugenbericht, sondern auch auf geheimen CIA-Informationen. Wie wir wissen, überwachte der CIA 1963 – wie vielleicht auch jetzt noch – die kommunistischen Botschaften und Konsulate routinemäßig. Von getarnten Beobachtungsplätzen gegenüber den kubanischen und sowjetischen Botschaften fotografierten CIA-Agenten Besucher. Wanzen wurden in den Büros der Diplomaten angebracht und die Telefongespräche abgehört. Die Behörden von Havanna entdeckten das Ausmaß der amerikanischen Überwachungsanlagen erst einige Zeit nach dem Attentat. 1978 wurden dem Autor in Havanna einige der Abhörvorrichtungen in der kubanischen Botschaft gezeigt. Nach Aussagen eines Elektronik-Fachmanns des kubanischen Nachrichtendienstes war in der Botschaft in Mexiko in jede Telefonsteckdose ein Mikrophon eingebaut, das die Gespräche in die naheliegende CIA-Empfangsstation übertrug. Man zeigte dem Autor selbst eine Wanze, die in die Armstuhllehne des Botschafters einge-

baut war. Der kubanische Nachrichtendienst behauptet, ein gegen-
überliegendes Gebäude als CIA-Stützpunkt identifiziert zu haben
(s. Abb. 27). Der CIA ist im übrigen nicht besonders auskunftsbereit,
was seine elektronischen Abhörgeräte anbetrifft. Kürzlich freigegebene Dokumente belegen, daß die Rekonstruktion des Oswald-
Besuchs in Mexiko weitgehend auf Informationen beruht, die durch
die Abhörvorrichtungen gewonnen wurden.

Diese Informationen bestätigen, daß ein Mann, der sich Lee Harvey
Oswald nannte, die sowjetische Botschaft in Mexiko wiederholt
besucht und ein Einreisevisum verlangt hat. Zwei der Beamten, denen
er dort begegnete, wurden als KGB-Angehörige identifiziert, die als
Diplomaten getarnt waren. Aus den Augenzeugenberichten und den
CIA-Daten formte der Warren-Ausschuß das Bild jenes Oswald, der
wie besessen Kuba und die Sowjetunion besuchen wollte, doch von
deren Vertretern, auf deren Hilfe er rechnete, abgewiesen wurde. Die
Anwälte, die den Bericht der Warren-Kommission verfaßten, sahen
sich außer Stande, die Ereignisse in Mexico City mit der Ermordung
Kennedys in Einklang zu bringen. Hätte man damals die Möglichkeit,
das Attentat nicht als das Werk eines einzelnen Mannes zu betrachten,
in Erwägung gezogen, die Anwälte hätten vielleicht bestimmte Hinweise und Indizien in Zusammenhang mit New Orleans und Mexico
City anders gedeutet. Heute führen die jetzt bekannten Umstände,
vor dem Hintergrund dieser beiden Städte, in ein undurchdringliches
Labyrinth. Zunächst ist es fraglich, ob der Mann, der auf der kubanischen Botschaft so viel Aufsehen erregte, wirklich Oswald war.

Der lästige Amerikaner hatte das Konsulat besucht, kurz bevor der
kubanische Konsul seine mexikanische Dienstzeit beendete. Zur Zeit
des Kennedy-Mordes war der Konsul bereits wieder in Havanna.
Zunächst nahm er wie seine Kollegen an, der Konsulatsbesucher Lee
Oswald und der in Dallas verhaftete Oswald seien identisch. Einige
Wochen nach dem Attentat sah der Konsul die Wochenschau, in der
Szenen über Oswald in Haft, sowie die sensationelle Szene dessen
Erschießung durch Ruby gezeigt wurden. Der Film zeigte Oswald in
Nahaufnahme. Laut Azcue »glich der Oswald im Film in keiner
Weise« dem Mann, der zwei Monate zuvor in der kubanischen Bot-
schaft jene Szene gemacht hatte. Dies wurde von Azcue vor dem
Kongreßausschuß 1978 unter Eid bezeugt.

Der in Dallas festgenommene Oswald war 176,5 cm groß und sehr
schlank. Zur Zeit seines Besuches in Mexiko war er noch keine 24 Jahre
alt. Azcue beschreibt den Mann in seinem Büro als »ungefähr fünfunddreißig Jahre alt«, mit »dunkelblondem Haar«. Der Film zeigt, laut
Azcue, einen jungen Mann mit jugendlichem faltenlosen Gesicht, »in
totalem Gegensatz zu dem tiefgefurchten Gesicht« des Mannes im

Konsulat. Als Azcue Fotos des wirklichen Lee H. Oswald gezeigt
wurden, beharrte Azcue: »Ich bin überzeugt, daß der Mann auf diesen
Fotos nicht der Mann ist, der aufs Konsulat kam.« Azcues Kommentar
zu dem Foto auf dem Visumformular, er »sei fast sicher« die Kleidung
des Visumfotos stimme nicht überein mit der Kleidung des Mannes,
dem er auf dem Konsulat begegnet sei.

Azcues Kollege und Nachfolger, Alfredo Mirabal, teilt zwar Azcues
Überzeugung nicht, gibt aber zu, Oswalds Gesicht nur kurz gesehen
zu haben, als er aus seinem Zimmer hinausschaute, um zu sehen,
worum es ging. Azcue seinerseits hatte jedoch Gelegenheit, Oswald
eine Viertelstunde zu beobachten. Der Streit gab ihm genügend
Grund, sich des Besuchers genau zu erinnern. Immerhin war Azcues
Sekretärin, Silvia Duran, bis vor kurzem ziemlich sicher, dem wirklichen Lee H. Oswald begegnet zu sein. Ihr ehemaliger Chef, ein
sanftmütiger und eindrucksvoller Zeuge, unterstreicht, daß ihm längere Erfahrung die Augen geschärft haben und er glaube einen
falschen Oswald gesehen zu haben. Wer täuscht sich nun?

Ein wichtiges Beweisstück scheint den authentischen Lee H. Oswald
in die kubanische Botschaft zu plazieren – die Unterschrift nämlich auf
dem Visumsformular, das die Kubaner freigaben. Das Fachurteil muß,
zusammen mit dem Foto auf dem Formular, in Betracht gezogen
werden. Das Foto scheint den authentischen Lee H. Oswald zu
zeigen. 1978 erklärten die Fachleute des Kongreßausschusses: »Die
Unterschrift auf dem Formular ist die des authentischen Lee H.
Oswald.« Laut Sekretärin betrat »Oswald« das Konsulat ohne Fotos.
Sie empfahl ihm deshalb ein naheliegendes Fotoatelier. Dorthin ging
er, offenbar in der Absicht, sich fotografieren zu lassen. Doch zeigten
ausführliche, nach dem Attentat angestellte Nachforschungen, daß
die Bilder auf Oswalds Formular in keinem der lokalen Studios aufgenommen worden waren. Falls der Besucher des Konsulats nur vorgab,
Oswald zu sein, hätte er vermutlich auch daran gedacht, Fotos des
authentischen Lee H. Oswald bei sich zu haben. Silvia Duran erinnert
sich nicht mehr deutlich, wann sie die Formulare dem Fremden
gegeben hatte. Sie glaubte, die Formulare für Oswald auf der Schreib-
maschine ausgefüllt zu haben, woraufhin er sie vor ihr unterzeich-
nete. Sie räumt jedoch ein, es manchmal zugelassen zu haben, daß die
nicht unterzeichneten Formulare mitgenommen wurden. Ferner gibt
sie zu, sich nicht genau an die Zeitfolge der Ereignisse zu erinnern.
Der ehemalige Konsul Azcue kommentierte den Vorgang: »Es ist
leicht vorstellbar, daß sie es versäumte, während sie mit der Schreib-
maschine das Formular ausfüllte, das Foto mit dem Antragsteller zu
vergleichen, und es sofort auf dem Formular befestigte . . . ein Fehler,
der nicht selten vorkommt.« Wenn die Formulare für einige Stunden

von dem Antragsteller aus der Botschaft mitgenommen wurden und eine Fälschung geplant war, wäre die Unterschiebung eines falschen Fotos sowie der Unterschrift leicht möglich gewesen. In jedem Falle ist daran zu erinnern, daß sich der authentische Oswald höchstwahrscheinlich zur gleichen Zeit in Mexico City aufhielt, während ein anderer »Oswald« die kubanische Botschaft in Mexico City besuchte. Ohne Oswalds Verbindung zu dem Komplott zu kennen, ist es unmöglich etwas über seine Beteiligung bei dem Visumsgesuch zu erfahren. Die offenbar authentische Unterschrift Oswalds auf dem Formular scheint überzeugend für eine Täuschung des Konsuls und die Authentizität Oswalds zu sprechen. Dafür spricht ebenso die Tatsache, daß Silvia Durans Name und Telefonnummer in Oswalds Adressenbuch eingetragen waren. Andererseits gibt es Anhaltspunkte, die Azcues Version bekräftigen, also auf ein Täuschungsmanöver anderer Art hindeuten.

Silvia Duran verweist heute auf ihre mittlerweile verblaßte Erinnerung. Sie unterstreicht, damals überhaupt nicht daran gedacht zu haben, der Oswald aus Dallas und der »Oswald« im Konsulat könnten verschiedene Personen gewesen sein. Ihr früherer Ehemann erinnert sich, daß die mexikanischen Zeitungen ein Kabelfoto minderer Qualität von Oswald veröffentlichten. Was seine Frau sofort an die unangenehme Situation in ihrem Büro erinnerte, war nicht das Foto, sondern der Name »Lee Oswald«. Silvia Duran sah zwar die kurze Filmszene, in der Oswald von Ruby erschossen wurde, bemerkte aber nichts, was ihren Zweifel an der Identität des Mannes im Film mit jenem im Konsulat hätte wecken können. Bemerkenswerterweise haben die offiziellen Ermittler Silvia Duran niemals gebeten, den Ruby-Oswald-Film, sowie einen anderen leicht zugänglichen, auf dem Oswald für längere Zeit sichtbar ist, anzusehen. 1979 traf der Verfasser Vorkehrungen, Frau Duran ein Fernsehinterview Oswalds in New Orleans, das einige Wochen vor der Mexiko-Episode aufgenommen wurde, zu zeigen. Auf diese Weise wurde es ihr ermöglicht, Oswald längere Zeit zu sehen und zu hören. Frau Durans Reaktion war bedenklich: »Ich war nicht sicher, ob es sich um Oswald handelte oder nicht . . . der Mann im Film entspricht nicht dem Mann, den ich hier, in Mexico City sah.« Als der Verfasser sie nach unterscheidenden Merkmalen fragte, antwortete sie: »Der Mann im Film sprach kräftig, mit Selbstvertrauen. Der Mann, der ins Konsulat in Mexico City kam, war klein, schwächlich und sprach mit einer zitternden Stimme.« Silvia Duran war äußerst verwirrt.

Zwar konnte der Ermittler aus Mrs. Durans neuerlichen Zweifeln keine sicheren Schlüsse ziehen. Doch gibt sie noch ein zusätzliches Detail an, das den Verdacht hinsichtlich eines Doppelgängers (und

damit der Nicht-Identität) stärkt. Silvia Duran beschrieb den Mann im
Konsulat als ungewöhnlich klein – höchstens 161 cm groß. Das ist
auffällig bei einem Mann und etwas, woran sich eine Frau erinnert.
»Oswald war klein . . . ungefähr meine Größe«, bestätigte sie vor dem
Kongreßausschuß. Mrs. Duran ist eine kleine Frau – 161 cm, im
Gegensatz zu dem authentischen Lee H. Oswald der 176 cm groß
war.

Mrs. Duran sowie ihr einstiger Chef erinnern sich an den »Oswald« im
Konsulat als blondhaarig, mit »blauen oder grünen Augen«. Wenn
das richtig ist, paßt keine dieser Angaben auf Lee H. Oswald. Alle
diese Umstände mußten angesichts des mangelhaften Gedächtnisses
mancher Zeugen vernachlässigt werden, wenn es nicht die spontane
Erinnerung eines bisher noch nicht vorgestellten Zeugen aus Mexico
City gäbe:

Oscar Contreras, Student von Mexico City. Er gehörte einer links
orientierten Studentengruppe an, die die Castro-Revolution unter-
stützte und Kontakte zur kubanischen Botschaft hatte. Eines Abends,
Ende September des Jahres 1963 – zum Zeitpunkt der Zwischenfälle in
Mexico City, an denen Lee H . Oswald beteiligt war – saß Contreras
mit drei gleichgesinnten Freunden in einem Universitätscafé, als ein
Mann vom benachbarten Tisch ein Gespräch mit ihnen begann. Er
stellte sich merkwürdig vor, indem er seinen vollen Namen »Lee
Harvey Oswald« buchstabierte. Das brachte Contreras und seine
Freunde zum Lachen, denn »Harvey« und »Oswald« waren als Car-
toon-Kaninchen bekannt. Dieser Vorfall war der Grund, weshalb sich
Contreras später an jenen jungen Mann erinnerte. Mit unbedeutenden Varianten erzählte ihnen »Oswald« die bekannte Geschichte. Er
sei Maler, mußte Texas verlassen, das FBI habe ihm keine Ruhe
gelassen, das Leben in den Vereinigten Staaten sei ihm unerträglich –
nichts für ihn. Er beabsichtige nun nach Kuba zu gehen, aber aus
irgendwelchen Gründen habe das kubanische Konsulat sein Visum
abgelehnt. Ob sie, die Studenten ihm durch ihre Freunde in der
Botschaft behilflich sein könnten? Contreras und seine Freunde sagten
ihm Hilfe zu. Am selben Abend sprachen sie mit ihren kubanischen
Kontaktpersonen, zu denen auch Konsul Azcue, sowie ein kubanischer Nachrichtendienstangehöriger gehörten. Sie wurden aufs
Schärfste gewarnt, ja aufgefordert, den Kontakt mit »Oswald« sofort
abzubrechen. Man mißtraute Oswald; möglicherweise versuchte er
linksorientierte Gruppen zu unterwandern. Als Oswald Contreras
und seine Freunde wieder besuchte, gaben sie offen das Mißtrauen
der Konsulatsbeamten zu und sagten ihm, daß er nicht mit einem
Visum rechnen könne. »Oswald« warb dennoch weiter um ihre Gunst
und verbrachte die Nacht in ihrem Apartment. Als er sie am nächsten

Morgen verließ, bat er erneut um ihre Hilfe für ein Einreisevisum nach Kuba. Erst nach dem Kennedy-Mord hörte Contreras den Namen Oswald wieder. Er machte zwar keinen Hehl aus der Begegnung, teilte jedoch der amerikanischen Botschaft nichts darüber mit. Wie viele seiner Landsleute, hatte auch Contreras wenig für die amerikanischen Behörden übrig. Sein Erlebnis wurde erst 1967 bekannt, als er es gegenüber dem amerikanischen Konsul erwähnte. Nachdem weder der CIA noch das FBI die Sache gründlich überprüft hatten, versuchte der Kongreßausschuß im Jahre 1978 Contreras ausfindig zu machen, doch ohne Erfolg. Der Verfasser fand ihn ohne Schwierigkeiten in der geschäftigen mexikanischen Stadt Tampico. Contreras ist heute ein erfolgreicher Journalist und Herausgeber einer lokalen Zeitung, »El Mundo«. Seine Aussagen bestärkten den Verdacht, daß es sich bei dem »Oswald« im kubanischen Konsulat um einen Hochstapler handelte.

Wie Azcue bestätigt auch Contreras, jener »Oswald«, dem er begegnete, sah älter als dreißig Jahre aus. Wie Silvia Duran, erinnert auch er sich an einen kleingewachsenen Mann von höchstens 1,67 cm. »Obwohl er sich gewöhnlich nicht an solche Details erinnere, habe er einen absolut glaubhaften Anhaltspunkt.« Contreras selbst mißt auch nur 175 cm und erinnert sich genau, auf »Oswald den Hasen« hinabgesehen zu haben.

Contreras fügte weiter hinzu: »Vielleicht bin ich übertrieben mißtrauisch, aber ich verstehe nicht, wie dieser Mann namens ›Oswald‹ von den Tausenden von Studenten in Mexico City ausgerechnet uns drei ansprach, die wir tatsächlich Kontakte zur kubanischen Botschaft hatten.« Contreras erinnerte sich, daß er und seine Freunde nach einer Diskussion und Filmvorführung Kaffee tranken, als sich der ihnen unbekannte Amerikaner in ihrer Nähe niederließ. Nichts an diesem Abend, oder in diesem Augenblick, hatte das Geringste mit Kuba zu tun. Woher wußte der Amerikaner von genau diesen Studenten Hilfe erwarten zu können? Contreras glaubt nicht an göttliche Fügung. Contreras erinnert sich an eine Äußerung Azcues und des kubanischen Geheimagenten: »Oswald sei in hohem Grade verdächtig, ein ›Agent Provocateur‹ zu sein, den die Amerikaner, mit einer Mission betraut, nach Kuba sandten.« Ein Kollege des Konsuls, Alfredo Mirabal, bekräftigte diesen Eindruck vor dem Kongreßausschuß im Jahre 1978: »Er machte vom ersten Augenblick an den Eindruck eines ›Agent Provocateur‹.« War dieser bereits drei Wochen vor dem Attentat bestehende Verdacht der Kubaner eine Einbildung? Vielleicht nicht. Eine große Anzahl zusätzlicher Hinweise deutet darauf hin, daß die Veröffentlichung des Oswald-Zwischenfalles in Mexico City die amerikanischen Nachrichtendienste ernsthaft zu kompromittieren geeignet gewesen wäre. Man betrachte die folgende Kette von Ereignissen.

Am 10. Oktober, eine Woche nach Oswalds Besuch in der kubanischen bzw. sowjetischen Botschaft in Mexico City, versandte das CIA-Hauptquartier folgendes Telex an das FBI, das Außenministerium und die Kriegsmarine:

> Subjekt: Lee Henry (sic!) Oswald
>
> 1. Am 1. Oktober berichtete eine zuverlässige, doch geheime Quelle in Mexico City, daß ein Amerikaner männlichen Geschlechts, der sich als Lee OSWALD identifizierte, in die sowjetische Botschaft ging und sich erkundigte, ob die Botschaft Nachricht bezüglich eines Telegrammes, das nach Washington gesandt wurde, erhalten habe. Der Amerikaner wurde als ungefähr 35 Jahre alt und sechs Fuß hoch (183 cm) mit beginnendem Haarausfall beschrieben.
>
> 2. Vermutlich ist Lee OSWALD mit Lee Henry (sic!) OSWALD, geboren New Orleans, Lousiana, den 18. Oktober 1939, identisch. Ein ehemaliger Marineinfanterist, der in die Sowjetunion überlief und später mit der US-Botschaft in Moskau übereinkam, mit seiner in der SU gebürtigen Frau, Marina Nilaevna Pusakova (sic!) und ihrem Kind in die Vereinigten Staaten zurückzukehren ...

Das Dokument gab den Anlaß zu einer sechzehn Jahre langen Kontroverse zwischen dem CIA einerseits und verschiedenen Kongreßausschüssen sowie unabhängigen Nachforschern des Attentates andererseits. In der vom CIA an die Nachrichtendienste und das Auswärtige Amt übermittelten Mitteilung wird der amerikanische Besucher der sowjetischen Botschaft in Mexico City als ein Mann von ungefähr 35 Jahren, 183 cm groß, athletisch gebaut und dem Ansatz zu Haarausfall, also ein Mann, der zehn Jahre älter, viel größer und von massiverem Körperbau als Lee H. Oswald war, beschrieben. Die Frage ist: wird der Verdacht, daß sich jemand anders als Lee H. Oswald, der sich aber in mindestens einer der kommunistischen Botschaften für »Oswald« ausgegeben hat, nicht durch diese Beschreibung bestärkt? Die Antwort des CIA: Der Widerspruch läßt sich wie folgt erklären:

Die Sprecher des CIA behaupteten, es gäbe kein Rätsel, schon gar nicht einen Doppelgänger Oswalds. Als »Oswald« die sowjetische Botschaft in Mexico City aufsuchte, um auf die Erteilung eines Visums zu drängen, übermittelte eine »verläßliche und geheime« Quelle des CIA Einzelheiten der Besuche sowie eine Beschreibung des Amerikaners. Aus den, den Nachforschungen zugänglichen CIA-Akten geht hervor, daß der CIA seine Kenntnis der »Oswald«schen Episode aus drei verschiedenen Quellen schöpfte. Ein Spitzel in der sowjetischen Botschaft versteckte Mikrophone und Überwachungsfotografien. Laut Mitteilung des CIA wurden die noch unbearbeiteten Daten, bezüglich »Oswalds« Besuch in der sowjetischen Botschaft, zunächst mit dem Foto eines anderen Amerikaners, von dem man wußte, daß er die sowjetische Botschaft »zum kritischen Zeitpunkt besucht hatte«, und der tatsächlich drei Tage nach Oswalds Visite dort aufgetaucht war, verwechselt. Der zweite Amerikaner, ein Mann von 35 Jahren und massivem Körperbau, wurde von getarnten Kameras aufgenommen. Ein Mitarbeiter der CIA-Station in Mexico City glaubt irrtümlicherweise, dieser Mann und »Oswald« seien ein und derselbe. So kam der irreführende Oktoberbericht, der nach Washington geschickt wurde, zustande. Und das war der Beginn eines mühsamen Prozesses, die Diskrepanz zwischen dem Foto des 35 Jahre alten Mannes und den während seines Aufenthaltes in Sowjetrußland angesammelten Einzelheiten in den Akten des authentischen Lee H. Oswald, aufzuklären. Wie der CIA später behauptete, war diese Aufgabe durch den Umstand, daß die Agency damals kein Foto des authentischen Lee Harvey Oswald besaß, besonders erschwert.

Am Abend des Attentates erhielt das FBI in Dallas das Foto eines Mannes, der die sowjetische Botschaft in Mexiko City besucht hatte. Dies führte zu äußerster Verwirrung, noch zwölf Jahre später bekannte der einstmalige Direktor des CIA, William Colby: »Wir wissen bis zum heutigen Tage nicht, wer dieser Mann ist«. Ob das zutrifft oder nicht, die offizielle Version des CIA ist nicht stichhaltig genug, um den Verdacht, der amerikanische Nachrichtendienst stecke hinter derartigen Täuschungsmanövern in Mexico City, zu zerstreuen. Betrachten wir die Behauptung des CIA, tatsächlich über kein Foto des authentischen Oswald zu verfügen, um einen Vergleich mit der Beobachtungsaufnahme des Konsulats vom 1. Oktober anzustellen. 1967, ein Jahr nachdem die angeblichen Umstände der Ermordung Kennedys neuerlich in Zweifel gezogen wurden, schrieb ein anonymer CIA-Angehöriger ein langes, beruhigendes Memorandum an den CIA-Anwalt Lawrence Houston. Darin bemerkte er mit gespielter Überlegenheit: »Ich glaube, unsere Position in dieser Angelegenheit ist unanfechtbar.« Zu der mexikanischen Episode bemerkte er: »Die Akten des CIA enthielten unseres Wissens vor der Ermordung Kennedys weder in Washington noch im Ausland ein Foto Lee Harvey Oswalds.« Diese These ist höchst unwahrscheinlich. Der CIA besaß zur Zeit der mexikanischen Affäre offensichtlich Aufnahmen des authentischen Lee Harvey Oswald. Den Beweis dafür liefern ihre eigenen Akten.

Kaum vier Monate nach dem Attentat übermittelte der CIA dem

Warren-Ausschuß nach eigenen Worten eine genaue Wiedergabe
ihres offiziellen Dossiers zur Person Lee H. Oswalds . . . wir waren in
der Lage, Kopien des gesamten in diesen Akten enthaltenen Materials
bis Anfang Oktober 1963 verfügbar zu machen.« Der 1. Oktober 1963
war das Datum des mexikanischen Botschaftsbesuches. Das CIA-
Memorandum enthielt, als Teil des offiziellen Dossiers vier Zeitungs-
ausschnitte. Diese Zeitungsartikel stammen aus der »Washington
Evening Post« und dem »Washington Evening Star«. Sie berichten im
Jahre 1959 von Oswalds Überlaufen in die Sowjetunion. Zwei der
Ausschnitte zeigen deutlich Nachrichtendienst-Fotos des authentischen Lee Harvey Oswald. Eine Abteilung des CIA besaß also lange
vor dem Attentat Fotos von Lee H. Oswald. Daneben gab es die beiden
1961 in Minsk, in der UdSSR von amerikanischen Touristen aufgenommenen Bilder.* Wie vorauszusehen, behauptet der CIA, es handelte sich um Schnappschüsse, fotografiert und aufbewahrt aus Gründen, die nichts mit Oswald zu tun hatten. Oswalds Gegenwart auf den
Bildern sei erst nach dem Attentat bemerkt worden. Der wahre
Sachverhalt in dieser Angelegenheit ist bis heute nicht geklärt worden. Angesichts Oswalds Überlaufens in die Sowjetunion wäre es
selbstverständlich und logisch gewesen, sich für die eigenen Akten
Fotos von der Marineinfanterie und dem Paßamt zu beschaffen. Der
CIA bestreitet, dies jemals getan zu haben, bis der Marinenachrichtendienst nach der Mexiko-City-Episode ein derartiges Foto von ihnen
verlangt hat. Tatsächlich besaß der CIA vor dem Herbst 1963 Zeitungs-
fotos Oswalds sowie möglicherweise weitere Fotos, die in einer Spe-
zialabteilung der Agency aufbewahrt wurden. Aufgrund irreführender Auskünfte, insbesondere über Mexiko, verwickelte sich der CIA
immer tiefer in Widersprüche.

Nach dem Attentat ließ sich der CIA zunächst in ein Scheingefecht mit
der Warren-Kommission ein. Der Warren-Ausschuß verlangte die
Übergabe des gesamten Oswald-Materials, insbesondere die Akten
über Mexiko City. Der CIA verzögerte die Übergabe des Materials.
Interne Memoranden zeugen von der Taktik des CIA, den Ausschuß
so lange wie möglich hinzuhalten. Der damalige stellvertretende
Direktor Richard Helms begründete dies vor dem Ausschuß. Der CIA
befürchtete, eine rücksichtslose Offenlegung ihres Aktenmaterials
würde die Methoden und die Quellen nachrichtendienstlicher Ermittlungen der Öffentlichkeit preisgeben und damit ihre Aufgabenerfül-
lung beeinträchtigen. Im Juli 1964, bevor sich der CIA und der Ausschuß entschieden hatten, wie die mexikanische Affäre der Öffentlichkeit präsentiert werden sollte, erklärte der CIA, das Spionagefoto

---

* s. Kapitel 11: ausführliche Diskussion.

jenes nicht mit Lee H. Oswald identischen Mannes sei am 4. Oktober, einen Tag nachdem »Oswald« Mexiko City verlassen hatte und nach Texas zurückkehrte, aufgenommen worden. Die Identität des Unbekannten schien damit belanglos zu sein, was natürlich das Interesse des Ausschusses, mehr über ihn zu erfahren, verminderte. Allerdings enthüllte der CIA nicht die Tatsache, daß der Unbekannte bereits am 1. Oktober, dem Tag, an dem »Oswald« die sowjetische Botschaft besuchte, in der sowjetischen Botschaft Mexiko Citys gesehen und fotografiert worden war.

Wer war der rätselhafte Mann? Der CIA sprach von ihm leichthin als dem »nicht identifizierten« Mann, gleichzeitig wird im selben Dokument angedeutet, daß er genau wußte, um wen es sich handelte. In dem fraglichen Dokument heißt es, »die Veröffentlichung der Fotos sei geeignet, dem Betroffenen, der, soweit bekannt, weder mit Lee Harvey Oswald, noch mit dem Attentat in Zusammenhang stehe, zu schaden«. Die Besorgnis des CIA um diesen Mann läßt auf dessen Beteiligung an einem Nachrichtendienstunternehmen schließen. Damit weicht der CIA der entscheidenden Frage aus, wie und weshalb er jenen Unbekannten mit Lee Oswald in Verbindung brachte. Handelte es sich tatsächlich um den menschlichen Irrtum eines CIA-Agenten und dessen falsche Schlußfolgerung: den Konsulatsbesucher in Mexico City und den massiv gebauten Unbekannten auf dem fraglichen Foto als Lee H. Oswald zu identifizieren? Diesen Punkt betreffend war der CIA, so der ehemalige Warren-Ausschuß-Anwalt Wesley Liebeler, derartig zurückhaltend, daß seine Auskünfte dem Ausschuß in keiner Weise dienlich sein konnten.

Ob CIA-Irrtum oder nicht, allem Anschein nach waren der Mann auf dem Überwachungsfoto und der Mann, der das *kubanische* Konsulat besuchte, nicht identisch. Sowohl Azcue als auch seine Sekretärin sind davon überzeugt. Dieser Umstand vermindert weder den Verdacht bezüglich eines Doppelgängers Oswalds, noch sind damit die Widersprüche seitens des CIA geklärt. Betrachten wir noch einmal den ersten CIA-Bericht über den rätselhaften Konsulatsbesucher. Danach wurde der fragliche Besucher durch Augenzeugen als »ungefähr 35 Jahre alt, von athletischem Körperbau« beschrieben. Da diese Beschreibung von mehreren Augenzeugen stammt, ist die Annahme der Mexico-City-CIA-Station naheliegend, diesen Besucher mit dem massiv gebauten Mann des Beobachtungsfotos zu verwechseln. Damit gesellt sich zur Gruppe jener, die einen »Oswald« die Botschaft besuchen sahen, der sich vollständig von dem authentischen Lee H. Oswald unterschied, auch noch ein CIA-Agent! Das Rätsel führt nunmehr zu einer zusätzlichen Frage an den CIA. Selbst wenn der nicht identifizierte Fremde nichts mit dem Kennedy-Attentat zu tun

hatte, lieferte er zumindest einen entscheidenden Beweis: der CIA hat
die Besucher der kommunistischen Botschaften in Mexico City fotografiert. In diesem Falle müßte der CIA jedoch Fotos jenes Mannes,
der sich »Oswald« nannte und die kubanische bzw. sowjetische
Botschaft mehrere Male besuchte, besitzen. Wenn dieser Mann aber
tatsächlich Lee Harvey Oswald war, dann sollten diese Aufnahmen
die Angelegenheit ein für alle Male klären können. Wo sind also die
Fotos?

Der CIA behauptet, keine Fotos des authentischen Oswald als Konsulatsbesucher zu besitzen. Sie gibt dafür widersprechende Erklärungen. 1975 behaupteten CIA-Angehörige, die Kamera nahe der sowjetischen Botschaft sei an Wochenenden nicht benutzt worden, folglich
könne es also keine Fotos von Lee H. Oswalds angeblichem Besuch in
der sowjetischen Botschaft am Samstagmorgen geben. Sie behaupteten weiter, ebenso sei die Kamera nahe der kubanischen Botschaft zur
Zeit des Besuches L. H. Oswalds außer Funktion gewesen. Richard
Sprague, der erste Obere Rechtsberater des Kongreßausschusses,
wies diese Erklärung als völlig unzureichend zurück. »Als ich diese
Geschichte hörte«, so erläuterte er dem Verfasser, »wollte ich mit den
CIA-Kamera-Leuten sprechen. Ich wollte ausfindig machen, ob diese
Geschichte wahr ist, doch wurden wir an diesem Punkt gestoppt.«
Der schwächste Punkt der CIA-Geschichte ist zweifellos ihr eigener
Fotobericht. Im Jahre 1976 stellte sich schließlich heraus, daß der CIA
mindestens zwölf Fotos dieses Mannes besaß, Einzelbilder, die aus
einem laufenden Film herausgeschnitten waren. Diese Fotos, die
»Freedom of Information« durch Gerichtsverfahren mühsam des CIA
abgerungen hatte, zeigen den rätselhaften Besucher in verschiedenen
Posen und unterschiedlicher Kleidung. Eines der Fotos ist vor der
sowjetischen Botschaft am 1. Oktober aufgenommen, genau an dem
Tag, an welchem »Oswald« die Botschaft besucht hatte. Als sich der
Verfasser 1978 in Havanna aufhielt, präsentierten ihm die kubanischen Behörden ein Dossier von Bildern, die ihre eigenen Nachrichtendienstagenten von den amerikanischen Beobachtungsposten auf
der Straße gegenüber der kubanischen Botschaft aufgenommen hatten (s. Abb. 27). Die Beobachter wurden als ihrerseits beobachtet. Wir
haben allen Anlaß ähnliche Überwachungsaktivitäten nahe der sowjetischen Botschaft anzunehmen. Weshalb existieren keine Fotos von
Lee H. Oswald, obwohl er eine der Botschaften an einem Tag, an dem
die Kameras funktionierten, besuchte?

Der ehemalige Chef der »Western-Hemisphere«-Abteilung des CIA
versuchte 1979 eine Erklärung dafür zu geben. Es handelte sich um
David Phillips, den Chef des CIA-Teams, das für die Verbreitung der
Fotos jenes Mannes, der nicht Lee H. Oswald war, verantwortlich

war. »Wir hatten wohl die Installationen, die die Überwachung der Botschaften ermöglichten, jedoch benutzten wir sie nicht vierundzwanzig Stunden täglich, vor allem nicht am Samstag und Sonntag. Wir studierten mehrere Tage lang buchstäblich Hunderte von Fotos, die vor und während Oswalds Besuch in Mexico City aufgenommen wurden. Er erschien nicht auf einem einzigen dieser Fotos.« Phillips' Version widerspricht offenkundig sowohl den bekannten Fakten, als auch der früheren CIA-Version. Der Kongreßausschuß wies seine Erklärung zurück. Laut allen verfügbaren Indizien ist nachgewiesen, daß die Fotos routinemäßig aufgenommen wurden. Darüber hinaus hatte der Mann, der sich als »Oswald« auswies, die kommunistischen Botschaften mindestens fünfmal besucht. Die Behauptung, die Kameras hätten ihn nicht ein einziges Mal festgehalten, ist also absolut unglaubwürdig. Etwas bitter vermerkte der Ausschuß, »Fotos von Oswald seien vielleicht aufgenommen, doch später verloren oder vernichtet worden«. Der Ausschuß unterließ es, der Sache nachzugehen, auch fragte er nicht, wie der CIA ausgerechnet Oswalds Fotos verlieren konnte. Und aus welchen Gründen hätte die Agency Fotos Lee H. Oswalds *vernichten* sollen?

Hätte der CIA Fotos des authentischen Oswald, als er die Botschaften betrat, wir können sicherlich annehmen, daß er diese längst freudig vorgewiesen hätte. Die gegebenen Umstände bekräftigen die Annahme, daß der Mann, der sich als »Oswald« ausgab, in der Tat beim Betreten der Botschaften gefilmt wurde, daß er jedoch, wie einige Zeugen bestätigen, ein Doppelgänger war. Diese Hypothese wird durch eine weitere Gepflogenheit, mit der der Nachrichtendienst in Mexiko City Informationen sammelt, untermauert: das Abhören kommunistischer Botschaften durch versteckte Mikrophone. Wenn die Botschaften abgehört wurden und wenn ein Teil dieser Informationen über die Visiten »Oswalds« aus dieser Quelle stammen, wo befinden sich die Tonbänder? Diese Frage bringt den CIA wahrhaftig aus der Fassung.

Als der damalige Direktor des CIA, William Colby, über Tonbandaufnahmen befragt wurde, äußerte er sich seltsam vage. Er »glaube«, es existierten Tonbänder mit Oswalds Stimme. Diese Aussage entsprach durchaus der Wahrheit. Der CIA besitzt das Tonband eines Telefongesprächs vom kubanischen Konsulat in die sowjetische Botschaft, in dem der Sprecher sich deutlich als »Lee Oswald« vorstellte und mit dem Wachtposten am Eingang der sowjetischen Botschaft spricht. In einem weiteren Gespräch bezeichnet derselbe Mann Odessa als die Stadt, die er in der UdSSR zu besuchen beabsichtige.

Wir wissen zwar wenig über den Inhalt dieser Tonbänder, doch gibt ein Bericht über den Anruf vom kubanischen Konsulat in die sowjetische Botschaft einen wichtigen Hinweis. Laut Äußerungen des War-ren-Ausschusses »sprach der Amerikaner ein *äußerst mangelhaftes Russisch*«. Das klingt nicht nach dem Oswald, der so gut russisch sprach, daß ihn seine zukünftige Frau bei ihrer ersten Begegnung für einen sowjetischen Bürger aus einer andern Region der UdSSR hielt. Selbst nachdem er in die Vereinigten Staaten zurückgekehrt war, beeindruckte er die russische Exilgemeinde mit seinen russischen Sprachkenntnissen. Darüber hinaus betont Silvia Duran, daß Oswald sich nicht an dem, ihn betreffenden, Gespräch mit der sowjetischen Botschaft beteiligte, noch in ihrer Gegenwart russisch gesprochen habe. Das ist ein weiterer Anhaltspunkt dafür, daß anstelle L. H. Oswalds ein Doppelgänger agierte. Das Tonband sollte analysiert werden, das aber ist nicht möglich, da die fraglichen Tonbänder nicht mehr existieren.

1976 bot der CIA-Mexico-Experte, David Phillips, hierfür eine neue Erklärung. Alle Tonbänder seien routinemäßig ein oder zwei Wochen nach Oswalds Besuch in Mexico City vernichtet worden. Es existierten jedoch Abschriften, die er als Angehöriger der Mexico-City-CIA-Station gelesen habe. Einem wißbegierigen Journalisten aus Washington gelang es, Stenotypisten und Übersetzer, die an dem Transkript gearbeitet hatten, ausfindig zu machen. Auch sie erinnerten sich des Details, das David Phillips erwähnte. Der Übersetzer erinnerte sich darüber hinaus, daß sich die CIA-Bosse im Falle Oswald, von ihrer Routine abweichend, die Abschriften, anstatt wie üblich am folgenden Tag, sofort geben ließen.

Diese Version weicht erheblich von der offiziellen Stellungnahme des CIA ab. Danach hieß es seitens des CIA, man habe die bewußten Konsulatsbesuche Oswalds routinemäßig behandelt und nachrichten-dienstliche Erkenntnisse ohne besondere Eile nach Washington wei-tergeleitet, bis sein Name nach dem Attentat bekannt wurde. Weshalb reagierten die CIA-Angehörigen in diesem Falle Wochen vor dem Attentat, als habe der Fall Oswald vorrangiges Interesse? Dieser Umstand macht die angebliche Vernichtung der Tonbänder zwei Wochen später noch unglaubwürdiger. Die Arbeit des Kongreßaus-schusses wurde durch einen von höchster Ebene kommenden Bericht noch zusätzlich kompliziert. Dieser schien eindeutig zu bestätigen, daß die fraglichen Tonbandaufzeichnungen zur Zeit der Ermordung Kennedys noch *existierten*.

Binnen vierundzwanzig Stunden nach dem Attentat hatte der Direk-tor des FBI, Hoover, eine vorläufige fünf Seiten umfassende Analyse aufstellen lassen, die abgesehen von dem folgenden Paragraphen jedoch kein weiteres Interesse beansprucht:

Die Central Intelligence Agency übermittelte den Bericht vom
1. Oktober 1963 aus streng geheimer Quelle. Ein Individuum,
das sich als Lee Harvey Oswald ausgab, soll sich in der sowjetischen Botschaft in Mexico City nach einer Nachricht erkundigt
haben. Spezialagenten des FBI, die mit Oswald in Dallas, Texas,
gesprochen haben, sahen die Fotos des obengenannten Indivi-
duums und hörten eine Tonbandaufnahme seiner Stimme. Sie
sind der Meinung, daß es sich beim Obengenannten nicht um
Lee H. Oswald handeln kann.

Der Bericht ist unmißverständlich. Der CIA schickte sowohl ein Foto,
wie auch ein Tonband des Mannes, den ihr Überwachungsdienst in
Mexico City beobachtet hatte und der sich »Lee Oswald« nannte, nach
Washington. Weder die Stimme noch das Foto paßten zu Lee Harvey
Oswald, der sich in Dallas in Haft befand. Verständlicherweise verur-
sachte die dringende Ermittlungsaktion im Hauptquartier des FBI
Bestürzung und, anscheinend, auch eine Entscheidung.
Gordon Shanklin vom FBI in Dallas informierte das Hauptquartier, der
CIA habe lediglich ein Foto und Schreibmaschinenberichte übermit-
telt. Verfügbare CIA-Dokumente erwähnen die Versendung von
Fotos mit einem Spezialflugzeug nach Dallas. Von Tonbändern wurde
nicht gesprochen. Die FBI-Agenten, die Oswald in Dallas vernahmen,
sagten aus, falls ein Tonband existiert hat, so hätten sie es nicht gehört.
Vielleicht wurden keine Tonbänder versandt, obwohl es schwer vorstellbar ist, wie sich ein Versehen solcher Tragweite in einem persönlichen Bericht an den Direktor des FBI einschleichen konnte. Der
Ausschuß entdeckte in einem anderen Zusammenhang, daß Shanklin
sowie ein anderer Geheimagent wesentliche Dokumente zur Person
Oswalds vernichtet hatten. Der Ausschuß sah darin Grund genug, die
Glaubwürdigkeit Shanklins zu bezweifeln. Damit stellt sich die Frage
nach den Tonbändern erneut. Der Ausschuß stellte 1979 fest, die
mexikanische Tonbandaufnahme hat niemals das CIA-Hauptquartier
erreicht. Das Rätsel um das Tonband, das nachweislich vor dem
Attentat beim CIA in Mexico City existierte, wurde niemals geklärt.
Schließlich stand der Ausschuß vor einer wenig beneidenswerten
Alternative. Auf der einen Seite gab es Beweismaterial für einen
Doppelgänger Lee H. Oswalds, auf der anderen Seite existierten
Beweise in Gestalt der Visa Formulare mit dem Foto des authentischen
Oswald und seiner von Experten begutachteten Unterschrift. Der
Ausschuß machte keinen Hehl aus dem Dilemma.
Er kam endlich, anhand zusätzlicher streng geheimer CIA-Informatio-
nen, zu folgender Entscheidung: »Bei dem, das kubanische Konsulat
in Mexico City besuchenden Mann handelte es sich um Lee Harvey

Oswald.« Aufgrund des vom CIA zur Verfügung gestellten Beweismaterials *schienen* Anhaltspunkte darauf hinzudeuten, daß es sich bei
dem Mann in der sowjetischen Botschaft und im *kubanischen* Konsulat um ein und denselben handelte. Schließlich erklärte der Ausschuß,
er könne sich nicht entscheiden, ob der CIA tatsächlich Aufnahmen
von Oswalds Besuchen in den kommunistischen Botschaften gemacht
habe. Die Schlußfolgerung kann nicht als zufriedenstellend angesehen werden. Der Ausschuß sah sich also gezwungen, gänzlich auf sich
selbst gestellt, die wesentliche Frage, ob der authentische Oswald das
kubanische Konsulat besucht hatte, anhand geheimen CIA-Materials
zu beantworten. Das Beweismaterial selbst konnte nicht preisgegeben
werden, es wäre geeignet, geheime Quellen und Methoden zu offen-
baren. Diese Begründung erweckt den Anschein, als ob im Namen der
nationalen Sicherheit ein bestimmter Informant, möglicherweise ein
ehemaliger Agent in der kubanischen Botschaft, geschützt werden
sollte. Einen anderen Bereich der Mexico-Episode kommentierte der
Ausschuß: Der CIA weigert sich, seine Informationsquellen, respek-
tive die Namen bestimmter Mitarbeiter, selbst vom Sicherheitsstand-
punkt als unbedenklich erklärte Personen, dem Ausschuß mitzuteilen. Würde der CIA, nachdem sechzehn Jahre vergangen sind, noch
aus der Mexico-City-Episode ein derartiges Geheimnis machen, wenn
es nichts zu verbergen gäbe?
Alle Umstände deuten darauf hin, daß eine Abteilung des CIA möglicherweise wegen einer Operation gegen das »Fair-Play-for-Cuba«-
Komitee nicht über die Oswald betreffenden Informationen einer
anderen Abteilung verfügten. Diese Deutung könnte erklären, weshalb eine der Abteilungen des CIA im Oktober 1963 aus seinen
eigenen Akten noch nicht wußte, ob es sich bei dem, von ihrem
Spionagedienst in Mexico City beobachteten Mann um Lee H. Oswald
handelte oder nicht. Die betreffende CIA-Abteilung bat die Marine um
Fotos des authentischen Oswald, obgleich der CIA bereits in seinen
Akten Fotos von Oswald besaß. Die fragliche CIA-Abteilung schien
nicht nur bemerkenswert schlecht über Oswalds Aktivitäten in der
jüngsten Vergangenheit informiert zu sein, darüber hinaus waren ihre
Informationen zur Person Oswalds weitgehend überholt. Aufgrund
der Mexiko-Nachforschungen vom 10. Oktober 1963 zeigte sich, daß
die letzten Informationen über Oswald in einem Bericht vom Jahr 1962
standen. Dabei hatte das FBI dem CIA im September 1963 nachweislich drei Berichte, unter anderem über Oswalds FBCC-Aktivitäten in
New Orleans, zugeschickt. Warum war das Hauptquartier einer weitgehend mit Computern ausgestatteten Agency so unzureichend informiert? Möglicherweise oblagen geheimdienstliche Unternehmen
gegen das FBCC einer besonderen Abteilung des Nachrichtendien-

stes. Deren Aktivitäten aber wurden im Interesse der nationalen Sicherheit oft von einander völlig isolierten Abteilungen aus unternommen. Nach dem Attentat war es möglicherweise unerwünscht, die gegen das FPCC und gegen Kuba gerichteten Unternehmen der »dirty-Tricks«-Departments der Nachrichtendienste zu enthüllen. Damit sind alle logischen Erklärungen erschöpft.

Falls Lee H. Oswald an geheimen Unternehmen gegen Havanna beteiligt gewesen war, hätte man ihn sicherlich persönlich in die kommunistischen Botschaften geschickt. Folgende Fragen sind nunmehr nach wie vor unbeantwortet. Hat sich jemand in Mexico City für Lee H. Oswald ausgegeben? Falls das geschah, mit welcher Absicht? Auf diese Fragen gibt es keine einfachen Antworten.

Als der einstige CIA-Agentenführer für kubanische Operationen in Mexico, David Phillips, im Jahre 1976 seine Version von der Vernichtung der Tonbänder vor dem Attentat gab, soll er eine neue Behauptung aufgestellt haben. Laut »Washington Post« kannte er den Inhalt einer Tonband-Abschrift, derzufolge Oswald versucht haben soll, mit den Sowjets eine Vereinbarung zu treffen. »Oswald« soll sinngemäß folgendes gesagt haben: »Ich verfüge über eine Information, die Sie interessieren würde und mit der ich mir die Einreise in die UdSSR verdienen könnte.« Phillips Behauptung scheint von dem Übersetzer der Tonbandabschrift und dem Stenotypisten bestätigt worden zu sein. Oswald bot den Russen in der Tat eine Information an. Welche Information? Das wissen wir nicht, überdies hat sich Phillips inzwischen von seiner Behauptung distanziert. Zwei weitere Versionen dieses Gesprächs existieren, beide tragen den Stempel der amerikanischen Nachrichtendienste.

Laut Ernesto Rodriguez, einem CIA-Vertragsagenten in Mexico City, erklärte »Oswald« sowohl den Sowjets als auch den Kubanern, von einem neuen CIA-Komplott sowie einem Mordplan gegen Fidel Castro zu wissen. Für die Einreisebewilligung nach Kuba bot ihnen »Oswald« weitere Informationen an. Darüber habe sich »Oswald« nicht nur telefonisch geäußert, sondern er habe auch ganz offen vor Mitgliedern des »Fair-Play-for-Cuba«-Komitees in Mexico City über die geplante Ermordung Castros gesprochen. Eine weitere, eher unglaubwürdige, Behauptung Rodriguez' besagt, daß »Oswald« auch mit lokalen Journalisten über sein Telefongespräch mit den Kubanern gesprochen habe. Diese Geschichte wurde wenig beachtet, doch erweckte eine zweite Geschichte das Interesse offizieller Kreise.

1967 kehrte ein englischer Journalist namens Comer Clark aus Havanna zurück. Er veröffentlichte ein improvisiertes Interview mit Fidel Castro. Darin ließ er Fidel Castro sagen, er habe bereits vorher von dem Mordplan Oswalds an Kennedy Kenntnis gehabt, jedoch nichts unternommen. Und weiter, daß Lee Oswald zweimal die kubanische Botschaft in Mexico City besucht habe. Das erste Mal habe er seine Dienste Kuba angeboten. Auf die Aufforderung, sein Angebot ausführlicher zu erklären, geschah nichts. Das zweite Mal soll Oswald geäußert haben: »Jemand sollte Präsident Kennedy erschießen. Vielleicht werde ich es versuchen.« Das alles ereignete sich weniger als zwei Monate bevor der Präsident der Vereinigten Staaten erschossen wurde. Und Clark läßt Castro sagen: »Ja, ich wußte von Lee Oswalds Absicht, Präsident Kennedy zu ermorden. Vielleicht hätte ich sein Leben retten können. Vielleicht – aber ich tat es nicht. Ich glaubte nicht daran, daß Oswald seine Absicht ausführen würde.« Laut Clark nahm Castro Oswalds Drohung nicht allzu ernst und versäumte es daher, die US-Behörden davon in Kenntnis zu setzen.

Die Comer-Clark-Geschichte ist ein »echtes Puzzle«. Im Jahre 1978 erklärte Castro den Mitgliedern des Kongreßausschusses für Attentate, niemals das Interview gegeben zu haben. Castro empfahl, Auskünfte über den Journalisten einzuholen. Der Ausschuß erfuhr von Clark, der inzwischen nicht mehr lebt, als einem Kolporteur sensationeller und zweifelhafter Geschichten. In einer öffentlichen Sitzung des Ausschusses, im Jahre 1978, erklärte demgegenüber der Oberste Rechtsberater: »Es wird zwar ernstlich bezweifelt, daß Clarks Interview mit Präsident Castro jemals stattgefunden hat. Gleichwohl wurde der Ausschuß davon unterrichtet, daß die Regierung der Vereinigten Staaten über Informationen aus in hohem Grade vertraulicher Quelle verfügte, die den Inhalt jenes Artikels in wesentlichen Punkten bestätigen.« Im später veröffentlichten Bericht des Ausschusses hieß es dennoch: »Die sonst zuverlässige Quelle befand sich dieses Mal im Irrtum.« Das Resümee des Ausschusses lautete also: »Oswald hat seine Drohung den kubanischen Behörden nicht mitgeteilt.« Der geheimnisvolle und anonyme Informant – vermutlich derselbe, der so glaubwürdig Oswalds Besuch im kubanischen Konsulat beschrieben hatte, schien dieses Mal eine irreführende Version der Gespräche im kubanischen Konsulat gegeben zu haben.

Eine »in hohem Grade vertrauliche, doch verläßliche Quelle« ist das Synonym für nachrichtendienstliche Informationen. Die Hauptinformationsquelle des Ausschusses war der CIA. Hinter den verschiedenen Versionen dessen, was zwischen den Kubanern und »Oswald« stattgefunden haben soll, d.h. den Versionen, die sowohl einen linksextremen Oswald als auch Fidel Castro und Kuba beschuldigen, verbirgt sich also demnach der amerikanische Nachrichtendienst.

Laut Rodriguez, dem einstigen CIA-Agenten, hat Oswald die Kubaner vor einem bevorstehenden Mordanschlag auf Castro gewarnt.
Castro reagierte darauf, indem er den Amerikanern zuvorkam, das ist
die Lieblingshypothese der Gegner Castros.

Die Geschichte des britischen Journalisten, Castro habe von Oswalds
Drohung im vorhinein gewußt, doch nichts unternommen, enthält ein
Detail, das zum kubanischen Führer paßt. Castro soll über die
Oswald-Episode in Mexico City gesagt haben: »Ich dachte, die Besuche hätten mit dem CIA zu tun – ob etwas geschah oder nicht . . . wenn
ein Komplott entdeckt würde, würden wir beschuldigt werden – für
etwas, womit wir gar nichts zu tun hatten. Es hätte stets als Ausrede
für einen neuen Versuch, Kuba anzugreifen, gedient. Auf alle Fälle
hätte man mir die Schuld dafür unterschoben. Ich hatte keinen Anteil
an Kennedys Ermordung, das kann ich ihnen sagen. Ich glaube, er
wurde von amerikanischen Faschisten umgebracht – von Rechtsextremisten, die seine Politik mißbilligten.«

War Castros Verdacht unberechtigt oder war seine intuitive – angeblich vor dem Attentat geäußerte – Ansicht richtig, die Zwischenfälle in
Mexico City seien »irgendwie mit dem CIA verknüpft«? Der republikanische Senator Schweiker, der die Nachrichtendienst-Ausschuß-
Ermittlungen über die CIA-Aktivitäten zur Zeit des Attentates leitete,
vertrat eine ähnliche Meinung wie Castro. Er beschuldigte den CIA,
die Existenz der Mexico-City-Fotos absichtlich seinem Stab verheimlicht zu haben. Er vermutet, daß jene Ereignisse noch immer abgeschirmt werden.

Der Kongreßausschuß hatte vor allem Probleme mit der Zeugenaussage Phillips'. Dieser war zu der Zeit als Oswalds Name in der
kubanischen Botschaft benutzt wurde, Chef der CIA-Kuba-Unterneh-
men in Mexico City. 1980 äußerte Richard Sprague, erster Oberster
Rechtsberater des Ausschusses gegenüber dem Verfasser: »Ich
glaubte, der CIA hat uns nicht die absolute Wahrheit über Mexico City
gesagt. Insbesondere hatte ich den Eindruck, David Phillips' unter Eid
gegebene Aussage würde einem gründlichen Kreuzverhör nicht
standhalten. Sie widersprach den Aussagen anderer Zeugen sowie
anderen bekannten Tatsachen.«

Der zweite Oberste Rechtsberater des Kongreßausschusses, Professor
Robert Blakey, meinte, »Phillips' Aussagen bezogen sich auf verschiedene Bereiche, der Ausschuß glaubte jedoch nicht an ihre Wahrhaftig-
keit«.

Phillips zog die Aufmerksamkeit des Ausschusses ursprünglich in
einem anderen Zusammenhang auf sich. Der Ausschuß erwog die
Möglichkeit, in David Phillips den Agentenführer zu sehen, der unter
dem Decknamen »Maurice Bishop« die Komplotte plante, die auf eine

Konfrontation zwischen den Vereinigten Staaten und der Sowjetunion auf dem Umweg über Kuba zielten.

»Maurice Bishop« traf kurz vor dem Attentat Oswald. Phillips, sowie auch die Quelle der »Bishop«-Informationen, Antonio Veciana, leugneten die Identität »Bishops« mit Phillips. Veciana sowie auch Phillips erschienen dem Ausschuß äußerst unglaubwürdig. Die Frage, ob Phillips den Decknamen »Bishop« benutzt hatte, wird später ausführlich behandelt werden. Es genügt für den Augenblick, noch ein letztes Bruchstück im Zusammenhang mit Mexico City zu betrachten. Eine Information deutet darauf hin, daß Phillips den Versuch unternahm, Beweismaterial dergestalt zu manipulieren, daß Oswald dadurch fälschlicherweise mit kommunistischen Behörden in Zusammenhang gebracht werden mußte.

Im Jahr 1978 ergänzte der exilkubanische Kommandant Antonio Veciana seine frühere Aussage, »Bishop« in Gesellschaft Oswalds kurz vor der Mexico-City-Episode begegnet zu sein: »Nach dem Attentat ersuchte mich ›Bishop‹«, so sagte Veciana 1978 dem Verfasser, »um etwas Außergewöhnliches, nämlich, mit meinem Vetter Guillermo Ruiz, der in der kubanischen Botschaft in Mexico City arbeitete, in Verbindung zu treten und ihn zu bitten, gegen Entgelt, zu behaupten, Lee Harvey Oswald einige Wochen vor dem Attentat in der Botschaft gesehen zu haben.« Ich fragte ihn, ob Lee Harvey Oswald wirklich dort gewesen sei. »Bishop« entgegnete, das sei unwesentlich, wesentlich sei allein, »daß mein Vetter als Mitglied des Corps Diplomatique von Kuba, bestätigte, ihn dort als Besucher gesehen zu haben«.

Veciana hatte nachweislich einen angeheirateten Vetter namens Ruiz, der als getarnter »Diplomat« in Castros Nachrichtendienst arbeitete. Bevor Veciana Ruiz erreichen konnte, erklärte ihm »Bishop«, er solle die Angelegenheit vergessen, keine Kommentare geben, die Sache nicht mehr erwähnen und keine Fragen über Lee Harvey Oswald stellen.

Es sei betont, daß der Stab des Ausschusses über Veciana, von der »Bishop«-Geschichte abgesehen, wie folgt berichtete: »Veciana hatte einen vorzüglichen Ruf als ehrlicher und glaubwürdiger Mann.« Ein ehemaliger Mitarbeiter Antonio Vecianas zu der Zeit, als dieser der Chef der Sabotageunternehmen der M. R. P. (Movimiento Revolucionario del Pueblo) war, erklärte: »Veciana war der anständigste, vertrauenswürdigste und ehrlichste Mann, dem ich je begegnet bin. Ich vertraue ihm rückhaltlos!« Das ist nur eine der zahlreichen Referenzen für den Mann, der behauptet, »Bishop« arbeitete für einen der Nachrichtendienste der Vereinigten Staaten. »Ich bin überzeugt, es war der CIA ... Nach meiner Auffassung war die Mexico-City-Episode ein

Trick der Nachrichtendienste, um die Schuld für den Tod Kennedys Castro und der kubanischen Regierung zur Last zu legen.«
Wenn die Mexico-Affäre tatsächlich ein Täuschungsmanöver war, so war sie fast erfolgreich.

19.
Dallas – Doppelte Belichtung

Mehrfache Belichtung ist einfach.

– *Minolta Handbuch für Fotografen*

Die Heimkehr des wirklichen Oswald in die Vereinigten Staaten vollzog sich ziemlich trivial. Er reiste wieder in einem ratternden Bus, diesmal jedoch nicht nach New Orleans, sondern nach Dallas, Texas, und übernachtete im »Heim Christlicher Junger Männer«. Am Wochenende besuchte er seine Frau Marina, die im Hause ihrer Freundin, Ruth Paine in einem Vorort der Stadt, die Geburt ihres zweiten Kindes erwartete. Die Begegnung war schicksalhaft für Oswald. Zehn Tage nach seiner Ankunft in Dallas unterhielt sich Mrs. Paine mit einer Nachbarin, Mrs. Randle, über Oswalds Schwierigkeiten, eine Arbeit zu finden. Mrs. Randle hatte eine glänzende Idee: vielleicht gäbe es einen Job in der Arbeitsstätte ihres Bruders. Oswald befolgte ihren Rat und zwei Tage später begann der letzte Job seines Lebens. In einem Lagerhaus füllte er Bestellformulare für die Zustellung von Schulbüchern aus. Das war die Dallas School Book Depository.

Äußerlich betrachtet, waren die letzten vierzig Tage in Oswalds Leben kaum bemerkenswert. Nach einem Fehlschlag mit einer launischen Hauswirtin nahm er ein anderes Zimmer in der 1026, North Beckley. Er lebte zum ersten Mal nach einem Jahr in einem gemieteten Zimmer und trug sich unter dem falschen Namen·»O. H. Lee« ein. Die Hausbesitzerin und die anderen Mieter hatten von ihm den Eindruck eines ruhigen, einsamen Mannes. Er verbrachte fast alle Abende mit Lesen oder Fernsehen und sprach selten, rief aber seine Frau oft an und besuchte sie fast jedes Wochenende.

Der 18. Oktober war sein Geburtstag, er feierte ihn mit Marina und Ruth. Die beiden brachten eine Torte und Wein mit und dekorierten den Geburtstagstisch. Als die Torte schimmernd mit brennenden Kerzen hereingebracht wurde, sangen alle »Happy Birthday, Lee«.

Lee war sichtbar gerührt und hatte Tränen in den Augen. Zwei Tage später gebar Marina ihr zweites Kind, eine Tochter. Oswald war glücklich. Irgendwie schien sich ihre zerrüttete Ehe wieder zu erholen. Oswald wünschte aufrichtig, das gemeinsame Familienleben wiederaufzunehmen, ja zu seiner Frau zurückzuziehen. Sein unmittelbarer Vorgesetzter schätzte Oswalds Arbeit und hielt ihn für einen überdurchschnittlichen Angestellten. Auch Oswald schien mit seiner Arbeit zufrieden zu sein. Laut Marina legte er, wie er sagte, Ersparnisse beiseite. In Wirklichkeit erhoffte er jedoch eine baldige Beendigung seines Jobs.

Um den ersten November herum – drei Wochen vor dem Attentat – schrieb Oswald den Steuerbehörden. In diesem Brief behauptete er, »nur sechs Monate im Steuerjahr 1963 gearbeitet zu haben«. Einige Tage nachdem er diesen Brief geschrieben hatte, soll er seiner Frau mitgeteilt haben »eine andere Stellung sei offen, eine interessantere Arbeit . . . mit Fotografie verbunden«. Wir werden nie erfahren, was er mit seinem Brief an die Steuerbehörden oder mit der Bemerkung an seine Frau meinte. Der Warren-Bericht erwähnte den Brief nicht. Der Brief an das Steueramt war auch erst drei Jahre später in den offiziellen Akten erschienen. Er ist eine zusätzliche Unbekannte in den rätselhaften Beziehungen zwischen Oswald und den Steuerbehörden. Wie bereits erwähnt, wird die Steuererklärung des vermeintlichen Mörders, Oswalds, für das Jahr 1962 von den Untersuchungsbehörden zurückgehalten. Dafür gab es niemals eine glaubwürdige Erklärung. Während der letzten Wochen in Oswalds Leben ereigneten sich neue und offensichtlich unangenehme Dinge. Sie standen in Zusammenhang mit den von Marina und Ruth Paine berichteten Besuchen eines FBI-Agenten namens James Hosty.

Hosty hatte sieben Monate zuvor, nachdem aus Routineberichten hervorgegangen war, daß Oswald »The Worker«, die Zeitung der kommunistischen Partei der Vereinigten Staaten abonniert hatte, die Wiederaufnahme des Falles Oswald beantragt. Er ergriff diese Initiative zu einer Zeit als das FBI-Hauptquartier diese Angelegenheit zu ignorieren schien. Das FBI erfuhr durch Routineberichte von einer Kontaktaufnahme Lee Oswalds mit der sowjetischen Botschaft in Mexico City. Der Agent Hosty brachte in Erfahrung, daß die Familie Oswald New Orleans verlassen und die Adresse Ruth Paines zur Nachsendung ihrer Post hinterlassen hatte. Am ersten November, also zweiundzwanzig Tage vor dem Attentat, erschien Hosty an Ruth Paines Türschwelle. Laut Ruth und Marina und nach seiner eigenen Angabe, sagte er nur, er wünsche Oswald gelegentlich zu sprechen. Dabei erkundigte er sich nach einer Möglichkeit, sich mit ihm in Verbindung zu setzen. Die Frauen gaben Hosty die Adresse der Book Depository, woraufhin er ging. Vier Tage später erschien er erneut und verließ das Haus erst, nachdem ihm die Frauen versichert hatten, die Adresse, des von Oswald gemieteten Zimmers nicht zu kennen, obwohl ihnen, wie sie später zugaben, die Telefonnummer der Woh-

nung bekannt war. Die Aussagen deuten darauf hin, daß Ruth und
Marina Oswald schützten, da er sich vom FBI verfolgt glaubte.
Laut Marina verfiel Oswald auf die Nachricht von Hostys Besuch in
eine düstere Stimmung. Zwei Tage danach reagierte er auf Hostys
Besuch mit einem Gegenbesuch im Amt des FBI in Dallas. Von der
Empfangssekretärin, die mit ihm sprach, wissen wir von seinem
Anliegen, den Agenten Hosty zu sehen. Da Hosty abwesend war,
hinterließ er eine schriftliche Nachricht in einem Briefumschlag. Er
sagte barsch: »Schauen Sie, daß er das bekommt«, und ging. Nach
dem Attentat verschwieg das Dallas-FBI sowohl die Existenz jenes
Briefumschlags wie seinen Inhalt. Welche Mitteilung der Brief enthielt, ist noch immer ungewiß, was aus ihm wurde, blieb zwölf Jahre
hindurch ein Rätsel.
Die Episode blieb unbekannt bis im Jahre 1975 ein Journalist durch
einen Kontakt innerhalb des FBI davon erfuhr. Seine darauffolgenden
Nachforschungen lösten einen nationalen Skandal aus. Möglicherweise wurden die Details der Affäre vom Senatsausschuß für Nachrichtendienste und vom Kongreßausschuß ermittelt. Ehemalige FBI-
Beamte, sowie Hosty gestanden schließlich nicht nur die Existenz
dieses Briefes, sondern auch die Tatsache, ihn binnen weniger Stunden nach Oswalds Tod vorsätzlich vernichtet zu haben. Der Kongreßausschuß wollte Näheres über seinen Inhalt wissen. Wer hatte seine
Vernichtung angeordnet und weshalb? Das FBI gab keine zufriedenstellende Antwort. Die Empfangsdame, Mrs. Nanny Fenner machte
eine dramatische Aussage. Aufgrund eines kurzen Blicks in die Mitteilung erinnere sie sich etwa gelesen zu haben:

> Das ist eine Warnung. Wenn Sie meine Frau nicht ab sofort in
> Ruhe lassen, werde ich das FBI und das Dallas-Polizei-Depart-
> ment in die Luft sprengen.
>
>   Lee Harvey Oswald

Nach Agent Hostys Erinnerung besagte die Nachricht etwa folgendes:

> Wenn Sie etwas über mich erfahren wollen, kommen Sie und
> sprechen Sie direkt mit mir. Wenn Sie nicht aufhören, meine
> Frau zu belästigen, werde ich angemessene Schritte unterneh-
> men und die Sache den zuständigen Behörden berichten.

Unter vier Augen beschrieb Hosty die Empfangsdame, Mrs. Fenner,
als unzuverlässig und leicht erregbar. Jedenfalls behauptet Hosty, die
Nachricht sei so zusammengefaltet gewesen, daß sie die Empfangs-
dame nicht, wie sie angibt, hätte lesen können. Er besteht darauf, der
Brief sei in keiner Weise außergewöhnlich gewesen, er habe ihn in sein
Ablagefach gelegt und nach dem Attentat vergessen. Mrs. Fenners

Version klingt unglaubwürdig, sie steht nicht mit Oswalds üblichen Worten und Handlungen im Einklang. Andererseits ist es auch schwer, Hostys Wiedergabe als wahrheitsgetreu anzunehmen. Falls Oswalds Brief wirklich so harmlos gewesen sein sollte, hätte es keinen Grund zur Vernichtung gegeben. Eines ist klar: die Nachricht enthielt einen Hinweis, der dem FBI nach dem Attentat Angst und Bestürzung bereitete.

Hosty sagte aus, sein Vorgesetzter, Sonder-Agentenführer Shanklin, habe ihn einige Stunden nach dem Attentat in sein Büro kommen lassen. Offensichtlich sehr erregt, forderte er von Hosty eine Erklärung für den Brief. Hosty erläuterte seine kürzlichen Begegnungen mit Ruth Paine, Oswalds Frau und auf welche Weise er den Brief bekommen habe. Zwei Tage später, einige Stunden nach Oswalds Ermordung, wurde er erneut in Shanklins Büro gerufen. Shanklin zog den Brief aus seinem Schreibfach und sagte: »Oswald ist jetzt tot. Es wird zu keinem Prozeß kommen. Da ... vernichten Sie das...« Hosty zerriß das Papier in Shanklins Gegenwart, Shanklin schrie: »Nein, raus mit Ihnen. Ich will das Ding nicht einmal in meinem Zimmer haben. Vernichten Sie es!« Hosty warf die Papierstücke daraufhin in die Toilette und spülte sie hinunter. Einige Tage später fragte Shanklin Hosty, ob er seine Anweisung befolgt habe.

Shanklin hatte viel zu erklären. Dennoch hat seine Aussage 1975 das Rätsel nur noch vergrößert. Er erklärte glatt, den Brief weder gesehen, noch von ihm vor 1975 gehört zu haben. Dem widersprach der Vizedirektor des FBI, William Sullivan, bereits zur Zeit des Attentates. Sullivan behauptete, Shanklin habe mit ihm oft über »innerbetriebliche« Probleme im Zusammenhang mit einem Brief Oswalds gesprochen. Inspektor Howe vom FBI in Dallas fand den Zettel in Hostys Ablagefach und zeigte ihn daraufhin Shanklin. Er habe den Eindruck gewonnen, Shanklin »wußte, worum es sich handelte, jedoch aus einem mir unbekannten Grund, hatte er nicht die Absicht, mit mir darüber zu sprechen«. Howe behauptet, nichts von der Vernichtung des Briefes gewußt zu haben.

In der Fülle sich widersprechender und unbefriedigender Aussagen ist Shanklins die unglaubwürdigste. 1979 äußerte ein Sprecher des Kongreßausschusses, er »betrachte diesen Zwischenfall als eine schwerwiegende Beeinträchtigung der Glaubwürdigkeit von Shanklin und Hosty«. Der Ausschuß betonte, Annahmen hinsichtlich des Briefinhaltes seien, da er vernichtet wurde, rein spekulativer Natur, es gebe keinen Weg, ihn überzeugend zu rekonstruieren. Im Hinblick auf frühere Aussagen vor dem Kongreßausschuß wurde Shanklin gewarnt, gegebenenfalls wegen Meineids belangt zu werden. Er wurde nie strafrechtlich verfolgt. Dieses eklatante Beispiel zugegebenen FBI-Amtsmißbrauchs scheint offiziell in Vergessenheit geraten zu sein.

Vielleicht waren nach dem Watergate-Skandal Enthüllungen von FBI-Betrügereien, wie die Vernichtung von Beweismaterial, nicht brisant genug, um gerichtlich verfolgt zu werden. Tatsächlich bedeutete die Vernichtung des fraglichen Oswald-Briefes eindeutig eine arglistige Täuschung, deren Hintergrund von höchster Wichtigkeit für eine weitere Untersuchung der Geschehnisse in Dallas gewesen wäre. Einige meinen, es handelte sich lediglich um einen ungeschickten Versuch, eigentlich harmlose Verbindungen zwischen dem FBI und Oswald zu vertuschen. Diese Leute nehmen an, Shanklin habe aus Angst vor dem Zorn Hoovers, darüber, daß sein Büro eine potentielle Drohung übersehen habe – und damit die Gelegenheit, daß Attentat zu vereiteln – auf die beschriebene Weise gehandelt. Diese Version mag zutreffen. Doch müssen wir annehmen, daß irgend jemand im FBI befürchtete, das Bekanntwerden einer Beziehung zwischen Oswald und dem Büro könnte zur Entdeckung noch immer geheim gehaltener Aspekte der Oswaldschen Geschichte führen. James Hosty ist überzeugt, daß der Befehl, Oswalds Brief zu vernichten, vom Hauptquartier des FBI, ja vielleicht sogar vom Direktor selbst kam. Hosty, der jetzt zurückgezogen von seiner Pension lebt, hat dunkel auf künftige Enthüllungen angespielt. Ende des Jahres 1978 behauptete Hosty: »Der Kongreßausschuß wird sich hüten, mich zu vernehmen, er befürchtet, meine Aussagen könnten Tatbestände, die man besser ruhen läßt, ans Tageslicht bringen.«

Der Oberste Rechtsberater des Kongreßausschusses äußerte später, Hosty sei falsch zitiert worden. Doch entspricht das Zitat exakt seiner Aussage. Hosty arbeitet gegenwärtig aus privaten Interesse an bestimmten Nachrichtendienstaspekten des Falles Oswald.* Doch hat Hosty seine Enthüllungen noch nicht veröffentlicht. Inzwischen existieren andere Hinweise, die die Panik im FBI-Hauptquartier nach dem Attentat erklären könnten. Ein Hinweis mag in einem der Dokumente enthalten sein, das knapp der Vernichtungswut Shanklins entging.

Am 9. November schrieb Oswald, während eines Besuches in Mrs. Paines Haus, einen höchst bemerkenswerten Brief an die sowjetische Botschaft in Washington. Darin bezog er sich auf seine angeblichen Besuche in der sowjetischen Botschaft in Mexico City und deutete an, er und Marina wünschten noch immer in die SU zurückzukehren. Er sei gezwungen gewesen, seinen Aufenthalt in Mexiko abzubrechen,

---

* Ende 1980 behauptete Hosty, die Akten zur Person Oswalds in Mexico City seien nach dem Attentat heimlich aus den Dallas-FBI-Akten entfernt worden.

da die Verlängerung des Visums den Gebrauch seines »wahren Namens« vorausgesetzt hätte. Er informierte die Botschaft, das FBI interessiere sich zwar nicht mehr für seine FPCC-Aktivitäten, doch habe ihn der Geheimagent Hosty gewarnt, diese in Texas wiederaufzunehmen. Dieser Brief ist ein Kompendium von Täuschungen.

Abgesehen davon, daß es zweifelhaft ist, ob der tatsächliche Oswald je die sowjetische Botschaft besucht hat, deutet er klar darauf hin, daß er auf der Reise nach Mexiko einen falschen Namen benutzt hatte. (Tatsächlich wurde der mexikanische Touristenausweis jedoch auf den Namen »Lee, Harvey Oswald« ausgestellt.) Überdies weist alles, was über Oswald bekannt ist, darauf hin, daß er nicht die Absicht hatte, in die UdSSR zurückzukehren. Was seine Kommentare bezüglich des FBI in Dallas betrifft, haben sie nicht das Geringste mit dem wahren Sachverhalt zu tun. Gemäß den Akten ist Oswald Hosty niemals begegnet, noch hat ihn Hosty vor irgendeinem Unternehmen gewarnt. Das Schicksal des Briefes ist ebenso verwirrend, wie sein Inhalt. Oswald ließ den Entwurf des Briefes auf Ruth Paines Schreibtisch liegen, als beabsichtigte er eine Kenntnisnahme durch Ruth Paine. Diese fand ihn tatsächlich hinreichend beunruhigend, um eine Kopie zu verfertigen, vermutlich, um sie Hosty, falls er wieder auftauchte, zu geben. Nach dem Attentat verlor sie keine Zeit, den Brief Hosty zukommen zu lassen, der ihn seinerseits seinem Vorgesetzten Shanklin zeigte. Nach Hosty »reagierte Shanklin sehr aufgeregt und zornig« und befahl ihm, den Brief zu vernichten. Heute mutmaßt Hosty, Shanklin könnte den Brief Oswalds an die sowjetische Botschaft vielleicht mit dem Brief an das FBI verwechselt haben. Jedenfalls entschied Hosty und ein Kollege, den Befehl auf eigene Verantwortung zu mißachten und den Brief aufzuheben. Der Brief wäre uns ohnedies erhalten geblieben, denn Oswald sandte ihn, ins Reine geschrieben, an die sowjetische Botschaft in Washington, deren Korrespondenz vom FBI routinemäßig abgefangen, kopiert und aufbewahrt wurde.

Der Inhalt des Briefes ist noch immer rätselhaft. Wenn Oswald in die Sowjetunion nicht zurückkehren wollte, weshalb schrieb er es dann? Eine mögliche Antwort auf diese Frage ist die, daß Oswald bis zum Augenblick des Attentats in *anti*-kommunistische Komplotte derart, wie sie in New Orleans praktiziert wurden, verwickelt war. Während Hosty wahrscheinlich nichts von diesen Unternehmen wußte, könnte eine andere Abteilung des Nachrichtendienstes zumindest informiert gewesen sein, worum es ging.

Am 1. November, dem Tag, an dem Hosty das Heim Ruth Paines zum ersten Male besuchte, fiel Oswald auf eine seiner alten Gewohnheiten zurück und mietete sich ein Postfach im Geschäftsviertel von Dallas.

Auf dem Vertragsformular autorisierte er zwei gemeinnützige Organisationen, sein Postfach zu benutzen. Die eine war, wie zu erwarten, das »Fair Play for Cuba Committee«, die andere, die ACLU, die »American Civil Liberties Union«. Letztere war ein neues Betätigungsfeld für Oswald. Ungleich dem FPCC verfolgte die »Union« kein spezifisches politisches Ziel, sondern sie verfocht generell Bürgerrechte, wie Redefreiheit, Gleichheit vor dem Richter und dergleichen. Einige Tage später erwarb Oswald die Mitgliedschaft in der ACLU. Beim Hauptquartier fragte er, wie er sich mit ACLU-Gruppen in seinem Wohnbereich in Verbindung setzen könne. Der von Oswald erwünschte Zweck dieser Mitgliedschaft sowie der Sinn seiner Anfrage sind nicht ersichtlich. Zehn Tage zuvor war Oswald mit Michael, Ruth Paines Ehemann, zu einer lokalen ACLU-Versammlung gegangen. Oswald nahm kurz an der Diskussion teil und sprach mit einigen Leuten; Ruth und Michael Paine waren Mitglieder der Organisation.

Oswald hatte keinen offensichtlichen Anlaß, sich an das andere Ende Amerikas um Information über die ACLU-Aktivitäten in Dallas zu wenden. Im übrigen hatte er Paine ausdrücklich erklärt, nie einer derartig apolitischen Organisation beitreten zu wollen. Noch am Tag, an dem Oswald das Postfach mietete, schrieb er einen Brief an die kommunistische Partei der Vereinigten Staaten, aus dem hervorging, daß er genau wußte, wo und wann die ACLU Zusammenkünfte in Dallas stattfanden. Er bat um Rat, auf welche Weise er die »progressiven Richtlinien« des lokalen Zweiges verstärken könne. Beabsichtigte Oswald, sich in neue Maskeraden im Stil seiner New Orleans FPCC-Abenteuer zu stürzen? Welches auch immer sein Ziel gewesen sein mag, ein Hinweis wirft ein Schlaglicht auf seine letzten Tage und verknüpft ihn abermals mit New Orleans.

Bevor sich Oswald via Mexiko nach Dallas begeben hatte, hatte er das Postamt in New Orleans beauftragt, seine Post an die Adresse Mrs. Paines weiterzubefördern. Im Postamt New Orleans wurde allerdings ein zweiter Antrag zur Weiterbeförderung der Post hinterlegt, der mit dem ursprünglichen Antrag identisch, jedoch nicht in Oswalds Handschrift ausgefertigt war. Als ein Inspektor der Post die Aufmerksamkeit des Warren-Ausschusses auf diese Tatsache lenkte, erkannte ein Anwalt des Ausschusses sofort den Ansatz eines Problems: »Ich will sofort zum Kern der Sache kommen: Oswald war am 11. November nicht in New Orleans, sondern in Dallas.« Der Inspektor der Post gab zu, keine einfache Erklärung zu haben, er gab also eine komplizierte und unwahrscheinliche: Vielleicht hatte jemand den Adressenwechsel einem Zweigpostamt in New Orleans telefonisch mitgeteilt? Dann wäre das Formular von einem Angestellten der Post ausgefertigt

worden. Der Sache wurde nicht nachgegangen. Der Anwalt des Ausschusses überging die Angelegenheit: »Nun, wir werden das jedenfalls den Akten beifügen.« Selbst, wenn der Inspektor recht hätte, än-
dert das nichts am Problem. Oswald war bereits in Dallas und er hatte
bereits Vorkehrungen zur Weiterbeförderung der Post getroffen. Offensichtlich machte sich irgendein Unbekannter die Mühe, sich
Oswalds Angelegenheiten in Louisiana anzunehmen. Die New Orleans »Connection« war mit Oswalds Abreise keineswegs beendet.
Inzwischen erfuhren die Behörden zu ihrem Kummer von einem
Phänomen, das später von Ermittlern des Attentates als »Oswalds
Doppelgänger« bezeichnet werden sollte.
Nach jedem Verbrechen, das Schlagzeilen liefert, wird die Polizei mit
Informationen, in denen Leute behaupten, den Hauptverdächtigen
gesehen zu haben, bombardiert. In manchen Fällen handelt es sich um
eine Verwechselung, in anderen jedoch um absichtliche Irreführung.
Selbstverständlich gab es nach der Ermordung Kennedys hunderte
von Augenzeugenberichten, die behaupteten, Oswald gesehen zu
haben. Die meisten blieben unberücksichtigt. Andere unterschieden
sich jedoch erheblich vom Durchschnitt, sowohl wegen der auffälligen
Offenheit der Zeugen, als auch wegen der glaubwürdigen Einzelheiten, die sie enthielten. Derartige Informationen haben den Behörden
viel Mühe gemacht, wurden aber schließlich, wie Fragmente eines
Puzzles, die in eine falsche Schachtel geraten waren, beiseite gelegt.
Später wurden diese beiseite geschobenen Bruchstücke von unabhängigen Nachforschern erneut überprüft. Sie schöpften den Verdacht,
eine unbekannte Person müsse sich in den Wochen vor dem Attentat
als Oswald ausgegeben haben. Die Vielzahl der Indizien wurde also
noch durch die zusätzlichen Auftritte eines »Doppelgängers« ver-
mehrt. Die Idee allein ist so grotesk, daß sie der Verfasser, wie die
überforderten Anwälte des Warren-Ausschusses, zurückweisen
wollte. Einige Beispiele, in denen das Phantom gesichtet wurde, sind
jedoch nicht nur an sich glaubwürdig, sie passen obendrein in das
Muster der Geschehnisse von New Orleans und Mexico City. So kam
der Autor gezwungenermaßen und eher widerwillig zu dem Schluß,
es müssen einen Doppelgänger gegeben haben, der Lee Harvey
Oswald inkriminieren oder um spätere Nachforschungen verwirren
wollte, möglicherweise auch jemanden mit beiden Motiven. Zunächst
seien also die Auftritte jenes Doppelgängers näher beleuchtet.
Am 25. September betrat ein junger Mann, der sich Harvey Oswald
nannte, das Amt des »Selective Service Systems«, einer amerikanischen Militärwerbeorganisation in Austin, der Hauptstadt von Texas.
Er stellte sich Mrs. Lee Dannelly, dem stellvertretenden Vorstand der
Organisation vor und erklärte sein Problem. Er sei, so sagte er, aus der

Marineinfanteriereserve unter »nicht ehrenwerten« Umständen entlassen worden, das erschwere es ihm, einen Job zu bekommen. Er
hoffe jedoch auf Grund seines fortwährenden guten Betragens, eine
Aufwertung seiner Entlassungsdokumente erwirken zu können. Mrs.
Dannelly konnte in diesem Falle nicht behilflich sein, zumal ein
»Harvey Oswald« in ihren Akten nicht geführt wurde. Da der Besucher mitteilte, in Fort Worth zu wohnen, empfahl sie ihm, sein Glück
im Büro der dortigen Organisation zu versuchen. »Oswald« bedankte
sich höflich und ging. Mrs. Dannelly hörte den Namen Oswald erneut
am 22. November im Rundfunk, im Zusammenhang mit der Ermordung Kennedys. Zwei weitere Zeugen glaubten gleichfalls, Oswald an
jenem Tage in Austin gesehen zu haben.
Mrs. Dannellys Geschichte war allerdings nicht stichhaltig. Am
25. September, dem von ihr genannten Datum, war Oswald eben im
Begriff, New Orleans zu verlassen. Er reiste nach Mexiko, Austin,
Texas, war weit von seiner Reiseroute entfernt. Tatsächlich wurde der
authentische Oswald von der Marineinfanteriereserve als unerwünschte Person entlassen und hatte einmal in der Vergangenheit in
Fort Worth gelebt. Wurde er von einem Doppelgänger beschattet?
Zwei Wochen vor dem Attentat trat »Harvey Oswald« nochmals
öffentlich in Erscheinung. Leonard Hutchinson, der Besitzer eines
Supermarktes sagte aus, er sei ersucht worden, Bargeld für einen
Scheck in Höhe von 189 Dollar im Namen »Harvey Oswalds« auszu-
zahlen. Er weigerte sich, doch erinnerte er sich, den Mann mehrere
Male in Begleitung zweier Frauen im Supermarkt gesehen zu haben.
Der Supermarkt befand sich in Irving, der Vorstadt von Dallas, in der
Marina und Ruth Paine wohnten. Der Warren-Ausschuß maß jedoch
Hutchinsons Aussage keine Bedeutung bei, da Oswald an jenem Tag,
zur besagten Zeit, nicht in Irving gewesen war. Ebenso wurde auch
die Aussage eines Friseurs ignoriert, der behauptete, das Haar eines
Mannes, der wie Oswald aussah, geschnitten, und gesehen zu haben,
wie er dann in Hutchinsons Supermarkt gegangen sei. Der Mann
erwähnte, er würde seine Frau besuchen. Wen haben Hutchinson und
der Friseur gesehen? Welche Absichten hatte er? Ein anderer Auftritt
»Oswalds« weist auf einen Mann, der die Aufmerksamkeit auf sich
lenken wollte.
Vierundzwanzig Stunden nach dem Attentat erhielt das FBI einen
Bericht, wonach ein Mann, der sich »Lee Oswald« nannte, ein Autoge-
schäft in Dallas aufgesucht, und die Nerven des Verkäufers damit auf
die Probe gestellt habe, während einer Demonstrationsfahrt mit einer
Geschwindigkeit von 80 m.p.h. zu fahren. Der Verkäufer, Alfred
Bogard, erinnerte sich an Oswalds Worte, nicht genug Geld zu haben,
um sich ein Auto zu kaufen, doch »binnen zwei bis drei Wochen

würde er eine Menge Geld bekommen«. Bogards Aussage wird in wesentlichen Punkten von zwei seiner Kollegen bekräftigt. Einer erinnerte sich, er, Oswald, »würde der hohen Lebenskosten wegen wahrscheinlich in die UdSSR zurückkehren, wo Arbeiter wie Menschen behandelt werden«. Einer der Verkäufer wußte, daß Oswald einige Tage vor dem Attentat wiederkam. Der Autoausstellungsraum war ganz in der Nähe der Texas School Book Depository, wo der »wirkliche« Oswald arbeitete. Der Warren-Ausschuß überging diese Aussagen – trotz dreier Zeugen – mit der Begründung, daß andere Indizien Oswald an anderen Stellen orteten. Doch damit ist die Liste derer, die den vermeintlichen Oswald gesehen haben, nicht erschöpft.

Mr. Hamblin, der Nachtmanager der »Western Union« in Dallas, versicherte nach dem Attentat seinem Vorgesetzten, er wisse, daß Oswald ein Kunde gewesen sei, der mehrere Male Geldüberweisungen kassiert und in der zweiten Novemberwoche ein Telegramm geschickt hatte. Er erinnerte sich, daß eine der Postanweisungen an das YMCA adressiert war; der Kunde hatte sich mit einem Marineausweis und einer Bibliothekskarte ausgewiesen. Obwohl weder Postanweisungen, noch das Oswaldsche Telegramm jemals ausfindig gemacht werden konnten, bekräftigte Hamblins Aussage auch Aubrey Lewis, ein zweiter Angestellter der Western Union. Der authentische Oswald war ebenfalls Marineinfanterist und hatte auch eine Bibliotheksleihkarte. Wer also war jener Besucher und weshalb konnte man die Telegramme nicht ausfindig machen?

Hubert Morrow, Manager des »Allright Parking System« im Southland Hotel, im Geschäftsviertel von Dallas, ist ein weiterer Informant. Er erinnerte sich eines Mannes, der sich als Oswald ausgab und zwei Wochen vor dem Attentat einen Job als Parkplatzaufseher suchte. Als Morrow den Namen dieses Mannes zuerst als »Lee Harvey Osborn« aufschrieb, korrigierte jener den Namen auf »Oswald«. Morrows Aussage ist aus zwei Gründen bemerkenswert. Der authentische Oswald gab gewöhnlich nicht seinen vollen Namen an, er nannte sich schlicht »Lee Oswald«. Der fragliche Mann wollte plötzlich wissen: »Wie hoch ist das Southland Gebäude? Hat man da eine gute Aussicht auf Dallas?« Dieses Detail gewann später eine ominöse Bedeutung. In chronologischer Reihenfolge ergeben diese und andere Vorfälle ein logisches Muster, das kaum dem Zufall zugeschrieben werden kann. Weitere Zeugenaussagen verbinden Oswald mit Feuerwaffen, Munition und Schießübungen.

Am 1. November zog ein Mann, der in Morgans Waffengeschäft in Fort Worth Gewehrmunition kaufte, einige Aufmerksamkeit auf sich. »Grob und impertinent prahlte er damit, in der Marineinfanterie gedient zu haben. Drei Zeugen, die zu dieser Zeit im Laden gewesen waren, erinnerten sich dieses Zwischenfalles. Der fragliche Kunde habe wie Oswald ausgesehen. Tatsächlich hielt sich der authentische Oswald an jenem Tage in Dallas auf.

Der folgende Zwischenfall widerspricht der Annahme, es handele sich bei allen Zeugen um solche Informanten, die sich danach drängten, irgendwelche Informationen zu verbreiten. Folgender Vorfall wurde durch einen Zufall enthüllt, als eine Berichterstatterin des Londoner »Evening Standard« alle Feuerwaffenläden der Vorstadt von Dallas, wo Marina mit Ruth Paine lebte, auf Informationen durchforschte. Die Dame fand als Firmenschild die Aufschrift »Gewehre« an einem Möbelgeschäft. Dabei stellte sich heraus, daß sie die zweite Person war, die in den vergangenen Wochen auf diesen Irrtum hin eintrat. Nachdem der Manager ihr erklärt hatte, daß der Laden früher einem Büchsenmacher gehörte, erinnerte er sich an den Besuch eines Mannes – es war Anfang November – der, wie er meinte, genau wie Oswald ausgesehen hatte. Er befand sich in Begleitung einer Frau und zweier Kinder, eines der Kinder war ein Baby. Die Frau schwieg, während der Mann zu ihr in einer fremden Sprache sprach. Der Manager, dessen Aussage von einem zweiten Zeugen in allen Einzelheiten bekräftigt wurde, wußte noch, dieser »Oswald« habe sich erkundigt, wo er einen Abschußbolzen für sein Gewehr kaufen könnte. Der Manager glaubte, ihn in das naheliegende Irving Sports Shop geschickt zu haben, und das war seltsam genug.

Zwei Tage nach dem Attentat bekam die Polizei in Dallas einen anonymen Anruf. Ihr wurde mitgeteilt, der angebliche Mörder habe das Visier seines Gewehrs im Irving Sports Shop überprüfen lassen. Die Angestellten des Irving Sports Shop erinnerten sich zwar nicht an Oswalds Besuch, doch lieferten sie greifbares Beweismaterial. Der Angestellte Dial Ryder fand den Beleg eines Kunden mit dem Namen »Oswald« für die Arbeit an einem Gewehr zwischen dem 4. und dem 8. November. Alle Nachforschungen in diesem Bereich konnten keinen anderen Oswald ausfindig machen, der ein Gewehr hätte reparieren lassen.

Zwar erinnerten sich weder Ryder noch sein Boß an den Kunden, doch konnten sie auf ein anderes Detail verweisen. Dem Bestellzettel zufolge war in der Reparatur das Bohren dreier Löcher zwecks Montage eines Fernglasvisiers inbegriffen. Das in der Depository gefundene Gewehr hatte nur zwei solche Bohrlöcher. Es gab noch andere technische Unterschiede. Die Summe dieser Indizien weist also in eine bestimmte Richtung. Eine andere Person, die nicht mit Oswald identisch war, beauftragte die Waffenwerkstätte, Änderungen an ihrem Gewehr – das nicht das Gewehr des authentischen Oswald war –

vorzunehmen. Von diesem Zeitpunkt an bis zum Vorabend des Attentates, existieren Berichte über einen »Oswald«, der in einem lokalen Schießstand gesehen wurde.

Zunächst wurde der rätselhafte Unbekannte im »Sports Drome Rifle Range« Schießstand am 9. November, dem Tag, nachdem das Gewehr wahrscheinlich im Irving Shop abgeholt worden war, gesehen. Später beschrieben weitere Zeugen einen Mann, der durch sein lautes und arrogantes Benehmen Aufmerksamkeit auf sich lenkte. Er wurde als ein Mann beschrieben, der zwar ein vorzüglicher Schütze war, aber einen andern Schützen damit wütend machte, daß er auf die Zielscheibe seines Nachbarn schoß. Der Warren-Ausschuß meinte, manche dieser Aussagen beruhten auf dem Wunschdenken von Leuten, die den Ehrgeiz haben, dabei gewesen zu sein und ließ sie deshalb unbeachtet. Einige dieser Zeugen beschrieben einen Mann, der Oswald nicht einmal ähnlich sah. Doch hätte man den Bericht eines Dr. Homer Wood nicht zu dieser Kategorie zählen sollen. Er erzählte 1978 dem Autor, weshalb er, als er mit seinem jungen Sohn am 16. November am Schießstand war, sich verpflichtet gefühlt hatte, das Gesehene zu berichten. »Am 22. November«, so Dr. Wood, »sah ich zu Hause Fernsehen. Als ich den authentischen Oswald im Fernsehen erblickte, sagte ich zu meiner Frau: ›Der sieht aus, wie der Mann, der in der Nische neben unserem Sohn am Schießstand saß.‹ Als der Junge aus der Schule heimkam, sagte ich ihm absichtlich nichts. Während des Fernsehens rief er sofort: ›Daddy, der sieht genauso aus, wie der Mann, den wir auf dem Schießstand gesehen haben.‹« Dies beeindruckte Dr. Wood so sehr, daß er das FBI anrief. Dr. Woods dreizehn Jahre alter Junge hatte ein besseres Erinnerungsvermögen als sein Vater, zudem war er selbst ein leidenschaftlicher Schütze. Er entsann sich genau, mit dem Mann in der benachbarten Nische, der ein vorzüglicher Schütze war, gesprochen zu haben. Der Mann erzählte ihm, ein italienisches 6.5-Gewehr mit einem vierfach vergrößerndem Fernvisier zu besitzen. Wenn er abzog, spie es einen Feuerball aus. Das FBI versuchte beharrlich, den Jungen dazu zu bewegen, seine Geschichte zu ändern, doch blieb er bei seiner Aussage. Heute ist der damalige Bub ein erfolgreicher Arzt. Und noch heute ist er davon überzeugt, es habe sich bei jenem Mann am Schießstand um Oswald gehandelt. Dies ist möglich, denn wir wissen wenig über Oswalds Aktivitäten an jenem Wochenende. Der jüngere Wood erinnert sich an ein Fernvisier, das sich von dem auf der Attentatswaffe unterschied. Er erinnert sich weiter, daß der Scharfschütze den Schießstand in Begleitung eines Mannes mit einem Auto verließ. Wir haben jetzt in logischer Zeitfolge die Auftritte des Doppelgängers – ein Mann also, dessen physische Merkmale und dessen Gehabe mit dem des authentischen Oswald weitgehend übereinstimmten, der Munition kaufte, ein Gewehr reparieren ließ und sich durch akkurates Schießen und ein italienisches 6.5 Gewehr ins Gedächtnis der Leute einprägte. Entscheidend hierbei ist, daß dieses Gewehr zwar außergewöhnlich genug war, um als italienisches Fabrikat mit einem 6.5 Kaliber aufzufallen, doch sich in Einzelheiten, wie dem Fernvisier von dem des authentischen Oswald unterschied. Dieser Umstand führt zu dem vielleicht wichtigsten Auftritt »Oswalds« mit einer Waffe.

Im Oktober, als Oswald eben von Mexiko zurückgekehrt war, wurden drei Männer, die auf einem privaten Grundstück an der Peripherie von Dallas ein Gewehr abgefeuert hatten, gestört. Die Besitzerin des Grundstückes, eine Schullehrerin namens Mrs. Lovel Penn, forderte sie auf, wegzugehen. Nach dem Attentat erinnerte sie sich, daß einer der Männer wie Oswald ausgesehen habe. Doch war das Wichtige an dem Zwischenfall ein konkretes Beweisstück. Mrs. Penn fand eine 6.5-Mannlicher-Carcano Patronenhülse auf ihrem Grundstück und übergab sie dem FBI. Laboratoriumsuntersuchungen zeigten, daß sie *nicht* von jenem Mannlicher-Carcano abgefeuert worden war, daß in der Book Depository gefunden wurde. Falls die anderen Gelegenheiten, bei denen sich Oswald sehen ließ, geplant gewesen sein sollten, so war es diese nicht. Auch die weggeworfenen Patronenhülsen könnten eine Bedeutung haben. Die Augenzeugen vom Schießstand bezeugen, daß der Schütze die Hülsen mit Bedacht einsammelte, bevor er den Stand verließ. Die Schullehrerin fügte schließlich noch hinzu: Einer der drei Männer auf ihrem Grundstück sei »Lateinamerikaner, vielleicht Kubaner« gewesen. Oswald wurde schon früher in Begleitung eines Lateinamerikaners gesehen.

Einer der Zeugen im Western Union Büro, beschrieb Oswald in Begleitung eines Mannes, der wie ein Spanier ausgesehen habe. Mrs. Dannelly, eine absolut verläßliche Zeugin im Amt des Selective Service, erinnerte sich, »Oswald« habe auf eine eindringliche Frage die Antwort gegeben, als Soldat in Florida registriert gewesen zu sein. Der authentische Oswald war als Marineinfanterist in Kalifornien angemeldet, hatte also keinen Grund, diesbezüglich eine Unwahrheit zu sagen. Florida war damals das Zentrum aller Anti-Castro-Aktivitäten.

Ein Einwohner von Dallas berichtete nach dem Attentat, Oswald bei einer lokalen Zusammenkunft des DRE, einer radikalen Anti-Castro-Gruppe, am 13. Oktober gesehen zu haben. Unter den Anwesenden befand sich unter anderen der rechtsextreme General Walker, den Oswald angeblich einige Monate früher zu erschießen versucht hatte.

Fünf Tage vor dem Attentat fand Harold Reynolds, ein Einwohner von

Abilene, zweihundert Meilen westlich von Dallas, eine Nachricht, die für seinen Nachbarn hinterlassen worden war. Darin wurde dringend gebeten, eine von zwei Telefonnummern in Dallas anzurufen. Die Nachricht war mit »Lee Oswald« gezeichnet. Nach dem Attentat versuchte Harold Reynolds zweimal vergeblich, dafür Interesse beim FBI zu erwecken.

Der fragliche Nachbar hieß Pedro Gonzalez. Er war Vorstand einer lokalen Anti-Castro-Gruppe namens »Cuban Liberation Committee«. Gonzalez war sichtlich beunruhigt. Wenige Minuten später rief er von einer öffentlichen Telefonzelle aus an. Reynolds behauptete, bei einem früheren Anlaß, einen Oswald äußerst ähnlichen Mann in Begleitung eines älteren Amerikaners aus New Orleans bei einem Treffen in Gonzalez' Haus gesehen zu haben. Gonzalez war bekannt für seine extreme Anti-Castro-Einstellung, im übrigen war er ein Freund Antonio da Varonas, dem Vorstand des vom CIA unterstützten Cuba Revolutionary Council (CRC). Kurze Zeit nach dem Attentat verließ er Abilene und ging vermutlich nach Venezuela.

Alle diese zuverlässig dokumentierten Informationen stammen von glaubwürdigen Zeugen. Dennoch sind sie als Hinweise unzureichend. Ein anderes gewichtiges Indiz verbindet den Oswald-Doppelgänger – lange vor dem Attentat – als sich der authentische Oswald noch weit entfernt vom Schauplatz der Geschehnisse aufhielt – mit den kubanischen Aktivitäten. Diese Information stammt ebenfalls aus New Orleans.

1975 vernahm der Senatsausschuß für Nachrichtendienste, der die Aktivitäten der amerikanischen Nachrichtendienste im Zusammenhang mit Kennedys Ermordung untersuchte, einen ehemaligen Inspektor der Einwanderungsbehörde von New Orleans. Der Ausschuß gab zwar die Identität des Inspektors nicht preis, veröffentlichte jedoch in seinem offiziellen Bericht · dessen Zeugenaussage. Der Inspektor sagte aus, absolut überzeugt davon zu sein, Lee Harvey Oswald in einer Gefangenenzelle in New Orleans kurz vor dem 1. April 1963 interviewt zu haben. Obwohl sich der Inspektor zur Zeit der Zeugenaussage nicht mehr erinnerte, welchen Namen Oswald damals verwendet hatte, war er in einem Punkt völlig sicher. Oswald hatte damals behauptet, kubanischer Staatsangehöriger zu sein. Der Inspektor der Einwanderungsbehörden war spezifisch geschult, Gesichtszüge und Einzelheiten zu unterscheiden. Er erkannte folglich sofort, daß Oswald kein Kubaner war. Tatsächlich war der authentische Oswald zu der, vom Inspektor angegebenen Zeit, noch nicht in New Orleans angekommen. Ein weiterer Hinweis deutet darauf hin, daß die Auftritte des Oswald-Doppelgängers viel früheren Ursprungs sind als angenommen wird.

Unverzüglich nach dem Attentat hatte sich der Manager der Ford-Franchising-Firma in New Orleans, Oscar Deslatte, mit dem FBI in Verbindung gesetzt. Der Name Oswald kam ihm bekannt vor, woraufhin er seine Bestellformulare überprüfte. Dabei fand er heraus, daß ein Kunde namens Oswald vor *zwei* Jahren mit ihm über den Ankauf von Ford-Lastwagen verhandelt hatte. Das FBI interessierte sich für Deslattes Bericht und übernahm das alte Formular in einem fingerabdrucksicheren Umschlag. Deslattes ›Oswald‹ war ein Amerikaner in Begleitung eines Kubaners, der versuchte, am 20. Januar 1961, während der Vorbereitungen der vom CIA unterstützten Schweinebucht-invasion, zehn Lastwagen zu kaufen. Das war die Zeit, in der unzureichend getarnte amerikanische Nachrichtendienstangehörige sowie ihre exilkubanischen Schützlinge Vorräte und Ausrüstung aufkauften, die zunächst an Stützpunkte in zentralamerikanischen Staaten verfrachtet wurden. Der fragliche Kunde bat Deslatte, ihm einen günstigen Preis zu gewähren, mit der Begründung, die Lastwagen dienten den Interessen der Vereinigten Staaten. Deslatte erinnerte sich sogar, daß sich der Amerikaner zunächst als »Joseph Moore« vorstellte, dann aber bat, die Verkaufsdokumente auf den Namen »Oswald« auszustellen. »Oswald«, so sagte er, verwalte die Finanzen der Anti-Castro-Organisation, er würde die Lastwagen bei Vertragsabschluß bezahlen. Der Manager der Ford-Firma war nicht in der Lage, seinen Besucher mit den Fotografien Oswalds im Jahre 1963 zu identifizieren, und das war nicht überraschend. Anfang 1961 befand sich der authentische Oswald auf der anderen Seite der Erdkugel, in der Sowjetunion.

Es ist von besonderem Interesse, daß Deslattes Kopie des Verkaufsbelegs – der vom FBI erst 1979 freigegeben wurde – nicht nur den Namen Oswald, der allerdings nicht ungewöhnlich ist, enthielt. Auf der Kopie war auch der Name der Anti-Castro-Gruppe, die die Lastwagen zu kaufen beabsichtigte, »Friends of Democratic Cuba« verzeichnet. Eine führende Person in dieser Organisation war aber kein anderer als Guy Banister – früherer Staragent des FBI, der noch immer an getarnten Unternehmen teilnahm. Er wurde als derjenige, der sich in dem verdächtigen »Fair Play for Cuba«-Unternehmen im Sommer 1963 der Person Oswalds bediente, identifiziert. Damit schließt sich abermals ein Kreis an Beweisen, die darauf hindeuten, daß die Anti-Castro-Bewegung Oswalds Namen bereits seit *1961* benutzte. Im übrigen wird damit die Existenz eines Doppelgängers vor dem Attentat in eine andere und glaubwürdigere Perspektive gestellt. Diese Möglichkeit wurde bereits 1960 von dem Direktor des FBI in Erwägung gezogen. Am 30. Juni 1960 wurde das Auswärtige Amt in einem von Hoover herausgegebenen Memorandum gewarnt, daß »sich möglicherweise

ein Hochstapler Oswalds Geburtsscheins bediente«. Diese Vorgänge
standen im Zusammenhang mit Oswalds Reise in die UdSSR. Hoover
war offensichtlich besorgt, die Russen könnten in irgendeiner Weise
von Oswalds Ausweispapieren Gebrauch machen. Die Formulierung
des Memorandums ist ungewöhnlich. Was veranlaßte das FBI zu
dieser Annahme? Es könnte Teil der Routinemaßnahmen eines Büros
gewesen sein, das von Hoover geschult war, gegenüber allen sowjetischen Tricks wachsam zu sein. Der stellvertretende Direktor des
Paßamtes der Vereinigten Staaten gab seiner dauernden Besorgnis
Ausdruck, »ein Hochstapler benutze Oswalds Ausweispapiere«.
Nach dem Attentat erkundigte sich das FBI ausgerechnet bei der Retail
Merchants Credit Association von Fort Worth, Texas, zweimal innerhalb von zwei Wochen, ob diese irgendwelche Geschäftskontakte mit
Oswald gehabt hätte! Das FBI gab als Grund für die Anfrage »ihr
Interesse an allen Oswald betreffenden Angelegenheiten« an. Die
Ermittlungen wurden kurz vor der Warnung des Paßamtes eingeleitet.
Als sich Oswald in der SU befand, teilte dessen Mutter dem FBI mit,
dieser habe beim Verlassen der USA einen Geburtsschein bei sich
gehabt. Nach seiner Rückkehr machte Oswald eine gegenteilige Aussage, ja er behauptete, nicht zu wissen, wo dieser sich befinde. Das
Original des Geburtsscheins wurde niemals aufgefunden. Oswald
verweilte einige Zeit in New Orleans, bevor er in die Sowjetunion
reiste. Es ist vorstellbar, daß eine andere Person den Geburtsschein
während seiner Abwesenheit benutzte. Es ist ebenso möglich, daß
Oswalds Ausweispapiere nicht ohne Mitwisserschaft des FBI mißbraucht wurden. 1975 meinte Richard Frank, ein Beamter des Außen-
amtes und während der Nachforschungen Verbindungsmann zum
FBI, »Mr. Hoover und seine Kumpanen hätten die fraglichen Oswald-
Akten aus Sicherheitsgründen nach· dem Attentat verschwinden
lassen.«
Als der ehemalige Rechtsberater des Warren-Ausschusses, David
Slawson – bekannt wegen seiner abgewogenen Urteile – die offiziellen
Berichte betreffend, die Vorgänge um den Doppelgänger Oswalds
kennenlernte, empfahl er die Wiederaufnahme der gesamten Atten-
tatsforschung. »Ich weiß nicht, ob die Überprüfung der Doppelgän-
ger-Hypothese zu brauchbaren Resultaten führen würde. Doch ist das
Entscheidende die Tatsache, daß der Warren-Ausschuß nicht informiert wurde.« Er fügte hinzu: »Dies mag mit dem CIA verknüpft
gewesen sein. Ich kann diesbezüglich nur Vermutungen anstellen.«
Einige Wochen vor dem Attentat wurde der Doppelgänger Oswalds
zum letzten Mal gesehen. Dabei handelt es sich um einen besonders
ungewöhnlichen Auftritt. Der Vorfall erscheint jenseits aller Zweifel

aufs Engste mit der Anti-Castro-Bewegung, mit CIA-Agenten und mit
New Orleans verbunden zu sein.

Der Odio-Zwischenfall

Eines Abends, gegen Ende September, klingelte es an der Tür des
Appartement A, Crestwood Apartments, Dallas. Silvia und Annie
Odio erwarteten keinen Besuch. Annie öffnete die Tür, dann rief sie
ihre Schwester. Die Tür war noch an der Sicherheitskette befestigt.
Durch die Ritze sah Silvia drei Fremde – zwei Lateinamerikaner und
einen Amerikaner. Ihre Worte flößten den Schwestern genügend
Vertrauen ein, um sie nicht wegzuschicken. Das war der Anfang einer
der rätselhaftesten Episoden des Falles Kennedy. Der Odio-Zwischenfall wurde später als der Beweis für eine Verschwörung bezeichnet.
Silvia und Annie Odio stammten aus einer reichen kubanischen
Familie, die in der exilkubanischen Politik eine prominente Rolle
spielte. Ihr Vater gehörte zwar zu den oberen Schichten der Bevölkerung, doch unterstützte er Fidel Castro in der Untergrundbewegung
gegen das Regime Batistas. Den Odios ging es jedoch um Demokratie,
nicht um Kommunismus. Kurz nach dem Umsturz begann Mr. Odio
deshalb, gegen Castro Partei zu ergreifen. 1963 wurde er politischer
Gefangener auf der berüchtigten Isle of Pines, während seine Familie
im Exil verstreut war. Silvia, sechsundzwanzig und Annie, siebzehn,
schlossen sich der wachsenden exilkubanischen Gemeinde in Dallas
an. Silvia wurde, in die Fußstapfen ihres Vaters tretend, aktives
Mitglied der exilkubanischen Politik. Einige Monate zuvor half sie in
Puerto Rico bei der Gründung der Junta Revolucianaria oder JURE mit.
Diese Gruppe wandte sich zwar gegen Fidel Castro und den Kommunismus, gleichwohl wurde sie aus exilkubanischer Perspektive als
linksgerichtet und damit als gefährlich angesehen, denn, was sie
verfolgten war: »Castroismus ohne Castro«. Jene Männer also, die
Silvia Odio gegen Ende September besuchten, gaben an, ebenfalls
Mitglieder von JURE zu sein. Zwar hatte Silvia Odio gegenüber der
Regierung wiederholt Erklärungen abgegeben, dies jedoch niemals
gegenüber der Presse getan. Der Verfasser sprach mit ihr zweimal
1978, beidemale durchlebte sie die furchterregende Episode des Jahres
1963 innerlich nocheinmal.
Während des Gespräches stellte sich bald heraus, daß einer der
Lateinamerikaner der Anführer der Gruppe war. Er war hochgewachsen, etwa vierzig Jahre alt und bezeichnete seinen »Nom de Guerre«
als »Leopoldo«. Silvia Odio erinnerte sich des zweiten Lateinamerikaners, der kleiner war und Brillen trug. Er hieß »Angelo« oder »Angel«.

Wie Leopoldo war auch er olivenfarben, er könnte Kubaner oder Mexikaner gewesen sein. Der dritte Besucher war viel jünger, er war Amerikaner. Als Leopoldo den Zweck des Besuches zu erläutern begann, hörte der Amerikaner schweigend zu. Alle drei sahen müde, ungepflegt und unrasiert aus.

Leopoldo erklärte, sie befänden sich – eben aus New Orleans kommend – auf einer Reise. Sie arbeiteten mit Zustimmung der exilkubanischen Regierung, des Cuban Revolutionary Council (CRC) und seien Mitglieder der JURE. Sie beeindruckten Silvia mit ihrer Kenntnis des Decknamens ihres Vaters, sowie weiterer kubanischer Angelegenheiten, wie jüngster Komplotte, Castro zu ermorden, die nur Insidern vertraut waren. Leopoldo erklärte, Geld für Anti-Castro-Unternehmen auftreiben zu müssen, dabei suche er ihre Mithilfe. Insbesondere wünschten sie, daß Silvia Odio diesem Zweck dienende Briefe ins Englische übersetze und an amerikanische Geschäftsleute weiterleite. Silvia fühlte sich aus irgendeinem Grunde unbehaglich. Ihr Vater hatte sie vor den geradezu byzantinischen Intrigen der Exilpolitik gewarnt, daher mißtraute sie den Fremden. Sie äußerte lediglich, keinen Anteil an einer Kampagne für Gewalttätigkeiten haben zu wollen. Das Treffen endete ergebnislos. Die Männer fuhren in ihrem roten Wagen davon, vermutlich, um ihre Reise fortzusetzen.

Der junge Amerikaner, der die beiden Fremden begleitete, hatte die ganze Zeit während ihres Aufenthalts in Silvia Odios Appartement aufmerksam zugehört und geschwiegen, »wie jemand, der die Situation abwägen will«. Acht Wochen später reagierten sowohl Silvia wie ihre Schwester mit Bestürzung, als sie das Foto des angeblichen Mörders Präsident Kennedys sahen. Silvia hatte einen plausiblen Grund, schockiert zu sein, da ihr der Amerikaner als »Oswald« – »Leon Oswald« vorgestellt worden war. Ein weiterer Grund, sich seiner zu erinnern, war folgender:

Leopoldo, der Oswald vorgestellt hatte, rief sie einige Stunden nach dem Besuch nochmals an. Erneut erwähnte er das Thema der Finanzmittel für das Unternehmen, doch schien er darauf bedacht, noch über etwas anderes mit ihr zu sprechen. »Welchen Eindruck hatten sie von dem Amerikaner?« fragte er. Silvia erinnerte sich seiner Schweigsamkeit. Sie könne sich keine Meinung über ihn bilden, war ihre Antwort. Daraufhin machte Leopold gewisse Bemerkungen, die sie selbst zu jener Zeit unheimlich fand. »Nun«, sagte er, »Sie wissen, er ist Ex-Marineinfanterist und ein ausgezeichneter Schütze. Abgesehen davon, daß er unberechenbar ist, wäre er ein großes Plus für jeden.« Silvia Odio hörte ihm zu, wußte jedoch nicht wie sie reagieren sollte und das noch weniger als er fortfuhr: »Er ist ein wenig verrückt, etwas verschroben. Man kann nie sicher sein, was er tun wird. Er könnte in die kubanische Untergrundbewegung gehen, oder Castro umbringen.« Dann fügte Leopoldo hinzu: »Der Amerikaner sagt, wir Kubaner hätten keine Courage. Ihr hättet Kennedy nach der Schweinebucht erschießen sollen, so etwas Ähnliches solltet ihr wenigstens tun.«

Damit war die Konversation beendet, Silvia Odio hörte niemals wieder von ihm. Noch heute äußert sie, sie fühlte damals, »etwas war nicht in Ordnung, der Anruf war unheilverkündend, er verfolgte einen unerkennbaren Zweck«. »Ich hatte sofort den Eindruck, es handle sich um einen bestimmten Plan oder einen Komplott.«

Nachdem der Präsident in derselben Stadt ermordet worden war, wurde ihr vieles klar. Sie hörte die Nachricht während der Arbeit, ihr Kopf glich einem Kaleidoskop. Als der Tod des Präsidenten bestätigt worden war, schickte ihr Boß alle Angestellten nach Hause. Silvia fühlte sich einer Ohnmacht nahe, auf dem Weg zum Parkplatz verlor sie das Bewußtsein und wurde ins Spital gefahren. Auf dem Weg zum Parkplatz sah sie noch einmal den toten Präsidenten vorbeifahren. Als Silvias Schwester Annie eine Stunde später Oswalds Bild auf dem TV erblickte, war ihr erster Gedanke: »Mein Gott, ich kenne doch den Mann und weiß nicht, woher ... wo habe ich den Burschen gesehen?«

Sobald Annie erfuhr, daß Silvia krank ins Spital gebracht worden war, besuchte sie ihre Schwester und erzählte ihr, daß sie Oswald schon irgendwo früher gesehen habe, aber nicht wisse wo. Silvia, die zu weinen begonnen hatte, erinnerte sie an den Besuch der drei Männer. Sie erzählte ihr auch von dem beunruhigenden Telefonanruf Leopoldos. Im Krankenzimmer gab es einen Fernsehapparat, jetzt sah Silvia erstmals Oswalds Bilder. »Annie und ich sahen einander an«, so berichtete Silvia, »wir schnappten nach Luft. Sie fragte: ›Erkennst du ihn wieder? Er ist es doch‹, ich entgegnete, ›ja, aber erzähl niemandem davon.‹«

Die Schwestern hatten Angst, sie waren besorgt, durch das Erlebnis gefährdet zu sein. Ihre Eltern waren in Kuba inhaftiert, sie fühlten sich einsam. Ihr Entschluß stand fest: Über den Vorfall zu schweigen. Diese Reaktion vermindert ihre Glaubwürdigkeit in keiner Weise. Silvia litt zu dieser Zeit unter streßbedingten Ohnmachtsanfällen. Ihre Schwester Annie war ein furchtsames siebzehnjähriges Mädchen. Die Geschichte wurde durch einen reinen Zufall bekannt. Silvia hatte noch eine Schwester, die zufällig am Rande einem amerikanischen Freund von der Sache erzählte. Eine Serie weiterer beiläufiger Gespräche führte schließlich zur Aufmerksamkeit eines FBI-Agenten. Es handelte sich aber eigentlich um bloße Neugier. Erst im folgenden Sommer, als der Warren-Ausschuß bereits mitten in seinen Ermittlungen steckte, wurde der Geschichte nachgegangen. Nun erst stellte sich heraus, daß es Gründe dafür gab, Silvia Glauben zu schenken. Ein wesentlicher neuer Faktor war die Entdeckung, daß über den Besuch jener drei Männer bereits *vor* dem Attentat gesprochen worden war. Silvia konnte auch dokumentarisch beweisen, ihrem Vater in Kuba noch vor dem Attentat davon berichtet zu haben. Dies alles, sowie die Tatsache, daß sich auch Silvias Schwester genau an den Besuch und die Ähnlichkeit des Amerikaners mit Oswald erinnerte, führte schließlich dazu, daß diese Geschichte ernst genommen wurde. Ein ranghoher Anwalt des Warren-Ausschusses schrieb: »Mrs. Odio hat die Überprüfung perfekt bestanden... ihrer Aussage wird einstimmig Glauben geschenkt... sie ist der wichtigste Zeuge, der Oswald mit Anti-Castro-Kubanern verknüpft.«

Doch gibt es ein beträchtliches Problem. Mrs. Odio schätzte den Zeitpunkt des Besuches zwischen dem 24. und dem 29. September – wahrscheinlich dazwischen. Das entsprach dem nicht genau feststellbaren Zeitpunkt, als Oswald seinen Aufenthalt in New Orleans beendete, um sich nach Mexiko zu begeben. Die uns nachprüfbaren Aktivitäten Oswalds widersprechen einem Besuch zu diesem Zeitpunkt im Apartment der Odios, es sei denn Oswald verfügte über schnelle Transportmittel. Es existieren keine Beweise dafür, daß Oswald kommerzielle Luftlinien benutzte. Nichtsdestoweniger ist die Aussage der Odios verwirrend. In den letzten Tagen der Arbeit des Ausschusses schrieb der Oberste Rechtsberater, Lee Rankin, FBI-Direktor Hoover: »Es ist von großer Bedeutung, die Aussagen der Schwestern Odio zu falsifizieren oder zu verifizieren.« Am 21. September, als der Bericht des Warren-Ausschusses abgeschlossen wurde, berichtete Hoover, einen Mann namens Loran Hall ausfindig gemacht zu haben, »der an zahlreichen Anti-Castro-Unternehmen teilgenommen hatte«. Er behauptete, zur fraglichen Zeit Silvia Odio mit zwei Kollegen besucht zu haben. Hall bestätigte die Ähnlichkeit eines seiner Kollegen mit Oswald, so Hoover. Dieser Zufall nun habe die ganze Täuschung der Odios ausgelöst. Der Warren-Ausschuß verfolgte daraufhin die Angelegenheit nicht weiter. Er veröffentlichte ein Verdikt, wonach die Version Loran Halls akzeptabel erschien. Der Ausschuß kam zu dem Schluß: »Oswald kann sich zur besagten Zeit nicht in Odios Wohnung aufgehalten haben«, dies widerspreche allen, in diesem Zusammenhang festgestellten Indizien. Das Verdikt stellte sich, wie der Kongreßausschuß 1979 bemerkte, als völlig unbegründet heraus.

Loran Halls Geschichte, die im gegebenen Moment den Odio-Zwischenfall weg»erklärte« und damit vertuschte, fiel in sich zusammen, noch bevor der Warren-Ausschuß von ihr Kenntnis genommen hatte. FBI-Agenten fanden die beiden Männer, die Hall als seine Begleiter

beim Besuch in der Wohnung der Odios genannt hatte. Beide leugneten, den Besuch jemals gemacht zu haben. Angesichts ihrer Dementi,
nahm Loran Hall seine Aussage zurück. Der Warren-Ausschuß hatte
inzwischen, in Unkenntnis dieser Vorgänge ein eigenes Urteil erstellt.
Doch ist die Behauptung des Ausschusses, Oswald könne zur gegebenen Zeit nicht in Dallas gewesen sein, unvertretbar. Mit dieser
Behauptung verstellte der Ausschuß sozusagen die Aussagen der
Odios, sowie das verfügbare Beweismaterial. Der Ausschuß scheute
ganz einfach vor der Tragweite der Folgerungen aus dieser Aussage
zurück. Ganz anders der Kongreßausschuß im Jahre 1979. Er nahm an,
daß Oswalds Gegenwart in der angegebenen Zeitspanne in der Wohnung der Odios nur möglich gewesen wäre wenn er »über private
Transportmöglichkeiten verfügt hätte«. Oswald besaß jedoch kein
Fahrzeug, hätte also, falls er von New Orleans per Auto oder Flugzeug
gekommen wäre, fremder Hilfe bedurft. Dieser Umstand deutet, wie
der Bericht des Kongreßausschusses feststellte, auf eine verschwöreri-
sche Mitbeteiligung hin. Welcher Art aber war eine derartige ver-
schwörerische Mitbeteiligung?
Der Ausschuß hatte offensichtlich ein zusätzliches Problem. Wenn
Oswald, wie der Ausschuß annahm, ein authentischer *Pro*-Castro-
Anhänger war, was hatte er dann mit *Anti*-Castro-Unternehmen zu
tun? Der Ausschuß vermutete, Oswald habe vielleicht, als Teil eines
linksextremen Komplotts, sich mit Anti-Castro-Exilkubanern verbunden, um diese dann für die Ermordung Kennedys verantwortlich zu
machen. Der Ausschuß war nichtsdestotrotz von seiner eigenen Spekulation wenig überzeugt. Seinem schließlich eindeutigen Schluß
entsprechend, waren Silvia und Annie Odio einem Mann begegnet,
der zumindest wie Oswald *aussah* und als Leon Oswald vorgestellt
wurde. Es gibt kaum eine blauäugigere Erklärung.
Eine glaubwürdigere Erklärung ist die, daß der rätselhafte »Leopoldo«
– ein Anti-Castro-Verschwörer – den Namen des authentischen
Oswald mißbrauchte, um ihn als Sündenbock anzusetzen. Weshalb
sollte er sonst Silvia Odio erzählen, daß Oswald, ein Ex-Marineinfanterist, auf die Ermordung des Präsidenten drängte? Nach einer zweiten, subtileren Hypothese, beabsichtigte »Leopoldo«, die linksgerichtete exilkubanische Gruppe JURE mit der Ermordung des Präsidenten
zu verbinden. Die Besucher der Odios gaben sich als JURE-Mitglieder
aus, und die Familie Odio unterstützte ihre Ziele. Odios Vater reagierte auf Silvias Brief im Gefängnis mit Panik. Er antwortete: »Sei
vorsichtig – sage mir, wer dieser Mann ist, der sich als mein Freund
ausgibt. Ich habe keine Freunde in Dallas. Traue seiner Freundschaft
nicht, solange ich seinen Namen nicht kenne.« Heute, aus langjähriger Gefangenschaft entlassen, sagt Mr. Odio, er sei gewiß, mit jenem

Besucher niemals in Verbindung gestanden zu haben. Die Anführer der JURE in den Vereinigten Staaten waren nicht minder perplex. Die verschiedenen Anti-Castro-Gruppen waren nur dem Namen nach vereinigt, de facto stritten sie regelmäßig miteinander. Für die Rechten waren die Anhänger von JURE kaum besser als Kommunisten, deshalb könnten sie ihnen als Zielscheibe eines Komplotts gedient haben. Wer aber könnte versucht haben die Linke, insbesondere Oswald als Sündenbock anzusetzen? Die bekannten Zwischenverbindungen deuten in eine vertraute Richtung.

Da war zunächst Loran Hall, dessen kurzlebige »Erklärung« den Warren-Ausschuß veranlaßte, die Geschichte als belanglos ihren Ablageakten beizufügen.

Hall tauchte 1967 erneut auf, als der New-Orleans-Bereich des Falles abermals überprüft wurde. Noch einmal trübte er die Gewässer mit Informationen, die im Sand verliefen. 1977 sträubte sich Hall, vor dem Kongreßausschuß auszusagen. Nachdem ihm versichert wurde, seine Aussage würde zu keiner Strafverfolgung führen, behauptete er, niemals gesagt zu haben, er habe Silvia Odio besucht. In seinem endgültigen Bericht nannte der Ausschuß seine ursprüngliche Aussage »eine eingestandene Lüge«.

Schon früher tritt die Person Loran Halls in Erscheinung – im Zusammenhang mit seiner Inhaftnahme wegen illegaler militärischer Betätigungen und wegen Waffenschmuggels für die Anti-Castro-Seite. Als einer der führenden Mitglieder einer Anti-Castro-Organisation, deren Mitgliedschaft aus Exilkubanern und angeworbenen CIA-Agenten bestand, arbeitete er mit Gerry Hemming, einem Veteran-Marineinfanteristen zusammen. Dieser behauptete, Oswald, den damaligen Marineinfanteristen, schon 1959 getroffen und als untergeordneten Nachrichtendienstagenten identifiziert zu haben. Hall und sein Waffenbruder Hemming in der International Anti-Communist Brigade, sollen in einem Lager am Lake Pontchartrain in der Nähe von New Orleans Exilkubaner militärisch ausgebildet haben. Das Lager existiert tatsächlich und soll von Oswald in Begleitung von David Ferrie besucht worden sein. Abgesehen von seinen Anti-Castro-Aktivitäten, war David Ferrie zweifellos mit dem Mafiaboß Carlos Marcello verbunden. Es ist möglich, daß Loran selbst mit einem anderen Mafiaführer, Santos Trafficante, der die Ermordung Kennedys prophezeit hatte, in Verbindung stand. Seiner eigenen Aussage zufolge, war er zur gleichen Zeit wie Trafficante in Kuba eingesperrt, am selben Tag wie er aus der Haft entlassen, er soll Kuba schließlich mit ihm verlassen haben. Trafficante war, wie bekannt, ein Kontaktmann des CIA im Mordkomplott gegen Castro.

Eines Tages nach dem Attentat schrieb ein Detektiv der Polizei von

Dallas einen Bericht. Danach soll »Oswald« an Zusammenkünften
einer Anti-Castro-Gruppe in Dallas teilgenommen haben. Derselbe
Informant berichtete, die dieser Gruppe angehörigen Exilkubaner
hätten den Ort ihrer Zusammenkünfte während der vergangenen
Tage verlassen. Dabei handelte es sich um das lokale Hauptquartier
von Alpha 66, die entgegen den Richtlinien Kennedys, dafür auf
Veranlassung des CIA-Angehörigen »Bishop« Kommando-Überfälle
auf Kuba durchführte. War es dieser »Oswald«, der an dem Besuch bei
den Odios beteiligt war? Eine andere Spur der Odio-Geschichte deutet
jedenfalls darauf hin.
Der Vater Silvia Odios wurde in Kuba eingekerkert, weil er einen Anti-
Castro-Verschwörer, namens Reinaldo Gonzalez bei sich versteckt
hatte. Gonzalez wurde wegen Teilnahme an einem Mordkomplott
gegen Fidel Castro verfolgt. Sein Mitverschwörer war kein anderer als
Antonio Veciana von der Gruppe Alpha 66, der dem US-Agentenfüh-
rer »Bishop« unterstand. Veciana ist der Mann, der den vermutlichen
Oswald kurz vor der Begegnung Odios mit »Oswald« in »Maurice
Bishops« Gesellschaft begegnet war. »Bishop« war aber, laut Veciana,
Fachmann in der Kunst der Propaganda, Täuschung und der »dirty
tricks«.
Wenn Silvia heute befragt wird, was sie von ihrem Erlebnis vor
fünfzehn Jahren am meisten verfolgt, antwortet sie: »Der Gedanke,
ich hätte vielleicht, auf irgendeine Weise, den Mord verhüten
können.«
Im September 1963 war Präsident Kennedy, in dem Augenblick, in
dem »Oswald« von Veciana mit »Bishop« gesehen worden war, selbst
in Unternehmungen verwickelt, die der Anti-Castro-Bewegung mehr
Anlaß denn je gaben, ihn zu beseitigen. Die Vorhaben des Präsidenten
waren streng geheim und, theoretisch zumindest, teilten nur die
engsten Berater des Präsidenten das Geheimnis. Doch gab es wahrscheinlich ein Leck, was durchsickerte wurde von den Nachrichtendiensten aufgefangen.

20.

Der Countdown

Ich habe diesbezüglich überhaupt keine Zweifel. Wenn es das Attentat nicht gegeben hätte, wären wir mit den Kubanern in Verhandlungen getreten, die zu einer Normalisierung der Beziehungen zwischen den beiden Ländern geführt hätten.

– Botschafter William Attwood

Am 17. September 1963 trafen sich ein Amerikaner und ein Afrikaner beim Kaffee im Hauptquartier der United Nations in New York. Der Afrikaner war ein wenig bekannter Diplomat, doch das Thema, das er zu besprechen hatte, hätte den Lauf der modernen Geschichte ändern können. Botschafter Seydou Diallo, Guineas Gesandter in Kuba, überbrachte eine Nachricht aus Havanna. Er setzte sich mit Botschafter William Attwood, dem Sonderberater der US-Delegation in den Vereinigten Staaten, in Verbindung. Diallo kannte Attwood, den ehemaligen amerikanischen Botschafter in Guinea und vertraute ihm. Doch war das nicht alles. Denn Attwood hatte nicht nur Fidel Castro getroffen und mit ihm gesprochen; er stand auch in enger persönlicher Verbindung zu Präsident Kennedy und seinen wichtigsten Beratern. Jetzt hörte Attwood, an einem Ecktisch im Foyer der Delegation sitzend, dem afrikanischen Botschafter eifrig zu.

Anscheinend wollte Fidel Castro nach einer Konfrontation von mehr als drei Jahren zu einer Verständigung mit den Vereinigten Staaten kommen. Laut Diallo war Castro insbesondere unzufrieden über Kubas immer engere Verstrickung mit der Sowjetunion. Er suchte einen Ausweg, solange es noch möglich war. Castro und die internationalen Kommunisten der kubanischen Führerschaft, unter ihnen Che Guevara, waren sich über die Rußlandpolitik Kubas nicht einig. Castro hoffte deshalb, das Gleichgewicht durch eine Verständigung mit den Vereinigten Staaten wiederherzustellen. Die ausweglose Situation zwischen beiden Ländern hatte lang genug gedauert, es war an der Zeit, ihr ein Ende zu setzen. »Castro«, sagte Botschafter Diallo, »gleicht einem Schiff, das manövrierfähig ist.« Konkret ausgedrückt, meinte der Afrikaner, »wäre es keine schlechte Idee, wenn Attwood mit dem kubanischen Delegationsleiter bei den Vereinten Nationen reden würde«.

Der Afrikaner sprach als inoffizieller Mittelsmann, vorsichtig zwar, doch mit Nachdruck. Botschafter Attwood wußte genau, daß Gespräche bei einer Tasse Kaffee in der Welt der Diplomatie oft viel weniger

informell sind als sie scheinen. In den vergangenen Wochen gewann
Attwood auch aus anderen Quellen den Eindruck, daß Castro nach
drei Jahren der Konfrontation endlich wieder Gespräche führen
wollte. Im Kontext des Jahres 1963 hatte jenes Kaffeegespräch den
gleichen Effekt, wie der erste Kontakt zwischen Israel und Ägypten in
den siebziger Jahren. Attwood berichtete seinem unmittelbaren Vorgesetzten bei den Vereinten Nationen, Adlai Stevenson. Er informierte auch Averell Harriman, den Minister für Auswärtige Angelegenheiten. Beide reagierten mit intensivem Interesse, Stevenson rief
sofort das Weiße Haus an, um die neue Entwicklung mit dem Präsidenten selbst zu besprechen. Sollte Attwood die Initiative ergreifen
und einen Delegierten Castros treffen?

Im Kontext der amerikanischen Politik bedeutete jede Art von Dialog
mit Castro eine grundlegende Änderung des politischen Kurses.
Vielen, einschließlich höchsten Angehörigen des CIA, bedeutete die
Idee allein schon Ketzerei. Castro sollte gestürzt statt umworben
werden. Präsident Kennedy war unentschieden doch vorurteilslos.
Bereits neun Monate zuvor hatte sein Berater für Angelegenheiten des
Äußeren, McGeorge Bundy, vorgeschlagen, einen Weg zu Gesprächen mit Castro zu finden; im April berichtete der über den Austausch
der Gefangenen verhandelnde Delegierte Amerikas, James Donovan,
vor kurzem aus Havanna zurückgekehrt, von Castros Besorgnis über
die sowjetische Dominanz. Castro fragte, wie sich Havanna und
Washington daran machen könnten, diplomatische Beziehungen aufzunehmen und Donovan antwortete: »Wie Delphine an die Liebe –
sehr vorsichtig.« Jetzt, meinte Kennedy, sei vielleicht die Zeit gekommen, diesen interessanten Versuch zu machen. Schließlich stand die
Idee ganz im Einklang mit der Suche des Präsidenten nach friedlichen
Alternativen.

Drei Wochen zuvor war der »heiße Draht« zwischen dem Weißen
Haus und dem Kreml installiert worden – als Symbol der Entschlos-
senheit der Vereinigten Staaten und der Sowjetunion, im Krisenfalle
eine bessere Kommunikation zu ermöglichen. Während der folgenden Monate sollten Chruschtschow und Kennedy den Atomteststop-
Vertrag unterzeichnen. Der Präsident verkündigte die Heimberufung
von tausend Soldaten aus Vietnam und markierte damit den Anfang
eines Rückzugprogramms, das binnen zwei Jahren die Heimkehr der
gesamten amerikanischen Streitkräfte erreichen sollte. Die Vietnam-
Politik des Präsidenten stand im Widerspruch zur Politik des CIA, der
diesen Krieg praktisch führte. Der CIA als Organisation war wenig
rückzugswillig und betrachtete daher höchst kritisch die Absicht des
Präsidenten, Amerika von Weltkonfliktherden zurückzuziehen. In
der Öffentlichkeit versuchte der Präsident derartig tiefgehende Mei-

nungsverschiedenheiten zu vertuschen. Doch war er persönlich ernstlich besorgt. Eine seiner letzten Handlungen war, die Aktivitäten der
amerikanischen Nachrichtendienste durch einen Sonderausschuß
überprüfen zu lassen. Inzwischen war Kennedy entschlossen, jede
Gelegenheit zu einer Friedensinitiative zu ergreifen. Im Juni einigte
sich die Kuba-Sondergruppe des Weißen Hauses, zumindest theoretisch einen Dialog mit Kuba einzuleiten.
Im September traf John F. Kennedy in einem Telefongespräch mit
Adlai Stevenson eine spontane Entscheidung. Er bevollmächtigte
Attwood, Carlos Lechuga, den kubanischen Delegierten bei der UN
wann immer er wole zu treffen, jedoch nur unter zwei Bedingungen:
die Vereinigten Staaten dürften unter keinen Umständen den
Anschein erwecken, die Initiative zu diesem Treffen selbst ergriffen zu
haben und die Begegnung sollte informell und streng geheim bleiben.
Mit »geheim« meinte er, weder das Auswärtige Amt noch der CIA
sollten davon informiert werden.
Botschafter Attwood erhielt die Nachricht in New York und war damit
einverstanden. Es lag ihm daran, einen Ausweg aus der kubanisch-
amerikanischen Sackgasse zu finden. Hierbei hatte er einen festen
Plan, wie er den Vertreter Kubas informell und geheim treffen wollte.
Lisa Howard, eine Berichterstatterin der American Broadcasting Corporation, war vor kurzem in Havanna gewesen, wobei es ihr gelungen
war, Castro zu interviewen. Castro gab seiner Zufriedenheit darüber
Ausdruck, daß Kennedy die exilkubanischen Kommandoüberfälle
gestoppt hatte. Lisa Howard gewann den Eindruck, Castro sei jetzt
bereit, diplomatische Verhandlungen mit den USA aufzunehmen. Mit
Attwood stand sie bereits in Verbindung, auch hatte sie Kontakte zu
kubanischen Delegierten bei der UN. Attwood zog Lisa Howard ins
Vertrauen. Als Entgelt für eine absolute Geheimhaltung zu diesem
Zeitpunkt sicherte er ihr im Erfolgsfalle eine Exklusivreportage zu. So
ergab es sich, daß Lisa Howard eine kleine Cocktailparty veranstaltete.
Am 23. September fanden sich gegen neun Uhr abends eine Anzahl
sorgfältig ausgewählter Gäste in Lisa Howards Manhattan-Apparte-
ment ein. Zu ihnen gehörten auch Attwood und Castros Delegierter
bei der UN, Carlos Lechuga. Attwood machte den ersten Schritt. Er
erzählte Lechuga, welches Vergnügen es ihm bereitet hatte, sich 1959
mit Castro unterhalten zu haben. Lechuga entgegnete, nicht unge-
zielt, Castro unterhalte sich noch immer gerne. Die beiden Diplomaten saßen etwas abseits und sprachen etwa eine halbe Stunde lang
diskret miteinander. Lechuga betonte, Castro schätzte Kennedys
Bemühungen um Entspannung zwischen Kuba und den Vereinigten
Staaten. Besonders beeindruckte ihn Kennedys Vorhaben »to make

the world safe for diversity«, d. h. eine Welt anzustreben, in der politische Mannigfaltigkeit mit Frieden und Sicherheit vereinbar sei. Bald sprachen sie über Möglichkeiten eines nächsten Schrittes. Attwood versicherte, gerne mit Castro persönlich verhandeln zu wollen, wenn die Initiative von Havanna aus ginge und das Weiße Haus damit einverstanden sei. Attwood erklärte in einem dem Verfasser 1978 gegebenen Interview: »Ich verließ die Party mit dem Eindruck, Kuba interessiere sich ernsthaft für Gespräche mit den Vereinigten Staaten. Wir beschlossen, miteinander in Verbindung zu bleiben.« Attwood handelte unverzüglich.

Am frühen Morgen des folgenden Tages nahm er das erste Flugzeug nach Washington, wo er noch am selben Tage den Bruder des Präsidenten, Robert Kennedy, traf. Robert Kennedy meinte, ein Besuch Attwoods in Kuba könnte die Vereinigten Staaten kompromittieren. Er schlug deshalb ein Treffen mit Castro auf neutralem Boden, etwa Mexiko, vor. Als ersten Schritt könne Attwood einen Beauftragten Castros in New York treffen. Zwei Tage später sah Attwood Lechuga abermals in der UN. Fast mit Bedauern kündigte der Kubaner an, er würde, ähnlich wie Kennedy einige Tage zuvor gegen das Regime in Kuba, in der Vollversammlung der UN eine obligatorische Rede gegen die Vereinigten Staaten halten. Das Weiße Haus sollte dieser Rede nicht allzuviel Gewicht beimessen. Inzwischen werde er um Castros Einverständnis, jemanden zu Gesprächen nach New York zu senden, ersuchen. Allmählich und insgeheim setzten sich die Räder der Diplomatie in Bewegung. Doch beunruhigte Robert Kennedy der Aspekt der Geheimhaltung. Er äußerte gegenüber Attwood die Befürchtung, es würde bestimmt zu einem Leck kommen. Inzwischen geschahen, weit von diesen Ereignissen entfernt, seltsame Dinge.

Der bevorstehende Besuch Kennedys in Dallas war seit mehreren Wochen bekannt. Am 26. September, eine Woche nach Kennedys Einwilligung in erste provisorische Gespräche mit den Kubanern, wurde der Termin auf den 22. November festgelegt.

Die Bekanntgabe des Termins fiel mit dem Zeitpunkt der ersten Auftritte des Oswald-Doppelgängers in Texas zusammen.

Am 25. September, dem Tag der zweiten Begegnung Attwoods mit Lechuga, besuchte »Harvey Oswald« das Büro des Selective Service in Austin, Texas. Er sprach davon, wie sehr es ihn kränke, aus der Marineinfanteriereserve als »unerwünscht« entlassen worden zu sein. Innerhalb von achtundvierzig Stunden stellte ein Castro-Gegner in Dallas »Leon Oswald« den Ex-Marineinfanteristen den Odio-Schwestern vor und betonte »Oswald« sei der Ansicht, man hätte den Präsidenten schon lange umbringen sollen. Am 27. September ersuchte ein Mann, der sich »Lee Oswald« nannte, um ein kubani-

sches Visum in Mexico City und machte eine unvergeßliche Szene, als
ihm das Visum nicht unverzüglich erteilt wurde. Als dieser »Oswald«
mehrere Besuche in der kubanischen und sowjetischen Botschaft
machte, wurde er von CIA-Kameras und Tonbandgeräten festgehalten.

Zur selben Zeit setzte sich der CIA, zum ersten Mal seit einem Jahr,
wieder mit Rolando Cubela, dem Verräter im engen Kreis Castros, in
Verbindung. Ohne das Wissen der Kennedys und des Direktors der
Agency, plante eine Clique von CIA-Agenten, Castro mit Hilfe Cubelas zu beseitigen, während in Washington Kennedy und seine Mitarbeiter mit dem Mann, den ihr eigener Nachrichtendienst zu ermorden
plante, in freundliche Beziehungen zu treten versuchten.

Während Tag für Tag, unaufhaltsam der Zeitpunkt der Tragödie in
Dallas näherrückte, erkundigte sich das Weiße Haus nach Fortschritten Attwoods. Die Antwort lautete, Kuba reagiere mit lateinamerikanischer Geschwindigkeit – d. h. langsam.

Das Auswärtige Amt in Havanna schien der Angelegenheit keine
besondere Priorität zu geben. Da ergriff Attwood, der sich persönlich
für den Friedensversuch engagiert hatte, eigenständig Initiative. Er
versuchte zu Castro durchzudringen, um ihn davon zu überzeugen,
daß sich die Einstellung des Weißen Hauses ihm gegenüber definitiv
geändert habe. Anfang Oktober erfuhr Attwood von dem Aufenthalt
des prominenten französischen Journalisten, Jean Daniel, vom
l'Express in den Vereinigten Staaten und dessen Reiseplänen nach
Havanna. Wie Attwood in seinem Tagebuch vermerkte, glaubte auch
Daniel, Kuba sei reif für einen »kühnen diplomatischen Um-
schwung«.

Er und Ben Bradlee, der Vorstand der Washingtoner Zweigstelle des
»Newsweek« drängten auf eine Begegnung zwischen dem Präsidenten und dem Franzosen. Zunächst weigerte sich der Präsident, doch
änderte er seine Einstellung als er von einem in nächster Zukunft
stattfindenden Gespräch Daniels mit Castro erfuhr. Mitte Oktober
legte Kennedy in einem Interview ausführlich seine Ansichten über
Kuba dar. Der Kern des Problems war, Kennedys Auffassung nach,
daß Castro die Revolution verriet, ja ein »Agent der Sowjets in
Lateinamerika« geworden sei. Castro trieb, so meinte er, die Welt an
den Rand eines nuklearen Krieges.

Als Präsident der Vereinigten Staaten könne er die kommunistische
Unterwanderung Lateinamerikas nicht dulden. Doch überraschte
Kennedy Daniel damit, daß er die Revolution in Kuba an sich nach-
drücklich guthieß. Er gab offen die Schuld und die Mitverantwortung
der Vereinigten Staaten an den Mißständen in Kuba während des
Batista Regimes zu. »Ich habe die Kubaner verstanden«, sagte der

Präsident. Er bat Daniel, ihn nach seiner Rückkehr aus Havanna wieder zu besuchen, um ihm über Castros Reaktion zu berichten. Daniel und Castro einige Zeit später nahmen beiderseits zur Kenntnis, daß Daniel als inoffiziellen Beauftragten Kennedys betrachtet werden könne.

Unterdessen erkundigte sich das Weiße Haus wiederholt bei Attwood nach dessen Fortschritten. Ende Oktober entschloß sich Attwood, das kubanische Außenministerium zu umgehen und Castro direkt eine persönliche Nachricht zukommen zu lassen. Attwood benutzte zu diesem Zweck die Journalistin Lisa Howard, die Rene Vallejo den Leibarzt und Vertrauten Castros anrief. Daraufhin folgte eine Serie von Anrufen aus Lisa Howards Appartement nach Kuba. Schließlich begannen am 29. Oktober die Dinge in Gang zu kommen. Vallejo schlug ein Treffen zwischen Attwood und Castro in Veradero, einem Ferienort an der Nordküste Kubas vor. Attwood berichtete darüber seinem Vorgesetzten Adlai Stevenson in der UN und flog dann nach Washington, um das Weiße Haus zu informieren. Bei seiner Rückkehr konnte er in sein Tagebuch das Folgende eintragen: »Der Präsident ist enthusiastischer als das Außenministerium...«

Kennedy selbst war zwar dafür, auf eine Eröffnung der Gespräche mit Kuba zu drängen, »Castro dem Einfluß der Sowjets zu entziehen, mit einigem Glück die Schweinebucht ungeschehen zu machen und die Beziehungen zwischen den beiden Ländern zu normalisieren.« Doch bevorzugte der Präsident beim gegenwärtigen Stand der Dinge, den Besuch eines Kubaners, vielleicht Vallejos zur Einleitung von Gesprächen im Rahmen der UN in New York. Botschafter Attwood meinte, es sei an der Zeit, sich mit Castros Vertrautem persönlich in Verbindung zu setzen, deshalb rief er Vallejo mehrere Male aus Lisa Howards Wohnung an. Es dauerte jedesmal Stunden, bis er Vallejo erreichen konnte. Inzwischen ergriff der Präsident eine neue Gelegenheit, Castro von seiner veränderten Einstellung zu informieren. Am 18. November, vier Tage vor seiner Ermordung hielt er in Miami, der Stadt mit den meisten exilkubanischen Einwohnern eine wichtige Rede.

Kennedy sagte zwar wenig, was die Exilkubaner zu Hoffnungen berechtigte, doch vieles, was seine kubanischen Zuhörer zweihundert Meilen von Miami entfernt eressieren mochte. Er erklärte: »Es ist wichtig, nochmals festzustellen, was Kuba und die Vereinigten Staaten voneinander trennt... Tatsache ist, daß eine kleine Clique von Verschwörern das Volk von Kuba seiner Freiheit beraubte und die Souveränität der kubanischen Nation einer Macht der anderen Hemisphäre übergab. Sie machte Kuba zu einem Opfer fremder Imperialisten, zu einem Werkzeug der Politik eines fremden Volkes, zu einer

Waffe in der Hand einer fremden Macht, die dazu gebraucht wird, die politischen Systeme der andern Staaten Lateinamerikas zu untergraben. Das ist es und das allein, was unsere beiden Länder trennt. Und solange das ein Faktum ist, besteht keine Möglichkeit einer Verständigung. Andernfalls aber sind die Möglichkeiten unbegrenzt. Sobald die Souveränität Kubas wiederhergestellt ist, reichen wir ihnen die Hand in Freundschaft und Hilfsbereitschaft ...«

1978 erklärte der Historiker Arthur Schlesinger, ehemaliger Sonderberater des Präsidenten, den Kontext und die außenpolitische Absicht dieser Rede. Sie wurde von engsten Beratern des Präsidenten, einschließlich McGeorge Bundy, der den größten Anteil an den Verhandlungen Attwoods hatte, verfaßt. Sie beabsichtigte die Aussage des Präsidenten an Daniel zu bekräftigen, daß guten Beziehungen zwischen Kuba und den Vereinigten Staaten lediglich die Einmischung Kubas in die Angelegenheiten anderer lateinamerikanischer Staaten im Wege stand.

Einige Monate zuvor hatte Castros Adjutant Vallejo einen amerikanischen Besucher zur Seite genommen und von einem Bruch zwischen Castro und einigen seiner Mitarbeiter gesprochen. »Eine Clique von Verschwörern« bezog sich auf die doktrinären Extremisten, Kennedy beabsichtigte, Castro mit seiner Rede zu ermuntern, ihnen Widerstand zu leisten. Vor allem aber sollte die Rede das Vertrauen Castros in Botschafter Attwood stärken. Der Präsident der Vereinigten Staaten suchte nach einem Weg, Beziehungen zu Kuba wieder aufzunehmen – doch hinter seinem Rücken verfälschte der CIA den Sinn dieser Ansprache völlig.

CIA-Angehörige hielten weiter die Verbindungen zu Castros verräterischem Vertrauten Rolando Cubela aufrecht. Ohne Mitwissen, geschweige denn Zustimmung der Regierung begannen sie, wie der Senatsausschuß für Nachrichtendienste 1975 erfuhr, mit Cubela über Castros Ermordung zu verhandeln und versprachen ihm, die für die Ausführung des Komplotts notwendigen Mittel bereitzustellen. Ende Oktober teilte Desmond Fitzgerald, der sich als ein amerikanischer Senator ausgab und Chef der Kuba-Abteilung des CIA war, Cubela mit, ein Staatsstreich gegen Castro würde die volle Unterstützung der Vereinigten Staaten finden. Einen Monat nachdem die Kennedys die erwähnten Friedensinitiativen gegen Kuba eingeleitet hatten, erklärte der CIA-»Senator« Cubela, er käme im persönlichen Auftrag Robert Kennedys und sei – was eine Lüge war – ein Mitverfasser der Miami-Ansprache des Präsidenten gewesen. Er behauptete, der Sinn der Rede sei gewesen, einen Staatsstreich in Kuba zu unterstützen.

1978 sagte Arthur Schlesinger dem Verfasser: »Der Fall Cubela gibt uns Anlaß, das ganze Problem eingehender zu untersuchen. Zur selben Zeit als Kennedy die Normalisierung der Beziehungen zu Kuba in Erwägung zog, organisierte der CIA erneut Mordkomplotte gegen Castro. War das ein Beispiel totaler Unfähigkeit, was man im Falle des CIA nicht ausschließen kann – oder war es ein absichtlicher Versuch, die offiziellen Richtlinien der Regierung der Vereinigten Staaten zu untergraben?« Schlesinger unterstellt dem CIA für sein verräterisches Vorhaben die dunkelsten Motive. Heute glauben sowohl Schlesinger als auch Botschafter Attwood, daß es in den Kommunikationen zwischen Washington und Kuba ein Leck gegeben haben muß.

Attwood hatte den Auftrag strengster Geheimhaltung. Auf Anordnung des Präsidenten wußten nur ein halbes Dutzend höchster Staatsbeamter von den fraglichen Vorgängen. Der CIA war bewußt nicht benachrichtigt worden. Doch gab es, rückblickend, zwei Lücken in den Sicherheitsvorkehrungen. Der CIA hatte schon seit langem die kubanische Delegation bei der UN mit Anti-Castro-Geheimagenten unterwandert. Die US-Behörde für nationale Sicherheit (U. S. National Security Agency) hörte Telefongespräche nach Havanna ab. Davon profitierten die US-Nachrichtendienste. Seit Ende Oktober, möglicherweise schon früher, rief Attwoods Mittelsmann, Lisa Howard, Castros engsten Vertrauten wiederholt an.

In mindestens einem dieser Gespräche erwähnte sie das persönliche Interesse des Präsidenten an der Mission Attwoods. Arthur Schlesinger glaubt heute: »Der CIA muß von der Initiative des Präsidenten Kenntnis gehabt haben. Er durfte wohl kaum annehmen, daß sich die Gespräche Attwoods mit dem kubanischen Delegierten bei der UN auf einen Austausch von Daiquiri-Rezepten beschränkten. Alle Verbindungen der kubanischen Delegation in den Vereinten Nationen wurden abgehört.« Botschafter Attwood ist heute sicher, daß alle Telefongespräche abgehört wurden. Attwood wird von einer dunklen Vorstellung verfolgt. »Falls der CIA unser Vorhaben entdeckt hatte, erfuhren es von ihm gewiß auch die militanten Exilkubaner und ihre Freundesfreunde, die am Schweinebucht-Abenteuer beteiligt gewesen waren. Wenn diese Clique von der Möglichkeit einer Wiederherstellung normaler Beziehungen zu Kuba gehört hatte, konnte sie darauf nur schärfstens reagieren. Denn das bedeutete das Ende ihres Traums, nach Kuba zurückzukehren. Vor nichts schreckten sie zurück, um diesen Verlust zu vermeiden, selbst vor der Ermordung des Präsidenten nicht.«

Arthur Schlesinger teilt diese Ansicht: »Wenn sie die Absichten des Präsidenten erfahren haben, hätte das leicht Anlaß zu fanatischer, ja gewalttätiger Reaktion geben können. Diese Möglichkeit können wir nicht ausschließen.«

Fern von all dem, und dem engen Umkreis des Präsidenten unbekannt, begann das Vorspiel zur Tragödie. Während des schicksalhaften Monats November nahmen die Auftritte »Oswalds« in Dallas ihren Lauf. Eine Person, die diesen, damals noch unbekannten Namen benutzte, verhielt sich auffällig: mit dem Versuch, Schecks zu wechseln, mit dem Überschreiten der Geschwindigkeitsgrenze beim Testen eines Wagens, mit mysteriösen Geldanweisungen und damit, einen Job in einem Hochhaus zu suchen. Jene, die diesem »Oswald« begegneten, würden sich der kritischen Kennzeichen erinnern – ein ehemaliger Marineinfanterist, der Marineausweis, die Erinnerungen an den Aufenthalt in der Sowjetunion. In logischer Zeitfolge wurde sein Auftreten immer kompromittierender für ihn: der Munitionseinkauf, das Anbringen eines Teleskops auf seinem Gewehr; dsein Aufenthalt am Schießstand, wo er andere Schützen belästigte. Mit den seltsamen Auftritten verknüpft war auch das wiederholte Erscheinen »Oswalds« in der Gesellschaft von Kubanern und Lateinamerikanern. Eine unbekannte Exilkubanerin namens Silvia Odio schrieb ihrem Vater vom furchterregenden Besuch zweier Exilkubaner in Begleitung eines »Oswald«, der der Ansicht war, der Präsident »sollte ermordet werden«.

Im Oktober beherbergte in Farmer Branch, einem Vorort von Dallas, die ortsansässige John-Birch-Society drei bösartig extreme Anti-Kennedy-Exilkubaner. Eine ihrer Zusammenkünfte hielt jemand auf einem Tonband fest, das er einem höheren Beamten der Polizei von Dallas zukommen ließ. Das Tonband wurde bis 1978 zurückgehalten. Ein Polizeibeamter stellte es dem Verfasser zur Verfügung. Zu hören ist ein Schweinebucht-Veteran namens Nestor Castellanos, der den Präsidenten leidenschaftlich angreift. »Weg mit ihm! Weg mit ihm! Werdet ihn los! Je früher, desto besser. *Er macht allerhand geheime Vereinbarungen*... Der Herr Kennedy küßt den Herrn Chruschtschow. Und ich wäre nicht überrascht, wenn er auch den Herrn Castro küßt... Ich würde ihn nicht einmal Präsidenten nennen. Er stinkt.« (Kursiv vom Verfasser.)

Castellanos hatte mehr zu sagen: »Freunde, wir erwarten den Besuch Kennedys am 22. November. Und wir werden ihn begrüßen. So oder so. Wir werden ihn fertigmachen, wenn er nach Dallas kommt.«

Wir wissen weder von exilkubanischen Demonstrationen am Tage des Attentates, noch gibt es Indizien, die den Sprecher mit dem Attentat verbinden.

Vor Dallas plante Präsident Kennedy am 2. November einen Besuch in Chicago, am 18. in Miami. In Chicago wurde die Polizei drei Tage vor seiner Ankunft von einem geplanten Attentat unterrichtet. Die Polizei verhaftete einen ehemaligen Marineinfanteristen, der als Geisteskranker behandelt wurde. Der Mann, ein gewisser Thomas Valley, besaß ein M-1-Gewehr und dreitausend Schuß. Valley war ein Mitglied der John-Birch-Society und erklärter Feind der Kennedy-Regierung. Am Tage des Kennedy Besuchs ließ er sich beurlauben. Laut Abraham Bolden, einem ehemaligen Geheimagenten, wurde der Geheimdienst in Chicago auch auf die Gefahr eines anderen Attentates, an dem angeblich vier mit Fernschußgewehren bewaffnete Männer teilnehmen sollten, aufmerksam gemacht. Einer der Verdächtigen soll einen lateinamerikanischen Namen gehabt haben. Nach Bolden wurden zwei der Verdächtigen am Vorabend des Kennedy-Besuches in Haft genommen, die andern zwei entkamen bei einer Razzia. Obwohl sich ein weiterer Geheimagent dieser Drohung entsinnt, fand der Kongreßausschuß keinen Bericht dieses Vorfalls in den Akten der Polizei.

Der Kennedy-Besuch in Chicago wurde – eine bemerkenswerte Begebenheit – im letzten Augenblick, die Menschenmenge hatte sich bereits zu seiner Begrüßung angesammelt, abgesagt. Aus dem Bericht ist nicht ersichtlich, ob der Grund der Absage die durch die Ermordung Deims entstandene Krise in Vietnam, das Unwohlsein des Präsidenten oder die Drohung in Chicago war.

Es ist jedenfalls bemerkenswert, daß ein Kongreßausschuß auch heute noch nicht den Grund der damaligen Absage ermitteln konnte – es sei denn, er wird aus Sicherheitsgründen geheimgehalten.

Es gelang dem Ausschuß festzustellen, daß die für die Sicherheitsmaßnahmen des bevorstehenden Kennedy-Besuches verantwortlichen Behörden in Texas von der Drohung in Chicago nicht benachrichtigt worden waren.

Am 6. November hinterließ der authentische Lee Harvey Oswald jenen Brief, den die Beamten des FBI-Büros in Dallas nach dem Attentat vernichteten. An einem andern Ort kam es ebenfalls zu einem Alarm.

Am 9. November hörte der Chef des Polizeigeheimdienstes in Miami ein nicht klar verständliches Tonband ab, das ein Gespräch zwischen einem bekannten Rechtsextremisten und einem verläßlichen Polizeispitzel wiedergab. Die später angefertigte Abschrift des Tonbandes hat folgenden Wortlaut:

> DER SPITZEL: Ich glaube, Kennedy kommt am 18. oder sowas nach Miami und wird irgendeine Rede halten.
>
> DER RECHTSEXTREME: Sie können auf ihren letzten Dollar wetten, er wird was über die Kubaner zu sagen haben. Die Stadt ist überfüllt von ihnen.
>
> SPITZEL: Yeah, der wird schon tausend Leibwachen haben, machen sie sich keine Sorgen darüber.

RECHTSEXTREMER: Je mehr Leibwachen er hat, um so zielsicherer.
SPITZEL: Wie zum Teufel glaubst du, könnte man ihn am einfachsten erwischen?
RECHTSEXTREMER: Von einem Bürohochhaus mit einem Fernvisier ... er weiß, daß seine Tage gezählt sind.
SPITZEL: Werden sie es wirklich versuchen, ihn zu erschießen?
RECHTSEXTREMER: Ja, die Dinge sind schon im Gange.
SPITZEL: Mensch, wenn dieser Kennedy erschossen ist, werden wir wissen, woran wir sind. Das wird mal den Staub aufwirbeln, wenn das geschieht.
RECHTSEXTREMER: Die würden nichts unversucht lassen, nicht die. Innerhalb von Stunden würden sie irgendjemanden verhaften, wenn sowas geschähe. Nur, um die Öffentlichkeit zu beruhigen.

Captain Charles Sapp, Chef des Miami-Polizeigeheimdienstes, sowie sein Team, ein Dutzend spezialisierter Detektive, waren bereits bei zwei früheren Besuchen Kennedys für die Sicherheitsmaßnahmen verantwortlich. Sie arbeiteten eng mit dem lokalen Geheimdienst und dem FBI zusammen. Miami mit über hunderttausend Exilkubanern bereitete den Sicherheitsbehörden besonderes Kopfzerbrechen.
Captain Sapp warnte seinen Vorgesetzten bereits sieben Monate vor dem Besuch vor einer zunehmenden Gefährdung. Das Verbot der Kommandoüberfälle könnte »den Haß und die Gewalttätigkeit der Exilkubaner, die bisher gegen Castro gerichtet waren, auf Repräsentanten der US-Regierung übertragen«. Als Captain Sapp das erwähnte Tonband hörte, befürchtete er in der Tat ein Attentat auf das Leben des Präsidenten anläßlich seines Besuches in Miami am 18. November.
Die auf dem Tonband aufgenommenen Äußerungen stammten von einem Mann namens Joseph Milteer. Er gehörte einer Gruppe von rechtsextremen und ultra-rassistischen Organisationen an, wie »Congress of Freedom«, »White Citizens Council of Atlanta« und »National States Right Party«. Diese Gruppen waren eng mit der Anti-Castro-Bewegung verbunden. Sapp informierte seine Vorgesetzten, überdies warnte er das FBI, sowie den Geheimdienst. Insbesondere wies er auf Milteers Bemerkung hin, die Vorbereitungen zur Ermordung des Präsidenten seien bereits »im Gange«. Der Geheimdienst machte den Aufenthaltsort von Milteer ausfindig, er wurde jedoch nicht verhört, geschweige denn verhaftet. Die für die Sicherheit des Präsidenten in Miami verantwortlichen Geheimagenten wurden von diesen Vorgängen unterrichtet. Captain Sapp erinnert sich: die geplante Route der Autokolonne wurde aus Angst vor Anti-Castro-Kundgebungen geändert. Der Präsident kam verspätet am Flughafen an. Vom Flughafen flog er per Helikopter zum Hotel Americana, hielt dort seine Rede und

kehrte anschließend per Helikopter zum Flughafen zurück. Ebenso
wie in Chicago, hatte es der Geheimdienst unterlassen, die für die
Planung der Sicherheitsmaßnahmen verantwortlichen Behörden in
Texas von den erwähnten Drohungen zu benachrichtigen. Dallas war
nur noch vier Tage entfernt.

Bei der Rückkehr des Präsidenten nach Washington suchte der Botschafter noch immer eine für beide Länder annehmbare Formel als
Modus für die Gespräche zu finden. Sowohl Attwood als auch Vallejo
waren über die Schwierigkeiten, eine Verbindung zu bekommen und
wegen der wiederholten Unterbrechungen ihrer Gespräche frustriert.
Am frühen Morgen des 19. November fand endlich ein zufriedenstel-
lendes Gespräch mit Vallejo statt. Attwood wußte nicht, daß der
kubanische Führer während des ganzen Gesprächs an Vallejos Seite
saß und dieser ihm die unmittelbaren Reaktionen Castros selbst
vermittelte. Castro beabsichtigte, die Verhandlungen persönlich zu
führen, deshalb sollte der Delegierte der USA seinerseits einen Weg
finden, nach Kuba zu reisen. Castro lehnte es ab, persönlich die
Vereinigten Staaten zu besuchen. Die Amerikaner schlugen ihrerseits
vor, Kuba sollte durch seine Delegation bei der UN eine Tagesordnung
für die Gespräche übermitteln. Im übrigen versicherte Castro, Che
Guevara, ein doktrinärer Kommunist und Apostel der Weltrevolu-
tion, werde an den Verhandlungen nicht teilnehmen.

Innerhalb von vierundzwanzig Stunden fand dann schließlich die
Begegnung zwischen Castro und dem französischen Journalisten Jean
Daniel statt. Daniel hatte seit seinem Gespräch mit Präsident Kennedy
im Weißen Haus und seiner Ankunft in Havanna zunächst vergeblich
auf ein Interview mit Castro gewartet. Das Gespräch dauerte bis in die
frühen Morgenstunden. Immer wieder wollte Castro hören, daß Kennedy die Revolution in Kuba billigte, ebenso dessen Kritik an seiner
Außenpolitik. Castro verteidigte die Rolle, die er während der Kubakrise gespielt hatte und erklärte zur Zeit nicht in der Lage zu sein,
Kubas Beziehungen zur Sowjetunion darzulegen. Doch erkannte er in
der Person Kennedys die Möglichkeit einer sich anbahnenden Verständigung mit den Vereinigten Staaten.

Castro fügte in bezug auf Kennedy hinzu: »Aus der Sicht der
Geschichte kann er immer noch der größte Präsident werden, den die
Vereinigten Staaten je hatten; ein Führer, der als erster verstehen
konnte, daß es eine Koexistenz zwischen Kapitalismus und Sozialismus selbst in Lateinamerika geben kann. Wenn er das zustande
brächte, wäre er noch bedeutender als Lincoln. Ich weiß es von
Chruschtschow, daß man mit Kennedy reden kann. Andere Staatsmänner behaupten, wir sollten seine Neuwahl abwarten. Zwar glaube
ich, daß er die Verantwortung für alles, was geschehen ist, trägt, doch

muß ich sagen: in den letzten Monaten lernte er vieles verstehen und überdies bin ich letzten Endes davon überzeugt, daß alle anderen schlimmer wären als er.« Grinsend fügte Castro hinzu: »Wenn Sie ihn wiedersehen, können Sie ihm sagen, ich bin bereit zu sagen, daß Goldwater mein Freund ist, wenn das seine Wahl sicherstellen sollte. Da sie doch Kennedy wiedersehen werden, seien Sie doch ein Bote des Friedens.«

Noch müde von seinen Marathontelefonaten der vorangegangenen Nacht, rief Botschafter Attwood am Morgen das Weiße Haus an.

Er unterrichtete McGeorge Bundy, den Berater des Präsidenten für Außenpolitik von seinem letzten Kontakt mit Castro. Wie Robert Kennedy später berichtete, gab Kennedy sein o. k., weiterzumachen. Attwood sollte nach Havanna reisen, um herauszufinden, was unternommen werden könnte, die Beziehungen zu normalisieren. McBundy teilte Attwood mit, der Präsident würde ihm die Richtlinien nennen, sobald sich die Kubaner für eine Tagesordnung entschieden hätten. Er fügte hinzu, Kennedy würde nach einem kurzen Besuch in Texas wieder nach Washington zurückkehren. Texas bedeutete Dallas. Der Präsident kehrte im Sarg nach Washington zurück.

21.
Wer wirft den ersten Stein

> Time's glory is to calm contending kings, to unmask
> falsehood, and bring truth to light.
>
> – William Shakespeare

Vier Tage nach dem Begräbnis Kennedys bestellte Präsident Lyndon
Johnson Earl Warren, den obersten Richter des Verfassungsgerichtes
der Vereinigten Staaten ins Weiße Haus. Er bat Earl Warren als
Vorsitzender einer Kommission zur Nachforschung der Ermordung
Kennedys Untersuchungen einzuleiten. Das sei eine nationale Pflicht,
andernfalls wären gewisse Gerüchte geeignet, die Vereinigten Staaten
in einen Krieg zu stürzen, der vierzig Millionen Menschen das Leben
kosten könnte. Er verdeutlichte: Wenn die öffentliche Meinung zu
stark gegen Castro und Chruschtschow aufgebracht ist, könnte das zu
einem Krieg führen. Zehn Monate später berichtete der Warren-
Ausschuß, keine fremde Regierung sei in irgendeiner Weise an der
Ermordung beteiligt gewesen.
Im Falle Kubas war die Notwendigkeit einer offiziellen Erklärung
selbstverständlich. Der Delegierte Havannas bei den UN, der sich in
den letzten Monaten der Regierung Kennedys bemüht hatte, einen
Dialog zwischen Washington und Havanna einzuleiten, erklärte:
»Trotz der zwischen unseren Ländern bestehenden Gegensätze hat
uns die Nachricht vom Tod Präsident Kennedys zutiefst betroffen.« In
Kuba befand sich der französische Journalist Daniel in Gesellschaft
Castros als die Nachricht durchgegeben wurde. Wie sich Daniel
erinnerte, war Castro tief erschüttert. Er sank in seinem Stuhl zusammen und sagte »es una mala moticia«, »das ist eine schlimme Nach-
richt«. Er wiederholte dies dreimal und dann sagte er – da die ersten
Nachrichten nur von einer Verletzung berichteten – er hoffe, der
Präsident würde genesen und wiedergewählt werden. Als der Tod
des Präsidenten bekannt wurde, meinte Castro: »Alles hat sich verändert. Alles wird sich verändern ... Der Kalte Krieg, die Beziehung zur
UdSSR, Lateinamerika, Kuba, die Rassenfrage ... das alles wird man
sich neu überlegen müssen. Ich sage Ihnen etwas, zumindest war
Kennedy ein Feind, an den wir uns gewöhnt hatten. Die Sache ist
ernst, äußerst ernst.« Als die amerikanischen Sender später mitteilten:
der Mörder war ein Mitglied des »Fair Play for Cuba« und Bewunderer
Fidel Castros, erklärte Castro: »Hätten sie den Beweis dafür, sie

würden sagen, der Mörder ist ein kubanischer Agent, ein Komplize, ein angeworbener Meuchelmörder. Nun behaupten sie einfach, er war mein Bewunderer, nun versuchen sie, in der öffentlichen Meinung den Namen Castro und die, durch die Ermordung erweckten Emotionen in Verbindung zu bringen. Das ist ein Propagandatrick. Das ist schrecklich...« Als der amerikanische Rundfunk begann, Oswald einen »Pro-Castro-Marxisten« zu nennen, sagte Castro seine Termine ab. Die Kubaner befürchteten einen sofortigen Angriff der amerikanischen Streitkräfte. Nichts dergleichen geschah, doch die Befürchtungen Castros über die Reaktion der amerikanischen Öffentlichkeit bestanden zu Recht. In Dallas sprach ein Staatsanwalt davon, Oswald des Präsidentenmordes »als Teil einer internationalen kommunistischen Verschwörung« anzuklagen. Leitartikel sprachen dunkel über den »Feind außerhalb des Landes« und eine Umfrage des Gallup-Institutes zeigte, daß eine große Anzahl von Amerikanern an eine Beteiligung der Sowjetunion, Kubas oder der Kommunisten überhaupt, bei der Ermordung glaubten.

Als 1967 die Möglichkeit einer rechtsextremen Verschwörung zum ersten Mal ernstlich in Erwägung gezogen wurde, erhielt Richter Earl Warren eine alarmierende Information. Ihre Quelle war ein Anwalt aus Washington, der berichtete, einer seiner Klienten verfüge über sensationelle Informationen. Sie besagten, daß Fidel Castro, als er von den amerikanischen Komplotten gegen sein Leben erfuhr, Präsident Kennedy ermorden ließ. Im März 1967 gelangte die Beschuldigung zur Kenntnis Präsident Johnsons, der eine FBI-Untersuchung anordnete. Der erwähnte Anwalt wurde befragt. Er erklärte, sein Klient habe »Erkundigungen angestellt« und »aus Castro nahestehenden Quellen erfahren«, der kubanische Staatschef habe »Teams mit der Ermordung Kennedys beauftragt und in die Vereinigten Staaten entsandt«. Die Nachforschungen des FBI erbrachten weder Tatsachen, noch Namen; gleichwohl war Präsident Johnson sichtlich beeindruckt. In einem Interview erklärte er: »Ich werde ihnen etwas sagen, daß sie erschüttern wird. Kennedy versuchte, Castro ermorden zu lassen, doch kam ihm Castro zuvor.«*

Der Klient des Anwalts, dessen Namen erst 1976 bekannt wurde, war kein anderer als der Mafia-Gangster John Roselli, der dem CIA bei dessen Versuchen, Castro zu »beseitigen« behilflich gewesen war. In

---

* Präsident Lyndon B. Johnson – der offensichtlich dazu neigte, über die Ermordung seines Vorgängers zu spekulieren – äußerte angeblich kurz nach dem Attentat, daß seiner Meinung nach Kennedy als Vergeltung für die drei Wochen zuvor stattgefundene Ermordung des Präsidenten Diem von Süd Vietnam getötet worden war (Thomas Powers, op.cit. S. 121).

Anbetracht dessen, daß Rosselis Beschuldigungen gegen Castro – die er einige Jahre später wiederholte – stets mit seinen Bemühungen, strafrechtlicher Verfolgung und einer Ausweisung zu entgehen, zusammenfielen, fand der Kongreßausschuß ihn nicht glaubhaft: »Roselli manipulierte die Weitergabe von Gerüchten gezielt, um den CIA zu veranlassen, sich für ihn, gegen eine Versicherung, daß er keine weiteren Enthüllungen vornehmen werde, bei den Gerichten einzusetzen.« Was auch immer Rosellis wahre Absicht gewesen sein mag, die Hexenjagd, die er entfachte, wurde hartnäckig fortgesetzt.

Nachdem der Senatsausschuß für Nachrichtendienste 1977 die Aussagen Rosellis und anderer Zeugen gehört hatte, maß er der Möglichkeit einer Beteiligung Castros am Attentat große Bedeutung bei. Eines der Ausschußmitglieder, Senator Robert Morgan ging soweit zu erklären: »Ich glaube, die Umstände in diesem Falle sprechen so für sich selbst, daß sie mich jenseits jedes vernünftigen Zweifels überzeugen. Die Ermordung unseres Präsidenten war die Vergeltung für unsere Versuche, Castro zu beseitigen. Für einen Berufsanwalt war Morgan ziemlich forsch. Der einzige Grund zu der Annahme, Castro habe jemals eine Vergeltung gegen Kennedy in Erwägung gezogen, beruht auf einer Äußerung Castros in einem Bericht zwei Monate vor dem Attentat. Am Abend des 7. September 1963 besuchte Castro einen Empfang in der brasilianischen Botschaft. Zum Kummer seiner Gastgeber, gab er dem Berichterstatter der Associated Press, David Harker, ein längeres Interview, das in den führenden Presseorganen Amerikas veröffentlicht wurde. Darin griff Castro Präsident Kennedy auf eine, selbst für kubanische Propagandastandards unübliche und zu scharfe Weise an. ». . . ein Idiot . . . der Batista von heute . . . der größte Opportunist aller amerikanischer Präsidenten.« Er verurteilte vor allem die vor kurzem stattgefundenen exilkubanischen Kommandoüberfälle. Laut Harker: »Wir werden sie bekämpfen und gleiches mit gleichem vergelten. Wir werden die Führung Amerikas davon überzeugen, daß die Unterstützung terroristischer Komplotte zur Ermordung kubanischer Politiker ihr eigenes Leben unsicher macht.«

Das Interview verursachte auf lange Sicht Verlegenheit in Kuba. 1975 bemerkte ein Angehöriger des CIA, auf eine Verbindung zwischen Kuba und Oswald anspielend, Castros Äußerungen waren absolut unverantwortlich. Sie können nicht als Reaktion auf anti-kubanische Kommandoüberfälle im Sommer 1963 entschuldigt werden. Castros Ausfälle wurden von vielen wegen der zeitlichen Nähe zum Attentat, als eine Drohung gegen den Präsidenten gedeutet. An demselben Tag, an dem Castro Harker traf, besprachen – so lautete die Mitteilung an den CIA in Washington – Rolando Cubela und sein CIA Sonderagent die Ermordung Castros. War Cubela ein Doppelagent, der CIA-Komplotte seinem Chef mitteilte? Waren Castros Äußerungen eine Warnung, weil er von seiner Bedrohung Kenntnis hatte und deshalb zurückschlagen wollte?

Als der Verfasser Cubela 1978 im Gefängnis besuchte, wies dieser jeden Verdacht, ein Doppelagent gewesen zu sein, leidenschaftlich zurück. Cubela betonte, er habe nach seiner Verhaftung 1965 durch den kubanischen Geheimdienst, diesem seine Beteiligung an CIA Mordkomplotten nicht verraten. Während seines Prozesses in Kuba, als genügend Gelegenheit bestand, den CIA anzuschwärzen, blieb dieser Themenbereich unerwähnt. Die Komplotte gegen Castro wurden erst 1975 als Folge der Untersuchungen des Senatsausschusses für Nachrichtendienste enthüllt. Das überzeugendste Argument dafür, daß Cubela kein Doppelagent war, ist die große Härte der Bestrafung.

Wenn Castro die Absicht gehabt hätte, Kennedy ermorden zu lassen, hätte er es kaum zwei Monate zuvor der Presse angekündigt. Das Staatsoberhaupt Kubas stritt Beschuldigungen dieser Art wiederholt ab. Das letzte Mal vor dem Kongreßausschuß für Attentate im Jahre 1978. Höflich empfing er die Mitglieder des Ausschusses in Havanna. Die Tonbänder seiner Aussagen wurden in einer öffentlichen Sitzung abgespielt. Seine tönende Stimme hallte im Versammlungssaal: »Wer in diesem Lande sollte etwas so sinnloses, wie den Tod eines amerikanischen Präsidenten, geplant haben? Das wäre der reinste Wahnsinn gewesen. Wahnsinn vom Standpunkt der Politik, Wahnsinn vom Standpunkt der Ideologie, einfach Wahnsinn, ein Wahnsinn, wie ihn die Regierung Kubas niemals hätte beabsichtigen können.« Bei anderer Gelegenheit versicherte Castro: »In einer marxistischen Politik gibt es keinen Raum für die Beseitigung der Staatsoberhäupter durch Terrorakte ... Wir kämpfen gegen reaktionäre Ideen, nicht gegen Menschen.« In diesem Punkt erscheint Castro wie auch der Kongreßausschuß bekräftigt, überzeugend. Während der Revolution Kubas versuchten Castros Guerillas nicht einmal den verhaßten Batista umzubringen. Nicht Castros Regime, sondern die Exilkubaner sind es, die sich bis zum heutigen Tage von amerikanischem Boden aus, schwerer Rechtsbrüche schuldig machen. Auch vom politischen Standpunkt wäre eine Beteiligung an dem Attentat sinnlos gewesen. Castro hätte in diesem Falle kaum am Vorabend der Ermordung mit den Vereinigten Staaten über eine Normalisierung ihrer Beziehungen verhandelt. Selbst wenn die Verhandlungen nur ein Täuschungsmanöver darstellten, hätte das enorme Risiko amerikanischer Vergeltung in keinem Verhältnis zu einem Gewinn durch die Ermordung Kennedys stehen können. Alle in Betracht kommenden Nachfolger Kennedys waren, nach Castros Ansicht, Kuba noch weniger wohlgesinnt, als dieser.

Castro gibt zwar zu, Harker ein Interview gegeben zu haben, doch entsinnt er sich nicht, die fraglichen Drohungen ausgesprochen zu haben. Er räumte zwar vor dem Kongreßausschuß für Attentate ein, von den Komplotten gegen sein eigenes Leben gewußt, sie jedoch »für einen schlechten Präzedenzfall« gehalten zu haben, der auf ihre Verursacher wie ein Bumerang zurückschlagen könnte. Doch habe er niemals beabsichtigt, daß seine Äußerungen als persönliche Drohungen gegenüber Individuen in den Vereinigten Staaten gedeutet würden. Terroristische Handlungen seitens Kuba wären ihm schon allein wegen der großen Macht Amerikas als selbstmörderisch erschienen.

Hinsichtlich der Zuverlässigkeit von Harkers Reportage bestehen im übrigen Zweifel. In mehreren amerikanischen Zeitungen wurden die fraglichen Drohungen überhaupt nicht zitiert. Harker, der trotz seines englischen Namens ebenfalls Lateinamerikaner war, verließ Havanna unter zweifelhaften Umständen. Behörden in Havanna, die der Autor 1978 interviewte, behaupteten, Harker habe während seines Aufenthaltes in Havanna diplomatische Privilegien mißbraucht, indem er Informationen verbreitete, die in keiner Beziehung zu seiner Arbeit als Berichterstatter standen. Hier ist fraglos Skepsis angebracht, da es wenigen Berichterstattern gelingt, diktatorische Regime nicht früher oder später zu brüskieren. Nichts desto weniger soll diesem Bericht Aufmerksamkeit geschenkt werden angesichts der Praxis des CIA, Journalisten für seine eigenen Zwecke zu verwenden.* Wenn der Teil, der sich in Harkers Bericht auf »Drohungen« bezieht, vom tatsächlich Gesagten abweichen sollte, wären die Implikationen einer gezielten Fälschung in der Tat ein beunruhigendes Indiz.

1978 erwog der Kongreßausschuß die Möglichkeit, ob der Harker-Bericht Oswald hätte motivieren können, durch die Ermordung des Präsidenten zum Helden der Revolution zu werden. Tatsächlich war New Orleans, wo Oswald damals lebte, eine der Städte in der das Zitat mit der Drohung veröffentlicht wurde. Selbst der Warren-Ausschuß erwog, ob nicht auch Oswald von Castros Ausfällen beeinflußt worden war.

Diese Hypothese paßt jedoch nicht zu Oswalds Einstellung gegenüber Präsident Kennedy. Oswald wurde nach seiner Verhaftung gefragt,

---

* Die Verbindungen zwischen dem CIA und Hal Hendrix, einem Journalisten aus Miami, der ungewöhnlich schnell mit Informationen über Oswald aufwartete, mag hier als eklatantes Beispiel dienen.

ob er die Ermordung des Präsidenten für Kuba vorteilhaft einschätze. Oswald entgegnete darauf: »Da der Präsident ermordet wurde, wird ein anderer seine Stelle einnehmen, vielleicht Vizepräsident Johnson, seine Einstellung gegenüber Kuba wird sich kaum von der Präsident Kennedys unterscheiden.«

Das spricht nicht für denjenigen, der den Präsidenten ermordet, um Amerikas Kuba-Politik zu ändern. Die vor dem Attentat geäußerten Worte Oswalds über den Präsidenten haben freilich mehr Gewicht. In der Hitze einer Radiodebatte in New Orleans wurde Oswald gefragt, ob er den Beschimpfungen Castros, der Präsident sei »ein Gangster und ein Dieb« zustimme. Oswald verneinte dies. Er glaube, das Außenministerium und der CIA hätten in ihrer Kuba-Politik »monumentale Fehler« gemacht.

Nach Aussagen Leutnant Francis Martellos, eines Polizeioffiziers aus Dallas, »schien Oswald Präsident Kennedy dem sowjetischen Staatschef Chruschtschow vorzuziehen. Oswald zeigte in keiner Weise irgendwelche Animosität oder Antipathie gegenüber Präsident Kennedy. Im Gegenteil ließ die Art und Weise, in der er über ihn sprach, auf seine Sympathie zum Präsidenten schließen.«

Angesichts dieser Fakten machte der Warren-Ausschuß keinen ernsthaften Versuch, die Ermordung des Präsidenten als Loyalitätskundgebung für Fidel Castro zu deuten. Im Gegenteil, der Warren-Ausschuß verkündete: »Die Erfahrungen Oswalds mit dem kubanischen Konsul scheinen seinen Enthusiasmus für das Castro-Regime und seinen Wunsch, nach Kuba zu gehen, gedämpft zu haben«. – Der Warren-Ausschuß ging noch davon aus, daß der authentische Lee Harvey Oswald im kubanischen Konsulat in Mexiko City gewesen war (s. Kap. 19). Erst im Jahre 1979 war der Kongreßausschuß bemüht, die Frage nach einer Beteiligung des Castro-Regimes am Attentat ein für alle Male zu den Akten zu legen. Nach erschöpfenden Untersuchungen und zwei Befragungen in Havanna und in Mexiko City, erklärte der Ausschuß in seinem Bericht vom Jahre 1979, nicht den geringsten Anhaltspunkt dafür gefunden zu haben, daß die kubanische Regierung mit der Ermordung Kennedys zu tun gehabt habe.

Heute haben die Beschuldigungen gegen Castro eine Bedeutung, die sich völlig von der mittlerweile erledigten Frage, ob Havanna am Mord beteiligt war, unterscheidet. In mehreren Interviews warf Castro die Frage auf, ob die Beschuldigungen gegen ihn nicht der Ausdruck von etwas Unheilvollerem als politischer Paranoia seitens der Vereinigten Staaten seien. Er überlegte laut: »Welches sind die Geheimnisse, die Präsident Kennedys Ermordung umgeben? ... Es ist sehr interessant, daß dieser Mann Oswald einige Monate vor dem Attentat nach Mexiko fuhr, und bei der kubanischen Botschaft ein Visum beantragte . . . Man muß schon ziemlich naiv sein, anzunehmen, der habe selbst den Plan einer Reise nach Kuba ersonnen . . . Stellen sie sich vor, daß er zufällig das Visum bekommen, Kuba einige Tage lang besucht hätte und dann nach Amerika zurückgekehrt wäre und nun Kennedy ermordet hätte. Manchmal fragen wir uns, ob nicht jemand versucht hat, Kuba in diese Angelegenheit zu verwickeln. Denn persönlich bin ich der Ansicht, Kennedys Ermordung haben irgendwelche Rechtsextreme in den Vereinigten Staaten organisiert.«

Abgesehen von der obligatorisch anti-amerikanischen Färbung seiner Äußerungen mag Castro recht gehabt haben. Es gibt Anhaltspunkte für einen Plan, Spuren zu legen, die geradewegs nach Havanna führen. Die Identifizierung derer, die an dem Plan beteiligt waren, mag zur Entdeckung der Hintermänner führen.

Am 25. November, dem Tag an dem Lee Harvey Oswald für immer zum Schweigen gebracht wurde, betrat ein junger Nicaraguaner, der sich Gilberto Alvarado nannte, die amerikanische Botschaft in Mexiko City. Was er zu sagen habe, sei so wichtig, daß er den Botschafter persönlich sehen müsse. In dessen Gegenwart behauptete er, Mitte September im kubanischen Konsulat ein Gespräch zwischen »Oswald« und zwei Männern belauscht zu haben. Zunächst habe er »Oswald« allein in einem Innenhof mit einem mageren Schwarzen gesehen. Zu ihnen gesellte sich für einen Augenblick ein hochgewachsener Kubaner, der dem Neger Geld übergab. Alvarado hörte, wie der Neger zu Oswald auf englisch sagte: »Ich will den Mann umbringen.« »Oswald« entgegnete: »Du bist nicht Manns genug – ich werde es tun.« Daraufhin bemerkte der Neger auf spanisch: »Ich kann nicht mit dir gehen, ich habe viel zu tun.« »Oswald«: »Die Leute warten auf mich.« Dann gab der Neger Oswald 6500 Dollar in Noten und fügte entschuldigend hinzu: »Viel ist das nicht.« Damit war das Treffen beendet.

Alvarados Bericht verursachte großen Aufruhr in der amerikanischen Botschaft, die Drähte zwischen Mexiko City und Washington wurden heiß. Von ihrem Überwachungsdienst wußte der CIA bereits, daß ein gewisser »Oswald« das kubanische Konsulat in Mexiko City besucht hatte, Alvarados Bericht schien glaubhaft zu sein. Alvarado fand einen aufmerksamen Zuhörer in der Person des Botschafters, Thomas Mann, einem Karrierediplomaten, dem die Verbreitung des internationalen Kommunismus große Sorgen bereitete. Kurz nach dem Attentat äußerte er, daß er die Kubaner verdächtige. Er legte Wert darauf, daß die Botschaftsangehörigen Alvarado ernst nehmen. Diese waren schockiert zu hören, Alvarado habe schon vor dem Attentat versucht, die Botschaft zu erreichen und sie zu warnen, doch habe ihm ein Beamter gesagt, er solle ihre Zeit nicht verschwenden. Der CIA in

Mexiko legte der Erklärung Alvarados größte Bedeutung bei. Sie wurde sofort an das FBI in Washington, an das Außenministerium und selbst an das Weiße Haus weitergeleitet. So wurde sie zum ersten »Beweisstück«, das Präsident Johnson die Idee einer kubanischen Verschwörung in den Kopf setzte. Vierundzwanzig Stunden später sandte der CIA eine weitere Nachricht »aus verläßlicher und geheimer Quelle«, die die Geschichte Alvarados zu bekräftigen schien. Am selben Tage sandte Botschafter Mann ein Telegramm an das Außenministerium, in dem er seiner Ansicht Ausdruck verlieh, daß Kuba tatsächlich an der Ermordung beteiligt gewesen sei. In einem späteren Bericht erklärt er: »Ich las Oswalds vollständiges Dossier und hatte nicht den Eindruck eines Mannes, der jemanden, den er gar nicht kannte, umbringen würde, ohne vorteilhafte Angebote der Organisation, der er angehörte, zu haben. Ich glaube deshalb – zugegebenermaßen subjektiv und ohne Beweise zu haben – daß ihm jemand in Mexiko oder den Vereinigten Staaten einen Auftrag und Geld dafür gegeben hat.« Der Botschafter glaubte nicht an eine Beteiligung der Russen, doch deutete er mit einem zielsicheren Finger auf Havanna. Mann berichtete nach Washington, es passe zu Castros Persönlichkeit, sich auf diese Weise zu rächen. Er sei der Prototyp des lateinamerikanischen Extremisten, der emotional und nicht mit seinem Kopf und ohne Rücksicht auf das Risiko reagierte. Sein ganzes Leben zeugte davon. Die unprofessionelle, fast beiläufige Art, Oswald das Geld zu überreichen, passe zu den Kubanern. Der Botschafter berief sich dann auf Daniel Harkers Bericht über Castros Drohung: »Meine Annahme wird von einer Erinnerung an eine, in Havanna datierte Meldung der Associated Press bekräftigt, der zufolge Castro als Vergeltung für angeblich vom CIA unterstützte Kommandoüberfälle an der kubanischen Küste, Drohungen gegen amerikanische Regierungsbeamte aussprach.« Am 27. November berichtete ein Attaché ans Außenministerium über eine, der Presse übergebenen Erklärung eines »ehemaligen kubanischen Diplomaten« – und prominenten Exilkubaners, die die Drohungsmeldung Harkers in verstärkter Form wiedergab: Castro habe den CIA und Präsident Kennedy beschuldigt, ein Attentat auf sein Leben zu planen. Castro habe hinzugefügt: »Kennedy und sein Bruder sollen sich hüten, weil auch sie die Opfer eines Attentates werden können.« Die Nachrichten von Mexiko schürten die Feuer des Verdachts in Washington, Castro sei der Urheber des Attentates gewesen.

Zu Washingtons Gunsten sei gesagt, daß es auf all diese Verlautbarungen mit äußerster Vorsicht reagierte. Ein höherer Beamter des FBI flog nach Mexiko City und bemühte sich, Botschafter Mann von der Idee einer derartigen Verschwörung abzubringen. Er versuchte den Botschafter von der noch immer vertretenen Ansicht, Oswald und niemand anders als Oswald habe den Präsidenten erschossen, zu überzeugen. Als der Verfasser Mann 1978 interviewte, sprach der Botschafter noch immer aufgebracht über Washingtons telegraphische Anordnung, »die Nachforschungen zu stoppen«. Tatsächlich war jedoch klar geworden, daß es einen andern interessanten Punkt in Alvarados Geschichte gab.

Als ihn die mexikanischen Behörden verhörten, gestand Alvarado, die ganze Geschichte erfunden zu haben. Er habe Oswald niemals und nirgendwo gesehen und wisse nichts von einer Geldübergabe in der kubanischen Botschaft. Auch habe er niemals vor dem Attentat die amerikanische Botschaft zu warnen versucht. Von den Amerikanern erneut vernommen, griff Alvarado auf seine ursprüngliche Darstellung zurück und behauptete, die Mexikaner hätten ihn gezwungen, sie zurückzuziehen.

Er willigte ein, sich einem Lügendetektortest zu unterziehen. Das Ergebnis: Alvarado hat wahrscheinlich gelogen. Als er mit dem Ergebnis des Tests und mit den Widersprüchen seiner Aussagen konfrontiert wurde, begann der Nicaraguaner nachzugeben. Er räumte ein: »Ich muß mich getäuscht haben«. Er war sich des Datums nicht mehr sicher und sprach nun von jemandem, der »eine Ähnlichkeit mit Oswald hatte.« Die Behörden in Washington kamen zu dem Ergebnis: Alvarado hat die Geschichte erfunden. Doch Botschafter Mann erklärte sich damit nicht zufrieden. Er meint noch heute, man hätte Alvarado in Washington einem intensiven Verhör unterziehen sollen.

Daß der Nicaraguaner log, macht seine Aussage noch nicht belanglos. Die Art und Weise in der er berichtete, sowie sein persönlicher Hintergrund deuten darauf hin, daß er nicht einem spontanen Impuls folgend Castro mit der Ermordung in Zusammenhang bringen wollte. Untersuchen wir zunächst das geheimnisvolle Gespräch, das er angeblich gehört hatte:

Alvarado behauptete, Oswald habe zu dem Neger gesagt: »Du bist nicht Manns genug. Ich werde es tun.« Das ist fast die Kopie davon, was »Leopoldo« zu Silvia Odio gesagt hatte. »*Wir Kubaner hätten keine Courage*« (Kursiv des Verfassers). Er sagt, wir hätten Kennedy nach der Schweinebucht erschießen sollen. Beide Berichte könnten aus dem selben miserablen Filmskript stammen – wer aber war der Verfasser des Skripts? Die Amerikaner behaupteten, Alvarado sei ein nicaraguanischer Agent gewesen. Das gab er offen zu. Seiner Version zufolge war er auf einer subversiven Mission in Kuba eingesetzt worden. Auf eine amerikanische Anfrage gab der nicaraguanische Nachrichtendienst die Auskunft, Alvarado nicht zu kennen, noch ihn mit einer Mission beauftragt zu haben. Im Gegenteil, er sei als Kommunist bekannt. Die Amerikaner hielten diese Erklärung für nicht stichhaltig, wäre es doch unwahrscheinlich, daß ein Kommunist Castro mit der Ermordung Kennedys in Zusammenhang bringen wollte. Sie hielten daran fest, Alvarado, wie er selbst vorgab, für einen nicaraguanischen Geheimagenten zu halten.

Erstaunlicherweise ging man der Sache nicht nach. Alvarado und seine Geschichte gerieten in Vergessenheit. Dennoch ist die nicaraguanische Verbindung von potentieller Bedeutung.

Der damalige Diktator Nicaraguas, Anastasio Somoza, unterstützte von jeher die Anti-Castro-Bewegung –, für eine lateinamerikanische Variante des Batista-Regimes nicht ungewöhnlich. 1961 diente sein Land als einer der Hauptstützpunkte für die Schweinebucht-Landung. Seine guten Beziehungen zu Anti-Castro-Exilkubanern waren dauerhaft. Bis nach der Ermordung Kennedys war Nicaragua offen für den CIA und seine exilkubanischen Schützlinge. Manuel Artime, als der »golden boy« des CIA bekannt, spielte eine Schlüsselrolle in den Komplotten, Castro durch Cubela ermorden zu lassen. Zur Zeit der Ermordung Kennedys besaß Artime zwei Stützpunkte in Nicaragua und es standen ihm ungefähr dreihundert Guerillas, sowie ein riesiges Arsenal zur Verfügung. Howard Hunt, ein hochrangiger CIA-Propaganda-Experte und Mitglied der Kuba-Abteilung des CIA, einer der ersten, die Castros Ermordung befürworteten, war Artimes bester Freund und enger Mitarbeiter. Hunt ist heute berüchtigt für seine Rolle im Watergate-Skandal.

Der angesehene Berichterstatter Ted Szulcz bezeugt, daß Howard Hunt für den CIA in Mexiko City arbeitete, als »Oswalds« angeblicher Besuch im kubanischen Konsulat stattgefunden haben soll. Hunt streitet dies ab, doch versicherte Szulcz dem Verfasser 1979, immer noch von der Richtigkeit seiner Behauptung hinsichtlich Hunts überzeugt zu sein.

In Mexiko City führte die Alvarado-Geschichte ein zähes Leben. Einem FBI-Inspektor von Washington, der nach Mexiko City gesandt worden war, verweigerte der CIA wiederholt, Alvarado zu befragen. Der Fall Alvarado blieb lange aktuell und wurde Präsident Johnson zumindest dreimal persönlich vorgelegt. Selbst der Warren-Ausschuß fühlte sich verpflichtet, »die persönliche Überzeugung des damaligen US-Botschafters ... daß Castro irgendwie am Komplott, Kennedy zu ermorden, beteiligt war«, zu Protokoll zu nehmen. Wenn Alvarados Geschichte den Zweck hatte, in höchsten Kreisen Verwirrung zu stiften, ist ihr das gelungen. Zu einer Zeit, als derartige Anti-Castro-Beschuldigungen bereits an Schlagkraft verloren, kamen neue Gerüchte in Umlauf.

Am 2. Dezember lieferte ein weiterer mexikanischer Zeuge eine

Variante der Alvarado-Geschichte. Pedro Guitarrez, ein Kredit-Experte, schrieb Präsident Johnson, daß auch er »Oswald« in der kubanischen Botschaft gesehen hatte. Wie Alvarado will auch er beobachtet haben, daß Oswald Geld zugesteckt wurde. Nachforschungen in diesem Fall blieben ergebnislos. Es stellte sich heraus, daß Guitarrez, ein eifriger Anti-Kommunist, an politischen Zusammenstößen Anteil hatte, während er in einem Gefängnis arbeitete.

Weniger als vierundzwanzig Stunden nach der Verlautbarung Guitarrez' Beschuldigung berichtete eine »geheime« Quelle des CIA, ein Flugzeug der Cubana Airlines sei am Flugplatz von Mexiko City am Tag der Ermordung Kennedys in Erwartung eines geheimnisvollen Passagiers stundenlang aufgehalten worden. Schließlich sei jener Unbekannte in einem Privatflugzeug gelandet und angeblich versteckt in der Kabine des Piloten, nach Havanna weitergeflogen. Eine Nachprüfung erwies, daß das kubanische Flugzeug bereits vor der Ankunft des Privatflugzeuges abgeflogen war. Der Kongreßausschuß ließ diese Angelegenheit auf sich beruhen.

Noch im Dezember verursachte der Bericht einer anderen CIA-Quelle Verwirrung wegen der »verdächtigen« Reisen eines Kubaners, namens Gilberto Lopez. Lopez überschritt am Tage des Attentates die Grenze von Texas nach Mexiko und flog vier Tage später nach Havanna weiter. Dem Bericht entsprechend war er der einzige Passagier in dem kubanischen Flugzeug. Der Kongreßausschuß entschied trotz mangelnder Überprüfung der Sache, Lopez habe hinreichende persönliche Gründe gehabt, um nach Kuba zurückzukehren. Der Bericht sei eindeutig propagandistisch gefärbt, da Lopez – wie Oswald – mit dem »Fair Play for Cuba« in Verbindung gestanden habe. Auch er soll die kubanische Botschaft in Mexiko City besucht haben. Freilich mag er dort gewesen sein, wenn Havanna sein Reiseziel war, doch stand seinerzeit die kubanische Botschaft im Mittelpunkt diplomatischen Kreuzfeuers.

Mittlerweile verbreiteten alle nur denkbaren Anti-Castro-Fanatiker emsig Gerüchte, um Oswald mit Castro in Zusammenhang zu bringen. Viele dieser Gerüchte waren lediglich das Produkt von Opportunisten, doch hatten andere, wie die Beschuldigungen in Mexiko, den Beigeschmack berechneter Propaganda.

Der folgende Bericht wurde vom Kongreßausschuß vorsichtig als »Beschuldigungen« bezeichnet, »die zwar zu bestimmten Tatsachen in Beziehung stehen, doch nicht aufrecht erhalten werden konnten«. Spät am Abend des Attentates klingelte das Telefon im New-York-Apartment von Henry Luce, dem reichen Verleger und Chefredakteur von »Time and Life«. Der Anruf kam von einem Exilkubaner und war für seine Frau, Claire Luce Booth, bestimmt, die ihn gut kannte.

Wie andere ihrer reichen Landsleute, war auch Mrs. Luce seit langem Anhängerin der Anti-Castro-Bewegung. Sie hatte eines der exilkubanischen Kommandomotorboote finanziert. Der Mann, der eben anrief, war einer ihrer Schützlinge in New Orleans. Laut Mrs. Luce erzählte er, zwei seiner Freunde hätten Oswald im Sommer kennengelernt. Oswald habe versucht, ihre »Free-Cuba-Gruppe« zu unterwandern, indem er seine Dienste anbot, Castro zu ermorden. Sie hätten Oswald jedoch nicht getraut. Sie entdeckten nämlich, daß er Kommunist und Mitglied der »Fair Play for Cuba« war, auch hätten sie Fotografien von Straßendemonstrationen und Tonbänder von seinen Äußerungen über Kuba, im Kreise seiner »kommunistischen Zelle«, aufgenommen. Laut Mrs. Luce wußten ihre Bekannten, daß Oswald mehrere Reisen nach Mexico City unternommen und anschließend stets reichlich über Geld verfügt hatte. Der Anrufer meinte, Oswald habe geprahlt: »Ich bin ein Champion-Schütze, ich kann jeden erschießen, einschließlich den Präsidenten und den Marineminister.« Der Kubaner schloß: »Es gibt ein kubanisches Mordteam und Oswald ist ihr angeworbener Scharfschütze.«

Mrs. Luce, die der Autor 1978 interviewte, versicherte, den Sprecher damals an das FBI verwiesen zu haben. Erst als 1967 die Möglichkeit einer exilkubanischen Anti-Castro-Beteiligung am Attentat erwogen wurde, habe sie sich wieder mit ihm in Verbindung gesetzt. Dabei habe sie von ihrem exilkubanischen Kontaktmann erfahren, daß FBI-Agenten die »Oswald«-Tonbänder und Fotografien in Besitz genommen und den Exilkubanern nahegelegt hatten, nichts über die Angelegenheit verlauten zu lassen. Durch Mrs. Luce erfuhr der Verfasser, daß einer der drei Exilkubaner, die sie unterstützte, ermordet, ein anderer deportiert worden war. Der dritte, den sie nur durch einen Mittelsmann erreichen konnte, wage es aus Angst um sein Leben immer noch nicht, offen zu sprechen. Aus diesem Grunde weigerte sie sich 1978 vor dem Kongreßausschuß, den Namen jenes Kubaners zu nennen.

Weitere Nachforschungen des Ausschusses in dieser Angelegenheit führten in eine Sackgasse. Immerhin entdeckte man, daß Mrs. Luce die exilkubanische Gruppe DRE, die Carlos Bringuier in New Orleans vertrat, finanziell unterstützte. Bringuier aber war Oswalds Gegenspieler beim Spektakel um das »Fair Play for Cuba«. Der Kongreßausschuß setzte sich mit Bringuier und seinen Helfern in Verbindung, doch leugneten sie alle ab, Mrs. Luce je angerufen zu haben. Mrs. Luce, eine ehemalige Diplomatin und prominente öffentliche Persönlichkeit, besteht darauf, seinerzeit den Anruf erhalten zu haben. Ihre persönliche, auf ihre weitreichenden Kontakte beruhende Deutung der Ereignisse ist folgende: »Präsident Johnson und andere hohe

Staatsbeamte verfügten über hinreichende Informationen, um zu vermuten, daß Castro am Mord beteiligt war. Sie schwiegen jedoch, weil schon die Äußerung eines Verdachts mit der Gefahr einherging, das Land in einen Krieg mit Kuba zu stürzen . . .« Ob die Version, die uns Mrs. Luce bietet, stimmt oder nicht, jedenfalls paßt sie in eine allzuoft gebrauchte Schablone. Abermals wird das Bild eines Oswald vorgeführt, der mit seinem Scharfschützentum prahlt und über die Ermordung des Präsidenten und des Marineministers* gesprochen haben soll. Im übrigen ähnelt all dies dem Szenario des Odio-Zwischenfalles und der Alvarado-Saga.

Das wichtigste Detail in dem Bericht von Mrs. Luce ist der Bezug auf Oswalds Reise nach Mexico City. Mrs. Luce versicherte, der Anruf habe sich am Abend des Attentates ereignet, während sie und ihr Mann dem Fernsehreport darüber zusahen. Der Besuch Oswalds in Mexico City wurde jedoch erst 48 Stunden *danach* bekannt. Am Abend des 22. November war dieser Besuch nur Oswald, vielleicht seiner Frau – und dem amerikanischen Nachrichtendienst – bekannt. Wenn der Inhalt des Anrufs nur eine Erfindung ist, um Kuba und Castro zu belasten – worauf vieles hindeutete – verriet sich der Sprecher mit dem Hinweis auf Mexico City – Mrs. Luce erwähnte, der Sprecher gehörte zur »Free-Cuba«-Gruppe in New Orleans, die im Mittelpunkt der Anti-Castro-Intrigen stand, in die Oswald im späten Sommer 1963 verwickelt war. Der Inhalt des Gespräches deutet auf die Mitarbeit von Exilkubanern und einem Teil des amerikanischen Nachrichtendienstes hin und paßt in das Mosaik der Desinformationen, welche dem Attentat vorausgingen und niemals sorgfältig nachgeprüft wurden.

Fast wäre das Täuschungsmanöver 1963 in Miami, dem Hauptsitz der CIA-unterstützten exilkubanischen Bewegung, enthüllt worden. Denn dort wurde die irreführende Spur schon *vor* Kennedys Ermordung gelegt.

Nach dem Attentat berichtete eine Angestellte des »Parrot Jungle«, einem Vogelschutzgebiet, von einem Gespräch, das sie drei Wochen zuvor mit einem kubanischen Klienten hatte. In der Unterhaltung erzählte sie von einem amerikanischen Bekannten namens Lee, einem ehemaligen Marineinfanteristen, einem Marxisten, der fließend russisch spricht und außerdem ein hervorragender Schütze ist und sich

---

* John Connally, der Gouverneur von Texas, der beim Attentat auf Kennedy verletzt wurde, war 1961 Marineminister gewesen. Zur Zeit, als Oswald darum ersucht hatte, daß der Minister seine Entlassung aus der Marineinfanteriereserve rückgängig mache, war bereits Fred Korth, der beim Scheidungsprozeß von Oswalds Mutter Marguerite als Anwalt fungiert hatte, Marineminister.

zur Zeit in Texas oder Mexiko aufhält. Die Sprache kam auf Kennedy, den Lee »mitten in die Stirne schießen werde«. Einige Wochen später wurde der kubanische Klient als ein gewisser Jorge Martinez identifiziert. Er war von Mike McLaney, einem der alten Havanna-Spielkasinobosse mitgenommen worden. Wir sind in diesem Buch der McLaney-Familie bereits begegnet. Mikes Bruder war der Besitzer des Gutes in der Nähe von New Orleans, wo im Juli 1963 Bundesagenten ein großes Munitionslager beschlagnahmt hatten. Das Depot und ein naheliegendes Trainingslager wurden, trotz der Neuorientierung der Politik des Präsidenten, aufrechterhalten. Es handelt sich um das Lager, das Oswald angeblich in Begleitung David »Ferries« besucht hatte. Erst Monate nach dem Attentat gelang es dem FBI, Marinez ausfindig zu machen. Wie vorauszusehen, leugnete er, jemals von einem Marxisten »Lee«, der ein Championschütze war, gesprochen zu haben. Weniger einfach war es, eine andere Geschichte aus Miami abzuleugnen.

Am 26. November, während Alvarado seine Fabel über Oswald und die Kubaner verbreitete, veröffentlichte eine Zeitung aus Florida eine sensationelle Geschichte. Oswald habe, so hieß es, im November 1963 in Miami einen Straßenauflauf verursacht, ähnlich wie in New Orleans. Er habe sich zunächst mit »in Miami ansässigen Anhängern Fidel Castros« in Verbindung gesetzt und dann versuchte, eine Anti-Castro-Gruppe zu unterwandern. Später verteilte er »Fair-Play-for-Cuba«-Flugblätter auf der Straße und löste ein Straßenspektakel mit Anti-Castro-Exilkubanern aus. Oswald soll schließlich auch Telefongespräche mit dem kubanischen G-2-Nachrichtendienst geführt haben. Das FBI versuchte sofort die Quelle des Artikels ausfindig zu machen. Das war jedoch nicht einfach. Der Artikel erwähnte den Namen von Frank Sturgis. Er war ein führendes Mitglied der »International Anticommunist Brigade«, die »Oswald« angeblich zu infiltrieren versucht hatte. Sturgis wurde später als einer der Einbrecher unter dem Befehl Howard Hunts im Watergate-Skandal bekannt. Während des Watergate-Skandals zitierte der Direktor des FBI Quellen, aus denen hervorging, daß Sturgis »in Aktivitäten des Organisierten Verbrechens« verwickelt war. 1959, bevor Castro die Spielbanken der Mafia schließen ließ, war Sturgis Regierungsinspektor der Tropicana, dessen Manager zu jener Zeit Lewis McWillie, ein enger Freund von Oswalds Todesschützen, Ruby, war. Nachdem McWillie Kuba verlassen hatte, nahm er an dutzenden der vom CIA gestützten Anti-Castro-Operationen teil.

Kurz vor dem Attentat geriet er wegen der Mißachtung des Verbotes unauthorisierter Operationen gegen Kuba in Schwierigkeiten. Wiederholt wurde er über den Zeitungsartikel befragt, leugnete jedoch jegliche Kenntnis davon. Ganz entgegengesetzt, James Buchanan, der Verfasser des Artikels, der erklärt hatte, die besagte Information stamme von Sturgis. Zu dieser Zeit hatte das FBI auch Buchanans Bruder Jerry ausfindig gemacht, der, wie Sturgis, in Haft genommen worden war. Jerry Buchanan behauptete, es sei in Miami zu einem Auflauf mit den »Fair-Play-for-Cuba«-Anhängern gekommen, bei dem auch Oswald gesehen wurde. Das FBI von Miami kam schnell zu dem Ergebnis, daß nicht die Spur eines Beweises für derartige Demonstrationen, geschweige denn für Oswalds Anwesenheit bei diesen fiktiven Vorfällen existierte. Am Ende der Miami-Geschichte begegnen wir einem gewissen John Martino. John Martino war ein Mafioso italienischen Ursprungs, der vor der Revolution in den Kasinos Havannas sowie in einem von Santos Trafficante geleiteten Deauville-Hotel gearbeitet hatte. In der Nähe plante er, ein Bordell zu eröffnen. In einem, Jahre vor dem Attentat abgefaßten Bericht des FBI, wird er als enger Freund Santos Trafficantes beschrieben. Martino kämpfte gegen das neue Regime, doch nur für kurze Zeit. Illegal nach Kuba eingereist, wurde er verhaftet und eingesperrt. Anläßlich eines Austausches der in der Schweinebucht-Landung Gefangenen wurde er 1962 freigelassen. In den Vereinigten Staaten erregte er mit seinem Buch, »Ich war Castros Gefangener«, einige Aufmerksamkeit. Nach seiner Rückkehr in die Vereinigten Staaten beteiligte er sich erneut am »Krieg« gegen Kuba. Im Frühling 1963 spielte er in einer der außergewöhnlichsten Episoden des Krieges eine führende Rolle. Wie an den von »Maurice Bishop« inszenierten Überfällen auf sowjetische Schiffe, nahm Martino auch an Sabotageakten teil, die gegen die Politik Kennedys für eine Verständigung mit der Sowjetunion gerichtet waren. Das Unternehmen, als »Bayo-Pawley«-Affäre bekannt, wurde bis 1975 geheimgehalten.

Im Frühjahr 1963 verbreitete ein führender Exilkubaner namens Eduardo »Bayo« Perez das Gerücht, die Russen hätten entgegen den Vereinbarungen Chruschtschows und Kennedys immer noch Raketen in Kuba stationiert. An dieser Annahme wird heute noch von extremen Exilkubanern und dem ehemaligen Kuba-Experten, Howard Hunt vom CIA festgehalten.

Dem Gerücht wurde 1963 in weiten Kreisen der Öffentlichkeit Glauben geschenkt. Im Falle einer definitiven Bestätigung hätte es Kennedys Prestige zerstören und eine neue Krise heraufbeschwören können. Bayo behauptete, seine Guerilla-Kontaktmänner hielten zwei übergelaufene sowjetische Oberste gefangen. Im Falle einer Überführung in die Vereinigten Staaten würden sie über die Raketenbasen Auskunft geben. Derartige Mutmaßungen waren grotesk. Bayo galt als Lügner, nicht einmal Alpha 66 und ihre Abteilung »Kommando L«,

die ebenfalls die Sabotage der Kennedy-Politik als Ziel verfolgten, wollten etwas von ihm wissen. Doch fand er, dank seinem Mafia-Kontakt, John Martino, einflußreiche Helfer. In Miami gelang es Martino, eine ungewöhnliche Partnerschaft unter einem Dach zu installieren. Sie bestand aus dem CIA, dem Life-Magazin und einem ehemaligen amerikanischen Diplomaten, namens William Pawley. »Life« beteiligte sich an dem geplanten Unternehmen nur nominell mit der Veröffentlichung einer Reihe von Hetzartikeln über die noch angeblich in Kuba stationierten Raketen. William Pawley war ein enorm reicher Abenteurer, der eine außergewöhnliche Karriere hinter sich hatte. Er war Gründer der »Flying Tigers« in Asien während des Zweiten Weltkriegs, wurde dann Botschafter in verschiedenen lateinamerikanischen Ländern und bekleidete höhere Ämter im Außenministerium. Pawley war ein treuer, konservativ gesinnter Republikaner und Freund des CIA-Direktors Allen Dulles. Er hatte an dem CIA-Unternehmen, das zum Sturz des kommunistischen Regimes in Guatemala geführt hatte, teilgenommen. Sein besonderes Interesse galt Kuba, wo er einst Besitzer einer eigenen Fluglinie sowie des Autobus-Systems von Havanna gewesen war. Zäh und lange kämpfte er an Batistas Seite, um diesen an der Macht zu halten. Präsident Eisenhower konnte er überreden, die ersten Exilkubaner zu unterstützen.*
Unter persönlichem Einsatz und Gefährdung seines Prestiges nahm er im Sommer 1963 an Aktionen teil, um die fortdauernde Anwesenheit sowjetischer Raketen auf Kuba zu beweisen. Am 7. Juni brachten ein CIA-Flugzeug und Pawleys Motoryacht exilkubanische Guerillas nach Kuba. John Martino organisierte die Guerillas, die nachts die Küste erreichten. Pawley mit drei CIA-Agenten, einem Life-Fotografen und John Martino, warteten auf die Rückkehr der Guerillas mit ihrer Beute, den russischen Überläufern. Die Guerillas kamen nicht zurück, CIA-Flugzeuge suchten lange und vergeblich nach ihnen. Schließlich nahmen sie an, daß die Kommandos getötet oder gefangengenommen worden seien. Der letzte verzweifelte Versuch, einen Bruch zwischen Washington und Moskau zu provozieren, war also ein totaler Fehlschlag. Auch vom Standpunkt einer Pressesensation war die Operation erfolglos. Ohne die Existenz sowjetischer Offiziere ließ Life die Geschichte fallen. Doch der Organisator des Unternehmens, John

---

* Als Frau des Präsidenten der Time war Mrs. Luce einflußreich. Das Life-Magazin war Teil des Time-Imperiums und kooperierte angeblich mit dem CIA bei mehreren Unternehmungen. Insbesondere unterstützte es Anti-Castro-Gruppen, wie Alpha 66, dessen Führer Veciana war. Alpha 66 wiederum war jene Schlüsselstelle, die den Sonderagenten »Maurice Bishop« mit Oswald in Verbindung brachte.

Martino, war keineswegs entmutigt. Sofort nahm er seine Anti-Castro-Aktivitäten wieder auf.

Obwohl wenig über ihn in den Wochen vor dem Attentat bekannt ist, trat er noch einmal unter faszinierenden Umständen öffentlich in Erscheinung. Im September 1963 in Dallas, anläßlich einer Anti-Castro-Versammlung, behauptete er, Amador Odio, jenen zur Zeit von Castro eingekerkerten Kubaner, sowie dessen Tochter Silvia Odio, die in Dallas lebte, zu kennen. Silvia Odios Begegnung mit »Oswald« war der überzeugendste Beweis für die Existenz einer Verschwörung und eines kollektiven Plans, Oswald als den Täter zu überführen.

Soweit das FBI in Erfahrung bringen konnte, war Martino der Urheber jener Behauptung, wonach Oswald in Miami in ein Straßengefecht mit Anti-Castro-Exilkubanern verwickelt gewesen sein soll. Martino bezichtigte im übrigen Oswald auch, von Castro zur Ermordung Kennedys angestiftet gewesen zu sein. Als das FBI auf den Namen seines Informanten drängte, gab er Oscar Ortiz an.

Ortiz sei Mitglied einer Anti-Castro-Gruppe, die er aus Sicherheitsgründen nicht bezeichnen könne. Er betonte, Ortiz sei den zuständigen Behörden in Washington bekannt und könnte sogar ein Doppelagent sein. Das FBI konnte einen Ortiz nicht ausfindig machen und damit war die Angelegenheit, fast, beendet.

In den Jahren nach dem Attentat führte John Martino ein gut gehendes Geschäft in Miami, doch wußte niemand konkreteres über seinen Laden. Als er vom FBI vernommen wurde, beschrieb Martino seinen Beruf als »Fabrikant elektronischer Produkte«.* In den siebziger Jahren verkaufte er unter anderem schußsichere Westen. Häufig führten ihn Reisen nach Lateinamerika. Martino hatte eine langjährige Geschäftsverbindung mit Fred Claasens, einem Kaufmann aus Texas. Claasens berichtete später über ein aufschlußreiches Gespräch mit Martino. Dieser erzählte Claasens, CIA-Vertragsagent gewesen zu sein. 1975, in einem seiner täglichen Telefongspräche vertraute er Claasens an, Kenntnis über den Hintergrund der Verschwörung, die zur Ermordung Kennedys geführt hatte, zu besitzen.

Oswald wurde von den Anti-Castro-Leuten angesetzt. Oswald hatte keine Ahnung, für wen er arbeitete, er wußte es einfach nicht. Oswald sollte seine Kontaktmänner im Texas-Kino treffen (das Kino, in dem er verhaftet wurde). Sie sollten Oswald im

---

* Der CIA benutzte als Fassade für das Hauptquartier seiner Anti-Castro-Unternehmen in Miami eine angebliche »electronics company«, die »Zenith Technological Services«.

Kino treffen, aus dem Lande herausschaffen und dann liquidieren. Doch machte Oswald einen Fehler . . . Wir konnten uns
nicht mit ihm in Verbindung setzen. So mußte Ruby ihn umbringen.

Wir besitzen nicht mehr als diese wenigen bestürzenden Worte. John
Martino starb kurz nach diesem Gespräch. Nach Auskunft seiner
Witwe wurde sein Leichnam vom »CIA oder der Regierung« in
Beschlag genommen und als Todesursache ein Herzanfall angege-
ben. 1978 gab Claasens die Information an einen Journalisten aus
Texas und setzte sich mit dem Kongreßausschuß in Verbindung.
Seither hat er sein Geschäft aufgegeben, dem Stab des Ausschusses
gelang es nicht, ihn zu interviewen. Wir werden nie erfahren, ob
Martino über Dinge sprach, von denen er unmittelbare Kenntnis
hatte. Als der Ausschuß für Attentate Martinos Privatdokumente
untersuchte, zeigte sich, daß er sowohl zum CIA als auch zum
Organisierten Verbrechen Verbindungen hatte. Die dunkelste dieser
Verbindungen war eine Freundschaft mit Santos Trafficante. Seine
zweifelhaften Kontakte machten Martino für eine so vieldeutige Rolle
geeignet. In der auf das Attentat folgenden Kampagne, die Schuld an
der Ermordung Kennedys Castro zu unterschieben, spielte Martino
eine führende Rolle.
Der Verfasser interviewte 1978 den Sohn des verstorbenen Mario
Kohly. Dieser war als prominenter rechtsextremer Exilkubaner der
selbst ernannte Präsident einer Exilregierung. 1963 hatte er bereits
die Verbindung mit der exilkubanischen Bewegung abgebrochen.
Auch Kohly war ein erbitterter Gegner Kennedys und ebenso überzeugt von der weiteren Anwesenheit sowjetischer Raketen in Kuba.
Der Sohn Kohly erinnert sich, daß sein Vater bei der Nachricht von
Kennedys Tod eine Flasche Champagner öffnete: »Mein Vater schien
in einer gehobenen Stimmung und erleichtert zu sein, er war eher
zufrieden als überrascht. Ich bin sicher, er wußte, was auf der Dealey
Plaza wirklich geschehen war. Doch, wie Sie sich erinnern werden,
jeder der das wußte, ist heute tot.« Als ich Kohly fragte, wer seiner
Meinung nach Kennedy ermordet hat, entgegnete er, er zöge es vor
zu schweigen. »Sagen wir nicht mehr als soviel, es ist denkbar, daß
ihn Anti-Castro-Leute ermordet haben, daß sie hofften, das Attentat
werde den Anschein erwecken, Castro stehe dahinter. Wenn es
ihnen gelungen wäre, die Schuld an der Ermordung Kennedys auf
Fidel Castro zu schieben und das Volk Amerikas hinreichend aufzu-
bringen, hätte es der Bewegung die Unterstützung gegeben, die wir
brauchten, um unser Land wieder zurückzuerobern. Mit anderen
Worten, die Amerikaner hätten entweder eine exilkubanische Lan-

dung unterstützt oder sie hätten Kuba selbst angegriffen. Wir bevorzugten die erste Alternative – wir wollten es selbst tun.«

Dazu kam es nicht. Als die Monate vergingen, wurde es immer klarer, daß die Vereinigten Staaten Kuba von dieser Schuld freisprachen. Wie die Hoffnungen der Exilkubaner, Castro zu stürzen, sich in nichts auflösten, so wurden auch die Hoffnungen Kennedys, mit Kuba zu einem Verständnis zu kommen, ad acta gelegt.

Drei Tage nach dem Attentat erhielt Botschafter Attwood die formale Bestätigung, Kuba wünsche die Gespräche weiterzuführen. Präsident Johnson wurde über die Geheimverhandlungen mit Kuba informiert. Doch hatte er bereits Kennedys Politik, sich aus Vietnam zurückzuziehen, revidiert. Die Wahlen in Sicht, wollte er auf keinen Fall, am wenigsten hinsichtlich Kuba, »weich« erscheinen. Heute meint Botschafter Attwood traurig: »Die Antwort ist diese. Die Sache mußte für den Augenblick auf Eis gelegt werden – dieser Augenblick ist jedoch noch nicht vorbei . . .«

Das war das Ende der Kennedy-Ära. Die Hoffnung, die sie der Welt bot, verflüchtigte sich in das Land der Mythen, wie der Rauch über Kennedys Grab in alle Winde. Oswald war tot und der Warren-Ausschuß vertuschte die Widersprüche des Falles, wie beispielsweise den Odio-Zwischenfall, den Oswald-Doppelgänger und das Szenario in Mexico City. Er beauftragte keine Sachverständigen mit der Analyse der kritischen Tonbänder, die eines Tages beweisen sollten, daß auf der Dealey Plaza zumindest zwei Scharfschützen am Werke gewesen waren. Zum Abschluß der Untersuchungen drückte der oberste Rechtsberater ganze Bände des Mißmuts in dem Satz aus: »Wir sind hier, Türen zu schließen, nicht sie zu öffnen.«

Hinter einer der verschlossenen Türen stand einer der noch lebenden Hauptdarsteller, Jack Ruby. Es wäre besser gewesen, auch diese Tür nicht zu öffnen.

22.
Jack Ruby – The »good old boy«

Aus dem Geflecht der Kontakte können wir ableiten, daß
die Individuen, die ein Motiv hatten, den Präsidenten zu
töten, auch über einen Mann verfügten, der Zugang zum
Polizeigebäude in Dallas hatte, wo Oswald in Haft
war.

Bericht des Kongreßausschusses für Attentate. 1979.

Sieben Monate nach dem Attentat leitete im Amtsraum des Kreisge-
fängnisses von Dallas der Oberste Richter der Vereinigten Staaten ein
entscheidendes Verhör. In Begleitung des Kongreßabgeordneten
Gerald Ford und einer Schar von Anwälten, verhörte Earl Warren
Jack Ruby. Der Mann, der Oswald so wirkungsvoll zum Schweigen
gebracht hatte, saß, auf seiner Unterlippe kauend, unruhig auf seinem Stuhl. Von Zeit zu Zeit blieb er mitten im Satz stecken. Vielleicht
befürchtete er – grundlos – der Warren-Ausschuß werde ihm Schwierigkeiten bereiten. Die Anwesenden hörten gleichgültig Rubys auswendig gelernten Aussagen zu.
»Niemand . . . forderte mich auf, irgendetwas zu unternehmen. Ich
sprach mit niemandem über meine Absichten . . . Niemand aus der
Unterwelt hat sich mit mir in Verbindung gesetzt. Es geschah spontan an jenem Sonntagmorgen . . . Das letzte was ich las war, daß
Mrs. Kennedy vielleicht zum Prozeß Lee Harvey Oswalds nach Dallas kommen mußte. Ich weiß nicht, was mich plötzlich besessen
hat . . . Ich fühlte plötzlich, daß es irgend jemand unserem geliebten
Präsidenten schuldete, ihr das Erlebnis, zum Tatort zurückkommen
zu müssen, zu ersparen. Ich hatte eine Pistole in meiner Hüften-
tasche. Impulsiv, ich glaube, das ist das richtige Wort, sah ich ihn
(Oswald) . . . das ist alles, was ich sagen kann . . . Ich glaube, ich rief:
›Du Ratte, du hast unseren geliebten Präsidenten umgebracht.‹ Dann
lag ich am Boden.« Ruby spielte den irregeführten, sentimentalen
Patrioten. Der Warren-Ausschuß sah keinen Anlaß, der Sache weiter
nachzugehen. Das Verhör Rubys war nur eine der unnötigen Szenen
im Laufe einer Untersuchung, die längst zum Tode verurteilt war.
Einen Monat zuvor hatten die beiden, mit Rubys Überprüfung
betrauten Anwälte, Leon Hubert und Burt Griffin, ein langes Memorandum an den Obersten Rechtsberater Rankin gerichtet. Darin werden die Bereiche, die unzulänglich untersucht worden waren, präzise und im Detail aufgeführt. Die Anwälte wiesen darauf hin, daß es
dem Ausschuß obliege, zu widerlegen, »daß Ruby Lee Harvey
Oswald im Auftrag Unbekannter erschossen hat«. Der Vorschlag

hatte wenig Erfolg. Die Empfehlungen wurden zwar befolgt, doch nur
halbherzig durchgeführt. Heute meint Griffin:
»Sie spielten ein anderes Spiel als wir. Sie hielten uns für Paranoi-
ker und unsere Spielregeln dementsprechend für psychotisch.«
Hubert legte sein Amt nieder, unter der Bedingung, bei Rubys Verhör zugegen sein zu dürfen. Die Zusage des Ausschusses wurde
jedoch nicht eingehalten. Warren, Ford und Rankin fuhren nach
Dallas ohne Huber zu benachrichtigen. So waren Hubert und Griffin,
die vom Ausschuß selbst eingesetzt worden waren, daran gehindert, den Mann zu verhören, der vielleicht den wichtigsten Schlüssel zu den ungelösten Problemen des Attentates in der Hand
hielt.
Die Mitglieder des Ausschusses, die Ruby verhörten, fanden ihre
Aufgabe mühsam und wenig ergiebig. Abgesehen von der papageien-
haften Wiederholung der Darlegung, wie er Oswald erschossen habe,
um Jackie vor einem Trauma, durch das Erscheinen vor Gericht, zu
bewahren, sprach Ruby stundenlang belangloses Zeug über seine
Beschäftigung vor dem Mord. Er schien geistesgestört und jammerte
über seine jüdische Abstammung und darüber, daß nun eine Unzahl
von Juden als Vergeltung für seine Tat umgebracht werden würden.
Ruby war verspannt und voller Furcht. Offensichtlich war Richter
Warren der Ansicht, Ruby sei ein psychiatrischer Fall. Doch rechtfertigt diese Annahme nicht, was sich kurz vor dem Ende des Verhörs
ereignete.
Ruby kritzelte auf einem Block Papier. Plötzlich warf er den Block
zu Boden und schrie: »Meine Herren, wenn Sie mich nicht nach
Washington überführen, werden Sie nichts aus mir herausbekom-
men... Schaffen Sie mich nach Washington, ich bin nicht verrückt,
ich habe alle meine Sinne beisammen – ich will kein Verbrechen,
dessen ich schuldig bin, vermeiden (sic!).« Achtmal insgesamt
beschwor er den Obersten Bundesrichter der Vereinigten Staaten, ihn,
zwecks weiterer Verhöre, nach Washington überführen zu lassen. Er
bat um Tests mit einem Lügendetektor. Warren, dem es leicht gewesen wäre, Rubys Bitte zu entsprechen, lehnte sie ab. Er blieb unbeeindruckt, als Ruby darauf beharrte: »Meine Herren, hier bin ich in
Lebensgefahr.« Das schien nur eine weitere Bestätigung seiner Psy-
chose zu sein. Ruby blieb in Dallas. Seine prominenten Besucher
kehrten nach Washington zurück. In dem, einige Monate später
veröffentlichten Warren-Bericht, wird Ruby als »launisch und haltlos«
beschrieben, »ein närrischer Einzelgänger, der einen anderen närri-
schen Einzelgänger umgebracht hat.« Der Warren-Ausschuß nahm
an, daß weder Rubys Vergangenheit, noch seine Betätigung Anhaltspunkte dafür biete, »daß er in Zusammenarbeit mit irgend jemandem

die Ermordung Oswalds geplant hatte oder von anderen beauftragt worden war.«

Fünfzehn Jahre später, lange nach Rubys Tod und der Möglichkeit, ihn zu verhören, setzte der Kongreßausschuß für Attentate eine Vielzahl offener Fragen und Verdachtsmomente an die Stelle der Gewißheiten des Warren-Ausschusses. Gleichzeitig mit der Erkenntnis, daß das Beweismaterial auf Verschwörung hindeutete, zeichnete der Kongreßausschuß die Konturen eines neuen Ruby, eines Ruby, der jahrelang gerade mit jenen, die Grund dafür hatten, den Präsidenten zu beseitigen, eng verbunden war. Er stellte fest, daß sich der Warren-Ausschuß über wesentliche Aspekte des Falles hinweggesetzt hatte und Ruby wahrscheinlich für den Zugang zum Keller des Gefängnisses, in welchem er Oswald erschoß, offizielle Beihilfe hatte. Dies war vermutlich eine vorsichtige Anspielung auf entwaige Komplizen Rubys bei der Polizei von Dallas. Vielleicht fürchtete sich Jack Ruby, nicht ohne Grund, davor, offen zu sprechen. Die in der Tat dramatischen Enthüllungen über Oswalds Mörder betreffen dessen Verbindungen mit der Mafia und Kuba. Laut dem Warren-Bericht bestanden seitens Ruby »keine wesentlichen Verbindungen zum Organisierten Verbrechen«. »Gerüchte, die ihn mit Pro- oder Anti-Castro-Aktivitäten verbanden«, wurden verworfen. Angesichts des Materials, das dem Warren-Ausschuß bereits zur Verfügung stand, ist es kaum glaubhaft, daß die Verfasser des Berichts annahmen, ernst genommen zu werden.

Jack Ruby wurde als Jacob Rubenstein 1911 als das fünfte von acht Kindern polnischer Emigranten in Chicago geboren. Der Vater, Alkoholiker, die Mutter psychisch labil, stritten sich ohne Unterlaß. Jacobs Kindheit war voller Angst und Elend. Alle acht Kinder wurden Pflegeeltern übergeben. Jacob, der regelmäßig die Schule versäumte, kam nie über die achte Klasse hinweg. Als er sechzehn Jahre alt war, nannten ihn seine Kumpanen »Sparkie«, den Funken. Er war ein aufgeweckter, streitsüchtiger Junge, der sich in Chicagos West Side umhertrieb. Mit einer Gruppe von Jungen verdiente er sich gelegentlich einen Dollar mit Botengängen. Er zeichnete sich aus mit Botengängen für niemand geringeren als Al Capone, dessen Name ein Synonym für das Organisierte Verbrechen ist. Jacob zeigte keine Neigung zu regelmäßiger Arbeit. Seine Lehrjahre verbrachte er am Rande der Legalität. Er verkaufte Eintrittskarten zu Schwarzmarktpreisen, betrog bei Pferderennen, schmuggelte und war Rausschmeißer in Nachtklubs. Er hatte einige harmlosere Zusammenstöße mit dem Gesetz, erwarb sich jedoch den Ruf von Gewalttätigkeit, der ihm lebenslang erhalten blieb. 1937 übernahm er einen Job als »Gewerkschaftsorganisator« und Vorsitzender der Gewerkschaft der Eisen-

schrott- und Trödelhändler, wie er es nannte. Das bedeutete Rubys
Debut im Gewerkschaftsbereich des Organisierten Verbrechens. Die
Führung seiner Gewerkschaft wurde von Strohmännern für Chicago-
Gangster ausgeübt. Ruby war Reisender für den neuen Vorsitzenden, John Martin. Einmal soll er zur Anwerbung neuer Mitglieder in
einer Fabrik seine Pistole benutzt haben. 1939, nach einer Schießerei,
wurde sein Name erstmals in der Öffentlichkeit erwähnt. John Martin, Rubys Vorgesetzter erschoß seinen Vorgänger, und Ruby wurde
als Zeuge vorgeladen. Zwar gab es keine Beweise seiner Beteiligung
am Mord, doch war der Zwischenfall ein Meilenstein in seiner Entwicklung. Nach dem Mord übernahm ein gewisser Paul Dorfman die
Leitung der Gewerkschaft. Jahre später sollte Robert Kennedy über
Dorfman schreiben: »Er war ein großer Gangster, einer der größten in
Chicagos Unterwelt ... der eng mit Leuten wie Tony Accardo verbunden war, und der nach dem Tod Al Capones das Haupt des
Syndikates von Chicago wurde.« Wie Kennedy schilderte, sollte
Dorfman ein enger Verbündeter und Gefolgsmann Jimmy Hoffas
werden, dem Vorsitzenden der Gewerkschaft der Lastwagenfahrer,
der das Leben der Kennedy-Brüder bedrohte. Achtundzwanzigjährig
arbeitete Ruby im Schatten von Chicagos berüchtigsten Gangstern.
Jahre später akzeptierte der Warren-Ausschuß Rubys Behauptung,
die Gewerkschaft verlassen zu haben, als er deren Unterwanderung
durch die Mafia festgestellt hatte. Tatsächlich aber arbeitete Ruby
weiter unter dem neuen Gewerkschaftsregime. Der Warren-Ausschuß ignorierte eine FBI-Befragung eines Gangsters aus Chicago,
der sich erinnerte, daß Ruby »einer von uns« gewesen und vom
Syndikat kontrolliert worden war. Nach einem Zwischenspiel in der
Luftwaffe und einem kurzen Versuch mit seinen Brüdern ein
Geschäft aufzubauen, verließ Ruby Chicago auf Anweisung seiner
Mafia-Freunde und zog nach Dallas, wo er sich im Nachtklubwesen
etablierte.
1978 sprach der Verfasser mit Jack Miller, einem Geschäftsmann aus
Dallas, der Ruby gut kannte: »Jack Ruby pflegte sich an meinen Tisch
zu setzen und davon zu sprechen, daß ›sie‹ ihn nach Dallas geschickt
hatten. ›Sie‹, das hieß das Chicago-Syndikat. Wenn man ihn schon
verbannen mußte, weshalb nicht nach Florida oder Kalifornien?
beklagte er sich. Warum in dieses Höllenloch Dallas? Er sprach oft
davon.« Ähnliches sagte Ruby 1951 dem Kefauver-Komitee der
Senatsuntersuchung über das Organisierte Verbrechen. Laut Louis
Kutner, einem Anwalt im Stab des Komitees, erfuhr man, daß es sich
bei Ruby um einen Vertreter des Syndikates handelte, den Chicago
als Verbindungsmann nach Dallas geschickt hatte. Ruby liebte es
allerdings, seine Wichtigkeit zu übertreiben. Sein Name war mit dem

Versuch der Mafia, ihren Einflußbereich auf Dallas auszubreiten, verbunden.

1946 versuchte ein Delegierter des Syndikates aus Chicago, Paul Jones, mit dem Staatsanwalt und Sheriff von Dallas zu einer Vereinbarung zu kommen. Er bot ihnen tausend Dollar pro Woche und Person, oder einen bedeutenden Anteil an den Mafia-Profiten an, wenn sie einwilligten, daß das Syndikat in Dallas »unter ihrem Schutz« arbeiten könne. Ein Teil ihres Planes bestand darin, ein äußerst luxuriöses Restaurant mit Nachtklub, als Fassade für ein Glücksspiel-Unternehmen zu eröffnen. Zur Enttäuschung der Mafia mißlang der Bestechungsversuch. Jones geriet in eine Polizeifalle. Die Gespräche waren von der Polizei auf Tonbändern aufgenommen worden und Jones wurde wegen versuchter Bestechung angeklagt. Als Ruby, viele Jahre später, Oswald erschoß, stellte sich Sheriff Steve Guthrie als Zeuge zur Verfügung. Seine Aussage: »Der Mann, der nach Jones' Vorschlag das Fassadenunternehmen hätte leiten sollen, war Ruby.« Der Warren-Ausschuß verzichtete auf ein Gespräch mit Guthrie, denn er verließ sich auf die Aussage des Polizeileutnants George Butler, der die fraglichen Tonbänder aufgenommen hatte. Butler sagte zunächst, Ruby sei in den Gesprächen erwähnt worden, erinnerte sich später jedoch nicht mehr, den Namen damals gehört zu haben. Rubys Name wurde auf den noch verfügbaren Tonbändern nicht erwähnt. Wie sich herausstellte, fehlten zwei, der von den Gesprächen aufgenommenen Tonbänder. Spätere Ermittlungen ergaben, daß Butler an den Sicherheitsvorkehrungen im Gefängniskeller vor der Ermordung Oswalds beteiligt gewesen war.

Paul Jones, der Vertreter der Mafia in Dallas, stand mit Ruby und dessen Familie seit Anfang der vierziger Jahre bis November 1963 in sporadischer Verbindung. In einer Jones betreffenden Untersuchung wegen Whisky-Schmuggels tauchte der Name Ruby zweimal auf. Seitdem Ruby seinen ersten Klub, den »silbernen Sporn« in Dallas eröffnet hatte, waren Jones und seine Gefolgsmänner Stammgäste. Jahre später gab Jones zu, Ruby durch seine Mafia-Kontakte, mit der Versicherung, Jack sei o. k., kennengelernt zu haben. Die betreffenden Verbindungsmänner, »Nadelnasen« Labriola und Jimmy Weinberg wurden später in einer brutalen Schießerei umgebracht. Sie arbeiteten mit Sam Giancana, dem damaligen Boß der Mafia in Chicago zusammen. Wie wir wissen, spielte Giancana bei den CIA-Komplotten auf das Leben Castros eine entscheidende Rolle. Jack Ruby hatte also nachweislich zu den Bossen des Organisierten Verbrechens, zu denen Jimmy Hoffa, sowie Giancana gehörten, langjährige Verbindungen gehabt.

Im Laufe der Jahre machte Ruby als gehabt der Besitzer zweifelhafter

Nachtklubs allmählich Karriere. Reich wurde er nie. Er war im Gegenteil oft schwer verschuldet. Seine Klubs waren für Trinkereien nach der Polizeistunde und für Schlägereien berüchtigt. Das waren aus Rubys Sicht keine Nachteile, sondern eher eine Bestätigung, daß man mit ihm zu rechnen habe. Er versäumte keine Gelegenheit, sich aus unangenehmen Situationen herauszuboxen, dabei schlug er Leute, die sich ihm widersetzten, einfach zusammen. Doch wurde er seiner Gewalttätigkeit wegen niemals gerichtlich verurteilt, nicht zuletzt deshalb, weil er eifrige Beziehungen zur Polizei pflegte. Diese Sachlage wurde nach dem Attentat beharrlich geleugnet. Fest steht jedoch, daß Ruby der Polizei als Nachtklub-Besitzer zahlreiche Gefälligkeiten erwies, aber seinerseits ebenso durch sie begünstigt wurde. In den fünziger Jahren wurde Ruby zweimal wegen Besitzes einer unangemeldeten Waffe, dreimal wegen Mißachtung der Lizenzvorschriften für Alkohol, einmal wegen körperlicher Gewalttätigkeit und einmal wegen eines Verstoßes gegen die Verkehrsregelungen verhaftet. Bestraft wurde er lediglich im letzten Falle. Laut FBI-Akten ließ Ruby der Polzei von Dallas regelmäßig Geldsummen zukommen, ja er war bekannt dafür, Unannehmlichkeiten mit den Behörden auf diese Weise zu regeln. Doch spielte er auch gefährlichere Spiele.

1956 behauptete ein FBI-Spitzel, Ruby sei an größeren Rauschgiftschmuggelaktionen beteiligt gewesen. Von diesem Zeitpunkt an war sein Name mit Tätigkeiten verknüpft, die der Warren-Ausschuß vorzog zu umgehen. Es handelt sich um Rubys Rolle als Waffenschmuggler und Fahrzeughändler. Angeblich versuchte er Gefangene Castros aus Kuba zu befreien. Obwohl Ruby laut Berichten in Zusammenhang mit seinen Kuba-Aktivitäten Beziehungen zu einem unbedeutenden CIA-Agenten sowie dem Mafiaboß, Santos Trafficante, unterhielt, unterließ es das FBI, den Warren-Ausschuß darüber zu informieren. Rubys offenbare Kontakte sind folglich der Kern nicht abreißender Vermutungen hinsichtlich des wahren Mörders Präsident Kennedys. Gleichwohl wurden diesbezügliche Hinweise vom CIA und FBI dem Warren-Ausschuß vorenthalten. Darüber hinausgehende Hinweise wurden im Warren-Bericht entweder ignoriert oder bagatellisiert. Das waren unentschuldbare Unterlassungen.

Soweit heute nachprüfbar, begann Ruby bereits sechs Jahre vor dem Attentat, Interesse an Kuba zu bekunden.

Bei einem ehemaligen Mitarbeiter, James Beach, dem er vertraute, lagerte Ruby Waffen und Munition in einem Haus an der Südküste von Texas, bevor sie nach Kuba verschifft wurden. Beach sagt aus, »viele Kisten neuer und automatischer Gewehre und Handwaffen«, gesehen zu haben, die dann auf ausgediente Armeeboote verladen wurden. Ruby sei bei jeder Überfahrt selbst auf das Boot gekommen.

Diese Lieferungen gingen zunächst an die Guerilleros Castros, der damals noch Batista bekämpfte. In den der Revolution vorangehenden Jahren erhielt Castro noch Material und Unterstützung aus den Vereinigten Staaten, nicht zuletzt auch von den Bossen des Organisierten Verbrechens. Die Mafia erhoffte sich auf diese Weise gute Beziehungen zu einem eventuell siegreichen Castro zu sichern. Angesichts Rubys Mentalität, ist es jedenfalls nicht unwahrscheinlich, daß er auch Waffen geschmuggelt hat. Selbstverständlich gab es auch andere vergleichbare Gerüchte.

Ein Informant des FBI bestätigte derartige Waffenlieferungen Rubys per Flugzeug von Miami an Castros Guerilleros. Dieser Bericht verweist auf einen weiteren potentiell wichtigen Kontakt. Der Informant nannte Eddie Browder als Piloten dieser Aktionen. Browder war Waffenhändler in Florida. Er schmuggelte zusammen mit einem Havanna Mafioso namens Norman Rothman »Roughhouse«. Rothman seinerseits war einer der engsten Mitarbeiter Santos Trafficantes und Manager in dessen Kasino Sans Souci. Er kontrollierte die Spielautomaten der Tropicana. Weitere Indizien sprechen dafür, daß Ruby als Castro bereits an der Macht war, nicht nur in zweifelhafte kubanische Geschäfte verwickelt war, sondern sogar in direkter Verbindung zu Santos Trafficante gestanden hatte.

Wahrscheinlich im späten Frühjahr des Jahres 1959 setzte sich Ruby mit dem früher für Castro tätigen Waffenschmuggler Robert Mac Keown in Verbindung. Mac Keown berichtete dem Verfasser: »Ruby, der gute Beziehungen zur Mafia hatte, wollte an Castro eine größere Anzahl Jeeps liefern.« Mac Keown, äußerst zurückhaltend, wenn es um das Thema Mafia geht, bestätigte ebenfalls Rubys Kontakte zu Santos Trafficante. Gespräche mit Mac Keown betrafen die Frage, wie man gewisse Leute für einen Auftraggeber aus Las Vegas, aus Kuba herausschmuggeln könnte. Für ein Empfehlungsschreiben an Castro bot Ruby Mac Keown eine größere Summe Geld an, da er sich von einem derartigen Brief die Entlasssung in Havanna inhaftierter Freunde erhoffte. Das Vorhaben scheint nicht erfolgreich gewesen zu sein, doch unternahm Ruby im selben Jahr mehrere mysteriöse Reisen nach Kuba. In den Vernehmungen des Jahres 1963 sagte Ruby nicht, wie oft und weshalb er nach Kuba gereist war. Vermutlich wollte er gewisse Verbindungen abschirmen. Die Gestalt Santos Trafficantes, der später das Attentat auf den Präsidenten voraussagte, erscheint dunkel im Hintergrund der Vergangenheit Rubys.

Als Ruby nach dem Attentat über seinen Besuch in Havanna im Jahre 1959 befragt wurde, antwortete er, es habe sich lediglich um achttägige Augustferien gehandelt, in denen er Gast eines Mannes namens McWillie war. Dieser Name hätte die Mitglieder der Untersuchungsbehörden aufhorchen lassen sollen, denn McWillie war 1959 Manager des Tropicana Nachtklubs von Trafficante. Ein Mitarbeiter McWillies war Norman Rothman, dessen Name bereits in Zusammenhang mit Waffenhandel-Aktionen Rubys erwähnt wurde. Einem FBI-Bericht dieser Zeit zufolge, »verdankte McWillie seine Position im Syndikat seinen Beziehungen zu Santos Trafficante«. Auch McWillie sprach von nur einem Besuch Rubys in Kuba, der von ihm organisiert und bezahlt worden war. Mit Unterstützung eines Journalisten sollte Rubys Publizität für die Tropicana gefördert werden. McWillie sprach von einem einwöchigen Aufenthalt Rubys in Kuba, während dem er ihm auf die Nerven gefallen sei. Am Ende der Woche habe er ihn selbst auf dem Flugplatz verabschiedet. Ruby meinte, er habe sich gelangweilt und die meiste Zeit damit verbracht, an den Spieltischen auf seinen Freund McWillie zu warten. Wir verfügen jedoch über eine weitere Information, die auf mehrere Visiten Rubys hindeuten und nicht zu der abgeleierten Geschichte eines Ferienbesuches in der Karibik passen.

Im Mai 1959 reiste eine gemeinsame Freundin Rubys und McWillies, Elaine Mynier, nach Kuba. Als sie in Dallas das Flugzeug bestieg, bat sie Ruby, »sag McWillie, daß ›Sparkie‹ aus Chicago kommt«. Er übergab ihr fünf Briefe und eine Codenachricht in Ziffern. In Havanna übergab sie die Nachricht McWillie, der kühl reagierte und bemerkte: »Der? Er ist verrückt.« Heute leugnet Mc Willie ab, Mrs. Mynier als Kurier benutzt zu haben. Er betont, er habe mit Ruby stets telefonisch Kontakt gehabt. Mrs. Mynier setzt dagegen, McWillie habe ihr, im Gegensatz zu seiner Behauptung, erklärt, sie könne unmöglich Ruby in geheimen Angelegenheiten anrufen, da alle Gespräche aus Havanna abgehört würden. Die Frage, Kurier oder nicht, ist zweitrangig, allein die schriftlichen Beweise bzw. Dokumente widerlegen die Geschichte kurzer Ferienreisen Rubys nach Kuba.

Dokumente des kubanischen Flughafens belegen die Ankunft Rubys am 8. August 1959 mit der »Delta Airlines« von New Orleans nach Havanna. Zudem existieren Beweise, daß sich Ruby einen ganzen Monat in Kuba aufgehalten hat. Drei Zeugen, zwei Staatsanwälte und ein Architekt – erinnern sich, Ruby am Labor Day, in der ersten Woche des Septembers in der Tropicana gesehen zu haben. Diese Aussagen werden von einer Postkarte unterstützt, die Ruby am 8. September einer Freundin in Dallas schickte und auf der er beiläufig »Gruß von Mac« erwähnt. Ein kubanisches Ausreiseformular zeigt, daß Ruby drei Tage später, am 11. September, Havanna verließ. Damit waren seine Kuba-Reisen jedoch nicht beendet.

Amerikanische und kubanische Dokumente bezeugen, daß Ruby binnen 24 Stunden bereits wieder aus Miami nach Havanna zurück-

kehrte. Sie beweisen zudem, daß er diesmal nur eine Nacht in Havanna blieb und dann wieder in die Vereinigten Staaten, diesmal nach New Orleans zurückflog. Das war wohl möglicherweise das Ende seiner Kubareisen. Soweit also die nachweislichen Fakten.
Wahrscheinlich jedoch ist war Ruby tatsächlich häufiger zwischen den Vereinigten Staaten und Kuba hin und hergeflogen.
Die auf dem Flughafen von Dallas arbeitende Elaine Mynier äußerte offen: »Ich habe Ruby und McWillie oft bei ihren Hin- und Rückreisen gesehen.« Ebenso sprach der Delta Agent in New Orleans von Rubys zahlreichen Flügen. Nach anderen Dokumenten hielt sich Ruby bei vier Terminen, während derer er den Reisedokumenten zu Folge in Kuba gewesen sein soll, in Dallas auf. Am 10. August, zwei Tage nach seiner dort belegten Ankunft in Havanna, wurde Ruby, einem polizeilichen Bericht gemäß, in Dallas wegen einer Übertretung der Verkehrsordnung vernommen. Es könnte sich um einen Aktenfehler handeln, doch zeigen auch Belege seiner Bank, daß er in der darauffolgenden Woche seinen Banksafe benutzt hatte. Am 31. August soll er in Dallas einen FBI-Agenten, namens Charles Flynn, getroffen haben. Vier Tage später war er noch immer in Dallas und benutzte erneut sein Bankfach. Aus diesen Umständen schloß der Kongreßausschuß 1978: »Ruby hat mindestens drei, wahrscheinlich mehr als drei Reisen nach Kuba unternommen.« Zusätzliche Indizien beleuchten, welche Rolle Ruby wirklich gespielt hat. Meyer Panitz, ein alter Freund Rubys, wurde von dessen Anwesenheit während des fraglichen Zeitraums in Miami informiert, woraufhin er ihn in einem bekannten Restaurant traf. Das Lokal zählte Santos Trafficante, dessen Mitarbeiter sowie den berüchtigten Gefolgsmann Hoffas, Barney Baker, zu seinen Stammgästen. Der Kongreßausschuß folgerte aufgrund dieser Konstellation, daß Ruby wahrscheinlich als eine Art Kurier in Glücksspielkreisen fungierte.
Was auch immer die Absicht seiner Reisen nach Kuba, vier Jahre vor dem Attentat – gewesen sein mag, außer Zweifel steht, daß er dort in enger Verbindung zu Lewis McWillie stand, der wiederum ein Bekannter Trafficantes war. Heute gibt es Beweise dafür, daß Ruby Trafficante persönlich kannte.
Als Castro im Jahre 1959 gegen die Spielhöllen und den Drogenhandel vorging, wurde Trafficante in dem kubanischen Lager, Trescornia, in der unmittelbaren Umgebung Havannas interniert. Das Lager kannte keine festen Vorschriften. Häftlinge konnten also auch besucht werden. Unter den Lagerinsassen befand sich auch ein Engländer namens John Wilson. Als er 1963 in London von der Ermordung Oswalds erfuhr, setzte er sich sofort mit der amerikanischen Botschaft in London in Verbindung.

Er berichtete, »im Jahre 1959 im Lager von Trescornia einem amerikanischen Gangster namens Santos begegnet zu sein, der häufig von einem amerikanischen Gangster-Typ namens Ruby besucht wurde«. Wilson, der inzwischen starb, hatte eine äußerst bunte Karriere als Journalist, und als jemand, der sich an politischen Aktivitäten in Lateinamerika beteiligte, hinter sich. Aus lange vor 1963 veröffentlichten Zeitungsberichten geht hervor, daß er wegen eines angeblich geplanten Bombenangriffs auf Nicaragua verhaftet worden war. Als Wilson 1963 die amerikanische Botschaft in London über die Verbindung Rubys und »Santos'« informierte, konnte er unmöglich aus den Veröffentlichungen gewußt haben, daß sich Ruby im Jahre 1959 in Kuba aufgehalten hatte. Aus Details in Wilsons Bericht können wir darauf schließen, daß der von ihm als Santos bezeichnete Gangster tatsächlich Santos Trafficante war. Einer der Mithäftlinge Wilsons war an dem Waffenschmuggel Eddie Browders beteiligt, der seinerseits mit einem engen Freund Trafficantes zusammenarbeitete und ebenfalls an den früheren Waffengeschäften Rubys beteiligt war. 1978 sagte ein ehemaliger Lageraufseher aus, sich an den englischen Journalisten, offensichtlich John Wilson, im selben Lagerbereich wie Santos Trafficante zu erinnern. Wilson wußte noch, daß Ruby mit einer anderen Person im Lager erschienen war und Eßwaren mitgebracht hatte. Zwei Zeugen, unter ihnen der Oberaufseher des Lagers, bestätigten, daß Trafficante und seinen Freunden täglich Mahlzeiten aus einem Hotel in Havanna zugestellt wurden. Reisedokumenten zufolge hielt sich Ruby in Havanna gewöhnlich in einem Hotel-Kasino Capri auf, an dem Trafficante finanziell beteiligt war. Als McWillie und Trafficante von dem Kongreßausschuß verhört wurden, glichen ihre Antworten Musterbeispielen an Vieldeutigkeit. McWillie gab an, zweimal Bekannte im Lager besucht und bei einer dieser Gelegenheiten vielleicht Hallo zu Trafficante gesagt zu haben. Ruby war, das könnte sein, einmal dabei, »aber ich bin nicht sicher. Ich glaube nicht. Ich weiß nicht, ob er da war oder nicht. Wenn er da war, wäre es möglich gewesen, daß ich ihn mitgenommen habe, vielleicht ...« Trafficante erklärte vorsichtig: »Ich kann mich nicht entsinnen, Ruby begegnet zu sein ... auch kann ich mich nicht erinnern, daß er mich besucht hat, ich hatte keine Verbindungen zu ihm. Ich weiß nicht, weshalb er mich besucht haben sollte.« Vor dem Kongreßausschuß gab McWillie einmal sogar vor, den Namen Trafficante überhaupt nicht zu kennen. Schließlich sagte er: »Ich kannte ihn nur oberflächlich, gerade genug, um bei einer Begegnung ›Hallo‹ zu rufen und mit einem ›Hallo‹ zurückgegrüßt zu werden.« Trafficante gab an, zwar keine geschäftlichen Verbindungen zu McWillie gehabt zu haben, ihm aber in Havanna des öfteren begegnet zu sein. Er gab zu, McWillie nach seiner Rückkehr aus Havanna in seinem Haus besucht zu haben. Der Kongreßausschuß resümierte: »Wir haben hinreichende Indizien dafür, daß Treffen zwischen Ruby und Trafficante stattgefunden, sowie Verbindungen zu drei weiteren Mitarbeitern Trafficantes bestanden haben.«

Einer war Russell Matthews, ein Veteran der kubanischen Mafia-Organisation. Er arbeitete für das Kasino des Deauville Hotels in Havanna, als dieses noch zum Einflußbereich Trafficantes gehörte. Angeblich war auch er, wie Trafficante, an einem der CIA-Komplotte, Castro zu ermorden, beteiligt. Nach seiner Rückkehr in die Vereinigten Staaten wurde Matthews von einem seiner Angestellten als »Der Pate von Dallas«, beschrieben. Zwei Jahre vor dem Attentat bezeichnete ihn der Chef der Polizei von Dallas als einen »unerwünschten Mitbürger«.

Der zweite Kontakt Rubys war James Dolan, der »Berüchtigtste Gangster von Dallas«. Dolan verübte nicht nur Gewaltakte im Auftrag Trafficantes, Berichte verknüpften ihn auch – wenige Monate vor dem Attentat – mit dem Netzwerk Marcellos in New Orleans. Jack Todd war schließlich ein Freund Rubys, den ein Einwohner von Dallas vor dem Kongreßausschuß »als einen Kollegen von Trafficante« bezeichnet hatte. Seine Telefonnummer wurde nach der Ermordung Oswalds in Rubys Notizbuch gefunden.

In zahlreichen Bereichen erfolgten die Nachforschungen des Ausschusses fünfzehn Jahre zu spät. So wurde etwa John Wilson, der über Rubys Besuche bei Santos im Internierungslager berichtet hatte, niemals vom Warren-Ausschuß verhört. Obwohl der CIA wie auch das FBI Informationen über die angebliche Verbindung Ruby-Trafficante besaßen, leiteten sie diese nicht an den Ausschuß weiter, wofür es bis heute keine Erklärung gibt. Vielleicht interessant dabei: es existieren Hinweise auf eine Verbindung Rubys nicht nur zur Unterwelt, sondern auch zu den Nachrichtendiensten. Der erste Hinweis ist ein Treffen mit einem FBI-Agenten aus Dallas, während seiner Kubareisen. Diese Treffen gehörten zu jenen Kontakten, die bald nach der letzten Kubareise beendet waren.

Das FBI verhehlt nicht, daß der Agent Charles Flynn, Ruby mehrere Male in Dallas getroffen hat. Das FBI verweist auf den Nachtklubbesitzer Ruby als potentiellen Informanten. Nach der ersten Begegnung besorgte sich Ruby verschiedene Abhörgeräte: eine Handuhr mit eingebautem Mikrofon, ein Telefonabhörgerät, ein Mikrophon als Krawattennadel getarnt und eine, mit einer Wanze bestückte Aktentasche. Seine Ausgaben betrugen mehr als 500 Dollar und versorgten ihn mit der damals modernsten Spionageausrüstung. Obwohl unklar ist, wer abgehört werden sollte, hingen seine FBI-Kontakte irgendwie

mit seinen Besuchen in Kuba zusammen. Vor einem seiner Abflüge hörte Rubys Freundin ein Telefongespräch am Flughafen mit an. Ruby befahl in diesem einem Angestellten, niemandem »außer der Polizei oder einer anderen Behörde seinen Aufenthalt mitzuteilen«. Das paßt nicht zu jenem Ruby, der immer am Rande des Verbrechens gelebt hatte. Mit der anderen Behörde meinte er das FBI, mit dem er zu dieser Zeit enge Fühlung hatte. Flynn, der für Ruby verantwortliche Agent, erinnerte sich, von ihm über seine Kubareisen gehört zu haben, jedoch wie er behauptet, keine Einzelheiten. Das FBI besteht nach wie vor darauf, es habe sich für Ruby lediglich als einem potentiellen Spitzel interessiert. In den neun Treffen zwischen Flynn und Ruby habe es jedoch keine brauchbaren Informationen erhalten. Die Kontakte seien daraufhin Ende Oktober 1959 abgebrochen worden. Bestimmte Leute, unter ihnen ein FBI-Agent, halten diese Darstellung für unwahrscheinlich. Kein FBI-Agent würde einen potentiellen Spitzel, ohne etwas von Bedeutung zu erfahren, neunmal treffen. Der Kongreßabgeordnete Don Edwards, einst selbst Agent, war jetzt Vorsitzender des Unterausschusses für das Verfassungswesen. Nach mehreren Sitzungen, die FBI-Kontakte betreffend, erklärte er seinen Kollegen: »Es besteht kein Zweifel, daß es sich um ein CIA- bzw. FBI-Abschirmungsmanöver handelt. Es erschreckt mich, darüber nachzudenken, wer oder was in wessen Auftrag abgeschirmt wurde.« Auch der allgegenwärtige CIA taucht in Verbindung mit Ruby auf.
Im Jahre 1963, drei Tage nach der Ermordung Oswalds, erhielten die Behörden von New Orleans einen Tip. Danach hatte Ruby im Sommer 1959 in New Orleans Gemälde gekauft und sich auf einer Reise nach Havanna in New Orleans aufgehalten. Der Tip an sich war unbedeutend, doch die Identität des Informanten wichtig. Er war laut dem telefonisch übermittelten Hinweis, William George Gaudet, der CIA-Agent, dessen Name auf der Liste der Einreiseerlaubnisse im mexikanischen Konsulat von New Orleans seinerzeit vor dem Oswalds eingetragen worden war. Gaudet, der zwar jede Mitwisserschaft an den Ereignissen in Mexico City verneint, bestätigte dennoch, Oswald in New Orleans mit Guy Banister gesehen zu haben. Banister, wie sich der erschöpfte Leser vielleicht erinnert, war ehemaliger Star-Agent des FBI, der später anti-kommunistische Operationen in Camp Street 544 koordinierte, wo Oswald während seines Aufenthaltes in New Orleans oft gesehen wurde.
Gaudet nimmt in Anspruch, wie seiner Ansicht nach auch Oswald, als Marionette benutzt worden zu sein. Gaudets Bericht über den Besuch Rubys im Jahre 1959 in New Orleans führt zu einer einfachen Frage: Weshalb sollte sich ein CIA-Agent in Dallas für die trivialen Aktivitäten eines Typs wie Jack Ruby interessiert haben?

Gaudet, der CIA-Agent war, hatte sich für Lateinamerika spezialisiert. Ruby schmuggelte angeblich Waffen nach Kuba und hatte Komplicen in der Mafia. Der CIA hatte ein berufsgemäßes Interesse am Waffenschmuggel. Bald darauf bezog er die Mafia in die Komplotte gegen Castros Leben ein. Einer der führenden Mafiabosse, der den CIA unterstützen sollte, war Santos Trafficante, mit dem Ruby, wie berichtet, bereits 1959 in Verbindung gestanden hatte. Soweit lassen sich die in der Vergangenheit verworrenen Fäden dieses Gewebes heute entwirren. In diesem Gewebe läßt sich irgendwie auch der Schlüssel zur Ermordung Oswalds im Jahre 1963 finden. Rubys Aussagen, verbunden mit seinen kubanischen Reiseabenteuern, deuten darauf hin, daß er, besonders verletzbar, sich irgendwie einer Erpressung durch die Unterwelt, aufgeschlossen hatte.

Eine ehemalige Angestellte Rubys informierte die Warren-Kommission darüber, daß Ruby zwei Jahre nach der erfolgreichen Castro-Revolution Waffen für Castro-Gegner geschmuggelt hatte. Von diesem Zeitpunkt an habe Ruby offen mit seinen Anti-Castro-Überzeugungen geprahlt. Ein Komplize Rubys bezeugte, wie es in einem FBI-Bericht steht: »Ruby entsprach dabei den Erwartungen seiner Auftraggeber aus der Unterwelt.« Die Bosse des Organisierten Verbrechens hatten die Weichen neu gestellt. Als klar wurde, daß ihre Zeiten in Havanna vorbei waren, unterstützten sie den Kampf gegen Kuba und damit insbesondere Trafficantes Mordpläne gegen Castro. Vielleicht hatte sich Ruby zu spät umgestellt und damit den Zorn der Unterwelt auf sich gelenkt.

Noch lange, nachdem er Oswald ermordet hatte, bereits im Gefängnis, befand er sich in großer Angst, »er fing an plötzlich zu zittern und rief aus ›jetzt werden sie alles über Kuba entdecken, über die Waffen, über New Orleans, alles‹ ... So berichtete einer seiner Besucher. Und einer der Anwälte Rubys: »Ruby hatte Angst, sein Patriotismus würde bezweifelt, weil er nach dem Sturz des Batista mit dem Castro-Regime ins Einvernehmen zu kommen versucht hatte.« In einem Brief aus dem Gefängnis versuchte Ruby Worte eines Ausbruchs, mit dem er sich einem Wächter gegenüber in einem Augenblick der Schwäche »verraten« hatte, zurückzunehmen. »Der Wächter wußte, daß ich unbeschützt und verletzbar war. Ich ging zu ihm und brach zusammen, und erzählte ihm, ich habe Waffen nach Kuba geschmuggelt und schon habe ich mich unversehens für schuldig erklärt ...« Dann behauptet er in den folgenden verworrenen Sätzen ziemlich unglaubhaft, er habe bloß seinem Freund McWillie ein paar Pistolen geschickt. Ein Gefängnispsychiater berichtet: »Er ist voller Schuldgefühle, Waffen nach Kuba geschmuggelt zu haben. Er glaubt damit dem Feind geholfen und sich selbst belastet zu haben ...« Dem Psychiater gegen-

über äußerte Ruby, Kennedy sei mit der Absicht, die Regierung zu
stürzen, ermordet worden. Er gestand: »Ich weiß, wer ihn ermorden
ließ.«
Seine wichtigste Aussage aber lautete: »Sie wußten, womit sie mich
unter Druck setzen können.« Er sagte jedoch niemals, wer mit »sie«
gemeint war.
In einem Brief aus dem Gefängnis schrieb Ruby: »Glaube nicht dem
Warren-Bericht, er wurde geschrieben, um mich unschuldig erscheinen zu lassen, um die Aufmerksamkeit der Amerikaner und der
europäischen Länder abzulenken.« Schnell fand sein ursprünglicher
Anwalt die passende Erklärung. Der arme Ruby sei, als er Oswald
erschossen hatte, Opfer eines momentanen Bewußtseinsausfalls gewesen. »Es handelte sich um einen Fall von vorübergehendem Wahnsinn.«
Wahnsinn oder Verschwörung? Das Verhalten Rubys vor der Ermordung gibt genügend Hinweise für eine Antwort.
Nach dem Urteil der Warren-Kommission hatte Ruby keine wichtigen
Verbindungen zum Organisierten Verbrechen. Ruby erscheint also als
Opfer eines wahren Hagelsturms von Zufällen. Anfang Juni 1963
trafen sich in Dallas mehrere Gangster aus Chicago. In einer Reihe von
Zusammenkünften versuchten sie, die lokale Prostitution und die
lokalen Kasinos zu koordinieren. Mittels Gewalt wollten sie unabhän-
gige Unternehmer aus dem Geschäft drängen. Innerhalb weniger
Tage wußte die Polizei, daß die »Konferenz« in dem Caroussel-Klub,
einem der Lokale Rubys stattfand. Die Dokumente der Telefonzen-
trale zeigen, daß Ruby zweimal ein in der Nähe von Dallas gelegenes
Restaurant anrief, wo sich ebenfalls Gangster trafen. Die telefonischen
Unterlagen liefern das verläßlichste Zeugnis für die Beziehungen
Rubys zur Unterwelt in den Wochen und Monaten vor dem Mord. Der
Kongreßausschuß studierte diese Unterlagen gründlicher als vor ihm
der Warren-Ausschuß. Ein Computer diente der Analyse aller Anrufe
Rubys und anderer Schlüsselpersonen. Die Unterlagen sind mittlerweile zwar nicht vollständig, doch liefern sie genügend Beweismaterial, die Unsinnigkeit früherer offizieller Versicherungen, Rubys Verbindungen seien harmloser Natur gewesen, zu dokumentieren. Nach
dem Befund des Kongreßausschusses steht es außer Zweifel, daß
Ruby Gespräche mit Leuten geführt hat, die direkt oder indirekt mit
dem Organisierten Verbrechen verbunden waren. Die Anrufe belegen, daß diejenigen, die ein Motiv hatten, den Präsidenten zu ermorden, zum kritischen Zeitpunkt Rubys Aufenthaltsort kannten, sowie
seiner Verfügbarkeit sicher waren.
Im September stand Ruby mit seinem Freund McWillie in Verbindung, dem Kontaktmann Trafficantes aus den Tagen in Havanna.

McWillie war jetzt in Las Vegas, einer anderen Mafia Zitadelle, etabliert. Anfang Oktober ist ein Anruf von Rubys Telefonapparat im Caroussell mit einer Nummer in Louisiana verzeichnet, die unter dem Namen der früheren Frau Russel Matthews, einem anderen Kumpanen Rubys aus den Havanna-Zeiten, zu finden war. Ende Oktober telefonierte Ruby mit Erwin Weinberg in Chicago. Weinberg hatte sich darauf spezialisiert für verhaftete Gangster gegen Bürgschaft Haftentlassung zu bewirken. Überdies war er Vorsitzender der Versicherungsgesellschaft, die für die Pensionskasse der Gewerkschaft Jimmy Hoffas bürgte. Er war einer der Finanzberater Hoffas. Später wurde er unter Anklage gestellt wegen Beteiligung an der betrügerischen Unterschlagung von 1,5 Millionen Dollar aus der Pensionskasse. Nachdem der Hauptbelastungszeuge vor dem Prozeß von maskierten Gangstern erschossen worden war, mußte das Gericht Weinberg freisprechen. Weinberg kannte auch Sam Giancana und Santos Trafficante, mit dem er noch 1977 in Verbindung stand.

Zwei Wochen vor dem Mord rief Robert »Barney« Baker, Hoffas »Starker Arm«, Ruby an. Während seines jahrelangen Duells mit Hoffa nannte Robert Kennedy Baker offen »eine Laus der Unterwelt, den Abschaum der Vereinigten Staaten, den fahrenden Boten der Gewalttätigkeit«. Am Tag nach dem Anruf telefonierte Ruby mit Murray »Dusty« Miller, einem andern Gefolgsmann Hoffas. Eine halbe Stunde später sprach er erneut mit Baker.

Jack Ruby war ein Gesundheitsfanatiker, der wenig trank und kaum rauchte. Doch im Herbst des Jahres 1963, nach seinen Verhandlungen mit der »Familie«, bat er seinen Arzt um Beruhigungsmittel und erneuerte das Rezept einige Tage später.

In dieser Zeit war Ruby des öfteren mit zwei außergewöhnlichen Besuchern verabredet. Einer war der Ex-Sträfling Alex Gruber, der später dem FBI aussagte, Ruby einfach besucht zu haben, da Dallas, Texas, nur 100 Meilen von seiner Route entfernt lag. In Wirklichkeit handelte es sich um 400 Meilen. Nach der Ermordung des Präsidenten machte er dem FBI gegenüber widersprechende Angaben über die Dauer seines Aufenthaltes in Dallas, und die Anzahl der Begegnungen mit Ruby.

Der zweite Besucher war Paul Jones, der Dallas regelmäßig aufzusuchen pflegte. Er traf am selben Tag in Dallas ein, als Ruby die Freundin Micky Cohens anrief.

Allein die Reihenfolge jener Geschehnisse erforderte eine genaue Untersuchung. Der Warren-Ausschuß ging ihr jedoch mit dem gleichen Eifer, den man einer Schnitzeljagd an einem verregneten Wochenende entgegengebracht hätte, nach. Rubys Verhör blieb in Abwesenheit seiner zuständigen Ermittler unvollständig. Ruby und

seine Kontaktmänner vertuschten den eigentlichen Inhalt der Gespräche. Sie gaben vor, Ruby bei der Lösung seiner Probleme mit der
Gewerkschaft der Vergnügungsindustrie behilflich gewesen zu sein.
Der Kongreßausschuß für Attentate akzeptierte zwar Rubys Gewerkschaftsprobleme, doch beunruhigten ihn gewisse dunkle Hinweise.
Als das FBI nach dem Attentat Weinberg, den Strohmann der Chi-
cago-Mafia verhörte, lehnte er es ab, Auskünfte über den Inhalt seiner
Gespräche mit Ruby zu geben. Vor dem Ausschuß räumte er später
ein, mit Ruby über Gewerkschaftsprobleme gesprochen zu haben.
Hoffas ›starker Arm‹, Baker, erklärte dem FBI, Ruby habe ihn nur
einmal angerufen. Der Ausschuß konnte zwei Gespräche, das zweite
zwei Wochen vor dem Attentat, nachweisen. Im übrigen behauptete
auch Baker, Ruby habe lediglich Gewerkschaftsprobleme erörtert.
Weshalb sollte sich Hoffas ›starker Arm‹ die Zeit genommen haben,
Ruby bei derartig trivialen Problemen behilflich zu sein? Hoffas Sohn
James meinte kürzlich: »Ich glaube, mein Alter kannte Ruby, doch war
Jack Ruby die Art von Mann, den jeder kannte.«
Die Beziehung zwischen Hoffa und Ruby könnte einiges klarstellen.
Der Zeitpunkt der Ruby-Baker-Telefonate fällt mit dem Höhepunkt
der Kennedy-Angriffe auf Hoffa zusammen. Wie bereits berichtet,
haßte Hoffa die Kennedys, ja er drohte in Gegenwart von Zeugen, sie
umzubringen. Hoffa war ein Günstling des Mafiabosses Santos Trafficante und auch dieser prophezeite: »Kennedy wird erschossen werden.« Drei Wochen vor dem Attentat rief Ruby die Nummer CH
2-5431, den Privatanschluß des Managers der »Tropical Court Tourist
Park«, Nofio Pecora, in New Orleans an.
Der Anruf dauerte nur eine Minute. Pecora ist nachweislich ein
Gefolgsmann Carlos Marcellos. Der Chef des Kriminalkommissariats
von New Orleans erwähnt: »Pecora und Marcello handelten einst
zusammen als Straßengangster mit Drogen. Mr. und Mrs. Pecora sind
noch heute aktive Mitglieder der Marcello-Organisation.« 1963 waren
Marcello und Pecora, die inzwischen Karrieren in der Mafia gemacht
hatten, noch immer eng verbunden. Marcello, der das Telefon mit
äußerster Vorsicht benutzte, wählte, wie Ruby, vor dem Attentat
dieselbe Nummer. Es war August 1963, als Lee Harvey Oswald die
»Fair Play for Cuba«-Aktionen in New Orleans veranstaltete. Oswalds
Onkel, Charles Murret, war ein Mitarbeiter Nofio Pecoras. Als Oswald
als Folge des Straßenkrawalls verhaftet wurde, gab Emil Bruneau, ein
Mitarbeiter Pecoras, eine Bürgschaft für seine Haftentlassung. Weniger als ein Jahr zuvor hatte Pecoras Freund und Schutzpatron, Marcello, angeblich davon gesprochen, »den Präsidenten ermorden zu
lassen« und »einen Narren als Sündenbock« anzusetzen.
Als der Kongreßausschuß 1978 Pecora über das Telefongespräch mit

Ruby verhörte, »verweigerte er die Antwort«. Später räumte er ein, sich nicht zu »erinnern«, Ruby gesprochen zu haben, er kenne ihn überhaupt nicht. Es sei wohl möglich, eine Nachricht an jemanden im Wohnwagenpark vermittelt zu haben, doch glaubt er das nicht. Ruby war mit Harold Tannenbaum, der auf Pecoras Grundstück wohnte, befreundet. Tannenbaum war im Sommer 1963 Manager eines Klubs in New Orleans und stand regelmäßig mit Ruby in Verbindung. Anscheinend planten sie, geschäftlich zusammenzuarbeiten. Tatsächlich rief Tannenbaum Ruby eine Stunde nach dessen Anruf bei Pecora an. Tannenbaum, der tot ist, verwaltete einige Klubs Marcellos in New Orleans. Der Chef der Kriminalkommission von New Orleans verweist auf eine weitere, wichtige Verbindung zwischen Ruby und New Orleans. Es handelt sich um Rubys Tätigkeit im Striptease-Geschäft. Einige seiner Mädchen arbeiteten zeitweise in New Orleans. Die Besitzer derartiger Striptease-Etablissements standen in regelmäßiger Verbindung miteinander, um Mädchen auszutauschen. Marcellos Bruder, Peter, verwaltete eines der größeren Etablissements auf der Bourbon Street in New Orleans. Ruby kannte diese Männer, denn Tannenbaum war ihr Boß.

Im Bericht des Kongreßausschusses werden Pecoras Aussagen zum Telefonat mit Ruby als »unbefriedigend« bezeichnet. Diese Angelegenheit ist bis heute ungeklärt. Um so mehr gewinnt Rubys Beteuerung im Gefängnis an Bedeutung: »Sie werden herausfinden, was in New Orleans los war . . . sie werden alles herausfinden.«

In den früheren Untersuchungen des Falles wird ein an sich triviales Ereignis, das jedoch erhebliche Bedeutung gewinnen könnte, nicht erwähnt. 1963 befand sich Ruby in einem finanziellen Engpaß. Anfang des Jahres lieh er sich 1000 Dollar bei einer Bank. Zwei Wochen später wurde er wegen Mietrückständen seiner Klubs verklagt. Im März hatte er Probleme mit den Steuerbehörden, denen er 21000 Dollar schuldete. Mitte des Sommers stiegen seine Steuerschulden um das Doppelte. Im Herbst bot er über eine Annonce einer lokalen Zeitung den Verkauf eines seiner Nachtklubs an. Anfang Oktober war die Steuerangelegenheit noch nicht bereinigt. Doch verhielt er sich während der letzten Tage vor dem Attentat plötzlich so, als ob er eine spontane Verbesserung seiner finanziellen Lage erwartete. Am 15. November kaufte er sich einen Safe für sein Büro. Am 19. November, drei Tage vor der Ermordung Kennedys, erwähnte er gegenüber seinem Steuerberater, nunmehr über eine Verbindung zu verfügen, die ihm das zur Begleichung seiner Schuld bei der Steuerbehörde notwendige Geld beschaffen würde.

Schließlich gab er – bisher völlig ungewohnt – seinem Anwalt eine

Vollmacht für alle erforderlichen Verhandlungen mit dem Steueramt.

An diesem Tage befanden sich 246 Dollar auf dem Konto des Caroussel-Klubs. Drei Stunden nach dem Tod des Präsidenten suchte Ruby seine Bank auf. Laut Aussagen eines Angestellten, hatte Ruby in seiner Tasche lose 7000 Dollar-Noten. Dem Warren-Ausschuß waren diese Umstände nicht bekannt. Im Jahre 1979 untersuchte der Kongreßausschuß Rubys finanzielle Lage vor dem Attentat. Der Ausschuß folgerte, daß diejenigen, die ein Motiv hatten, den Präsidenten zu ermorden »einen Mann kannten, der zu jeder Gewalttat bereit war und sich zugleich in ernsten finanziellen Schwierigkeiten befand«. Bediente sich das Syndikat dieser besonderen Umstände?

Das Wochenende der Morde

Vorstellbar ist, daß Rubys Kontakte vor dem Attentat zwar mit zweifelhaften Geschäften jenseits der Legalität, jedoch nicht mit einer Verschwörung, den Präsidenten zu ermorden, in Zusammenhang standen. Seine Verbindungen zur Unterwelt rissen bis in die frühen Morgenstunden des fraglichen Tages nicht ab. Am Vorabend des Attentates ging Ruby bis zum späten Abend seinen gewohnten Geschäften in den Klubs nach. Kurz vor 22.00 Uhr nahm er gemeinsam mit Ralph Paul, einem alten Komplizen, seine Abendmahlzeit im »Egyptian Restaurant« ein. Mit Ausnahme eines Gesprächs mit einem Verkaufsleiter der DALLAS MORNING NEWS namens Connors blieben sie ungestört. Tatsächlich war der erwähnte Name 1963 bei dieser Zeitung unbekannt. Der Besitzer des Restaurants, ein gewisser Robert Campisi, wird in einschlägigen Akten abwechselnd als »gewiß«, »vielleicht« oder »nicht« zum Organisierten Verbrechen gehörig beschrieben. Campisi und Ruby kannten Komplizen Santos Trafficantes, wie Joseph Civello, der angeblich Geschäfte Marcellos in Dallas führte. Campisi stritt seine langjährige Beziehung zu Marcello keineswegs ab. Campisi hat wahrscheinlich in seinen Aussagen den Grad seiner Freundschaft mit Ruby, sowie seine Kenntnis der Angelegenheiten Rubys untertrieben. Gegenüber dem FBI gab er an, nichts über den Hintergrund Rubys zu wissen, kannte ihn jedoch gut genug, um ihn im Gefängnis zu besuchen. Nach dem Abendessen bei Campisis nahmen Rubys Aktivitäten einen eigentümlichen Charakter an. Bereits vor dem Essen hatte er im Caroussel-Klub Lawrence Meyer, einen Bekannten aus Chicago getroffen, der nach Dallas zu einer geschäftlichen Tagung gekommen war.

Meyer, der Ruby seit vielen Jahren kannte, besuchte den Caroussel-

Klub bereits im vorangegangenen Monat. In der Nacht vor dem
Attentat sprach Meyer kurz mit Ruby im Klub, er lud ihn ein, ihn nach
dem Abendessen in seinem Hotel aufzusuchen. Nach Meyers Angabe
blieb Ruby nur wenige Minuten und verabschiedete sich dann mit
dem Hinweis, in den Klub zurückgehen zu müssen. Den Rest der
Nacht verbrachte er, inzwischen nicht mehr allein, mit der Erledigung
beruflicher Geschäfte. Einem seiner Angestellten zufolge, rief er diesen um 02.30 Uhr aus dem Cabana Motel an. Was er dort wollte, ist
ungewiß, doch wohnte hier in dieser Nacht ein ungewöhnlicher und
unerwünschter Gast namens Eugene Brading.

Brading, der seinen Namen in Braden umgeändert hatte, war der
Polizei der Vereinigten Staaten wegen Einbruchs, Glücksspiels und
Schwarzmarkt-Handels wohl bekannt. Seit mehr als zwanzig Jahren
war er an den unterschiedlichsten kriminellen Aktionen beteiligt. 1963
versuchte er sein Glück, zusammen mit Victor Pereira, im Erdölge-
schäft. Beide waren bereits vor neun Jahren wegen Postbetrugs und
Hehlerei verurteilt worden. Laut Zwischenbericht des Kongreßausschusses wurde Brading 1951 in Gesellschaft von James Dolan gesehen. Dieser kannte, wie bereits berichtet, Ruby sowie angeblich auch
Santos Trafficante und Carlos Marcello gut. Im November 1963 wurde
Brading auf Bewährung aus der Haft entlassen. Er erhielt Erlaubnis für
Erdöl-Geschäfte nach Texas zu reisen. Dallas erreichte er am
21. November und bezog die Suite Nr. 301 im Cabana Motel mit einem
gewissen Morgan Brown. Ein Besuch Rubys bei Brading läßt sich in
dieser Nacht nicht nachweisen. Doch verursachte Brading am nächsten Tag einiges Aufsehen. Kurz nach der Ermordung Kennedys
wurde er in einem Hochhaus, von dem aus man die Szene des
Attentates beobachten konnte, festgehalten.

Der Präsident wurde um 12.30 Uhr erschossen. Fünfzehn Minuten
später beobachtete ein aufmerksamer Angestellter, der den Aufzug im
Daltex-Hochhaus an der Dealey Plaza bediente, Brading als einen
Fremdling, der ihm auffällig erschien. Vor dem Gebäude wurde
Brading als »verdächtige Person« vorübergehend festgenommen und
zwecks Verhörs in das Büro des Sheriffs gebracht. Dort, sowie später,
gab er an, in Elm Street ein Taxi gesucht zu haben, als er vom Mord an
dem Präsidenten gehört habe. Erst daraufhin sei er in das Daltex-
Gebäude gegangen, mit dem Güteraufzug in das dritte Stockwerk
gefahren, wo er ein Telefon zu finden hoffte. Seine Behauptungen
erschienen glaubhaft. Er wurde auf freien Fuß gesetzt. Sein Reisege-
fährte, Morgan Brown, verließ das Motel plötzlich um 14.00 Uhr, als
sich Brading noch bei der Polizeibehörde befand.

Die Polizei hätte Brading wohl kaum so prompt entlassen, wenn sie
von seiner Vergangenheit als vorbestrafter Krimineller Kenntnis

gehabt hätte. Er wies sich jedoch mit einer Kreditkarte auf den Namen
»Jim Braden« aus, einen Namen, den er erst seit wenigen Monaten
führte.

Braden erklärte später, sich kurze Zeit vor dem Attentat, im Kreisge-
richtsgebäude aufgehalten zu haben, das zwei Häuserblöcke von der
Mordszene entfernt liegt. Dort habe er den zuständigen Bewährungs-
helfer informiert, daß er in kurzer Zeit Dallas wieder verlassen werde.
Beim Verlassen des Gebäudes sei er einem anderen Justizbeamten,
»Mr. Flores« begegnet, gerade als die Autokolonne des Präsidenten
vorbeifuhr. Tatsache ist, daß kein Beamter dieses Namens bei der
Behörde arbeitete.

Heute gibt es einen zusätzlichen Grund, die Aktivitäten Bradens an
jenem Tag zu erhellen. Der Grund ist eine bereits wohl vertraute
Person aus Oswalds Zeit in New Orleans, David Ferrie.

1963 arbeitete der ehemalige CIA-Agent David Ferrie, der Oswald
angeblich gekannt haben will, für Carlos Marcello. Dieser soll, wie
behauptet wird, die Ermordung Kennedys mittels eines vorgeschobe-
nen »Narren« geplant haben. Als Ferrie für Carlos Marcello arbeitete,
befand sich sein Büro im Pere-Manette-Gebäude, Zimmer Nr. 1707
in New Orleans. Anläßlich einer Überprüfung gab Braden das näm-
liche Gebäude und Stockwerk als seine Adresse in New Orleans bei
den Behörden an. Beide Räume befanden sich im gleichen Gang wie
David Ferries. Das war nicht der einzige Zufall, der David Ferrie mit
den sich am Vorabend des Attentates im Motel Cabana aufhaltenden
Gästen verband. Eine Überprüfung der Anrufe Ferries in den Listen
der Telefongesellschaft ergibt, daß er acht Wochen zuvor die Nummer
WH 4-4970 in Chicago angerufen hatte. Hier wohnte seit 1963 in einem
Apartment-House eine gewisse Jean West. Am Vorabend des Attentates übernachtete Jean West bei Lawrence Meyer, jenem Freund, den
Jack Ruby um Mitternacht besuchte. All das könnten freilich »Zufälle«
sein. Doch reiste Ferrie, wie wir sehen werden, in den Tagen nach
dem Attentat aus rätselhaftem Anlaß kreuz und quer durch Texas. Wie
Jack Ruby, hatte auch er ein Alibi für den Zeitpunkt des Attentates.

Am Morgen des Attentates hielt sich Jack Ruby stundenlang in den
Räumen der DALLAS MORNING NEWS auf. Er frühstückte hier und
machte damit mehrere Angestellte auf sich aufmerksam. In den letzten 30 Minuten vor dem Attentat plauderte Ruby im Werbebüro der
Zeitung, wo er als unzuverlässiger Kunde wohlbekannt war. Der
22. November war indessen eine Ausnahme. Ruby gab an diesem Tag
die Annoncen für den Drucktermin rechtzeitig auf und zahlte bar. Er
war bis 12.35 Uhr dort und wurde einige Minuten nach den Schüssen
auf der Dealey Plaza, die nur ein paar Blocks entfernt lag, im Büro

wiedergesehen. Seine Anwesenheit im Werbebüro gab Ruby ein mehr als glaubhaftes Alibi. Schon kurz bevor der Anschlag bekannt wurde, stürzte sich Ruby in den ersten Akt einer Pantomime. Er las das berühmt-berüchtigte schwarz umrahmte Inserat, welches den Präsidenten in Dallas auf seine Art willkommen hieß und verfiel in einen Wutanfall. Als sich die Menschen auf die Todesnachricht hin um den Fernsehschirm drängten, schien Ruby offensichtlich »aschfahl, erschüttert – sehr blaß, mit starren Augen, wie benommen« dabei zu sitzen. Doch hielt dieser Zustand nicht lange an.

Augenblicke darauf wurde der Tod des Präsidenten bestätigt.

Ruby stürzte sich daraufhin in eine Reihe von Telefonanrufen, bei Verwandten, Freunden und Geschäftsbekannten. Zahlreiche Angerufene erinnerten sich an seine aufgeregte, verstörte Stimme. Einige der Anrufe erledigte er vom Apartment seiner Schwester aus. Diese erinnert sich noch, daß er sagte: »So schlimm war mir noch nie im Leben zumute, nicht einmal als Pa und Ma starben.« War dies echt oder gespielt oder nur eine Überreaktion? War es nur eine Show, um das Image eines Ruby zu kreiieren, der bald darauf Oswald in einem Anfall unkontrollierbarer Leidenschaft erschießen sollte?

Am selben Abend erschien Ruby in der Synagoge zu einem Sondergottesdienst für den verstorbenen Präsidenten, doch erschien er erst gegen Ende des Gottesdienstes. Dem Rabbiner, mit dem er sich unterhielt, fiel auf, daß er das Attentat mit keinem Wort erwähnte. Später besuchte er einen lokalen Fernsehsender, wo er den Eindruck hinterließ, eher aufgeregt als traurig gewesen zu sein. Ein Journalist der DALLAS MORNING NEWS, Hugh Ainsworth, erklärte später dem FBI: »Rubys Reaktion auf die Todesnachricht wirkte so, als gäbe er nur vor, überrascht zu sein, er gab eine Vorstellung von Rührung.«

Ruby wußte vom Besuch Kennedys in Dallas, weshalb hat er sich nach einer derartig übertriebenen Vorstellung seiner Hingabe an den Präsidenten nicht die Mühe genommen, die Autokolonne persönlich zu sehen?

Einer der ersten Anrufe, die Ruby nach der Nachricht vom Tode des Präsidenten machte, galt seinem alten Freund mit einer kriminellen Vorgeschichte, Alex Gruber in Los Angeles, den er zehn Tage vor dem Attentat getroffen hatte. Zweimal rief er seinen alten Kumpanen Ralph Paul in Dallas an. Paul erklärte später, Ruby habe ihm kurz mitgeteilt, daß er seine Klubs schließen würde. Gruber behauptete, Ruby habe mit ihm über ein Autoreinigungsunternehmen gesprochen und ihm angekündigt, er werde ihm einen Hund schicken. Noch am selben Abend wurde Ruby wiederholte Male innerhalb von fünf Stunden auf dem Polizeirevier gesehen, wo sich Oswald in Haft befand.

An diesem Freitag, ungefähr um 19.00 Uhr, verließ Ruby, einem Polizeiberichterstatter zufolge, den Aufzug im überfüllten Gang des dritten Stockwerks, wo Oswald verhört wurde. Nach vorn geneigt, zwischen zwei Journalisten, schrieb er etwas auf ein Stück Papier. Drei, auch ihm bekannte Detektive sahen ihn vor den Räumen der Mordkommission herumlungern. Ein Reporter berichtete: »Ruby ging auf die Tür zu, öffnete diese ungefähr zehn Zentimeter weit und versuchte, das Zimmer zu betreten.« Zwei Polizisten vor dem Büro Captain Fritz' stoppten ihn allerdings: »Da darfst du nicht hinein, Jack.« Hier erwies sich seine Bekanntschaft mit so vielen Polizisten freilich als Hindernis. Bald nach seinem Besuch in der Synagoge war Ruby mit Corned Beef Sandwiches für seine uniformierten Freunde zurückgekehrt. Als Oswald nach Mitternacht mitten in die drängende schreiende Menge von Journalisten geführt wurde, war auch Ruby noch anwesend (s. Abb. 28). Als der Untersuchungsrichter ein paar Minuten später mitteilte, Oswald sei Mitglied des »Free Cuba Committees«, wurde Ruby plötzlich wach. Er zeigte eine ungewöhnliche Vertrautheit mit den Details kubanischer Politik, indem er die Berichterstatter auf einen Fehler aufmerksam machte. Der Untersuchungsrichter habe sich wohl geirrt, er meinte offensichtlich das *Pro*-Castro »Fair Play for Cuba Comittee«. Diese Unterscheidung war in der Tat wesentlich, denn das »Free Cuba Committee« bestand aus Castro-Gegnern, für die Ruby schließlich in der letzten Zeit gearbeitet hatte.

Vielleicht hoffte Ruby, Oswald bereits in jener ersten Nacht erschießen zu können. Er gab zu, seine 38-mm-Pistole bei sich getragen zu haben, als er sich im dritten Stockwerk unter die Polizisten und Journalisten mischte. Dieses Eingeständnis sprach für die Absicht vorsätzlichen Mordes, und Ruby nahm später diese Aussage zurück.

Die nächtliche Aktion war für Ruby auch dann noch nicht beendet als bereits einige Berichterstatter erschöpft nach Hause gingen. Er fuhr zu einer Radio-Station. Ein Angestellter erinnerte sich: »Er war bleich, während er zu mir sprach, sah er immer wieder auf den Boden.« In den frühen Nachtstunden sprach Ruby mindestens eine Stunde lang, in einem Auto sitzend, mit einem dienstfreien Polizisten namens Harry Olsen, der sich in Begleitung eines Mädchens befand, daß in einem von Rubys Nachtklubs arbeitete. Olsen und seine Begleiterin berichteten später, Ruby habe während des Gespräches über Oswald geflucht. Ruby seinerseits behauptete, Olsen habe gesagt, »man sollte diesen Lumpen Oswald in kleine Stücke schneiden«. Olsen war mit dem Fall durch zwei seltsame Umstände verknüpft. Er hatte ein

Zimmer von Bertha Cheek gemietet, der Schwester von Oswalds Zimmervermieterin. Zudem war Mrs. Cheek Ruby vier Tage vor dem Attentat, anscheinend, um ein Geschäft mit ihm zu besprechen begegnet. Der zweite Zufall bestand darin, daß sich Olsen am Nachmittag des Attentates in der Nähe des Ortes aufgehalten hatte, wo der Polizist Tippit erschossen wurde. Olsen sagte später aus, ein leeres Grundstück bewacht zu haben. Unglücklicherweise konnte er sich nicht mehr entsinnen, wo dieses Grundstück lag. Er verließ einen Monat nach dem Attentat Dallas und wurde zuletzt in Las Vegas gesehen.

Nach dem Treffen mit Olsen begab sich Ruby zur TIMES HERALD, einer anderen Zeitung in Dallas, um deren Mitarbeitern seine Anteilnahme an der Ermordung Kennedys kundzugeben. Um 04.30 Uhr erreichte er schließlich sein Haus. Hier zerrte er seinen Genossen und einen Angestellten zu einer weiteren grotesken Expedition aus dem Bett. In der Morgendämmerung fuhren sie zu einem großen Plakat, das gegen den Vorsitzenden des Obersten Gerichtshofes, Earl Warren, gerichtet war. Rubys Angestellter sollte hier Fotos knipsen. Die beiden Begleiter Rubys waren nicht sicher, ob Ruby das Plakat für ein Machwerk der »John-Birch-Society«, der Kommunisten oder einer Kombination beider hielt. Nachdem er auf diese Weise seiner langen Verzweiflung ein Stück totaler Irrationalität beigefügt hatte, ging er endlich zu Bett.

Am nächsten Mittag verkündete der Polizeisprecher, Oswald solle möglicherweise noch am selben Nachmittag in das Landesgefängnis überführt werden. Binnen einer Stunde versuchte Ruby zweckdienliche Einzelheiten ausfindig zu machen. Er erkundigte sich zweimal bei einem lokalen Journalisten, wann Oswald überführt werden sollte. Die erste Auskunft lautete vier Uhr. Ruby war pünktlich auf dem Polizeirevier, doch geschah nichts. Einige Zeit später teilte Jesse Curry, der Pressechef der Polizei mit, die Presse solle am nächsten Morgen um 10.00 Uhr zurückkommen. Eine Stunde später telefonierte Ruby mit Lawrence Meyer, seinem Chicagoer Kontaktmann, den er in der Nacht vor dem Mord im Motel Cabana besucht hatte. Dann erledigte er eine Reihe von Anrufen, deren Motive niemals geklärt wurden. Die Liste der Anrufe Rubys wurde, von der Ermordung Kennedys an, immer länger. In der Nacht vor der Ermordung Oswalds stieg die Zahl der Anrufe nochmals erheblich.

Um 22.44 Uhr rief er vom Apartment seiner Schwester aus das Restaurant THE BALLPEN an, dessen Besitzer sein langjähriger Helfer Ralph Paul war. Später erklärte Paul, das Hotel vor dieser Zeit verlassen zu haben. Doch erinnerte sich eine Kellnerin an Rubys Anruf. Sie sagte aus, Paul über eine Waffe reden gehört zu haben. Um 23.00 Uhr war Ruby wieder in seinem Klub und führte eine Reihe von

Ferngesprächen nach Galveston im Südwesten von Texas. Er versuchte offenbar, einen Freund, Breck Walls, der sich auf dem Weg von Dallas nach Galveston befand, zu erreichen. Nachdem Walls auch später noch nicht angekommen war, rief er Paul erneut eilig an, und eine Stunde später schließlich nochf einmal. Nach einer weiteren halben Stunde, zwanzig Minuten vor Mitternacht, erreichte er endlich Walls in Galveston. Das so dringliche Gespräch war in zwei Minuten erledigt. Nach einer Pause, die gerade lang genug war, um wieder eine Verbindung herzustellen, rief er abermals Pauls Wohnung an.

Als FBI-Beamte kurz nach Oswalds Ermordung Paul vernahmen, erwähnte dieser mit keiner Silbe irgendeinen Anruf. Später sagte Paul aus, Ruby habe den Rückgang des Geschäfts in den anderen Klubs der Stadt erwähnt. Walls, der jetzt in Las Vegas lebt, beteuerte, Rubys Telefonate hätten sich auf Gewerkschaftsangelegenheiten beschränkt. Dieselbe Ausrede, die Barney Baker, der Adjutant Jimmy Hoffas gebraucht hatte, um Rubys Anruf elf Tage zuvor zu erklären. Im Warren-Bericht heißt es, Ruby habe keine »Einzelheiten« über diese Gespräche angegeben. Im Bericht wird jedoch nicht erwähnt, daß einige Minuten nach der Ankunft Breck Walls' auch David Ferrie, der ehemalige CIA-Angehörige und zur Zeit Angestellter Carlos Marcellos, in Galveston eingetroffen war. Ironischerweise war Ferrie zur Zeit des Attentates im Gerichtshof von New Orleans, das den Mafiaboß Marcello von der Anklage der Körperverletzung eines FBI-Beamten freisprach. Diese hatte einst, auf Anordnung Robert Kennedys zur gewaltsamen Ausweisung Marcellos nach Guatemala geführt.

Nach der Gerichtssitzung begann sich Ferrie merkwürdig zu verhalten. In Begleitung zweier junger Freunde fuhr er in der Nacht in das 350 Meilen entfernte Houston, Texas. Nach kurzer Ruhepause in einem Motel besuchte er die WINTERLAND-Eisbahn, um, so lautete seine Aussage, Schlittschuh zu laufen. Doch erinnerte sich der Manager der Eisbahn besser. Seiner Behauptung nach lief Ferrie niemals Schlittschuh. Vielmehr verweilte er lange in einer Telefonzelle, dann fuhr er am Tag nach dem Attentat, trotz der vielen hundert Meilen, die er in den letzten Stunden bereits zurückgelegt hatte, weiter nach Galveston. Er trug sich gegen 22.30 Uhr in einem Motel ein, verließ dieses aber wieder bis in die frühen Morgenstunden. Ferrie hatte Galveston unmittelbar vor Breck Walls und dem für Ruby in dieser Nacht so wichtigen Anruf erreicht. Um 9.30 Uhr früh verließ er Galveston wieder, in Richtung New Orleans. Ferrie gab nie eine Erklärung für seinen Besuch in Galveston.

Während dieser Zeit verbrachte Oswald die zweite Nacht im Gefängnis von Dallas. Sie sollte die letzte Nacht seines Lebens sein.

Jack Rubys Aktivitäten am Morgen des 24. November, einem Sonntag, wurden nicht mit Sicherheit festgestellt. Er und sein Wohngenosse, George Senator, erklärten später, Ruby habe seine Wohnung erst kurz vor elf Uhr verlassen. Als Senator hörte, Oswald sei erschossen worden, ging er unverzüglich zum Telefon und rief Rubys Anwalt an. Das geschah *bevor* Ruby offiziell als Mörder Oswalds identifiziert worden war. Senator erschien tagelang, so die Aussage eines Freundes, »wie ein von Angst gejagter Mensch«. Er schlief auswärts und verließ Dallas bald darauf für immer. Vielleicht war es Senator und nicht Ruby, der um acht Uhr an jenem Morgen den Anruf der Putzfrau Rubys beantwortete. Sie sagte später: »Die Stimme klang seltsam, ich war nicht sicher, ob es wirklich Rubys Stimme war.«

Andere Zeugen sagten, daß Ruby schon am frühen Morgen ausgegangen sei. Drei Fernsehtechniker erklärten, ihn bei ihrem Sendewagen in der Nähe des Polizeireviers gesehen zu haben.

Ein Pfarrer behauptete, mit Ruby um 9.30 Uhr im Aufzug des Polizeigebäudes gefahren zu sein. Ruby sei im dritten Stockwerk des Polizeigebäudes, wo sich auch Oswald befand, ausgestiegen. Sicher war Ruby eine Stunde später, als ihn ein Stripmädchen telefonisch um Geld bat, wieder zu Hause. Er versprach ihr, das Geld telegrafisch zu überweisen. Ihr fiel auf, wie kurz angebunden er war, als ob er es nicht erwarten könne, den Hörer wieder aufzulegen. Die folgenden Ausführungen sind wesentlich für das Verständnis der Beweggründe und der Stimmungslage Rubys unmittelbar vor der Ermordung Oswalds. Oswalds letzte Stunde war angebrochen.

Ruby verließ seine Wohnung kurz vor elf Uhr mit 2000 Dollar und einer Pistole in der Tasche. Er parkte seinen Wagen im Geschäftsviertel und ging dann zur Post, die sich in derselben Straße wie das Polizeirevier befand. Dort überwies er telegrafisch, wie versprochen, 25 Dollar an das Stripmädchen. Der Stempel des Überweisungsformulars verzeichnete 11.17 Uhr. Die Uhrzeit gibt allerdings nicht den genauen Zeitpunkt der Transaktion an, da die Formulare üblicherweise erst danach gestempelt werden. Doch ist die Tatsache des Besuchs im Postamt insofern für Ruby wichtig, weil er darauf hindeutet, daß seine Handlungen einige Minuten später, von der Leidenschaft des Augenblicks, und nicht vom Vorsatz bestimmt wurden.

Die Polizeistation ist nur wenige Schritte von der Post entfernt. Innerhalb von Minuten war Ruby in dem schwerbewachten Keller. Es gelang ihm, in einen Raum vorzudringen, in dem nur Polizisten und Berichterstatter zugelassen waren, die auf die Überführung Oswalds in das Landesgefängnis warteten. Zwei Minuten später trat Oswald, mit Handschellen an einen Polizeibeamten gefesselt, aus dem Aufzug. In diesem Augenblick sah der Anwalt, Tom Howard, in das Gefängnisbüro im Keller durch ein Fenster und sagte: »Das ist alles, was ich

sehen wollte.« Dann verschwand er. Sekunden später wurde Oswald
aus dem Büro in das blendende Licht der Fernsehlampen herausge-
führt. Einige Schritte davon entfernt, stand der Wagen, in dem er
wegfahren sollte.
Der Polizist Combest sah, wie Ruby sich schnell näherte. »Er hielt
eine Pistole, wie ein Verteidiger beim Baseball . . . Ich wußte, was er
vorhatte, doch konnte ich nicht mehr an ihn heran.« Ruby feuerte
einen Schuß in Oswalds Bauchgegend. Die Kugel durchschlug zwei
Hauptvenen, die das Blut zum Herzen führen, die Milz, die Bauch-
speicheldrüse sowie die rechte Niere. Oswald sagte kein Wort mehr.
Er starb kurz darauf im Parkland Hospital. Jack Ruby hatte den, der
vielleicht einige der Rätsel, die die Ermordung Kennedys umgaben,
hätte lösen können, für immer zum Schweigen gebracht. Einer der
ersten Polizisten, der mit Ruby nach dessen Verhaftung sprach, gab
folgende Aussprache wieder: »Nun, ich wollte dreimal auf ihn
schießen.«
Es dauerte weniger als drei Stunden bis Ruby von seinem Anwalt,
Tom Howard, aufgesucht wurde, dem Mann, der einige Sekunden
vor Oswalds Ermordung durch ein Fenster des Büros geschaut hatte.
Howard war ein Einzelgänger mit einem Strafregister. Er sah Ruby
sechs Minuten lang. Monate später erklärte Ruby im Prozeß, woher
er die Idee hatte, vorzugeben, Oswald erschossen zu haben, um der
Witwe des Präsidenten den Schmerz zu ersparen, nach Dallas
zurückkommen und als Zeuge im Prozeß aussagen zu müssen. In
einem Privatbrief an einen anderen Anwalt schrieb Ruby: »Es war
nicht meine Idee, zu sagen, ich hätte Oswald erschossen, um Jackie
Kennedy von Dallas fernzuhalten. Ich sagte es bloß, weil Tom
Howard mir dazu geraten hatte.«
Man wird also nie das Motiv erfahren, weshalb Ruby Oswald
erschossen hat. Wir haben nicht einmal erfahren, wie es ihm gelang,
auf die Sekunde genau in Schußposition zu kommen. In einem kurzen, nach dem Tod Oswalds geschriebenen Polizeibericht, heißt es:
»Eine Reihe von unglücklichen Zufällen verursachte ein vorüberge-
hendes Versagen der Sicherheitsmaßnahmen.« Der Warren-Ausschuß stellte fest: »Ruby habe Glück gehabt.« Der Kongreßausschuß
zog dem gegenüber 1979 den Schluß: »Das Urteil des Warren-Ausschusses ist leichtgläubig und sicher falsch.«
Die erste offizielle Darstellung unterstützt die Ansicht, wonach Ruby
an dem Polizisten, der die Einfahrt bewachte, vorbeischlüpft und auf
diese Weise in den Keller gelangt war. Man vermutet, der betreffende Polizist, Roy Vaughan, wurde durch das Hinausfahren eines
Polizeiautos kurz vor dem Mord abgelenkt. Sicherlich, so heißt es im
Warren-Bericht, habe Ruby diesen Augenblick benutzt, um an Vaug-

ham vorbeizueilen. Diese Annahme ignoriert nicht nur die Aussage Vaughans sondern auch anderer glaubhafter Zeugen.

Vaughan, der Ruby kannte, bezeugte, niemand hätte an ihm vorbeischlüpfen können. Die drei älteren Polizisten, die im Polizeiauto saßen und von denen zwei Ruby ebenfalls kannten, waren auch sicher, niemanden gesehen zu haben, als sie hinausfuhren. Ein anderer Polizist, Sergeant Flusche, stand zu dieser Zeit neben seinem Wagen gegenüber der Einfahrt. Er behauptete:»Ich habe keinen Zweifel, daß Jack Ruby, den ich seit vielen Jahren kenne, nirgendwo in der Nähe der Autoeinfahrt entlang kam.« Ähnliches wurde von einem Taxifahrer bekräftigt, der die Einfahrt besonders aufmerksam beobachtet haben will, da er von einem Journalisten angeheuert worden war, dem Überführungswagen zu folgen. Ein anderer Journalist, der sich mitten in die Einfahrt innerhalb des Gebäudes gestellt hatte, bestätigte dasselbe. »Niemand sei in den fünf Minuten vor der Ermordung Oswalds an ihm vorbeigekommen.« Der Warren-Ausschuß schenkte diesem Zeugen, wie auch dem Beweis dafür, wie Ruby wirklich in das Gebäude gelangen konnte, keine weitere Beachtung.

Der erfahrene Geheimdienst-Agent Forrest Sorrel führte das erste gründliche Verhör mit Ruby. Auch er konnte nicht feststellen, wie Ruby in den Keller gelangt war. Später wurde Ruby von dem FBI-Agenten, Ray Hall, der eine zwanzigjährige Verhörerfahrung hatte, vernommen. In seinen Notizen hielt Hall fest: »Ruby weigerte sich mitzuteilen wie und zu welcher Zeit er in den Keller gelangt war.« Auch bei weiteren Verhören blieb er in diesem Punkt verschlossen. Erst einen Monat nach der Ermordung Oswalds bestand er darauf, durch die Einfahrt von der Seite der Mainstreet gekommen zu sein, gerade in dem Augenblick, als ein Auto hinausfuhr.

Bald nach der Ermordung Oswalds hatte Ruby Gelegenheit, mit seinem Rechtsanwalt Tom Howard und zahlreichen Polizisten zu sprechen. Zu den Letzteren gehörte Sergeant Patrick Dean, der Ruby seit vielen Jahren kannte, und der in diesem Fall für die Sicherung des Kellers verantwortlich gewesen war. Dean, sowie drei weitere Polizeibeamte beteuerten, Ruby habe von Anfang an erklärt, durch die Mainstreet-Einfahrt in den Keller gekommen zu sein. Die Richtigkeit dieser Behauptung ist umstritten.

In einem am Tag der Ermordung Oswalds von Dean geschriebenen Bericht heißt es: »Ruby erklärte in *meiner und Sorrels Gegenwart*, er sei durch die Einfahrt in der Mainstreet in den Keller gekommen.« Geheimagent Sorrel war jedoch ganz sicher, daß Ruby nichts dergleichen gesagt hatte. Die Deansche Version wurde von drei weiteren Polizeibeamten, den Detektiven McMillon, Clardy und Archer, die zu verschiedenen Zeiten an dem Verhör Rubys durch Sorrel und den FBI-

Agenten Hall teilgenommen hatten, unterstützt. Doch hat keiner der Polizeiagenten die Mainstreet-Version im Protokoll vermerkt, obwohl doch dieses Detail des Ruby-Falles ganz erheblich hätte sein können. McMillon, der als Streifenpolizist unter Dean gearbeitet hatte, äußerte diese Version allerdings erst am Tage nach dem Mord, Clardy und Archer ihre diesbezüglichen Behauptungen sogar erst eine Woche nach dem Tod Oswalds. Es erscheint unwahrscheinlich, daß sie dem FBI-Agenten Hall nicht mitgeteilt haben sollten, was Ruby ihnen angeblich vor seinem Verhör bereits zu diesem Punkt gesagt hatte. Wie Sergeant Dean, kannten auch McMillon und Clardy, Ruby seit vielen Jahren. Der Rechtsbeirat des Warren-Ausschusses, Burt Griffin, der als erster beauftragt wurde, diese Widersprüche zu klären, war schon damals äußerst skeptisch. Heute meint er: »Ich war stets über-zeugt, daß die Polizei von Dallas über alles, was ihnen unangenehm war oder Schwierigkeiten bereiten könnte, Lügen verbreiten würde.« Als er einen Polizeibeamten aus Dallas verhörte, war er so empört, daß er ihn offen einen »verdammten Lügner« nannte. Es erschien ihm so sicher, auch von Dean belogen zu werden, daß er mitten im Verhör innehielt und den Stenographen aus dem Zimmer schickte. Da er verschiedenen Aspekten seiner Behauptungen keinen Glauben schenkte, bat er Dean, sich die Sache nochmals zu überlegen. Dean reagierte darauf mit rechtschaffener Entrüstung und beklagte sich über Griffin. Die Angelegenheit sickerte in die Presse. Griffin wurde aus Dallas abberufen. Der Warren-Ausschuß hielt sich an Deans Aussage.

Der Verfasser hat aus Gründen der Skepsis selten das Thema Lügen-detektoren erwähnt. Der Polizist Vaughan, der wahrscheinlich Ruby die Einfahrt passieren ließ, wurde einem Lügendetektortest unterwor-fen und bestand ihn. Sergeant Dean durfte die Fragen für seinen eigenen Test persönlich stellen. Dennoch bestand er – wie er einge-steht – den Test trotzdem nicht. Heute meint er dazu: »Ich war an jenem Tag nervös und mein Blutdruck war hoch, ich fiel durch. Oder, besser gesagt, das Ergebnis war nicht schlüssig.« Nachforschungen im Jahre 1979 zufolge blieb der Bericht in Zusammenhang mit Deans Test unauffindbar. Ein ehemaliger Rechtsbeistand des Warren-Ausschus-ses erklärte, wahrscheinlich ist davon auszugehen, daß der Polizist Dean Ruby hereinkommen sah, ihn jedoch daran nicht hinderte. Die entscheidende Frage bleibt indessen: Wenn bestimmte Polizeibeamte gelogen haben, taten sie dies, um stümperhafte Sicherheitsmaßnah-men zu vertuschen, oder, um Kollegen, die aktiv mit Ruby am Mord beteiligt waren, zu decken? Wie konnte Ruby über den Zeitpunkt der Überführung Oswalds informiert werden? Er erschien nicht am Mor-gen um zehn Uhr, und vermied es damit, bei einem längeren Warten auf Oswald hinausgeworfen zu werden. Der Verdacht ist naheliegend, daß Ruby von dritten, über die sich ändernden Termine, auf dem Laufenden gehalten worden war.

Sonntag morgen um neun Uhr früh begannen hohe Beamte der Polizei Anordnungen für die Überführung Oswalds zu treffen. Von da an war es entschieden, daß die Überführung zwar nicht um zehn Uhr, aber innerhalb der folgenden Stunden stattfinden würde. Erst jetzt wurde auch beschlossen, den Kellerausgang aus dem Gefängnis zu benutzen. Oswald konnte also nur auf dem Weg vom Keller nach draußen erschossen werden. Unter den damit vertrauten Polizeibeamten standen drei in Verdacht, Ruby informiert zu haben.

William Blakey-Harrison, der an diesem Tag im Keller Dienst versah. Jener nach dem Mord analysierte Film zeigt Ruby, bevor er hervorsprang, um Oswald zu erschießen, wie er versuchte, sich hinter der massiven Gestalt Harrisons zu verbergen. Harrison streitet ab, an jenem Morgen mit Ruby Kontakt gehabt zu haben. Die Möglichkeit seiner Beteiligung wurde in den innerpolizeilichen Untersuchungen der Polizei von Dallas über Oswalds Ermordung eingehender überprüft. Jack Revill, ein Oberinspektor des Kommissariats, war über Rubys heftige Reaktion auf eine Frage Harrison betraf, überrascht. »Ruby wurde wirklich wütend, er fluchte und sagte, ich sei ein angeheuerter Meuchelmörder...« Revill bestand darauf, Harrison einem Lügendetektortest zu unterziehen. Laut Geheimdienst-Bericht nahm Harrison am Tag des Tests Beruhigungsmittel, um Ruhe zu bewahren. Die Ergebnisse waren nicht schlüssig. Revill erklärte dem Warren-Ausschuß später: »Persönlich war ich mit Harrisons Aussagen niemals zurieden.« Und dabei blieb es. Harrisons Aktivitäten an jenem Morgen wurden von Seth Kantor, dem angesehenen Berichterstatter aus Washington und Experten im Falle Rubys, rekonstruiert. Er mutmaßt: »Vielleicht war es Harrison, der Ruby über die Geschehnisse vor der Ermordung Oswalds auf dem Laufenden hielt.«

Harrison kannte Ruby seit Jahren. Er verließ seine Kollegen zweimal am fraglichen Morgen, es wäre ihm also möglich gewesen, Ruby in den kritischen Phasen anzurufen. Harrison und Detektiv L. D. Miller wurden telefonisch aus dem Restaurant DELUXE DINER von einer Kaffeepause ins Hauptquartier zurückgerufen. Kantor weist darauf hin, daß sich Miller bei seinem Verhör eher als ein Verdächtiger, denn als Polizist verhalten hätte. Er weigerte sich zunächst brüsk, unter Eid auszusagen. Der Rechtsberater des Warren-Ausschusses, Burt Griffin, bestätigte: »Miller erinnerte sich an nichts, ja er verweigerte anfänglich jede Aussage.« Als er schließlich doch aussagte, behauptete er, Harrison sei im DELUXE DINER von einer unbekannten Person angerufen worden. Als Harrison über diesen Punkt aussagen sollte, erschien er mit einem Anwalt. Griffin erinnerte sich auch noch daran: »Harrison sprach nur zögernd über seine Kaffeepause. Erst auf großen Druck hin, äußerte er sich über den Anruf.« Seine Behauptung war einfach, »es habe sich um den Anruf des Polizeihauptquartiers gehandelt, um ihn und seine Kollegen in das Hauptquartier zurückzurufen!« Das widerspricht Millers Behauptung, Harrison sei »von einer unbekannten Person« angerufen worden. Kantor vermutet einen Anruf Harrisons zunächst vom DELUXE DINER aus. Er begründet dies damit, daß Harrison in einem kritischen Zeitpunkt nicht auffindbar gewesen sei. Als Harrisons Kollegen die Treppen in den Keller hinabstiegen, kam er aus dem darunter liegenden Untergeschoß in den Keller hinauf. Er gab an, Zigarren geholt zu haben, doch hätte er hierfür zehn Minuten gebraucht. Kantor betonte, daß Harrison auf dem Wege zum Zigarrenautomaten vier Telefonapparate verfügbar waren. Oswalds Abfahrt stand nun unmittelbar bevor. Nach Kantors Annahme gab Harrison erst jetzt Ruby das Start-Signal. Harrison lebt heute nicht mehr.

Leutnant George Butler war ebenfalls bei der Überführung Oswalds eingesetzt. Auch er kannte Ruby seit langer Zeit. Vor vielen Jahren war er mit der Entlarvung des Ruby-Freundes, Paul Jones, beauftragt als dieser versuchte, die Polizei von Dallas im Auftrag der Mafia zu bestechen. Nach dem Attentat behauptete Butler, in Widerspruch zu der Aussage des ehemaligen Sheriffs von Dallas, Ruby sei an jenem Mafia-Unternehmen nicht beteiligt gewesen. Kurz vor Oswalds Ermordung interviewte ein Journalist Butler, dessen ruhiges und diszipliniertes Verhalten, während der auf das Attentat folgenden Stunden, er bewunderte. Doch schien Butler jetzt, wie der Journalist beschrieb, seine Haltung völlig verloren zu haben.

»Er war nervös, so nervös, daß ich bemerkte, wie seine Lippen zitterten. Heute gibt Butler zwar zu, nervös gewesen zu sein, doch begründet er dies mit seiner Besorgnis um die mangelhaften Sicherheitsmaßnahmen bei der Überführung Oswalds.

Der dritte Verdächtige ist Sergeant Dean, der die Aufgabe hatte, den Keller zu durchsuchen und abzuriegeln. Abgesehen von seiner unglaubwürdigen Erklärung für das Eindringen Rubys, hatte Dean – wie kürzlich berichtet – Kontakt zu einer bekannten Persönlichkeit der Unterwelt. Vor Jahren pflegte er gute Beziehungen zu Joe Civello, dem Mafioso aus Dallas, der allgemein als der texanische Vertreter Carlos Marcellos bekannt war.

Wie der Kongreßausschuß feststellte, war Civello ein persönlicher Bekannter Rubys. Doch schien davon, als Ruby Oswald ermordete, niemand Kenntnis zu haben. Ein Zeuge meldete sich nach einer Fernsehsendung, wonach »Ruby keine Mafia-Verbindungen von

Bedeutung« gehabt haben soll, zu einer Aussage. Er teilte dem FBI
mit, »Ruby hat Civello oft besucht und mit ihm zusammengearbeitet«. Der Zeuge erschien glaubhaft, denn er war zu verschiedenen
Zeiten Angestellter Civellos bzw. Rubys. Seine Aussage blieb unbeachtet. Auch Paul Jones, der als Rubys Mitarbeiter und Mafia-Stroh-
mann bekannt war, versicherte, die Unterwelt habe Vorsichtsmaßregeln zum Schutz Rubys im Gefängnis getroffen, doch geschah
nichts. Derselbe Civello lud Dean 1957, kurz nachdem er beim
berühmten Apalachin-Treffen festgenommen worden war, zum
Abendessen ein. Diese Verbindung Deans, der, wie erwähnt, für
Sicherheitsmaßnahmen bei der Überführung Oswalds verantwortlich war, ist höchst fragwürdig.
1979 lehnte der Kongreßausschuß die ursprüngliche Schlußfolgerung, Ruby habe durch die Autoeinfahrt in den Keller eindringen
können, ab. Infolge neuerer am Schauplatz durchgeführter Untersuchungen, kam der Ausschuß zu einer anderen Annahme: Ruby
könnte sich durch ein schmales Gäßchen an der Seite des Polizeihauptquartiers eingeschlichen haben. Mitten in der Gasse befindet
sich eine Türe, die in das Erdgeschoß des Polizeigebäudes führt.
Von dort hätte Ruby den Weg zum Keller finden können. Diese
Route schien geeigneter, um unbemerkt in den Keller einzudringen,
als der Weg über die Autoeinfahrt. Der Ausschuß stellte die Frage,
ob Ruby – gesetzt es war sein Zugang zum Gebäude – nicht auf
seinem Weg durch den Keller auf eine verschlossene Tür stoßen
mußte. Die Antwort auf diese Frage gab der für die Sicherheit verantwortliche Sergeant Dean. Er schwankte, wie üblich, bei seinen
Aussagen, ob die Tür von außen geöffnet werden konnte oder
nicht, und ein-, zweimal sagte er, von einem Monteur zu wissen,
die Tür sei sowohl von innen wie von außen gesichert. Dieser Aussage widersprechen zwei Wartungsmonteure und ein Wächter. Sie
behaupteten, die Türe konnte ohne Schlüssel von außen geöffnet
werden.
In einem Bericht des Kongreßausschusses heißt es, Dean habe es
1978 abgelehnt, einen Fragebogen in Form einer schriftlichen eidesstattlichen Erklärung auszufüllen, es sei unmöglich gewesen, einen
Termin mit ihm zu vereinbaren. In seinem Abschlußbericht folgerte
der Ausschuß: »Es ist unwahrscheinlich, daß Ruby den Keller ohne
Hilfe betreten konnte. Doch kannten seine Mithelfer nicht notwendigerweise seine Absichten.« In einem Report wird vermerkt: »Dean
ist eine Schlüsselperson.« Dean selbst äußerte sich dazu, »er werde
zum Sündenbock gemacht und erwarte vom Justizministerium zu
hören«.
Jack Ruby starb an Krebs als 1967 der Oberstaatsanwalt von New

Orleans, Jim Garrison, den Fall Kennedy erneut eröffnete. Doch gab
Ruby eine Reihe von Hinweisen, bevor er starb.
Zu den ehrenwerten Mitgliedern des Warren-Ausschusses, die seine
dringenden Bitten, von Dallas weggebracht zu werden, nicht erhör-
ten, sagte er: »Man hat mich benutzt.« Und in einem Gespräch mit
dem Gefängnispsychiater sagte Ruby: »Ich bin erpreßt worden,
Oswald zu töten.« Als Ruby vom Gefängnis zu einer Gerichtsverhand-
lung gebracht wurde, äußerte er, nach Angaben eines Berichterstatters: »Es war eine vollendete Verschwörung. Wenn sie die Wahrheit
kennen würden, wären sie erstaunt . . .« Viele nahmen an, es handelte
sich um das unzusammenhängende Gerede eines Irren.
Die Analyse der Motive zur Ermordung Oswalds beruht notwendigerweise zu einem Teil auf Vermutungen. Doch waren Rubys Kontakte
zu Kuba und zur Mafia für ein derartiges Motiv gewiß nicht ohne
Belang. Diese Verbindungen sind unleugbar. Es ist offensichtlich, daß
der Warren-Ausschuß von Angehörigen des CIA und des FBI mangelhaft informiert, ja sogar absichtlich irregeführt wurde. Der Grund
hierfür ist bis heute noch immer nicht enträtselt.
Ein ehemaliger FBI-Beamter, Arthur Murtaugh, berichtete von einem
Zwischenfall, der sich während der anfänglich Nachforschungen im
Falle Ruby ereignete. Murtaugh behauptete, einer seiner Kollegen in
Atlanta, Daniel Doyle, habe eine Anzahl von Kontakten zwischen Jack
Ruby und den Castro-Gegnern ausfindig gemacht. Laut Murtaugh
wurden Doyles Angaben in einem Bericht, der für die Veröffentlichung vorgesehen war, in Washington gestrichen. Doyle verließ bald
darauf den Dienst, weil er nach seinen Erfahrungen mit dem FBI
enttäuscht war.
Die Atlanta-Akten sind heute einsehbar, die nicht veröffentlichten
Angaben Doyles lassen sich identifizieren. Sie beziehen sich auf
Waffenschmuggelunternehmen Eddie Browders, an denen sich Ruby
beteiligt haben soll. Zwar verfügte das FBI über ein Dossier Browders,
von nicht weniger als eintausend Seiten, doch ging es der Sache nicht
nach. Nur wenig mehr Interesse wäre reich belohnt worden. Sicher
wäre die Verbindung Browders mit einem Mitarbeiter Trafficantes,
Norman Rothman, nicht unentdeckt geblieben.
Selbst das eingeschränkte Beweismaterial über das der Warren-Ausschuß verfügte, lenkte die Aufmerksamkeit seiner beiden Rechtsbei-
räte, Hubert und Griffin, auf die Verbindung Rubys mit dem Organisierten Verbrechen sowie mit Kuba. Aufgrund dessen verlangte der
Warren-Ausschuß im März 1964 Informationen vom CIA über Rubys
Beziehungen zu einer Anzahl von individuen und Gruppen, die in
den Untersuchungen aufgetaucht waren. Der CIA beantwortete die
Anfrage erst nach Wochen und war wenig hilfreich. Die Antwort war

lakonisch: Die Überprüfung der CIA-Akten ergäbe keine Information über Jack Ruby und seine Betätigungen. Auch über Rubys Angabe, mit einem gewissen Davis, Castro-Gegner und Waffenschmuggler, zusammengearbeitet zu haben, schweigen die Nachrichtendienste. Der ursprüngliche Verteidiger Rubys, Howard, bat Ruby alles, was seiner Verteidigung schaden könnte, besonders zu bezeichnen. Ruby hielt es für problematisch, Davis zu erwähnen. Das FBI wußte nichts über Davis, ja es konnte nicht einmal seinen Vornamen ermitteln.

Erst Seth Kantor, ehemaliger Berichterstatter des Weißen Hauses und Ruby-Experte, hat Davis Jahre später identifiziert. Dabei stellte sich heraus, daß Rubys Kontakt zu Davis längst in den Akten des FBI in Texas verzeichnet gewesen war. Es handelte sich um den einstigen Bankräuber, Thomas Davis, einem auch dem CIA keineswegs unbekannten amerikanischen Verbrecher, der Ruby in einem von Rubys Klubs kennen gelernt hatte.

Zur Zeit des Attentates hielt sich Davis noch in Nordafrika auf. Wie aus einem Briefwechsel zwischen dem Direktor des FBI, Hoover, und dem Außenministerium hervorgeht, wurde Davis von der marokkanischen Sicherheitspolizei in Tanger festgenommen. Der Grund war die Existenz eines »in seiner Handschrift geschriebenen Briefes, in dem u. a. Oswalds und Kennedys Ermordung erwähnt wurden«. Dieser Brief wurde an einen Anwalt in New York adressiert. Seth Kantor erfuhr, daß Davis kurz nach seiner Verhaftung, dank der Intervention eines CIA-Agenten namens QJ/WIN auf freien Fuß gesetzt worden war. Für Kenner geheimer Unternehmen des CIA, eröffnet dieser Name wahrhaft eine Pandora-Büchse der Schrecklichkeiten seitens des CIA.

1975 stellte der Senatsausschuß für Nachrichtendienste fest, daß QJ/WIN zu den Schlüsselagenten im »Executive Action«-Programm des CIA gehörte, deren Aufgabe die gewaltsame Beseitigung ausländischer Staatsmänner war. Der CIA lehnte es selbstverständlich ab, QJ/WIN zu identifizieren und beschränkte sich auf den Hinweis: »Staatsangehöriger eines fremden Staates, mit einer kriminellen Vergangenheit, der in Europa angeworben wurde.« Sein Vorgesetzter war William Harvey, ein auf Mordkomplotte gegen Castro spezialisierter CIA-Angehöriger. Harvey hatte persönliche Verbindungen zu John Roselli und einem Verbindungsmann zu Santos Trafficante. Die Verbindungen sind komplex, doch von den tausenden von Amerikanern, denen Ruby begegnet sein mag, kann die Verbindung mit dem offensichtlichen CIA-Schützling Thomas Davis kaum als Zufall angesehen werden.

Davis kann nicht mehr persönlich befragt werden. Er fand 1973 bei einem Einbruch den Tod, als er eine Hochspannungsleitung durch-

schnitt. Noch im Sommer 1963 warb er Rekruten für einen in Haiti
geplanten Putsch. Davis' Witwe sagt, ihr Mann habe als Söldner
immer im Dienste westlicher Mächte – in Indochina, Indonesien,
Algerien und Kuba, aber ebenso mit der Mafia gearbeitet. Der
Kongreßausschuß hörte von der Existenz Davis' erst bei der Beendigung seiner Untersuchungen. Im übrigen war keine Zeit mehr, angeblichen Beziehungen zwischen Jack Ruby und dem CIA nachzugehen.

Das auffallende Versäumnis des FBI und des CIA im Falle Ruby war
wahrscheinlich die Nicht-Weitergabe seiner Informationen über den
Besuch Rubys bei Santos Trafficante in Kuba. Die Tatsache, daß
insbesondere Trafficante eng in Mordkomplotte bzw. -Pläne gegen
Castro verwickelt war, verheimlichte der Vizedirektor des CIA nicht
nur seinem eigenen Vorgesetzten, sondern auch dem Warren-Ausschuß.

Vor seiner eigenen Ermordung erwähnte John Roselli, die Schlüsselfigur zwischen Mafia und CIA, bemerkenswertes über Ruby, abgesehen davon, daß bereits die Gestalt Castros in Zusammenhang mit der
Ermordung Kennedys auftaucht. Der Washington-Leitartikler Jack
Anderson berichtete, Roselli habe ihm einmal folgendes gesagt: »Als
Oswald verhaftet wurde, befürchteten die Verschwörer der Maffia, er
könnte zusammenbrechen und Enthüllungen machen. Das könnte
wohl allgemeine Reaktionen gegen die Mafia zur Folge haben. Deshalb befahlen sie Jack Ruby, Oswald zu beseitigen.« Roselli schilderte
allerdings nicht, was Oswald über die Nachrichtendienste hätte enthüllen können.

Ruby hinterließ ein wenig bekanntes Vermächtnis. Als der Verfasser
1978 alte Videotonbänder in Texas durchsuchte, stieß er auf eines der
wenigen Fernsehinterviews mit Ruby, das im amerikanischen Fernsehen niemals ausgestrahlt wurde. Während einer Pause zwischen
endlosen und nichtsbringenden Gerichtsverhandlungen, sagte Ruby,
in sich zusammengesunken, dem Interviewer – er könnte in den
folgenden, gequälten und ungrammatikalischen Sätzen mehr als sein
eigenes Epitaph hinterlassen haben –:

> »Das einzige was ich sagen kann. Alles, was von Belang ist,
> alles, was geschehen ist, kam niemals ans Tageslicht. Die Welt
> wird niemals die wahren Tatsachen erfahren: mit anderen Wor-
> ten, meine wahren Motive. Ich bin die einzige Person im Hinter-
> grund, die die Wahrheit über alles, was sich auf meine Person
> bezieht, kennt.«

Hier fragte der Interviewer Ruby, ob er glaube, daß die Wahrheit
jemals offenbart würde:

»Nein. Denn unglücklicherweise werden diese Leute, die so viel zu gewinnen haben und ein starkes Motiv hatten, mich in diese Lage zu bringen, in der ich bin, niemals zulassen, daß die wahren Tatsachen ans Tageslicht der Welt kommen.«

23.

Nachwehen

– was das FBI anbetrifft, wird der Fall für immer offen
bleiben.

– *Edgar J. Hoover, Direktor des FBI.*

Große Bedeutung wurde der Tatsache zugemessen, daß viele wichtige
Zeugen nach der Ermordung Kennedys eines gewaltsamen oder
ungewöhnlichen Todes starben. Doch bleibt die Zeit nicht stehen und
Menschen sterben weiter; es wäre falsch, zuviel mit ihrem Tod zu
verbinden. Dennoch ist es angemessen, im Jahre 1979 das Schicksal
einiger Hauptakteure weiter zu verfolgen.

GUY BANISTER, ehemaliger FBI-Agent und Geheimdienst-Angehöri-
ger, Mithelfer des Mafiabosses Carlos Marcello, starb 1964, an den
Folgen eines Herzanfalles. Banister, der seiner Sekretärin auftrug, mit
dem FBI nicht über Oswald zu sprechen, starb ohne vom Warren-
Ausschuß verhört worden zu sein.

DAVID FERRIE, der der Carlos-Marcello-Organisation angehörte und
angeblich CIA-Agent war, zog die Aufmerksamkeit der Öffentlichkeit
weniger als achtundvierzig Stunden nach dem Attentat vorübergehend
hend auf sich. Einige Stunden bevor Ruby Oswald ermordete, und als
sich Ferrie noch auf seinem Marathon kreuz und quer durch Texas
befand, rief ein unzufriedener Angestellter vom Stab Banisters, die
Behörden von New Orleans an. Er verdächtigte Ferrie, an der Ermordung des Präsidenten beteiligt gewesen zu sein. Dies war Jack Martin,
der für Banister Ermittlungen anstellte. Er hatte den Verdacht, daß
Ferrie und Oswald miteinander in Verbindung standen. Martin hatte
einen Streit mit Banister – die Auseinandersetzung könnte stattgefunden haben, nachdem Banister Martin bei der Lektüre geheimer Dokumente ertappt hatte. Was immer der Grund gewesen sein mag,
Banister verletzte Martin mit einem Revolverschlag auf den Kopf. An
dem Tag nach dem Zwischenfall rief Martin, nach einem Besuch im
Spital, die Behörden an, die sofort reagierten. Eine Hetzjagd folgte,
doch befand sich Ferrie auf seiner Marathontour durch Texas. Seine
daraufhin vernommenen Kumpanen gaben keine Auskünfte. Einer
von ihnen erinnerte sich eines seltsamen Zwischenfalles. Er erklärte,
ein Anwalt sei bereits in Ferries Wohnung gewesen und habe versprochen, ihn sobald dieser heimkehre, zu vertreten. Der Anwalt sagte,
laut Ferries Freund: »Als Lee Harvey Oswald verhaftet wurde, trug er

eine, auf Ferries Namen ausgestellte Bibliothekskarte bei sich.« Dieser Rechtsanwalt arbeitete auch für Carlos Marcello. Am Abend des Oswald-Mordes sprach Ferrie telefonisch mit Gill, stellte sich jedoch keineswegs sofort den Behörden. Als er sich schließlich am nächsten Tag bei den Behörden meldete, erschien er in Begleitung von Marcellos Anwalt. Er leugnete, irgendetwas über Oswald oder die Ermordung zu wissen. Er leugnete jede Kenntnis der Person Oswalds und des Attentates ab. Martin, der die Behörden informiert hatte, wurde als Sonderling mit einem gewissen Groll abgetan, und Ferrie aus der Haft entlassen. Zum Glück Ferries war Jack Martin, der ihn beschuldigt hatte, tatsächlich ein merkwürdiger Kauz.

Wie aus unserer Geschichte hervorgeht, gab es indessen Grund genug, Ferrie zu verdächtigen. Dafür spricht auch unter anderem die Besorgnis des Anwalts Marcellos wegen der fraglichen Bibliothekskarte.

Nichts in den Akten weist darauf hin, daß bei Oswald ein Dokument, das sich auf Ferrie bezog, gefunden wurde. Dennoch fragte der Geheimdienst Ferrie, ob er Oswald seine Bibliothekskarte geliehen habe. Ferrie leugnete das ab. Die Aussagen zweier Zeugen deuten jedoch darauf hin, daß er bei dieser Frage in Panik geriet. Oswalds ehemalige Nachbarin in New Orleans teilte später den Ermittlern mit, Ferrie habe sie nach dem Attentat besucht und sich wegen seiner Bibliothekskarte erkundigt. Oswalds Hauswirtin bestätigte dies auch. Ferrie tauchte bei ihr einige Stunden nach dem Attentat auf und fragte nach der Leihbibliothekskarte. Diese groteske Episode könnte von großer Bedeutung sein, doch ist sie immer noch ungeklärt. Ferrie wurde jedenfalls von dem diesbezüglichen Verdacht freigesprochen. Dies vor allem, weil die Behörden sein Alibi für glaubhaft hielten, daß er zum Zeitpunkt des Attentates als Zeuge bei einer Gerichtssitzung in New Orleans war. Bei dieser Verhandlung ging es ironischerweise – Ironie der Ironien – um die letzte Phase von Marcellos juristischen Bemühungen, seine von Robert Kennedy angeordnete Ausweisung aus den USA rückgängig zu machen. Marcello gewann dieses Gefecht und feierte seinen Sieg im Gerichtssaal. Er und sein Anwalt, Gill, bürgten für Ferries Alibi, wenngleich ihre Aussagen einander widersprachen. Laut Marcello soll Ferrie im kritischen Augenblick im Gerichtssaal gewesen sein, während nach Gills Aussage Ferrie bis kurz nach Mittag in seinem Büro gewesen war und dies dann verlassen hatte. Ferrie kehrte nicht ins Büro zurück, er habe, so sagte er später, den Rest des Tages Marcellos Sieg gefeiert. Ferries Verbindungen mit Marcello währte bis an sein Lebensende. Doch hatte er, drei Jahre nach dem Attentat, keinen Grund mehr zum Feiern.

Ende 1966 wurde er von Jim Garrison, dem Kreisanwalt von New

Orleans, der eine lokale Untersuchung des Kennedy-Mordes eröffnet
hatte, vernommen. Garrison entdeckte, daß Ferrie, wie Ruby, zu der
Zeit des Kennedy-Attentates größere Geldsummen erhalten hatte.
Drei Wochen vor dem Attentat soll Ferrie mehr als 7000 Dollar auf
seinem Bankkonto deponiert haben. Auf diesen und andere Hinweise
hin, beabsichtigte Garrison, Ferrie verhaften zu lassen. Doch dazu
kam es nicht.

Am 27. Februar 1967 wurde Ferrie tot in seinem Haus aufgefunden.
Obwohl der Gerichtsarzt den Tod auf »natürliche Ursachen« zurück-
führte, gab er Anlaß zu weiteren Spekulationen. Ferrie hinterließ zwei
mehrdeutige Nachrichten. Sie deuteten auf Selbstmord, obwohl der
Text sowohl als auch die Namenszeichnung, in beiden Dokumenten
mit der Maschine geschrieben waren. Sein letztes Gespräch hatte er
mit einem Berichterstatter, dabei ging es um Hoffa und die »Teamsters
Union«. Die von Garrison geleiteten Untersuchungen endeten mit
einem öffentlichen Skandal. Die Mafia wurde in den Untersuchungen
überhaupt nicht erwähnt.

In einem Bericht des Kongreßausschusses 1979 wurde vermerkt, daß
Garrison weniger als einen Monat nach Ferries Tod, eine der Schlüs-
selpersönlichkeiten in den Mafia-CIA-Verbindungen, John Roselli,
getroffen habe. Darüber hinaus wird der Bericht eines Generalinspek-
tors des CIA zitiert, der diese Begegnung auf dem Höhepunkt der
New-Orleans-Untersuchung für äußerst unpassend hielt. Binnen
wenigen Stunden nach Ferries Tod, wurde auch der Leichnam seines
Mitarbeiters Eladio del Valle in einem Auto in Miami gefunden. In
seinem Fall stand die Todesursache außer Zweifel. Del Valle wurde
aus unmittelbarer Nähe durchs Herz geschossen, sein Schädel war
gespalten. Del Valle war prominenter Exilkubaner und angeblich
Mitarbeiter des Florida-Mafiabosses Santos Trafficante. Als er ermordet wurde, sollte er in der New-Orleans-Untersuchung vernommen
werden.

JIM BRADEN (geborener Eugene Brading), der nach dem Kennedy-
Attentat wegen »verdächtigen Benehmens« festgenommen wurde,
lebt heute noch. 1978 sagte auch er vor dem Kongreßausschuß aus.
Alle Informationen über Braden-Brading werden – mit anderem
Beweismaterial – in der weiteren Überprüfung der Ergebnisse und
Forschungen des Ausschusses vom Justizministerium erneut unter-
sucht.

LORAN HALL, ein aktiver Castro-Gegner, der den geheimnisvollen
Besuch in Silvia Odios Appartement weg-»erklärte«, lebt ebenfalls.
1977, erstmals vor den Ausschuß geladen, verweigerte er die Antwort
auf die Frage, ob er am Tag des Attentates in Dallas gewesen sei. Als
ihm später Freiheit vor gerichtlicher Verfolgung im Zusammenhang

mit seiner Aussage zugesichert wurde, sagte er in einer nicht öffentlichen Sitzung des Ausschusses aus. An anderer Stelle behauptete Hall, Rechtsextremisten, in Verbindung mit CIA-Agenten, hätten ihm einen Monat vor dem Attentat, Geld für seine Mitwirkung an der Ermordung Kennedys angeboten. Er erklärte, man habe ihn mehrere Male zu ermorden versucht, außerdem habe das FBI seine ursprünglichen Antworten auf Fragen, die Odio-Episode betreffend, verfälscht. Der Kongreßausschuß für Attentate bewertete seine Aussage zum Odio-Besuch als »eingestandene Lüge«. Der Odio-Zwischenfall, bei dem entweder Oswald selbst oder die Verwendung seines Namens eine Rolle spielten, ist bis heute noch immer wesentlich für die Klärung der Kennedy-Untersuchung. Warum hatte Loran gelogen? Loran war in der Internationalen Brigade Waffenbruder Frank Sturgis' gewesen, der bereits in Berichten wegen absichtlicher Desinformation der Untersuchungsgremien Erwähnung gefunden hat.

GEORGE DE MOHRENSCHILDT, als Russe geboren, in Dallas ansässig, lernte Oswald kennen, als dieser aus der UdSSR zurückkehrte. Im März 1977 wurde er erschossen aufgefunden. Das Verdikt des Gerichtsarztes lautete Selbstmord. Er wurde mit einer 20-Kaliber-Schrotflinte durch den Mund erschossen. Am Morgen des Tages, an dem er starb, besuchte ihn im Auftrag des Kongreßausschusses ein Ermittler um ein Interview mit ihm zu vereinbaren. De Mohrenschildt vernahm dies mit scheinbarem Gleichmut. Tatsächlich gab de Mohrenschildt einem unabhängigen Nachforscher noch am selben Morgen eines von mehreren Interviews über die Ermordung Kennedys. Es gibt Indizien dafür, daß de Mohrenschildt im Monat vor seinem Tod schwere psychische Probleme hatte. Früher arbeiteten de Mohrenschildt und seine Frau an einem Manuskript mit dem Titel: »*Ich bin ein Sündenbock.*« In einem Interview 1977 soll de Mohrenschildt behauptet haben, von einer Verschwörung, den Präsidenten zu ermorden, Kenntnis gehabt zu haben, an der gewisse Elemente des amerikanischen Nachrichtendienstes beteiligt waren. Seine späteren Äußerungen waren mehrdeutig und verworren, doch läßt sich eines nicht übersehen: De Mohrenschildt hatte, wie der Kongreßausschuß bewies, Beziehungen sowohl zum CIA wie auch zum Armeenachrichtendienst. Der Kongreßabgeordnete Richard Preyer, zu jener Zeit Vorsitzender des Ausschusses, sagte als er vom Tod de Mohrenschildts erfuhr: »Er war ein entscheidender Zeuge.«

CARLOS PIO, ehemaliger Präsident von Kuba und Freund zahlreicher Mafiabosse, wurde durch Zeugenaussagen sowohl mit Ruby als auch mit Frank Sturgis in Verbindung gebracht. Er wurde eine Woche nach George de Mohrenschildts Tod erschossen aufgefunden. Pio saß auf einem Stuhl vor seiner Garage in Miami, eine Pistole an seiner Seite.

Das Urteil lautete, Selbstmord. Auch er stand auf der Liste jener, die der Kongreßausschuß interviewen wollte.

JIMMY HOFFA von der »Teamsters Union«, der das Leben beider Kennedys bedroht hatte, verschwand 1975. Sein Leichnam wurde nie gefunden. Ermittler der Regierung nehmen an, daß er mit Anthony Provenzano, einem Mitarbeiter der Union in eine Falle gelockt und erschossen wurde. Nach unbezeugten Berichten wurde sein Leichnam in einem Lastwagen weggeschafft, in eine Trommel gestopft, sodann zermalmt und eingeschmolzen – der Vergessenheit überlassen.

Hoffa befand sich in Miami, als Präsident Kennedy ermordet wurde. Als er hörte, daß das Hauptquartier seiner Gewerkschaft in Washington die Flagge auf Halbmast gesetzt hatte, bekam er einen Wutanfall. Als ihn ein Reporter auf John F. Kennedys Ermordung ansprach, entgegnete er: »Jetzt ist Bobby Kennedy nur noch ein Anwalt wie alle anderen.«

Kurz darauf schrieb Frank Chavez, der Lastwagenfahrer-Gewerkschaftsboß in Puerto Rico, dem Bruder des Präsidenten, er habe eine Sammlung veranstaltet, um das Grab Oswalds zu pflegen und mit Blumen zu schmücken. »Ich versichere Ihnen, jeder wird dazu beitragen.«

Robert Kennedy, der fünf Jahre später während seiner Kampagne um die Präsidentenwahl ermordet wurde, vermutete ebenfalls eine Beteiligung Jimmy Hoffas bei der Tragödie in Dallas. Sein Freund und Biograph, Arthur Schlesinger, äußerte gegenüber dem Verfasser: »Robert Kennedy hatte ernste Bedenken gegen den Bericht des Warren-Ausschusses. Nach und nach hatte er immer schwerwiegendere Zweifel und hielt eine Verschwörung für möglich.«

Im Kontext des Intrigengewebes um die Ermordung, hat eine kürzlich aufgestellte Behauptung außergewöhnliche Bedeutung. Einem Ermittler der Regierung, von erfahrenen Ermittlern als »absolut verläßlich« beschrieben, war Jimmy Hoffa der ursprüngliche Verbindungsmann zwischen der Mafia und dem CIA bei ihren geplanten Komplotten, Castro zu ermorden. Der Informant, selbst einst »Auftragsmörder« in Chicago, Charles Crimaldi, behauptete, Hoffa sei ermordet worden, um die Geheimnisse jener Komplotte und alles was aus ihnen folgte, zu hüten. Das Beweisdokument bekräftigt die Richtigkeit der Aussagen.

SALVATORE GRANELLO und JAMES PLUMERI, deren Namen mit denen Jimmy Hoffas und Santos Trafficantes in Zusammenhang gebracht worden waren, spielten untergeordnete Rollen bei den Castro-Mordkomplotten. Granelli wurde 1977 ermordet aufgefunden. Viermal in den Kopf geschossen, fand man die Leiche in dem Kofferraum eines Autos. Plumeri wurde einige Wochen später »hinge-richtet«.

DAVE YARAS, Gefolgsmann Hoffas und alter Freund von Ruby, wurde 1974 ermordet. Er war eng mit anti-kubanischen Unternehmen ver-knüpft.

CHARLES NICOLETTI, von dem es heißt, auch er habe an Anti-Castro-Komplotten teilgenommen, wurde 1977 in Chicago ermordet. Er wurde in einem Auto mit drei Schußwunden im Hinterkopf aufgefun-den. Sein Fuß drückte noch im Tod auf das Gaspedal. Das Auto war vom Feuer stark beschädigt. Fingerabdrücke und andere Indizien waren damit zerstört. Noch am Vortag der Ermordung hatte der Kongreßausschuß sich mit ihm wegen eines Interviews in Verbindung gesetzt.

IRWIN WEINER, der sich darauf spezialisiert hatte, die Haftentlassung von Gangstern gegen Bürgschaft zu erwirken, lebt noch. Weiner, den Ruby einige Wochen vor dem Attentat angerufen hatte, gab vor dem Senatsausschuß keine zufriedenstellende Erklärung für den Anruf. Der Ausschuß glaubte seiner Beteuerung, Ruby habe ihn in Chicago hinsichtlich seiner Gewerkschaftsprobleme im tausende von Meilen entfernten Dallas gefragt, nicht. Da Weiner zugab, daß er im Hinblick auf das Telefonat gelogen hatte, lenkten die Ausschuß-Mitglieder die Aufmerksamkeit auf einen weiteren Punkt. Der Bruder des verstorbe-nen Jack Ruby, Earl Ruby behauptete, Weiner habe ihm am Tag bevor er aussagen sollte, einen »Vorschlag« gemacht. Weiner leugnete dies, der Ausschuß »konnte den Widerspruch zwischen den sich wider-sprechenden Zeugenaussagen nicht erklären«.

SAM GIANCANA, ein Chicago-Mafiaboß, der an CIA-Komplotten zur Ermordung Castros teilnahm, wurde im Juni 1975 ermordet. Er wurde in seiner Wohnung auf dem Rücken liegend in einer Blutlache aufge-funden. Man hatte ihn einmal in den Hinterkopf geschossen und sechsmal in einem perfekt gezeichneten Kreis um den Mund herum. Zur Zeit seiner Ermordung plante der Kongreßausschuß, ihn über die Castro-Komplotte zu vernehmen. Nach seiner Ermordung fand man einen Hinweis. Die Mordwaffe war eine 0.22-Pistole mit einem abge-sägten Lauf. Die Polizei machte das Waffengeschäft, in dem die Pistole gekauft worden war, in Florida ausfindig. 1978 sprach der Verfasser mit einem maßgeblichen Zeugen, der an den Komplotten ebenfalls beteiligt gewesen war und Giancana gut gekannt hatte. Er sagte: »Einige Tage bevor Sam herkam um auszusagen, war er tot.«

Er sagte: »Als der Senatsausschuß für Nachrichtendienste eingesetzt wurde, hieß es in den Schlagzeilen der Chicago-Presse: ›Giancana zur Ermordung Castros angeheuert.‹ Einige Tage später, nachdem Sam hergekommen war, um auszusagen, war er tot. Eine Waffe, ursprünglich in Florida gekauft, wurde gefunden. Weshalb sollte ein Professional aus Chicago extra nach Miami gehen, um sich eine Kanone zu kaufen? Er könnte sich ja an jeder Straßenecke in Chicago eine kaufen. Jemand wollte Sam daran hindern auszusagen. Sam wollte doch nur sagen: ›Santos hat mich angeworben.‹« »Santos Trafficante?« Der Zeuge bejahte: »Das wäre die Schlagzeile gewesen.« Charles Crimaldi, der Spitzel der Regierung behauptete auch, über Hoffas Ermordung informiert zu sein; er gab zu, »Giancana wurde hingerichtet«, um zu verteiteln, daß er über die Mafia-CIA-Komplotte aussagen könne.

LEO MOCERI, eine Ohio-Mafia-Persönlichkeit, bestätigte gegenüber einem Agenten der Regierung, dieselbe Begründung für die Ermordung Giancanas, wie Hoffas. Nach einer weiteren Begegnung mit dem Agenten verschwand Moceri. Sein Auto wurde verlassen aufgefunden.

JOHN ROSELLI, ein Gangster aus Las Vegas, der eine führende Rolle in den Mordkomplotten gegen Castro spielte, verschwand im Juli 1976, nachdem er sein Haus verlassen hatte, um Golf zu spielen. Sein Wagen auf dem Flugplatz von Miami wurde leer aufgefunden. Zehn Tage später fand man seinen, in eine Trommel gestopften Leichnam, in der Miami »Dumfoundling Bay«. Die Trommel war mit Ketten beschwert und durchlöchert, vermutlich, damit die Gase der verwesenden Leiche die Trommel nicht an die Wasseroberfläche treiben würden. Roselli wurde erdrosselt und erstochen. Zur Zeit seiner Ermordung hatte Roselli bereits einmal vor dem Ausschuß ausgesagt und sollte ein zweites Mal erscheinen. Wie berichtet, soll er angeblich direkt die Regierung informiert haben, er glaube, der Präsident sei von seinen (Rosellis) einstigen Komplizen im Zusammenhang mit den Castro-Komplotten ermordet worden. Einige Wochen nach seinem Tod stimmte das Repräsentantenhaus mit überwältigender Mehrheit für eine Wiederaufnahme der Untersuchung des Falles Kennedy. Als Ergebnis dieser Entscheidung wurde der Kongreßausschuß für Attentate eingesetzt.

SANTOS TRAFFICANTE, der zwei Wochen vor dem Verschwinden Rosellis mit diesem zu Abend gespeist hatte, ist jetzt fünfundsechzig und lebt nicht schlecht in Florida. Die New York Times berichtete: »Die Behörden nehmen an, ein Mitglied der Trafficante-Banden hat Mr. Roselli in seine Todesfalle gelockt.« Während dieser Zeit befand sich Santos Trafficante in Costa Rica und konnte vom Senatsausschuß für Nachrichtendienste nicht erreicht werden. Unter Strafandrohung wurde er schließlich vom Kongreßausschuß für Attentate 1977 vorgeladen. Er erschien in seinem vorgerückten Alter mild und geschmeidig und schwor feierlich, die Wahrheit zu sagen. Unter anderem wurden folgende drei Fragen an ihn gestellt:

»Haben Sie jemals mit irgendwelchen Leuten über Pläne, den Präsidenten zu ermorden gesprochen?«
»Kannten Sie Jack Ruby vor dem 22. November 1963?«
»Hat Sie Jack Ruby im Gefängnis in Kuba besucht?«

Die Antwort war in jedem Falle gleich: »In aller Hochachtung verweigere ich, in Übereinstimmung mit meinen verfassungsmäßigen Rechten und dem Ersten, Vierten, Fünften und Vierzehnten Zusatzparagraphen der Verfassung, die Antwort.«
»Pleading the Fifth«, sich auf das fünfte Ergänzungsgesetz zu berufen, ist die herkömmliche Verhaltensweise Beschuldigter aus dem Bereich des Organisierten Verbrechens. Diese Rechtsnorm beruht auf dem Prinzip, daß niemand gezwungen werden kann vor dem Richter eine, ihn selbst belastende Aussage zu machen. Trafficante erschien später erneut vor dem Ausschuß, nachdem ihm Freiheit vor gerichtlicher Verfolgung aufgrund seiner eigenen Zeugenaussagen zugesichert worden war. Nachdem er einmal unter dieser Vereinbarung in geheimer Sitzung ausgesagt hatte, wurde Trafficante 1978 zu einer öffentlichen Sitzung vorgeladen. Als er gefragt wurde, ob ihm bekannt sei, daß Carlos Marcello Drohungen gegen den Präsidenten ausgesprochen habe, antwortete Trafficante: »No, Sir, no chance, no way.« (Nein, Euer Würden, unter keinen Umständen, niemals.) Trafficante ist bis heute einer der mächtigsten Mafia-Chefs in den Vereinigten Staaten.
Carlos Marcello, der ebenfalls als einer der großen Mafia-Bosse gilt, ist heute neunundsechzig Jahre alt. Er wurde 1978 vom Kongreßausschuß vorgeladen, weil er, wie Trafficante, gewissen Berichten zufolge, über die Ermordung Präsident Kennedys gesprochen haben soll. Marcello gab an: sein Beruf sei der Ankauf und die Verteilung von Tomaten, ein Service, den er auch dem Verteidigungsministerium zugute kommen ließ. Abgesehen von diesem komischen Intermezzo, nahm er zu der Beschuldigung, er habe die Ermordung Präsident Kennedys geplant, Stellung. Er bestätigte, David Ferrie habe im Auftrag seiner Anwälte in Zusammenhang mit seiner Abschiebung gearbeitet. Auf die Frage, ob er jemals davon gesprochen habe, den Präsidenten ermorden zu lassen, antwortete Marcello: »Gewiß nicht, niemals habe ich dergleichen gesagt«. Nach einem lebenslangen Aufenthalt in den Vereinigten Staaten ist Marcello immer noch kein amerikanischer Staatsbürger. So lächerlich es erscheinen mag, ist seit mehr als einem viertel Jahrhundert ein Ausweisungsverfahren gegen ihn anhängig, jedoch mit Ausnahme der kurzlebigen, auf Robert Kennedys Anordnung hin ausgeführten Abschiebung, noch immer erfolglos. Zu bestimmten Zeiten hatten Marcello und Trafficante, wie

einmal auch Trafficante und Hoffa, denselben Anwalt. 1967 ging einer dieser Anwälte, offensichtlich mit Trafficantes Zustimmung, zum FBI, um mitzuteilen, daß Trafficante den Verdacht habe, die Bundesbehörden beabsichtigten, ihm eine Falle zu stellen, um ihn einsperren zu können. Dabei berief sich der Anwalt auf folgende Anekdote. Marcello und Trafficante reisten zusammen im Auto. Laut Anwalt wandte sich Trafficante an Marcello und sagte: »Carlos, weißt du was? Ich glaube sie werden uns demnächst des Mordes an dem Präsidenten beschuldigen.« 1979 verkündete der Kongreßausschuß für Attentate: »Weitgehende Untersuchungen weisen darauf hin, daß die zwei für die Planung eines solchen Komplottes wahrscheinlichsten ›Taufpaten‹ Carlos Marcello und Santos Trafficante sind.« Der Ausschuß kam zu dem Ergebnis – wie bereits gesagt –, beide Mafia-Führer hatten »Motive, Mittel und Gelegenheit« zur Ermordung Präsident Kennedys, der Ausschuß könne jedoch »einen direkten Beweis für Marcellos Mitschuld« nicht erbringen.

Der ehemalige Chef der Abteilung »Organised Crime« der New York City Polizei, Ralph Salerno, bemerkte einmal: »Die Kugel, die John F. Kennedy tötete, tötete auch Robert Kennedys Traum, die Gemeinschaft des Organisierten Verbrechens zu vernichten.« Die Ereignisse bestätigten seine Behauptung. Nach dem Tod Kennedys verlangsamte sich der Kampf gegen die Mafia und schließlich ging den Kämpfern mehr oder weniger der Atem aus. Salerno fügte hinzu: »Nach John F. Kennedys Tod gab es keine Führerschaft, keine Dynamik und kein Engagement mehr auf höchster Ebene.« Kongreßabgeordneter Floyd Fithian, Geschichtsschreiber und ehemaliges Mitglied des Kongreßausschusses erklärte: »Wenn das Organisierte Verbrechen in den sechziger Jahren eine Herausforderung unserer Gesellschaft darstellte, so tut es das heute in noch größerem Maße. Das Organisierte Verbrechen ist immer noch die ›inoffizielle Regierung‹ vor der uns Justizminister Robert Kennedy warnte ... und es ist immer noch, wie Robert Kennedy damals sagte, ›auf menschlichem Leiden und sittlicher Verkommenheit begründet‹. Wenn das Organisierte Verbrechen tatsächlich an der Verschwörung, den Präsidenten zu ermorden, beteiligt war, dann war die inoffizielle Regierung in größerem Maße, als wir je vermutet hatten, fähig ihren Willen den teuersten Institutionen unserer Nation aufzuzwingen.«

Kongreßabgeordneter Fithian fragt seine Mitbürger: »Haben wir den Willen, das Banner, das vor fünfzehn Jahren mit dem Präsidenten in Dallas zu Boden gefallen ist, wieder zu ergreifen?« Zur Genugtuung von Marcello, Trafficante und Konsorten, war die Antwort ein lethargisches Nein.

ROBERT MAHEU, der frühere FBI-Agent, der vom CIA zuerst mit der

Anwerbung der Mafia zur Ermordung Castros betraut war, lebt und
ist für weitere Verhöre verfügbar.

JAMES HOSTY, der mit der Überwachung Oswalds vor dem Attentat
betraut war, ist heute pensioniert. Obwohl seine Leistung vor dem
Attentat zufriedenstellend zu sein schien, war er einer der FBI-Agenten, die nach dem Attentat offiziell gerügt wurden. Hosty hält die
Kritik für ungerechtfertigt. Persönlich meinte er, gäbe es in diesem
Falle noch vieles zu enthüllen. Er verfolgt seine eigenen Untersuchungen.

GORDON SHANKLIN, der Chefagent des FBI von Dallas, der, laut
Hosty, die Vernichtung jener Nachricht, die Oswald beim FBI zu-
rückgelassen hatte, anordnete, lebt noch.

REGIS KENNEDY, ein ranghoher Agent, hat in den Untersuchungen
von New Orleans, im Rückblick, eine eher schäbige Rolle gespielt.
Seine Einstellung gegenüber dem Organisierten Verbrechen war völlig unvereinbar mit der Stellung, die er inne hatte. Als David Ferrie
nach dem Attentat ein Alibi benötigte, besorgte ihm Regis Kennedy
zusammen mit Marcello und dessen Anwalt ein wiewohl wider-
spruchsvolles Alibi. Falls Regis Kennedy Ferrie tatsächlich an jenem
schicksalsschweren Morgen gesehen hatte, tat er recht, es zu bezeugen, doch war seine Beziehung als FBI-Angehöriger zur Mafia insbesondere zu Marcello, unentschuldbar. Im Gegensatz zu allen Behörden bestand er vor dem Kongreßausschuß darauf, daß Marcello
nichts als ein Tomatenhändler und Grundstücksmakler sei. Regis
Kennedy erklärte unverfroren, er glaube nicht, daß Marcello in der
Unterwelt eine wichtige Rolle spiele und illustrierte seine Behauptung mit den Betätigungen Marcellos während des Jahres 1963,
einem seiner »harmlosen« Jahre. In einem Bericht des Obersten
Rechtsberaters des Kongreßausschusses heißt es: »Die unvollstän-
dige Untersuchung des Falles Marcello seitens des FBI ist wahrscheinlich der zweifelhaften Einstellung des mit diesem Fall betrauten ranghöchsten Agenten, Regis Kennedy, zuzuschreiben.« Regis
Kennedy leitete einen Großteil der Untersuchung von New Orleans
nach dem Attentat. Er war einer der Beamten, die beauftragt waren,
die ursprüngliche Beschuldigung gegenüber Marcello, wonach dieser
Drohungen gegen das Leben Kennedys ausgesprochen haben soll,
zu überprüfen. Er starb 1978, kurz nachdem er vor dem Kongreßausschuß ausgesagt hatte. Zwei der höchstgestellten FBI-Spitzen, die
während der Kennedy-Untersuchungen aus Washington Anordnungen gaben, können nicht mehr befragt werden. Der damalige FBI-
Direktor, Edgar J. Hoover ist tot.

WILLIAM SULLIVAN, einer der höchstgestellten Mitarbeiter Hoovers,
sollte von dem Ausschuß 1978 vernommen werden. Bevor es dazu

kam, wurde er als Opfer eines scheinbaren Jagdunfalles in der Morgendämmerung erschossen aufgefunden.
Sullivan war der Chef der »Abteilung Fünf« des FBI, der ein Großteil der Kennedy- und King-Nachforschungen oblag. Darüberhinaus war er eng mit Hoovers berüchtigtem »COINTELPRO«-Unternehmen verknüpft, dessen Zweck die Unterwanderung und rufmörderische Ausschaltung der Linken war. 1975 beantwortete Sullivan eine Frage des Kongreßausschusses hinsichtlich der Person Oswalds mehr als dubios. Die Frage, ob er irgendetwas in den Akten gefunden habe, das auf eine Beziehung zwischen Oswald und dem CIA hindeutete, beantwortete er mit: »Nein... die Behauptung mag etwas an sich haben, aber in den Akten fand ich nichts. Ich glaube, ich habe nichts dergleichen gesehen und doch meine ich, daß irgendwie, ...daß dem so war... es klingt irgendwie vertraut, aber ich kann es nicht konkret fassen...« Sullivan verunglückte tödlich, bevor ihn der Ausschuß eingehender über die Quelle des vertrauten »Klanges« befragen konnte.
WILLIAM HARVEY, der die Mafia-CIA-Komplotte zur Ermordung Castros koordinierte, Chef der Abteilung »Executive Action« mit der Aufgabe unerwünschte Staatsoberhäupter fremder Staaten zu beseitigen, starb 1976. 1963 wurde er auf einen Posten ins Ausland versetzt, fern aller politischen Aktivitäten der Kennedys. Ein Regierungsangehöriger der Kuba-Abteilung sagte, Harvey habe »Bobby Kennedy leidenschaftlich gehaßt«. Zweimal vor seinem Tod versuchten Unbekannte, in sein Haus einzubrechen. Die Witwe Harveys gab offen zu, ihr Mann habe ihr bis zu seinem Tod eingeschärft, mit niemandem zu sprechen.
DESMOND FITZGERALD, der CIA-Angehörige, der eine führende Rolle in allen Castro-Mordkomplotten spielte, und nach Berichten als »US-Senator« auftrat, als er den Verräter Cubela traf, ist ebenfalls tot.
WILLIAM PAWLEY, ehemaliger amerikanischer Diplomat, erschoß sich 1977 auf dem Höhepunkt der Kongreßuntersuchungen im Fall Kennedy. Im Juni 1963 beteiligte er sich an dem vom CIA unterstützten grotesken Unternehmen John Martinos, das die fortgesetzte Anwesenheit sowjetischer Raketenbasen auf Kuba beweisen sollte. Vor seinem Tod im Jahre 1976 gab Martino unter vier Augen zu verstehen, daß Kennedy das Opfer einer Anti-Castro-Verschwörung gewesen war.
HOWARD HUNT, ehemaliger CIA-Angehöriger, einer der ersten, welche die Ermordung Castros empfahlen, lebt noch. Wie Pawley war er auch am brutalen Sturz des kommunistisch orientierten Regimes in Guatemala im Jahre 1954 beteiligt. Beharrlich wird behauptet, daß auch er zur Zeit des Oswald-Besuchs, Ende September 1963 in Mexico

City gewesen sei. Hunt leugnet das ab, wie er auch Behauptungen, am Tag des Attentates in Dallas gewesen zu sein, bestreitet.

Frank Sturgis (geborener Fiorini), Howard Hunts Gefährte beim Watergate-Einbruch, gehörte zu jenen, die die Geschichte, Oswald sei Angehöriger des kubanischen Nachrichtendienstes, verbreiteten. Hunt behauptet, Sturgis erst seit 1972 zu kennen, während Sturgis Hunt bereits zwei Jahre vor dem Attentat getroffen haben will. Sturgis weigerte sich, seinen Aufenthaltsort am Tage des Attentates mitzuteilen.

Nach einem Bericht des Ausschusses von 1979 soll Sturgis bei einem Anti-Castro-Unternehmen namens »Cellula Fantasma« Flugblätter über Kuba abgeworfen haben. Dies wurde auch von einem Exilkubaner, der im Stadium der Planung tätig war, bestätigt. Es handelte sich um Antonio Veciana. Dieser berichtete dem Stab des Ausschusses, um die Ermittlung der Identität eines CIA-Angehörigen zu ermöglichen, nämlich »Maurice Bishops«.

Antonio Veciana. Ende 1979 Opfer eines Anschlags aus einem Hinterhalt auf seinem Heimweg von der Arbeit. Vier Schüsse fielen, ein Kugelfragment blieb in seinem Kopf stecken. Er hatte Glück und überlebte. Zwar beschuldigte der Anti-Castro-Veteran öffentlich Castros Geheimagenten des Anschlags, doch gab er in Privatgesprächen zu, möglicherweise Opfer seiner Aussagen über den CIA-Agentenführer »Maurice Bishop« geworden zu sein. Dieser hatte laut Veciana, kurz vor dem Kennedy-Attentat, Oswald getroffen und später auf die Erfindung einer fiktiven Geschichte Oswalds und kubanischer Diplomaten in Mexico City gedrängt.

»Maurice Bishop« ist weiter der Mittelpunkt einer Kontroverse. Seine Identität konnte bisher trotz aller Bemühungen nicht festgestellt werden. Ein »Phantombild« wurde von den Ermittlern des Kongreßausschusses aus Vecianas Beschreibungen rekonstruiert. »Bishop«, jetzt in den sechziger Jahren, ist 188 cm groß, athletisch gebaut, mit einem Gewicht von mehr als 200 Pfund, er hat graublaue Augen, sein Haar ist bräunlich in Grau übergehend, sein ursprünglich lichter Teint, war gewöhnlich sonnengebräunt, mit Sommersprossen unter den Augen. Er war makellos angezogen und trug eine Brille zum Lesen. Nach Vecianas Meinung stammte »Bishop« entweder aus den südlichen Staaten oder aus Texas. 1978 veröffentlichte der Ausschuß sein Phantombild und bat die Öffentlichkeit bei seiner Identifikation behilflich zu sein. Dieser Weg blieb erfolglos (s. Abb. 25 oben). Doch machten die Ermittler trotz mangelhafter Fakten und einem Wust von CIA-Desinformationen, Fortschritte, ihn zu identifizieren.

Als Agentenführer in Havanna, schlug »Bishop«, wie sich Veciana erinnerte, vor, sich des Beistandes einiger der Angestellten der ameri-

kanischen Botschaft in Havanna zu bedienen. Der erste von ihnen war
ein anonymer CIA-Angehöriger, der zweite Wayne Smith, der dritte
Sam Kail. Smith war dritter Sekretär in der Botschaft. Er wurde vom
Kongreßausschuß nicht vernommen. Ein Beispiel für die Nachlässigkeit des Ausschusses gegenüber Hinweisen im Fall Veciana. Dagegen
wurde Oberst Sam Kail, Texaner und militärischer Nachrichtendienst-
Attaché der Botschaft, vom Ausschuß befragt. Er sagte aus, zu vielen
Kubanern begegnet zu sein, um sich an Veciana zu erinnern. Er
konnte sich ebensowenig »Maurice Bishops« entsinnen und fügte
hinzu: »CIA-Angehörige würden oft die Namen anderer Angestellter
in ihren Kontakten außerhalb der Botschaft als Decknamen verwenden.« Später, in Miami, vermutete Kail, daß seine Einheit tatsächlich
für den CIA gearbeitet hatte. Kail war der Offizier, der im Sommer
1963 das Treffen zwischen George de Mohrenschildt und dem Armee-
Nachrichtendienst veranlaßt hatte. Mit Ausnahme seiner Verbindung
zu Oswalds Mentor, George de Mohrenschildt, ergaben weitere Nachforschungen nichts.
In einem anderen Bereich fand der Ausschuß einen wichtigen Hinweis. Mehrere CIA-Angehörige erinnerten sich tatsächlich eines
»Maurice Bishop«.
Einer davon war kein geringerer als John McCone, den Kennedy zum
Direktor der CIA ernannt hatte. Bei seinem Verhör fand folgender
Dialog statt:

> Frage: Haben Sie »Maurice Bishop« gekannt? Ja oder nein?
> Antwort: Ja
> Frage: War er ein Angehöriger der Agency?
> Antwort: Ja.

Der ehemalige Direktor des CIA sagte aus, er habe es zwar einmal
gewußt, könne sich jedoch nicht mehr erinnern, welche Rolle
»Bishop« im CIA gespielt habe.
Der Ausschuß interviewte sodann einen früheren CIA-Agenten, der
offiziell als »B. H.« bezeichnet wurde. »B. H.« sagte aus: »›Mr. Bishop‹
gehörte zur Agency, doch hatte ich keine fortdauernden Beziehungen
zu ihm.« »B. H.« blieb ziemlich vage, er sei »Bishop« einem ranghohen
Agenten, nur zwei- oder dreimal im CIA-Hauptquartier begegnet. Der
Ausschuß fand in Miami einen Zeugen, dessen Aussage genauer war.
Dieser war früherer Agentenführer im JM/WAVE, dem Hauptquartier
des geheimen Krieges gegen Castro in Miami gewesen. Der im Ausschußbericht als »Ron Cross« bezeichnete Agent betreute eine der
aktivsten Anti-Castro Gruppen, es war daher anzunehmen, daß er
»Bishop« kannte. Sein Verhör verlief dramatisch.
Die Vernehmenden bombardierten ihn mit drei Namen. Der erste war

»Bishop«, der zweite »Knight« und der dritte der Name eines Agenten, der von Havanna aus arbeitete. »Cross« wußte, der Tatsache entsprechend, daß es sich im dritten Fall um den Namen eines Agenten handelte, den er aus Havanna kannte. »Knight« sei, soweit er sich erinnerte, der gelegentliche Deckname Howard Hunts gewesen. »Bishop« sei seines Wissens David Phillips. Phillips war, wie sich der Leser erinnern wird, der ehemalige hochrangige CIA-Angehörige, der in Mexico City zur Zeit des Oswald-Besuchs und der Besuche eines, sich als Oswald Ausgebenden, die Kuba-Aktionen des CIA leitete. Phillips befand sich bereits im Ruhestand, als er dem Ausschuß eine mögliche Erklärung dafür bot, weshalb es keine fotografischen Aufnahmen von Lee H. Oswalds, trotz der fortdauernden Kamera-Überwachung der sowjetischen und kubanischen Botschaften gab, und welche Gründe das Verschwinden der Tonbandaufnahmen der Besuche Oswalds denkbar erscheinen lassen. Die beiden Obersten Rechtsberater des Kongreßausschusses fanden gewisse Aussagen Phillips nicht zufriedenstellend. Einige Tage nach seinem ersten Verhör, erklärte »Cross«, er sei fast sicher, daß Phillips, der manchmal die Miami Station besuchte, tatsächlich den Decknamen »Bishop« benutzte. Zusätzlich verband »Cross« diesmal den Namen »Bishop« mit »Maurice«, obwohl ihn die Vernehmenden nicht erwähnt hatten.

1978 sagte David Phillips unter Eid vor dem Kongreßausschuß aus. Er leugnete, jemals den Namen »Bishop« benutzt zu haben. Er gab an, auch von keinem anderen CIA-Angehörigen zu wissen, der diesen Namen gebraucht hatte. Sein Ableugnen setzte den Spekulationen kein Ende. Die Identität »Bishops« ist noch immer ungeklärt.

Phillips, in Texas nahe Fort Worth geboren, wollte ursprünglich Schauspieler werden. Nach einem mißlungenen Debut auf der Bühne, veröffentlichte er eine kleine englisch-sprachige Zeitung in Chile. Dort wurden lokale CIA-Agenten auf ihn aufmerksam. Damit begann seine lange Karriere im amerikanischen Nachrichtendienst, zu der die berüchtigtsten Unternehmen gehörten, die zum Sturz ausländischer Regierungen führten (Abb. 26 rechts). 1954 spielte er in einem CIA-Team mit Howard Hunt als Political Action Officer beim Sturz der linksgerichteten Arbenz-Regierung in Guatemala eine führende Rolle. In einem seiner raffiniertesten Unternehmen hat der CIA Arbenz mit geschickter Propaganda nicht weniger als mit Waffen zum Rücktritt gezwungen. »Die Stimme der Befreiung«, strahlte falsche Gerüchte über fiktive aufständische Truppen und niemals stattgehabte Schlachten aus. Als die von den US unterstützten Truppen die Macht übernahmen, blieb Phillips noch einige Zeit, in der er die Dokumente der besiegten Regierung studieren konnte. Dabei wurde er auf einen

unbekannten jungen Revolutionär namens Che Guevara aufmerksam. Der CIA begann ein Dossier über ihn zu führen. Als Präsident
Eisenhower die ersten Pläne, das Castro-Regime zu stürzen, 1960
billigte, war Phillips von Anfang an dabei. Er war bei der ersten
Exekutivsitzung des CIA zugegen und wurde später Propagandachef
während des Schweinebucht-Unternehmens. Er war Stationschef in
der dominikanischen Republik 1965, dem Jahr in dem die amerikanischen Truppen das Land überfielen. Auf der Höhe seiner Karriere, in
der er zur Position des Chefs der Abteilung »Westliche Hemisphäre
des CIA« aufgestiegen war, spielte er eine Hauptrolle bei der Einmischung der USA in die Angelegenheiten Chiles. Er war Kommandant
der chilenischen Sondereinheit, der es oblag, Allende an der Über-
nahme seiner Stellung als Präsident, machdem er demokratisch
gewählt worden war, zu hindern. Trotz alledem behauptet Phillips,
progressiv eingestellt zu sein.
Die Untersuchung des Senatsausschusses ging weiter davon aus, daß
die Ähnlichkeit Phillips' mit dem, von Veciana beschriebenen
»Bishop« in Erwägung zu ziehen sei. Phillips war Texaner – Veciana
schätzte ihn, »Bishop«, von Anfang an aller Wahrscheinlichkeit ebenfalls als Texaner ein. Phillips diente zu Zeitpunkten, die sich mit
Vecianas Angaben über die Aktivitäten »Bishops« deckten. Veciana
behauptete, von Phillips 1960 in Havanna angeworben worden zu
sein. Phillips war genau zu dieser Zeit Sonderagent für Havanna.
Veciana berichtete, Phillips habe sich ursprünglich als Vertreter einer
Konstruktionsfirma mit Hauptsitz in Belgien vorgestellt, er benutzte
einen gefälschten belgischen Reisepaß. Phillips sagt in einer noch
nicht veröffentlichten Biographie 1959, also ein Jahr nach Castros
Revolution, seine Public Relations Firma als Fassade für CIA-Aktivitäten benutzt zu haben. Zur Tarnung ihrer Funktion, vertrat die Firma
ausländische Industrieunternehmen. Es gibt Beweise dafür, daß der
CIA tatsächlich belgische Ausweisdokumente zwecks Abschirmung
geheimer Unternehmen im Ausland benutzte.
Im anglo-amerikanischen Handelsregister wird Phillips 1960 als
»Public-Relations-Berater« verzeichnet. Phillips behauptet hingegen,
Kuba Anfang März 1960, also vor jener Veciana Anheuerungsge-
schichte, verlassen zu haben. Die Nachforschungen des Verfassers für
die gegenwärtige Ausgabe bekräftigen bis zu einem Grad die Behauptung Phillips', nach der er Anfang 1960 seinen festen Wohnsitz in
Havanna aufgegeb haben will. Anonymen Berichten zufolge, deuteten jedoch die Untersuchungen des Kongreßausschusses darauf hin,
daß Phillips sich doch zu der von Veciana angegebenen Zeit in
Havanna aufgehalten haben könnte. Die CIA-Verbindung unmittelbar im Castro-Regime führt zu einem von Vecianas engsten Freunden,

den auch Phillips kannte. Laut Veciana wurde er von »Bishop« angespornt, an einem Komplott auf das Leben Fidel Castros teilzunehmen. Phillips seinerseits behauptet, von Mordkomplotten nichts gewußt zu haben. Immerhin hat er jedoch zugegeben, auf Kuba an Anti-Castro-Unternehmen beteiligt gewesen zu sein, die sich von denen, die Veciana beschrieben hatte, nicht wesentlich unterschieden. Phillips schrieb, noch bevor Vecianas Aussagen bekannt geworden waren, mit einer Gruppe von Kubanern, die einen frühen Putsch gegen Castro planten, Beziehungen gehabt zu haben. Im Einklang mit den CIA-Anordnungen habe er sich für einen Amerikaner, der »vielleicht unter einem Decknamen den Verschwörern beistehen sollte« ausgegeben. Mehrere an der Verschwörung beteiligte Kubaner wurden verhaftet. Dies wiederholte sich als Vecianas Plan, Castro zu ermorden, entdeckt wurde. Veciana erklärt auch, »Bishop« habe eine wichtige Rolle in Komplotten zur Beseitigung des chilenischen Präsidenten, Salvador Allende gespielt. Allende wurde 1973 in einem Putsch ermordet. Das war das Jahr, in dem »Bishop« Veciana mehr als eine viertel Million Dollar für seine Dienste in der Vergangenheit zahlte. Phillips hingegen behauptet, als Chef der lateinamerikanischen Unternehmen des CIA, von einer derartigen Zahlung nichts gewußt zu haben. Er verweist darauf, eine so große Summe hätte ohne seine Hilfe oder die des CIA-Direktors gar nicht ausgezahlt werden können. Andererseits ist bekannt, daß der CIA, Phillips eingeschlossen, zwischen 1963 und 1974 in Lateinamerika dreizehn Millionen Dollar ausgegeben hat. Es ist nicht bekannt, wofür dieses Geld genau ausgegeben wurde. Das Manövrieren der Medien zum Zweck der politischen Propaganda, seit den fünfziger Jahren Fachgebiet Phillips', verschlang freilich Millionen von Dollar. Das beweist aber selbstverständlich nicht, daß der CIA, geschweige denn Phillips, Veciana die fragliche Summe gegeben haben. Gleichwohl verfügte der CIA sicher über derartige Mittel; sein Budget ist nur in nebelhaften Umrissen bekannt. Phillips hofft inzwischen dokumentarisch beweisen zu können, daß er einen Teil jenes Tages, an dem »Bishop« Veciana angeblich ausbezahlt haben soll, im CIA-Hauptquartier in der Nähe von Washington verbrachte. Das Wesentliche am Fall »Bishop« ist jedoch nicht die Frage, wann und wo er Veciana für seine Dienste ausbezahlte, sondern ob Vecianas Behauptung, Oswald in Begleitung »Bishops« im Herbst 1963 in Dallas, Texas, gesehen zu haben, der Wahrheit entspricht. Dafür bietet Phillips kein gesichertes Alibi. Er behauptet, »um diese Zeit herum« in Texas gewesen zu sein, wo er Verwandte, 30 Meilen von Dalles entfernt, besucht habe.

Der Kongreßausschuß ging der Aussage des Agentenführers von Miami »Ron Cross« nach, wonach Phillips und Howard Hunt – unter den, in Anlehnung an das Schachspiel, Decknamen von »Bishop« und »Knight« (Läufer und Springer) operierten.

Die Nachforscher fanden eine gewisse Bestätigung der Aussage, die aber nicht frei von Widersprüchen ist. Hunt, der eine Anzahl von Romanen und ein dokumentarisches Buch über die Schweinebucht geschrieben hatte, gebrauchte zuweilen Pseudonyme. Beispielsweise behauptet Hunt zwar Sturgis/Fiorini erst in den siebziger Jahren kennen gelernt zu haben, doch erscheint ein Sturgis auffallend ähnlicher Charakter, namens Hank Sturgis in einem seiner 1949 geschriebenen Romane. Der Roman handelt von einem Ex-Marineinfanteristen, der zum Glücksspieler und dann Söldner wird, und dessen fiktiver Lebenslauf in der Tat der wirklichen Person, die im Jahre 1952 gesetzlich den Namen Frank Sturgis annahm, ähnelt. In seinem Buch über die Schweinebucht heißt sein alter Mitarbeiter, Phillips, der Propagandachef dieses Unternehmens war, »Knight«. In seiner 1977 veröffentlichten Autobiographie betont Phillips diesen Umstand. Der Deckname «Knight» galt als höchster Ehrentitel im CIA. Einen Angehörigen »Knight« nennen, hieß, ihm den höchsten Titel verleihen. »Knight« war auch der Deckname des CIA-Direktors Richard Helms, den Hunt vergötterte. (S. The Man who kept the Secrets bei Thomas Powers, deutsch CIA Hamburg 1981.) Hunts literarisches Kompliment entspricht aber nicht notwendigerweise dem tatsächlichen Gebrauch dieses Decknamens durch Phillips in einem CIA-Unternehmen der sechziger Jahre. Der ehemalige Agent »Cross« bemerkte hierzu: »Wenn Hunt Helms tatsächlich vergötterte, hätte er sich selbst doch den Decknamen »Knight« für das Schweinebucht-Unternehmen gegeben. »Cross«, meint Phillips, habe dem Schachbrett den Decknamen »Bishop« für seinen eigenen Gebrauch entliehen. Als Grund dafür, sicher zu sein, daß Phillips diesen Decknamen verwendet hatte, gab er ein Gespräch mit Phillips' Assistenten Doug Gupton wieder. Gupton pflegte Ausdrücke wie: »Nun, da wird wohl ›Bishop‹ mit ihnen sprechen müssen«, zu gebrauchen, wenn er offensichtlich von seinem Vorgesetzten Phillips sprach. An diesem Punkt stieß jedoch die Untersuchung auf Schwierigkeiten.

Gupton bestätigte, »Cross« täglich getroffen zu haben, doch erinnerte er sich nicht, ob Hunt oder Phillips den Decknamen »Bishop« gebraucht haben. Zu »Cross« Behauptung, er habe des öfteren über Phillips als »Bishop« gesprochen, bemerkte Gupton: »Vielleicht habe ich das getan. Ich kann mich nicht entsinnen.« Er erkannte auch nicht das nach Vecianas Beschreibung gezeichnete Phantombild »Bishops« wieder. Doch fügte Gupton hinzu, Phillips habe viele seiner ehemaligen Kontakte aus Havanna für persönliche Unternehmen verwendet.

Während der Suche nach »Bishop« zeigte man Veciana Fotos von David Phillips. Nach einem anonymen Bericht starrte er eines der Fotos lange an und sagte:»Sehr ähnlich. Hat er einen Bruder?« Doch dann: »Nein, das ist er nicht ... doch möchte ich ihn persönlich sehen.« Bald darauf hatte Veciana Gelegenheit, Phillips während eines Lunches des Verbandes ehemaliger CIA-Angehöriger zu beobachten.* Nach einem offiziellen Bericht über die Konfrontation wiederholte Veciana: »Nein, das ist er nicht ... Aber er weiß es.«
Als er gefragt wurde, was er damit meinte, wiederholte er bloß: »Er weiß es!« Obwohl Veciana Phillips anläßlich dieser Zusammenkunft wiederholt vorgestellt wurde, habe Phillips kein Zeichen des Wiedererkennens gezeigt. Später sagte Phillips unter Eid aus, Veciana sei ihm nicht namentlich sondern als »der Fahrer« vorgestellt worden. Nach Aussagen eines Angehörigen des Kongreßausschusses wurde Veciana Phillips dreimal als Veciana vorgestellt. Noch hat der Miami-Agentenführer »Ron Cross« seine Behauptung, Howard Hunt sei mit »Knight« und David Phillips mit »Bishop« identisch, nicht zurückgenommen. Ein Mitarbeiter des Ausschusses kam zu der Ansicht, die Aussage »B. H.'s« könnte die Folge eines Desinformationsmanövers sein. Er neigt dazu, McCones spontaner ursprünglicher Reaktion, sowie den Auskünften »Ron Cross'« über Hunt und Phillips Glauben zu schenken. Irgendwie bekommt man das Gefühl, daß Angehörige des CIA −oder einstige Mitarbeiter− selbst die Kennedy-Untersuchung als Schachbrett betrachten.
Als sich das Interesse der Untersuchung in den letzten Monaten ihrer Betätigung auf eine mögliche Verbindung Oswalds zur Mafia zuspitzte, verminderte sich zu gleicher Zeit ihr Interesse am CIA-Aspekt des Falles. Doch war dieser Aspekt, wenn die Indizien von New Orleans mit denen von Mexico City zusammen betrachtet werden, sicher ein Fehler. Die sich häufenden Hinweise auf die Mafia, in Verbindung mit dem zunehmenden Mangel an Zeit und Geld, waren für das abnehmende Interesse der Ausschußleitung an dem »Bishop«-Hintergrund verantwortlich.
Wesentliche Hinweise wurden einfach nicht weiter verfolgt. Dasselbe gilt für Vecianas Bemühungen, seinerseits der Untersuchung dienlich zu sein. Veciana beobachtete in den frühen Zeiten seiner Bekanntschaft mit »Bishop«, daß dessen amerikanischer Begleiter einen belgischen Reisepaß hatte. Veciana notierte den Namen des Passes, »Frigault«, und zeigte seine einstige Notiz, die er aufbewahrt hatte, dem

---

* Clare Luce Booth, der wir in diesem Buch in Zusammenhang mit dem Thema Desinformation begegnet sind, hielt die Ansprache. Mrs. Luce, eine Befürworterin des Nachrichtendienstwesens ist Mitglied des Verbandsausschusses.

Ausschuß. Der Ausschuß folgte auch diesem wichtigen Hinweis nicht. Alle, die sich in diesem Bereich des Falles Kennedy betätigen, sind gewiß, daß es einen »Bishop« gibt, alle glauben an die vitale Bedeutung, die seine Entlarvung hätte. Sicherlich haben sie recht. Im Endergebnis glaubte der Kongreßausschuß weder Phillips noch Veciana. Laut seines Berichtes hatte der Ausschuß den Verdacht, daß Veciana die Unwahrheit gesagt hat, als er ableugnete, »der ehemalige Agent« sei Bishop gewesen. Im Bericht wird zwar nur von einem »ehemaligen Agenten« gesprochen, aus dem eingehenden Anhang wird jedoch klar, daß damit Phillips gemeint war. Was diesen ehemaligen Agenten betrifft, erweckte er den Verdacht des Ausschusses, als er behauptete, Veciana nicht als Gründer der Alpha 66 erkannt zu haben, obwohl er früher in Anti-Castro-Aktivitäten des CIA verwickelt gewesen war.

Es gibt keine Indizien dafür, daß der »ehemalige Agent« Phillips irgendeinen Anteil an der Verschwörung, Kennedy zu ermorden, hatte. Überdies besagen Vecianas Behauptungen keineswegs, daß »Bishop« die Ermordung des Präsidenten geplant hat. Doch ist Vecianas Behauptung, falls sie der Wahrheit entspricht, in hohem Grade relevant für die Untersuchung der Umstände, die die Tragödie umgaben. Die aus Vecianas Behauptung hervorgehende Schlußfolgerung wäre, daß ein amerikanischer Nachrichtendienstangehöriger Oswald kurz vor dem Attentat auf Kennedy traf und dann einen kubanischen Kontaktmann veranlaßte, eine falsche Geschichte von Oswalds Verbindungen mit kubanischen Diplomaten zu erfinden. Diese Vermutung muß zweifellos gründlich überprüft werden.

Der Kongreßausschuß hat den Fall »Bishop« weder gelöst noch hinreichend untersucht. Seine Erkundigungen zur Person »Bishop« wurden durch die verwirrenden Antworten des CIA und seiner früheren Angehörigen blockiert. Bei einer Gelegenheit erklärte der CIA, seine Akten enthielten keine Referenzen zur Person »Bishop«. Der ehemalige Direktor des CIA, McCone, meinte gar, seine frühere Aussage, »Bishop« zu kennen, beruhte auf einem Irrtum. Doch beharrte der ehemalige Agent »B. H.«, der laut des Ausschußstabes an gewalttätigen Unternehmen des CIA mitgewirkt hatte, auf der Geschichte seiner Begegnung mit »Bishop« im Hauptquartier des CIA.

Welche Rolle immer Owald am 23. November 1963 gespielt haben mochte – sicherlich besteht die Möglichkeit, daß eine widerspenstige Clique der amerikanischen Nachrichtendienste, ihn als ein Werkzeug benutzte. Möglicherweise benutzte dieselbe Clique auch Castro-Gegner und die Mafia zur Ermordung Kennedys und zur Hinrichtung Oswalds.

Den Durchschnittsbürger entsetzt die Idee, daß diejenigen, die mit der

Sicherheit der Vereinigten Staaten betraut sind, das in sie gesetzte Vertrauen verspielen könnten. Doch ist das Szenario keineswegs so phantastisch, wie es auf den ersten Blick erscheinen mag. Die Enthüllungen der siebziger Jahre haben nur zu deutlich bewiesen, daß es im CIA auch faule Äpfel gibt und daß sich darunter jene Kräfte befanden, die sich am leidenschaftlichsten für die Beseitigung Castros eingesetzt hatten. Im Namen des Anti-Kommunismus betätigten sich Geheimagenten an nicht legalisierten Unternehmungen, einschließlich Mordkomplotten, die bis zu diesem Zeitpunkt nur in minderwertigsten Kriminalgeschichten zu finden waren. Im Verfolgen derartiger Torheiten kam es zu einer Zusammenarbeit zwischen den betreffenden CIA-Angehörigen und den Bossen der Mafia. Die Mafia haßte die Kennedy-Regierung ebenso wie es jene Angehörigen des CIA taten, deren Überzeugungen denen Kennedys widersprachen. Das Schweinebucht-Debakel, bei welchem der Präsident die Anti-Castro-Sache »verriet« – und die gewaltsame Ausweisung Carlos Marcellos, die den Höhepunkt des Kennedy-Angriffs auf die Mafia kennzeichnete, fielen zeitlich zusammen. Die Mafia, die Exilkubaner und ein Bestandteil des CIA teilten den Groll über die Kubapolitik Kennedys. Es handelt sich um eine Gruppe von CIA-Angehörigen, die täglich in einer Atmosphäre von Täuschung und Gewalttätigkeit lebten und innerhalb ihres Machtbereiches ohne jede Skrupel handelten. Die Anzeichen deuten darauf hin, daß es in den Nachrichtendiensten gewisse Personen gab, die – zumindest vom Zeitpunkt der nicht-autorisierten fortgesetzten Angriffe auf sowjetische Schiffe nach der Kubakrise an – Unternehmungen förderten, die die Friedenspolitik Kennedys massiv zu sabotieren geeignet waren. Das ist eine Tatsache, die nicht lediglich als Spekulation bezeichnet werden kann. Der Kongreßausschuß für Attentate stellte fest, daß nach einem verläßlichen Bericht, ein hochrangiger CIA-Angehöriger selbst zur Zeit des Schweinebucht-Debakels die Exilkubaner angespornt hatte, sich den Anordnungen des Präsidenten zu widersetzen. Vor der Invasion rief der CIA-»Director of Operations«, der unter dem Decknamen »Frank Bender« arbeitete, exilkubanische Führer in ihrem Guatemala-Trainingslager zusammen und hielt die folgende Ansprache: »Eine gewisse Clique in der Regierung sucht die Invasion zu vereiteln. Falls ich den Befehl erhalte, die Invasion zu stoppen, werde ich Pepe (Pepe San Roman, der exilkubanische Befehlshaber) und Oliva informieren.« Dann fuhr er, wie Pepe bestätigt, fort: »Wenn das geschehen sollte, kommt ihr hierher und gebt vor, uns, eure Berater, einzusperren und führt das Unternehmen, wie geplant, aus. Wir werden euch in diesem Falle die gesamten Pläne übergeben.« Dann lachte »Frank« und schloß mit: »Wir werden dennoch siegen.«

Viele Monate später entdeckte Robert Kennedy während der Kuba-Krise – als die Welt in Angst vor Massenvernichtung einer Auseinandersetzung der Großmächte entgegensah –, daß ein CIA-Angehöriger ohne Autorisation ein Projekt entwarf, Kuba mit zehn Kommandoteams zu überfallen. Drei Teams waren bereits unterwegs. Der Bruder des Präsidenten untersuchte die Angelegenheit und entdeckte, daß die Spitze des CIA nichts davon wußte. Verantwortlich für dieses idiotische Unternehmen war William Harvey, der Robert Kennedy mit »glühender Leidenschaft« haßte. Bevor Harvey auf einen Posten im Ausland versetzt wurde, wirkte er als Fachmann an zwei anderen Projekten. Das eine war die »Executive Action«, an der sich Harvey schon vor der Schweinebucht beteiligt hatte. Ihre Aufgabe war es, wie der CIA zugab, Mittel, einschließlich Mord, zur Elimination unerwünschter, fremder Staatsoberhäupter, ausfindig zu machen. Zu diesem Zweck setzte sich Harvey mit einer der bedeutendsten Hilfsquellen des CIA, QJ/WIN, in Verbindung. Harvey benutzte den, bisher noch nicht identifizierten, QJ/WIN dazu, die Unterwelt zwecks einer »verfügbaren Reserve von Meuchelmördern« zur durchsuchen. Von Ende 1961 bis 1963 leitete Harvey ein zweites Unternehmen: die CIA-Mafia-Komplotte zur Ermordung Fidel Castros. Bei diesen war er auch im »Feld« tätig und hatte mehrere Zusammenkünfte mit dem Gangster John Roselli, der sein Verbindungsmann zu Santos Trafficante war. Episoden wie Harveys verwegene Torheit während der Raketenbasen-Krise und »Benders« unverhohlene Aufwiegelung zur Meuterei, anläßlich des Schweinebucht-Überfalls, sind von glaubwürdigen Chronisten verzeichnet.

Zwar zog der Kongreßausschuß für Attentate das zutreffende Fazit: der CIA als solcher ist nicht am Attentat beteiligt gewesen. Dennoch ist es nicht auszuschließen, daß fanatische Einzelgänger in der Welt der Nachrichtendienste, an der Ermordung Kennedys mitgewirkt haben.

Nach der Ermordung seines Bruders äußerte der Justizminister Robert Kennedy diesen Verdacht gegenüber einem Freund seiner Familie, dem Direktor des CIA, John McCone. Robert Kennedy erinnerte sich an das Gespräch: »Ich habe damals McCone gefragt..., ob ›sie‹ meinen Bruder umgebracht haben, und ich fragte ihn auf eine Art, die es ihm unmöglich machte, zu lügen. Die Antwort war, nein.« Robert Kennedy bezweifelte also später selbst die offizielle (Warren-Ausschuß) Version des Mordes in Dallas. Ja, er hegte den Verdacht, auch das Organisierte Verbrechen habe an der Ermordung seines Bruders mitgewirkt. McCone selbst glaubte von Anfang an, daß es in der Dealey Plaza mehr als einen Scharfschützen gegeben hatte. 1979 haben die Untersuchungen des Kongreßausschusses für Attentate

den Verdacht Robert Kennedys und John McCones gerechtfertigt. Als
die Frage der Mitschuld des CIA im November 1963 zum erstenmal
aufkam, hatte McCone allerdings noch keine Ahnung von dem Ausmaß der Amtsüberschreitungen, deren sich bestimmte seiner Leute
schuldig gemacht hatten. So wußte er nichts von den Komplotten
gegen das Leben Fidel Castros. Noch wurde ihm mitgeteilt, daß
ranghohe CIA-Angehörige im Zusammenhang mit ihren mörderischen Intrigen gerade mit jenen Mafia-Bossen zusammenarbeiteten,
die des Mordes am Präsidenten verdächtigt waren. Der Vorgänger
McCones, Allen Dulles, wußte von den Mordkomplotten gegen
Castro, doch schwieg er gegenüber seinen Kollegen, als er Mitglied
der Warren-Kommission wurde.
Die letzten zwei Jahre kennzeichnen einen historischen Durchbruch
im Enträtseln des Kennedy-Falles. Der ehemalige Rechtsberater des
Warren-Ausschusses, Burt Griffin, bekundete gegenüber dem Verfasser und einem früheren BBC-Mitarbeiter: »Ich fühle mich verraten.
Der CIA hat uns angelogen. Der CIA, ein Regierungsnachrichten-
dienst, dem wir vertrauten, von dem wir erwarteten, daß er uns die
Wahrheit sagte, hat uns angelogen. Wir hofften, daß er mit uns
zusammenarbeiten würde und er tat es nicht. Er verheimlichte vor uns
die Tatsache, daß er an Mordkomplotten gegen Castro beteiligt war;
eine Tatsache, deren Kenntnis für uns von großer Bedeutung gewesen
wäre. Insbesondere aber verheimlichte er vor uns die Tatsache, daß er
zum kritischsten Zeitpunkt mit der Mafia zusammengearbeitet hatte.«
Burt Griffins Meinung über das FBI ist ähnlich. »Ich finde es besonders
beunruhigend, daß zwei staatliche Behörden, von denen wir Loyalität
erwartet hatten, uns mit Absicht irregeführt haben.« Richter Griffins
Schlußfolgerungen über das Verhalten der Nachrichtendienste sind
keine bloßen Beschuldigungen – sie beruhen auf konkreten Tatsachen, die zwei Kongreßuntersuchungen für die Geschichte verzeichnet haben. Was insbesondere die Ermordung Kennedys betrifft,
erklärte der Kongreßausschuß für Attentate 1979: »Die CIA-Mafia-
Kuba-Komplotte enthielten alle wesentlichen Bestandteile zu einer
erfolgreichen künftigen Verschwörung gegen das Leben Kennedys:
– die entsprechenden ›Professionals‹, die Motive und die Mittel – und
die Indizien deuten darauf hin, daß die an der Verschwörung Beteiligten sehr wohl erwägen hätten können, die ihnen zur Verfügung
stehenden Mittel dafür einzusetzen, ihre Macht durch die Ermordung
des Präsidenten zu vergrößern und ihre Probleme zu vermindern.«
Doch war der Kongreßausschuß letzten Endes in seinen Bemühungen
frustriert, die Einzelheiten, die zum Mord hätten führen können – wie
die Identifizierung der Teilnehmer, ihre Verbindungen, die chronolo-
gische Folge der Geschehnisse usw. – zu bestimmen.

Bei der Fertigstellung dieses Manuskripts beklagte sich ein unermüdlicher amerikanischer Berichterstatter, daß seine sorgfältig überprüften Berichte über den Fall Kennedy nicht gedruckt wurden. Als er sich bei seinem Verleger beschwerte, wurde ihm mitgeteilt, daß er »Fragen stelle, die unbeantwortbar« seien. Statt dessen, schrieb ihm sein Verleger, solle er sorgfältig darauf hinweisen, daß die Entscheidungen des Ausschusses für Attentate im gegebenen Zeitpunkt genau der Überzeugung der Öffentlichkeit entsprachen. »Lassen Sie es dabei bewenden.« Als der Ausschuß seinen endgültigen Bericht veröffentlichte, spiegelten die einflußreichsten Organe der amerikanischen Medien das Gefühl dieses Verlegers wieder. Einige waren abschätzig. TIME, NEWSWEEK und NEW YORK TIMES gaben ihr Urteil lange bevor sie eigentlich in der Lage hätten sein können, jenen monumentalen Bericht und die ihn begleitenden Bände von Beweismaterial zu lesen. Sie druckten Artikel, die ätzend und ja sarkastisch waren. Ein berühmter Kommentar »lehnte es ab«, den akustischen Beweis zu akzeptieren, daß auf der Dealey Plaza von zwei verschiedenen Stellen geschossen worden war. Aus seinen Kommentaren ging klar hervor, daß er die wesentlichen Einzelheiten der Beweisführung nicht verstanden hatte. Ein Reporter machte sich lustig über die »Süchtigen« der Verschwörungshypothese und ein anderer prophezeite dunkel die Entstehung immer verrückterer Theorien. Wenn er die Befunde des Ausschusses gelesen hätte, hätte er nicht das Verdienst des Ausschusses, viele der unhaltbaren Phantasien beseitigt zu haben, übersehen können.

Ich begann meine Arbeit am Fall Kennedy mit der Befürchtung, mehr als ein dutzend Jahre mit der Einordnung journalistischen Materials verbringen zu müssen. Stattdessen fand ich zu meinem Erstaunen fast ein journalistisches Vakuum. Die Ermordung Kennedys wurde niemals mit jener Gründlichkeit aufgearbeitet, die etwa der des Watergate-Skandals entsprochen hätte. Kennedy wurde noch zu einer Zeit ermordet, in der das Anliegen der Journalisten, die Wahrheit zu entdecken, von ihren Vertrauen in die Verläßlichkeit offizieller Untersuchungen gedämpft war. In einer Lawine der sich wandelnden 60er Jahre wurde die notwendige weitere Verfolgung des Falles einfach verschüttet. Und so kam es, daß, mit Ausnahme weniger, kaum ein Berufsjournalist unabhängige Forschungen zum Thema »die Ermordung Kennedys« anstellte. Ich war, zu meinem eigenen Erstaunen, häufig der erste Berichterstatter, der wesentliche Zeugen interviewte.

Nachdem der Kongreßausschuß für Attentate seinen Bericht erstattet hatte, hieß es in einem amerikanischen Leitartikel, der Ausschuß habe der Geschichte keinen Dienst erwiesen, und hätte niemals eingesetzt werden sollen, wenn er nicht besseres zu leisten vermochte, als die Verwirrung der Öffentlichkeit zu vergrößern. Der Verfasser des Artikels behauptete selbstsicher, daß nur wenige Amerikaner heutzutage leidenschaftlich »die einzige und absolute Wahrheit über die Schießereien zu wissen wünschten«.

Kein Berichterstatter sollte sich je erdreisten, die Gedanken der Öffentlichkeit zu lesen. Auch ist es, meines Erachtens, in diesem Falle belanglos, ob die Amerikaner des Attentates müde sind oder nicht.

Ein Beamter des Justizministeriums soll bemerkt haben, die neuesten Untersuchungen hätten nicht die Spur eines Hinweises auf irgend einen andern denn Oswald als den Mörder ergeben. Ein anderer: das Justizministerium habe wichtigere Dinge zu tun, als »Geistern nachzujagen«. Der erste der beiden würde hinreichende Hinweise finden, wenn er sich die Mühe gäbe, die siebentausend Seiten von Indizien nachzulesen. Er mag sie selbst in diesem Buch entdecken. Was den zweiten Justizbeamten anbetrifft, scheint sein Ausspruch schwer mit seiner amtlichen Verantwortung vereinbar.

Was den CIA betrifft, so berichteten wir in diesem Buche immer wieder von seiner Überheblichkeit gegenüber der Zivilverwaltung. Sein Benehmen vor dem Kongreßausschuß war eine Geduldsprobe für die Kongreßabgeordneten. Ein Kongreßabgeordneter, Floyd Fithian, erzählte, der CIA habe in einer der öffentlichen Sitzungen des Ausschusses einen seiner Sprecher geschickt, der erklärte, »nicht befugt zu sein«, die Sache Lee Oswald, »die einzige, in der der Ausschuß ein grundlegendes Interesse hatte«, zu diskutieren. Kongreßabgeordneter Dodd war derartig entrüstet über das, was er vom CIA wie über das FBI kennenlernte, daß er dem Bericht des Ausschusses eine vielsagende Fußnote beifügte. »Diese beiden Behörden sollten den rechtsstaatlichen Prinzipien unterstehen, ihre Mißbräuche waren nur möglich, weil sie sich frei fühlten, neben oder über den Gesetzen zu fungieren. Es sollte außer Frage stehen, daß der Kongreß und die Öffentlichkeit Amerikas den Wunsch haben, daß die Nachrichtendienste innerhalb der Gesetze wirken. Ich habe den Eindruck, diese Institutionen glauben noch heute, irgendwie über den Gesetzen zu stehen.«

Kongreßabgeordneter Dodd, wie auch sein Kollege Fithian, bedauerten, keinen Vertreter des CIA vor dem Komitee erlebt zu haben, der bereit gewesen wäre, die Rolle der zentralen Persönlichkeit des Falles, Lee H. Oswald, zu erörtern. Er beendete seine Tirade gegen den CIA mit einem Zitat aus Shakespeares Julius Caesar: »Mit welchem Fleisch wird dieses Monster gefüttert, o Caesar, daß es so groß geworden?« Dodd: »Vielleicht vom Fleische uns'rer Trägheit. Und wenn dem so ist, können wir es uns nicht leisten, weiter träge zu sein.«

Der Oberste Rechtsberater des Kongreßausschusses für Attentate, Professor Robert Blakey, gilt als ein gewissenhafter Anwalt. Er hat den Ruf äußerster Diskretion und sorgfältigster Berücksichtigung unumstrittener Indizien. Seit dem Erscheinen des Berichts hat er sein Schweigen gebrochen: die Tatsache, daß in Dallas zumindest zwei Scharfschützen auf den Präsidenten geschossen haben und daß es sich deshalb um eine Verschwörung gehandelt hat, sei »eine wissenschaftlich begründete Annahme«. »Der Ausschuß«, so Professor Blakey, »hat eine Straßenkarte bereitgestellt, auf der die Ausgangspunkte zukünftiger Untersuchungen, die nicht den Einschränkungen von Kongreßausschußuntersuchungen unterliegen sollten, verzeichnet sind. Im Falle der Ermordung Kennedys wäre New Orleans der Ausgangspunkt. Eine Regierung, die Anspruch darauf hat, im Sinn der Gerechtigkeit zu handeln, muß den vom Ausschuß angedeuteten Pfaden folgen. Warum? Weil gemäß den Statuten unseres Landes ein Mord niemals verjährt. Weil die Gerechtigkeit aus diesem Grunde nichts weniger als die Verfolgung der Mörder John F. Kennedys verlangt.« Professor Blakeys leidenschaftlicher Kommentar appelliert an die mit der Gerechtigkeit untrennbar verbundene Ethik.

Als Jimmy Carter, als vierter Nachfolger John F. Kennedys, in einer Krisenzeit seiner eigenen Regierung eine Ansprache an die Nation über die geistige Krise Amerikas hielt, zählte er die Übel auf, die Amerika von innen her gefährden – ein Volk, in dem nur ein Drittel der Bevölkerung sich die Mühe gibt, zu wählen, dessen Produktivität im Rückgang begriffen ist, in dem die eingewurzelten Institutionen nicht mehr respektiert werden. Präsident Carter wies auf die Meilensteine auf dem Wege in diese Krise, die mit der Ermordung nationaler Persönlichkeiten, wie der Präsident Kennedys, begann.

Die Ermordung Kennedys spiegelte in einer schizophrenen Ära die besten und die schlimmsten Kennzeichen des amerikanischen Charakters. Der Mord selbst, im Breitwandformat global der Öffentlichkeit der Welt überspielt, hatte etwas wesentlich amerikanisches und den sechziger Jahren eigenes, wie die Funkdramen über Vietnam, die Revolution der internationalen Jugend und das Landen auf dem Mond. Die erste Kennedy-Untersuchung war trotz allen formellen Pomps und ihren Schlußfolgerungen verpfuscht. Sie war eine schmerzlindernde Medizin, verabreicht wie eine Droge und vorbestimmt, die junge Generation zunächst zu beruhigen und später zu verwirren, und die ältere zu entrüsten. Die Wiederaufnahme der Kennedy-Untersuchung war die Reaktion der Gesetzgeber auf die Zweifel einer Nation, die mehr wissen wollte, als die Umstände unter denen ein Mensch verschied. Es ist denkbar, daß die Ideale von Gerechtigkeit und Ethik vielleicht aus den Tiefen eines Meeres von

Zynismus wieder an die Oberfläche zurückkommen und ihren Platz im Herzen der amerikanischen Zivilisation finden. Vielleicht wird diese Hoffnung, nur drei Jahre vor der nächsten Präsidentenwahl, 1984, nicht wieder verlacht werden.

Vielleicht ist es angemessen, mit den Worten einer Frau, die noch nicht amerikanischer Staatsbürger war, als Präsident Kennedy ermordet wurde, zu schließen. 1978 gewährte Silvia Odio, die Exilkubanerin, deren Aussage das menschlich überzeugendste Indiz einer Verschwörung bildete, dem Verfasser ein TV-Interview. Als sie gefragt wurde, weshalb sie, nach so vielen Jahren der Weigerung, vor die Presse zu treten, nun bereit sei, zu sprechen, schwieg sie einen langen Augenblick. Dann sagte sie: »Vielleicht ist es das Ergebnis eines Gefühls der Frustration durch so viele Jahre. Ich bin, um meiner selbst willen, um der Geschichte willen, entrüstet, daß wir die Wahrheit noch immer nicht gefunden haben. Ich glaube, weil mich das alles so erzürnt – die Kräfte, die ich nicht begreife und gegen die ich machtlos bin. Deshalb bin ich jetzt dazu fähig.«

Viele Bürger, und nicht nur der Vereinigten Staaten, teilen ihre Gefühle. Der »Chief Council« des Kongreßausschusses erklärte in einem bemerkenswerten Statement, es sei nicht notwendigerweise zu spät, wieder zur Gerechtigkeit zurückzukehren. Noch heute sind Menschen am Leben, »die an der Ermordung Kennedys und Martin Luther Kings mitgewirkt haben. Diese Menschen sollten ohne Rücksicht und mit allen verfassungsmäßigen Mitteln verantwortlich gemacht werden«. Professor Blakey behauptet, »es gibt Möglichkeiten strafprozessualer und strafrechtlicher Art, sie vor Gericht zu bringen . . .« In einem so viele Jahre hindurch vernachlässigten Fall ist es zwar problematisch, hinreichende Beweise für eine Verurteilung zu erbringen. »Doch«, meint Chief Council Blakey, »glaube ich, man könnte nahe an eine Verurteilung herankommen.«

Die Aussage eines hervorragenden und verantwortlichen Anwaltes sollte in einem demokratischen Staat nicht unbeachtet bleiben. In seinem Schlußbericht forderte der Kongreßausschuß das Justizministerium auf, das vorliegende Beweismaterial zu untersuchen und weitere Schritte vorzubereiten. Das war Anfang 1979. Zwei Jahre später, als dieses Buch in Druck ging, lag noch keine Antwort vor. Die Einstellung des Justizministeriums zum Fall Kennedy ist klar und betrüblich.

Das Ministerium reagiert langsam, langsamer noch, als man es von einer Bürokratie erwarten würde. Als der Vorstand des Kongreßausschusses versuchte, die Entscheidung zu beschleunigen, bekam er als Antwort einen Brief des Justizministers über die genauen Daten der das Beweismaterial enthaltenden Korrespondenz. Ende 1980 veröffentlichte das Justizministerium einen FBI-Bericht über die Akustik-Evidenz, die den Kongreßausschuß davon überzeugte, daß zwei Schützen an der Ermordung teilgenommen haben müssen. In demselben Bericht erklärte das FBI seinerseits, das akustische Gutachten wegen mangelnden Beweises für ungültig: nämlich, daß die betreffenden Geräusche auf dem Tonband von Schüssen herstammten und, daß ein zweiter Scharfschütze auf den Präsidenten von vorne geschossen haben soll.

Die Akustik-Experten, die den Ausschuß beraten hatten, protestierten sofort. Das war natürlich zu erwarten. Doch kann selbst ein Laie die Fehlerhaftigkeit des FBI-Berichtes erkennen. Ein Beobachter fragte, ob der Bericht nicht eher von der Führung des »Federal Bureaus« als von seinen wissenschaftlichen Beratern stamme. Der Oberste Rechtsberater des Kongreßausschusses für Attentate, Blakey, äußerte sich dazu mit einer für ihn ungewohnten Vehemenz, er nannte den FBI-Bericht »einen Public-Relations-Trick zur Vermeidung weiterer Untersuchungen«. Verbittert fügte er hinzu, das Justizministerium habe die Arbeit, die der Ausschuß von ihm verlangte, nicht nur im akustischen, sondern auch in anderen wesentlichen Bereichen nicht geleistet. Professor Blakey respektiert das gegenwärtige FBI wegen seiner allgemeinen Integrität und Kompetenz, doch, meint er, »scheinen sie, als Organisation, im Falle Kennedy unfähig, positiv zu denken oder zu handeln. Das habe sich schon am Tage nach dem Attentat gezeigt, als das FBI erklärte, es habe keine Verschwörung gegeben und verhinderte, den Fall vorurteilslos zu behandeln«.

Einst hoffte Professor Blakey, der Rechtsapparat der Vereinigten Staaten würde die früheren Unterlassungen im Falle Präsident Kennedys wiedergutmachen. Nachdem er aber feststellen mußte, wie inkompetent die Arbeit des Ausschusses vom Justizministerium gewürdigt wurde, machte er aus seiner Entrüstung kein Hehl: »Das Justizministerium begräbt die Affäre, weil es den Fall dem Tode geweiht hat. Sein Vorgehen ist fast diabolisch. Das Justizministerium wird sich der Sache entziehen, nichts weiteres wird geschehen.«

Einem Bericht zufolge soll der ehemalige Justizminister Robert Kennedy zwei Tage vor seiner eigenen Ermordung 1968 gesagt haben: »Ich kam zur Einsicht, daß die Geheimnisse um den Tod meines Bruders nur durch den Gebrauch der Sonderbefugnisse des Präsidenten gelöst werden können.« Heute ist entweder der Präsident oder der Justizminister befugt, einen unabhängigen Sonderankläger (Special Prosecutor) zu ernennen, wie es nach dem Watergate-Skandal der Fall war. Die Unzulänglichkeit des Justizministeriums bestärkt die Überzeugung einiger Beobachter, daß jetzt nur noch ein Vorgehen dieser Art effektiv sein kann.

Das Trauma der Ermordung Kennedys wird weiter leben. Eine umfassende gerichtliche Untersuchung – die gab es bis heute noch nicht – sollte unverzüglich die noch lebenden, potentiell des Mordes und der Verschwörung verdächtigen Personen untersuchen.

Eine volle und unbehinderte Untersuchung könnte eine Generation von ihren Zweifeln und Frustrationen befreien. Vielleicht würde auch sie versagen, doch verlangt die Gerechtigkeit – nach der Überzeugung des Obersten Rechtsberaters des Kongreßausschusses für Attentate – mindestens das.

Wenn dieser Versuch unterlassen wird, setzt der Tod des Präsidenten Kennedy das Siegel auf eine Ära der Ungewißheit.

Nachwort
oder
Weiter auf der Suche nach »Maurice Bishop«

Als dieses Buch im Sommer 1980 veröffentlicht wurde, sah sich David Phillips, ehemaliger CIA-Angehöriger, der nach Ansicht des Kongreß-ausschusses für Attentate »Maurice Bishop« hätte identifizieren kön-nen, zu einer scharfen Reaktion veranlaßt. Er setzte sich mit führen-den Zeitungen und dem Fernsehen in Verbindung und erklärte sich bereit, den ihn betreffenden Textstellen in CONSPIRACY entgegen-zutreten. Als Folge davon nahm der Verfasser mit Phillips gemeinsam an Diskussionen über dieses Buch in bekannten Fernsehsendungen teil.

Im Verlaufe seiner Kontaktaufnahmen mit der Presse, setzte sich Phillips mit dem Redakteur der WASHINGTON POST in Verbindung. In einem Interview mit dieser Zeitung enthüllte Phillips die wahre Identität ehemaliger Angehöriger des CIA, die in den Berichten des Kongreßausschusses, sowie dem vorliegenden Buch des Verfassers mit Decknamen abgeschirmt wurden. Phillips behauptete, der Son-deragent »Cross«, der ausgesagt hatte, Phillips habe den Decknamen »Bishop« benutzt, sei ein Alkoholiker. Damit unterstellte er »Cross« ein nicht zuverlässiges Erinnerungsvermögen. Als ein Berichterstatter der POST »Cross« kurz danach besuchte, entdeckte er, daß Phillips eben angerufen hatte. Wir wissen nicht, worum es in dem Telefonge-spräch ging, doch beharrte »Cross« nach wie vor darauf, daß der Name »Bishop« im Miami Bureau des CIA gebraucht worden war, und seines Wissens als der Deckname Phillips' üblich war. »Cross« gab zu, früher ein schwerer Trinker gewesen zu sein, doch bewies er – wie bereits erwähnt – daß er sich, von »Bishop« abgesehen, an Namen und Einzelheiten korrekt erinnerte. In einem späteren Gespräch mit dem Verfasser im Jahre 1981, schien »Cross« verärgert zu sein über das Aufsehen, das seine Behauptungen verursacht hatten und beklagte sich, der Senatsausschuß habe ihnen »unangemessenen Nachdruck« verliehen. Doch bestritt er nicht, korrekt zitiert worden zu sein. Der Tatbestand wurde nachgeprüft, die Kongreß-Untersuchungsbeamten bestätigten, daß »Cross« den Namen »Bishop« sofort und spontan mit David Phillips verknüpft hatte.

Der Berichterstatter der WASHINGTON POST sprach mit Phillips' ehemaligem Assistenten in Miami, »Doug Gupton«. Dieser behauptete, wie schon früher, dem Ausschuß gegenüber: »Ich habe, soweit ich mich erinnern kann, den Decknamen »Bishop« niemals gebraucht.« Schließlich besuchte der Berichterstatter »B. H.« den ehemaligen Geheimagenten des CIA, der vor dem Ausschuß behauptete, er habe »Bishop« getroffen. Seine Aussage erschien dem Ausschuß jedoch unglaubwürdig.

»B. H.«, ein kleiner dunkelhäutiger Mann kubanischer Herkunft, gibt sich aggressiv, nicht zuletzt auch als Antwort darauf, wie er von dem CIA behandelt wurde. Er berichtete vor dem Ausschuß, Phillips sei ein persönlicher Freund, mit dem er Tag für Tag an kubanischen Operationen gearbeitet habe. In dem Interview mit der WASHINGTON POST 1980 gab er an, er habe über die Untersuchungen mit Phillips persönlich gesprochen, jedoch nach Aussage Phillips' vor dem Ausschuß, noch bevor er selbst formell vernommen wurde. Beim letzteren wurde »B. H.« nur gefragt, ob er »Bishop« kenne. »Mr. ›Bishop‹ gehörte zu unserer Organisation«, gab er an, »doch hatte ich keinen täglichen Kontakt mit ihm. Mit Phillips ja, doch nicht mit ›Bishop‹. Ich kannte sie beide.« »B. H.« betonte in seinen Aussagen, er erinnere sich »Bishops« und Phillips als zwei verschiedener Personen. Doch gibt es bedeutende Widersprüche zwischen seiner Aussage vor dem Ausschuß und der Information, die er dem Reporter der POST gab. Dem Komitee sagte er, »Bishop« zwei oder dreimal begegnet zu sein, der POST jedoch, er habe »Bishop« nur einmal gesehen. Dem Komitee gegenüber machte er folgende Angaben: die Begegnungen mit »Bishop« fanden zwischen 1960 und 1964 statt; der POST gegenüber, er habe »Bishop« *wahrscheinlich* erst nach 1964 – also nach dem für Vecianas Aussage relevanten Zeitpunkt – gesehen. Vor dem Ausschuß behauptete »B. H.«, er habe mit Phillips von 1960 bis 1964 eng zusammengearbeitet; im Gespräch mit der POST erklärt »B. H.« diese Widersprüche damit, seine Aussagen vor dem Ausschuß seien »falsch vermerkt« worden.

Der Sachbearbeiter des Kongreßausschusses für »Bishop« meinte, »B. H.« sei eine falsche Fährte, die nur zu Verwirrung führen kann. Dieser Verdacht ist wahrscheinlich gerechtfertigt. Der »B. H.«-Aspekt wäre jedoch geklärt worden, wenn ihm der Ausschuß die gebührende Aufmerksamkeit gewidmet hätte. Doch tat er dies leider nicht. Phillips wurde zwar vernommen, doch wurde »Cross« nicht unter Eid verhört. »Cross«, der den Sachbearbeitern mitgeteilt hatte, »Bishop« sei mit Phillips identisch, wurde nicht einmal formell interviewt. Die CIA-Angehörigen, die weitere Auskunft über die Benutzung des Kodenamens »Bishop« hätten geben können, wurden nicht systematisch verhört. Der Ausschuß unterließ es auch, dem Hinweis Vecianas auf einen prominenten Exilkubaner zu folgen, der ihn, Veciana, möglicherweise als geeigneten Kandidaten für den CIA an »Bishop« empfohlen haben könnte. Der Name dieses Exilkubaners ist sowohl dem Ausschuß als auch dem Verfasser bekannt. Andere wichtige Hinweise wurden nur oberflächlich überprüft.

Der Ausschuß unterließ es auch, einen weiteren wesentlichen Zeugen, dessen Namen Veciana einige Monate vor dem Abschluß der Untersuchungen angegeben hatte, ausfindig zu machen. Veciana sprach von Anfang an von einem Verbindungsmann zwischen ihm und »Bishop«. Den Spielregeln entsprechend, vereinbarte »Bishop« geheime Treffen mit Veciana entweder durch einen telefonischen Anruf oder durch eine dritte Person, die Veciana stets erreichen konnte. Lange Zeit weigerte sich Veciana den dritten Mann beim Namen zu nennen, doch schließlich gab er eine alte, nicht mehr gültige Adresse in Puerto Rico an.

1980 verfolgte der Verfasser diese Spur und machte den Verbindungsmann zwischen Veciana und »Bishop« ausfindig. Das Ergebnis war die erste unbeeinflußte Bestätigung dafür, daß Veciana tatsächlich mit einem Mann, der sich »Bishop« nannte, in Verbindung gestanden hatte.

Die Person, die die Geheimtreffen zwischen »Bishop« und Veciana vermittelt hatte, ist nunmehr eine respektable Großmutter in den fünfziger Jahren, Beamtin niederen Ranges in einer Abteilung der US-Regierung. Sie bestand auf Anonymität und wird fortan als »Fabiola« bezeichnet. Sie ist Exilkubanerin, die Havanna im Herbst 1961 verlassen hatte. Bis 1961 war sie Vecianas Sekretärin im Banco Financiero, dies auch zu der Zeit, als Veciana, seiner Angabe gemäß, von »Bishop« angeworben worden war. Fabiola behauptet zwar, Veciana habe zu dieser Zeit noch nicht über einen Kontakt zum CIA gesprochen, doch passen die Einzelheiten ihrer Erzählung zu Vecianas Angaben. Sie erinnerte sich an den Zeitpunkt, als Veciana begann, »Abendkurse für Sprachen« zu besuchen. Veciana berichtete in seinen frühen Aussagen, er sei in einem allabendlichen Kurs von der CIA ausgebildet worden. In dem ersten Stockwerk des Gebäudes, in dem sein Training stattfand, befand sich die »Berlitz-Schule für Sprachen«. Fabiola fiel nun auf, daß Veciana tatsächlich an geheimen Aktivitäten beteiligt war. Gelegentlich bat er sie, eine halbe Million Dollar für ihn aufzubewahren. Veciana behauptete, mit »Bishop« an einem Projekt, die »kubanische Währung zu destabilisieren«, mitgewirkt zu haben. Fabiola beschloß damals jedoch, Veciana nicht über seine Geheimaktivitäten zu befragen. Politisch war sie mit Veciana gleichgesinnt. Später im Exil, als er die Gruppe Alpha 66 kommandierte, arbeitete sie aktiv mit ihm zusammen. Sie fungierte zunächst im Telefondienst, wenn Veciana auf Reisen ging. Dabei wurde sie mit Namen eines Anrufers aus den Vereinigten Staaten namens »Bishop« vertraut. Als der Verfasser Fabiola interviewte, nannte er verschiedene Namen. Sie reagierte nur auf einen dieser Namen, »Bishop«; dann assoziierte sie zu »Bishop« einen zweiten Namen, der in ihrer Erinnerung eng mit »Bishops« verknüpft war: Prewett. Die Assoziation dieser Namen war in ihrem Gedächtnis so intensiv, daß sie äußerste Schwierigkeiten hatte, sie auseinander zu halten. Laut Fabiola fielen die Anrufe »Bishops« und Prewetts in dieselbe Zeitperiode. Sie glaubt an eine Verbindung und deren Zusammenarbeit in einer Zeitung an der Ostküste Amerikas.

Der Verfasser durchsuchte die Adressbücher der amerikanischen Presse und stieß auf Virginia Prewett, eine Journalistin aus Washington, die sich lebenslang auf lateinamerikanische Angelegenheiten spezialisiert hatte. Sie veröffentlichte viele Artikel über Fidel Castro, den sie als einen »Verräter« bezeichnete und die »Patrioten«, mit denen sie die Exilkubaner meinte. Im Sommer 1963 nahm sie an einer Konferenz über das Thema Kuba teil. Veranstalter waren das »Freedom House« und das »Citizens Committee for a Free Cuba«. Ihr Bericht wurde im »Congressional Record« veröffentlicht. Sie begann mit dem Zitat eines Aufrufes von »Freedom House« zwecks sofortiger Beseitigung des Castro-Regimes sowie des Sowjetischen Einflusses in Kuba. Viele Jahre hindurch schrieb Mrs. Prewett für die NANA (North American Newspaper Association), ein Zeitungssyndikat, das ihr Freund Ernest Cuneo, ebenfalls Mitglied des »Komitees für ein Freies Kuba« gegründet hatte. Cuneo, ein Veteran des OSS, dem Vorgänger des CIA, war für die journalistische Arbeitsverbindung von Mrs. Prewett zu NANA verantwortlich gewesen. 1963 wurde NANA in einem Senatsausschuß-Bericht scharf wegen der Veröffentlichung von Propaganda für Tschiankaischek aus der Feder eines von Tschiankaischek angeheuerten, amerikanischen Journalisten kritisiert.

Im Frühjahr 1963, sieben Monate vor der Ermordung Kennedys, griff Virginia Prewett die amerikanische Regierung wegen des Verbotes der, von Vecianas Alpha 66 durchgeführten Kommandoüberfälle gegen Kuba an. Am 2. April verriß sie in der WASHINGTON DAILY NEWS einen Regierungssprecher, der »die tapferen und waghalsigen Alpha-66-Angriffe als unverantwortlich« bezeichnet hatte. Virginia Prewett bezeichnete in diesem Artikel die Äußerungen der Regierung als einen »Tiefpunkt amerikanischer Außenpolitik« und verhöhnte die Idee, daß es »wenn die Alpha 66 Kommandoüberfälle nicht gestoppt würden, zu einem nuklearen Konflikt kommen könnte«. Als Präsident Kennedy drei Wochen später strenge Maßnahmen gegen potentielle exilkubanische Überfälle angeordnet hatte, griff sie das Weiße Haus an, das sich »angemaßt habe, die Carte Blanche zur Verfolgung einer Außenpolitik, die der Überzeugung der Nation widersprach, zu besitzen«. Die Prewettschen Artikel wurden auch vom CONGRESSIONAL RECORD zitiert.

Um die Exilkubaner zu verteidigen, griff Virginia Prewett das Weiße Haus an: »Glaubt die Regierung das Recht zu haben, sich über die Überzeugungen der Mehrheit der Bevölkerung hinwegsetzen zu können?« Dieser Artikel Mrs. Prewetts erschien im übrigen auch im CONGRESSIONAL RECORD.

Die Überfälle der Alpha 66, die Präsident Kennedy gerade in diesem Augenblick äußerst unerwünscht sein mußten – wurden, so behauptete Veciana als Kommandant der Alpha 66 – auf besondere Anordnung »Maurice Bishops« unternommen. Veciana geht noch weiter, »Bishop« beabsichtigte mit derartigen Überfällen unmittelbar nach der Kubakrise, Kennedys Annäherungspolitik gegenüber der UdSSR zu untergraben, ja, Kennedy auf diese Weise unter Druck zu setzen, die Politik der kompromißlosen Beseitigung des Castro-Regimes forzusetzen.

Der Verfasser hatte 1978 die Gelegenheit, in Gegenwart eines Berichterstatters der WASHINGTON POST mit Virginia Prewett zu sprechen. Sie räumte ein, Anfang der sechziger Jahre mit der Alpha 66 in Verbindung gestanden zu haben. Ja, sie vermutete, daß die Alpha 66 wahrscheinlich sogar vom CIA unterstützt wurde, obgleich deren Anführer davon gar keine Kenntnis hatten. Ms. Prewett bestreitet nicht, über Vecianas Aktivitäten informiert gewesen zu sein. Sie fragte: »Wo befindet sich Veciana jetzt?« Später in dem fraglichen Interview behauptete sie jedoch, Veciana niemals persönlich begegnet zu sein. Veciana seinerseits behauptet, Ms. Prewett persönlich gekannt zu haben. Er spricht über sie als »Virginia« und besteht darauf, sie in ihrem Hotel in Puerto Rico und »wahrscheinlich« auch in Washington getroffen zu haben. Als der Name »Bishop« in Zusammenhang mit dem CIA und Kuba erwähnt wurde, bemerkte sie »nun, man war damals wohl gezwungen, mit Leuten aller Art Umgang zu haben«. Als der Name »Bishop« noch einmal auftauchte, meinte sie erneut: »Ich bin ihm niemals persönlich begegnet«, und später entgegnete sie auf eine direkte Frage abermals: »Ich habe ›Bishop‹ nicht gekannt.« Ebenso verneinte sie es, David Phillips gekannt zu haben. Phillips widerspricht ihrer Behauptung: »Er habe Virginia Prewett gekannt und erinnere sich insbesondere an Begegnungen in der dominikanischen Republik.«

Bei einem Treffen mit dem Verfasser zu Beginn des Jahres 1981, wurde Phillips wieder gefragt, ob er immer noch darauf bestünde, weder

»Bishop« gewesen zu sein noch ihn gekannt zu haben? Mit derselben Antwort, die er dem Kongreßausschuß auf ihre Fragen gab: »Ich war niemals ›Bishop‹ noch habe ich je mit ihm in Verbindung gestanden. Alle Behauptungen dieser Art sind Verleumdungen.« Im übrigen bestand auch Veciana dem Autor gegenüber darauf, »Bishop« und Phillips als zwei verschiedene Personen zu betrachten.

Das ist also die derzeitige Sachlage zu dem Zeitpunkt, wo die zweite Auflage dieses Buches in Druck geht. Gleichwohl zweifeln nur wenige daran, daß es einen Mann mit dem Decknamen »Bishop« gegeben hat, der viele Jahre Veciana im Auftrag der amerikanischen Nachrichten-dienste Anweisungen übermittelt hat. Zwar bleiben Vecianas Behaup-tungen hinsichtlich eines Teffens »Bishops« mit Oswald lediglich Behauptungen, nichtsdestoweniger bleiben sie in hohem Grade beun-ruhigend. Bei allem Verständnis für die Gewährleistung der nationa-len Sicherheit sowie für die persönliche Sicherheit ehemaliger Ange-höriger eines der amerikanischen Nachrichtendienste, bleibt es weiter von Wichtigkeit, »Bishop« zu entlarven und den Fall zu überprüfen. Diese sowie andere noch ungeklärte Probleme im Umfeld des Falles Kennedy müssen gelöst werden, andernfalls kann das Gewissen der Vereinigten Staaten niemals zur Ruhe kommen.

Literaturverzeichnis

Zum Attentat

ANSON, ROBERT SAM, *They've Killed the President*. New York: Bantam, 1975.

BELIN, DAVID W., *November 22, 1963: You Are the Jury*. New York: Quadrangle Books 1973.

BISHOP, JIM, *The Day Kennedy Was Shot*. New York: Funk & Wagnalls, 1968; Bantam, 1969.

BLAKEY, ROBERT, and RICHARD BILLINGS, *The Plot to Kill The President*, New York: Times Books, 1981.

BLUMENTHAL, SID, with HARVEY YAZIJIAN, *Government by Gunplay: Assassination Conspiracy Theories from Dallas to Today*. New York: Signet, 1976.

BRINGUIER, CARLOS, *Red Friday: November 22, 1963*. Chicago: C. Hallberg, 1969.

BUCHANAN, THOMAS C, *Who Killed Kennedy?* New York: Putnam, 1964; London: Secker & Warburg, 1964; New York: MacFadden, 1965.

CANFIELD, MICHAEL, with ALAN J. WEBERMAN, *Coup d'Etat in America: The CIA and the Assassination of John F. Kennedy*. New York: Third Press, 1975.

CURRY, JESSE, *JFK Assassination File: Retired Dallas Police Chief Jesse Curry Reveals His Personal File*. American Poster and Publishing Co., 1969.

CUTLER, ROBERT B, *The Flight of CE-399: Evidence of Conspiracy*. Omni-Print, 1969; Beverly, Mass: Cutler Designs, 1970.

EDDOWES, MICHAEL, *Khrushchov Killed Kennedy*. Dallas: self-published, 1975.

–, *November 22, How They Killed Kennedy*. London: Neville Spearman Ltd., 1976.

–, *The Oswald File*. New York: Clarkson N. Potter, 1977; New York: Ace, 1978.

EPSTEIN, EDWARD J , *Counterplot*. New York: Viking, 1969.

–, *Inquest: The Warren Commission and the Establishment of Truth.* New York: Bantam, 1966: Viking, 1969.

–, *Legend: The Secret World of Lee Harvey Oswald.* New York: McGraw-Hill, 1978; London: Hutchinson, 1978, and Arrow, 1978.

FELDMAN, HAROLD, *Fifty-one Witnesses: The Grassy Knoll.* San Francisco: Idlewild Publishers, 1965.

FENSTERWALD, BERNARD JR., with MICHAEL EWING, *Coincidence or Conspiracy?* (for the Committee to Investigate Assassinations). New York: Zebra Books, 1977.

FLAMMONDE, Paris, *The Kennedy Conspiracy: an Uncommissioned Report on the Jim Garrison Investigation.* New York: Meridith, 1969.

FORD, GERALD R., with JOHN R. STILES, *Portrait of the Assassin.* New York: Simon & Schuster, 1965; Ballantine, 1966.

FOX, SYLVAN, *The Unanswered Questions About President Kennedy's Assassination.* New York: Award Books, 1965 and 1975.

GARRISON, JIM, *A Heritage of Stone.* New York: Putnam, 1970; Berkeley, 1972.

HANNIBAL, EDWARD, with ROBERT BORIS, *Blood Feud.* New York: Ballantine, 1979.

HEPBURN, JAMES (pseudonym), *Farewell America.* Liechtenstein: Frontiers Publishing Co., 1968.

HOCKBERG, SANDY, with JAMES T. VALLIÈRE, *The Conspirators (The Garrison Case).* New York: special edition of *Win* magazine, February 1, 1969.

JAMES, ROSEMARY, with JACK WARDLAW, *Plot or Politics? The Garrison Case and Its Cast.* New Orleans: Pelican Publishing, 1967.

JOESTEN, JOACHIM, *The Garrison Enquiry: Truth & Consequences.* London: Peter Dawnay, 1967.

–, *Marina Oswald.* London: Peter Dawnay, 1967.

–, *Oswald, Assassin or Fall-guy?* New York: Marzani and Munsell, 1964.

–, *Oswald: The Truth.* London: Peter Dawney, 1967.

JONES, PENN JR., *Forgive My Grief* (Vols. I–IV). *Midlothian* (Texas) *Mirror.* Available from Penn Jones.

KIRKWOOD, JAMES, *American Grotesque: An Account of the Clay Shaw – Jim Garrison Affair in New Orleans.* New York: Simon & Schuster, 1970.

LANE, MARK, *Rush to Judgment.* New York: Holt, Rinehart & Winston, 1966; London: Bodley Head, 1966.

–, *A Citizen's Dissent.* New York: Holt, Rinehart & Winston, 1966; Fawcett Crest, 1967; Dell, 1975.

LEEK, SYBIL, and BERT R. SUGAR, *The Assassination Chain.* New York: Corwin Books, 1976.

LIFTON, DAVID S., *Best Evidence: Deception and Disguise in the Assassination of John F. Kennedy,* New York: Macmillan, 1981.

McDonald, Hugh C., as told to Geoffrey Bocca, *Appointment in Dallas: The Final Solution to the Assassination of JFK.* New York: Zebra Books, 1975.

McDonald, Hugh, with Robin Moore, *L. B. J. and the J. F. K. Conspiracy.* Westport, Conn.: Condor, 1978.

McKinley, James, *Assassination in America.* New York: Harper & Row, 1977.

McMillan, Priscilla Johnson, *Marina and Lee.* New York: Harper & Row, 1978.

Manchester, William, *The Death of a President: November 20–25, 1963.* New York: Harper & Row, 1967; Popular Library, 1968.

Marcus, Raymond, *The Bastard Bullet: A Search for Legitimacy for Commission Exhibit 399.* Randall Publications, 1966.

Mayo, John B., *Bulletin from Dallas: The President Is Dead.* New York: Exposition Press, 1967.

Meagher, Sylvia, *Accessories after the Fact: the Warren Commission, the Authorities, and the Report.* New York: Bobbs-Merrill, 1967; Vintage, 1976.

–, *Subject Index to the Warren Report and Hearings and Exhibits.* New York: Scarecrow Press 1966; Ann Arbor, Michigan: University Microfilms, 1971.

Miller, Tom, *The Assassination Please Almanac.* Chicago: Henry Regnery Co., 1977.

Model, Peter, with Robert J. Groden, *JFK: The Case for Conspiracy.* New York: Manor Books, 1976.

Morrow, Robert D, *Betrayal: A Reconstruction of Certain Clandestine Events from the Bay of Pigs to the Assassination of John F. Kennedy.* Chicago: Henry Regnery Co., 1976.

Murr, Gary, *The Murder of Police Officer J. D. Tippit.* 1971 (unpublished manuscript), Canada, 1971.

Newman, Albert H, *The Assassination of John F. Kennedy: The Reasons Why.* New York: Potter, 1970.

Noyes, Peter, *Legacy of Doubt. New York: Pinnacle Books, 1973.*

Oglesby, Carl, *The Yankee and Cowboy War.* Mission, Kansas: Sheed, Andrews and McMeel, 1976.

Oltmans, Willem, *Reportage over de Moordenaars.* Utrecht, Holland: Bruna & Zoon, 1977.

Oswald, Robert L., with Myrick and Barbara Land, *Lee: A Portrait of Lee Harvey Oswald.* New York: Coward-McCann, 1967.

O'Toole, George, *The Assassination Tapes: An Electronic Probe into the Murder of John F. Kennedy and the Dallas Cover-up.* New York: Penthouse Press, 1975.

Popkin, Richard H., *The Second Oswald.* New York: Avon Books, 1966.

RAND, MICHAEL, with HOWARD LOXTON and LEN DEIGHTON, *The Assassination of President Kennedy*. London: Jonathan Cape, 1967.

ROFFMANN, HOWARD, *Presumed Guilty*. Cranbury, New Jersey: Fairleigh Dickinson Press, 1975; London: Thomas Yoselaff, 1976; New York: A. S. Barnes & Co., 1976.

SAUVAGE, LEO, *The Oswald Affair: An Examination of the Contradictions and Omissions of the Warren Report*. Cleveland: World Publishing Co., 1966.

SCOTT, PETER DALE, with PAUL HOCH and RUSSELL STETLER, *The Assassinations: Dallas and Beyond – A Guide to Cover-ups and Investigations*. New York: Random House, Vintage Press, 1976.

SCOTT, PETER DALE, *Crime and Cover-up: the CIA, the Mafia, and the Dallas-Watergate Connection*. Berkeley, California: Westworks, 1977.

–, *The Dallas conspiracy*, unpublished manuscript. (Much used as research tool by serious students of the Kennedy case.)

SHAW, J. GARY, and LARRY R. HARRIS, *Cover-up: The Governmental Conspiracy to Conceal the Facts about the Public Execution of John Kennedy*. Cleburne, Texas, 1976 (available from its authors).

STAFFORD, JEAN, *A Mother in History: Mrs. Marguerite Oswald*. New York: Farrar, Straus & Giroux, 1966; Bantam, 1966.

THOMPSON, JOSIAH, *Six Seconds in Dallas: A Microstudy of the Kennedy Assassination*. New York: Bernard Geis Associates, 1967; (revised) Berkeley, 1976.

THORNLEY, KERRY, *Oswald*. Chicago: New Classics House, 1965.

UNITED PRESS INTERNATIONAL and *American Heritage* magazine, *Four Days*. New York: American Heritage Publishing Company, 1964.

WEISBERG, HAROLD, *Oswald in New Orleans – Case for Conspiracy with the CIA*. New York: Canyon Books, 1967.

–, *Post-Mortem*. Frederick, Maryland, 1975 (self-published – available from author).

–, *Whitewash* (Vols, I–IV). Hyattstown, Maryland, 1965, 1967 (self-published); and (Vols. I & II) New York: Dell, 1966–1967.

WHITE, STEPHEN, *Should We Now Believe the Warren Report?* New York: Macmillan, 1968.

WISE, DAN, with MARIETTA MAXFIELD, *The Day Kennedy Died*. San Antonio: Naylor, 1964.

See also *The Assassination Story* (collected clippings from Dallas newspapers). American Eagle Publishing Co., 1964.

Zu Jack Ruby

BELLI, MELVIN, with MAURICE CARROLL, *Dallas Justice.* New York: David McKay, 1964.

DENSON, R. B., *Destiny in Dallas.* Dallas: Denco Corporation, 1964.

GERTZ, ELMER, *Moment of Madness: The People vs. Jack Ruby.* Chicago: Follett Publishing Co., 1968.

Hunter, Diana, with ALICE ANDERSON, *Jack Rubys Girls.* Atlanta: Hallux Inc., 1970.

KANTOR, SETH, *Who Was Jack Ruby?* New York: Everest House, 1978.

KAPLAN, JOHN, with JON R. WALTZ; *The Trial of Jack Ruby: A Classic Study of Courtroom Strategies.* New York: Macmillan, 1965.

WILLS, GARY, and OVID DEMARIS, *Jack Ruby: The Man Who Killed the Man Who Killed Kennedy.* New York: New American Library, 1967; New American Library paperback, 1968.

Zur Gerichtsmedizin

HOUTS, MARSHALL, *Where Death Delights.* New York: Dell, 1967.

Medico-Legal Journal (Vol. 4. December 1964), *Trauma.* New York: Matthew Bender & Co., 1964.

Zu den Nachrichtendiensten

ABEL, ELIE, *The Missiles of October.* London: MacGibbon & Kee, 1969.

AGEE, PHILIP, *Inside the Company: CIA Diary.* New York: Bantam, 1976.

ASHMAN, CHARLES, *The CIA-Mafia Link.* New York: Manor Books, 1975.

BARRON, JOHN, *KGB.* New York: Reader's Digest Press, 1974.

BOWART, WALTER, *Operation Mind Control.* New York: Delacorte, 1977.

DULLES, ALLEN, *The Craft of Intelligence.* New York: Harper & Row, 1963.

HOUGAN, JIM, *Spooks.* New York: William Morrow, 1978.

KIRKPATRICK, LYMAN B., *The Real CIA.* New York: Macmillan, 1968.

MARCHETTI, VICTOR, and JOHN MARKS, *The CIA and the Cult of Intelligence.* New York: Alfred A. Knopf, 1974; Dell, 1975.

New York Times, The Pentagon Papers. June 13, 14, 15, & July 1. 1971.

PHILLIPS, DAVID *The Night Watch.* New York: Atheneum, 1977.

POWERS, GARY, with CURT GENTRY, *Operation Overflight.* Holt, Rinehart & Winston, 1970; London, Hodder & Stoughton, 1970.

POWERS, THOMAS, *The Man Who Kept the Secrets: Richard Helms and the CIA.* New York: Alfred A. Knopf, 1979.

PROUTY, L. FLETCHER, *The Secret Team.* Englewood Cliffs, New Jersey: Prentice-Hall, 1973.

ROSITZKE, HARRY, *The CIA's Secret Operations.* New York: Reader's Digest Press, 1977.

WISE, DAVID, and THOMAS B. ROSS, *The Invisible Government.* New York: Random House, 1964.

–, *The Espionage Establishment.* New York: Random House, 1967.

Zum Organisierten Verbrechen

EXNER, JUDITH, *My Story* (as told to Ovid Demaris). New York: Grove, 1977.

KENNEDY, ROBERT F., *The Enemy Within.* New York: Harper & Row, 1960.

KIDNER, JOHN, *Crimaldi, Contract Killer.* Washington D. C.: Acropolis Books, 1976.

McCLELLAN, JOHN, *Crime Without Punishment.* New York: Duell, Sloan & Pearce, 1962.

MESSICK, HAND, and BURT GOLDBLATT, *The Mobs and the Mafia.* New York: Ballantine, 1973.

MOLDEA, DAN E., *The Hoffa Wars.* New York and London: Paddington Press, 1978.

REID, ED, *The Grim Reapers.* Chicago: Henry Regnery Co., 1969; New York: Bantam, 1969.

REID, ED, and OVID DEMARIS, *The Green Felt Jungle.* New York: Trident Press, 1963.

SHERIDAN, WALTER, *The Fall and Rise of Jimmy Hoffa.* New York: Saturday Review Press, 1973.

TALESE, GAY, *Honor Thy Father.* Cleveland and New York: World Publishing Co., 1971.

TERESA, VINCENT, with THOMAS C. RENNER, *My Life in the Mafia.* London: Hart-Davis, McGibbon, 1973; Panther, 1974.

Offizielle Berichte

ATTWOOD, WILLIAM, *The Reds and the Blacks.* New York: Harper & Row, 1967.

AYERS, BRADLEY EARL, *The War That Never Was.* New York: Bobbs-Merrill, 1976.

EISENHOWER, DWIGHT, *The White House Years: Waging Peace, 1956–1961.* New York: Doubleday, 1965.

HALDEMAN, H. R., with JOSEPH DI MONA, *The Ends of Power.* New York: Times Book Co., 1978.

HUNT, E. HOWARD, *Give Us This Day.* New York: Arlington House, 1973.

JOHNSON, HAYNES, *Bay of Pigs.* New York: Norton, 1964.

KENNEDY, JOHN F., (speeches), *Public Papers of the Presidents of the United States.* Washington, D. C.: U.S. Government Printing Office, 1962–1964.

LASKY, VICTOR, *It Didn't Start with Watergate.* New York: Dell, 1978.

LAWRENCE, LINCOLN (pseudonym), *Were We Controlled?* New Hyde Park, New York: University Books, 1967.

SCHLESINGER, ARTHUR, *A Thousand Days: John F. Kennedy in the White House.* Boston: Houghton Mifflin Co., 1965.

–, *Robert Kennedy and His Times.* Boston: Houghton Mifflin Co., 1978.

SCHORR, DANIEL, *Clearing the Air.* Boston: Houghton Mifflin Co., 1977; New York: Berkeley, 1978.

SORENSEN, THEODORE, *The Kennedy Legacy.* New York: New American Library, 1970.

WHITE, THEODORE, *The Making of the President.* New York: Atheneum, 1965.

Alleged Assassination Plots Involving Foreign Leaders, Interim Report of the Select Committee to Study Governmental Operations, with Respect to Intelligence Activities, U.S. Senate. Washington D. C.: U.S. Government Printing Office, 1975 (subsequent listings are also published by U.S. Government Printing Office unless otherwise described).

Hearings Before the Sub-Committee on Civil and Constitutional Rights of the Committee on the Judiciary, House of Representatives, on FBI Oversight (Serial No. 2, Part III), 1976.

Investigation of the Assassination of President John F. Kennedy, Book V, Final Report of the Select Committee to Study Governmental Operations, with Respect to Intelligence Activities, U.S. Senate, 1976.

Report of the President's Commission on the Assassination of President John F. Kennedy, and 26 accompanying volumes of Hearings and Exhibits, 1964; published by U.S. Government Printing Office and also Doubleday, McGraw-Hill, Bantam, Popular Library, and Associated Press, 1964.

Report of the Select Committee on Assassinations, U.S. House of Representatives, and 12 accompanying volumes of Hearings and Appendices (on Kennedy case as opposed to Martin Luther King assassination), 1979, published by U.S. Government Printing Office; and *Report* (only) by Bantam, New York, 1979, under title *The Final Assassinations Report.*

Report to the President by the Commission on CIA Activities Within the United States. Also published by Manor Books (New York), 1976.

Texas Supplemental Report on the Assassination of President John F. Kennedy and the Serious Wounding of Governor John B. Connally, November 22, 1963, by Texas Attorney General Waggoner Carr, Austin, Texas, 1964.

Namensverzeichnis